근세 동아시아 속의
日·朝·蘭 國際關係史

申東珪 著

景仁文化社

이 책은 2006년도 도요타재단(トヨタ財團)의 '成果發表助成: 出版 (D06-S-004)'의 지원을 받아 출판되었음.

서 문

　필자에게 1990년 뒤늦은 대학입학은 일대 전환기가 되었다. 어릴 때부터 단순히 역사이야기를 좋아해 막연하게나마 대학에 가서는 꼭 사학을 공부해야지라고 생각하면서도 중·고등학교 6년간, 그리고 이후 6년간 그야말로 파란만장 세월만을 보내고 있었다. 뼈저린 후회와 고통, 그리고 반성의 시간들이기는 했지만, 왠지 모르게 삶의 밑거름이 되었던 시기라고 자평하고 싶은 생각 또한 간절하다. 사학과에 입학하자마자 고고학에 흥미를 느껴 고고학을 해보려는 생각도 있었으나, 일본사에 대한 관심이 더더욱 증폭되어 결국, 졸업 후 곧바로 일본의 유학길에 올랐다.

　지금 생각해 보니 당시 우리는 일본에 대해 거의 모르는데, 일본은 왜 우리를 알고 있는 듯이 보일까라는 의문에서 일본사를 공부하려 했었던 것 같다. 그 중에서도 근세 에도[江戶]시대의 외교관계, 특히 국제관계라는 범주에서 일본의 다양한 외교관계에 대해 관심을 가지게 되었고, 일본과 서양, 나아가 서양과 동아시아 세계라는 네트워크 외교론까지로 관심이 확대되었는데, 본서는 필자의 박사학위논문(『近世 日·朝·蘭 國際關係史硏究』)을 토대로 그러한 관심사를 정리한 첫걸음 단계의 연구이다.

　그간 많은 학자들에 의해 일본을 중심으로 한 외교관계가 언급되어져 왔고 많은 업적들이 축적되어 있다는 것은 분명한 사실이다. 본서도 그러한 先學들의 업적이 있기에 집필이 가능했지만, 이 성과들은 어디까지나 '外交史', '對外關係史', '交涉史' 등의 명칭으로 일본이 주체가 되는 일국사적인 관심에서의 연구였다는 것을 느끼게 되었다. 이에 필자는 주체를 포함한 객체의 입장에서도 제 외국과의 관계를 살피지 않으면 안된다는 점을 자각하게 되었고, 이러한 이유에서 본서의 제목에 '國際關係史'라는 명칭을 붙인 것이다. 본서에서 다루고 있는 주제는 조선에 표착한 네덜란드인과 그들을 둘러싼 일본, 조선, 네덜란드의 제 관계에 대한 규명을 전제로 하고 있는데, 이것도 '國際關係史'라는 입장에서 어느한 국가에 초점을 맞춘 것이 아니라, 세 국가가 제각기 주체인 동시에 객체라는 방법론에 입각하여 논증한 것이다. 근대 이후 國際關係라는 말은 보편화 되어 왔으나, 근세에도 다각적이고 다중다양한 國際關係는 존재하며, 이에 대한 정립이 필요하다. 현 단계에서 이를 근세 '國際關係論'이라고 정리하고 개념지우기에 필자의 연구는 너무나 하찮고 보잘것 없는 것이지만, 앞으로의 목표가 설정되었다는 것에 더 큰 기쁨을 느끼고 있다.

　본서는 7가지의 소주제를 가지고 집필한 것인데, 주된 소재 중의 하나가 1627년 얀 얀스 벨테브레 외 2인, 1653년 헨드릭 하멜 외 35명의 네덜란드인 표착과 관련된 연구이다. 이들 표착 사건은 그간 「하멜보고서」(이른바 「하멜표류기」)로 인해 유명한 이야기가 되었지만, 이야기로서의 흥미성만 강조되었을 뿐 역사적 사실의 가치성과 의미를 부여해 온 연구는 일부 연구자들의 제외하고 거의 없었다. 더욱이 일부 연구자들조차도 국내 사료 내지는 자국의 사료로서 한정된 일부분의 사건만을 언급해 왔기에 역사적 사실이 왜곡되기도 했으며, 또 그러한 왜곡이 일반적 사실로 인지되는 그러한 풍토 속에 이 사건은 잠재되어 있었다. 나아가 17세기 네덜란드 동인도연합회사(VOC)의 동아시아 진출, 즉 1609년 히라토[平戶]에 상관을 설치하면서 동아시아 국가들 속에서 왜 일본과의 외교만으로 고착되어 갔는가, 또 근세시기 일본과의 관계를 유지하고 있었기는 하지만, 동시기에 네덜란드가 조선을 교두보로 삼아 동아시아 속에서의 중계무역지로 삼으려 했었다는 획기적인 사실 또한 역사 속에 묻혀있었다.

또한, 에도막부[江戶幕府]가 이른바 '海禁政策'(鎖國政策)의 취지 하에 그리스도교를 금제하면서 벌어진 표착 廣東船과 네덜란드인의 송환 및 표류민 인도 문제로 벌어진 국제관계, 17세기 幕府의 네덜란드에 대한 표류민 송환정책의 형성, 네덜란드인들이 조선에 체제하면서 끼친 영향과 서양식 병기의 개발 문제 등의 역사적 의의에 대해서도 연구가 거의 전무하고, 근세 일본↔네덜란드, 네덜란드↔조선, 일본↔조선이라는 총체적 국제관계(일본↔조선↔네덜란드), 나아가 이들 근세시기의 제 관계가 근대 이후에 들어와 조선과 일본을 비교한 '근대화론'이라는 문제와 깊은 관련성이 있다는 점에 대해서도 우리는 너무나 학술적으로 무관심해왔다. 때문에 본서는 이러한 제 문제점들의 해결점을 찾기 위한 목적에서 서술한 것이다.

다만, 마지막 원고를 교정하다보니 상기의 문제점들을 과연 명쾌하게 해결하였는가라는 부끄러움과 의구심, 자책감과 두려움이 더 큰 벽으로 다가왔고, 서문을 쓰고 있는 지금도 厚顔無恥에 몸 둘 바를 모를 정도이다. 너무나 부족하고 일천한 연구이기에 이제 첫 계단을 오르는 중이라고 스스로 자조하며, 몸을 추스르고 싶은 마음도 든다.

이 拙稿가 나오기까지 많은 분들의 가르침과 도움이 있었다. 우선, 일본 유학의 두려움이 앞설 때 쾌히 추천해 용기를 북돋아주시고, 渡日할 때부터 지금에 이르기까지 부족한 제자에게 아낌없는 가르침과 물심양면 성원해주신 孫承喆 선생님, 일본에서 학문의 방법론적 이론과 '國際關係論'의 세계에 눈을 뜨게 해주신 아라노 야스노리[荒野泰典] 선생님, 유학 초기 일본어조차 제대로 되지 않는 필자에게 따뜻한 마음과 용기를 북돋아주신 야마사토 스미에[山里證江] 선생님, 그리고 보잘 것 없는 논문의 사료 해석 하나하나 꼼꼼히 살펴 격려와 충고를 해주신 가토 에 이치[加藤榮一] 선생님, 늘 격려와 조언을 아끼지 않으신 元永煥 선생님, 宋寅瑞 선생님, 대학시절 유물과 고고학의 역사적 가치를 일깨워 주신 崔福奎 선생님, 그리고 늘 훈훈하신 마음과 웃음으로 답해주시는 權五信 선생님께 이 지면을 빌어 깊은 감사의 말씀을 올린다. 또한 늘 가까이서 따뜻한 격려와 삶의 방향을 가늠해주시는 柳在春 선생님, 嚴燦鎬 선생님, 여러 번에 걸친 교정과 조언을 주신 최종일 선생님과 여러 선후배들, 유학시절 사료의 해석에 머리를 맞대고 서로 고민하며 조언을 아낌없이 주었던 오이가와 쇼기[及川將基] 상에게도 이 자리를 빌어 감사를 올린다.

그리고 不肖가 학문에 전념할 수 있도록 말없이 성원해주신 아버지 어머니와 장인 장모, 궂은 일 마다않고 늘 묵묵히 웃음으로 성원해준 아내, 그리고 딸 윤재와 아들 호용에게도 감사의 마음을 드린다. 끝으로 拙稿의 출판을 기꺼이 지원해준 일본 도요타재단(トヨタ財團)과 동 재단의 관계자 여러분, 흔쾌히 출판을 맡아주신 경인문화사의 한정희 사장님, 편집에 애써주신 김소라 님께도 감사의 마음을 올린다.

2007년 7월
필자 씀

【범 례】

1. 지명은 기본적으로 해당 국가의 원음대로 표기하는 것을 원칙으로 하며(한글표기법), 한자음이 있을 경우 괄호에 표기한다. 같은 지명의 2번째부터 괄호의 한자는 각 章에 한번만 표기한다.

   예) 쓰시마[對馬], 나가사키[長崎], 데지마[出島] 등

2. 통상적으로 사용되는 국가와 지명에 대해서는 일반적인 표기법에 따른다.

   예) 일본, 영국, 중국, 북경 등

3. 인명의 표기는 해당 국가의 원음대로 표기하며, 한자음이나 서양어 표기가 있을 경우, 괄호에 표기한다. 단, 각 章의 첫 번째 출현에만 표시하며, 이후 같은 인명이 표기될 경우는 해당 국가의 원음을 한글로 표기한다.

   예) 헨드릭 하멜(Hendrick Hamel), 도요토미 히데요시[豊臣秀吉] 등

4. 연도는 서기를 기준으로 하며, 괄호에 연호를 표기한다. 단 각 章의 첫 출현 연도에만 연호를 표기하고, 일본과의 관계 속에서 언급될 시에는 일본 연호도 병기한다.

   예) 1627년(仁祖 5/寬永 4), 1653년(孝宗 4/承應 2)

5. 본고에서는 기본적으로 사료에 따른 음력을 사용하며, 서양 기록에 보이는 양력은 괄호 안에 '월/일'로 표기한다. 즉, 음력(양력)으로 표기한다(다만, 7장은 전부 서양기록을 이용하고 있어 양력을 사용).

   예) 1626년 10월 26일(12/14), 1627년 3월 27일(5/12), 1627년 11월 30일(1628/1/6).

※ 참고로 본서에서 연대·음력·양력·연호 등의 계산에는 한국과학기술정보연구원(KISTI)의 「한국의 표준연력」(http://manse.ccbb.re.kr)

을 사용했다.

6. 인용된 사료의 명칭은 원 사료명의 명칭과 표기를 그대로 사용하며, 사료명이 길 경우 약칭하여 사용한다.

   예)『廣東船一艘人數五拾二人乘朝鮮國全羅道之內珍島江漂着之次第覺書也』→『廣東船覺書』

7. 國書나 書契를 인용할 경우 서계의 내용 부분만을 번역하여 인용하고, 원문은 각주에 표기한다. 단 원문에 보이는 段(존중어 다음의 빈 칸이나, 어떤 용어를 다음 단으로 쓰는 형식을 포함)을 구분한 형식을 무시한다.

8. 사료를 인용할 때 번역문에 포함되어 있는 용어는 가능한 한 원문 용어대로 표기하며, 괄호를 붙여 '(=용어 의미)'의 식으로 상세히 언급한다.

   예) 얼마 전 다시 東武(=에도[江戶]) 執政(=막부의 노중)이 연락해서 알려왔다.

9. 인용문헌의 각주 표기에서 東洋書는 일반적 표기 원칙을 따르고, 西洋書는 "저자, 서명, 출판·서지사항, 연도"로 표기하며, 서명이나 논문명은 이탤릭체로 표시한다.

   예) 신동규, 「네덜란드인의 日本行 도주사건과 德川幕府의 대응」(『韓日關係史研究』 14, 한일관계사학회, 2001).

   예) H.J.van Hove, *Hollanders in Korea*, Het Spectrum BV, 1989.

목 차

서 론

Ⅰ. 연구의 방법과 과제
―국제관계사의 시점에서

일본과 네덜란드의 관계는 근세 일본의 국제관계에 중요한 위치를 차지하고 있으며, 오랜 세월에 걸쳐 연구가 축적되어 왔다. 현재에도 그 역사적인 관계를 규명하기 위한 작업이 계속되고 있다는 것은 더 이상 언급할 필요도 없겠으나, 지금까지 네덜란드의 동아시아 관계라는 연구사 속에서 네덜란드와 조선, 일본과 조선, 그리고 이들 삼국간의 국제관계라는 측면은 거의 무시되어 왔다. 특히 근세 일본과 네덜란드의 외교관계 속에 보이는 조선의 입장, 조선과 네덜란드의 관계에 대해서는 본격적인 연구는 거의 없다고 할 만큼 미미하며, 그나마 연구된 것조차도 1653년 조선에 표착한 헨드릭 하멜(Hendrick Hamel)[1]이 조선을 탈출한 후, 바타비아[2] 총독에게 제출한 이른바『하멜표류기』로 널리 불려왔던 『하멜보고서』[3]의 번역과 그것을 이용한 단편적 역사적 사실의 확인이

---

[1] 헨드릭 하멜(Hendrick Hamel)은 金錫翼 편찬의『耽羅紀年』孝宗 4年 계사조를 보면, '합매아(哈梅兒)'라고도 호칭되고 있었다("是歲, 和蘭國人哈梅兒, 漂到州境至十二年, 乃還",『韓國近代邑誌』48, 한국인문과학원, 1991). 이것은 하멜이라는 字音으로부터 가차된 것으로 생각되어지나, 결국은 조선을 탈출할 수밖에 없었던 異國人이었기 때문에 본서에서는 편의상 네덜란드 명칭을 그대로 사용한다.

[2] 바타비아(Batavia)는 인도네시아의 수도 자카르타를 말하며, 네덜란드 식민지 시대의 명칭이다. 자바 섬 서부의 북쪽 해안에 위치하며, 옛날에는 자야카르타, 자카토라 등으로 불리기도 했으나, 1619년 네덜란드 동인도연합회사가 이 지역을 점령하고 견고한 바타비아 城을 축성해 아시아 무역의 거점으로 삼고 있었다.

[3] 본서에서『하멜보고서』라는 명칭을 사용하며, 그 이유와 전래의 경로에 대

중심이었다.

뿐만 아니라 네덜란드인들의 조선표착에 대해서 한국에서는 흥미본위 내지는 자의적으로 취급한 소설·만화 내지는 텔레비전 방송, 또는 오페라 등이 만들어지고 있다.[4] 이러한 사정은 일본과 네덜란드에서도 마찬 가지이며, 관심 또한 그리 높지 않다. 그로 인해 연구는 부진할 수밖에 없었으나, 이 사건은 근세 동아시아 제국이 공통으로 채용하고 있었던 '海禁體制'를 근간으로 한 국제관계의 실태, 네덜란드의 동아시아에 대한 자세(특히, 일본과 조선에 대한)와 조선과 일본의 서양에 대한 자세를

해서는 서론 제Ⅲ절(『하멜보고서』의 작성 경위)을 참조. 한편, 본서에서는 동경대학 사료편찬소에 소장되어 있는 『하멜보고서』의 필사원본 마이크로필름을 참조했다(Dagregister gehouden bij de gesalveerde persoonen van't verongeluckte jacht de Sperwer, van't gepasseerde en bun wedervaren in't rijck van Core, sedert den 18. Aug. 1653 tot 14. Sept. 1666. 마이크로필름번호:6998-5-16-13 ; 7598-60-96b-4, KOL. ARCHIFF No.1156). 참고로 원본은 네덜란드 국립공문서관에 소장되어 있으며, 2003년 8월부터 11월까지 국립제주박물관에서 열린 '하멜 제주도표착 350주년기념특별전'에서 원본을 전시하기도 했다. 그 외에『하멜보고서』와 관련하여 후팅크판(door Hendrik Hamel, uitgegeven door B.hoetink, Verhaal van het vergaan van het jacht de Sperwer en van wedervaren der schipbreukelingen op het eiland Quelpaert en het vasteland van Korea(1653-1666) meteene beschrijving van dat Rijk, Werken uitgegevendoor de Linschoten Vereniging XⅧ, Mirtinus Nijhoff, 1920. 이후, 본서에서는 '후팅크판'이라고 생략하여 사용. 참고로 본서에서 이용한 것은 동경대학 사료편찬소 소장본이다[청구기호: 岩生文庫-IWAO-2-3]),『朝鮮幽囚記』(生田滋 譯, 平凡社, 1969)를 주로 참조하였다.

4) 소설로서는 강준식의『내가 사랑한 조선』(웅진출판, 1994), 김필주의『하멜의 여자』(하나로, 1995), 조풍연의『공상 유모어 소설 '하멜표류기'』(동민문화사, 1972) 등이 있고, 만화로는 김경화 저/서진숙 그림의『하멜 아저씨 따라 조선 구경하기』(기탄출판, 2003)가 있다. 또한, 하멜 일행의 조선표착과 조선의 근대화 문제를 결부지어 센세이션을 불러일으킨, 다큐멘터리 '중세 조선의 비밀－하멜표류기'(KBS방송국, 1996년 8월 25일, 9월 1일 방송)도 있으며, 2004년에 들어와서는 창작 오페라「하멜과 산홍」이 기획되기도 했다.

명확하게 규명하기 위한 다른 무엇보다 좋은 소재이다.

　네덜란드는 동아시아로 진출할 당시부터 일본만이 아닌, 조선을 포함한 동북아시아 지역과의 무역을 염두에 두고, 일본과의 관계를 병행하며 이들 지역과의 관계 개척을 모색하고 있었다. 이 점은 지금까지의 관련 연구들이 가장 등한시하고 있었던 점이며, 다른 무엇보다도 네덜란드 동인도연합회사(Vereenighde Oost-Indische Compagnie, 이후 본서에서는 VOC로 약칭)[5]의 동아시아 진출을 총체적으로 고찰하기 위해서는 일본과 중국뿐만이 아니라, 조선과 그 밖의 국가 또는 지역에 대해서도 시야에 넣어둘 필요가 있으며, 본서에서 주제로 삼고 있는 기둥 중의 하나이다.

　또한, 네덜란드인의 조선표착은 표착 그 자체와 일본으로의 송환을 둘러싼 문제도 중요하지만, 그러한 영역으로 확대되기 이전에 그들 네덜란드인이 일본으로 송환될 수 있었던 배경, 즉 일본의 조선에 대한 그리스도교 금제[6]와 관련된 협력 요청 등, 당시 일본도 매우 밀접한 관계에 있었다. 즉, 네덜란드인의 송환을 둘러싸고 행해진 조선・막부・쓰시마번[對馬藩]의 삼각관계를 통해서 볼 수 있는 상호간의 이중적 성격은 근세 朝・日관계의 성격을 규정지울 수 있는 일면을 내포하고 있다.

　네덜란드인의 조선표착과 같은 국제적인 사건을 둘러싼 일본・조선・네덜란드(日・朝・蘭)의 삼국, 나아가서는 중국을 포함한 세계사 속에서 전개된 제관계의 구조를 파악하기 위해서는 그에 상응한 연구방법이 필요하다. 이러한 분야의 연구는 종래 외교사・무역사・해외교섭사・대외관계사 등으로 불려 왔다.

---

5) 永積昭, 『オランダ東インド會社』(일본, 近藤出版社, 1971), 제2장 「VOC의 탄생」 ; 주경철, 「네덜란드 동인도 회사의 설립 과정」(『서양사연구』 25, 서울대학교서양사연구회, 2000)을 참조.
6) ‘耶蘇宗門禁制’를 말한다. 耶蘇는 가톨릭 계통의 구교를 가리키는 것으로 이에 대해서는 본서의 제4장에서 상세히 다루도록 하겠다.

 '외교사'는 국가 레벨에서의 정치적인 관계를 주된 관점으로 삼았기 때문에, '국민'[7] 레벨까지 포함한 제관계를 고찰하기에는 충분한 도구가 될 수 없었다. '무역사'는 주로 외국과의 무역관계를 취급한 것인데(경제 사적 입장에서 일종의 외교사), 무역제도의 변천과 무역품의 품목, 수량 의 검토, 무역품의 이동 루트 등에 머무르는 경향이 있다. '해외교섭사' 는 외국과의 제관계를 다각적으로 파악하고 있기는 하지만, 말 그대로 해외와 맺은 교섭의 역사로서 어디까지나 主體國 측의 관점에 의한 것 으로 상대방 입장에서의 관점을 놓치는 경우가 많았다. 다시 말하면, 一 國史的인 관점에서의 외교사라고 할 수 있는 것이다. 또한 유사한 개념 으로서 '대외관계사'와 '대외교섭사'가 있는데, 이러한 것들도 '해외교섭 사'와 특별한 차이는 없다.

 이러한 연구들이 각기 오랜 역사를 가지고, 또 수많은 귀중한 연구업 적을 남겨왔다는 것, 더욱이 필자의 연구도 이러한 업적들의 연장선상에 서 있다는 것은 말할 필요도 없다. 그러나 이러한 방법들은 필자가 규명 하고자 하는 근세 日·朝·蘭 3국의 제관계를 분석하기에 적합한 방법 이 될 수 없다. 근세 日·朝·蘭 3국은 직·간접적인 관계의 존재와 함 께 그 배경에는 세계의 커다란 변동이 있었다고 하는 광범위성을 가지 고 있으며, 일국사적인 또는 日·朝, 日·蘭 등과 같은 2국간의 관계사 만으로 이들 3국간의 관계, 나아가서는 이들 3국과 세계와의 관련성을 파악할 수 없기 때문이다.

 우선, 一國史的인 관점에서 탈피해, 이 사건이 세 국가와 나아가 동아 시아 세계와 어떻게 관련되어 있는지를 어느 쪽의 입장에서도 치우치지 않고 각기의 본질적이고 표면적인 의도를 동아시아라는 공간적 범위 속

---

 7) 近世史에서 '國民'이라는 용어가 적당한 것은 아니나, 본서에서는 '人民', '民衆' 등과 같은 의미로 사용하는 것이며, 국가 또는 지역 권력의 지배를 받는 사람을 가리킨다.

에서 명확히 할 필요가 있다. 그리고 반드시 국가에 한정되지 않은 역사적인 제사건의 담당자의 입장, 예를 들면 일본에서는 막부와 쓰시마번의 입장을 밝히고, 경우에 따라서는 동일 국가 속에서 당사자 간의 상극도 규명해야만 한다. 현재를 살고 있는 사람들에게는 아직도 국가와 민족을 하나의 집단체로 판단하는 경향이 보이고 있으나, 일개의 국가와 민족도 각기의 입장과 이해를 달리하는 사회집단과 계층이 있는 것이며, 모든 것이 하나로 통합된 동일체일 수는 없다. 따라서 각각의 국가와 당사자의 주체성을 존중하며 나아가서는 그것에 한정되지 않는 제관계를 다각적으로 파악할 필요가 있다. 그 방법으로서 필자는 '국제관계'라는 개념을 제시하고 싶다.

아라노 야스노리[荒野泰典]는 "전근대 일본열도의 역사는 아시아, 그 중에서도 동아시아라는 지역에 매개되어지면서 세계의 역사와 상호 규정적으로 전개해 왔다."라고 말하며, "근대 이후에 대해서 국제관계론이 있는 것과 같이 근세에는 근세의 國際關係論이 필요하다."고 인식의 전환을 제기했다.[8] 필자가 그의 '국제관계론'에 대한 모든 제기를 전면적

---

8) 荒野泰典, 「近世東アジアの國際關係論と漂流民送還體制」(『史苑』60-2, 2000), 37~39쪽. 여기에서 아라노의 근세 '國際關係論'을 필자 나름대로 정리해 보면, 다음과 같은 세 가지로 구성되어 있다.
①海禁論 : 국민이 자유롭게 해외에 왕래하거나 외국인과 사적으로 통교하는 것을 금지하는 것, 또는 그 정책을 의미한다. 국가 권력이 지배하고 있는 제지역의 국제관계를 독점하고, 상호간에 외교관계를 맺어 그 지역 전체의 평화를 실현하기 위한 수단이다.
②華夷秩序論 : 국제관계는 예의적인 상하 관계로 편성되고 있는데, 동아시아의 각국들도 국제관계는 중국과 같이 華夷主義的으로 편성하고 있었다. 조선·베트남 등도 주변 제국·제민족과의 관계를 그처럼 편성하려고 했다. 일본의 경우, '武威'에 주변 제국이 복종한 형태로 국제관계를 설정하고 있었다. 그러나 통일 정권의 '武威'는 일정한 실질성(=살아있는 무력)을 근거로 하고 있으며, 동시에 정치적 허구라는 이중적 성격을 가지고 있다.

으로 받아들여 본격적으로 본서에 적용하려는 것은 아니지만, 근세 조
선, 근세 일본이라는 각기 주체들도 동아시아 속에서 그들 一國만으로서
는 존재할 수 없었다는 측면에서 '국제관계론'을 받아들였고, 또 연구 방
법론의 하나로서 다른 무엇보다도 필자는 중요하게 생각하고 있다. 이러
한 입장으로부터 여기에서는 다음의 두 가지 점을 염두에 두고 근세 동
아시아 국제관계사의 한 단면으로서 日·朝·蘭의 제관계를 파악해 규
정짓는 작업을 시도해보고 싶다.

---

③지역 네트워크론 : 동아시아의 지역 네트워크에는 국가간의 네트워크와
인민 레벨의 네트워크가 병존·상극하고 있었다는 것으로 파악한다. 국가간
네트워크는 중국 중심의 조공관계를 축으로 한 네트워크(메인시스템)와 주
변 제국간의 네트워크(서브시스템)의 2개로 구성되어 있다. 인민 레벨의 네
트워크는 왜구로 대표되고 있다고 하며, 국경이나 민족을 넘나드는 사람들
의 연결에 의해 구성되어 있다. 각국이 海禁에 의해 국제관계를 독점하면서
상호간에 외교관계를 맺어 국가간의 네트워크를 구성하고 해당 지역의 질
서와 평화를 지키려 한다는 것이다. 그런데, 각 국가는 각각의 '華夷意識'에
의거해 국제관계를 편성하려고 하므로, 상대국과의 사이에 알력을 일으키기
쉬우며, 그것이 국제분쟁의 씨앗이 될 수도 있었다. 따라서 각국 사이에는
항상 일정한 긴장과 타협이 존재하고 있는데, 그것을 필연화 시키는 것이
민간 레벨의 네트워크와 '外敵'의 존재이다. 민간 레벨과 '外敵', 이것이 국
가 네트워크를 구조화 시키고 있다고 한다.
*아라노의 이상과 같은 세 가지 논점들 중에는 현재 한국과 일본 학계에서
비판되고 있는 내용들도 있음을 밝혀 둔다. 특히, '武威'와 '華夷秩序論'에
대해서는 실질성이든 실존성이든, 그 존재의 허위가 연구자들로부터 비판을
받고 있다. 이러한 측면에서의 비판은 필자도 충분히 이해하고 있으나, 본서
의 방법론이라는 측면에서 '國際關係論'은 적극적으로 수용하고 있다. 한편,
아라노의 위의 내용과 관련된 연구에는 다음과 같은 것들도 있다. 「日本型
華夷秩序の形成」(『日本の社會史－列島內外の交通と國家－』, 岩波書店, 1987)
;「國際認識と他民族觀－海禁·華夷秩序'論覺書」(『現代を生きる歷史科學』 2,
大月書店, 1987) ;「東アジアの華夷秩序と通商關係」(『講座世界史"世界史とは
何か"』, 東京大學出版會, 1995) ;「近世日本の東アジア認識」(『描かれた'異國'
'異域'－朝鮮·琉球·アイヌモシリの人びと』, 大阪人權博物館, 2001).

첫째, 근세 일본과 조선을 '鎖國'이라고 보는 '鎖國觀'에서 탈피해, 동
아시아 제국가에 일반적으로 보이는 '海禁' 체제론이라는 입장에서 본서
의 테마를 검증하여 그 역사적 사실성과 의의를 규명하는 것이다. 海禁
은 국가권력이 각기의 국민, 즉 지배영역에서 '私人' 내지는 서민의 자유
로운 해외로의 도항과 외국인과의 교류를 금지하고, 그 국가의 국제관계
를 독점하는 정책, 또는 그 정책에 의해 형성되는 체제를 의미한다. 근세
동아시아의 제국가는 海禁政策에 의해 국내의 외교권을 독점함과 동시
에 상호간에 외교관계를 맺어 소속하는 지역, 즉 동아시아의 질서와 평
화를 실현하며 그것을 유지해 나갔다. 다시 말하면, 해금은 이른바 '鎖
國'(나라의 문을 닫아버린다)이 아니다. 지금까지 한국에서도 근세 조선
은 '쇄국'이었다고 말해지는 경향이 강했다.[9] 그러나 이는 큰 잘못이며,
오판이다. '鎖國'이라는 용어가 일본에서 생성되어 일본의 제국주의 침
략시대를 거치면서, 그러한 사상을 근거로 한국에 정착되고 있음을 상기
한다면, 역사 용어 사용의 분명한 오류인 것이다. 조선과 일본은 각자 외
교정책의 틀에 맞추어 동아시아 속에서 국제관계를 유지해왔으며, '국
민'의 사사로운 외국과의 통교를 규제하고, 외교를 장악함과 동시에 국
가 권력 간의 관계를 유지·발전시켜 국내외의 질서와 평화를 존속시켜
나갔던 것이다.

또한, 화이질서는 어느 국가가 스스로의 華夷意識(=자기중심적 의식)
에 입각해 자기를 중심으로 편성한 국제관계를 말하는데, 일본은 일본형
의 화이질서를, 조선은 조선형의 화이질서를 자기 주변에 설정하고 있었
다. 이렇게 자기중심적인 질서와 의식은 각자 국가의 자립의식과 주체성
의 표현이기도 한 동시에 관계를 맺은 국가 간의 알력과 갈등의 원인이

---

9) '鎖國'이라는 용어의 문제점에 대해서는 高柄翊, 「近世 中·韓·日의 鎖國
   (上)」(『震檀學報』 29, 震檀學會, 1966) ; 金世民, 「日本에서의 '鎖國論' 研究」
   (『韓日關係史研究』 창간호, 1993)를 참조.

되기도 했다. 그 알력과 갈등은 중국과 조선, 또는 일본과 琉球에서 보이
는 바와 같이 彼我의 정치적·군사적·경제적인 역량의 차가 비교적 확
연한 경우에는 표면화되지 않지만, 조선과 일본의 경우와 같이 거의 동
등한 입장에 있을 경우에는 항상적인 긴장 관계가 유지될 수밖에 없었
던 것이다.

그럼에도 불구하고 양국의 관계가 단절된 적은 거의 없었다. 과연 양
자의 관계를 유지하고 있었던 것은 무엇이었을까. 그것을 생각하기 위해
우선, 본서에서는 양국 간에 발생한 현안 문제들을 해결하기 위한 '상호
간 협력관계'가 형성되어 있었다는 시각을 설정해두고 싶다. '상호간 협
력관계'의 존재 형태를 규명하는 것은 동아시아 국제관계의 일상적인
기능을 구체적으로 밝히기 위한 극히 유효한 도구라고 필자는 생각한다.

둘째, 본서에서 다루는 日·朝·蘭 삼국의 주체성을 고찰의 전제로 삼
아 朝·日, 日·蘭, 朝·蘭관계 각각에 대해서 주체국⇔객체국이라고 하
는 상호의 시점을 받아들여 日·朝·蘭 국제관계를 규명하는 것이다. 다
시 말하면, 조선⇔일본, 일본⇔네덜란드, 조선⇔네덜란드, 조선⇔일본⇔
네덜란드⇔조선이라고 하는 총체적이고 입체적인 고찰 방법을 모색할
것이다. 이것은 삼국 국제관계의 실태를 보다 복안적인 동시에 객관적으
로 고찰하는 방법이 될 것이며, 주체국 입장에서 서술된 지금까지의 대
외관계사라는 논증방법 보다도 역사적 사실의 객관화·논증화를 위한
필수불가결의 도구라고 생각한다.

이상의 방법을 이용하면서, 이하의 다섯 개의 과제를 설정하여 네덜란
드인의 조선표착을 둘러싸고 전개된 이들 3국 관계를 동아시아 국제관
계 속에서 규명하고자 한다.

첫째, 네덜란드인의 두 번에 걸친 조선표착의 경위와 그 실태, 나아가
서양의 표류민에 대한 처리방침, 여기에 벌어진 조선과 일본의 대응 등
을 명확히 규명하는 것으로 본서에서는 제1·2장에서 고찰하고자 한다.

네덜란드인의 조선표착은 『하멜보고서』가 세간에 널리 알려져 주지의 사실임에도 불구하고 그들의 표착 경위조차도 명확히 규명되고 있지 않다. 1627년(仁祖 5/寛永 4)에 네덜란드인 벨테브레(=박연, 이후 본서에서는 박연으로 약칭)10) 등 3명이 제주도에 표착하였고, 더욱이 1653년(孝宗 4/承應 2)에는 일본으로 가던 도중에 헨드릭 하멜 일행 36명이 제주도에 표착했다. 박연의 경우, 그 표착년이 1627년이라는 것은 명확한 사실인데도, 아직까지 1628년(仁祖 6/寛永 5)이라고 기술되고 있는 경우가 많다. 표착선이나 표착지에 대해서도 이러한 현상은 다를 바 없으며, 일본에서도 네덜란드인 표착과 그와 관련된 양국관계에 대한 연구는 더더욱 말할 나위가 없다. 조선에서 네덜란드인의 첫발을 명확하게 하는 것은 근세 日·朝·蘭 관계사의 실태를 해명하는 출발점으로서도 중요한 의의를 가지고 있지만, 동시에 조선을 서양세계에 널리 소개한 기념비적 사건을 규명한다는 점에서도 그 의의는 크다. 또한, 이 표착사건이 일본과 외교 갈등을 발생시켰고, 이러한 갈등에 대한 일본의 외교적 대응 또한 일본의 서양 異國人 처리라는 관점에서 그 의의를 살필만 하다.

둘째, 조선에 표착한 네덜란드인이 조선에 어떠한 흔적을 남겼고, 또 조선정부가 그들 서양 異國人에 대해 어떤 대책을 세우고 있었는가를 고찰할 것이다. 지금까지 선행연구에서는 그들의 표착 자체가 단순한 역

---

10) 본명은 얀 얀스 벨테브레(Jan janse Weltevree)이다. 그는 조선표착 후, 훈련도감에 배속되어 '朴燕·朴淵·朴延·朴仁·胡呑萬' 등으로 불렸다. 이에 관해서는 다음의 연구들이 명확히 하고 있다. 李丙燾, 『하멜漂流記』(一潮閣, 1954), 32쪽 ; 中村榮孝, 「蘭船の朝鮮漂着と日鮮の交渉」(『靑丘學叢』23, 1966). 이하, 본서에서는 박연(朴燕)이라는 조선 이름을 사용하는데, 이것은 그가 조선의 무과에 급제해 훈련도감의 관직에 있으면서 조선 여성과 혼인을 맺었고, 조선에 귀화해 조선인으로서의 일생을 마쳤다는 점에서 그 의의를 지니기 때문이다. 더욱이 여러 관련사료들 중에서 朴燕이라는 명칭이 가장 바른 시기에 보이고 있기 때문이기도 하다[『孝宗實錄』, 孝宗 4년 8월 무진(6일)조].

사적 사실로만 서술되고 있었을 뿐, 그것을 한국사 전체 흐름 속에서 평가하기 위한 종합적인 연구가 행해지지 않았기 때문이다. 본서의 제3장에서 고찰하는 바와 같이 그들은 조선의 서양식 병기개발에 깊이 관여하고 있었고, 항왜(降倭)·귀화 중국인·북방민족들과 마찬가지로 조선정부는 그들을 인재로서 등용하고 있었다. 즉, 조선정부는 동아시아든 서양이든 외국인을 배척하여 완전히 받아들이지 않았던 것은 아니었다. 근세 조선을 평가할 때, 세계와 격리되었다는 의미에서 이른바 '쇄국', 또는 "Corea, The Hermit Nation"(隱者의 나라 조선)[11]이라고 하는 표현이 사용되고 있다. 더군다나 최근에는 『착한 미개인 동양의 현자』[12]라고까지 묘사되는 전근대 한국사 연구의 현실도 이와 무관하지 않다. '쇄국'이나 'The Hermit Nation'(隱者의 나라)이라는 표현이 19세기 중후반에 보이는 조선의 외교적 상황, 즉 흥선대원군 이하응의 이른바 '쇄국정책'으로 대표되는 상황의 일면에 근거하고 있다는 것은 부정할 수는 없지만, 19세기 이전의 조선이 탄력적인 국제관계를 유지하고 있었다는 점이 무시되어서는 안 될 것이다.

다시 말하면, 어떤 한정된 시기의 국제관계에 근거하여 근세 조선(=조선후기)의 전 시대를 개념지울 수는 없다. 또, 한 가지 첨부하자면, 대원군의 이른바 '쇄국시대'라는 것도 일본의 제국주의적 침탈을 위한 사상적 기반과 관련이 있다는 것, 나아가 이것이 식민사관의 거두격인 '정체성론'과 맞물려 있다는 것도 우리들은 염두에 두지 않으면 안 된다.

셋째, 네덜란드인 표착사건을 소재로 근세 일본과 조선 양국이 근본적으로 가지고 있던 국제관계의 양상을 본서의 제4장에서 중점적으로 고

---

11) William E. Griffis, Corea The Hermit Nation, Chareles Scribner's Sons, New Yok, 1907.
12) 프레데릭 불레스텍스 著/이향·김정연 譯, 『착한 미개인 동양의 현자』(청년사, 2001).

찰하고자 한다. 이것은 네덜란드인의 조선표착이라고 하는 사건을 계기로 일본의 조선에 대한 그리스도교 금제요청을 비롯해 왜관이전, 무역확대 등이 근세 일본의 새로운 외교문제로 부각되었고, 동시에 그러한 문제점에 대한 대응을 통해, 당시의 조선과 일본이 안고 있던 문제들도 밝혀질 수 있기 때문이다.

일반적으로 도요토미 히데요시[豊臣秀吉]의 조선침략 이후, 쓰시마번의 노력에 의해 朝・日관계는 정상화되었고 통신・교린국으로서 약 270년간 이른바 '평화'가 유지되었다고 말해진다. 그러나 그 '평화'가 '정한론'과 '강화도조약'이라는 불평등관계로 종말을 맞게 되는 상황을 어떻게 평가하고 인식해야하는지에 대한 문제점이 부상하게 된다. 즉, 근세의 '평화'를 재고찰 해야만 하는 것이다.

아라노 야스노리는 근세의 평화를 확실한 사실로 인정한 뒤에 근대에 이르러 아시아를 상대로 침략적으로 변한 것은 근세의 대외관계에 내재하고 있던 것들이 일본 국내외의 모순이 격화됨과 동시에 명확해 졌다고 말한다.[13] 또한, 그는 근세 대외관계 그 자체 속에 근대의 불행한 사태를 준비하는 것이 있었고, 근대를 비판한다면 근세도 마찬가지로 비판적으로 재조명하지 않으면 안 된다고, 근세 朝・日관계사에 대해 재검토의 필요성을 지적하였다.

필자도 그의 견해에 전적으로 동의하고 있으나, 다만 근세의 평화성에 대한 논점에는 약간 견해를 달리한다. 이는 평화의 개념과도 관련된 것으로 근세에 전쟁이 없다고 해서 평화인가 하는 점이다. 전술한 바와 같이 근세의 朝・日관계는 수많은 모순과 갈등 속에서 진행되고 있었으며, 근대 일본의 침략성이 근세에 뿌리를 두고 있다는 점이다. 이에 대해서 아라노 자신도 근세의 비판적인 재조명이 필요하다고는 언급하고 있으

---

13) 荒野泰典,「近世の日朝關係」(歷硏アカデミ-『日朝關係史を考える』, 靑木書店, 1989), 101~102쪽.

나, 보다 내면적인 본연의 近世像을 추출하지 않으면 안 된다고 생각한다. 이는 본서의 주요한 연구 목적 중의 하나이며, 이에 대한 규명을 위해 전술한 '상호간 협력관계'의 설정에 뒤를 이어 '갈등'이라는 시점을 추가하고 싶다.

근세의 朝·日관계는 갈등을 내재하면서도 국제관계의 균형을 유지하고 있었다. 그 균형을 유지하고 있었던 것이 '協力' 내지는 '共助' 관계이며, 그 교두보 역할을 하고 있던 것이 쓰시마번이었다. 그러나 양국 간에 '協力' 내지는 '共助' 관계가 소실되고 쓰시마번이 소멸하여(=廢藩治縣, 1871년) 그 균형이 붕괴되었을 때, 양국은 정면으로 충돌할 수밖에 없었다. 그것이 현재에도 아직까지 깊은 상처를 남기고 있는 근대의 양국관계라고 생각된다.

넷째, 근세 동아시아 속에서의 표류민 송환체제를 재검토하는 것으로 본서에서는 제5장과 제6장에서 고찰했다. 선행연구에 보이는 표류민 송환체제는 동아시아 영역의 국민만을 대상으로 한 것으로 동아시아 국가 간의 네트워크 그물망에서 벗어난 異國, 즉 동아시아 제국가 영역 이외의 표류민을 직접적인 대상으로 한 것이 아니다. 하지만 본서에서 소재로 삼고 있는 박연 일행과 하멜 일행의 조선표착과 같은 경우에서 알 수 있듯이 동아시아 표류민 송환체제의 직접적인 대상이 아니었음에도 불구하고, 그들은 동아시아 표류민 송환체제의 논리 속에서 처리되고 있었다. 물론, 동아시아 제국가의 영역 이외의 경우도 국제관계가 성립한 국가간(예를 들면, 일본과 네덜란드)에 동아시아의 표류민 송환체제의 일환으로서 구제정책이 취해지고 있었다는 것은 주지의 사실이다.[14]

최근 한국과 일본에서는 동아시아 표류민 송환체제에 관한 연구가 활발하게 진행되고 있지만, 그 영역 이외의, 예를 들면 유럽제국 등 국제관

---

14) 荒野泰典, 「近世日本の漂流民送還體制と東アジア」(『歷史評論』 400, 1984). 후에 荒野泰典, 『近世日本と東アジア』(東京大學出版會, 1988)에 수록.

계가 없는 국가의 표류민에 관해서는 거의 고찰대상에서 제외되고 있다.[15] 근세 표류민 송환체제의 실태를 규명하기 위해서는 그 네트워크에 편입되지 않은 지역의 표류민에 대해서도 연구의 범주에 넣어야 하며, 그 시야에 포함시키지 않는다면 표류민 송환과 관련된 국제관계 네트워크의 전체상(=전체구조)을 볼 수 없다. 본서에서는 동아시아의 표류민 송환체제가 동아시아 제국가의 영역을 벗어난 표류민의 경우에 과연 어떠한 역할을 다하고 있었는지, 또 기능을 하고 있었는지 하지 않았는지, 했다면 어떠한 기능을 다하고 있었는지에 대해 구체적으로 검토함으로써, 해당 체제를 보다 입체적으로 파악하기 위한 하나의 소재로 삼고 싶다.

다섯째, 본서 제7장에서 고찰해 볼 내용으로 네덜란드, 즉 VOC가 17세기 초두에 일본으로의 무역진출을 계획하고 있을 당시 조선으로의 무역진출도 계획하고 추진하고 있었음에도 왜 일본무역만으로 고착되어져 갔는지를 규명하는 것이다. 여기에는 네덜란드의 조선무역 계획과 시도 및 철회의 전과정에 대한 검토가 필수적이며, 일본과 VOC의 관계 또한 고찰 대상이 된다. 더욱이 네덜란드라는 서양국가와의 관계가 朝·日 양국의 근대화에 어떠한 영향을 끼쳤으며, 이를 어떻게 이해할 것인가에 대한 문제까지도 검토해보고자 한다.

동아시아에서 네덜란드와의 국제관계에 대한 연구는 거의 일본 또는

---

15) 1999년에 한국과 일본에서는 각각 표류민 연구에 관한 학술세미나가 열려 많은 관련 사항들이 논의되었지만, 그 때에도 동아시아 영역 이외의 이국 표류민에 관해서는 논의 대상에서 거의 제외되고 있었다. 『조선시대 漂流民을 통해 본 한일관계』(강원대학교인문과학연구소·한일관계사학회 주최심포지엄초록, 강원대학교국제회의실개최, 1999년 4월 29~30일). 申東珪, 「一九九九年韓日關係國際シンポジウム'朝鮮時代漂流民を通してみた韓日關係'參加記」(『史苑』 60-2, 2000) ; 「シンポジウム'近世東アジアの漂流民と國家'」(『史學雜誌』 108-9, 1999) ; 渡邊美季, 「シンポジウム參加記 '近世東アジアの漂流民と國家'」(『民衆史研究會會報』 48, 1999) 등을 참조.

동남아시아, 중국과의 관계에 집중되고 있다. 특히, 일본에서 근세 日·
蘭 관계사에 대한 연구는 선행연구는 물론, 현재에도 많은 연구가 진행
되고 있으며, 또한 일본 역사학계에 미치는 영향도 무시할 수 없다. 그러
나 네덜란드는 일본과의 통상관계를 맺을 무렵부터 조선도 무역상대국
으로서 시야에 두고 있었으며, 그 이후에도 네덜란드의 조선무역에 대한
노력은 17세기 중후반까지 계속 이어지고 있었다. 일본에서의 연구가 자
국과 네덜란드와의 연구에 집중되고 있는 것은 지극히 당연한 현상이지
만, 한국에서조차 이러한 사실은 무시되고 있다. 네덜란드가 조선과의
관계를 시야에 두고 조선으로의 진출을 계획하고 있었다는 것이 역사적
인 사실인 이상, 17세기 이후 VOC가 일본무역에 전념한 이유와 아울러
네덜란드와 동아시아의 국제관계를 총체적으로 규명하기 위해서 조선과
의 관계에 대한 연구와 검증은 필수적인 것이다.

한편 한국에서는 일본이 일찍 근대화에 성공한 이유가 근세 초기부터
네덜란드와의 관계를 긴밀히 유지함으로써 그것이 근대화 성공의 원동
력이 되었다고 하며, 나가사키[長崎]와 같은 외교창구의 유무가 양국의
운명을 갈랐다고 하는 논의가 있다.16) 이와 같은 관점으로부터 조선 근
대화 후진성의 원인으로써 하멜 일행의 표착사건을 조선과 네덜란드가
직접적인 관계를 맺을 수 있는 절호의 기회를 잃었다고 하는 주장,17) 나

---

16) 姜在彦, 『西洋と朝鮮』(文藝春秋, 1994), 271~272쪽 ; 姜在彦, 『조선의 西學
　　史』(民音社, 1990), 37~75쪽 참조.
17) 김태진 역, 『하멜일지 그리고 조선국에 관한 기술 1653-1666』(전남대학교출
　　판부, 1996), 15쪽 ; 강준식, 『우리는 코레아의 광대였다』(웅진출판, 1995), 프
　　롤로그 ; 강준식, 『다시 읽는 하멜표류기』(웅진닷컴, 2002), 프롤로그 ; 서인
　　석, 『꼬장꼬장 세계문화답사기』(동방미디어, 1999) ; 주강현, 『21세기 우리문
　　화』(한겨레신문사, 1999) ; 姜在彦 저, 『朝鮮近代史』(平凡社選書 90, 平凡社,
　　1986) ; 이덕주, 『조선은 왜 일본의 식민지가 되었는가: 새로운 시각 분석-
　　일백년전 '조선멸망기'』(에디터, 2001), 제2장 「조선망국론」.

아가 조선에도 나가사키와 같은 장소가 생길 수 있는 좋은 기회였으나 일본의 방해로 인해 그 기회를 잃었다고 인식하는 경향도 보이고 있다.[18] 과연, 그러할까. 일본 자본주의 침략과 제국주의 침략에 의해 조선 내부에서 생성된 '자본주의적 맹아'(=내재적 근대화의 맹아)가 파괴되었다는 점에서 일본의 '방해'로 조선의 근대화가 늦어졌다는 것은 엄연한 사실이며, 여기서 다시 강조할 필요도 없는 사실이다. 그러나 네덜란드와의 관계 유무로 조선의 근대화를 설명하려는 방법에는 동의할 수 없다. 이러한 역사인식 방법은 한국의 역사 자체가 외래의 압도적인 영향 하에서 형성되었고, 한국 독자적인 것은 없다고 하는, 이른바 식민사관의 대표적 주장 중의 하나인 '他律性史觀'이라고 밖에 볼 수 없기 때문이다. 본서에서는 네덜란드의 동아시아 무역계획과 그 과정 중에 발생한 日·朝·蘭 삼국의 외교적 대응으로부터 이러한 근대화 문제에 관해서도 생각해 보고자 한다.

II. 선행연구의 검토

1. 한국에서의 연구

근세 VOC의 동아시아 진출과 관련된 한국에서의 연구는 주로 『하멜

---

18) KBS방송국, '중세조선의 비밀－하멜표류기'(1996년 8월 25일, 9월 1일 방송). 여기에 관련 부분을 소개하면 다음과 같다. "코레아호가 조선으로 향했을 때 또 다른(조선 근대화의) 기회였다. 그때는 일본의 방해로 무산되었다. … 그리고 19세기에는 200년 전 조선의 개방을 방해한 일본에 의해 강제적으로 개항되고 말았다. 역사의 갈림길은 이미 17세기의 한 사건(하멜의 표착)에서 시작되었던 것이다."

보고서』의 번역을 중심으로 진행되고 있다. 그 보고서를 중심 토대로 한 역사적 검토에 관한 연구논문은 적은 편이나, 다른 테마의 논증을 위해 『하멜보고서』가 이용된 연구는 상당히 많다. 여기서 먼저 『하멜보고서』를 번역한 연구에 대해서 보면 다음과 같다.

이미, 1918년 6월 신문관 발행의 『靑春』에 최남선이 「二百五十年前和蘭人 헨드릭 하멜 朝鮮日記(三十六人의 十四年間淹留實錄)」[19]라는 제목으로 『하멜보고서』의 번역본을 게재하고 있다. 그 서문인 「헨드릭 하멜 朝鮮日記敍」에는 하멜의 표착에 관한 간략한 개설적인 해제를 붙이고 있으며, 말미의 부록에는 「近世西人의 東洋交通과 그 學術의 流傳」을 첨부하여 서양의 동양진출 및 조선과의 관련도 언급하고 있어 당시 서양과의 국제관계사 측면에서 선구적인 연구라고 평가할 수 있다. 하지만 최남선의 이러한 연구는 『하멜보고서』를 제대로 소개하고 있지 않다. 이 보고서는 최남선이 서두에 밝히고 있는 바와 같이 그가 직접 번역한 것이 아니라, 『태평양잡지』[20)에 게재되어 있던 것을 약간 수정하여 『靑春』에 다시 게재한 것이다.

이병도는 이 사실을 1934~1935년에 당시 경성제국대학에 소장되어 있던 『하멜보고서』의 불역판과 영역판(불역을 영역한 것)을 근거로 삼아 『震檀學報』에 「蘭船濟州島難破記(하멜漂流記)」[21]라는 제목으로 번역하

---

19) 崔南善 譯, 「二百五十年前和蘭人 헨드릭 하멜 朝鮮日記(三十六人의 十四年間淹留實錄)」(『靑春』 14, 新文館, 1918).

20) 『태평양잡지』(The Korean Pacific Magazine)는 이승만이 하와이에서 1905년 11월부터 발간되고 있던 『포와한인교보』(등사판)를 두 개로 나누어 『포와한인교보』는 교회보(하와이 한인감리교회)로 발간하고, 별도로 1913년 9월부터 교회 관련 이외의 기사를 모아 『태평양잡지』로 발간한 것이 그 시작이다(이덕희, 「이승만과 하와이 감리교회, 그리고 갈등: 1913~1918」『한국기독교와 역사』 21, 2004, 114~116쪽).

21) 李丙燾譯註, 「蘭船濟州島難破記(하멜漂流記)」(『震檀學報』 1, 1934). 이후 「蘭船濟州島難破記(2)(附 朝鮮國記)」(『震檀學報』 2, 1935)와 「蘭船濟州島難破記

여 소개하면서, "재미 조선인이 경영하는『태평양잡지』로부터 전재한 것이 있으나, 여기에는「朝鮮國記」부분은 생략하여 전혀 번역하지 않았을 뿐만 아니라, 그 번역한 부분도 원래 抄譯에다가 오역·오석이 많고 너무도 의역이 많아 원의를 해한 점이 한 두 곳이 아니다."22)라고 평가하고 있다. 그러나 이『震檀學報』의 번역본 역시 네덜란드 원본을 참조한 것은 아니다. 필자는 전술한 최남선 역본에 대해서 번역상의 평가보다는 우선, 한국에서 최초로『하멜보고서』를 소개하고 있으며, 더욱이 조선과 서양과의 국제관계를 어느 정도는 폭넓게 개설하고 있다는 점에 더 큰 의의가 있다고 본다. 지금까지 국내에서『하멜보고서』와 관련해 최초로 직접 번역한 사람이 이병도라는 것에는 의심의 여지가 없으나, 소개라는 측면에서 본다면 주의할 필요성이 있다. 물론 이병도의 번역은 한일 양국을 통해 처음으로「朝鮮國記」부분이 포함되어 번역된 완역으로서 그 권말에는 박연과 하멜에 관한 조선과 일본의 기록들도 소개하고 있기 때문에 현재까지도 빼놓을 수 없는 선구적인 연구임에는 틀림없다.

한편, 1935년에 한글학회의『한글』이라는 잡지에는「하멜표류기」23)가 9회에 걸쳐 연재되었는데, 이것은 앞에서 살펴 본 이병도의『震檀學報』 번역본에서 해제 부분을 삭제한 본문만을 그대로 옮겨 게재한 것으로 내용상 새로운 해석은 포함되어 있지 않다.

이후,『震檀學報』의 번역을 문고판으로 출판하였는데, 그것이 바로 1939년 박문서관에서 발행된 박문문고(9-10)『하멜漂流記(蘭船濟州島難破記及朝鮮國記)』24)라는 것이며, 이후 단행본으로서 같은 내용의 책을

(完)(附 朝鮮國記-末附 朝鮮及日本側史料)」(『震檀學報』3, 1935)를 발표하여 완결.
22) 상동, 180쪽.
23)「하멜표류기(1)-(8)」(한글학회,『한글』31-35/37-40, 1936.2～1936.12).
24) 李丙燾 譯註,『하멜漂流記(蘭船濟州島難破記及朝鮮國記)』(博文文庫 9-10, 博文書館, 1939).

재출판 했다.[25] 1953년에는 『하멜보고서』의 1732년 불역판과 1813년 런
던에서 출판된 제임스 버니의 이른바 버니판[26]을 영인 수록하여 『하멜
표류기』로 재출판하였다.[27] 이후, 1953년의 판본을 토대로 1975년에는
버니판 대신에 1884년 미국의 그리피스가 번역한 그리피스판[28]을 수록
한 재판본이 계속 간행되었으며, 그의 연구는 박연과 하멜 일행 등 네덜
란드인의 조선표착을 한국 역사학계에서 실증적 사실로 소개하는데 큰
역할을 다했다.

김창수는 1975년에 1920년 네덜란드에서 간행된 이른바 린스호텐협회
총서인 후팅크판[29]을 저본으로 번역하여 『하멜표류기/한국의 비극』[30]라
는 제목으로 출간하였는데, 번역문의 형태로 볼 때, 이쿠타 시게루[生田
滋]의 『朝鮮幽囚記』[31]를 많이 참조한 것으로 후팅크판을 참조한 흔적은
보이지 않는다. 이후에 똑같은 내용을 『하멜, 그는 무엇을 보았는가, 풍
운 한말의 비사』[32]라는 제목으로 재간행하고 있으며, 여기에 이쿠타 시
게루의 『朝鮮幽囚記』에 수록된 관련사료를 재수록하여 『동방견문록/하
멜표류기』[33]라는 제목을 붙여 출간하고 있다.

---

25) 李丙燾 譯註, 『하멜漂流記(蘭船濟州島難破記及朝鮮國記)』(博文書館, 1946).
26) James Burney, A chronological history of the discoveries in the South Sea or Pacific Ocean, part Ⅲ, Luke hansard and Sons, 1813.
27) 李丙燾 譯註, 『하멜漂流記』(一潮閣, 1954).
28) William Elliot Griffis, Corea without and within: Chapters on corean history, manners and religion with Hendrick Hamel's narrative of captivity and travels in Corea, annotated, Philadelphia, Presbyterian board of publication, 1884.
29) 각주 2)번 참조.
30) 김창수, 『하멜漂流記/韓國의 悲劇』(世界敎養全集 14, 三珍社, 1975).
31) 生田滋 譯, 「朝鮮幽囚記」(『朝鮮學報』 19·23·35, 1961~1965). 이후 『朝鮮幽囚記』(平凡社, 1969)로 출간.
32) 金昌洙 譯 『하멜, 그는 무엇을 보았는가, 風雲 韓末의 悲史』(三珍社, 1980).
33) 金昌洙 譯, 『東方見聞錄/하멜漂流記』(을유문화사, 1983).

한편, 『하멜보고서』의 번역만이 아닌 체계적인 연구서로서 등장하는
것은 게리 레드야드의 『The Dutch Come to Korea』34)이다. 이에 대해서는
서양에서의 연구에서 언급하겠지만, 박윤희가 『하멜표류기 - 조선왕국견
문록』35)으로 번역하여 간행하고 있다. 이후 이 저서는 네덜란드인의 조
선표착과 관계된 연구와 연구자들에게 많은 영향을 끼치고 있다.

게리 레드야드의 연구 성과가 가장 많이 표출되고 있는 연구는 1995
년 강준식의 『우리는 코레아의 광대였다 - 하멜의 조선기행』36)이다. 여
기에는 장 폴 바이스(Jean Paul Buys)가 후팅크판을 영역한 것을 저본으로
한 번역본을 권말에 싣고 있다. 또한, 번역본만을 실은 것이 아니라, 전
반부에는 박연 및 하멜 일행의 조선표착에서 귀국에 이르기까지의 상황
을 당시까지의 연구보다는 폭넓게 고찰하고 있다. 하지만 그 내용은 기
본적으로 전술한 레드야드의 연구를 그대로 답습하고 있으며, 다만 자신
의 견해를 부분적으로 추가하고 있을 뿐이다. 참고로 강준식의 저서는
목차까지도 레드야드의 저서와 거의 다를 바 없으며, 주장하고 있는 내
용들과 참고한 사료 등도 거의 레드야드가 이미 인용하고 있는 것이다.
이 책은 2002년에 제목을 『다시 읽는 하멜표류기』37)라고 바꾸어 똑 같
은 내용을 재출판하고 있다.

1996년에는 김태진도 바이스의 영역판을 번역하여 『하멜일지 그리고
조선국에 관한 기술, 1653~1666』38)이라는 제목으로 출판하였는데, 특기
할 만한 사항은 바이스가 소개한 네덜란드 관련 사료를 번역하고 있어,
관련 연구자들에게는 도움을 줄만한 책이다. 이 책은 다시 『하멜표류기

34) Gari Ledyard, The Dutch come to Korea, Royal Asiatic Society, Korea Branch, 1971.
35) 레드야드 編/朴允熙 譯, 『하멜漂流記 - 朝鮮王國見聞錄』(三中堂, 1976).
36) 강준식, 『우리는 코레아의 광대였다 - 하멜의 조선기행』(웅진출판, 1995).
37) 강준식, 『다시 읽는 하멜표류기』(웅진닷컴, 2002).
38) Jean Paul Buys 著/김태진 譯, 『하멜일지 그리고 조선국에 관한 기술, 1653~
1666』(전남대 출판부, 1996).

-낯선 조선 땅에서 보낸 13년 20일의 기록』[39]이라는 제목으로 재출판 하였다. 신복룡도 한말외국인기록이라는 번역시리즈 중의『하멜 표류기/ 조선전/조선서해탐사기』[40]에서『하멜보고서』의 영역본인 버니판을 저본 으로 번역하고 있으나, 간혹 각주 해설문에 오류를 보이고 있다.

2003년에 최두환은『새롭게 고쳐 쓴 신 하멜표류기』[41]라는 제목으로 번역·출판하고 있는데, 그는 이 책에서『하멜보고서』번역에 보이는 용 어상의 문제를 제기함과 동시에 하멜이 제주도에 표착한 것 자체를 부 정하고 있다. 즉, "하멜은 한반도에 온 적이 없다."고 하며, 그가 표착한 곳은 중국 福建省의 福州 지방임에 틀림없다고 기존의 연구를 정면으 로 반박하고 있다. 더욱이 '하멜이 표착한 제주는 福州와 廣東省 사이 에 있는 한 지역'이라고까지 주장하고 있어 이에 대한 평가를 일일이 언급하는 것 자체가 불가능할 정도이다. 국내 자료와 일본의 자료를 거 의 무시하고 있으며, 학문적 연구성과로 평가할 수 없는 비논리적인 부 분이 많다.

최근에 들어와서는『하멜보고서』의 네덜란드 원문을 토대로 한 번역 이 소개되고 있다. 2003년에『보물섬은 어디에-네덜란드 공문서를 통 해 본 한국과의 교류사』[42]라는 제목으로 지명숙과 왈라벤의 연구물인 데, 이 책의 후반부에는 지금까지의 번역 형식(존칭어의 사용 등)과는 달 리 미사여구를 제외한 간결체문으로 내용을 번역하고 있다. 특히, 대부 분의 소개된 자료들은 이미 후팅크가 소개하고 있는 내용들이지만, 상세 한 언급들이 추가되어 있다. 필자의 연구에서 다루고 있는 네덜란드의

---

39) 김태진 譯,『낯선 조선 당에서 보낸 13년 20일의 기록 하멜표류기』(도서출판 서해문집, 2003).
40) 申福龍 譯,『하멜표류기/조선전/조선서해탐사기』(집문당, 1999).
41) 최두환 譯,『신 하멜표류기-새롭게 고쳐 쓴』(우석출판사, 2003).
42) 지명숙/왈라벤 共著,『보물섬은 어디에-네덜란드 공문서를 통해 본 한국과 의 교류사』(연세대 출판부, 2003).

동아시아 진출에 관련된 VOC의 문서들이 소개되고 있어 많은 참고가 되었다.

또, 네덜란드 원문을 번역한 『하멜보고서』43)라는 제목의 번역서도 있다. 이 번역판은 헨리 사브나이예(Henny Savenije)가 후팅크판과 『하멜보고서』의 필사본을 참조하여 작성한 자료44)를 토대로 유동익이 번역한 것이다. 이 책의 부록에는 정성화의 「『하멜보고서』의 서지적 해설」과 필자의 논문인 「서양 이국인 표착과 근세 조선·네덜란드·일본의 국제관계사」가 수록되어 있다. 필자도 이 책의 출판기획에 참여하고 있었는데, 책의 제목을 『하멜보고서』라고 한 것은 하멜기록 필사본의 원래 취지를 살리자는 의도에서 필자가 명명한 것이며, 『하멜보고서』라고 명명한 최초의 번역판이다. 이외에 입시생들을 위한 논술고사 대비를 위한 서적으로 『하멜보고서』가 번역된 것이 있으나,45) 학술적 성격을 띤 것이 아니기에 상세한 언급은 생략한다.

이와 같이 한국에서 『하멜보고서』의 각종 번역이 많이 행해지고 있음을 알 수 있는데, 이를 동아시아의 표류민 송환체제나 日·朝·蘭의 국제관계사, 나아가 동아시아 국제관계사라고 하는 세계사의 시점에서 파악한 연구는 드물다. 뿐만 아니라, 2003년까지 지명숙·왈라벤 공저서와 유동익 번역의 『하멜보고서』가 출간되기 이전까지의 번역서는 모두 원문 필사본을 저본으로 한 것이 아니라, 불역·영역·일역판 등을 저본으로 한 이중 번역판이었다. 여기에서 상세한 언급은 생략하지만, 이들 번역서들 중에는 어떤 판본을 근거로 번역했는지, 또 저본은 무엇인지에 대한 언급이 없는 것은 물론이고, 대부분의 경우는 이병도와 박윤희의

---

43) 유동익 譯, 『하멜보고서』(중앙M&B, 2003).

44) http://www.henny-savenije.pe.kr

45) 김기홍, 『동방견문록/하멜표류기』(마당미디어, 1995). 1999년에 한국뉴턴 출판사에서 재출판.

번역본, 그리고 이쿠타 시게루의 『朝鮮幽囚記』를 참조한 경우가 많고, 원본을 참조하지 않아 원본의 형식에서 벗어난 번역들도 보이고 있다. 한 사람이 똑같은 번역판을 제목만 바꾸거나 또는 출판사를 바꾸어 재출판하는 경향도 많았다.

필자가 조사한 바에 의하면, 한국에는 현재『하멜보고서』 번역본이 12인(이중에 지명숙·왈라벤은 공역)에 의해 18종류가 간행되어 있는데, 이를 도표로 정리해 보면 다음과 같다.

〈표 1〉한국에서의 『하멜보고서』 번역본

역 자	서 명	게재지/출판사	출판년
최남선	二百五十年前和蘭人 헨드릭하멜 朝鮮日記 (三十六人의 十四年間淹留實錄)	『靑春』 14호	1918
李丙燾	蘭船濟州島難破記(하멜漂流記)	『震檀學報』 1-3	1934-35
	하멜漂流記(蘭船濟州島難破記及朝鮮國記)	博文書館(문고본)	1939
	하멜漂流記	一潮閣	1954
	蘭船濟州島難破記－附 朝鮮國記	一潮閣	1975
朴允熙	하멜漂流記－朝鮮王國見聞錄	三中堂(문고125)	1975
金昌洙	하멜漂流記/韓國의 悲劇(世界敎養全集 14)	三珍社	1975
	지성인의 세계(하멜, 그는 무엇을 보았는가 /風雲 韓末의 秘史)	三珍社	1980
	東方見聞錄/하멜漂流記	乙酉文化社	1983
강준식	우리는 코레아의 광대였다	웅진출판	1995
	다시 읽는 하멜표류기	웅진닷컴	2002
김기홍	동방견문록/하멜표류기	마당미디어	1994
김태진	하멜일지 그리고 조선국에 관한 기술, 1653-1666	전남대학교	1996
	낯선 조선 땅에서 보낸 13년 20일의 기록 －하멜표류기	도서출판 서해문집	2003
신복룡	하멜표류기/조선전/조선서해탐사기	집문당	1999

지명숙/ 왈라벤	보물섬은 어디에 - 네덜란드공문서를 통해 본 한국과의 교류사	연세대학교 출판부	2003
최두환	새롭게 고쳐 쓴 신 하멜표류기	우석출판사	2003
유동익	하멜보고서	중앙M&B	2003

* 동일 출판사의 동일 제목, 중판이나 문고·총서 등의 형태만을 바꾼 출판물
과『하멜보고서』관련의 동화 및 만화 등은 제외함. 김기홍의『동방견문록/
하멜표류기』는 '마당미디어'가 '한국뉴턴'으로 출판사명을 변경하여 1999년
에 재출판. 대학입시 논술고사 대비용으로 출판되었기에 상세한 언급은 생
략하겠으나, 어떤 판본을 토대로 번역했는지 상세히 명기되어 있지 않다.

위와 같은『하멜보고서』의 번역 이외에 당시의 역사·사회·문화·외
교사의 측면에서 고찰에 이용한 연구로서는 다음과 같은 것들이 있다.

1935년에 李仁榮은「西洋人朴燕考」[46]에서 한국의 사료에서 보이는 박
연의 행적을 紅夷砲의 개발과 관련하여 간단히 정리하고 있는데, 논고의
분량이나 내용은 극히 소략하나 박연과 관련된 최초의 전문연구라고 평
가할 수 있다.

1957년에는 홍이섭이「서울에 왔던 歐美人」[47]을 발표하여 한국과 서
양관계 및 박연 일행·하멜 일행의 조선표착에 대한 경과를 정리하고
있는데, 인용된 사료는 모두 1953년에 출판된『하멜표류기』(一潮閣, 1954)
의 자료를 이용하고 있으며, 그 내용 또한 이병도의 언급을 대체로 채용
하고 있어 새로운 논증은 거의 보이지 않는다.

1963년에 양홍식이「지리상 발견시대의 제주도」[48]에서 박연과 하멜
일행의 표착경위를 간단히 소개하고 있는데, 그 경위 자체는『하멜보고
서』를 토대로 삼고 있다.

1967년에 金良善은「仁·孝 兩朝 蘭人의 漂到와 韓·中·日 三國의

---

46) 李仁榮,「西洋人朴燕考」(『京城大學史學會報』7, 1935).
47) 洪以燮,「서울에 왔던 歐美人」(『鄕土서울』1, 서울특별시사편찬위원회, 1957).
48) 梁弘植,「지리상 발견시대의 제주도」(『제주도』7, 1963).

外交關係-耶蘇宗門 問題를 中心으로」49)에서 박연과 하멜 일행의 조선 체재, 나카무라 히데타카[中村榮孝]가 과제로 남겨두었던 조선과 일본 사이의 耶蘇宗門 禁制에 대한 문제 등을 폭 넓게 고찰하고 있다. 당시까지의 연구로서는 가장 많은 사료를 인용하여 논증하고 있으며, 또 네덜란드인의 조선표착을 단순한 異國人의 조선표착이라는 흥미 위주에서 벗어나 실증적인 검토를 행하고 있어 한국에서 본격적인 연구의 출발점이라고 평가할 수 있다. 그러나 제목에 보이는 중국 관계는 하멜 일행이 서울에 체재하고 있었을 때, 일행의 두 사람이 귀국 중에 있던 청국 사신에게 자신들의 본국송환을 호소한 소동만을 가리키고 있는 것으로 한·중·일 삼국이 관련된 국제관계를 대상으로 한 연구라고는 할 수 없다. 더구나 나카무라와 마찬가지로 朝·日간의 왕복서계 및 한국 사료에만 중점을 둔 고찰이기 때문에 막부나 쓰시마번[對馬藩]의 움직임, 그리고 양자의 대조선 외교에 대한 근본적인 의도는 상세히 파악되고 있지 않다.

김태능은 전술한 양홍식과 마찬가지로 제주도의 연구가인데, 1969년에 「和蘭船舶의 大靜縣 漂着」,50) 1970년에 「和蘭國漂人 '벨트브레'의 行蹟」51)을 발표하여 박연과 하멜 일행의 조선표착을 개관하고 있다. 후에 이들을 수정하여 「濟州道와 外國과의 關係-하멜漂着地 小考」라는 제목으로 『濟州道史論攷』에 수록하고 있다.52)

1980년에 박연호는 「과거제도의 西漸」53)에서 동양의 과거제도에 대한

---

49) 金良善, 「仁·孝 兩朝 蘭人의 漂到와 韓·中·日 三國의 外交關係-耶蘇宗門 問題를 中心으로」(『鄕土서울』 30, 1967).

50) 金泰能, 「和蘭船舶의 大靜縣 漂着」(『제주도』 39, 1969).

51) 金泰能, 「和蘭國漂人 "벨트브레"의 行蹟」(『제주도』 46, 1970).

52) 金泰能, 「濟州道와 外國과의 關係-하멜漂着地 小考」(『濟州道史論攷』, 세기문화사, 1982).

53) 朴璉鎬, 「科學制度의 西漸」(『慶熙大學校論文集』 제10집, 1980).

서양인들의 인식을 마테오 리치(Matteo Ricci)와 하멜 등의 기록으로부터
고찰하고 있는데, 하멜 부분과 관련해서는 기술에 오류를 보이고 있다.
그는 조선에 관한 이야기가 최초로 서양어로 서술되어 서양의 독서계에
소개된 것은 1668년에 발간된『하멜보고서』를 계기로 한다고 기술하고
있으나, 일본에 들어온 선교사, 즉 루이스 프로이스의『일본사』[54]와 로
드리게스의『일본교회사』[55] 등에 보이는 바와 같이 이미 1653년 이전부
터 조선에 대한 정보는 유럽에 유입되고 있었다. 또 하멜이 자신의 보고
서 제목에 조선 사람들을 야만인이라고 기술하고 있지 않았음에도 "꼬
레에 도착한 漂流人들은 야만인들 틈에서 13년 28개월 동안이나 노예생
활을 하게 된다."라고 제목을 소개하고 있다. 어디서 이러한 제목이 나왔
는지는 모르겠지만, 명백한 오류라 할 수 있다.

　외국인 연구자들이 국내에서 관련 연구들을 발표하기도 했는데, 미
국의 미시건 대학 지리학과 교수인 니메스(David J. Nemeth)는 1988년에
「Some Early Western Travellers to Cheju Island」(초록: 구미인들의 제주탐험
기)[56]에서 약 9개월간에 걸친 하멜 일행의 제주체재를 간략히 언급하고
있다. 또한 본서와는 내용상 시기적인 차이가 있지만, 네덜란드인 바아
렐(R.C. van Baarel)은 1990년에「체결되지 못한 朝·蘭 통상조약」[57]에서
한국의 개화기에 벌어졌던 네덜란드와의 통상관계와 그 배경을 고찰하
고 있다. 하지만, 네덜란드와의 관계라는 측면에서 국내에서는 거의 이
루어지지 않았던 한말 네덜란드와의 외교수립의 기회를 다루고 있어 선

---

54) 松田毅一/川崎桃太 譯,『日本史(전12권)』(中央公論社, 1977~1980).
55) ジョアンロドリーゲス 著/江馬務 외 譯註,『日本敎會史(上·下)』(大航海時代
　　叢書(9-10), 岩波書店, 1967~1970).
56) David J. Nemeth, Some Early Western Travellers to Cheju Island,『耽羅文化』7,
　　1988.
57) R.C.van Baarel,「締結되지 못한 朝·蘭 通商條約」(『한국학연구』2, 인하대학
　　교한국학연구소, 1990).

구적이라고도 할 수 있다.

1989년에 최종고는『西洋人이 본 韓國法俗』[58]에서『하멜보고서』에 수록된「조선국기」 중에서의「중죄와 형벌」에 관한 내용만을 발췌해 번역·게재하고 있지만, 논증을 행한 연구는 아니며, 이것도 번역에는 버니판을 저본으로 하고 있다.

1994년에 김영자는『서울 제2의 고향-유럽인의 눈에 비친 100년전 서울』[59]의 제1장「하멜: 서울을 방문한 이방인」에서『하멜보고서』에 보이는 일행의 서울 생활을 소개하고 하고 있는데, 별다른 추가적인 언급은 없고 다만 번역문을 게재하고 있을 뿐이며, 그 번역문이 어떤 판본을 토대로 하고 있는 지에 대한 언급도 없다.

1996년에는 박대헌이『서양인이 본 조선-조선관계 서양서지』[60]를 출판하였는데, 여기에는 저자가 소장하고 있는 188종 261판 287책의 조선관계 서양서지를 토대로 각 서지별로 도록과 함께 간략한 해제를 덧붙이고 있다. 서지적인 측면에서는 귀중도서를 연구자들에게 소개하고 있어 중요한 연구라고 평가할 수 있으나, 한국관련 서양서적의 소개에 중심을 두고 있을 뿐, 책의 내용을 상세히 파악하여 연구에 응용한 것은 아니다. 여기에서 저자는 최초의 조선귀화 서양인으로서 박연을 평가하고 있으며, 하멜과 관련해서는 이미 널리 알려진『孝宗實錄』의 하멜 일행 표착보고와 成海應이 저술한『研經齋全集』의 내용 등을 근거로 일행의 조선생활을 기술하고 있다. 하지만 기술 내용 중에는 오류도 보이고 있다. 예를 들면, "하멜과 그의 동료 7명은 1666년 9월 조선을 탈출하는데 성공하여 나가사키[長崎]에서 바타비아를 거쳐 1668년 암스테르담에

---

58) 崔鍾庫,『서양인이 본 한국법속』(교육과학사, 1989).
59) 김영자,『서울 제2의 고향-유럽인의 눈에 비친 100년 전 서울』(서울시립대학교부설 서울학연구소, 1994).
60) 박대헌,『西洋人이 본 朝鮮-朝鮮關係 西洋書誌(上/下)』(壺山房, 1996).

도착하였다."[61]고 하였지만, 하멜은 바타비아에 남아있고 동료 7명만 먼저 귀국하고 있었다. 즉, 『하멜보고서』의 이른바 원본 필사본으로 불려지는 것은 하멜이 VOC에 제출한 것이 아니라, 먼저 귀국한 이들 7명이 VOC에 제출한 것이다.

1997년에 김숙현은 「하멜표류기 분석을 통한 문화간 커뮤니케이션 연구」[62]에서 『하멜보고서』를 통해 네덜란드인과 조선인, 그리고 네덜란드인과 일본인들의 문화·언어의 커뮤니케이션 행위를 검증하여 정보전달과 이해과정, 문화충격에 대한 적응과정을 사회학적인 입장에서 파악하고 있다. 그는 결론으로서 조선인은 일관성을 유지하는 경향이 강했기 때문에 정보해석에 오류가 발생할 여지가 있었고, 하멜 일행은 불확실하고 두려운 상황으로 인해 커뮤니케이션을 해석하고 예측하는데 오류를 범했다고 말한다. 이것은 역사적 사료를 통한 당시대의 사회학적 분석이라는 측면에 그치는 것이 아니라 그것을 다시 역사적 해석의 가치판단으로 이용하고 있다는 측면에서 매우 신선한 충격을 주고 있다. 같은 해에 김정환은 『근대로 가는 길』[63]의 제5장에서 「박연과 하멜」이라는 테마로 이들의 표착경위를 간단히 언급하고 있다.

1999년에 주강현은 「동도서기와 문명개화―백년의 경험」[64]의 「하멜표류기는 무엇을 남겼을까」라는 부분에서 "(하멜 일행을) 대상으로 조선정부가 어떤 구체적인 서양 과학기술을 알려고 하였다거나 이를 본격적으로 탐구하려 하였다는 흔적도 보이지 않는다."고 하여 당시 조선의 서

---

61) 위의 책, 56～57쪽.
62) 김숙현, 「하멜표류기 분석을 통한 문화간 커뮤니케이션 연구」(『順神大學校 敎授論叢』 제10호, 1997).
63) 김정환, 『근대로 가는 길―조선후기편』(푸른숲, 1997).
64) 주강현, 「동도서기와 문명개화―백년의 경험」(『우리문화』, 한국민속문화연구소, 1999), 69～73쪽. 본서에서 인용한 내용과 같은 내용이 주강현의 『21세기 우리문화』(한겨레신문사, 1999)에도 수록되어 있다.

양에 대한 무관심을 비판하고 있다. 더욱이 조선과는 달리 일본은 네덜
란드를 통해 서양정보를 입수함으로써 蘭學을 꽃피웠고, 이러한 것이 명
치유신의 기초가 되었다고 주장하며, "표류인 하멜과 조선의 첫 만남, 첫
거래에서부터 우리는 실패했다."고까지 언급하고 있다. 하지만, 본서의
제3장에서 명확히 하겠지만, 당시의 조선은 서양기술에 무관심하지 않
았고, 또 조선의 근대화를 선진성과 후진성을 평가할 때, 네덜란드와의
관계 유무에 따라 평가하는 방법은 절대 좋은 방법이라고 생각지 않는
다. 같은 해에 김성준은 「西洋船에 대한 조선인의 인식과 대응」65)에서
박연과 하멜 일행의 조선표착을 간략하게 개관하여 그때까지만 해도 조
선은 '은둔의 나라'였으나, 1780년 프랑스 라페루즈 이후 많은 유럽인들
이 특정한 목적을 가지고 조선에 내항하게 되었다는 일반적 견해를 피
력하였다.

1999년에 김기삼·유승주·반윤홍은『全羅兵營史硏究－康津兵營城과
하멜滯留址 攷硏』66)의 제6장 「하멜 일행의 표류와 강진병영살이」에서
김태진이 번역한『하멜보고서』(『하멜일지 그리고 조선국에 관한 기술,
1653~1666』)를 근거로 네덜란드인의 표착과 전라병영에서의 생활을 소
개하고 있는데,『조선왕조실록』의 내용을 근거로 하고 있으나 특기할 만
한 새로운 논증은 보이지 않는다.

2001년에는 서양인이 본 한국을 테마로 프랑스의 학자 프레데릭 불레
스텍스(Frederic Boulesteix)의 저서가『착한 미개인 동양의 현자』67)라는 제
목으로 번역·출판되었다. 이 책에서는『하멜보고서』를 토대로 한 하멜

---

65) 김성준, 「西洋船에 대한 조선인의 인식과 대응」(『韓國海運學會誌』제29호,
　　1999), 302~303쪽.
66) 金淇森·柳承宙·潘允洪 공저,『全羅兵營史硏究－康津兵營城과 하멜滯留址
　　攷硏』(조선대 출판부, 1999).
67) 프레데릭 불레스텍스 著/이향·김정연 譯,『착한 미개인 동양의 현자』(청년
　　사, 2001).

일행의 표착 경위와 한국에 대한 서양인의 구체적인 이미지를 서술하고
있다. 그러나 그는 '미개하고 고립된 타지'라는 표현으로 조선을 표현하
였고, 나아가 이를 통해 조선의 고립과 폐쇄성을 강조하고 있으며, 또한
『하멜보고서』에 보이는 하멜의 생각은 '착한 미개인'과 '동양의 현자'라
는 두 이미지가 형성되는 출발점이었다고 평가하고 있다.[68] 다만, 하멜
이 본 조선을 단지 '미개하고 고립된 타지', 또는 '미개인'의 국가로 평가
할 수 있는지 의심스러울 뿐이다. 이러한 서술은 『하멜보고서』가 서양
세계의 관점과는 전혀 다른 세계와 문화를 가진 조선에 대한 평가에서
작성된 것이며, 당시 조선은 동아시아 세계에서 고립되거나 폐쇄적이지
도 않았다는 점, 더욱이 우연한 난파사고로 조선에 표착해 왔지만 조선
정부는 이들 서양 異國人을 인도적인 차원에서 구조함과 동시에 초기단
계에서는 훈련도감에 배속시켜 그들을 이용하려 했다는 점을 염두에 두
지 않은 평가이다. 여기에 '미개'라든가, '폐쇄성'이라는 평가는 적절치
못하다. 필자의 개인적인 사견이나, 저자 불레스텍스의 『하멜보고서』를
토대로 한 조선의 평가는 350여 년이 지난 지금에 와서도 하멜과 같은
동시대 사람들과 별다를 바 없지 않는가라는 느낌을 지울 수 없다.

한편, 조선의 근대화 후진성론과 관련해 이덕주는 『조선은 왜 일본의
식민지가 되었는가: 새로운 시각 분석 – 일백년전 '조선멸망기'』[69]라는
저서에서 하멜 일행과의 관련성을 언급하고 있다. 즉, 그들의 뛰어난 기
술을 이용하지 못해 조선은 근대화에 실패했고, 결국 일본의 식민지로
전락했다는 언급이 보이고 있으나, 이에 대한 검토들에 대해서는 본서의
제7장 제Ⅴ절 「네덜란드 관계로 본 朝·日 近代化 문제」에서 상세히 논
증해보도록 하겠다.

---

68) 프레데릭 불레스텍스 著, 앞의 책, 33~41쪽.
69) 이덕주, 『조선은 왜 일본의 식민지가 되었는가: 새로운 시각 분석 – 일백년전
    '조선멸망기'』(에디터, 2001).

2003년은 하멜이 표착한지 350주년이 되는 해이기 때문에 각종 학술
대회나 심포지엄도 열려 다수의 논문이 발표되고 있다. 먼저 2003년 6월
5일에는 「하멜표류 350주년 기념 연세대학교-Leiden대학교 국제학술회
의」가 열렸고,[70] 발표된 일부 논문들은 수정·검토를 거친 후『東方學
志』(제122집)[71]에 특집호로 게재되고 있다. 여기에 게재된 논문을 보면,
지명숙은 「하멜 일행의 한국 체류, 적응 및 이해」[72]에서『하멜보고서』의
내용을 토대로 하멜이 표착한 후부터의 한국 체재경험과 그의 눈에 비
친 한국의 통치·경제·사회·문화 구조를 언급하고 있다. 또 레오나드
브루쉐(Leonard Blussé)는 「만남과 발견: 극동아시아에서의 네덜란드 동인
도회사의 활동」[73]에서 하멜이 표착한 전후시기에 걸친 VOC의 무역활동
을 조선무역 시도와 관련하여 개괄적으로 언급하고 있다. 또 다른 발표
자 김석근은 기념학술회의 때에 「조선정부의 표류민 정책과 하멜 일행
의 처리」[74]를 발표하고 있으나, 이 내용은 필자가 2001년에 발표한 「네
덜란드인의 日本行 도주사건과 德川幕府의 대응」[75]과 내용의 전개가 거
의 비슷하며, 필자가 번역한 사료를 그대로 전용하고 있는데, 『東方學
志』(제122집)의 특집호에 게재되고 있지는 않다.

---

70)『17세기 조선과 서양의 만남』(하멜표류 350주년 기념 연세대학교-Leiden대
　학교 국제학술회의 초록, 연세대학교 국학연구원 주최, 2003년 6월 5일).
71) 연세대학교 국학연구원편,『東方學志(특집: 17세기 조선과 서양의 만남)』(제
　122집, 2003).
72) 지명숙, 「하멜 일행의 한국 체류, 적응 및 이해」, 상동.
73) Leonard Blussé, 「만남과 발견: 극동아시아에서의 네덜란드 동인도회사의 활
　동」, 상동.
74) 김석근, 「조선정부의 표류민 정책과 하멜 일행의 처리」(『17세기 조선과 서양
　의 만남』, 하멜표류 350주년 기념 연세대학교-Leiden대학교 국제학술회의
　초록, 2003년 6월 5일).
75) 拙稿, 「네덜란드인의 日本行 도주사건과 德川幕府의 대응」(『韓日關係史研究』
　14, 한일관계사학회, 2001).

2003년 8월 8일~10월 12일에는 국립제주박물관에서 하멜 제주도 표착 350주년을 기념하여 「항해와 표류의 역사」 특별전을 개최함과 동시에 기념강연회가 열렸는데, 특기할 만한 것은 네덜란드 국립공문서관에 소장되어 있는 『하멜보고서』의 필사본이 세계 최초로 전시되었다는 점이다. 이때의 기념강연회 때 필자는 「하멜을 통해 본 조선·네덜란드·일본의 국제관계」[76]를 발표하여 조선과 네덜란드 관계의 출발점에서 하멜 일행이 본국으로 송환되는 일련의 과정을 밝혔다. 렘코 에릭 브뢰커 (R. E. Breuker)는 「하멜과 동인도회사의 동방무역」[77]에서 『하멜보고서』 의 탄생과정과 VOC의 아시아 무역, 하멜 일행과 VOC의 조선무역 시도 등에 대해 고찰하고 있는데, VOC가 조선무역을 포기할 수밖에 없었던 이유가 일본무역을 더욱 중요시했다는 결론 부분은 이전에 필자가 주장한 내용[78]과 궤를 같이하고 있다.

한편, 필자는 1998년 「耶蘇宗門禁制를 둘러싼 朝日外交關係」[79]에서 조선표착 네덜란드인들의 송환 배경인 朝·日간의 그리스도교 금제와 관련한 외교관계를 고찰하여 양국의 그리스도교 금제에 대한 共助政策을 규명하였고, 「17世紀 네덜란드의 朝鮮貿易企圖에 관한 고찰」[80]에서는 VOC의 대조선 인식의 변화과정에 따른 조선과의 무역계획을 고찰하였다. 1999년에는 「네덜란드인의 朝鮮漂着에 관한 再考察─漂着船·漂着地·漂着年을 중심으로─」[81]에서 그동안 잘못 알려져 왔던 박연과 하

76) 拙稿, 「하멜을 통해 본 조선·네덜란드·일본의 국제관계」(국립제주박물관, 『항해와 표류의 역사』, 솔, 2003).
77) 렘코 에릭 브뢰커, 「하멜과 동인도회사의 동방무역」(상동).
78) 拙稿, 「17世紀 네덜란드의 朝鮮貿易企圖에 관한 고찰」(앞의 논문).
79) 拙稿, 「耶蘇宗門禁制를 둘러싼 朝日外交關係」(『江原史學』 13·14합집호, 1998).
80) 拙稿, 「17世紀 네덜란드의 朝鮮貿易企圖에 관한 고찰」(앞의 논문).
81) 拙稿, 「네덜란드인의 朝鮮漂着에 관한 再考察─漂着船·漂着地·漂着年을 중심으로─」(『史學研究』 58·59합집호, 1999).

멜 일행의 표착과 관련된 제문제를 규명하였다. 2001년에는 「네덜란드
인의 日本行 도주사건과 德川幕府의 대응」[82]에서 하멜 일행의 조선 탈
출로부터 야기되는 朝·日간의 송환교섭과정 및 조선표착 네덜란드인의
본국송환에 이르기까지의 전 과정을 고찰하여 조선, 쓰시마번, 막부, 네
덜란드의 각기 상반된 의도를 명확히 하였다. 2002년에는 「근세 漂流民
의 송환유형과 '國際關係'-조선과 일본의 제3국경유 송환유형을 중심
으로-」[83]에서 표류민이 송환되는 유형을 분류하고 특히 하멜 일행의
사례에 보이는 바와 같이 제3국경유로 본국에 송환되는 사례가 다수 있
었음을 밝혀내, 지금까지의 표류민 송환체제에 대한 재정립이 필요하다
는 것을 주장하였다. 또, 여기서 제3국경유 송환의 전제조건에는 반드시
제3국간에 어떠한 형태로든 네트워크가 형성되어 있어야 송환이 가능하
다는 것을 증명하였다. 2004년에는 「훈련도감의 신식무기개발과 서양
이국인 등용정책」[84]에서 조선정부가 표착해 온 서양인들에게 어떠한 대
책을 취하였고, 또 어떠한 점에서 이용하고 있었는가를 고찰하였다. 이
상과 같은 필자의 연구는 본서에 종합적으로 수정·보완하여 수록하고
있다.

또한, 본서와 관련된 것으로 개설적인 내용을 간략히 서술한 연구들이
있으나 여기서는 생략하며, 다음의 연구들만 소개하고 넘어가겠다.

최석우는 1983년에 「近代東西文化交流의 樣相-서양에 비추어진 한
국」[85]에서 『하멜보고서』가 한국을 서양에 가장 널리 알리는 계기가 된

---

82) 拙稿, 「네덜란드인의 日本行 도주사건과 德川幕府의 대응」(『韓日關係史研究』
   14, 한일관계사학회, 2001). 본서 제5장에 수정·보완하여 수록.
83) 拙稿, 「근세 漂流民의 송환유형과 "國際關係"-조선과 일본의 제3국경유 송
   환유형을 중심으로-」(『江原史學』 17·18합집호, 2002). 본서 제6장에 수정·
   보완하여 수록.
84) 拙稿, 「훈련도감의 신식무기개발과 서양 이국인 등용정책」(『鄕土서울』 63,
   서울시사편찬위원회, 2003). 본서 제3장에 수정·보완하여 수록.

것으로 평가하고 있다. 또, 한국의 그리스도교사와 관련한 연구들 중에
서 박연과 하멜 일행을 언급한 연구들도 보이고 있는데, 대표적으로
는 이원순이 1981년에 발표한 「初期 韓國 그리스도教史의 比較史的 一
考」86)이다. 여기서는 최초의 프로테스탄트 교인의 내방이라는 입장에서
박연과 하멜 일행에 대해 간단히 언급하고 있으나, 박연을 한국에 온 최
초의 서양인이라고 평가하고 있다. 박성래는 2000년에 「한국인의 포르
투갈 발견」87)에서 마찬가지로 박연과 하멜 일행에 대해 간략히 언급하
고 있는데, 박연에 대해서는 1622년에 조선에 표착했다는 오류가 있으
며, 세스페데스가 조선에 도래한 최초의 서양인이라는 주장도 하고 있
다.88) 하지만, 세스페데스는 조선에 도래한 최초의 서양인이 아니다.

끝으로 본서에서 인용하여 검증하지는 않았지만, 강헌규가 어학사적
인 입장에서 『하멜보고서』에 보이는 당시 언어의 표기와 언어 현상을
고찰한 「'하멜漂流記'에 나타난 固有名詞表記」89)가 있다. 또, 김경훤은
이와 비슷한 입장에서 『하멜보고서』에 기록된 조선의 지명을 통해 당
시의 실제 언어음을 추정한 「하멜일지에 나타난 조선국 지명에 관하
여」,90) 그리고 하멜의 기록을 토대로 니콜라스 윗츤(Nicolaas Witsen)이 정

---

85) 崔珍祐, 「近代東西文化交流의 樣相－서양에 비추어진 한국」(『梨花史學硏究』
13-14, 梨花女子大學校史學硏究所, 1983).
86) 李元淳, 「初期 韓國 그리스도教史의 比較史的 一考」(『韓國學報』 23, 1981),
7쪽.
87) 朴星來, 「韓國人의 포르투갈 發見」(『外大史學』 11, 韓國外國語大學校 外國學
綜合硏究센터 歷史文化硏究所, 2000).
88) 세스페데스가 한국을 방문한 최초의 서양인이라는 주장은 그 이전에서부터
행해져 왔다(Ralph M Cory, "Some Notes on Gregorio de Cespedeo, Korea's First
European Visitor", Transactions of the Royal Asiatic Society, Korea Branch,
Volume27, 1937).
89) 강헌규, 「"하멜漂流記"에 나타난 固有名詞表記」(『공주사범대논문집』 24,
1986).

리한 『Noord en Oost Tartaryen』(북과 동타르타리아지)를 토대로 당시 조선의 어휘에 대해 고찰한 「서양인의 기록에 나타나는 17세기 국어 어휘에 관하여 – 어휘, 음운론적 측면을 중심으로 – 」[91]를 발표하고 있다.

그리고 단순히 하멜의 조선표착을 조선과 서양의 만남이라는 차원에서 간단히 소개하고 있는 것들에는 남경태의 『종횡무진 한국사(하) – 조선 건국에서 대한민국 정부 수립까지』(그린비, 2001), 곽차섭의 『조선 청년 안토니오 코레아, 루벤스를 만나다』(푸른역사, 2004), 이이화의 『이이화와 함께 한국사를 횡단하다』(한길사, 2004) 등이 있고, 그 외에 『하멜보고서』의 「조선국기」 내용을 이용하여 조선 전통문화의 한 단면으로서 파악한 연구는 많으나 본서에서는 생략한다.

2. 일본에서의 연구

일찍이 1887년에 『하멜보고서』를 抄譯한 츠보이 노부요시[坪井信良]의 「阿蘭人高麗島キュエルパールヅ漂着記事」[92]가 있는데, 한국과 일본에서 가장 먼저 네덜란드인의 조선표착을 다룬 연구이다. 하지만, 『하멜보고서』의 일부 내용을 발췌 번역한 것으로 어떤 것을 저본으로 했는지 언급이 없으며, 생략한 부분이 너무 많다.

또, 1936년에 나카무라 히데타카[中村榮孝]는 「蘭船の朝鮮漂著と日鮮の交涉」[93]에서 하멜 일행의 표착 경위와 탈출, 하멜 일행 탈출 후 조선

90) 김경훤, 「하멜 일지에 나타난 조선국 지명에 관하여」(『인문과학』 30, 성균관대학교 인문과학연구소, 2000).
91) 김경훤, 「서양인의 기록에 나타나는 17세기 국어 어휘에 관하여 – 어휘, 음운론적 측면을 중심으로 – 」(『인문과학』 31, 성균관대학교 인문과학연구소, 2001).
92) 坪井信良, 「阿蘭人高麗島キュエルパールヅ漂着記事」(『東京地學會報告』 9, 1887).
93) 中村榮孝, 「蘭船の朝鮮漂著と日鮮の交涉」(『靑丘學叢』 23, 1936).

에 남아있던 네덜란드인들의 일본송환 과정을 정리하고 있으며, 그가 본
문 중에 언급한 바와 같이 하멜 일행의 조선표착과 관련된 조선과 일본
의 사료 소개가 중심이다. 『本邦朝鮮往復書』, 『接倭事目錄抄』, 『接待倭
人事例』 등의 관련 기사를 이용하여 박연과 하멜 일행을 관련지어 朝·
日 교섭의 흐름을 정리했다는 점에서 그 업적은 크다고 할 수 있으며,
그 후의 관련 연구에도 지대한 영향을 끼치고 있는 선구적인 연구이다.
다만, 나카무라가 언급한 바와 같이 당시 朝·日 교섭의 배경이라고 할
수 있는 그리스도교 금제(=耶蘇宗門禁制)에 관한 朝·日간의 교섭과 이
교섭에 임하고 있던 쓰시마번의 외교상의 의도 등에 대해서는 논하고
있지 않다. 그리고 네덜란드 측의 사료는 전혀 인용하지 않음으로써 송
환의 상세한 과정이 명확치 않다.

1959년에 미야하라 토이치[宮原兎一]는 「オランダ人のみた十七世紀
の朝鮮」[94]에서 영역본의 『하멜보고서』를 근거로 하멜이 조선관찰에 대
한 기술을 부분적으로 발췌하여 번역하고 있는데, 논증을 행한 연구는
아니다.

1961~1965년 사이에 이쿠타 시게루[生田滋]는 『朝鮮學報』에 「朝鮮
幽囚記」라는 제목으로 『하멜보고서』의 전문을 번역하여 소개하였는데,
1969년에 단행본 『朝鮮幽囚記』로 정리하여 출간하고 있다.[95] 이 번역서
는 린스호텐협회 총서 18권인 이른바 후팅크판의 『하멜보고서』를 기초
로 하여 동경대학 사료편찬소 소장의 필사본 마이크로필름을 참조하고
있어 『하멜보고서』의 네덜란드어 필사본을 처음으로 번역했다는 점에서
의의가 크며, 당시 한국과 일본의 그 어떤 번역서보다도 정확한 역서라
고 말할 수 있다. 또 보고서의 각 부분마다 상세한 주를 달아 해설하고

---

94) 宮原兎一, 「オランダ人のみた十七世紀の朝鮮」(『朝鮮學報』 14, 1959).
95) 生田滋 譯, 「朝鮮幽囚記」(『朝鮮學報』 19·23·35, 1961~1965). 이후 『朝鮮幽囚
記』(平凡社, 1969)로 출간.

있으며, 권말의 부록사료에는 니콜라스 윗츤의『Noord en Oost Tartaryen』
(北과 東타르타리아誌)의 조선 관계 기사와 유럽의 조선 관계 기사도 수
록하고 있어 관련 연구자에게는 다른 무엇보다 귀중한 연구서이다. 본서
를 집필에 앞서 연구를 진행할 당시 한국과 일본에서『하멜보고서』의
필사본을 참조하여 번역한 것은 이쿠타의 번역서가 유일한 것이었다.

1984년에 아라노 야스노리[荒野泰典]는「近世日本の漂流民送還體制
と東アジア」[96]에서 근세일본의 표류민 송환체제를 고찰하면서 동아시
아 제국간에 설정되어 있는 국제관계의 그물망에 누락되어 있던 표류민
은 보호받지 않았다는 주장의 한 가지 사례로서 하멜 일행의 조선표착
을 언급하고 있다. 그것은 근세 동아시아의 표류민 송환체제가 기능하고
있었다는 것을 고찰하기 위한 중요한 지적이다. 하지만, 하멜 일행만큼
은 국제관계의 그물망에서 벗어나 있지는 않았다. 본서의 제5장과 제6장
에서 명확히 하겠지만, 그들이 일본과 네트워크(일종의 국제관계)를 유
지하고 있었고, 또 일본은 조선과의 네트워크가 있었기 때문에 일본을
통해 네덜란드 본국으로 귀환할 수 있었던 것이다. 다시 말하면, 조선↔
일본↔네덜란드라는 국제관계 없이 하멜 일행의 본국 송환은 불가능했
으며, 다른 異國人 표류민과 마찬가지로 보호되고 있었다는 것이 중요한
사실이다.

1993년에 야마모토 하쿠분[山本博文]은「日本の沿海防備體制と朝
鮮」[97]에서 조선정부의 표착 이국선 처리에 대해 고찰하면서 잔류 네덜
란드인의 일본 引渡는 조선에 표착한 이국선을 일본으로 인도하는 관행
에 따라 행해졌다고 주장하고 있다. 그러나 본서의 제4장에서 논증하는
바와 같이 조선과 일본 사이에 그러한 관행은 성립되어 있지 않았다.

1994년에 강재언은『西洋と朝鮮-その異文化格鬪の歷史』[98]에서 조선

---

96) 荒野泰典,「近世日本の漂流民送還體制と東アジア」(『歷史評論』400, 1984).
97) 山本博文,「日本の沿海防備體制と朝鮮」(『歷史評論』516, 1993).

의 서양 문화수용과의 관계 속에서 네덜란드인의 조선표착을 취급하고
있다. 그는 네덜란드인이 서양의 뛰어난 기술을 가지고 있던 사람들이었
음에도 불구하고 조선에는 그 기술을 받아들이려고 한 위정자가 한 사
람도 없었다고 평가하고 있는데, 그 원인으로서 조선의 '문치주의'와 '유
교의 사상적 체질'을 예로 들고 있다. 그러나 조선에 그들을 이용하고 있
던 위정자도 있었으며, 조정도 그들을 등용하고 있었다. 이에 관해서는
본서 제3장에서 상세히 고찰해보도록 하겠다.

한편, 필자는 2000년에 「オランダ人漂流民と朝鮮の西洋式兵器の開
發」[99]에서 박연이 조선에 표착하여 紅夷砲와 조총 등의 무기개발에 참
여하고 있었음을 고찰하였고, 「1653年朝鮮漂着オランダ人の漂着地と移
動經路について」[100]에서는 하멜 일행이 서울로 압송되기 이전까지의 행
적 즉, 제주도에서의 표착지와 이동경로를 규명하였다. 2003년에는 「17
世紀朝船脫出オランダ人の五島漂着と日本側の對應」[101]에서 지금까지 알
려지지 않았던 하멜 일행에 대한 고토번[五島藩]의 표착민 처리과정 및
나가사키[長崎]까지의 송환과정을 검토하였다.

이상이 일본에서의 선행연구이지만, 나카무라, 이쿠타, 필자의 연구를
제외하면 네덜란드인의 조선표착 그 자체를 연구 대상으로 했던 것은
아니고, 각기 연구테마의 논증을 입증하기 위한 사례로서 언급하고 있는

---

98) 姜在彦, 『西洋と朝鮮－その異文化格鬪の歷史』(文藝春秋, 1994).
99) 拙稿, 「オランダ人漂流民と朝鮮の西洋式兵器の開發」(『史苑』 61-1, 立敎大學
    史學會, 2000).
100) 拙稿, 「1653年朝鮮漂着オランダ人の漂着地と移動經路について」(『朝鮮獎學
    會學術論文集』 23, 2000). 이 논문은 1998년에 발표한 필자의 「네덜란드인
    의 朝鮮漂着에 관한 再考察－漂着船·漂着地·漂着年을 중심으로－」(앞의
    논문)를 수정·축약하여 일본에서 발표한 것이다.
101) 拙稿, 「17世紀朝船脫出オランダ人の五島漂着と日本側の對應」(平成12年度－
    平成15年度科學硏究費補助金(基盤硏究(A)(1))硏究成果報告書, 代表硏究者: 荒
    野泰典, 上毛印刷株式會社, 2003).

것에 지나지 않는다. 즉, 본서에서 말하는 日·朝·蘭 국제관계를 비롯한 개별적인 사항에 대해서도 그다지 일본 학계에서 언급되어 오지 않았음을 알 수 있다. 한 가지 사례를 들어 본다면, 하멜 일행 등 8명이 조선을 탈출해 고토[五島]에 표착하여 고토번의 '연해방비체제(=해안방비체제)' 속에서 처리되고 있었음에도 불구하고 고토번의 '연해방비체제'나 '표류민 송환체제'를 테마로 한 연구에서는 소개조차도 되고 있지 않다.[102] 그러나, 막부는 물론, 쓰시마번, 고토번, 나가사키[長崎] 봉행, 네덜란드의 나가사키 상관, 본국 VOC의 17인 위원회, 바타비아 상관, 왜관, 조선정부 등이 직접 관여하고 있어 조선과 네덜란드의 국제관계뿐만 아닌 근세일본의 異國人 대책, 또는 외교정책을 규명할 수 있는 좋은 소재이다. 그럼에도 지금까지 일본의 역사 연구자들 사이에서는 소외되고 있어 보다 폭 넓은 연구가 요구되는 바이다.

3. 서양에서의 연구

서양에서의 연구로 가장 유명한 것은 위에서 언급한 네덜란드 린스호텐협회총서 제8권으로 1920년에 출판된 후팅크판이다. 후팅크는 여기에서 『하멜보고서』의 원본을 검증하여 활자화해 게재함과 동시에 『하멜보고서』의 다른 판본들의 허구성을 지적하고 있다. 특히 권말에는 박연과 하멜 일행에 관한 네덜란드측의 사료들, 즉 네덜란드 상관일기를 시작으로 바타비아의 제기록, 일본과 바타비아 왕복 서한 및 하멜 일행의 조선 표착 이전의 조선관계 기록, 그 밖의 서양에 있는 조선관계 기록에 이르

---

102) 內海紀雄,「異國船警備史話」1·2·3(『浜木綿』17～19, 五島文化硏究會, 1974 ～1975) ; 橫田佳惠,「鎖國體制下における漂流民送還體制－五島藩を中心に－」(『史艸』35, 日本女子大學史學會, 1994) ; 橫田佳惠,「老中體制下の海防體制－五島藩の實態から－」(『日本近世國家の諸相』, 東京堂出版, 1999).

기까지 많은 자료를 수록하고 있다. 네덜란드인의 조선표착사건에 관계되는 연구 가운데에서 가장 우수하고도 선구적인 연구서라고 평가할 수 있다. 그 저서 자체가 한 권의 사료집이라고 말할 수 있으며, 이후의 『하멜보고서』 관련 연구의 필독서가 되고 있다. 후술하는 레드야드도 자신의 연구 『The Dutch come to Korea』에서 모든 정보는 후팅크의 철저한 연구에 의해 얻을 수 있었다고 단언하고 있다.

후팅크의 연구 이전에 미국에서 그리피스가 『Corea The Hermit Nation』[103]으로 하멜의 조선표착사건을 소개하며 『하멜보고서』의 번역본을 게재하고 있었지만, 그것은 불역판을 다시 영역한 핑크톤의 번역서를 기초로 하고 있으며, 『하멜보고서』 원본에 기록되어 있지 않은 흥미본위의 내용이 많이 보인다. 하지만 번역문만을 생략하여 소개한 것이 아니라, 자신의 연구로서 이 사건을 평가하고 있다는 점에서 중요한 의미를 가진다. 그가 평가한 조선은 결국 '隱者의 나라'였다. 그러나 19세기 이전 조선의 탄력적인 국제관계가 역사적으로 무시되고, 오히려 서양 제국주의가 개화시키지 않으면 안될 '隱者의 나라'로 평가한 그리피스의 연구 자체가 19세기 말 제국주의시대의 부산물이었다는 생각을 지울 수 없다.

후팅크판 이후 본격적인 연구의 시발점이라고 평가할 수 있는 것이 바로 1971년에 간행된 미국 연구자 레드야드의 『The Dutch come to Korea』[104]이다. 그는 후일담[105]에서 밝힌 바와 같이 외국인이 표류해왔을 때 조선정부가 과연 어떠한 조치를 취했으며, 또 어떠한 외교관계가

---

103) 각주 11)번 참조.

104) Gari Ledyard, The Dutch come to Korea, Royal Asiatic Society, Korea Branch, 1971.

105) 정경란 번역, 「[해외한국학동향] 미국의 한국학자 게리 레드야드」(『정신문화연구』 92, 2003), 318~319쪽.

발생했는지를 규명하여 당시 조선의 내부적 상황을 밝히려 했었다고 이
책을 저술한 이유에 대해서 언급하고 있는데, 중요한 것은 조선 측의 사
료와 후팅크판에 수록된 네덜란드의 사료 및 『하멜보고서』를 기초로 네
덜란드인 조선표착에 관계되는 제문제를 논증하여 새로운 주장을 피력
하고 있다는 점이다. 이 점에 대해서는 본서에서 소개와 함께 검증을 하
겠지만, 특히 근세 조선과 서양과의 관계를 비교·사상사적인 관점에서
파악하고 있어 한국에서 종합적인 하멜 관련 연구의 기초가 되고 있다
고 말해도 과언이 아니다. 내용 중에는 『하멜보고서』의 서지학적인 고찰
도 게재하고 있으며, 유럽에서 간행된 여러 간행본의 특징이나 출판 사
항을 상세히 설명하고 있다. 비록 그가 이용한 『하멜보고서』가 불역에서
영역한 1704년 런던 출판의 처칠판이기는 하지만, 후팅크판의 뒤를 이은
본격적인 연구로서 그 의의는 크다.

한편, 1989년에 네덜란드의 반 호붸는 『Hollanders in Korea』[106)]에서 후
팅크판의 『하멜보고서』를 이용하여 하멜의 조선표착에 따른 네덜란드인
의 조선표착과 그에 따른 조선과 네덜란드관계를 포함해, VOC의 해외
진출이라는 측면에서 조선에 표착한 하멜 일행의 관계를 개괄적으로 고
찰하고 있는데, 하멜 귀국 후의 행적에 관해 언급하고 있는 점은 특기할
만한 사항이다. 역시 기본적으로 이용된 사료는 후팅크판의 권말에 수록
된 사료집을 이용하고 있으며, 간간히 한국 사료를 인용하고 있다. 다만,
호붸가 보고 있는 조선의 이미지는 약간의 편협성을 보이고 있는데, 심
지어 일개 선원에 불과한 네덜란드의 표류민이었던 박연의 기술이 조선
에 영향을 끼쳤다는 의미에서 박연을 "장님 나라의 외눈박이 왕이었
다."[107)]고까지 주장하고 있다. 이에 대해서는 본서 제3장에서 검토할 것
이지만, 다소 극단적인 논증들이 눈에 띤다.

---

106) H. J. van Hove, Hollanders in Korea, Het Spectrum BV, 1989.

107) H. J. van Hove, p.118.

1994년에는 테제수도회 수사인 장 폴 바이스가 후팅크판을 영역하여
『Hamel's Journal and a description of the Kingdom of Korea, 1653~1666』[108)
라는 제목으로 번역서를 내고 있는데, 특기할 점은 『하멜보고서』를 번역
에 그친 것이 아니라, 후팅크판에 수록된 네덜란드의 관련 사료를 부분
발췌하여 영역하고 있다는 점이다. 이것은 전술한 바와 같이 김태진이
『하멜일지 그리고 조선국에 관한 기술, 1653~1666』(전남대학교, 1996)이
라는 제목으로 한국에서도 번역·출판했는데, 한국에서 네덜란드 측의
사료를 소개하는데 공헌했다고 평가할 수 있다.

서양에서 가장 최근의 연구로는 네덜란드에서 뷔베케 로페르(Vibeke
Roeper), 부데뷘 왈라벤(Boudewijn Walraven), 장 폴 바이스(Jean-Paul Buys)
가 공동으로 간행한 『Hamel's World: A Dutch-Korean Encounter in the
Seventeenth Century』[109)가 있다. 레드야드에 의하면,[110) 여기에 수록되어
있는 VOC 관련의 많은 자료는 저자 중의 한 명인 바이스 수사에 의해
번역된 것이며, 크게 4개의 논증으로 구성되어 있다. 즉, 레오나드 브루
쉐(Leonard Blusse)에 의한 17세기 동아시아에서 VOC의 활동에 대한 개관,
왈라벤에 의한 같은 시기의 한국 역사와 문화에 대한 스케치, 부트(W. J.
Boot)에 의한 1666년 하멜 일행 7명의 탈출과 2년 후 조선에 남아있던 잔
류 네덜란드인들의 송환과 관련된 朝·日간의 외교, 그리고 로페르에 의
한 스페르붸르의 난파와 그 후의 난파 선원들에 대한 VOC의 조치에 관
련된 내용들의 개관 등이 수록되어 있다. 그러나 유감스럽게도 필자는

---

108) Jean Paul Buys, Hamel's Journal and a description of the Kingdom of Korea
     1653-1666, Royal Asiatic Society Korea Branch, 1994.
109) Vibeke Roeper, Boudewijn Walraven, Jean-Paul Buys, Hamel's World: A Dutch-
     Korean Encounter in the Seventeenth Century, SUN Publisher, 2003.
110) Gari Ledyard, Roeper and Walraven(eds.)(with Buys), Hamel's World: A Dutch-
     Korean Encounter in the Seventeenth Century, The Journal of Asian Studies,
     Volume64-3, 2005, pp.768-769.

본서의 집필이 완성되었을 무렵에서야 이 책의 존재를 알게 되었고, 여러 루트를 통해 구입하려 했으나, 결국 실패해 검토할 기회를 갖지 못했다. 레드야드의 소개로 볼 때, 본서와 밀접한 관련이 있는 매우 중요한 선행연구이나 우선은 레드야드의 서평에 의지하고, 이에 대한 상세한 검토는 본서의 과제로 남겨두겠다.

그 외에『하멜보고서』의 번역과는 달리 개별적 논고에서『하멜보고서』의 내용 일부를 이용하거나, 또는 조선과 네덜란드의 역사적 관계 및 본고에서 다루는 테마와 관련된 연구에는 다음과 같은 것들이 있다.

1975년에 프리츠 포스(Frits Vos)는「Master Eibokken on Korea and the Korean Language: Supplementary Remarks to Hamel's Narrative」[111]에서 1666년 하멜과 함께 탈출한 마테우스 이복켄(Matheus Ibocken)이 니콜라스 윗츤과 대담한 내용, 즉『Noord en Oost Tartaryen』(북과 동타르타리아誌)의 조선 관련 기술을 토대로 상세한 주해를 붙여『하멜보고서』의 내용을 보충하고 있다. 더욱이,『Noord en Oost Tartaryen』에 수록된 조선어에 대해서 영문 해석을 붙이고 있으며, 현대 한국어로의 올바른 해석까지 첨부하고 있어 언어학적인 면에서의『하멜보고서』연구에 선구적이라고 평가할 수 있다.

1988년에 미국의 지리학 전공자인 니메스(David J. Nemeth)는「Notes on Some Early Western Travellers to Cheju Island」[112]에서 1653년의 하멜과 1845년 벨쳐(Belcher) 선장을 필두로 1936년 루라 맥클레인 스미스(Lura Mclane Smith)까지 제주를 다녀간 9명의 서양인을 중심으로 방문한 날자,

---

111) Frits Vos, Master Eibokken on Korea and the Korean Language: Supplementary Remarks to Hamel's Narrative, Transactions of the Royal Asiatic Society, Korea Branch, Volume50, 1975. 여기에서는 이복켄이 'Eibokken'으로 표기되고 있으나, 이는『하멜보고서』영문판의 표기이며, 원문은 'Ibocken'이다.

112) David J. Nemeth, Notes on Some Early Western Travellers to Cheju Island,『耽羅文化』7, 1988.

목적, 직업, 고향, 관련 내용의 설명, 관련 자료 등에 대해서 항목별로 정
리하고 있다. 하멜 항목에서는 전술한 게리 레드야드의 연구와 金錫翼의
『耽羅紀年』을 소개하고 있으나, 설명 부분에서 하멜은 모슬포 가까운 곳
에 난파되었고, 박연은 1628년에 제주 섬에 표착한 것으로 보인다고 하
여 오류를 보이고 있다. 하멜 일행의 난파지역(=표착지)은 모슬포가 아
니며, 박연의 표착년은 1627년이다. 이에 대해서는 본서의 제1장에서 상
세히 논증할 것이다.

1991년에 요하네스 후버(Johanner Huber)는 「Some Background Notes on
the Dutch in Korea in the 17th Century」[113]에서 전술한 게리 레드야드의
연구(『The Dutch come to Korea』)를 전폭적으로 인용하여 하멜의 표착사
건과 VOC의 동아시아 진출을 7쪽 분량의 논고로 간략하게 소개하고 있
다. 다만, 결론의 마지막 부분에서 하멜의 표착사건 이후, 약 150년간 더
이상의 방문자는 없었으며, 한국은 주변국들보다도 깊은 격리 속에서
'隱者의 왕국'으로 계속 남게 되었다고 매듭짓고 있는데, 본서의 과제와
목적에서도 언급했지만, 과연 조선을 '隱者의 왕국'으로 평가할 수 있는
지 검증해보지 않으면 안 된다.

또한, 본서에서 검토하지는 못했으나, 베이커(Donald L. Baker)의 「Cloudy
Images: Korean Knowledge of the West from 1520 to 1800」,[114] 배넌(David
Bannon)의 「Park Yon: The Story of Dutchman Jan Janse Weltevree in 17th
Century Korea」,[115] 콜리먼(Craig S. Coleman)의 「Early Western Images of
Korea(1660-1882): Traders, Diplomats, Missionaries, and Travelers」[116] 등도 있다.

---

113) Johannes Huber, Some Background Notes on the Dutch in Korea in the 17th
    Century, Transactions of the Royal Asiatic Society, Korea Branch, Volume66, 1991.
114) Donald L. Baker, Cloudy Images: Korean Knowledge of the West from 1520 to
    1800, B.C. Asian Review, Volume3-4, 1990.
115) David Bannon, Park Yon: The Story of Dutchman Jan Janse Weltevree in 17th
    Century Korea, Asian Pacific Quarterly, Volume26-4, 1994.

이상, 본서의 테마와 관련된 서양에서의 선행연구를 살펴보았는데, 대부분의 연구는 『하멜보고서』를 중심으로 한 개괄적인 연구가 대부분이며, VOC의 동아시아 진출과 관련된 일본의 규정성 문제, 네덜란드인의 일본송환에 깊은 관련을 맺고 있는 朝·日간 그리스도교 금제의 문제, 동아시아 국제관계의 네트워크 속에서 전개된 표류민 송환체제, 근세 日·蘭 관계 속에 보이는 동아시아 제국과의 관계 등에 대해서는 거의 언급하고 있지 않다. 朝·日간의 왕복서계 이외에 일본 측의 사료에 관하여는 전혀 언급이 없으며, VOC 관련 사료에 대한 인식의 부족, 나아가 한국 내의 관련 사료에 대한 왜곡된 해독과 오역이 눈에 띠고 있어 철저한 사료분석이 요구된다. 다만, 이러한 선학들의 선행연구가 본서의 기초적 토대를 이루고 있음도 여기에 밝혀 둔다.

III. 참고사료에 대해서

1. 『하멜보고서』의 작성 경위

우선 본서에서 이용한 참고사료를 소개하기에 앞서 다른 무엇보다 기본적인 사료인 『하멜보고서』의 유래와 명칭, 내용에 관한 문제부터 검토해 보고자 한다.

『하멜보고서』는 하멜 등 36명이 조선에 표착하고 나서부터 하멜을 포함한 8명이 1666년 일본으로 탈출해 나가사키[長崎]의 네덜란드 상관에 도착해, 그곳에서 나가사키를 출발할 때까지의 기록이다. 기록한 사람은

---

116) Craig S. Coleman, Early Western Images of Korea(1660-1882): Traders, Diplomats, Missionaries, and Travelers, Korean Culture, Volume18-2, 1997.

당시 제주에 난파했던 스페르붸르(Sperwer)호의 서기를 담당하고 있던 헨드릭 하멜로서 13여 년간 조선에서의 체재경험과 조선에 관한 정보를 정리한 것이다. 17세기 조선의 정치·경제·외교·사회·문화 등 다방면에 걸쳐 기술하고 있어 그 사료적 가치는 평가할 수 없을 정도로 귀중하다.

현재에 이르기까지 이 기록은 일반적으로 한국에서는『하멜표류기』, 일본에서는『朝鮮幽囚記』로 불려왔고, 대다수의 경우『하멜표류기』가 일반적으로 통용되어 왔다. 그것은 한국에서 이병도가 1934년에 처음으로『震檀學報』에『하멜보고서』를 번역하여 연재했을 때,『하멜표류기』117)라고 명명했기 때문이다. 일본에서는 이쿠타 시게루[生田滋]가 1961년에 이 기록을『朝鮮幽囚記』118)라고 명명하여 사용한 것이 처음이다. 그 외에 1994년부터 장 폴 바이스에 의해『하멜일지』119)라는 명칭도 사용되고 있는데, 이러한『하멜표류기』,『朝鮮幽囚記』,『하멜일지』라는 명칭은 번역자의 주관적인 견해에 의한 것으로 필자는 여기에 이의를 제기할 생각은 없다. 다만, 하멜의 기록 그 자체의 표제와 그것을 쓰게 된 목적을 생각해볼 때, 흥미를 유발시키는『표류기』, 또는 하멜 일행이 마치 죄인처럼 억류되어 기록한 것으로 볼 수도 있는『幽囚記』, 매일 같이 기록했다는 의미의『일지』와 같은 성격이 아니라, VOC 바타비아 총독과 VOC의 평의원들에게 보낸 공식적인 보고서라는 점에 그 중요성이 있다고 생각한다.

때문에 필자는 1996년부터 하멜과 관련된 연구를 시작하면서 이 명칭을 사용해 왔고, 또 본고에서도 하멜의 기록은『하멜보고서』로서 명명하여 사용하고 있다. 그리고『하멜보고서』라고 불러야할 또 다른 이유의

---

117) 주 21)번 참조.
118) 生田滋 譯, 앞의 논문.
119) Jean Paul Buys, 앞의 책.

하나는 이 보고서가 하멜 일행에게는 조선에서 장기간 체재하고 있던 기간 중에 동인도회사로부터 받지 못한 급료를 청구하기 위한 중요한 증거물이기도 했다는 점이다. 동시에 그들이 조선 체재 기간 중에도 조선에 대한 정세와 정보를 네덜란드에 알리기 위해 기록한 상세한 관찰 보고서의 성격을 가지고도 있는데, 이는 하멜 일행이 VOC 일원으로서 그 역할과 회사를 위한 업무에 충실하고 있었다는 것을 입증하기 위한 자료로서의 가치도 있었기 때문이다. 다시 말하면, 『하멜보고서』는 단순한 흥미본위의 『표류기』 내지는 『일지』의 성격이 아니라, 회사의 이익을 추구해 현실적 필요성을 내포한 역사적 기록물이라는 것을 강조하고 싶다.

한편, 『하멜보고서』에 대해 일찍이 연구를 시작한 이쿠타[生田滋]는 하멜이 조선을 탈출 한 후, 나가사키(데지마[出島]의 네덜란드 상관)에 체재한 기간에 집필한 것으로 추측하고 있으며,[120] 게리 레드야드도 1666년 9월부터 일본을 떠난 1667년 10월 사이 데지마에 체재하는 기간 중에 집필했을 것이라고 같은 의견을 피력하고 있다.[121] 데지마에서 약 1년간의 사이에 조선에서의 체험을 정리할 수 있는 시간적인 여유는 충분히 있었다. 『하멜보고서』에도 그들이 나가사키에 도착한 후, 나가사키 奉行의 심문기록과 데지마에서의 행적 등이 기록되어 있어 나가사키에서 기록되고 있었다는 것은 움직일 수 없는 사실이다.

그러나 『하멜보고서』의 전문이 나가사키에서 집필되었다고는 생각할 수 없다. 이 기록에는 조선 체재 13여 년간의 여정과 사건들에 대해서 날자와 시간조차도 거의 정확하게 기록되어 있으며, 특히 1653년 일행이 제주에 난파할 당시의 기록은 마치 어제의 일과 같이 상세하게 기록하고 있다. 하지만, 13년이 지난 후 데지마에서 이렇게 상세한 기억을 떠올

---

120) 生田滋 譯, 『朝鮮幽囚記』, 앞의 책, 240쪽.
121) Gari Ledyard, pp.124-125.

려 기록할 수가 있었을지는 의문이다. 물론, 1655년부터는 간단한 내용만을 기록한 연도도 보이고 있기는 하지만, 조선의 여러 기록과 비교해 보더라도 지명은 물론, 어느 한 사건의 내용에 대해서도 거의 정확하다. 그것은 조선 체재 기간 중에 어느 정도의 상황에 대한 기록을 계속적으로 실시하고 있었고, 그 기록물을 탈출했을 때 가지고 나와 그것을 근거로 기록한 것이 아닌가라고 추측케 하는 부분이다. 더구나, 하멜은 서기로서의 역할도 있었기 때문에 늘 어떠한 형태로든 기록을 계속하고 있었을 것이다.

이와 관련해 조선정부는 네덜란드인의 書物이나 사유물에 대해서는 전혀 관여하고 있지 않았으며, 개인의 소유물을 인정하고 있었다는 것은 중요한 논점이 될 수 있다. 이 논점의 증거로서 다음의 사료를 제시해보겠다. 하멜 일행이 탈출하고 난 뒤, 조선에 남아있던 그들의 동료 7명이 일본의 송환요청에 따라 송환이 실시되고 있을 당시, 쓰시마번 사료에는 다음과 같은 기록이 적혀있다.

> 네덜란드인이 가지고 있던 물건(=荷物)의 送狀과 네덜란드인의 書物, 그리고 東萊로부터는 네덜란드인에게 주는 선물(=音物)의 목록을 받아들여 모두 하옥포(下屋鋪, 왜관으로 추측)에 넘겼다.[122]

즉, 네덜란드인에게는 그들 자신만의 물건이 존재했던 동시에 또한 書物이 있었다는 것인데, 이것이 조선정부가 일본으로 송환시키면서 그들에게 준 선물의 목록과 함께 일본 측에 전해지고 있음을 알 수 있다. 여기에 보이는 書物이 어떠한 종류의 것인지 명확하게 판단하기는 어렵지

---

122) 「阿蘭陀人朝鮮江漂着之一件」(『分類紀事大綱』 권33, 일본국회도서관소장). "一, 阿蘭陀人手廻り荷物之送狀, 幷阿蘭陀人書物, 東萊より阿蘭陀人江之音物之目錄, 封之儘御下屋鋪江差上, 唯今小山田縫右衛門方より差出ニ付而也, 右寬文八年六月十八日之日帳"

만, 조선에 체재하고 있었던 동안 소지하고 있었던 것이며, 송환될 당시
에도 지참하고 있었다는 것은 이 書物이 네덜란드인에게는 매우 중요한
것으로 반드시 일본에 가지고 가야할 필요성이 존재했던 書物임에는 틀
림없다. 상기의 사료는 하멜 일행 8명이 조선을 탈출하고 난 뒤 2년이
지난 1668년으로 조선에 남아있던 네덜란드인 7명을 송환할 때의 기록
이지만, 하멜 일행도 마찬가지로 탈출했을 때 그들의 기록을 몸에 지닌
채 탈출했을 가능성은 충분히 있다.

　게다가 『하멜보고서』의 원본 필사본에는 표착하고 나서부터 1662년
도의 기록까지는 연도순으로 조선체재 경험이 기록되어 있는데, 1662년
도의 중간에서부터 갑자기 '조선의 정세에 관한 상세한 기록'(일반적
으로 말하는 『하멜보고서』의 「朝鮮國記」)이 삽입되어 있다. 다시 말하
면, 1662년 조선 국내의 기근에 의한 비참한 상황을 대략적으로 기술한
후에 조선 정보를 기록하고 있으며, 그에 대한 언급이 끝나고 다시 1662
년부터 연도순으로 조선 체재의 경험을 기록하고 있다. 그 뒤에 나가
사키 봉행에 의한 심문조서 54개 항목의 내용과 그들의 답변이 기록
되고 있으며, 마지막에는 조선에 이르기까지의 항로가 간단히 기술되
어 있다.

　만약, 『하멜보고서』가 나가사키의 데지마에서 처음부터 작성된 것이
라면, 13여 년이 지난 표착 당시의 상세한 기록을 정리하는 것은 무리일
것이다. 또, 1662년의 기록 도중에 이른바 「조선국기」라는 조선정보가
삽입되어 있다는 것을 염두에 둔다면, 그 이후부터가 나가사키에서 정리
되었고, 그 이전 부분에 대해서는 일본으로 탈출했을 당시 휴대했던 기
록에 의거했거나, 아니면 상기 사료에 보이는 조선에서 가져온 기록물
(=書物) 그 자체에 뒤를 이어 계속적으로 기록했을 가능성도 있다. 때문
에 1662년을 시점으로 『하멜보고서』의 중간에 조선 정보가 갑자기 삽입
되어 서술되고 있다는 점은 『하멜보고서』의 유래를 살피는데 중요한 판

단점이 될 수 있다. 아무튼, 이 보고서가 나가사키에서 전부 기록되었다고는 생각하기 힘들다.

한편, 이쿠타는『하멜보고서』가 2통이 작성되어 1통은 VOC 바타비아 총독에게 제출되었으며, 나머지 1통은 하멜보다 먼저 본국에 귀국한 7명의 동료들에 의해서 본국의 동인도회사에 제출되어진 것이라고 한다.[123] 즉, 하멜은 1667년 나가사키를 출발할 당시 동료 7명과 함께 바타비아까지 갔으나, 그 자신은 바타비아에 남아있고 동료 7명이『하멜보고서』1통을 본국으로 가지고 간 것이다. 이에 대해 6통이 만들어졌다는 견해도 있어 어느 것이 사실인지 확인할 길이 없지만, 아무튼 이후『하멜보고서』는 1668년 암스테르담에서 출간되었으며, 계속해서 프랑스어・독일어・영어판으로 번역・출판되었고 유럽의 전 지역에 널리 퍼지게 되었다. 이렇게 외국에서 발간된『하멜보고서』의 판본에 대해서도 상세히 고찰할 필요가 있으나, 이미 서지학적인 면에서의 고찰을 포함한 선행연구들이 있어 여기서는 생략하도록 하겠다.[124]

2. 한국 사료

우선, 본서에서 이용한 한국 소재 사료와 간행본 이용 사료에 대해서 살펴보도록 하겠다. 한국에는 가장 기본적인 사료로서 중앙정부의 기록인『朝鮮王朝實錄』,[125]『備邊司謄錄』,[126]『承政院日記』,[127] 예조 소관의

---

123) 生田滋 譯, 앞의 책, 240쪽.
124) 生田滋 譯, 앞의 책, 221~224쪽 ; Gari Ledyard, pp.121-134 ; Jean Paul Buys, pp.93-99.
125)『朝鮮王朝實錄(1-48)』(국사편찬위원회편, 1955~1958).
126)『備邊司謄錄(1-28)』(국사편찬위원회편, 1959~1960).
127)『承政院日記(1-141)』(국사편찬위원회편, 1960~1977).

사료집인『邊例集要』128) 등이 있다. 또, 1784년에 왕명에 의해 승문원 소
장의 외교문서를 편찬한『同文彙考』129)에는 상당한 양의 일본관계 서계
가 항목별로 수록되어 정리되어 있어 연도와 사항별의 서계 검색에 편
리하다. 참고로『同文彙考』의 기록이 워낙 방대하였기 때문에 사역원이
그 내용을 「사대」·「교린」으로 분류하고 다시 간략화 하여『同文考
略』130)이라는 책명으로 편찬하고 있다.

상기 사료들 중에 특히,『朝鮮王朝實錄』에는 하멜 일행의 표착 당시
제주도 목사 李元鎭의 장계, 후에 일행이 탈출했을 때의 관련 기록, 일본
과의 잔류 네덜란드인 송환관련 기록, 일본의 그리스도교 금제요청 등이
수록되어 있으며,『備邊司謄錄』과『承政院日記』에도 하멜 일행의 서울
체재와 조선정부의 처리기록 등 많은 관련 기록들이 산재해 있다. 또한
『邊例集要』에는 하멜 일행과 잔류 네덜란드인 송환과정과 당시 조선정
부의 의도 등을 파악할 수 있는 기록들이 보이고 있다. 이외의 중앙정부
의 기록으로『通文館誌』131)가 있는데, 孝宗 대에 하멜 일행의 표착 사실
과 일본과의 송환교섭이 간략히 기재되어 있다. 이와 같은 영인·간행본
으로서『增正交隣志』,132)『增補文獻備考』,133) 등에도 일본과의 외교교섭
과 본 연구 수행을 위한 부수적 내용들이 수록되어 있다.

한편,『各司謄錄』134)에도 중앙사료와 관련하여 각 지방 관아와의 왕복
문서 및 등록류가 수록되어 있는 기본 사료집으로서 본서에서 많이 이

---

128)『邊例集要(上·下)』(국사편찬위원회편, 1970~1971).
129)『同文彙考(1-4)』(국사편찬위원회편, 1978).
130)『同文考略』(學東叢書第 11, 學習院東洋文化硏究所, 1972).
131)『通文館志』(경인문화사, 1973) ;『國譯 通文館志 1-4』(세종대왕기념사업회, 1998).
132)『國譯 增正交隣志』(민족문화추진회, 1998).
133)『國譯 增補文獻備考』(세종대왕기념사업회, 1970~1996).
134)『各司謄錄』(현재 92책, 국사편찬위원회 편, 1981~계속).

용했으며, 특히 『各司謄錄』 제66책에 수록된 『謄錄類抄』(권14, 「邊事」항목)에는 지금까지 알려지지 않았던 1604년 포르투갈인의 표착사건과 북경 송환과정이 수록되어 있어 서양 異國人 표착 처리과정을 파악할 수 있다.

국사편찬위원회에는 일본관련 사료와 문서들이 소장되어 있는데, 그 중에서도 조선총독부 산하 조선사편수회가 『朝鮮史』 편찬 사업의 일환으로서 1926년과 1938년 2회에 걸쳐 「對馬宗家文庫」로부터 구입한 「對馬島宗家關係文書」(이후, 「종가문서」로 약칭)가 대표적이며, 조선정부가 일본에 보낸 9,442점의 원본 書契가 포함되어 있다. 書契의 간략한 내용과 목록은 『對馬島宗家關係文書 −書契目錄集−』[135]으로 간행되어 있다. 동위원회에는 본 연구와 아주 밀접한 네덜란드인의 표류·표착 관련 기록으로서 『朝鮮人日本國ㅗ漂流記·日本人朝鮮幷大淸ㅗ漂流記·朝鮮國ョリ唐人幷蠻人送來記』[136]가 소장되어 있는데, 본서에서 명확히 하겠지만, 그 내용에는 약간의 오류가 포함되어 있다.

또한 동 기관 소장의 전술한 「종가문서」에는 『正保元甲申年廣東船一艘人數五拾二人乘朝鮮國全羅道之內珍島江漂着之次第覺書也』[137]이 소장되어 있으며, 본서의 제4장에서 상술하는 네덜란드인 일본송환의 배경이 되고 있던 1644년 진도에 표착한 廣東船에 대한 일본으로의 引渡 과

---

135) 『對馬島宗家關係文書 −書契目錄集(1-5)』(국사편찬위원회, 1992~1994).

136) 『朝鮮人日本國ㅗ漂流記·日本人朝鮮幷大淸ㅗ漂流記·朝鮮國ョリ唐人幷蠻人送來記』(국사편찬위원회소장, 마이크로번호:MF0000953, 소장번호:6506).

137) 『正保元甲申年 廣東船一艘人數五拾二人乘朝鮮國全羅道之內珍島江漂着之次第覺書也』(국사편찬위원회소장, 마이크로번호:MF0000468, 소장번호:2787). 다만, 廣東船 관련 기록은 사료의 전반 부분에만 보이고 있으며, 대부분은 「對馬國府中浦より大阪江戸迄海陸道度之覺」, 「朝鮮通交の儀」 등으로 조선과의 외교 관계 기록이다. 아마도 표지에 제목을 붙일 당시 담당하고 있었던 사람이 전반 부분의 사료만 보고 제목을 쓰지 않았나 생각된다.

정이 기록되어 있다. 이것으로 지금까지 표류·표착 관련 연구에서 알려
져 있지 않았던 廣東船의 표착 경위를 명확히 파악할 수 있다. 그 밖에
『善隣通書』가 소장되어 있으며, 이 기록의 권24에는 「廣東船一件往
復」,[138] 권25에는 「南京漂人一件往復幷小序」[139] 권26에는 「南蠻耶蘇制禁
往復幷小序」[140]가 수록되어 있어 17세기 당시 朝·日간 그리스도교 금
제의 전모를 규명할 수 있다. 더욱이 권30에는 「阿蘭陀漂人告事狀往
復」[141]이 수록되어 있어 朝·日간의 왕복서계를 통해 네덜란드인 송환
과정을 파악할 수 있다. 뿐만 아니라, 이들 서계는 후술하는 일본 측 사
료의 『本邦朝鮮往復書』에 수록된 서계들과 비교·검토할 수 있기 때문
에 본 연구의 중요 사료 중의 하나이다.

다음으로 서울대학교 규장각에는 하멜 일행이 표착할 당시 영의정이
었던 鄭太和의 아들 鄭載崙이 저술한 『閑居漫錄』,[142] 18세기 후반 중앙
의 관직을 두루 역임한 尹行恁의 『石齋稿』[143] 등이 소장되어 있는데, 네
덜란드인들의 조선에서의 행적뿐만이 아니라, 조선에서 서양인들이 어
떻게 인식되고 있었는가에 대해서도 살펴볼 수 있는 귀중 사료이다. 또
한 일본과의 외교관계 기록으로서 예조 편찬 사료인 『接待倭人事例』,[144]

---

138) 「廣東船一件往復」(『善隣通書』 권24, 국사편찬위원회소장, 마이크로번호:MF
    0000784, 소장번호:4773).

139) 「南京漂人一件往復幷小序」(『善隣通書』 권25, 국사편찬위원회소장, 마이크
    로번호:MF0000784, 소장번호:4774).

140) 「南蠻耶蘇制禁往復幷小序」(『善隣通書』 권26, 국사편찬위원회소장, 마이크
    로번호:MF0000784, 소장번호:4775).

141) 「阿蘭陀漂人告事狀往復」(『善隣通書』 권30, 국사편찬위원회소장, 마이크로
    번호:MF0 000785, 소장번호:4779).

142) 鄭載崙, 『閑居漫錄』(서울대학교규장각소장, 마이크로번호:M/F82-16-214-I).

143) 尹行恁, 『碩齋稿』(서울대학교규장각소장, 마이크로번호:M/F79-3).

144) 『接待倭人事例』(서울대학교규장각소장, 마이크로번호:M/F74-102-23-E). 본
    서에서는 『接待倭人事例』(부산사료총서 제2, 부산시사편찬위원회, 1963)를

『東萊府接倭狀啓謄錄可考事目錄抄册』(이후, 『接倭事目錄抄』로 약칭)[145]
가 있는데, 朝·日간의 왕복서계를 보완해주는 기본 사료이기도 하며,
특히 네덜란드인의 조선표착과 관련된 조정에서의 대일정책에 대한 기
본 틀을 파악할 수 있다. 그밖에 네덜란드인들을 둘러싸고 일본과의 외
교문제가 벌어졌을 당시 쓰시마번의 무역확대 의도와 왜관이전 문제 등
과도 관련지어 고찰해볼 수 있는 예조 전객사의 『倭人求請謄錄』,[146] 『倭
館移建謄錄』[147]이 있다. 물론, 이 부분은 전술한 『朝鮮王朝實錄』과 『邊
例集要』를 비롯한 조선 측 중앙기록의 여러 곳에도 보이고 있다.

한편, 고려대학교 중앙도서관 한적실에는 박연과 하멜 일행의 조선체
재 기간 동안의 행적을 소상히 기록한 成海應의 『研經齋全集』[148]이 소장
되어 있다. 여기에는 표착 당시의 상황뿐만 아니라, 조선에서 생활, 그들
의 인품과 재능에 대해서 다른 어떤 사료보다도 상세히 언급하고 있다.

간행사료나 개인소장, 또는 문집에도 관련 기사가 다수 수록되어 있
다. 우선 하멜 일행이 표착한 제주도 지역의 대표적인 사료를 살펴보면,
17세기말에 제주목사를 지낸 李益泰의 『知瀛錄』[149]에 수록된 「西洋國漂

이용.

145) 『東萊府接倭狀啓謄錄可考事目錄抄册』(서울대학교규장각소장, 마이크로번호:
M/F67-10-1-D). 본 연구에서는 동기관 소장의 복제본을 이용(마스터번호:
10390).

146) 『倭人求請謄錄(1-3)』(규장각자료총서, 서울대학교규장각, 1992).

147) 『倭館移建謄錄』(서울대학교규장각소장, 마이크로번호:M/F65-10-3).

148) 『研經齋全集』(고려대학교중앙도서관소장, 청구기호:대학원貴555-1~59, 대
학원貴555A-1~30). 본 연구에서는 동 도서관이 발간한 영인본 『研經齋全
集』(고려대학교중앙도서관영인 제11호, 詐晟社, 1982)을 이용.

149) 李益泰, 『知瀛錄』. 이 사료는 저자 李益泰의 10대손인 延安李氏 冶溪公 종
중의 李完熙씨가 소장하고 있으며, 제주문화원에서 영인·번역하였기에 본
연구에서는 이것을 이용하였다(金益洙 역, 『知瀛錄』, 1997). 참고로 국사편
찬위원회에도 마이크로필름이 소장되어 있다(『知瀛錄』, 마이크로번호:MF

人記」를 빼놓을 수 없다. 여기에는 다른 사료에 기록되어 있지 않은 하멜 일행이 표착했을 당시의 상세한 경위와 제주목사에 의한 조사기록, 그리고 이들의 통역관으로서 제주도로 파견된 박연과의 대면 등 아주 상세한 내용들이 기록되어 있다. 특히, 본 연구에서 명확히 하겠지만, 하멜 일행의 정확한 제주도내 표착지를 대정현의 '大也水沿邊'으로 기록하고 있다. 학술적으로는 지금까지 이용되어 온 적이 없으며 이외에도 제주도민의 安南國 표착기록인 「金大璜漂海日錄」, 중국인의 제주도 표착기록인 「南京漂淸人記」, 일본인의 제주 표착기록인 「漂倭人記」 등이 같이 수록되어 있어 표류·표착 연구에 매우 귀중한 사료이다.

조선후기 호남의 실학자인 黃胤錫의 『頤齋亂藁』[150]에는 10세 때부터 63세에 타계하기까지 54년간의 일기와 시문·논설·기행문을 비롯해 당시의 세태에 대한 견문 등이 기록되어 있는데, 여기에는 일본과 네덜란드의 관계가 일부 기록되어 있으며, 특히 「顯宗大王六年乙巳」 조에는 하멜 일행의 일본 탈출로 인한 朝·日간의 외교문제가 기술되어 있다.

또한, 표류·표착과 직접적인 관련은 없으나, 하멜 일행이 제주도에 표착했을 당시 제주목사였던 李元鎭이 기록한 『耽羅志』[151]에는 하멜 일행의 명확한 표착지를 규명하기 위한 지명과 제주도내 각 지역 간의 거리, 하멜 일행의 표착지에서 濟州牧으로의 이동 경로를 파악할 수 있는 기록들이 다수 있다. 이와 관련해 제주도 내의 지명을 이용해 하멜 일행의 표착지를 파악하기 위한 사료로는 1601년 제주도에 안무어사로 파견된 金尙憲의 『南槎錄』[152]이 있다. 이것은 전술한 『知瀛錄』의 표착지, 즉

0001511).
150) 黃胤錫 저, 『頤齋亂藁 1-3』(정신문화연구원, 1994~1996).
151) 李元鎭 저, 『耽羅志』(韓國學文獻研究所 編, 『邑誌6·濟州道』, 아세아문화사, 1983). 『濟州道』 46-55·58, 제주도, 1970~1973). 저본은 서울대학교규장각과 국립중앙도서관에 소장되어 있으며, 최근에 국립중앙도서관 소장본이 영인·번역되어 출판되었다(김찬흡 외 7인 역, 『역주 탐라지』, 푸른역사, 2002).

'大也水沿邊'을 보다 명확히 할 수 있는 '大也水'의 거리 측정에 유용한
사료이다.

끝으로 이미 간행된 사료들이기는 하지만, 조선후기 실학자 李肯翊의
『練藜室記述』[153] 별집 제17권에 수록된 「邊圉典故」, 「荒唐船」 조에는 하
멜 일행의 표착기록이 있다. 같은 실학자 李德懋의 『靑莊館全書』[154]에
수록된 『蜻蛉國志』의 「異國」 조에는 그의 14년간 규장각 근무를 토대로
한 阿蘭陀, 즉 네덜란드에 대한 언급이 있고, 『編書雜稿』의 「兵志備倭
論」에는 일본과 관련하여 박연과 하멜 일행의 표착사건을 상세히 다루
고 있다. 특히 여기에는 박연과 하멜 일행에 대한 조선의 인식, 네덜란
드의 紅夷砲 기술, 일본의 그리스도교 금제요청 등 본 연구와 관련된
내용이 다수 포함되어 있다. 이 글에 대해서는 丁若鏞이 『雜評』[155]에 수
록된 「李雅亭備倭論評」에서 아주 상세히 비판을 곁들여 구체적으로 논
증하고 있기 때문에 정약용의 자료 또한 좋은 참고 사료가 된다. 통신
사 사행록인 『海行摠載』[156] 등에도 일본관련 및 네덜란드 관련 기사가
보이고 있다.

또한 李圭景이 저술한 백과사전적인 성격을 가지고 있는 『五洲衍文長
箋散稿』[157]의 경사편5 논사류1 「西洋」 조에는 「西洋通中國辨證說 ─ 附西
舶通我東及疇人傳」, 즉 "서양이 중국에 왕래한 것에 대한 변증설 ─ 서양
선박이 우리나라에 왕래한 것과 『疇人傳』에 대해서도 부기한다."라고 하
여 하멜 일행을 비롯한 서양선박의 조선표착사건을 기술하고 있다. 또한

---

152) 金尙憲 저/朴用厚 역, 「南槎錄」(『敎育濟州』 19-21, 1971) ; 金尙憲 저/金禧東
    역, 『南槎錄』(永嘉文化社, 1992).
153) 『國譯 練藜室記述 1-12』(민족문화추진회, 1966).
154) 『國譯 靑莊館全書 1-13』(민족문화추진회, 1966).
155) 『國譯 茶山詩文集 1-10』(민족문화추진회, 1996).
156) 『國譯 海行摠載 1-12』(민족문화추진회, 1967).
157) 『國譯 五洲衍文長箋散稿 1-현재6』(민족문화추진회, 1977~계속간행).

이 책 경사편5 논사류1 「西學」 조의 「斥邪敎辨證說」에서는 당시 조선 지식인의 그리스도교에 대한 인식을 상세히 살펴볼 수 있는 기록들이 정리되어 있다.

본서에서 고찰하는 서양 異國人의 조선 신무기개발과 관련된 네덜란드인의 紅夷砲 개발을 언급한 사료들도 보이고 있는데, 李瀷의 『星湖僿說』158)에 수록된 「萬物門」의 「火箭」 조에는 네덜란드인이 만든 紅夷砲의 조선 유입에 대해 언급하고 있으며, 『國朝寶鑑』,159) 『茶山詩文集』 권11의 「軍器論」에도 조선정부 또는 지식인의 紅夷砲에 대한 관심이 보이고 있다. 물론 앞에서 살펴본 각 사료에도 紅夷砲에 관련된 많은 내용들이 있으나, 상세한 것은 본서의 제3장으로 넘기고 여기서는 생략한다.

한편, 鄭東愈의 『晝永編』160)에는 일본의 그리스도교 금제요청, 하멜 일행의 송환문제를 둘러싼 외교문제, 1797년(정조 2) 동래부에 표착한 네덜란드 선박 등에 대해서 비교적 상세히 다루고 있다. 하지만, 본서에서 밝히겠지만, 동래부에 표착한 네덜란드 선박이라는 것은 실은 브로튼 선장의 영국 선박이다.

끝으로 1915년부터 1917년에 걸쳐 제주도의 제기록을 모아 정리한 金錫翼의 『耽羅紀年』161)이 있다. 관련 사료 중에서는 가장 나중에 편찬된 것이기는 하지만, 1653년 제주목사 李元鎭이 편찬한 『耽羅志』를 비롯해 많은 자료들을 섭렵하여 편찬한 것으로 내용 중에는 박연과 하멜 일행의 간단한 표착 기록도 보이고 있다.

---

158) 『國譯 星湖僿說 1-12』(민족문화추진회, 1976~1979).
159) 『國譯 國朝寶鑑 1-9』(민족문화추진회, 1994~1997).
160) 鄭東愈 저/南晩星 역, 『晝永編(상/하)』(을유문화사, 1971).
161) 金錫翼 저, 『耽羅紀年』(『韓國近代邑誌』 48, 한국인문과학원, 1991).

3. 일본 및 네덜란드 사료

다음으로 일본 및 기타 외국 소재의 사료에 관하여 살펴보도록 하겠다. 우선, 동경대학 사료편찬소에 소장되어 있는 사료들부터 본다면, 朝·日간의 외교관계에 가장 기본이 되는『本邦朝鮮往復書』[162]의 사본과 마이크로필름이 있다. 이것은 朝·日간의 국서 및 서계가 수록되어 있는 것으로 본 연구와 관련하여서는 조선에 대한 일본의 그리스도교 금제요청에 관한 것, 네덜란드인들의 일본송환 관련 내용이 포함되어 있으며, 당시 쓰시마번과 막부의 대조선 외교 현안문제들을 파악할 수 있는 내용들도 많다. 특히, 권22와 권23에는「咨問阿蘭陀漂人耶蘇邪宗否書契」,「鞫問阿蘭陀漂人耶蘇邪宗不回答」이라는 표제로 네덜란드인의 표착과 송환에 관련된 서계를 수록하고 있다.

또한 사료편찬소의 宗家史料에는 朝·日간의 그리스도교 금제 정책과 共助에 관련된 것으로『寬永正保之度耶蘇宗門御嚴禁二付朝鮮國御往復御書翰寫』[163]와 이것의 근세 일본어 번역문(候文)인『寬永正保之度耶蘇宗門御嚴禁二付朝鮮國御往復御書翰和解寫』[164]가 소장되어 있다. 이 사료에는 그리스도교 교인이 승선하고 있던 廣東船의 珍島 표착과 일본으

---

162)『本邦朝鮮往復書』(東京大學 史料編纂所 소장, 청구번호:dup.M-29). 이 사료는 전부 마이크로필름 13개 릴로 이루어져 있으며, 본 연구에서 사용한 것은 1번 릴(제1권~제15권)과 2번 릴(제16권~제25권)이다.

163)『寬永正保之度耶蘇宗門御嚴禁二付朝鮮國御往復御書翰寫』(東京大學 史料編纂所 소장, 청구번호:宗家史料-4-5). 이후 본서에는『耶蘇宗門嚴禁書翰』이라고 약칭한다.

164)『寬永正保之度耶蘇宗門御嚴禁二付朝鮮國御往復御書翰和解寫』(東京大學 史料編纂所 소장, 청구번호:宗家史料-4-6). 이후『耶蘇宗門嚴禁書翰和解寫』로 약칭하며, 이 사료는 본서의 제4장에서 후술하겠지만, 번역과 해석에 오류가 있어 본서에서는『耶蘇宗門嚴禁書翰』을 사용했다.

로의 압송과 사후 처리과정 등이 매우 상세히 기록되어 있어, 본서 제4
장에서 많은 부분을 이용했다. 일본에 표착한 이국선 처리과정도 본서
에서 언급하고 있는데, 동 사료편찬소에는 寬永 원년부터 嘉永 6년까지
의 일본표착 이국선을 기록한『寬永以來異國船來着年表』[165]가 소장되
어 있다.

한편, 사료편찬소에는 일본에서 작성된 네덜란드의 관련 사료들도 다
수 소장되어 있으며, 네덜란드 국립문서관과 왕립도서관에 소장되어 있
는 VOC의 일본 관련사료들이 전부 마이크로필름으로 보관되어 있다. 이
것은 1954년 이래, 日本學士院과 동경대학 사료편찬소의 협력 하에 실
시된「해외소재 일본관계 사료의 마이크로필름화 사업」[166]에 의한 것으
로 네덜란드 관계목록으로서『東京大學史料編纂所 日本關係海外史料目
錄(1~5)』[167]이 간행되어 있다. 이 마이크로필름에는 VOC의 각 지역에
대한 지령·회답, 상무원 및 군대의 파견과 소환, 정치·외교·경제상의
대책 등의 결정, 즉『결의록』(Resolutien)이 수록되어 있으며,『바타비아
상관일기』(Dagregister Batavia),『네덜란드 상관일기』[『히라토 상관일기』
(Dagregister Hirato), 나가사키 상관일기(Dagregister Nagasaki)][168] 등의 자
료와 바타비아, 히라토[平戶], 나가사키[長崎], 타이완[臺灣] 등지에서
네덜란드 본국 VOC의 '17인위원회'에 보낸 왕복서신을 비롯해 VOC가

---

165)『寬永以來異國船來着年表』(동경대학교 사료편찬소 소장, 청구기호:4151.9
   -88).
166) 이 사업의 사료수집 경위와 성과 등에 대해서는 沼田次郎,「在外未刊日本
   關係史料蒐集事業の沿革について」(『日本歷史』186, 1978)을 참조.
167)『東京大學史料編纂所-日本關係海外史料目錄(1~5)』(東京大學史料編纂所,
   1963~1966). 이하,『日本關係海外史料目錄』으로 약칭한다.
168)『네덜란드 상관일기』는 1641년 히라토에서 나가사키의 데지마[出島]로 이
   전하는 시점을 기준으로『히라토 상관일기』(Dagregister Hirato)와『나가사키
   상관일기』(Dagregister Nagasaki)로 구분하고 있다.

제지역의 상관에 보낸 훈령서·명령서·보고서, 각 상관의 연락문서 등
도 수록되어 있다. 뿐만 아니라, 『하멜보고서』의 필사본 마이크로필
름169)도 여기에 수록되어 있으며, 본서와 관련된 많은 내용들이 여러 곳
에 산재해 수록되어 있는데, 이는 전술한 후팅크판에 완벽한 것은 아니
지만, 부록사료로서 잘 정리되어 있다.

또한 전술한 사업의 일환으로서 『네덜란드 상관일기』는 『オランダ商
館長日記』170)라는 책명으로 1633년부터 1646년 9월까지 원문편과 역문
편이 번역·출판되어 있으며, 영국 동인도회사 상관장의 기록인 『영국
상관일기』의 전내용(1613~1623)이 『イギリス商館長日記』171)로 출판되어
있다. 참고로 『히라토 상관일기』는 나가즈미 요코[永積洋子]가 1641년
까지의 기록을 『平戸オランダ商館の日記』172)로 출판하고 있으며, 『나가
사키 상관일기』는 무라카미 나오지로[村上直次郎]가 『長崎オランダ商
館の日記』173)로 출판하고 있다.

다만 동경대학 사료편찬소 출판본과 나가즈미, 무라카미의 『네덜란드
상관일기』 출판본에는 하멜 일행이 조선에 표착한 1653년도 이후의 기
록은 포함되지 않았기 때문에 본서에서 1653년 이후의 자료들에 대해서
는 전술한 사료편찬소의 마이크로필름과 후팅크판 수록의 사료들을 이
용했다.

---

169) Dagregister gehouden bij de gesalveerde persoonen van't verongeluckte jacht de
  Sperwer, van't gepasseerde en bun wedervaren in't rijck van Core, sedert den 18.
  Aug. 1653 tot 14. Sept. 1666(마이크로번호:6998-5-16-13; 7598-60-96b-4, KOL.
  ARCHIFF No.1156).
170) 東京大學史料編纂所 編, 『オランダ商館長日記』(原文編10권/譯文編9권, 東京
  大學, 1974~2003).
171) 東京大學史料編纂所 編, 『イギリス商館長日記』(原文編3권/譯文編2권/附錄2
  권, 東京大學, 1978~1982).
172) 永積洋子 譯, 『平戸オランダ商館の日記 1-4』(岩波書店, 1969~1970).
173) 村上直次郎 譯, 『長崎オランダ商館の日記 1-3』(岩波書店, 1956~1958).

또한, 「바타비아성에 보관되어 있는 바타비아 및 모든 네덜란드령 인
도에서 일어난 사항의 일지」(이후, 『Dagregister Batavia』로 약칭)라는 기록
이 있는데, 일반적으로는 『바타비아 상관일기』로 불리며 1896년부터
1928년 사이에 출판된 간행본174)이 도쿄대학[東京大學] 사료편찬소와
와세다대학[早稻田大學] 등에 소장되어 있다. 이 기록은 무라카미 나오
지로[村上直次郞]에 의해 일본관계 부분만 번역 발췌되어 『抄譯バタビ
ヤ城日誌』175)로 출판되고 있으며, 후에 나카무라 타카시[中村孝志]와
함께 역주본으로 『バタヴィア城日誌』176)를 출판하고 있다. 본서에서는
이들 VOC의 바타비아 상관의 기록을 『바타비아 상관일기』로 약칭하는
데, 여기에는 조선 관련 내용으로 하멜 일행의 일본송환 후 바타비아 도
착기록, VOC의 조선무역 계획에 관한 의도 등이 기록되어 있다. 하지만
상기의 역주본에는 이 부분이 생략되어 있어 이들 관련 기록은 전술
한 『Dagregister Batavia』를 이용했다. 한편, VOC의 『일반보고서』(『Generale
Missive』)로서 1610~1750년까지의 자료가 11권으로 간행되고 있는데,177)
1~3권(1610~1674)에는 여기에도 한국관련 기록의 일부가 보이고 있으
며, 본서에서는 후팅크판과 함께 참조했다.

일본 국립국회도서관의 고전적자료실에는 1634년(寬永 11)부터 1713

---

174) Dagh-Register gehouden int Casteel Batavia vant passerende daer ter plaetse als over
geheel Nederlandts India:Anno 1624-1682, 's-Gravenhage : M.Nijhoff, 1896-1928.
본서에는 로 약칭하며 본문에서는 한글로 『바타비아 상관일기』로 쓴다. 인
용시에는 「Dagregister Batavia」로 약칭한다.

175) 村上直次郞 역주, 『バタビヤ城日誌(上/中)』(日蘭交通史料硏究會, 1937).

176) 村上直次郞/中村孝志 역주, 『バタヴィア城日誌(1-3)』(東洋文庫 170·205·271,
平凡社, 1970~1975).

177) Generale missiven van gouverneurs-generaal en raden aan Heren XVII der Verenigde
Oostindische Compagnie, volume1-11, 's-Gravenhage : M. Nijhoff, 1960-(Rijks
geschiedkundige publicatiën ; Grote ser, 104·112·125·134·150·159·164·193·205
·232·250).

년(正德 3)까지의 조선관계 기록을 사건·항목별로 발췌하여 정리한 종
가문서 『分類紀事大綱』이 소장되어 있다. 이 사료의 권33에는 네덜란드
인의 조선표착과 송환관계와 이로 인한 일본측의 처리과정 및 막부와
쓰시마번의 연락사항 등을 정리한 「阿蘭陀人朝鮮江漂着之一件」[178]이 수
록되어 있다. 본서에서 테마로 삼고 있는 조선표착 네덜란드인과 그들로
인한 조선·일본·네덜란드 국제관계의 전모를 밝히는데 매우 중요한
사료이며, 본서 전반에 걸쳐 이용하였다.

쓰시마의 이즈하라[嚴原]町에 있는 「長崎縣立 對馬歷史民俗資料館」
에는 쓰시마 번청[藩廳]의 기록인 『毎日記』[179]가 소장되어 있다. 여기에
는 네덜란드인의 조선표착사건과 관련된 朝·日간의 교섭, 막부와 쓰시
마번의 잔류 네덜란드인의 송환에 관한 상세한 동향과 연락 내용, 네덜
란드인의 송환과정 및 이동경로, 쓰시마번에서의 처리과정 등이 기록되
어 있는데, 특히 네덜란드인 관계는 전술한 「阿蘭陀人朝鮮江漂着之一
件」에도 수록되어 있다.

나가사키의 縣立圖書館에는 하멜 일행이 조선을 탈출해 표착한 고토
번[五島藩] 관련 사료가 소장되어 있는데, 당시의 기록은 거의 남아있지
않은 상황이다. 다만 후대에 편찬된 『公譜別錄拾遺』(부제: 五島記)[180]의
中卷에는 네덜란드인의 고토 표착에 관한 간단한 기록들이 남아있다. 또
한 이곳에는 『自寬永十年五月至寶永午年十一月日記』(이하, 『日記』로 약
칭)[181]가 소장되어 있는데, 이 사료는 하멜 일행이 조선을 탈출해 고토에

---

178) 「阿蘭陀人朝鮮江漂着之一件」(『分類紀事大綱』권33, 日本國立國會圖書館 古
    典籍資料室, 청구기호:823-30).
179) 『毎日記』(長崎縣立 對馬歷史民俗資料館 소장, 청구기호:Aa-1, 21-25). 본서
    에서는 寬文 6년 9월부터 寬文 8년 7월까지의 기록을 이용했다.
180) 『公譜別錄拾遺(中)』(文久2年增補, 長崎縣立圖書館 소장, 코드:8012111612,
    분류기호:Sテ13).
181) 『自寬永十年五月至寶永午年十一月日記』(長崎縣立圖書館 소장, 코드:801201

표착했을 당시의 명확한 표착지를 유일하게 기록하고 있어 매우 중요하
다. 이외에도 동 소장처에는 하멜 일행의 고토[五島] 내 표착지를 규명
하기 위한 고지도가 소장되어 있는데, 본서에서는 「五島之古圖」[182]와
「舊五島圖」[183] 등을 전술한 『日記』에 기록되어 있는 지명과의 비교를
위해 이용했다. 이외에 참고 사항이지만, 필자의 현지 조사에 의하면, 고
토 각 지역의 자료관, 박물관 등에는 하멜 일행이나 이들과 관련된 고토
번의 기록은 거의 남아있지 않다.

　이상의 사료 이외에 출간된 사료집도 본서에서 이용했는데, 주로 나가
사키에서의 외교 및 이국선 내항관련, 관리의 기록, 견문록 등이며, 가장
기본이 되는 것은 長崎文獻叢書(전10권) 간행본으로서 본서와 관련된 것
은 다음과 같다.

　구마노 세이쇼[熊野正章]가 나가사키에 異國人이 입항하기 시작한 16
세기 중반부터 18세기 후반에 이르기까지 나가사키에서의 정치·경제·
사회상 등을 기록한 『長崎港草』[184]가 있는데, 이 책 권4의 「林有官爲目
明」 조에는 1644년 조선표착 廣東船의 일본송환과 송환된 廣東船員들에
대한 처리과정이 수록되어 있어 본서의 제4장에서 이용했다.

　1764년 나가사키 聖堂[185]의 서기역이었던 타나베 모케이[田邊茂啓]가
당시의 나가사키 관련 기록을 수집·편찬하여 나가사키의 봉행소에 바
친 『長崎實錄大成(正編)』[186]이라는 사료가 있다. 다만, 이 사료는 타나베
가 탈고하여 1764년에 봉행소에 헌납한 이후, 나가사키 봉행소에서 이전

　　6907, 분류기호:S13). 이것은 나가사키의 市立博物館에도 필사본이 한 책 소
　　장되어 있다.

182) 『五島之古圖』(長崎縣立圖書館 소장, 코드:8012035060, 분류기호:S3).

183) 『舊五島圖』(長崎縣立圖書館 소장, 코드:8012035386, 분류기호:S3).

184) 『長崎港草』(長崎文獻叢書 제1집제1권, 長崎文獻社, 1973).

185) 여기서 聖堂의 의미는 '孔子를 기리는 堂'의 의미이다.

186) 『長崎實錄大成(正編)』(長崎文獻叢書 제1집제2권, 長崎文獻社, 1973).

것들을 모두 취합하고, 또 1767년까지 봉행소에서 계속 기록되어져 왔기 때문에 타나베가 모두 편찬한 것으로 볼 수 없기는 하지만, 관청사료라는 측면에서 그 사료적 가치와 신빙성은 높은 사료이다. 이 책 권9의 「阿蘭陀船入津幷雜事之部」에는 1666년 탈출한 하멜 일행의 일본 표착기사와 1668년의 잔류 네덜란드인 송환기록이 간단히 기술되어 있다. 또, 권7의 「林友官邪宗門之者訴人之事」에는 일본의 그리스도교 금제문제와 관련된 내용이 있으며, 권8의 「南部より阿蘭陀人被差送事」에는 1643년 야마다[山田]에 표착한 네덜란드선 브레스켄스호의 표착처리 과정과 결말이 수록되어 있어 네덜란드선의 표착에 대한 조선과 일본 양국의 처리과정을 비교·검토할 수 있다.

한편 잘 알려지지 않은 江原某라는 사람이 나가사키를 유람하여 견문한 것을 교토[京都]에서 출판한 『長崎蟲眼鏡』[187]라는 사료에는 하멜 일행이 조선에서 파선하여 그중에 8명이 조선을 탈출하고 후에 잔류 네덜란드인 7명이 쓰시마번을 거쳐 일본에 송환되었다는 간략한 내용이 수록되어 있다. 또한 나가사키의 通詞에 의해 작성되었다고 전하는 『長崎實記年代錄』[188]가 있다. 이는 규슈[九州]대학 九州文化史研究所에 소장되어 있으며, 최근에 간행되었다. 여기에도 하멜 일행의 조선표착과 일본송환 기록이 보이고 있다.

이외에 朝·日간 하멜 일행의 표착과 그리스도교 금제 정책, 그리고 네덜란드와 일본의 외교문제 등을 망라한 『通航一覽』[189]에도 본서에 관련된 많은 자료들이 있고, 『和蘭風說集成書』,[190] 『崎陽群談』,[191] 『五島編

---

187) 『長崎蟲眼鏡·長崎見聞錄·長崎緣起略』(長崎文獻叢書 제1집제5권, 長崎文獻社, 1975).
188) 『長崎實記年代錄』(九州文化史研究所史料集刊行會, 1999).
189) 『通航一覽(1-8)』(國書刊行會, 1912~1913).
190) 『和蘭風說集成書(上/下)』(日蘭學會, 1976).
191) 中田易直·中村質 교정, 『崎陽群談』(日本史料選書 10, 近藤出版社, 1974).

年史』[192] 등의 사료에도 하멜 일행의 표착과 송환기사가 보이는데, 연대
별 또는 사항별로 매우 간략한 내용을 수록하고 있다.

---

192) 中島功 저, 『五島編年史(上/下)』(國書刊行會, 1973).

제1장
네덜란드선의 표착에 대한 기초적 고찰

Ⅰ. 머리말

근세 일본의 경우, 1600년 분고[豊後]에 표착한 네덜란드선 리흐데호
는 일본·네덜란드 관계의 출발점일 뿐만 아니라 일본의 국제관계에도
매우 중대한 영향을 끼친 사건으로 평가되고 있다. 또한 이러한 네덜란
드 관계의 출발은 일본의 국제관계를 16세기와 17세기를 구분 짓는 분
기점으로서도 평가되고 있다.[1]

일본보다 시기적으로 약간 늦었지만 조선에도 네덜란드선의 표착사건
이 있다. 바로 1627년 오붸르케르크(Ouwerkerck)호와 1653년 스페르붸르
(Sperwer)호의 표착이며, 현재로서 네덜란드선의 조선표착은 이 두 건만
이 확인되고 있다.[2] 하지만, 두 건의 표착사건은 당시 서양과의 외교관

---

1) 岡田章雄, 『三浦按針』(思文閣出版, 1984), 5～20쪽.
2) 한편, 학계에서는 별로 소개되고 있지 않으나, 한국 사료에는 1797년(정조
   21)에 이국선이 동래에 표착했는데, 좋은 날씨를 기다려 자력으로 귀환했
   다는 기술이 보이고 있다(鄭東愈 저/南晚星 역, 『晝永編』上, 乙酉文化社,
   1971). 표착했을 때, 동래부사와 부산첨사 및 역관들이 그 배에 승선해보기
   는 했지만, 표착해 온 이국선이 어느 나라의 선박인지 확인할 수 없었다. 다
   만, 선박이 출발하는 모습을 천리경으로 보고 있던 왜관의 일본인에게 그들
   이 네덜란드인이라는 말을 듣고 있었다("倭館人以千里鏡, 登高瑤之日, 其船
   已近對馬島云々, 而我國人, 亦無由知之館倭又言, 是阿蘭陀, 其船都, 是宝物
   云"). 이것을 보면, 동래에 표착했다가 출발한 이 선박은 이미 쓰시마 섬에
   근접해 있었으며, 국적은 네덜란드 선박으로 알려지고 있다. 그러나 시볼트
   의 기록에 의하면 동선은 1797년 부산항(동래)에 입항했던 브로튼(William
   Robert Broughton) 선장의 영국선 프로비덴스호(Providence)이다. 시볼트는 이
   에 대해서 다음과 같은 기록을 남기고 있다. "1797년에 북위 35도 2분, 동경
   129도 7분의 부산항에 입항한 브로튼은 매우 대담했다. 그러나 그가 출현한
   방법, 그 태도 및 선박 승무원들의 모습은 이 나라(조선)에서 신뢰를 얻을 만

계에 적극적이지 못했던 조선에 서양 異國人이 표착했다는 단순한 기괴
한 사건으로만 치부할 수는 없다. 왜냐하면 본서의 서론에서도 언급했지
만, 이른바 '쇄국'이라는 용어로 규정지울 수 없는 조선의 국제관계, 나
아가 일본과 네덜란드 관계를 포함한 동아시아 속에서 제국가의 역동적
인 국가상을 파악할 수 있는 소재이기 때문이다.

더욱이 1653년 스페르붸르호의 조선표착은 승무원이었던 헨드릭 하멜

한 것은 못되었다. 이것은 이 나라 사람들이 (영국이) 멀리 있기는 하지만,
우호·통상관계를 위한 마음을 표명했다 하더라도 도저히 불가능한 것이었
을 것이다. 이 유럽선의 세 번째 출현은 당당하기보다는 오히려 빈약한 장
비와 전투적인 외견으로부터, 그리고 다른 제반 사정을 모두 생각해 보더라
도 조선인이 브로튼을 유럽 어느 국가의 사절로 생각하기 보다는 해적, 아
니면 모험가였다고 생각하는 것도 무리는 아니었을 것이다(フィリップ・フ
ランツ・ファン・シーボルト 저/尾崎賢治 역,『日本』5, 雄松堂書店, 1978)."
이 기록에 의하면 동년(1797)에 브로튼은 부산(동래)에 입항하여 조선인과
접촉하였던 것으로 확인된다. 그 접촉이 누구와의 접촉이었는지 불분명하지
만,『晝永編』의 기록에 의하면 동래부사와 부산첨사 및 역관들로 추측된다.
그리고『晝永編』에는 출발하여 쓰시마에 근접해 있다고 했는데, 쓰시마번에
서는 조선에 표착했던 이국선이 쓰시마 서해안에 출현했기 때문에 연해방
비를 강화하고 막부에 보고하였다는 기록이 보이고 있다(田中健夫 외,『對
外關係史總合年表』, 吉川弘文館, 1999, 827쪽). 또한 브로튼 본인이 직접 기
록한 항해록에 의하면, 1797년 10월 13일 부산 용당포에 도착해 21일 출발했
으며, 부산지역의 해도뿐만이 아니라 다양한 식물 채집, 언어 조사 등 조선
에 대한 과학적 조사도 실시하고 있었다(A voyage of discovery of teh North
Pacific Ocean, T. Cadell and W. Davies in the Strand, 1804. 명지대-LG연암문고
소장. 청구기호:연암 ENG-775). 이러한 사실들을 종합해 볼 때, 같은 시기에
같은 장소에 표착하였고, 조선인과의 접촉이 있었다는 것을 염두에 둔다면
『晝永編』에 보이는 네덜란드 선박은 브로튼의 영국 선박일 가능성이 높다
고 판단된다. 이러한 의문점이 있기에 본서에서는『晝永編』에 보이는 이국
선을 네덜란드 선박이 아닌 영국 선박으로 취급하겠다. 참고로 브로튼 선장
의 항해에 대해서는 한상복의『해양학에서 본 한국학』(해조사, 1988, 33·316
~319쪽)도 이해에 도움이 된다.

의 조선체재 기록인『하멜보고서』의 소개에 의해 널리 알려져 있음에도
불구하고 그 네덜란드선박의 조선표착이 동아시아의 국제관계사에서 어
떠한 영향을 주었으며, 어떠한 의의를 가지고 있는가에 대해서는 명확한
논증이 이루어지고 있지 않다.

  선행연구에 의하면, 1627년 오붸르케르크호의 조선표착에 대한 표착
선·표착년·표착지 등의 기본적인 사항에 대해서도 천차만별의 설명이
행해지고 있다. 그 선박의 승무원 중에 조선에서 일생을 마친 박연의 조
선 생활과 활동에 대해서도 불분명한 점들이 많다. 1653년에 표착한 스
페르붸르호에 관한 연구동향도 마찬가지이다. 이에 대해서는 본장에 명
확히 하겠지만,『하멜보고서』에는 명확하게 조선의 제주도(Quelpaerts)에
표착했다고만 기록되어 있고, 그가 제주도의 어느 지역에 표착했는가에
대한 명확한 근거가 기술되어 있지 않음에도 불구하고3) 남제주군 안덕
면 사계리에는 하멜이 표착한 것을 기념하여「하멜기념비」가 세워져 있
다.4) 그러나 근년에 들어와 하멜의 표착지에 대한 새로운 내용을 포함한
『知瀛錄』이 학계에 소개되면서 연구는 새로운 국면을 맞이하였다.5)

---

 3) 한국측의 사료에는 제주 표착 이외에, 珍島와 全羅道 표착을 기록한 사료들
    이 있다. 참고를 위해 명기해 두도록 하겠다. "曾於癸巳, 有漂船一隻, 敗於珍
    島, 而幾死, 餘者三十六人, 狀詭, 言語不通, 不識文字, 不知爲何國人, (下略)"
    (鄭東愈著,『晝永編』). "(上略) 顯宗丙午, 對馬島酋, 移書禮曹曰, 阿蘭陀, 在極
    南海中, 常時來商於日本, 今有八人到長崎, 自言漂到全羅道十四年, 掠得, 遁
    逃至此, (下略)"(『通文館志』卷九, 顯宗大王七年丙午條).『晝永編』에는 珍島라
    고 하고 있으나, 이는 오류라고 생각되며,『通文館志』에서 전라도라고 기록
    한 것은 당시 제주도가 전라도의 행정구역에 속해있었기 때문일 것이다.
 4)「하멜기념비」는 1980년 10월, 한국국제문화협회와 네덜란드왕국해외문화역
    사재단이 공동으로서 세웠다.
 5) 李益泰 著/金益洙 譯,『知瀛錄』(제주문화원, 1997).『知瀛錄』의 원본은 저자
    李益泰의 10대손인 延安李氏 冶溪公 宗中의 李完熙씨가 소장하고 있으며,
    제주문화원에 의해 영인·번역 출판되었다.

『知瀛錄』은 李益泰가 1694년부터 1696년까지 제주목사 재임기간 중, 자신의 일기에 謄錄 등을 참조하여 정리한 제주관계기록으로 「西洋國漂人記」에는 하멜 일행의 정확한 표착지와 박연과의 문답이 다른 어떤 기록보다 상세히 기록되어 있어, 그 사료적 가치뿐만이 아니라 신빙성도 높은 사료이다.

때문에 본장에서는 이러한 새로운 사료를 근거로 기존 제설에 대한 검증을 실시함과 동시에 1627·1653년 두 번에 걸친 네덜란드 선박의 조선표착에 대한 경위와 서양 異國人 표류민에 대한 조선정부의 처리 과정을 규명해보겠다. 특히 오베르케르크호의 경우는 표착의 진위와 그간의 선행연구에서 잘못 언급되어 온 표착년·표착지를 검증하고, 스페르베르호의 경우는 『하멜보고서』·『知瀛錄』·고지도 등을 근거로 선행연구에서 쟁점이 된 제주도내의 표착지 문제를 살펴보겠다. 이러한 역사적 사실의 기초를 명확히 하는 것이 조선과 네덜란드, 그리고 일본을 포함한 삼국의 국제관계사 연구의 출발점이 될 것이다.

Ⅱ. 1627년 오베르케르크호의 표착

1. 오베르케르크호에 관한 제설과 문제점

네덜란드인으로서 최초로 조선에 표착했다고 할 수 있는 박연의 표착에 관해서 그리 상세한 경위를 설명하고 있는 자료는 아직까지 발견되고 있지 않으나, 그래도 널리 알려져 있는 것은 1653년에 제주도에 표착한 하멜 일행과 박연이 만났을 때, 박연 스스로가 하멜 등에게 표착경위를 설명한 내용이다. 그 내용을 『하멜보고서』의 기술로부터 살펴보겠다.

> <사료 1>
> 나는 라이프 출신의 양·얀세·벨테브레라는 사람으로 1626년 스핍선
> 홀란디아호로 조국을 출발해, 1627년 야하트선 오붸르케르크호로 일
> 본에 향하던 중 역풍으로 인해 조선의 해안으로 밀려나게 되었고, 음
> 료수의 부족으로 인해 보트를 저어 육지에 접근하였는데, 주민들에게
> 나를 포함한 3명이 붙잡혀 보트는 남은 승무원을 싣고 도망쳐 돌아갔
> 으며, 배는 즉시 출항해 버렸습니다. 그리고 다른 2명의 동료, 즉 나와
> 함께 동인도 지방으로 온 라이프 출신의 디크·헤이스벨트스쥰과 암
> 스테르담 출신의 양·피텔센·훼르바스터는 지금부터 17~18년 전에
> 타르타르[淸國]인이 이 나라를 점령했을 때, 전투에서 살해당하고 말
> 았습니다.[6]

<사료 1>의 하선부분에 의하면 박연은 오붸르케르크호에 승선하고
있었으며, 일본으로 향하던 중 조선에 표착한 것으로 되어있다. 여기에
보이는 홀란디아(Hollandia)호는 VOC의 『바타비아 상관일기』에 의하면
네덜란드로부터 1626년 10월 26일(12/14)에 바타비아에 도착하고 있었으
며,[7] 오붸르케르크호는 1627년 3월 27일(5/12)에 피텔 누이츠의 지휘 하
에 휴스덴(Heusden)호·스로튼(Sloten)호·퀘다(Queda)호와 함께 바타비아
에서 타이완으로 출발하고 있었다.[8] 또한, 오붸르케르크호는 동년 5월
11일(6/23)에 타이완에 도착하였고, 6월 16일(7/28)에는 마카오에서부터
일본으로의 항해가 예정되고 있었다.[9] 다시 말하면, 타이완에 도착한 5

---

6) 『朝鮮幽囚記』, 16쪽. 申福龍 역의 『하멜보고서』에는 박연이 홀란디아호에
   승선하여 일본으로 항해하는 도중, 동료 2명과 함께 조선에 표착하였다고
   注釋되어 있으나(申福龍 역, 『漂流記/朝鮮傳/朝鮮西海探査記』(『韓末外國人記
   錄(10·11·12)』, 集文堂, 1999). 『漂流朝鮮朝鮮西海探査記』韓末外國人記錄10·
   11·12, 集文堂, 1999, 22쪽), 이는 오붸르케르크호가 정확하다고 판단된다.
7) Dagregister Batavia, 1627, 2 January, p.299.
8) Dagregister Batavia, 1627, 12 Mei, p.316.

월 11일(6/23)까지 오붸르케르크호의 행로는 명확하다. 그런데 선행연구
에서는 박연의 조선표착 경위에 관해 <사료 1>에서 제시한『하멜보고
서』의 내용을 전면적으로 부정하고 있다.

게리 레드야드(Gari Ledyard)는 박연이 승선하고 있던 선박은 오붸르케
르크호가 아니라 중국 정크선이었으며, 오붸르케르크호는 2~3개월 뒤에
포르투갈선에 나포되어 마카오에서 소각되어졌기 때문에 이 선박은 조
선의 近海에는 들어가지 않았다고 주장한다.[10] 또 반 호붸도 같은 견해
를 주장하고 있다. 특히, 그는 박연 등 3명의 네덜란드인은 오붸르케르
크호가 나포한 정크선에 승선하고 있었으며, 이 정크선의 중국인들에게
위협을 받아 조선인에게 넘겨졌다고 논증하고 있다.[11] 즉, 이들 연구자
에 의하면 박연은 오붸르케르크호에 승선하고 있다가 조선에 표착했다
라고 하는『하멜보고서』의 기록과는 달리, 오붸르케르크호에 의해 나포
된 정크선에 승선하여 조선에 표착했다는 것이다. 우선, 두 사람은 다음
의 세 가지 자료를 근거로 삼고 있는데, 이하 검토해보겠다.

첫째, 하멜 등이 박연에게서 입수한 표착 경위를 당시 나가사키 네덜
란드 상관장 윌렘 볼훠(Wilhelm Volger)가 하멜 등에게 듣고 기록한 내용
(<사료 2>).

둘째, 1627년 6월 10일(7/22)에 네덜란드 동인도회사 타이완장관이 바
타비아총독에게 보낸 서한의 내용(<사료 3>).

셋째, 타이완 결의안에 보이는 것으로 오붸르케르크호가 포르투갈선
에 의해 나포되어 마카오에서 소각되었다는 내용(<사료 4>).

---

9) B.Hoetink,, pp.101-102. 후팅크판(B. Hoetink)의 원제는 <참고 문헌>을 참조.

10) Gari Ledyard, The Dutch Come to Korea, Monograph series No.3, Royal Asiatic
Society, Korea Branch, 1971. pp.36-37. 참고로 이 책은 朴允熙에 의해 번역되어
있다(『하멜漂流記-朝鮮王國見聞錄』, 三中堂, 1976).

11) H.J.van Hove, Hollanders in Korea, Het Spectrum BV, 1989. pp.114-115.

이 3가지 사료들을 제시해보면 다음과 같다.

<사료 2>
저의 생각으로 특기할 만한 것은 데·스페르베르호의 구조된 사람들
이 퀠파트섬에 있었던 8개월이라는 기간 동안, 누구도 어느 나라 사람
인지 알지 못했다. 그 때에 코레아로부터 네덜란드인과 매우 비슷한
한 명의 노인이 찾아와서 (명확하게 이곳의 영주가 코레아의 국왕에
게 요청했기 때문일 것이다) 그들을 긴 시간 동안 관찰한 후, 드디어
는 더듬거리는 네덜란드 말로 "당신들은 어디의 사람들입니까?"라고
물었다. 그들이 네덜란드인이라는 것을 알게 되자, "저도 네덜란드인
으로 라이프 출신의 양 양스존 벨테브레라고 하며, 이곳에는 26년간
있었습니다."라고 하였다. 더욱이 "ⓐ1627년에 야하트선 오베르케르
크호로 항해하던 중 동선(오베르케르크호)이 이 북쪽 해협에서 붙잡은
정크선에 옮겨 타 이 (코레아) 諸島 부근을 표류하게 되었고, 동료 수
명과 함께 육지에 음료수를 구하러 갔다가 두 명의 동료와 함께 중국
인에 의해 붙잡혔습니다. 이 두 사람은 이 諸島가 타르타르인에게 점
령당했을 때에 살해되었습니다."라고 말하고 있었던 것이다. ⓑ양 양
스존 벨테브레는 이 8명(탈출에 성공한 하멜 일행 8명)이 코레아에서
떠날 때도 아직 생존해 있었으며 약 70세였다.[12]

<사료 3>
오베르케르크호는 7월 16일에 아모이로 행하던 중국 정크선 한 척을
나포했다. 정크선에 타고 있던 150명의 중국인들 중에서 70명을 오베
르케르크호에 옮겨 태우고, 다른 중국인을 감시하여 타이완에 보내기
위해 오베르케르크호의 네덜란드인 승무원 16명을 정크선에 옮겨 타
게 하였다. 그러나 이 정크선은 폭풍으로 인해 항로를 벗어나 지금까
지 나타나고 있지 않아 재난에 조우하지 않았는가 걱정된다.[13]

---

12) 生田滋, 214~218쪽(『出島オランダ商館日誌』, 1666년 9월 14일조). 원문은
    B.Hoetink, pp.77-79.

<사료 4>
야하트선 오붸르케르크호·스로튼호·휴스텐호·퀘다호는 타이완에
서 라모와 페듀라, 부랑카 주변의 순회를 위해 보내졌는데, 모두가 그
것을 실행할 수 없었다. 야하트선 오붸르케르크호는 돌아오지 않았던
것이다. 중국인 약탈자들에게 들은 바에 의하면 오붸르케르크호는 마
카오 주변에서 몇 척인가의 포르투갈선에 의해 갑작스런 공격을 받아
불태워졌던 것이다. 그리고 18명이 붙잡혔고, 마찬가지로 대포도 강탈
당했으며, 남은 선원들도 모두 전멸 당했다.[14]

    <사료 2>에 보이는 상관장 볼휘의 보고 내용은『하멜보고서』1653년
9월 9일(10/29)에 박연과 만났을 당시의 기록과 전혀 상이하다. 즉, <사
료 1>의『하멜보고서』에는 오붸르케르크호에 승선하여 조선에 표착했
다고 기록되어 있는데, <사료 2> 상관장 볼휘의 보고에는 그들 일행이
오붸르케르크호가 붙잡은 정크선에 옮겨 탔고 그 정크선이 조선에 표착
했다고 언급되어지고 있기 때문이다(밑줄 ⓐ). 또한 나포한 정크선은
<사료 3>의 밑줄에 의하면 6월 4일(7/16)일에 아모이로 행하던 정크선
이며 선원 150명 중에 70명은 오붸르케르크호에 이선시키고 오붸르케르
크호의 선원 16명을 나포한 정크선에 이선시켰다고 기술되어 있다. 이후
의 선박들의 행적은 <사료 4>의 밑줄에 의하면, 오붸르케르크호는 포
르투갈 선박에 의해 공격을 받아 불태워졌다는 것이다.
    그러나 <사료 2>의 내용은『하멜보고서』의 내용과 많은 차이점을 보
이고 있어 신빙성의 문제가 발생한다.『하멜보고서』에는 1666년 하멜 일
행 중 8명이 조선을 탈출해 고토에 표착하고 나서 나가사키에 이송된
후, 나가사키 奉行에 의해 행해진 심문과 그에 대한 답변기록이 수록되

---

13) Miss. Gouvr Nuijts aan Gouvr Generaal dd. 22 Juli 1627(B.Hoetink, pp.101-102).
14) Generale Missive, 6 Jan. 1628(B.Hoetink, pp.101-102).

어 있다. 전부 54개 항목의 심문내용으로 구성되어 있는데, 그중에서 17~18번째의 문답에는 다음과 같은 내용들이 기술되어 있다.

<사료 5>

17. (문) 同地에서 제군은 그리스도교도 내지는 다른 외국인을 만나 지 않았는가?
    (답) 네덜란드인 양 양세뿐이었습니다. 그는 1627년 야하트선으로 타이완에서 일본으로 향하던 중 폭풍으로 인해 이 해안에 표류하였고, 음료수가 부족하여 보트로 해안에 근접했을 때, 同地의 사람들에게 동료 두 명과 함께 붙잡혔습니다. 그러나 두 명의 동료는 타르타르인이 국토를 점령했을 때에 전쟁에 서 사망했습니다. 그 외에 약간의 중국인이 있었습니다만, 그들은 전란으로 인해 同地로 도망쳐 온 사람들입니다.

18. (문) 양 양세는 아직 생존해 있는가? 또 그는 어디에 살고 있는 가?
    (답) 그가 살아있는지 어떤지 명확한 것은 알 수 없습니다. 그는 10년간 만나지 못했습니다. 또 그는 궁정에 살고 있었습니 다만, 어떤 자는 아직 살아있다고 말하고, 다른 자는 사망했 다고 말하고 있습니다.[15]

상기의 17번째 문답은 야하트선(오붸르케르크호)에 승선하여 조선에 표착했다는 것을 설명해주고 있으며, 18번째 문답은 박연과는 10년간 만나지 않았고, 그가 생존해있는지 사망했는지 모른다고 대답하고 있다. 다시 말하면, <사료 2>의 밑줄 ⓐ에서 박연이 오붸르케르크호가 붙잡 았던 정크선에 승선해 있었고, 밑줄 ⓑ에서 하멜 일행이 조선을 탈출한 시점에 아직 생존해 있어 약 70세였다는 것과 전혀 다른 기술이다. 만약,

---

15) 『하멜보고서』.

<사료 2>의 내용이 사실이라면 조선을 탈출한 8명의 하멜 일행은 나가사키 봉행에게는 <사료 5>와 같은 허위의 답변을, 바타비아 총독에게는 <사료 1>에 보이는 바와 같이 허위의 보고서를 작성했다는 것이 되며, 이는『하멜보고서』내용의 진위와 관련되는 문제를 유발시킨다. 그렇다면 이러한 상이점은 왜 발생하는 것일까.

이에 대해 레드야드는 하멜이 자신이 작성한『하멜보고서』와 다른 내용을 상관장에게 보고하였던 것은 박연의 부도덕한 행동, 즉 박연이 해적이었던 것을 숨겨주기 위해서였다는 가설을 내세우고 있다.[16] 박연은 정크선에 승선하여 조선에 표착한 것이 아니라, 이 정크선에 타고 있던 80여 명의 중국인에게 배를 빼앗겨 중국인과 함께 해적행위를 하고 있었는데, 결국은 중국인들에게 배반당해 조선의 연안에서 조선인에게 넘겨진 것이라고 주장한다. 마찬가지로 전술한 반 호붸도 상기의 세 가지 사료를 근거로 "박연이 중국인 그룹에 속해있었던 것은 명확하며, 하멜이 이렇게 명예롭지 못한 일을 보고서에 기록하지 않은 것은 이해할 수 있다."고 박연의 오붸르케르크호 승선과 이 선박의 조선표착을 부정했다.[17] 그러나 박연의 조선표착에 대한 경위가 과연 양자의 주장대로인지 다음에서 검증해보겠다.

2. 오붸르케르크호의 표착

박연의 조선표착이 정확하게 언제인가에 대해 명확히 규명하는 것은 어렵다. 하지만, <사료 3>에 의하면 오붸르케르크호는 1627년 6월 4일 (7/16)에 중국 정크선을 나포했다. 박연이 오붸르케르크호에 승선해있었

---

16) Gari Ledyard, pp.36-37.
17) H.J.van Hove, pp.114-115.

는가, 오뻬르케르크호가 나포한 정크선에 승선해있었는가에 관계없이 박연은 6월 4일(7/16) 이후에 조선에 표착한 것이 된다. 그리고 <사료 4>의 밑줄 부분에 의하면, 오뻬르케르크호는 1627년 11월 30일(1628/1/6)의 시점에서 포르투갈선의 공격을 받아 이미 불태워져 있었다. 바타비아 VOC의 1627년 9월 23일경(10/말)부터 1628년 10월 4일경(10/말)까지의 침몰한 선박기록[18]에도 오뻬르케르크호의 선명이 기록되어 있기 때문에 이 선박의 최후 시점 이전에 박연이 조선에 표착하였다는 것을 확인할 수 있다.

그렇다면 오뻬르케르크호가 나포한 정크선은 어떻게 되었을까. 「피텔 노이츠 및 상급상무원 피텔 무이젤의 일본 閣老에게 파견된 大使로서의 參府日記」라는 사료의 1627년 6월 29일(8/10)의 기록으로부터 오뻬르케르크호 및 나포한 중국 정크선에 관한 다음과 같은 정보를 얻을 수 있다.

<사료 6>
우리들이 도착하기 전날, 후라이트선 에답호가 샴으로부터 도착했다. 마찬가지로 야하트선 ⓐ오뻬르케르크호의 승무원 12인을 태운 작은 정크선 1척도 도착했다. 그들은 마카오 부근에서 정크선 1척을 붙잡아 同船을 타이완에 보내기 위해 여기에 옮겨 탔다. ⓑ그러나 도중에 이 정크선은 누수가 심하였기 때문에 버릴 수밖에 없었다. ⓒ그리고 많은 비참한 사건들이 일어난 후 드디어 작은 정크선으로 히라토[平戶]에 도착한 것이다.[19]

---

18) 村上直次郎 譯註/中村孝志 校注, 『バタビィア城日誌(1)』(東洋文庫170, 平凡社, 1994), 100~101쪽.

19) 永積洋子 譯, 『平戶オランダ商館の日記(1)』(岩波書店, 1969), 1627년 8월 1일조. 밑줄 친 부분에 대해 역자는 오훼르헤르후(オーフェルヘルフ)라고 번역.

　　앞 사료 밑줄 ⓐ에서 오붸르케르크호가 붙잡은 정크선이라는 것은 마카오 부근에서 나포했다는 사실과 타이완에 보내기 위해 옮겨 탔다는 내용으로부터 전술한 <사료 3>에 보이는 중국 정크선이라는 것을 확인할 수 있다. 또 <사료 3>의 내용을 보면, 그 정크선에는 80여 명의 중국인과 오붸르케르크호에서 옮겨 탄 네덜란드인 16명이 승선하고 있었다. <사료 6>과 <사료 3>을 병합해 생각해보면, 중국의 정크선은 누수가 심했기 때문에 버릴 수밖에 없었고(<사료 6> 밑줄 ⓑ), 그 승조원들은 다른 작은 정크선에 옮겨 탄 후, 히라토에 도착한 것이다. 즉, 일본에 도착한 것은 오붸르케르크호도 아니었으며, 오붸르케르크호가 나포한 중국 정크선도 아니었고, <사료 6>의 밑줄 ⓒ에 보이는 바와 같이 또 다른 작은 정크선이었다.

　　레드야드와 호붸가 주장하는 조선에 표착한 정크선이라는 것은 오붸르케르크호가 나포한 정크선인데, 일본의 히라토에 입항한 작은 정크선은 전혀 다른 정크선이었다. 그러나 두 사람 모두 이 사료에 대해서는 아무런 언급이 없다.

　　또, 레드야드의 박연 해적설은 그 근거를 명확히 제시하지 않았으며, 박연이 중국의 정크선에 승선하고 있었다고 하는 점에서도 의심스러울 뿐만 아니라, <사료 2> 이외에는 어떠한 근거도 없다. 더욱이 나포한 정크선에 오붸르케르크호 승조원 16명을 옮겨 태운 후의 항로도 분명치 않다. <사료 6>의 기록에 보이는 바와 같이 히라토에 도착한 것은 네덜란드인 12명뿐이었고, 다른 4명의 네덜란드인 승조원과 중국 정크선을 나포했을 당시의 중국인 80여 명에 대한 소재와 행방도 확인되고 있지 않다. 이러한 몇몇 문제점을 해결하지 않은 채, 조선에 표착한 것은 오붸르케르크호에 의해 나포된 중국 정크선이며, 그 선박에 박연이 승선하고 있었다고 단정 짓는 것은 성급한 결론이다.

　　이 문제에 대해서는 하멜이 박연의 부도덕한 행동을 감춰주기 위한 것이 아니라, 오히려 하멜이 자신들의 조선 탈출에 아무런 도움을 주지 않았던 박연에 대한 일종의 원망에 의한 허위진술일 가능성도 있다고 판단된다. 그 이유는 하멜 일행은 표착했을 당시 통역을 위해 파견된 박연에게 일본으로 송환해 달라고 도움을 요청을 했으나, 오히려 박연은 그들의 송환요청을 단념시켜 조선에 남을 것을 권유했고, 그 결과 하멜 일행은 오랜 기간 조선에 억류되고 있었기 때문이다. 이에 대해 아래와 같은 사료가 남아있다.

<사료 7>
바다 한 가운데서 갑자기 악풍을 만나 표류하다가 이곳에 이르러 부서졌다. 고향을 떠난 지 이미 5년이 되었는데, 고향 땅으로 돌아갈 때가 되었다. 매일 밤 하느님께 빌고 있는데, ⓐ만약 정말로 우리들을 살려서 일본에 보내준다면, 곧 우리나라의 상선이 반드시 많이 來泊해 올 것이다. 때문에 이 편에 살아 돌아갈 수 있을 것이다."고 하였다. 박연이 말하기를, ⓑ"일본이 시장을 열어 놓은 곳은 오직 나가사키[長崎]뿐이다. 그러나, 교역하는 일은 이전과 달라 타국의 상선이 상륙하는 것을 허락하지 않아 선상에서 서로 거래하는데, 그 나라 사람이라도 타국에 왕래하는 자는 반드시 죽인다. 하물며 너희들 타국인은 어찌하겠는가. 나와 같이 서울로 올라가 都監의 포수로 入屬하는 것만 못하리라. 즉, 옷과 먹을 것에 여유가 있고, 몸이 안전하여 무사할 것이다."고 하였다. 표류한 蠻人 등이 이 말을 듣고 나서부터 고향 땅으로 돌아가는 것에 절망하고, 자못 함께 일하자는 감언을 믿었다.…20)

---

20) 「西洋國漂人記」(『地瀛錄』). "洋中猝遇惡風漂敗至此, 離鄕已五年, 還敀故土, 日夜祝天君, 若欲生我等, 送于日本, 則我國商船, 必多來泊, 因此便可以生還矣, 延日, 日本開市處, 惟長崎, 而交易之事, 異於前日, 他國商船, 不許下陸, 船上互市, 至於其國人, 往來他國者必殺, 況汝等他國人乎, 莫如與我同上京師, 入屬都監砲手, 則衣食有餘, 身安無事也, 漂蠻等, 自聞此言, 絶望還土, 頗信同事之甘言"

상기의 내용은 하멜 일행과 박연과의 문답 일부분이다. 밑줄 ⓐ에 보이듯이 하멜 등은 자신들을 일본으로 보내준다면 일본을 통해 네덜란드로 돌아갈 수 있다고 박연에게 일본으로의 송환을 요청하고 있다. 그러나 박연은 밑줄 ⓑ에서 알 수 있듯이 일본은 이전과 달리 타국 상선의 상륙을 허락하지 않고 일본인이라 하더라도 타국에 왕래하는 자는 반드시 죽이고 있으니, 나와 함께 서울로 상경하여 훈련도감에 포수로서 소속되는 것이 더 좋다고 하며 그들의 요청을 거부했다. 이로 인해 하멜 일행은 본국으로 돌아갈 것을 포기했던 것이다. 成海應의 『硏經齋全集』에도 다음과 같은 기술이 보이고 있다.

<사료 8>
蠻人 등이 말하기를, "ⓐ우리나라의 많은 상인은 일본에 가는데, 만약에 우리들을 일본으로 보내준다면 돌아갈 수 있을 것이다."고 하였다. 박연이 답하기를, "일본은 단지 나가사키에서만 개시를 하고, 상선은 下陸할 수 없으며, 모두 선상에서 교역한다. 또한, 일본의 법은 그 나라 사람이라고 해도 타국에서 귀환하면 죽인다. ⓑ요즘, 耶蘇宗門이 조선에 들어오면, 조선은 대마에 보내고, 도주는 그들을 모두 찢어죽이고 재물을 빼앗는다. 지금 일본에 보내는 것은 도리에 맞지 않다. ⓒ 그리고 나는 이곳에 와서 훈련도감에 예속하여 몸은 편하고 먹는 것에도 만족하고 있다. 당신들도 나를 따라서 서울에 가는 것은 어떠한가" 하니, 만인들이 말하기를 "알았다"고 하였다.[21]

---

21) 成海應, 『硏經齋全集』, 筆記類 西洋舶條. "蠻人等曰, 我國商多往日本, 若送我日本, 可得歸, 延曰, 日本獨郞可溯其開市, 而商船例不得下陸, 皆有舶上交易, 且日本法, 雖其國人, 從他國漂還, 輒殺之, 況頃年因耶蘇宗門入朝鮮, 朝鮮送于對馬島, 島主盡屠而奪其貨, 今送日本, 必無全理, 且我來此, 隸於訓鍊都監, 身逸而食足, 汝等從我至京可乎, 蠻人曰諾" 박연이 朴燕, 朴延, 朴淵, 朴仁 등으로 불리고 있었던 것에 대해서는 본서 서론 주 10)번을 참조.

앞 사료의 밑줄 ⓐ는 <사료 7>의 ⓐⓑ와 비슷한 내용이며, 밑줄 ⓑ에 보이는 바와 같이 일본의 그리스도교 금제 정책에 관한 것을 추가되어 있다. 이 그리스도교 금제에 관한 내용은 주목할 만한 것으로 본서의 제 4장에서 다루겠지만, 우선 본장의 고찰 목적에서 본다면, 박연의 동포에 대한 세심한 배려를 엿볼 수 있다는 것이 중요하다. 즉, 하멜 일행을 일 본으로 보내면 '찢어죽이고 재물을 빼앗기 때문에'(밑줄 ⓑ) 일행의 일본 송환을 만류하고 있다. 그러나 하멜 일행의 반응은 달랐다. 하멜은 박연 에게 본국으로의 송환포기와 上京에 대한 설득을 당했을 때, "통역을 얻 었다고 생각한 기쁨은 곧 슬픔으로 변해버렸다."[22]고『하멜보고서』에 당 시의 심정을 기록하고 있다. 즉, 박연의 배려는 하멜 일행에게 통하지 않 았던 것인데 이러한 심정에 있던 하멜이 일본으로 탈출 한 후, 박연의 부도덕한 행위를 숨겨주기 위해, 또 해적이었다는 그의 오점을 감싸주기 위해 상관장에게 허위보고를 했다고는 전혀 생각할 수 없다.

이상의 검토로부터 필자는 박연이 오베르케르크호가 나포한 중국의 정크선에 승선해 조선에 표착했다는 주장에 대해서는 아래와 같은 문제 점을 지적해두고 싶다.

첫째, 오베르케르크호가 1627년 6월 4일(7/16)에 중국 정크선을 나포한 시점에서부터 포르투갈선의 공격에 의해 격침된 것이 보고된 1627년 11 월 30일(1628/1/6)까지의 행적이 불명확하다. 또한, 오베르케르크호에 의 해 나포된 중국 정크선과 <사료 6>에 보이는 히라토에 도착한 또 다른 작은 정크선의 행적도 마찬가지다.

둘째, 상관장 볼휘의 기록 <사료 2>의 신빙성에 관한 문제이다. 상관 장 볼휘의 기록은 하멜 일행으로부터 전해들은 내용을 근거로 하고 있지 만, 하멜이 상관장에게는 정확한 정보를 전달하고, 반대로 바타비아 총독 에게는『하멜보고서』의 <사료 1>에 보이는 바와 같이 허위보고를 했다

---

22)『하멜보고서』.

고는 생각할 수 없다. 그러한 허위보고를 해야 할 필요성도 없었다. 그리고 상관장 볼휘는 하멜 일행이 탈출했을 때에도 박연은 생존해 있어 70세였다고 확신하고 있다. 그러나 『하멜보고서』에는 박연과 1655년(孝宗 6/明曆元) 서울 가까운 곳의 한강에서 이별을 고한 후, 한 번도 만나지 않았다고 기술하고 있다. 이것은 <사료 5>에 보이는 나가사키 봉행의 심문 내용으로부터 알 수 있는데, 이것으로 하멜 일행이 박연과는 약 10년 동안 만나지 않았으며 그의 생존에 관해서 정확한 정보를 가지고 있지 않았음을 확인할 수 있다. 볼휘의 기록은 조선에서 탈출한 하멜 등 8명의 진술을 근거로 하고 있지만, 스스로의 추측을 포함했을 가능성도 있다.

셋째, 오붸르케르크호에 나포된 중국 정크선의 조선표착을 주장하는 연구에서는 <사료 1>의 오붸르케르크호의 조선표착을 부정하고, 이에 대한 설명으로 박연이 정크선의 중국인과 함께 해왔던 해적행위, 즉 그의 부도덕한 행위를 감춰주기 위한 것이었다는 추측을 내세우고 있다. 그러나 조선에 표착한 하멜 일행이 일본으로의 송환에 그 어떠한 도움도 주지 않았던 박연의 부도덕한 행위를 감싸줄 필요가 있었을까 하는 점은 의문이 아닐 수 없다. 더구나 정크선의 중국인을 타이완에 보낼 목적으로 오붸르케르크호에서 정크선으로 옮겨 탄 16명의 네덜란드인이 왜 중국인과 해적행위를 했을까 라는 문제점에 대해서도 명쾌한 설명이 없다.

넷째, 박연이 중국 정크선에 승선하여 동료 두 명과 함께 조선에 표착했다면, <사료 6>의 또 다른 작은 정크선을 타고 히라토[平戶]에 도착한 오붸르케르크호의 선원 12명은 어떻게 설명해야하는가라는 문제가 발생한다. 또한 <사료 6>에서 오붸르케르크호가 나포한 정크선은 배에 물이 새들어왔기 때문에 버릴 수밖에 없었다고 기록되어 있는데, 그 정크선에 승선해 있던 80여 명의 중국인에 대한 행방도 묘연하다.

이상과 같은 문제점을 해결하지 않은 채, 『하멜보고서』 내용을 부정하고 박연이 중국 정크선에 승선하여 조선에 표착했다고 단정지울 수는 없다. 『하멜보고서』는 다른 내용으로부터 보더라도 그 정확성과 신빙성이 높은 사료라는 것은 말할 것도 없는 사실이다. 본서에서는 다른 특별한 사료가 발견되지 않는 이상 『하멜보고서』의 내용을 존중하여 <사료1>의 내용을 따르며, 보다 상세한 검토는 금후의 과제로 삼겠다.

Ⅲ. 오뷔르케르크호의 표착지와 표착년에 대한 검증

1. 사료에 보이는 표착지와 표착년

앞에서 언급한 표착선의 문제와는 별도로 오뷔르케르크호의 표착년과 표착지에 대한 문제가 남는다. 한국 사료에는 표착년으로서 1627년과 1628년의 기록이 보이고 있으며, 표착지로서는 제주, 경주, 호남 등 일관되어 있지 않다. 또한 이들 사료는 박연이 표착한 시점의 기록이 아니라, 후대의 편찬물이며, 어떤 사료를 선택하여 신용해야하는가는 극히 곤란한 문제이다. 때문에 여기에서는 박연 표착과 관련된 모든 사료를 제시하고 비교·검토하여 논증해보려고 한다. 우선 사료의 편찬시기가 빠른 것부터 보기로 한다.

<사료 9>
12월, 문위역관 김근행이 와서 말하기를, "요즘에 부산 고로의 말을 들었다. 즉 丁卯 연간에 남만선이 있었는데, 경주에 표착하여 3명을 붙잡아 왜관에 들여보냈으나, 왜관의 왜인 등은 일본의 漂人이 아니라고 시종 받아들이지 않았다. 소위 남만인은 부산에 머물렀는데, 4~5년이 지난 후 조정의 분부에 따라 상경하였다."라고 한다.[23]

『接倭事目錄抄』는 동래부의 『狀啓謄錄』 등에서 일본관계에 참고가 될 만한 사항들을 간추려 작성한 목록으로 1608년(宣祖 41)부터 1694년(肅宗 20)까지의 기록이다. 특히, 일본 외교사절의 접대, 표류민, 年例送使, 쓰시마 번주와 막부 장군의 求請 관계기록에 관련된 기사가 많으며, 朝·日관계의 기본 사료로서 이용되고 있다. 위의 기사 내용은 문위역관 김근행이 부산에 살고 있는 古老에게 들은 말을 근거로 삼고 있는데, 박연의 표착년을 '丁卯年間'인 1627년, 표착지를 경주로 기술하고 있다(밑줄 부분). 기록된 시점이 1666년(顯宗 7)인데 '釜山古老'가 어떠한 인물인가, 또 역관 김근행이 언제 古老로부터 상기의 남만선 표착에 대한 경위를 들었는가는 분명치 않다.

<사료 10>
동래부서장 안에서 김근행의 말을 들으니, 즉 "ⓐ丁卯 연간에 남만선이 경주에 표착하여 3명을 붙잡아 왜관에 보냈으나 시종 받아들이지 않았다."고 한다. ⓑ그러나 전거로 삼을 만한 것도 없었는데, ⓒ비변사 계목 중에 의하면, "남만인 朴仁을 조사하여 물으니, 즉 그들 3인은 경주에서 붙잡혀 왜관에 보냈으나, 왜관의 왜인은 (박연에 대해) 자기들이 알 수 없는 곳의 사람이라고 물리쳤다. 때문에 상경시켜 都監(훈련도감)에 입속시켰다."고 한다. 朴仁이 공술한 바를 보면, 왜관에 보내도 관왜들이 받아들이지 않을 것이 매우 명백하다.[24]

---

23) 『接倭事目錄抄』, 顯宗 7년 병오 12월조. 원제목은 『東萊府接倭狀啓謄錄可考事目錄抄冊』이나, 『接倭事目錄抄』로 약칭함. "十二月, 問慰譯官金謹行來言, 近聞釜山古老之言, 則丁卯年間有南蠻舡, 漂泊慶州, 捕得三名, 入給館倭, 則館倭等以爲非日本漂人, 而終始不受, 所謂南蠻人留駐釜山, 至過四五年, 後因朝家分付上京云云事"

24) 『接待倭人事例』, 顯宗 8년 정월시 10일조. "一, 東萊書狀內, 聞金謹行之言, 則丁卯年間, 南蠻船漂泊慶州, 捉得三人, 入給館倭, 則終始不受云, 而無憑可考事, 據備邊司啓目內, 南蠻人朴仁處査問, 則渠等三人, 爲慶州所捉, 送于倭

『接待倭人事例』는 조선초기의 사례와 기유약조(1609)의 내용, 왜인 상경로를 시작으로 1637년(仁祖 15)부터 1687년(肅宗 13)까지 동래부사·경상감사가 처리한 일본관계를 중심으로 17세기 朝·日관계 전반을 담고 있다. 즉, 후일에 있을 일본 사절의 대응에 편리를 도모하고, 참고하기 위한 예조의 대일관계 사례집이라는 성격을 가지고 있다.

여기에도 박연 표착 관련 기사가 보이고 있는데, 이것은 앞에서 언급한 <사료 9>의 『接倭事目錄抄』에 보이는 내용, 즉 古老의 말을 동래부가 보고한 내용을 근거로 삼고 있다. 즉, "丁卯年間, 남만선이 경주에 漂白해, 3명을 붙잡아 왜관으로 보냈으나, (왜관의 일본인들은) 끝끝내 그들을 받아들이지 않았다고 한다."라는 것이다(밑줄 ⓐ). 또, 박연의 표착년과 표착지로서 丁卯年間(1627)에 경주에 표착하였음을 나타내고 있다. 그러나 이것은 古老가 말한 것을 근거로 하고 있으며 입증자료로서 완전히 신빙할 수 있는 자료는 아니었다(밑줄 ⓑ). 그래서 증거로서 보완한 것이 아래와 같은 「備邊司啓目」이었다.

즉, 밑줄 ⓒ의 기사로 남만인 朴仁을 사문하였더니 그들 3명은 경주에서 붙잡혔으며, 왜관으로 보냈는데, 왜관의 일본인들이 받아들이지 않았다는 것이다. 그런데, 뒷부분에서 언급하겠지만, 「備邊司啓目」은 비변사가 조정에 진언한 사항의 항목 내지는 조목을 정리해 둔 것으로 신빙성은 높다고 판단된다. 하지만, 표착지를 제주로 기록한 사료들도 보이고 있는데, 검토해보면 다음과 같다.

<사료 11>
ⓐ朴淵은 남만국인이다. 崇禎 戊辰 연간에 우리나라에 표도했다. 사람됨이 탁락하고 식견과 사려가 있다. … 또 그는 자기가 본국에 있을

館, 則倭人以爲此非吾輩所知之人云云, 使之退去, 故上京入屬都監云, 以朴仁所供觀之, 入給倭館, 館倭不受, 事甚明白"

때, 고려인은 인육을 구워먹는다고 들었다고 말했다. ⓑ그가 제주도에
표류해 도착했을 때, 마침 날이 어두워졌기 때문에 병사들이 횃불을
준비하여 찾으러 왔다. 배안에 있던 사람들은 모두 이 불이 우리를 구
워 먹으려는 도구임에 틀림없다고 말하며, 하늘이 뚫어져라 엉엉 울
었다. 그러나 잠시 후 그렇지 않다는 것을 깨닫기 시작했다. 대저 남만
인의 풍습은 야행에 모두 등화를 사용하고 횃불을 사용하지 않는 까
닭이다.25)

위의 사료『閑居漫錄』은 孝宗의 부마 鄭載崙(1648~1723)이 저술하고
그의 宗弟 鄭行源이 편찬한 기록이다. 孝宗 · 顯宗代인 약 40여 년간의
수필집인데 당시의 인물들과 사회상을 알려주는 귀중한 사료이기도 한
데, 박연과 관련해서는 밑줄 ⓐ에 보이는 바와 같이 박연의 표착년을 '崇
禎戊辰年間', 즉 1628년으로 기록하고 있으며, 밑줄 ⓑ에는 제주에 표착
했다는 것을 보여주고 있다.

<사료 12>
박연이라는 자는 河蘭陀(네덜란드)인이다. ⓐ숭정 원년에 호남에 표류
했다. 조정에서는 그를 訓局(훈련도감)에 예속시키고 항복한 일본인과
표류 중국인들을 지휘하게 하였다. 박연의 원래 이름은 호탄만이다.
병서에 재주가 있고, 대포를 매우 정교하게 만들 수가 있었다.26)

---

25) 鄭載崙,『閑居漫錄』권2, "朴淵南蠻國人也, 崇禎戊辰年間漂到我國, 爲人卓犖,
有識慮, … 又曰在本國聞高麗人, 炎人肉而食之, 渠之漂到濟州也, 適値日暮,
主倅盛備炬火, 來審之, 舟中人, 皆謂此火必炙我之具也, 哭聽徹天, 久之始覺
其非, 蓋蠻俗, 夜行皆用燈火, 無炬炬火故也" 내용 중의 朴淵과 朴燕이 동일
인물이라는 것은 본서 서론의 주 10)번을 참조.
26) 尹行恁,『碩齋稿』권9, "朴延者, 河蘭陀人也, 崇禎元年, 漂流至湖南, 朝延隷訓
局, 將降倭及漂漢人, 延初名胡吞萬工於兵書, 能製火砲, 甚精巧"

『碩齋稿』는 尹行恁(1761~1801)의 저술로서 밑줄에 보이는 바와 같이 표착년을 '崇禎元年'인 1628년, 표착지를 전라도 지역을 가리키는 호남으로 기록하고 있다. 이는 당시 제주도가 전라도의 행정관할 지역이었기 때문이라고 생각한다. 이 사료의 기술 연대는 18세기 후반으로 추측되어지고 있는데, 尹行恁은 1782년(正祖 6)부터 奎章閣 大敎, 1800년(正祖 24)에는 大提學의 관직에 있었던 인물로서, 그러한 지위로 인해 각종의 문헌을 섭렵하고 있었다. 상기의 박연 관련 기사는 이러한 신분적 지위에 의해 수집된 정보의 일부분이었을 것이다.

> <사료 13>
> ⓐ박연은 남만인이다. 숭정 무진년에 탐라에 표류하여 이르렀다. 연은 글자를 알지 못다. 蠻語(네덜란드어)로써 그 성명을 칭하였는데, 박연이라 했다. … ⓑ연이 본국(조선)에 머물기를 26년, 계사년에 서양인이 또 탐라에 표류하여 도착했다. 조정에서 그들을 조사하도록 연을 파견하였다.[27]

<사료 13> 『研經齋全集』의 저자는 成海應(1760~1839)이다. 그는 실학 전성기의 유명한 인물 중에 한 명이며, 1788년(正祖 12) 규장각의 檢書官에 임명되었고, 그 후 李德懋・柳得恭・朴齊家 등의 실학파 인사들과 교류를 통해 광범한 서적을 섭렵하고 있었다. 이러한 그의 저서 『研經齋全集』은 경학과 실학에 이르기까지 다방면의 분야에 걸친 사료가 수집되어 있어 일종의 백과사전(160권 103책)이라고도 말할 수 있을 정도이다. 그 편찬시기가 명확하지는 않지만, 매우 신빙성이 높은 사료 중

---

27) 『研經齋全集』, 草榭談獻. "朴淵南蠻人, 崇禎戊辰漂至耽羅, 淵不識字, 以蠻語称其姓名曰朴淵, … 淵在本國二十六年, 癸巳西洋人又漂至耽羅, 朝廷遣淵視之"

의 하나이기도 하다. 박연과 하멜에 관한 많은 기사를 수록하고 있는데, 밑줄 ⓐ에 의하면 박연의 조선표착에 대해서 표착지는 耽羅(제주)로, 표착년은 <사료 11>, <사료 12>와 마찬가지로 '崇禎戊辰'인 1628년으로 기록하고 있다. 밑줄 ⓑ에서 언급한 계사년에 탐라에 표착한 서양인이라는 것은 박연이 1628년(『研經齋全集』에서)에 조선에 표착한 후 26년이 지난 1653년의 하멜 일행이다.

> <사료 14>
> 仁祖 6년 무진년 가을 9월조. 남만국 사람 朴淵이 표류해 왔는데, 키가 크고 몸집이 크며 푸른 눈 허연 얼굴에 누런 수염이 배 아래까지 내려 갔으며, 또한 뛰어나 식견과 사려가 있었다.…28)

『耽羅紀年』은 金錫翼이 1915년부터 1917년까지 3년간에 걸쳐 제주에 관한 여러 기록을 정리·편찬한 것이다. 편찬시기가 다른 사료에 비해 늦기는 하지만, 이 사료는 그 서문 「耽羅紀年序」에 보이는 바와 같이 1653년 제주목사 李元鎭이 편찬한 『耽羅志』, 李毫宇와 張默菴의 『耽羅誌』 등, 많은 관련 자료를 비교·검토하고 있어 제주연구를 위한 기본 사료라고 말할 수 있다. 상기의 박연에 관한 기술은 『閑居漫錄』의 내용과 거의 비슷하여 이것을 기초로 작성된 것이라 추측된다. 또한 밑줄 부분은 박연이 仁祖 6년인 1628년(戊辰) 가을 9월에 표착했다는 것을 기록하고 있다. 이상의 6개의 사료와 그 밖의 박연 관련 기사가 수록되어 사료를 정리하여 표로 작성해보면 다음과 같다.

---

28) 金錫翼 편, 『耽羅紀年』 권2(『韓國近代邑誌』 48, 한국인문과학원, 1991). "仁祖六年戊辰秋九月條, 南蠻國人朴淵漂到, 身長体胖, 碧眼白面, 黃髥過腹, 且卓犖有識慮"

〈표 2〉 박연의 이름 및 표착년과 표착지

사 료 명	사료번호	저자·편자	명칭표기	표착년	표착지
接倭事目錄抄	<사료 9>			1627	慶州
接待倭人事例	<사료 10>		朴仁	1627	慶州
閑居漫錄	<사료 11>	鄭載崙	朴淵	1628	濟州
碩齋稿	<사료 12>	尹行恁	朴延	1628	湖南
研經齋全集	<사료 13>	成海應	朴淵(朴延)	1628	耽羅
耽羅紀年	<사료 14>	金錫翼	朴淵	1628	耽羅
備邊司謄錄			朴延		
雅亭遺稿		李德懋	朴延		
知瀛錄		李益泰	朴延		
孝宗實錄			朴燕		
하멜보고서		하멜	벨테브레	1627	朝鮮沿岸

* 사료번호는 본문에서 표기한 사료번호이며, 참고를 위해 다른 사료도 명기해
두었다.

2. 박연 제주표착설의 검증

이상의 여러 사료들을 검토해 볼 때, 한국의 사료에는 박연의 조선 표
착시기와 장소에 관해 일관성이 없다는 것을 알 수 있다. 현재까지의 연
구 성과를 보더라도 표착년을 1627년으로 보는 연구와 1628년으로 보는
연구가 있으며, 표착지에 관해서도 <사료 12>의 호남 표착설을 주장하
는 연구도 보이고 있으나, 대부분은 제주와 경주의 두 가지설로 나뉘어
져 있는 상황이다.

우선 '제주표착설'은 李仁榮에 의해 제기되었다.[29] 그는 <사료 11>과
<사료 14>를 근거로 표착지를 제주로 比定하고 있다. 그리고 당시 제주
에서 漢城까지의 연락은 시일을 요하였기 때문에 사료에서 표착을 1628

29) 李仁榮, 「南蠻人朴燕考」(『京城大學史學會報』 7, 1935), 35~43쪽.

년으로 기록한 것은 (하멜 일행의) 入京 시기를 잘못 전한 것으로 보고
있다.

이에 대해 나카무라 히데타카[中村榮孝]는 '경주표착설'을 주장했
다.[30] 박연은 동료 2명과 함께 경주에 표착하여 부산에서 4~5년 체재한
후에 한성으로 보내졌다고 한다. 이 설은 李仁榮이 언급하지 않았던
<사료 9>(『接倭事目錄抄』)와 <사료 10>(『接待倭人事例』)의 丁卯年間
(1627)에 남만선이 경주에 표착했다는 내용을 근거로 하고 있다. 나카무
라는 <사료 10>의 내용이 1627년에 물을 얻기 위해 3명이 조선의 연안
에 상륙했다가 붙잡혔다고 하는 『하멜보고서』의 내용과 일치하고 있기
때문에 이 사료에 보이는 '朴仁'이 '박연'이라는 것은 의심할 수 없는 사
실이라고 한다. 또한 다른 사료보다는 <사료 10>의 밑줄 ⓒ에 보이는
남만인 朴仁(박연)에게 조사하여 물은 내용을 중시하지 않으면 안 된다
고 한다. 나카무라의 주장 이래 거의 모든 연구가 박연의 '경주표착설'을
답습해오고 있다.[31]

두 설이 모두 박연의 표착년이 1627년이라는 것에는 일치하고 있으며,
필자도 표착시기에 관한한 이 설을 지지한다. 박연이 조선에 표착했을
때 승선하고 있던 선박이 어떠한 선박일지라도 오베르케르크호는 1627
년 5월에 타이완에 도착해 6월에는 마카오에서 일본으로의 항해가 결정

---

30) 中村榮孝, 앞의 논문.
31) 金良善, 「仁・孝 兩朝 蘭 漂韓・中・日 三外交關係」(『鄕土서울』 제30호, 1967)
 ; 生田滋, 前揭書, 233쪽 ; Gari Ledyard, p.32 ; 鄭雲龍・金昌洙 譯, 『東方見聞
 錄/하멜漂流記』(乙酉文化社, 1983), 286쪽 ; 강준식, 『우리는 코레아의 광대였
 다』(웅진출판, 1995), 91~95쪽 ; 李丙燾, 『하멜漂流記』(一潮閣, 1995중판), 33
 쪽. 참고로 金昌洙는 해설부분에서 경주표착을 언급하고 있으나, 같은 책
 362쪽의 주석 부분에서는 호남표착을 언급하고 있어 일관되어 있지 않다.
 李丙燾는 <사료 9>를 예로 들어 釜山古老가 경주 표착이라고 하기는 했지
 만, 박연의 표착장소는 동래, 또는 부산 등지일 것이라고 추측하고 있다.

되어 있었기 때문에 이 사이에 타이완을 출발했다는 것은 명확하다. 또한 <사료 6>에 의하면 같은 해 6월 19일에 오베르케르크호에 승선하고 있던 선원 12명이 정크선으로 히라토[平戶]에 입항하고 있다. 박연이 일본으로의 항해 도중에 조선에 표착한 것은 1627년임을 여러 사료가 입증해주고 있다.

그러나 표착지의 근거로 되고 있는 <사료 9>의 『接倭事目錄抄』의 기사는 문위역관 김근행이 부산 古老에게 들은 이야기를 동래부가 조정에 보고한 것이다. 또 <사료 10>은 그러한 내용을 연락받은 조정이 동래부 보고 내용에 대한 사실 확인을 위해 정보를 찾고 있던 중 「備邊司啓目」속에서 朴仁(박연)을 査問한 기록을 발견했다는 것을 보여주고 있다. 그런데 여기서 주의해야 할 것은 「備邊司啓目」이라는 것은 備邊司가 조정에 진언한 사항의 항목 내지는 조목을 정리한 것으로, 『接待倭人事例』속의 「備邊司啓目」은 거의 대부분이 동래부로부터의 서장의 내용을 그대로 인용한 일본관계 사항이라는 것이 중요하다.

왜, <사료 9>와 <사료 10>에서 1627년의 박연 표착사건이 1666년과 1667년의 시점에서 문제가 되었던 것인가도 생각해보지 않으면 안 된다. 1644년(仁祖 22)에 일본은 조선에 대해서 그리스도교[耶蘇宗門]의 의혹이 있는 이국선이 조선에 표착해 올 때에는 왜관에 알려달라고 요청하고 있었다(본서 제4장 참조). 그에 대해 조선은 긍정적인 입장을 취하여 그리스도교 금제의 협조 요청에 대한 '共助'를 표명하였고, 실제로 1644년에 진도에 표착해 온 廣東船(荒唐船)을 일본에 넘겨줘 그리스도교를 적발하는데 '共助'하였다.

하지만 조선은 1653년에 표착해 온 하멜 일행에 대해서는 일본에 통보하지 않았고, 1666년 하멜 등 8명이 일본으로 탈출한 사건으로 인해 이 사실이 일본에 알려지게 되었다. 여기서 막부는 하멜 등의 도주사건과 그들의 그리스도교 관계에 대해 쓰시마번을 통해 조선에 문의하고 있었다. 즉, <사료 9>와 <사료 10>은 그 문의에 대한 대책을 세워 박연과 하멜 일행의 조선표착에 대한 사실관계를 명확하게 하기 위해 조정에서 동래부에 조사를 명한 것과 관련된 사료였던 것이다. 따라서 이 사료는 당시 조선이 알고 있었던 정보의 한계를 우리들에게 알려주고 있다고 볼 수 있다.

<표 2>에 보이는 바와 같이 박연의 경주표착을 나타내고 있는 것은 <사료 9>와 <사료 10>뿐이며, 앞에서 언급했듯이 <사료 10>도 「備邊司啓目」의 기사를 제외한다면 <사료 9>의 내용을 근거로 하고 있다. 다시 말하면, 부산 古老로부터 전해들은 이야기가 '경주표착설'의 중요한 근거로 되어 있다는 것이다. 부산의 古老가 어느 위치의 신분인지도 명확하지 않고, 또 박연이 표착하고 나서 약 40년이 지난 1666년(顯宗 7)의 시점에서 김근행이 부산 古老에게 들은 이야기를 근거로 하고 있다는 점에서 설득력이 부족하다.

더욱이 <사료 10>에서 박연을 조사한 시점을 생각해 보았을 때, 「備邊司 啓目」 내의 내용만으로는 그 정확한 시기를 확정할 수 없다. 즉, 박연이 표착한 1627년의 조사인지 사료가 기록된 1666년의 조사인지 단정할 수 없다는 것이다. 만약, 표착한 직후의 조사라면 조선의 지리 인식이 전혀 없었던 이방인 박연이 명확하게 경주에 표착했다고 대답했다는 것은 무리다. 또, 그 이후의 시점이었다면 박연의 경주표착에 대한 처리를 담당했을 동래부가 그 전말을 당연히 알고 있어야 했음에도 불구하고, 부산 古老의 말을 인용하면서까지 보고할 필요는 없다. 덧붙여서 『備邊司謄錄』의 같은 시기 기사에는 이러한 관련 내용이 전혀 보이지 않는다.

레드야드는 이 사료를 인용하여 박연은 1667년의 시점에서 아직 생존해 있었으며, 박연에게 확인한 바, 스스로 경주에 표착했었다는 대답을 했다고 한다.[32] 그러나 1667년의 시점이었다면, 박연은 이미 71~72세의 나이였다.[33] 생존해 있었다면 일본과의 교섭에 어떠한 형태로든 표면에 나타나야 당연하지만, 朝·日간의 사료, 네덜란드의 사료 그 어느 곳에도 관련 기록은 보이지 않는다. 실제로 박연이 생존해 있었다면, 그 시점에서 <사료 10>에 보이는 바와 같이 훈련도감에서 일종의 외인부대를 지휘하고 있던 박연의 이름을 '朴仁'이라고 오기할 리가 없다. 어떠한 경우를 상정해 보더라도 의문점은 남는다고 말하지 않을 수 없다.

표착지로서의 경주는 정확히 말하자면, 내륙에 위치하고 있다. 경주부라 하더라도 1년에 여름의 계절풍을 이용해 일본으로 항해하는 네덜란드선이 당시 '동쪽으로는 울산군계(蔚山郡界)까지 61里, 장기현계(長鬐縣界)까지 83里'[34] 즉, 현재의 포항 근처에서 울산까지의 범위에 표착할 확률은 적다. 다만, 극히 드문 경우로 1797년에 브로튼 선장의 영국선 프로비덴스호가 동래 부근에 표착한 경우가 있어 경주부 영역에 표착할 가능성도 있다는 것은 배제할 수 없다.

필자의 생각을 결론적으로 말하자면, 박연의 표착지점으로서 제주가 더 가능성이 높다고 생각한다. 왜냐하면, '경주표착설'은 전술한 바와 같은 문제점이 있으며, 덧붙여서 <사료 9>의 『閑居漫錄』에 보이는 내용과의 관련 속에서 다음과 같은 두 가지 점을 생각할 수 있기 때문이다.

첫째, 박연의 조선 이름, 즉 한글 음독의 차이점에 문제가 있다. 위의 <표 1>에서 알 수 있는 바와 같이 박연은 한자로 '朴燕·朴淵·朴延·朴仁' 등으로 표기되고 있다. 그 중에서 '경주표착설'의 근거로 되고 있

---

32) Gari Ledyard, pp.31-32.
33) 『하멜보고서』에는 1653년 하멜 일행이 제주에 표착하여 박연과 처음으로 만났을 때, 그는 57~58세 정도였다고 기록하고 있으므로 연령을 추정할 수 있다.
34) 『新增東國輿地勝覽』 권21, 慶尙道 慶州府. "東至蔚山郡界六十一里, 至長鬐縣界八十三里"

는 <사료 10>의 『接待倭人事例』에 기록되어 있는 '朴仁'의 한글 음독만
이 틀리다. 다른 사료에 보이는 '朴燕·朴淵·朴延'의 한글 음독은 '박
연'으로 동일하다. 이에 대해 『閑居漫錄』의 朴淵이라는 조선명은 다른
사료보다 빠른 시기에 기록되었다고 생각되는 『孝宗實錄』[35]의 朴燕,
『知瀛錄』의 朴延이라는 음독과 부합하고 있다. 즉 <사료 11>보다는
『閑居漫錄』의 기사가 신빙성이 더 높다고 볼 수 있다.

둘째, 『閑居漫錄』의 신빙성에 관한 문제이다. 이 사료의 저자인 鄭載
崙(1648~1723)은 1658년(孝宗 9)에 孝宗의 왕녀와 결혼하고 있었으며(孝
宗의 부마로서 東平尉가 됨), 이로 인해 중앙의 정확한 각종 정보를 접할
수 있는 입장에 있었다. 또 鄭載崙의 부친은 영의정 鄭太和였다. 鄭太和
는 하멜이 표착할 당시부터 영의정으로서 하멜 일행의 처리문제에 관여
하고 있었다. 하멜 등 8명이 일본으로 탈출한 후, 조선 잔류 네덜란드인
의 일본송환에 관한 朝·日교섭이 행해졌을 때도 영의정으로 조정에서
그 대책을 논의하고 있었다.[36] 때문에 이러한 정보들이 아들인 鄭載崙에
게도 전해졌을 가능성은 극히 높다.

이러한 두 가지 점을 염두에 둔다면, 중앙에 확실한 정보원을 가지고
저술한 鄭載崙의 『閑居漫錄』 속에 기록된 제주표착이 부산 古老의 이야
기에 입각한 경주표착보다 사료적 신용도가 높고 할 수 있다. 또한 이것
보다는 시기가 늦기는 하지만, 『研經齋全集』, 『耽羅紀年』 등도 표착지가
일치하고 있다. 박연의 '경주표착설'을 주장한 나카무라의 연구 이래, 거
의 대부분의 연구가 박연의 경주 표착을 인정하고 있는데, 이는 재고되

---

35) 『孝宗實錄』, 孝宗 4년 8월 무진(6일)조.
36) 본서에서 후술하지만, 관련 사료로서 소개해둔다. 『顯宗實錄』, 顯宗 7년 10
월 계유(26일)조. 『顯宗改修實錄』, 顯宗 7년 10월 계유(26일)조. 『承政院日記』,
孝宗 4년 11월 30일 임술조. 『備邊司謄錄』, 孝宗 4년 12월 초1일조. 『備邊司
謄錄』, 孝宗 5년 2월 24일조.

어져야하며 본장에서 고찰한 바와 같이 제주표착의 가능성이 더 높다는 것을 언급해둔다.

IV. 1653년 스페르붸르호의 표착과 표착지

1. 스페르붸르호 표착지에 관한 선행연구 검토

6~7년 전만 하더라도 하멜 일행의 표착지에 대해서 제주도나 국내 학계에서는 거의 관심이 없었고, 또 네덜란드와 한국과의 관계도 마찬가지였다. 그런데 1997년에 유일하게 제주도에서 그들의 표착지를 명확히 명기한 『知瀛錄』[37]이 번역·영인되어 출간되고, 『知瀛錄』에 기술된 하멜 일행의 표착지가 1999년 신문지상에 소개되면서 새로운 반응을 불러 일으켰다.[38] 『知瀛錄』이 출판되고 나서도 2년 동안 거의 관심이 없었다는 것을 알 수 있다. 물론, 2002년 월드컵 때 한국 대표팀의 감독이 네덜란드인으로서 4강에 진출했다는 것, 또 2003년이 하멜이 제주도에 표착한지 350주년이기에 더더욱 세인의 관심을 끌게 된 것도 주지의 사실이다.

하지만 하멜 일행의 표착지를 둘러싸고 하멜과 네덜란드에 대한 관심이 일어난 배경에는 역사적인 사건의 사실 규명보다는 제주도내 각 지

---

37) 李益泰 저/金益洙 역, 『知瀛錄』(제주문화원, 1997).

38) 『중앙일보』, 1999년 5월 8일자. 제주도의 향토사학자 고동희씨에 의해 소개되었다. 이전부터 고동희씨에게 귀중한 조언과 자료를 제공받고 있었는데, 이 자리를 빌려 깊은 감사의 뜻을 남긴다.

역간 또는 행정단체간의 관광지 개발과 관련된 실리적 이권이 개입된 듯 하여 아쉬움이 남는다. 더욱이 그 결과로서 하멜 표착지와는 전혀 관련이 없는 곳이 지방 행정단체에 의해 하멜 표착지로 지정되어 있는 지금의 현실이 더더욱 그러한 느낌을 지울 수 없게 한다. 이러한 현실에 대해서는 이미 제주도의 역사연구가 홍순만이 1999년에 열린『하멜 漂着地에 대한 학술세미나』에서 "세기말의 과도기적 사회혼미를 틈타 교묘히 활동하는 사이비학자들의 발호도 문제지만 그들에게 농락되는 기관이나 단체들도 문제라고 할 것이다."[39]라고 지적하고 있었음에도 불구하고 재현된 것이다. 이 말에 필자도 전적으로 동감한다.

현재에 이르기까지 하멜 표착지가 정부의 입장에서 공식적으로 지정되거나, 또는 학자들에 의해 공인된 지역은 아직 없다. 그럼에도 불구하고 하멜 일행의 제주도 표착을 기념한 하멜기념비가 세워져 있는 용머리 해안가가 마치 그들의 표착지로 인식되어지고 있다. 이러한 인식의 오류로 인해 명확한 사료적 근거가 없음에도 국비보조와 지방예산으로 하멜이 타고 온 네덜란드 상선의 모형이라고 하여 대형 선박을 제작하게 되었고, 그 안에 복사물과 사진만 전시해 놓은 '하멜전시관'을 만들어 용머리 해안이 표착지임을 강조하고 있다. 해당 지역의 관할 행정단체가 관광사업을 목적으로 추진한 것이나,『知瀛錄』의 '大也水沿邊'이라는 명확한 사료에 대한 그 어떤 부언의 설명도 없다. 이는 사료를 무시한 행동이며, 나아가 지역 관광사업 진흥을 빌미로 역사적 사실을 왜곡할 수도 있는 지방 행정단체의 비역사적인 행동이라고 밖에 평가할 수 없다. 외국의 한국사 왜곡에 대해서는 우려를 표명하면서도 왜, 한국 내에서의 자신들의 역사 왜곡에 대해서는 그리도 관대하단 말인가. 일개 외국인의

---

39) 홍순만, 「하멜漂着地는 합리적 고증」(제주도사연구회/제주사정립사업추진협의회주최,『하멜 漂着地에 대한 학술세미나』발표초록, 1999년 10월 28일). 이후, 본서에서 세미나 초록은『표착지발표초록』으로 약칭한다.

표착지가 뭐 그리 대수냐 하겠지만, 이러한 역사적 사실 하나 하나가 총체적으로 모여 한국사를, 나아가서는 네덜란드와 한국과의 관계사를, 또 세계사를 이루는 토대가 되는 것이다.

한편, 제주도에서는 하멜 일행의 정확한 표착지를 규명하기 위해 1999년 10월 28일 「하멜 漂着地에 대한 학술세미나」를 열었으나, 명확한 결론을 내리지 못했다. 그 이후에 제주도의 향토사학자, 연구자들에 의해 많은 논의가 이루어지고는 있으나, 이렇다할만한 진전은 없다. 이러한 상황 속에서 전술한 바와 같이 관광사업의 일환으로 용머리 해안은 교육의 현장에서뿐만 아니라, 국내외 관광객들에게 왜곡된 역사인식을 심어주고 있다.

때문에 여기에서는 이전에 필자가 언급했던 표착지에 대한 논증40)을 보다 심화시켜 지금까지 선행연구에서 언급되어 왔던 표착지와 그에 대한 문제점, 표착지 규명을 위한 전제 조건은 무엇이며, 또 『知瀛錄』의 '大也水沿邊'을 어떻게 평가해야 하는가에 대해 중점적으로 고찰해 보고자 한다.

하멜 일행이 제주의 어디에 표착했는가를 규명하기 위해 지금까지 많은 연구들이 진행되어 왔으며, 각 연구에서 주장해 온 장소들도 천차만별이다. 그러한 여러 가지 주장들을 정리해보면, ①하멜기념비 주변지역 표착설, ②중문해안 표착설, ③강정해안 표착설, ④대야수연변 표착설, ⑤중국 표착설 등의 5가지로 나눌 수 있다. 그 중에는 흥미를 끌기 위한 소설책 같은 주장조차도 있지만, 지금까지의 연구가 어떠한 족적을 남겨

---

40) 이하 拙稿.「네덜란드인 朝鮮漂着에 관한 再考察－漂着船·漂着地·漂着年을 중심으로－」(『史學研究』58·59, 1999) ;「一六五三年朝鮮漂着オランダ人の漂着地と移動經路について」(『學術論文集』23, 日本:朝鮮奬學會, 2001) ;「17世紀オランダ船の朝鮮漂着に關する考察」(『グローバリゼーションの歷史的前提に關する學際的研究』, 일본: 平成12年度－14年度文部省基盤研究(A)(2)－成果報告書, 2003), 251~280쪽.

왔는가에 대한 정리 작업도 필요하다고 생각되어 정리해 보았다. 그것이
<표 3>의 「하멜 일행의 제주 표착지에 관한 諸說」이다.

1) 하멜기념비 주변 지역 표착설

현재 하멜기념비가 세워져 있는 남제주군 안덕면 사계리 산방산 앞에
있는 용머리 해안가를 중심으로 한 주변지역이다. 모슬포, 가파도, 멜캐
(또는 멀캐) 해안, 화순포, 용머리 해안 등지인데, 이들 지역에 대해서 순
차적으로 검토해 보자.

모슬포 표착설은 미국의 레드야드를 비롯해 국내의 많은 학자들이 이
주장을 인용하거나, 또는 인정하고 있다. 레드야드는 하멜 일행이 승선
하고 있던 스페르붸르호가 1653년 8월 16일 이른 새벽에 제주도 남해안
에 있는 모슬포에 표착하였다고 추측하고 있는데,[41] 그 근거에 대해서는
언급이 없다.

<표 3> 하멜 일행의 제주 표착지에 관한 諸說

표착설	표착지	주장자	근거
하멜기념비 주변지역 표착설	摹瑟浦	레드야드	근거 표기 없음.
		金東栓	근거 표기 없음.
	加波島	朴用厚	멀캐해안 부근에서 장신의 유골을 발견하였는데, 이는 가파도(켈파츠로 봄)에서 밀려온 스페르붸르호 선장의 유골이라고 주장.
		姜在彦	근거 표기 없음.
		김공칠	가파도에서 난파당해 화순포에 표착했다고 주장. 『하멜보고서』 기록의 켈파트를 가파도로 봄.

---

41) Gari Ledyard, p.22.

	和順浦	金良善	근거 표기 없음. 산방산에서 하멜기념비의 좌측 해안가.
	용머리해안	申福龍	근거 표기 없음. 산방산에서 하멜기념비의 우측 해안가. 현재 네덜란드 바타비아호를 본 뜬 모형선박이 있는 곳.
中文해안 표착설	中文	金泰能	하멜이 추정한 표착지에서부터 대정현까지의 거리를 4리그로 환산.
		채바다	中文 해안 부근에서 스페르베르호 선장의 묘를 발견했다고 주장. 그러나 그 근거를 밝히지 않음.
江汀해안 표착설	江汀－大浦	生田滋	하멜이 주장한 표착지에서부터 대정현까지의 거리를 4리그로 환산(불역 『하멜보고서』의 1리그를 일본의 1里로 환산).
	江汀	강준식	하멜이 추정한 표착지에서부터 대정현까지의 거리를 4밀렌으로 환산(독일의 마일 사용).
大也水沿邊 표착설	高山里 水月峰의 남쪽 해안 주변	申東珪	『知瀛錄』의 '大也水沿邊'에 표착했다는 기록을 근거. 또한 하멜이 추정한 표착지에서부터 대정읍까지의 거리를 4메일로 환산(네덜란드 마일).
	中文에서 桃原浦口까지	채바다	『知瀛錄』의 '大也水沿邊'에 표착했다는 기록을 근거. 또한 하멜이 추정한 표착지에서부터 대정읍까지의 거리를 4리그로 환산.
	遮歸鎭管下의 海岸	金東栓	『知瀛錄』의 '大也水沿邊' 표착설을 인정하고 있기는 하나 '大也水沿邊'을 규명치 못하고 新桃 해안 좌우의 폭넓은 해안을 표착지로 설정해야한다고 주장.
	영락리의 한양개	고광민	'大也水浦'의 大는 한양개의 '한'의 뜻을 빌린 한자표기이며, 也는 '양'의 음을 빌린 한자 표기라는 전제하에 영락리에 있는 한양개라고 주장.
중국 표착설	중국 福建省의 福州	최두환	조선이 바로 중국에 있었으며, 제주 또한 중국이라는 가설 하에 주장.

멜캐 해안 표착설을 주장한 것은 박용후로 근처의 해안가에서 토지 개량을 했을 때, 장신의 유골이 발견되었다는 사실을 근거로 하고 있다.[42] 첫 번째 이유는『하멜보고서』에 제주도가 '켈파츠'라고 되어 있는데, '켈파츠'는 가파도를 가리키는 것이며, 멀캐 해안은 가파도의 맞은편에 위치해 있는 곳으로 이곳으로 선장의 사체가 밀려왔을 가능성이 있다는 것이다. 또,『하멜보고서』에는 난파했을 당시 사망한 선장을 매장했다는 기록이 있고, 그 유골이 한국 사람과는 달리 장신이며, 또 하멜보고서』에 나타난 지리적 환경이 표착지에서 대정읍까지 오는 도중의 산과 거리 등이 흡사하기 때문이라는 것이다. 그러나 1653년에 매장한 선장의 유골이 습기가 많은 해안에서 300여 년 이상 남아있었다고 보기 어려울 뿐만 아니라,『하멜보고서』에는 표착지에서 대정읍까지 이동할 때, 그 어떠한 지리적 환경에 대해서도 기술되어 있지 않다. 가파도설은 박용후의 언급에서도 보이고 있지만, 강재언 등도 가파도 표착을 언급하고 있다.[43]

또 최근에는 김공칠도 스페르붸르호는 가파도에서 난파를 당해, 바람을 타고 사계리 또는 화순포에 표착했다는 주장을 하고 있다.[44] 그는 '켈파츠'는 가파도를 가리키는 것으로 실제 난파한 장소를 암기하여 기록한 것으로 보고 있다. 또,『가파도지』(가파초등학교, 1987)에 의하면, 가파도의 동남부터 한여라는 곳에는 많은 외국 선박이 좌초한 곳으로 되어 있는데, 이 한여·큰여를 한자로 적으면 大也가 될 수 있다는 것이다. 또, 표류기에는 선박이 파도에 세 번 부딪힌 곳은 가파도 부근의 암초이며, 그리고 동남풍 또는 남풍 때문에 북쪽의 사계리 또는 화순 쪽으로

---

42) 朴用厚,『最南의 港都 摹瑟浦』(도서출판 제주문화, 1990), 84~85쪽.
43) 姜在彦,『西洋と朝鮮－その異文化格鬪の歷史』(文藝春秋, 1994), 89쪽. 이 책은『서양과 조선』(학고재, 1998)으로 번역 출판.
44)『제민일보』, 2003년 8월 19일자.

밀려갔다고 추측하고 있다. 즉, 『知瀛錄』의 대야수를 가파도의 한여와 큰여로 보고 있는 것이다.

화순포 표착설은 金良善도 주장하고 있는데, 그는 하멜 일행의 표착 경위를 설명하면서 8월 15일에 제주도의 남해안에 있는 화순포 해변에 표착했다고 한다.[45] 화순포는 용머리 해안의 동쪽에 있는 해변인데, 역시 화순포가 표착지라는 명확한 증거를 제시하고 있지 않다.

다음으로 기념비가 있는 용머리 해안가를 검토해보기로 하겠다. 이 하멜기념비는 「한국국제문화협회」와 「네덜란드왕국 해외문화역사재단」이 1980년 10월 12일에 건립한 것인데, 이것은 하멜이 제주도에 표착하여 한국에 13여 년을 머물다가 간 사실을 기념하기 위한 것이지 용머리 해안에 표착하였다고 기념하여 세운 비는 아니다.[46] 하지만, 이 기념비로 인하여 이곳이 하멜의 표착지라는 인상을 사람들에게 강하게 남겨주고 있다. 건립할 당시의 취지와는 상관없이 이곳이 표착지로 둔갑하기 시작한 것이다. 실제로 신복룡은 『하멜보고서』의 영문판을 번역하면서 일행이 상륙한 곳은 남제주군 대정읍 산방산 앞바다라고 하여 용머리 해안을 표착지로 설명하고 있다.[47]

최근에는 남제주군에서도 안덕면 사계리 용머리 해안가에 하멜이 표착하였다고 하여 이곳을 기념하기 위해 해안가 언덕에 바타비아호를

---

45) 金良善, 「仁·孝 兩朝 蘭人의 漂到와 韓·中·日 三國의 外交關係」(『鄕土서울』30, 1967), 43쪽.

46) 기념비의 명문에는 다음과 같은 기술이 있다. "네덜란드의 선박 디 스페르워르호가 표류하여 헨드릭 하멜이 이곳에 발을 딛게 된 것은 1653년 8월 16일의 일이다. 그 뒤 13년 동안 그는 이 땅에 머물었고 고국으로 돌아간 뒤에는 책을 펴내 한국을 서방세계에 널리 밝힌 최초의 사람이 되었으니 그 옛일을 기념하여 여기 이 작은 돌을 세운다."

47) 신복룡역주, 『하멜 표류기/조선전/조선 서해 탐사기』(한말 외국인기록 10·11·12, 집문당, 1999), 22쪽.

모방한 대형 상선을 만들었고, 그 안에는 소규모의 하멜 전시관도 유치하고 있다. 그 전시실에 하멜 일행이 승선하고 있던 스페르붸르호의 난파 순간을 모형으로 제작해 용머리 해안가에 승무원들이 쓰러져 있는 상황까지도 재현하고 있다. 즉, 용머리 해안을 표착지로 강조한 장면인데, 어떠한 근거로 그곳을 표착지로 삼았는지에 대한 언급과 설명이 전혀 제시되고 있지 않다. 이 문제점에 대한 상세한 검토는 후술하겠다.

2) 중문해안 표착설

김태능은 『하멜보고서』의 8월 18일 기록에 보이는 '켈파츠'는 가파도가 아니라, 제주도를 가리키는 것이며, 구체적인 표착지점으로서 남제주군 중문면, 즉 현재의 중문동 해수욕장 부근이라고 주장하였다.[48] '켈파츠'의 가파도설은 전술한 박용후만이 아니라, 몇몇 학자들이 주장하고 있으나, 후팅크가 이미 언급하고 있는 바와 같이 '켈파츠'라는 것은 제주도를 처음 발견한 네덜란드 선박 켈파츠호의 이름을 따서 제주도를 명명한 것이다.[49] 또한 김태능은 『하멜보고서』 8월 21일자의 "우리들은 오늘 4메일을 여행했다."는 내용을 중시해 메일을 리그로 번역한 영역본에 근거해 1리그를 현재의 약 3마일로 환산하여 대정읍에서 약 45里 정도 떨어진 중문동의 해수욕장이 하멜의 표착지점이라고 주장했다. 후에 이러한 논점들을 정리하여 중문면 해안가인 대포리 해안이나 성천포 부근이라고 이전보다 더 상세한 지역 명을 언급하고 있다.[50]

---

48) 金泰能, 「和蘭船舶의 大靜縣 漂着」(『濟州道』 39, 1969), 93~100쪽.
49) B. Hoetink, pp.XLI-XLV.
50) 金泰能, 『濟州道史論攷』(세기문화사, 1982).

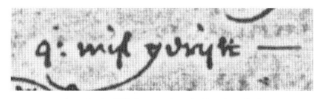

〈그림 1〉『하멜보고서』 필사본의 4메일

* 4:mijl gerijst (4메일을 여행했다.)
* 동경대학교 사료편찬소 소장 마이크로필름

그러나 실제로『하멜보고서』에는 리그라는 단위는 사용되고 있지 않으며, 네덜란드의 거리 단위, 즉 메일이 사용되고 있다(<그림 1> 참조).『하멜보고서』 원본에는 '4메일(4mijl)'이라고 있던 것이 불역판을 영역하면서 '4리그(Four Leagues)'로 표기되어 이러한 오해가 발생된 것이다. 후술하는 바와 같이 당시의 네덜란드 마일의 단위는 현재의 영국 마일과 달리 5,555.6m(약 5.6km)이었다.[51]

또한, 채바다는 하멜 일행이 표착했을 때 사망한 스페르붸르호의 선장의 무덤을 중문해안에서 발견했다고 하여 중문해안이 그들의 표착 장소라고도 했다.[52] 그러나 그는 선장의 무덤에 대해 상세한 언급을 행하고 있지 않았으며, 최근에는『知瀛錄』기사에 보이는 대야수 연변설을 주장하고 있다.

---

51) Groot Woordenbo der Nererlandse taal, van Dale Lexicografie, 1992. 이 사전의 'mijl' 항목에는 'Hollandse mijl, 1/20 graad=5,555.6m'로 기술되고 있음. 헤스링크도 그의 저서에서 네덜란드선의 항해거리를 설명하면서, 17세기 네덜란드의 마일은 5,555.6m임을 지적하고 있다(レイニアーヘスリンク 著/鈴木邦子 譯,『オランダ人捕縛から探る近世史』, 山田町敎育委員會, 1998, 10쪽).

52)『중앙일보』, 1999년 4월 15일자 ;『경향일보』, 1999년 4월 15일자.

3) 강정해안 표착설

강정해안 표착설을 처음으로 주장한 것은 이쿠타 시게루[生田滋]이다. 그는 하멜이 표착하고 나서 대정읍까지의 4메일이라는 거리에 주목하여, "당시 네덜란드 마일이 어느 정도인지 자세히 판명할 수 없지만, 불역에 의하면 1리그(lieuë)로 번역하고 있는데, 우선적으로는 일본의 1里 정도라고 생각해도 좋을 것 같다. 따라서 난파한 장소는 현재의 강정리와 대포리 사이의 해안 어디인가일 것이다."라고 언급하고 있다.[53]

마찬가지로 강준식도 강정을 표착지로 추정하고 있다.[54] 그는 현재의 하멜기념비가 있는 곳은 4밀렌, 또는 5~6시간이 걸려 여행했다는 하멜의 기록과 일치하지 않고, 하멜 일행을 나포한 것은 대정현이기 때문에 표착지점은 정의현과의 경계에 있는 고근산의 서쪽이라고 한다. 그리고 하멜의 표착지점은 현재의 강정 부근이라고 결론짓고 있다. 그는 당시 네덜란드 선원들은 독일 마일을 사용했기 때문에 1밀렌은 7.4km이며,[55] 이를 기준으로 삼는다면, 4밀렌은 29.6km라고 주장한다. 그러나 전술한 바와 같이 네덜란드는 네덜란드의 마일인 메일(mijl)이 있었으며, 그가 언급한 단위는 밀렌(mijlen)으로 이 밀렌이라는 표기는 하멜보고서에는 보이지 않는다. 어디서 밀렌이라는 단위가 나왔는지 알 수 없다. 또, 그의 견해대로 표착 지점을 현재의 강정으로 삼아 환산하면, 대정현에서 표착지까지는 당시 조선의 里數로 환산해 볼 때, 약 65.9리(29.6km÷449.496m =65.9里)가 되어야 한다. 그러나 『新增東國輿地勝覽』에 의하면 고근산은 대정현으로부터 57里가 떨어진 곳에 위치하고 있으며,[56] 더군다나 표

---

53) 生田滋 역, 「朝鮮幽囚記(一)」(『朝鮮學報』 19, 1961), 164쪽. 그러나 이것을 『朝鮮幽囚記』로 출판했을 때에 이 부분은 수록되지 않았다.

54) 강준식, 『우리는 코레아의 광대였다』(웅진출판, 1995), 16~17쪽.

55) 1마일이 7.4km라는 것은 김태진도 주장하고 있다(김태진 역, 『낯선 조선 땅에서 보낸 13년 20일의 기록-하멜표류기』, 도서출판서해문집, 2003, 23쪽).

착지가 고근산 서쪽 부근이라는 사료적 근거는 전혀 없다(거리 환산은 뒤의 <표 4> 참조).

4) 大也水沿邊 표착설

최근까지 하멜 일행의 표착지를 명확하게 기록한 사료는 알려져 있지 않았으나, 『知瀛錄』의 「西洋國漂人記」에 '대정현 지방 차귀진 하의 대야 수연변(大靜縣地方, 遮歸鎭下, 大也水沿邊)'이라는 기술에 의해 대야수 연변설이 등장하였다. 이전에 필자는 '遮歸鎭下大也水沿邊'을 '차귀진 밑의 대야수 연변'으로 번역하여 하멜 일행이 표착한 장소를 고산리 수월 봉의 남쪽해안이라고 견해를 피력한 적이 있었다.[57]

1999년 10월 28일 제주시에서는 <하멜 漂着地에 대한 학술 세미 나>[58]가 열려 하멜의 표착지에 대한 논의가 행해졌다. 그러나 이때에 행해진 보고들은 『하멜보고서』 필사본의 직역본을 근거로 한 것이 아니 라 불역이나 영역을 거친 중역본을 근거로 하고 있어 많은 오역을 내포 하고 있었으며, 결정적인 표착 장소를 확정하지는 못했다. 이 세미나에 서 김동전은 『知瀛錄』의 '遮歸鎭下大也水沿邊'의 해석을 둘러싸고 '遮歸 鎭下'라는 것은 차귀진의 관하를 의미한다고 했다. 또 하멜 일행의 표착 지는 차귀진 관할 하의 폭넓은 해안, 즉 신도해안을 중심으로 하는 좌우 의 해안까지 폭넓게 잡을 수밖에 없다고 주장하며, 대야수 연변의 위치 에 대해서 명확한 언급을 행하고 있지 않다. 그리고 동시에 '차귀진 밑의 수월봉 해안'이라고는 확정할 수 없다고 하며 이를 필자의 견해로 간주

---

56) 『新增東國輿地勝覽』 권38, 全羅道 大靜縣. "孤根山在縣東五十七里…"
57) 拙稿, 「네덜란드인 朝鮮漂着에 관한 再考察－漂着船·漂着地·漂着年을 중 심으로－」, 앞의 논문.
58) 『표착지발표초록』 참조.

하여 비판하고 있다.59)

그러나 필자는 그러한 말을 한 적이 없으며, 김동전이 세미나에서 발표하기 이전에 필자의 논문을 요청했을 때 보낸 논문에도 '차귀진 밑의 수월봉 해안'이라는 문구는 없었다.60) 필자가 피력한 견해는 하멜 일행은 "차귀진 밑의 대야수 연변에 표착했으며, 그곳은 한경면 고산리 수월봉 밑의 해안가."라는 것이었다.61)

채바다는 하멜이 표착하고부터 대정현까지의 이동거리를 4리그로 해석하여 대정읍을 중심으로 한 양쪽 해안 16km 내외, 즉 동쪽으로는 중문을, 서쪽으로는 도원포구를 하멜의 표착 범위로 간주하여 결론적으로 大也水沿邊은 현재의 대정읍 신도2리 소재의 도원포구라고 주장한다.62) 그러나 '4리그'라는 리그 단위 자체의 오판도 있지만, 4리그를 16km로 보는 것은 역시 잘못된 해석이다. 『하멜보고서』 어디에도 리그라는 단위는 없다.

최근에 들어와서의 논점은 이 대야수가 어디냐는 것에 중점을 두고 전개되고 있는데, 고광민은 직접 제주도의 모든 해안을 답사하여 정리한

59) 김동전, 「和蘭船 스페르붸르호의 제주표착에 대한 재검토」, 『표착지발표초록』, 17~31쪽.
60) 그 당시 필자는 일본에서 박사과정 중이었고, 이미 표착지에 관한 논문을 완성해 『史學硏究』(拙稿, 앞의 논문, 1999)에 투고 중이었는데, 이 논문(각주 없음)을 필자의 홈페이지에서 본 김동전씨가 송부를 요청해 각주가 전부 첨부된 완성본을 보내주었으며, 『史學硏究』에 게재되기도 전에 필자가 정리한 연구사 및 사료가 김동전씨에 의해 인용되고 있었다. 한편, 필자가 논문 교정과정에서 실수로 사료를 바꾸어 썼는데, 김동전씨도 똑같은 오류를 범하고 있다(拙稿, 1999, 817쪽 각주43. 김동전, 앞의 논문, 27쪽 각주 29번).
61) 拙稿, 앞의 논문, 1999, 821쪽.
62) 채바다, 「하멜(Hendrick Hamel) 漂流記의 歷史的 再照明과 漂着地에 관한 硏究」(『표착지발표초록』, 39~45쪽). 상기 논문은 『濟州道史硏究』 7(1999)과 『제주문화』(1999)에도 중복 수록되어 있음.

연구서 『濟州道浦口研究』에서 大也水浦의 大는 한양개의 '한'의 뜻을 빌린 한자표기이며, 也는 '양'의 음을 빌린 한자 표기라는 전제하에 영락리에 있는 한양개에서 하멜 일행이 난파했을 가능성이 높다고 주장하였다.63) 이러한 견해는 포구의 이름, 즉 대야수포의 제주음을 근거로 비정한 것인데, 기존의 선행연구가 등한시 해왔던 포구나 지명 등의 제주 음가에 대한 고찰을 근거로 하고 있어 중요한 성과 중의 하나라고 볼 수 있다.

5) 중국 표착설

그간 여러 곳이 표착지로 대두되어 왔으나, 그곳은 전부 제주도에 한정되어 왔다. 왜냐하면, 하멜 일행 표착 관련의 거의 모든 사료가 제주도를 표기하고 있었기 때문이다. 그런데, 최근에 제주도는 물론, 한국 국내의 표착을 부정하는 주장이 제기되고 있다. 바로 최두환의 주장인데, 그는 『새롭게 고쳐 쓴 하멜표류기』에서 "하멜은 한반도에 온 적이 없다."며 책의 머리말 제목까지 달고 있다.64) 책의 제2부에서는 「하멜의 조선표류기에 대한 새로운 시각」이라는 명제 하에 '하멜의 표착지는 중국의 복건성의 福州 지방'이라며 기존의 연구와는 전혀 다른 주장을 전개했다. 나아가서는 '하멜이 표착한 濟州는 복주와 광동성 사이에 있는 한 지역'이라고까지 주장하고 있으며, 『하멜보고서』에 기록된 지명들은 대부분 중국 지명이라는 것이다.65) 이에 대한 평가를 일일이 언급하는 것 자체가 무의미할지도 모른다.

---

63) 고광민, 『濟州道浦口研究 - 歷史·民俗學的 接近 - 』(제주대학교 탐라문화연구소, 2003), 146~151쪽.
64) 최두환, 『신 하멜표류기 - 새롭게 고쳐 쓴』(우석출판사, 2003).
65) 상동, 170~258쪽.

그의 연구방법, 즉 중국의 여러 지명과 비교·분석하는 것은 좋으나, 편의적·자기중심적인 이해 방식으로 객관성이 결여되어 있다. 사료 인용이라는 측면에서 보더라도 중요 사료에 대해서는 거의 언급이 없을 정도이다. 예를 들면, 조선과 일본 간의 하멜 일행에 대한 송환문제로 주고받은 서계 속의 제주표착 내용, 조선과 일본, 그리고 네덜란드의 수많은 사료와 문서에 명확하게 기록되어 있는 제주표착 사실들에 대해서는 전혀 언급이 없다. 또, 그들이 서울에서 탈출사건을 일으켜 동소문로에서 붙잡혔다는 기록은 어떻게 평가할 것이며, 하멜 일행이 일본에 탈출한 것을 계기로 일본 국내에서 발생되는 관련사료들 속에 제주표착의 기록을 어떻게 설명해야 하는가. 필자가 여기서 이 책에 대한 소개를 하는 것 자체가 잘못일 수도 있으나, 아무튼 연구서로서 출판까지 되었기에 언급한 것이다. 그의 말대로 이 모든 것이 조작과 거짓이라면, 『하멜보고서』 자체를 소설로 보는 것이 더 낳은 평가일지도 모르겠다.

2. 기존 표착설의 문제점과 규명의 전제조건

이상에서 보이는 바와 같이 하멜 일행의 표착지와 관련해 수많은 곳이 거론되어 왔으나, 명확하게 표착지를 기술하고 있는 것은 『知瀛錄』의 기사를 근거로 한 대야수 연변 표착설이다. 물론, 대야수가 어느 곳인가라는 문제점이 남아있기는 하지만, 아직도 하멜기념비가 세워져 있는 사계리의 용머리 해안이 표착지로서 거론되고 있는 실정이기에 이에 대한 문제점과 표착지 규명을 위한 몇 가지 전제조건을 제시하지 않을 수 없다.

〈표 4〉 기본거리 및 거리 환산표

환산거리		1메일＝5,555.6m
		1尺＝20.81cm, 1步＝6尺, 1里＝360步
기본거리	4메일	5,555.6m×4메일＝2,222.4m(약 22.2km)
	1里	20.80cm×6尺×360步＝449.496m
	10里	449.496m×10＝4,494.96m(약 4.5km)
	4메일	2,222.4m÷449.496m＝49.43里
	4리그	1리그＝약 3마일, 1마일＝1609.3m
		4리그＝12마일＝19311.6m(약 19.3m)

첫째, 『하멜보고서』에 보이는 일행의 발견 당시 기록과 표착지에서 대정까지의 거리와 관련된 문제점이다. 보고서에는 정오 조금 전에 텐트 주변에 1명이 나타났다가 도망갔고, 정오 직후에 3명이 출현하고 있으며, 저녁 무렵이 되어서는 100여 명의 무장한 병력이 일행을 감시하여, 18일 정오경에는 1~2천 명의 기보병이 텐트 주위를 에워쌌다고 기술되어 있다. 이 기록으로 볼 때, 첫 발견자 한 명은 표착지 부근의 주민이나 차귀진 소속의 병사일 것이며, 정오 직후의 3명도 마찬가지였을 것이다.[66] 저녁 무렵의 100여 명의 병사는 하멜 일행이 대정현 관할에 표착했고, 또 1702년에 대정현의 군사가 224명이었다는 기록과 위치로 추측할 때 대정현 소속 병사이며,[67] 18일 정오경에 도착한 병사는 제주목사 李元鎭이 대정현감 권극중과 판관 노정에게 병사를 거느리고 가서 살펴보라는 지시[68]에 의한 병사들로 대정현의 병사와 제주목의 병사가 합쳐

---

66) 「遮歸點簿」(제주시편, 『耽羅巡歷圖』, 1999). 「遮歸點簿」에는 1702년 방군과 기보병 등 20명이 소속되고 있음을 기록하고 있다. 한편, 『耽羅巡歷圖』는 제주목사 이형상이 제주 관내를 순력하면서(1702) 조사한 제주의 방어 실태와 군민풍속을 화공 김남길에게 그리게 한 것이다(총 40도).

67) 「大靜操點」, 위의 책. "人民七百九十七戶, 田畓一百四十九結, 文廟祭器祭服書冊, 城丁軍二百二十四名, 軍器什物"

진 인원일 것이다. 왜냐하면 1653년 당시 제주(본주)에는 유사시를 대비한 잡색군(기병 95명, 보병 790명)과 속오군(3,056명)을 제외하더라도 기보병·수군·아병(牙兵)·차비군(差備軍) 등 약 1,426명 정도가 있었으므로,[69] 『하멜보고서』의 1∼2천이라는 기록은 어느 정도 정확하다고 볼 수 있다.

그런데, 중요한 것은 만약 하멜 일행이 용머리 해안에 표착했다면, 정오 직후에 연락을 받아 출동한 대정현 병사들이 대정현으로부터 약 4.5km(10里)[70] 정도뿐이 떨어져 있지 않은 산방산 앞 용머리 해안까지의 거리를 약 반나절이 걸려 도착하고 있어 너무나 많은 시간을 허비하고 있다는 문제점이 있다.

둘째, 『하멜보고서』 8월 21일의 기록에 표착지점에서 대정까지 이동할 때, 4메일을 여행했다고 기술하고 있다는 점이다. <표 4>에 보이는 바와 같이 4메일을 현재의 거리 단위인 마일로 환산하면, 1마일=1,609.3m, 4마일=6437.2m가 되어 용머리 해안에서 대정읍까지의 거리와 별 차이가 없어 보인다. 그러나 이것은 네덜란드 메일을 영국 마일로 변환하여 계산한 것에 지나지 않으며, 실제 4메일과 하등의 관련성이 없다. 전술한 바와 같이 4메일은 약 22.4km(약 49.4리)로 보지 않으면 안 된다.

셋째, 또 『하멜보고서』 8월 21일자에는 하멜 일행에 대해 정오 무렵 출발의 지시가 내려져 오후에 출발해 저녁 무렵에는 대정읍성에 도착해서 숙박하였다는 기록이 보이고 있다. 용머리 해안 부근은 대정에서 약 4.5∼5km 정도 밖에 떨어져 있지 않아 하멜 일행이 오후부터 5∼6시간

---

68) 『孝宗實錄』, 孝宗 4년 8월 무진(6일)조.

69) 李元鎭 저, 『耽羅志』, 軍兵.

70) 『新增東國興地勝覽』 권38, 大靜縣, 山川. 山房山의 위치에 대해서 "(현의) 동쪽 10里에 있는데 둘레가 9里이다."라고 기록하고 있는데, 산방산에서 하멜기념비 우측 해안가가 용머리 해안이다.

걸려 이동한 거리라고 보기 힘들다는 것이다.[71]

　그럼에도 불구하고 사계리 용머리 해안가에는 지방 행정기관의 주도 아래 수십억이라는 공사비를 지불하면서까지 하멜 일행의 표착지임을 주장하여 네덜란드 상선까지도 재현하고는 있지만, 그 상선 자체가 스페르붸르호도 아니며, 실제로 용머리 해안에 표착하였다는 증거는 전혀 없다. 전시물에는 용머리 해안가에 선박이 표착하고 있는 모형을 만들어 놓아 보는 이로 하여금 실제 하멜 일행이 표착하였다는 인식을 부여해 주고 있다. 더군다나, 실제 표착지를 명확하게 밝히고 있는 『知瀛錄』의 기사는 어디에도 소개되어 있지 않다. 지방 행정단체로서 그 지방의 관광사업을 일으키기 위해 하멜 일행의 표착을 테마로 삼은 것은 좋으나, 역사를 왜곡하면서까지 관광사업을 추진해야 한다면, 그것은 그 지역의 역사 자체를 무시하는 결과를 초래한다. 기왕 만들었다면 제주도 표착을 기념하는 뜻에서 유일하게 표착지를 기록한 『知瀛錄』의 기사 한 줄이라도 소개하는 것이 역사성을 지닌 관광사업이 될 것이고, 배우는 학생들에게도 올바른 인식을 심어줄 수 있다. 외국에서의 역사 왜곡을 비판하기 이전에 우리들 자신들 스스로가 역사를 왜곡하고 있지 않은가 반성해야 않을까라는 점을 생각하게 만든다.

　한편, 정확한 하멜 일행의 표착지 규명을 위해서는 해양탐사 작업을 실시해 스페르붸르호의 잔해를 발견하는 것이 가장 좋은 방법이겠으나, 현재로서 문헌자료와 난파 당시의 상황을 고려해 볼 때, 다음과 같은 사항들을 염두에 두지 않으면 안 된다.

　첫째, 하멜 일행이 표착한 장소에서 대정현까지 이동한 4메일을 이용해 하멜 표착지를 추론한다면, 전술한대로 『하멜보고서』 원본에 근거해 4메일=약 22.2km라는 거리를 전제로 해야만 한다는 점이다. 지금까지의 하멜 표착지에 관한 모든 선행연구는 기본적인 거리 환산에 오류가 있

---

71) 이 점에 대해서는 강준식도 언급하고 있다(앞의 책, 17쪽).

었던 것이며, 대부분의 연구자가 오역을 포함한『하멜보고서』의 중역본을 이용해 4리그로 자설을 말하거나 또는, 당시의 독일 마일 7.4km를 이용하고 있었다. 하지만, 그 당시 네덜란드에는 거리 단위로서 메일이 존재하고 있으며, 1메일이 5,555.6m라는 점에 주의해야 한다.

둘째, 하멜이 기록한 4메일에 대한 신빙성에 문제가 있다고 하는 것이다. 일부의 연구자는『하멜보고서』의 4메일에만 중점을 두고 있지만, 8월 21일의 기록에 의하면, 하멜 일행 중에는 당시 부상자가 많았고, 말을 탈 수 있는 사람에게는 말이 주어졌지만, 부상해서 말을 탈 수가 없는 자들은 들것에 의해 대정으로 이동되고 있었다. 이러한 상황 아래에서 이국에서의 이동거리를 과연 정확하게 측정할 수 있는 것인가 하는 의문이 생긴다. 하멜 자신이 이 거리를 기록한 것은 확실한 것이지만, 4메일은 부상자들과 함께 이동한 그의 추측 거리이며, 이것을 절대적으로 신용해 표착지를 추측하는 것에는 큰 문제가 있다.

셋째, 현재의 거리 단위인 里와 조선시대의 里는 거리에 차이가 있다고 하는 점이다. 요즘에는 10리가 4km이지만, 당시에는 10리가 약 4.5km이었다. 즉,『太宗實錄』에는 "지금 중국의 里數에 준하여 周尺 6尺으로 1步를 삼고, 매 3백 60步로 1里를 삼는다."[72]라는 내용이 보이고 있으며, 이를 기준으로 할 때, 周尺의 1척은 20.81cm이며,[73] 1步는 124.86cm이고, 1里는 449.496m로 약 450m이다.『하멜보고서』의 4메일과 당시의 조선 사료에 보이고 있는 里數를 환산하여 하멜의 표착지를 추정한다면, 위와 같은 당시의 里數를 기준으로 환산하지 않으면 안 된다.

---

72)『太宗實錄』, 태종 15년 12월 정축(14일)조.

73) 서울시사편찬위원회편,『서울六百年史(1)』(서울특별시, 1977), 548쪽 ; 최몽룡,「高興 針浦鎭城」(『壬辰倭亂 前後 關防史研究』, 문화재연구소, 1989), 167 ~168쪽.

3. 「西洋國漂人記」의 '大也水沿邊'

하멜의 정확한 표착지를 확정하기 위해서는 『하멜보고서』 이외의 사료도 고찰의 범위에 두지 않으면 안 된다. 전술한 바와 같이 『知瀛錄』에 수록된 「西洋國漂人記」에는 하멜 표착지 규명을 위한 주목할 만한 내용이 기록되어 있다.

이것은 하멜의 표착으로부터 43년이 지난 1696년에 제주목사 李益泰가 저술한 것으로 1694년 제주목사에 부임하고 나서의 행적, 각 진의 순력 등이 기록되어 있으며, 그 부록에는 제주도민이나 異國人의 표류·표착 관련기사가 많이 포함되어 있다. 그 내용으로부터 볼 때, 사료적 가치는 매우 높다. 그럼에도 불구하고 현재에 이르기까지 제주에서의 지방사 연구에는 물론, 표류·표착 관련연구에서도 별로 이용되고 있지 않다.

표류·표착 관계의 기사로서는 「漂漢人記」(1652/孝宗 3), 「西洋國漂人記」(1653/孝宗 4), 「金大璜漂海日錄」(1687/肅宗 13), 「南京漂淸人記」(1690/肅宗 16), 「漂倭人記」(2건, 1681/肅宗 7, 1698/肅宗 24)라고 제목을 붙인 것의 이외에 중국인의 표류·표착 관련기사가 6건이나 수록되어 있다. 각 사료 속에는 표류민에 대한 표착 경위나 심문 내용 등이 상세하게 나타나고 있으며, 중앙기록에 보이지 않는 내용을 포함하고 있어 제주에서의 표류·표착 관계에 한정한다면, 중앙의 어떤 기록보다 제일 먼저 이용해야 할 사료이다. 이러한 사건은 저자가 제주에 부임하기 전의 것이지만, 『知瀛錄』의 서문에 밝힌 바와 같이 당시 제주목에 소장되고 있던 여러 謄錄類를 참고한 것이다. 그 안의 「西洋國漂人記」에는 하멜 일행의 표착 지점에 대한 상세한 기록이 보인다. 여기에서는 표착지 관련 부분만을 제시해 고찰해 보도록 하겠다.

> <사료 15>
> 당시의 목사는 李元鎭, 판관은 노정, 대정현감은 권극중이다.
> ⓐ계사년 7월 24일 서양국 만인 힌듞얌신 등 64명이 함께 탄 배 한 척
> 이 대정현 지방 차귀진하의 대야수 연변에서 부서졌다. ⓑ익사자가 26
> 명, 병사자 2명, 생존자는 36명이다.[74]

위 사료에서는 하멜 일행이 승선하고 있던 스페르베르호가 "대정현
지방 차귀진하의 대야수 연변에서 부서졌다."고 기술하고 있어 표착지가
대야수 연변임을 알 수 있다. 차귀진은 『耽羅巡歷圖』의 「遮歸點簿」에 의
하면, 고산과 당산악 사이에 있는 진을 가리키고 있으며,[75] 대야수 연변
은 1702년의 「漢挐壯矚」에 의하면, 고산의 남쪽 해안 부근에 大也水浦가
있으므로 그 부근 해안으로 추정된다.[76] 1709년의 「耽羅地圖幷序」에도
고산의 바로 남쪽으로 大也水浦가 기록되어 있으며,[77] 18세기 초기 경에
제작된 「濟州地圖」[78]를 비롯해 18세기 중반 경에 제작된 「濟州三縣
圖」[79]에도 고산의 남쪽 해안 부근에 大也水浦가 보이고 있다. 고산은 때
로는 고악산이라고 불리기도 했으나, 현재는 수월봉으로 불리고 있으
며,[80] 현재의 행정구역으로 한경면 고산리이다. 이러한 사정으로 볼 때,

---

74) 『知瀛錄』, 「西洋國漂人記」. "時牧使李元鎭判官盧錠大靜縣監權克中, 癸巳七
　　月二十四日, 西洋國蠻人힌듞얌신等六十四名, 同乘一船致敗于大靜縣地方遮
　　歸鎭下大也水沿邊, 溺死者二十六名, 病死者二名, 生存者三十六名"

75) 「遮歸點簿」(『耽羅巡歷圖』, 앞의 책).

76) 「漢挐壯矚」, 위의 책.

77) 「耽羅地圖幷序」, 李燦, 『韓國의 古地圖』, 범우사, 1991(『濟州의 옛 地圖』, 제
　　주민속자연사박물관, 1996).

78) 「濟州地圖」, 李燦, 위의 책, 『濟州의 옛 地圖』, 위의 책.

79) 「濟州三縣圖」, 李燦, 위의 책, 『濟州의 옛 地圖』, 위의 책.

80) 오창명, 「제주도 마을과 산악 이름의 종합적 연구」(『耽羅文化』18, 탐라문화
　　연구소, 1997), 61쪽.

『知瀛錄』에 보이는 大也水는 수월봉의 남쪽 해안 부근이라는 것은 명확하다고 판단된다.

그러나 하멜 일행의 표착지를 수월봉의 남쪽 해안으로 비정한다면, 그곳으로부터 옛 대정읍까지 지도상의 직선거리로는 약 12km가 되며, 『하멜보고서』의 기록, 즉 표착지에서 대정까지 이동했던 거리 4메일 (22.2km)과 차이가 발생한다. 하지만, 전술한 바와 같이 4메일은 하멜이 추측한 거리로서 부상자들과 함께 들것에 실려 이동하고 있었던 만큼, 이 4메일만을 근거로 표착지를 추정하는 것에는 약간의 문제가 생긴다는 것을 염두에 두지 않으면 안 된다. 또 17세기 중엽에 차귀진 부근에서 대정현까지 도로가 있었다는 것은 말할 것도 없겠지만,[81] 직선거리가 약 12km이므로 도로상의 거리는 이보다 더 길 것이라는 것을 염두에 두어야만 한다.

또, 이미 널리 알려진 사실이고 이전에도 언급한 바이지만,[82] 수월봉 남쪽 해안 부근에는 현재도 대물·큰물이라고 부르는 곳이 있다. ‘대＝大’, ‘큰＝大’, ‘야＝也’, ‘수＝水’, ‘물＝水’로 음가를 빌린다면, 대물은 大水이며, 큰물도 大水가 된다. 大也水浦라는 것은 대야수가 있는 포구를 의미하거나, 대물이나 큰물이 있는 포구를 의미할 수도 있다. 물론, 오창명이 언급한 바와 마찬가지로 大也水浦가 반드시 「西洋國漂人記」의 ‘대야수 연변’과 일치하지 않을 가능성도 있다.[83] 왜냐하면 ‘대야수’가 있는 곳의 연변이라는 것은 그 주변까지도 포함하기 때문이다. 고광민을 비롯

---

81) 후대의 것이기는 하나 「大靜郡地圖」(『濟州의 옛 地圖』, 앞의 책)에도 차귀진 지역에서 대정현까지 "大路"로 명기되어 있는 직선 도로가 보이고 있다. 이 외에 『서귀포시문헌자료집』(서귀포시공보실, 1998)과 『邑志』 6(한국학문헌 연구소편, 앞의 책)에도 「大靜郡地圖」가 수록되어 있다.

82) 拙稿, 앞의 논문, 2000.

83) 오창명, 「하멜 표도지(漂到地)의 비정(比定)에 관하여」(『표착지발표초록』), 33 ~38쪽.

한 여러 연구자들이 말하고 있는 곳도 근거가 없는 것은 아니기에 부정할 수도 없다. 하지만, 필자가 언급하고 싶은 것은 어느 정도 한정된 범위로 상당히 좁혀져 있다는 사실이며, '대야수 연변'이라 하더라도 대야수를 중심으로 한 가까운 주변 지역이어야만 한다.

이는 『南槎錄』의 기록으로도 유추할 수 있다. 『南槎錄』은 金尙憲이 안무어사로 제주도에 파견되어 기록한 것인데, 대정현의 병선을 정박시킬 수 있는 포구를 설명하면서 '(대정현에서) 대야수포는 서쪽으로 30里, 서림포는 서북으로 15里, 모슬포는 남쪽으로 10里'[84]에 있고, 遮歸防護所는 대정현성의 서쪽 26里에 있다고 기록하고 있다.[85] 당시의 30里는 <표 4>의 거리 환산표에 의거하면, 10리가 약 4.5km이므로 대야수포는 대정현에서 서쪽으로 13.5km 떨어져 있는 곳에 위치하며, 26里는 11.7km이므로 遮歸防護所는 서쪽으로 11.7km떨어진 곳에 있다는 것이 된다. 李元鎭의 『耽羅志』에도 遮歸城이 25里에 있다고 기록되어 있다.[86]

그런데, 여기서 중요한 것은 大也水浦가 대정현의 서쪽에서 30里 (13.5km)에 있다는 부분으로 현재의 수월봉 남쪽 해안에서 구 대정현까지의 직선거리 약 12km와 거의 비슷하다는 점이다. 또, 당시에 도로가 있었다는 것을 염두에 두고, 그 도로가 지도상의 직선보다는 약간 더 길 것이라는 오차를 둔다면, 『南槎錄』에 보이는 13.5km 내외일 것이기 때문에 거의 같은 거리라고 볼 수 있다. 이는 표착지의 범위를 정하는데 무척 귀중한 논거가 되는 점으로 대정현에서 서쪽으로 13.5km 떨어진 해안가 주변이 바로 하멜 일행의 표착지가 된다는 것이다. 어느 정도의 오차를 감안하더라도 수월봉 남쪽 해안가 주변이며, 이는 대물과 큰물이 있다는 해안가를 포함하고 있다.

---

84) 金尙憲 著/金禧東 譯, 『南槎錄』, 永嘉文化社, 1992, 180쪽.
85) 위의 책, 184쪽.
86) 李元鎭 저, 『耽羅志』, 城郭.

4. 하멜 일행의 이동경로

한편, '遮歸鎭下'의 大也水沿邊(한경면 고산리 수월봉의 남쪽 해안)에 표착한 하멜 일행은 어떠한 경로를 통해 제주목(本州)까지 이동했을까. 앞에서 언급한 내용이기는 하지만, 『하멜보고서』의 7월 25일(8/17)[87]의 기록에 의하면, 정오 조금 전에 텐트 주변에 한 사람이 나타났다가 도망친 후, 정오 직후에는 3명이 왔으며, 저녁 무렵이 되자 100여 명의 무장한 사람들이 일행을 감시하였고, 26일(8/18) 정오경에는 1~2천 명의 기보병이 일행의 주위를 에워쌌다.[88]

그 후, 『하멜보고서』 7월 30일(8/22)의 기록에 의하면, "우리들은 아침 일찍 해가 뜨자마자 다시 말을 타고 출발하여 도중에 어느 성채 앞에서 아침식사를 했다. 그곳에는 2척의 전쟁용 정크선이 정박하고 있었다."는 기록이 보이고 있다. 여기서 말하는 성채라는 것은 과연 어느 곳일까.

그것은 바로 명월진(성)이다. 이곳은 이른 아침 대정현을 출발해 아침식사를 취할 수 있는 거리에 위치해 있으며, 실제 「明月操點」에 의하면, 선박이 정박할 수 있는 시설도 있었다.[89] 이러한 논증은 하멜 일행이 표착했던 1653년, 명월진에 板屋戰船 1척과 格軍 103명이 있었다는 기록으로부터도 확인할 수 있다.[90]

---

87) 『하멜보고서』의 기록 날자는 8월 17일(음력 7월 15일)이지만, 본서에서는 음력으로 통일하고 있기 때문에 '7월 25일(8/17)'로 표기한다. 이후 마찬가지이며, 이에 대해서는 본서의 범례를 참조.

88) 그러나 하멜 일행이 제주에 표착했을 때, 1~2천명의 기보병 파견은 있을 수 없는 일이라고 『하멜보고서』 기술의 진위에 대해 의문을 제기한 견해도 있으나(申福龍 譯, 앞의 책, 28쪽), 본장의 주 69)번에 보이는 바와 같이 제주에는 1~2천 이상의 충분한 병력을 보유하고 있었다.

89) 「明月操點」, 앞의 책, 80~81쪽.

90) 『耽羅志』, 濟州, 水戰所.

〈그림 2〉 하멜 일행의 제주표착 관계도 (간략도)

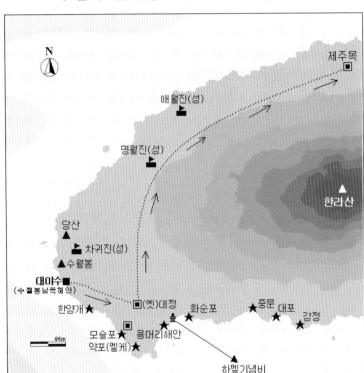

【범례】
■행정지역 ▗성/진(城/鎭) ★기존표착추정지 ▲산 ♨하멜기념비 …… 이동경로
■필자가 주장하는 하멜의 표착지(대야수＝수월봉남쪽해안)

이쿠타 시게루[生田滋]는 이 작은 성채를 1961년에 『하멜보고서』를
번역하면서 모슬포에 있는 방호소라고 했다가,[91] 이 번역문을 『朝鮮幽

---

91) 生田滋 역, 「朝鮮幽囚記(1)」(『朝鮮學報』 19, 1961), 164~165쪽. 이쿠타 시게루
는 성체에 대해서 "대정에서 제주에 이르는 길은 중앙부로 가는 길, 서안으
로 가는 길 두 개가 있다. 그러나 여기에서 말하는 성체라는 것은 아마도 모
슬에 있었던 방호소를 가리키는 것임에 틀림없다. … 그러나 그렇다면 길의

囚記』라는 제목으로 출판했을 때에는 차귀진으로 개정하고 있다.[92] 그 근거로서 차귀진에는 방호소가 설치되어 있었으며 작은 城과 객사, 군기 고, 약간의 병사가 존재하고 있었기 때문이라고 했다.

그러나 이 성채는 모슬포의 방호소도 차귀진도 아니다. 『耽羅巡歷圖』 의 「遮歸點簿」에 의하면, 차귀진에는 鎭만 있었고, 선박이 정박할만한 수전소는 보이고 있지 않으며,[93] 『耽羅志』에서 제주의 수전소를 기술한 부분에도 차귀진에 관한 그 어떠한 언급도 보이지 않는다.

하멜 일행이 표착한 장소가 '遮歸鎭下 大也水沿邊'이라는 것을 염두 에 두고 이쿠타의 주장을 검증한다면, 하멜 일행은 처음의 표착 장소에 서 대정현까지 이송되었을 때 이용한 도로를 다시 한 번 거쳐 제주목으 로 이동한 것이 된다. 그러나 『하멜보고서』에는 제주목으로 이동했을 때, 그 길을 다시 한 번 거쳐 이동했다는 기록은 보이지 않는다. 또, 대정 현에서 제주목까지 이동할 경우, 遮歸鎭(현재의 고산리) 쪽의 도로를 이 용하면 서쪽으로 우회하는 것이 되어 明月城(현재의 명월리)으로의 길을 이용하는 것보다 시간이 더 걸린다. 서양 異國人 36명을 제주목으로 이 송해야하는 긴박한 상황에 더 빠른 길이 있었음에도 불구하고 다시 표 착한 지역의 길로 돌아가 우회도로를 이용했다는 것은 이해가 되지 않 는다.

이러한 상황을 종합해 볼 때, 하멜 일행이 대정현에서 제주목으로 이 동할 때 이용한 도로는 <그림 2>의 '하멜 일행의 제주표착 관계도'에 보이는 점선 부분, 즉 대정현→명월진→제주목의 도로임을 알 수 있다.

순서가 맞지 않는다. 모슬은 대정의 남쪽에 있기 때문에 여기를 통과할 필요 가 없다. 아마도 順路를 지나지 않았거나, 또는 대정이라는 곳은 현의 명칭 으로 실제 숙박한 곳은 현내의 다른 마을이거나 둘 중의 하나일 것이다."라 고 설명하고 있다.

92) 生田滋 역, 앞의 책, 89쪽.
93) 「遮歸點簿」, 앞의 책, 78~79쪽.

조선시대 제주관련 고지도 중에서 앞에서 언급한 「濟州三縣圖」나 「耽羅地圖幷序」를 보면, 명월진의 옆길을 통과하는 도로가 보이고 있으며, 지명과 거리 등이 상세하지는 않지만,『大東輿地圖』[94]에도 이 길은 명시되어 있다. 또 1899년의 필사본이기는 하지만,『大靜郡邑誌』[95]의 「大靜郡地圖」에도 '濟州至郡上大路'로 표기되어 있는 도로가 보이고 있어 이 길을 이용했음을 추측해 볼 수 있다.

아무튼 明月鎭 앞에서 조식을 마친 일행은 다시 출발하여 오후에는 제주목에 도착하였고, 제주목사 李元鎭의 심문을 받게 되었다. 이후, 이들 서양 異國人들의 조선표착은 조정에도 알려져 커다란 파문을 일으키며 대·내외적인 외교문제로 발전한다.

V. 맺음말

이상의 내용을 간단히 정리해 보면 다음의 두 가지이다.

첫째는 박연의 조선표착에 관련되는 표착선·표착지·표착년의 문제이다. 우선 표착선에 관해서는 본장에서 논증한 바와 마찬가지로 박연이 오베르케르크호에 승선해 조선의 연안에 표착했다고 기술한『하멜보고서』를 중시해야 한다는 것이다. 표착년도『하멜보고서』나『바타비아 상관일기』의 기록에 의해 1627년으로 밝혀졌다. 한국 측의 사료 일부에 1628년으로 기록되고 있어 연구자들 사이에 아직도 이를 사용하고 있으나, 초기 단계의 사료의 잘못을 그대로 답습한 것이라고 생각된다. 표착

---

94)『大東輿地圖』권23, 濟州·大靜·旌義.
95) 주 81)번 참조.

지에 대한 문제에 대해 학계에서는 '경주표착설'이 받아들여지고 있으나, 이 설의 근거가 되고 있는 <사료 9>와 <사료 10>은 박연의 표착으로부터 39년이 지난 1666년에 당시 부산에 살고 있던 노인의 이야기에 근거하고 있다. 이 사료는 박연이 4~5년간 부산에 체재하고 있음을 보여주고 있으며, 표착한 직후 일본으로 인도하려던 조선의 처리 방침을 보여주고는 있으나, 표착지에 관해서는 오류가 있다고 추정된다. 한편, 조정에서 왕실과도 깊은 관계가 있으며, 정치적으로도 상당한 정보원을 가지고 있던 鄭載崙의 『閑居漫錄』은 박연의 제주 표착을 기록하고 있다. 본장에서는 두 가지 이유에서 『閑居漫錄』에 기술된 박연의 제주 표착에 관한 타당성을 논증하였는데, 무엇보다도 중앙 조정에서의 정보에 우월한 입장에 있던 鄭載崙의 이러한 기록을 무시할 수는 없다는 것을 밝혀둔다.

둘째는 1653년에 표착한 하멜 일행의 정확한 표착지와 제주에서의 이동 경로를 규명하는 것이었다. 이것은 단순한 역사적인 사항의 사실 확인뿐만 아니라, 조선을 '서양세계'에 폭 넓게 알린 하멜 일행의 제1보를 명확히 한다는 의미도 있다. 그 논점은 다음의 두 가지로 정리된다.

①1653년 조선에 표착한 하멜의 정확한 표착 장소는 『知瀛錄』의 「西洋國漂人記」에 기록되고 있는 大也水沿邊, 즉 현재의 한경면 고산리 수월봉의 남쪽 해안이라는 점이다. 현재, 하멜이 표착했다고 말해지고 있는 사계리의 산방산 해안 부근의 언덕에는 「하멜기념비」가 세워져 있지만, 이것은 『하멜보고서』나 『知瀛錄』에 의하면 잘못된 장소이다. 지금까지 많은 선행연구가 『하멜보고서』에 보이는 표착지에서 대정읍까지의 거리, 즉 '4메일(마일)'에 기준을 두고 있지만, 당시 네덜란드의 메일은 지금까지 추측되고 있던 메일과 다르다. 또 표착지로서 『知瀛錄』에는 '大也水沿邊'이라고 하는 정확한 기록이 남아있다. 이 '大也水沿邊'이 과연 현재의 위치로 어느 곳인가가 문제이지만, 본장에서 논증한 여러 고

지도로부터 현재의 수월봉 남쪽 해안이라는 것이 밝혀졌다.

②표착지인 제주도에서 하멜 일행의 이동을 밝혀냈다. 즉, 선행연구에서 언급되고 있던 것처럼 大也水沿邊(遮歸鎭부근)→대정현→遮歸鎭→제주목으로 이동한 것이 아니라, 大也水沿邊(遮歸鎭부근)→대정현→명월진→제주목의 지름길을 이용해 이동했던 것이다(<그림 2> 참조). 그것은 『하멜보고서』에 기록되고 있는 각 지역의 특징적인 기술과 당시 제주도 상황의 비교로부터 입증되었다.

제2장
네덜란드 표류민과 朝·日의 표착 초기 처리과정

Ⅰ. 머리말

조선에 서양의 異國人이 표착한 것이 언제부터인가 명확한 최초의 사례를 단정지울 수는 없지만, 기록에 의한다면, 1582년(宣祖 15) 『宣祖修正實錄』의 기사에 보이는 국적불명의 서양인 馬里伊가 표착한 것이 최초의 사례로 판단된다.[1] 그는 제주에 표착한 것으로 추측되는데, 정탁이 進賀使로 중국에 갈 때 편승시켜 중국에 송환하는 것으로 조선정부는 異國 표류민 처리를 행하고 있었다.

그 이후에 난파나 어떤 사정에 의해 조선에 표착한 것은 아니지만, 스페인 예수회의 선교사 세스페데스(Gregorio de Cespedes)가 임진왜란 당시에 코니시 유키나가[小西行長] 휘하의 종군신부로서 조선에 도해했다가 잠시 체재하고 돌아간 사례가 있으며,[2] 또 임진왜란 당시인 명의 원군과 함께 일본 船團을 기습 공격하기 위한 일명 '海鬼'라 부르는 포르투갈의 특수 잠수병이 입국한 사례도 보이고 있다.[3]

---

1) 『宣祖修正實錄』, 宣祖 15년 정월 경신(1일)조. 『藥圃先生文集(1·2)』(경인문화사, 1987).

2) 이에 대한 상세한 기록으로는 16세기 중후반에 일본에 파견되었던 선교사 루이스 프로이스가 작성한 『日本史』가 있다(松田毅一·川崎桃太 역, 『日本史(전12)』(中央公論社, 1977~1980). 한편, 세스페데스를 최초로 한국을 방문한 서양인으로 평가하는 논고들에는 다음과 같은 것이 있다. Ralph M Cory, Some Notes on Gregorio de Cespedeo, Korea's First European Visitor, Transactions of the Royal Asiatic Society, Korea Branch, Volume27, 1937 ; G. St. G. M. Gompertz, Some Notes on the Earliest Western Contacts with Korea, Transactions of the Royal Asiatic Society, Korea Branch, Volume33, 1957 ; 朴星來, 「韓國人의 포르투갈 發見」, 『外大史學』11, 外國語大學校 外國學綜合研究센터 歷史文化研究所, 2000).

　또, 비변사의 기록인 『謄錄類抄』에 의하면, 1604년 6월 14~15일경 倭賊船을 타고 가다가 일본인·중국인 등의 선원들과 함께 조선의 해안에서 붙잡혀 4개월간 조선에 억류된 후, 중국의 북경으로 송환된 포르투갈인 조안 멘데스(Joao Mendes)의 사례가 있다.[4] 이 기록에는 그들이 倭賊에게 약탈당한 후 그들의 배에 승선하고 있다가 경상도 지방에서 표착하게 된 경위, 표착자 전원의 명단과 약력, 그리고 중국으로의 송환기록이 수록되어 있는데, 전문이 길어 여기서는 간단히 소개만 하고 상세한 논증은 다음의 기회로 미루겠다. 한편 이 사건은 『練藜室記述』의 荒唐船條에도 나오고 있는데, 賀至使 尹敬立 편에 붙여 복건인 16명, 남만인 2명, 왜인 남녀 2명을 중국으로 송환하고 있음을 밝히고 있다.[5]

　그런데, 여기서 흥미로운 것은 이들 서양 異國人이 조선에 표착한 경우에는 모두 중국으로 송환되고 있다는 사실이다. 즉, 어떤 국제관계를 배경으로 공식적으로 조선에 입국한 서양인들을 제외하고, 불의의 사고로 표착한 서양 異國人들에 대해서 조선정부는 북경으로 송환시키는 것으로 표착 문제를 해결하고 있었다. 그런데 이러한 서양 異國人들에 대한 북경 송환이라는 표착 처리는 1627년을 기점으로 전환된다. 그 사례가 바로 네덜란드의 박연 일행과 하멜 일행이라는 서양 異國人에 대한 표착 처리이다.

　본장에서는 과연 조선정부가 이들 네덜란드 표류민에 대해 어떠한 의도를 가지고 처리하고 있었는가, 또 그들이 승선하고 있던 선박의 선적물은 어떻게 처리되고 있었는가에 대해 1627년 박연 일행과 1653년 하멜 일행의 표착사건을 중심으로 고찰해 보도록 하겠다. 덧붙여서 이와 관련

---

3) 『宣祖實錄』, 宣祖 31년 5월 경술(26일)조.

4) 『謄錄類抄』(『各司謄錄』 66, 국사편찬위원회, 1981).

5) 『練藜室記述』 별집 권17, 邊圉典故, 荒唐船條.

되어 지금까지 선행연구에서 잘못 언급되어 온 사실들에 대한 비판과 검증을 시도해 보도록 하겠다.

Ⅱ. 박연 일행의 표착 처리와
일본의 대응

우선, 1627년 오붸르케르크호에 승선해 동료 2명과 함께 제주에 표착해 온 박연 일행 3명에 대해서 조선정부는 어떠한 처리를 행하고 있었는지에 대해 살펴보도록 하겠다.

박연 일행은 조선에 표착한 후, 훈련도감에 배속되어 조선의 신식무기 개발에도 관여하게 되는데,[6] 표착 당시부터 異國人 표류민 처리과정에 대한 조정의 대응과 처리과정이 당시 조선의 국제관계와 외교정책을 알 수 있는 부분이라 흥미로울 뿐만 아니라, 조선의 '海禁體制'라는 대외정책 속에서 서양의 異國人이 훈련도감에 배속되어 있었다는 그 자체가 더더욱 관심을 끈다.

박연 일행이 조선에 표착한 1627년은 후금의 제1차 침략(정묘호란)이 있었을 뿐만 아니라, 국내외적으로 혼란을 거듭하고 있었던 시기였다. 그들 3명이 제주에 표착한 후 언제 서울로 송환되었는가에 대한 사료가 남아있지 않지만, 그들이 서울로 이송되어 체재하고 있었다는 것은 명확한 사실이다. 하지만, 1627년 이전까지 동·서양을 막론하고 異國人이 표착했을 경우, 북경으로 송환하는 것이 조선정부의 일반적인 처리방침

---

6) 본서 제3장 참조.

이었다는 것은 앞에서도 설명한 주지의 사실이다. 그럼에도 이들이 조선에 체재하게 된 이유는 무엇일까.

이 사실을 확인해주는 명확한 사료가 남아있는데, 그것은 본서의 제1장에서 표착지를 규명하기 위해 언급한『接倭事目錄抄』와『接待倭人事例』라는 기록이다. 본서 제1장에서 인용한 것이기는 하지만, 이들의 처리과정을 살피기 위해 다시 인용하여 논증해 보겠다.

<사료 1>
12월, 문위역관 김근행이 와서 말하기를, "ⓐ요즘에 부산 고로의 말을 들었다. 즉 丁卯 연간에 남만선이 있었는데, 경주에 표착하여 3명을 붙잡아 왜관에 들여보냈으나, 왜관의 왜인 등은 일본의 漂人이 아니라고 시종 받아들이지 않았다. ⓑ소위 남만인은 부산에 머물렀는데, 4~5년이 지난 후 조정의 분부에 따라 상경하였다."라고 한다.[7]

<사료 2>
동래부서장 안에서 김근행의 말을 들으니, 즉 "ⓐ丁卯 연간에 남만선이 경주에 표착하여 3명을 붙잡아 왜관에 보냈으나 시종 받아들이지 않았다."고 한다. 그러나 전거로 삼을 만한 것도 없었는데, 비변사계목 중에 의하면, "ⓑ남만인 朴仁을 조사하여 물으니, 즉 그들 3인은 경주에서 붙잡히게 되어 왜관에 보냈으나, 왜관의 왜인은 (박연에 대해) 자기들이 알 수 없는 곳의 사람이라고 물리쳤다. 때문에 상경시켜 都監(훈련도감)에 입속시켰다."고 한다. ⓒ박인(朴仁)으로서 이를 볼 때, 왜관에 보내면 관왜들이 받아들이지 않을 것이 매우 명백하다.[8]

---

7)『接倭事目錄抄』, 顯宗 7년 병오 12월조. 원문은 본서 제1장 <사료 9> 참조.
8)『接待倭人事例』, 顯宗 8년 정월시 10일조. 원문은 본서 제1장 <사료 10> 참조.

우선, <사료 1>의 밑줄 ⓐ에서 丁卯 연간에 남만인 3명이 표착했다는 것으로부터 표착한 3명이 박연 일행 3명이라는 것을 알 수 있다. <사료 2>에서는 박연이 '朴仁'으로 되어 있으나, 이는 이전에 나카무라 히데타카[中村榮孝]가 언급한 바와 같이 사료의 내용과 연대로 볼 때 박연과 동일 인물이다.9) 그런데, <사료 1>의 기술 내용은 부산 古老에게 전해 들은 것이 근거로 되어 있고, 박연의 표착지가 경주라는 점도 본서 제1장에서 고찰한 바와 같이 문제점으로 지적할 수 있다. 하지만, 『하멜보고서』에도 3명이 표착했다고 기술되어 있는 점, 서울 상경 후 훈련도감에 배속되었다는 점은 사실로서 인정할 수 있으므로 박연 일행의 표착 처리 문제에 한정한다면, 어느 정도 신빙성이 있다고 하겠다.

<사료 1>의 밑줄 ⓐ부분과 <사료 2>의 밑줄 ⓐⓑ부분의 기사에 의하면, 박연 등 3명의 네덜란드인은 표착했을 때, 조선 측은 왜관에 그들의 신병을 인도하려 했으나, 왜관의 일본인이 자국의 표류민이 아니라고 신병을 인수하지 않았기 때문에 조선 체재가 인정되고 있다. 다시 말하면, 박연 일행이 표착했을 당시부터 조선정부가 그들의 체재를 인정한 것은 아니었다는 것을 엿볼 수 있다.

원래 조선에서는 서양 등과 같이 국제관계가 성립되지 않았던 국가의 국민(=人民)이 표착했을 때는 왜관, 즉 일본이 아니라 중국에 송환하는 것이 일종의 관례였다. 그것은 명과 조선이 책봉관계에 있었기 때문에 표류민을 청국에 송환시켜 그들에게 귀국의 길을 마련해 주기 위한 인도적 차원에서의 표류민 처리였다. 그러한 예는 앞에서 살펴본 1582년 馬里伊와 조안 멘데스라는 포르투갈인 표착 때에도 중국으로 송환시키고 있었다는 것으로도 알 수 있다. 물론 중국계 표류민에 대한 중국 송환은 말할 것도 없는 부분이다.

그러나 박연의 경우는 달랐다. 당시 박연이 표착한 1627년의 시점에서

---

9) 中村榮孝, 「蘭船の朝鮮漂着と日鮮の交渉」(『靑丘學叢』 23, 1966).

조선은 그러한 표류민 송환조치를 취할 여유가 없었는데, 그것은 동년 1월부터 後金의 제1차 조선침략(정묘호란)이 있었기 때문이다. 만약, 후금의 침략이 없었다면, 박연 등 3명은 중국[明]의 북경으로 송환될 것이었으나, 조선은 침략을 받은 긴박한 상황에 표류민에 대한 본래의 조치를 취할 수가 없었다.

한편, 박연이 표착한 것은 1627년의 일이지만, <사료 1>과 <사료 2>이 기록된 것은 약 40여 년이 지난 후의 일이다. 왜 이러한 시점에 박연을 부산 왜관에 인도했으나 거부한 것이 조정의 중요 문제로 대두되고 있었을까. 그것은 1653년 제주도에 표착하여 1666년까지 조선에 체재하고 있던 하멜 일행의 일본 탈출이 그 원인이다. 물론 그들 중 8명이 탈출하고 나머지 일행 7명은 1668년 朝·日간의 송환교섭에 의해 일본으로 송환되지만, 1666년 하멜 일행의 탈출로 인해 德川幕府는 13년 전에 네덜란드인이 조선에 표착했었다는 사실을 알게 되었고, 또 이에 대한 문의 서한을 보내고 있었던 것이다.

이 문의 서한을 조선에 보낸 것에는 朝·日간의 중대한 외교 교섭이 그 배경에 존재한다. 즉, 1644년(仁祖 22) 일본은 조선에 대해 크리스트교도로 의심스러운 이국선이 조선에 표착해 오면 왜관에 알려 송환시켜 줄 것을 요지로 하는 그리스도교 금제(耶蘇宗門禁制)를 요청하고 있었다. 이에 대해 조선정부는 긍정적인 입장에서 그리스도교 금제에 대한 '共助'정책을 표명하였고, 실제로 1644년 진도에 표착한 廣東船을 일본 측에 인도하여 5명의 그리스도 교도(耶蘇宗門)를 적발하는데 '共助'하기도 하였다.[10] 그런데, 조선 측은 1653년에 표착한 하멜 일행에 대해서는 일본에 통보하지 않았던 것이다. 1666년 하멜 등 8명의 탈출사건으로 막부가 이 사실을 알게 되자, 막부는 하멜 등의 8명에 대한 야소종문 의혹에 대해 쓰시마번을 통해 조선 측에 문의하도록 지시하는데, 전술한 일

10) 이에 대해서는 본서 제4장 참조.

본 측의 문의 서한의 내용은 하멜 일행이 그리스도인가 아닌가에 대한 것이며, 한편으로 하멜 일행의 표착을 일본 측에 알리지 않은 조선에 대한 일종의 항의 서한이었던 것이다.

다시 말하면, 하멜이 표착할 당시 즉시 왜관에 알리지 않고 일본 측에 인도하지 않았던 이유로서 왜관의 박연에 대한 일본의 인수 거부를 증거로서 삼기 위해 <사료 1>과 <사료 2>에 보이는 논의가 시작된 것이다. 즉, 1627년 박연을 왜관에 넘기려 했는데도 받아들이지 않았으니, 하멜 일행의 경우도 왜관에 인도하려 했어도 거부했지 않겠느냐는 일본 측에 대한 답변의 근거를 내세우기 위한 것이다. 때문에 <사료 2>의 밑줄 ⓒ에서 박연의 사례로 볼 때, 왜관에 보내면 왜관의 일본인들은 받아들이지 않을 것이 매우 명백하다고 한 것이다.

한편, 박연은 왜관에서 인수가 거부되자 <사료 1>의 밑줄 ⓑ에 보이는 바와 같이 부산에 4~5년을 머문 뒤 조정의 지시에 따라 서울로 상경하게 되었다. 조정에서 박연을 왜 서울로 상경시켰는가에 대한 구체적인 사료가 없으나, 尹行恁이 『石齋稿』에서 "박연의 이름은 호탄만(胡呑萬)이다. 병서에 재주가 있고, 화포를 매우 정교하게 만들 수 있었다."[11]라고 기술한 것이나, 그와 동료 2명이 청의 침략 당시에 전투에 참가해 박연만 살고 2명의 동료는 사망했다는 『하멜보고서』의 내용을 볼 때, 조선의 군비강화와 매우 밀접한 관련이 있음을 알 수 있다. 더욱이 그가 紅夷砲를 제작했다는 점, 그리고 조선에 체재하면서 서양식 병기개발에 깊이 관여했었다는 사실로 미루어 본다면, 당시 조선은 1627년에 후금의 침략을 받은 직후였기 때문에 군비증강을 위해 박연을 이용하려 했던 것이다.

이러한 그의 표착 처리과정을 볼 때, 표착 당시부터 인도주의적인 차

---

11) 尹行恁 저, 『石齋稿』 권9, 海東外史, 朴延조. "延初名胡呑万, 工於兵書, 能製火礮, 甚精巧"

원에서 표류민의 송환을 염두에 두고 왜관에 인도하려 했으나, 일본 측이 거부했기에 어쩔 수 없이 부산에서의 체재가 용인되었고, 또 이후에는 후술하겠지만, 군비증강의 차원에서 서울에까지 상경시켜 훈련도감에 배속시킴으로써 완전히 조선에서의 정착을 용인한 것이다. 그 후에 박연은 훈련도감 외인부대의 지휘자로서 조선의 서양식 신식무기개발에도 관여를 하게 되는데, 이에 대해서는 본서의 제3장에서 살펴보도록 하고 하멜 일행의 표착처리를 살펴보도록 하겠다.

III. 하멜 일행의 표착 보고와 처리과정

1. 『地瀛錄』과 『孝宗實錄』의 기사

그렇다면, 하멜 일행의 표착 처리과정은 어떠한가. 하멜의 표착과 관련해 표착 당시의 기록은 말할 것도 없이 『하멜보고서』이다. 다만 조선 측의 대응 과정에 대한 부분은 그리 상세하지 못한데, 그 외의 관련 기록에는 표착할 당시의 자세한 상황과 제주목에서의 심문기록을 포함해 중앙조정에서의 처리방침까지도 파악할 수 있는 자료들이 남아 있다.

즉, 앞에서도 소개했지만, 하멜 일행의 표착 장소를 명확하게 대정현의 '大也水沿邊'이라고 기록한 『地瀛錄』이 제주도의 기록이고, 제주도의 표착보고를 받아 이에 대한 대응처리를 지시한 것이 바로 『孝宗實錄』의 기록이다. 『孝宗實錄』의 기록은 하멜 일행의 표착과 관련해 널리 알려진 내용이기는 하지만, 『地瀛錄』은 거의 이용되어 온 바가 없었다.

『地瀛錄』의 편찬 배경과 수록 내용에 대해서는 이미 제1장에서 전술

한 바와 같은데, 수록 내용 중의 「西洋國漂人記」는 하멜 일행이 제주도
에 표착할 당시 조선 측이 어떠한 조치를 취하고 있었는가에 대해 가장
상세히 설명하고 있어 그를 근거로 이들에 대한 조선정부의 조치를 고
찰해 보겠다. 장문이지만, 전문을 인용해 검증하고, 또한 이것과 함께『孝
宗實錄』의 기사도 참고하여 비교 검토해 보겠다.

<사료 3>
당시의 목사는 李元鎭, 판관은 노정, 대정현감은 권극중이다.
ⓐ계사년 7월 24일 서양국 만인 힌닭얌신 등 64명이 한 배에 동승하여
대정현 지방 차귀진하 대야수 연변에서 부서졌다. ⓑ익사자가 26명,
병사자 2명, 생존자가 36명이고, 옷을 입은 것이 검정, 흰색, 빨강의 세
가지 색깔이 서로 섞여있었다. 머리를 모아 서로 맞대고, 웅크려있거
나 서기도 하였다. 글로 써서 물으니, 십자(=Ⅹ자) 셋에 나머지는 여섯
을 세고, 거듭해서 자신의 가슴을 두드렸다. 또, 십자 둘에 나머지 여
섯을 세고, 거듭해서 눈을 감고 쓰러지는 모습을 만들어 냈다. 생김새
가 괴이하고 의상이 다르게 만들어 졌다. 비록 언어는 통하지 않았지
만, 스스로 자신의 가슴을 두드린 것은 생존자의 수를 뜻하며, 눈을 감
고 쓰러진 것은 사망자의 수이다. 그 생사자의 수를 조사해 보니 과연
그러하였다. ⓒ漢倭譯과 琉球國에 표류했다 돌아온 자 모두가 언어가
통하지 않으니, 사정을 물어 볼 길이 없었다. 남만 서양 등의 사람들이
라는 의심이 들어 이것을 계문한 즉, 남만의 漂來人 박연을 내려 보냈
다. 언서로서 문답한 것을 번역하기에 이르러 별지로 치계하였다. ⓓ
박연과 표만 3인은 첫머리에 서로 만나자 오랫동안 눈여겨 자세히 보
다 말하기를 "나와 같은 형제 사람입니다."하였다. 따라서 서로 이야
기를 하면서 슬피 눈물을 흘려 마지않았다. 박연 역시 눈물을 흘렸다.
ⓔ다음 날 박연은 만인들을 모두 불러 자기가 살고 있던 지명을 각각
말하게 하였는데, 모두가 남만 땅에 살고 있었다. ⓕ그런데 그 중에 한
어린이가 겨우 13살이고 이름을 너넷고불신이라고 하는 자가 홀로 서
양나라 땅에 있을 때, 박연이 살던 근처 사람이었다. 박연이 자기 친족
에 대해 물었더니, 대답하기를 살고 있던 집은 부서져 옛 터엔 풀이

가득하고 그의 아저씨는 돌아가셨지만, 다만, 친족은 있다고 하였다. 박연이 더욱 비통함을 이기지 못해 하였다. 박연이 또 묻기를 "너희들의 의복제도가 어찌 옛날과 다른가" 하니 답하기를, "그대가 떠난 뒤 세월이 이미 오래되었고, 의복제도와 범사가 모두 옛날 것이 아닙니다." 하였다. ⑧또 묻기를 "너희들이 가지고 있는 것이 어떤 물건이고 장차 어디로 가려는가" 하니, 대답하기를 "사탕, 후추, 목향 등의 물건을 구해가지고 도안도(타이완)에 가서 사슴가죽을 사다가 중원에 가서 팔고, 그러고는 일본에 가서 장차 목향으로 왜물건을 사려고 합니다. 바다 한 가운데서 갑자기 악풍을 만나 표류하다가 이곳에 이르러 부서졌다. 고향을 떠난지 이미 5년이 되었는데, 고향 땅으로 돌아갈 때가 되었다. 매일 밤 하느님께 빌고 있는데, ⓗ만약 정말로 우리들을 살려서 일본에 보내준다면, 곧 우리나라의 상선이 반드시 많이 來泊해 올 것이다. 때문에 이 편에 살아 돌아갈 수 있을 것이다."고 하였다. 박연이 말하기를, ⓘ"일본이 시장을 열어 놓은 곳은 오직 나가사키[長崎]뿐이다. 그러나, 교역하는 일은 이전과 달라 타국의 상선이 하륙하는 것을 허락하지 않아 선상에서 서로 거래하는데, 그 나라 사람이라도 타국에 왕래하는 자는 반드시 죽인다. 하물며 너희들 타국인은 어찌하겠는가. 나와 같이 서울로 올라가 都監의 포수로 입속하는 것만 못하리라. 즉, 옷과 먹을 것에 여유가 있고, 몸이 안전하여 무사할 것이다."고 하였다. 표류한 만인 등이 이 말을 듣고 나서부터 고향 땅으로 돌아가는 것에 절망하고, 자못 함께 일하자는 감언을 믿었다. ○만인들은 먼저 이름을 말하고 그 다음에 성을 말했다. 글자를 쓰려면 세로의 왼쪽에서 오른쪽 방향으로 써갔다. 글자 모양은 마치 언문 같은데, 어찌나 비스듬히 흘려 쓰는지 깨우칠 수가 없었다. 생긴 모양은 눈동자가 파랗고, 콧마루가 높고, 피부는 어린 사람은 희고, 장성한 사람은 황백색이었다. 머리털은 황적색인데 자른 나머지가 앞에는 눈썹까지 드리웠고, 뒤에는 어께까지 드리웠는데, 간혹 전부 깎은 자도 있었으며, 혹은 구레나룻은 자르고 콧수염은 남겨둔 자도 있었다. 키는 커서 8, 9척이었다. 남에게 예를 할 때는 모자는 벗고 신발도 벗어 양손을 땅에 짚고 길게 꿇어 앉아 머리를 숙였다. 모자는 바로 전립이었다. ⓙ소위 그들의 우두머리인 힌듁얌신이라는 자는 技舵工(항해사)으로 날씨를 헤아리고 방위를 분별하는데 능하였다. ○박연이 거느리고 가서 육지로 나갔는데, 호남의 兵水營에 분속시키고 인접토록 하여 안주시켰다. ⓚ그들 병기인 대·중·소포 등의 물건은 모두 本州(제주목)의 무기고에 유치하였다.12)

---

12) 「西洋國漂人記」(『地瀛錄』).

時牧使李元鎭判官盧錠大靜縣監權克中

癸巳七月二十四日, 西洋國蠻人힌듸얌신等六十四名, 同乘一船致敗于大靜縣地方遮歸鎭下大也水沿邊, 渰死者二十六名, 病死者二名, 生存者三十六名, 所着衣, 黑白赤三色相雜, 聚首相向, 或踞或立, 以書問之, 則畵十字三」以零數六, 仍叩其胸, 且畵十字二零數六, 仍作合眼傾倒之狀, 形容怪異, 衣裳殊制, 雖不通言語, 而自叩其胸者, 意是生者之數, 合眼傾倒者, 死者之數, 照驗其生死之數, 則果然矣, 漢倭譯及琉球國漂海還來者, 皆不通語, 無路問情, 疑是南蠻西洋等國人, 以此啓聞, 則下送南蠻漂來人朴延, 以諺書及譯問答, 別紙馳啓, ○朴延與漂蠻三人, 初頭相接, 良久孰視曰, 與我如兄弟之人也, 因爲相語, 悲泣不已, 朴延亦泣, 翌日朴延, 盡招蠻人, 使之各言其所居地名, 則皆居南蠻地, 而其中一童子, 年纔十三, 名曰너넷고불신者, 獨在西洋國地, 朴延所居近處人也, 延問其族屬, 則答曰, 所居家破, 草滿舊基, 其叔已死, 只有族屬云, 延尤不勝悲痛, 延又問曰, 汝等衣服制度, 何異於古耶, 答曰, 君出來後, 歲月已久, 衣制凡事, 皆非古矣, 延又問, 汝等所持何物, 而將向何地耶, 答曰, 持得沙糖胡椒木香等物, 往道安島, 貿得鹿皮, 往賣於中原, 因向日本, 將以木香貿販倭貨矣, 洋中猝遇惡風漂敗至此, 離鄕已五年, 還故故土, 日夜祝天君, 若欲生我等, 送于日本, 則我國商船, 必多來泊, 因此便可以生還矣, 延曰, 日本開市處, 惟長崎, 而交易之事, 異於前日, 他國商船, 不許下陸, 船上互市, 至於其國人, 往來他國者必殺, 況汝等他國人乎, 莫如與我同上京師, 入屬都監砲手, 則衣食有餘, 身安無事也, 漂蠻等, 自聞此言, 絶望還土, 頗信同事之甘言, ○蠻人先言名, 而後言姓, 書字, 則從左向右橫書, 而字樣如諺文, 胡斜未曉, 形容, 則目瞳碧, 鼻準高, 肌膚, 少者白, 壯者黃白, 頭髮黃赤, 剪餘, 前垂眉, 後垂肩, 或有全削者, 或有剪髻, 而留髭者, 身長八九尺, 禮人去冠去履, 兩手據地, 長跪而垂頭, 冠卽羊毛氈笠, 所謂居首힌듸얌신者, 技舵工, 能量天日辨方位, ○朴延領去出陸, 分屬湖南兵水營安接, 其兵器大中小砲等物, 皆留置本州武庫.

<사료 4>

제주목사 李元鎭이 치계하여 말하기를, "ⓐ배 한 척이 제주의 남쪽에서 부서져 해안에서 멈추었기에 대정현감 권극중과 판관 노정으로 하여금 병사를 이끌고 가서 보게 하였더니, 어느 나라 사람인지 모르지만, 배가 바다 가운데에서 전복되어 생존자가 38명이며, 말이 통하지 않고 문자 또한 다르다. 배 안에는 약재·녹비 따위 물건을 많이 실었는데 목향 94포, 용뇌 4항아리, 녹비가 2만 7천이었다. 파란 눈에 코가 높고 노란 머리에 수염이 짧았는데, 혹 구레나룻은 깎고 콧수염을 남긴 자도 있다. 그 옷은 길어서 넓적다리까지 내려오고 옷자락이 넷으로 갈라졌으며 옷깃 옆과 소매 밑에 다 이어 묶는 끈이 있었으며 바지는 주름이 잡혀 치마 같았다 ⓑ왜어를 아는 자를 시켜 묻기를 '너희는 서양의 그리스도교인가?' 하니, 다들 '야야(耶耶)' 하였고, 우리나라를 가리켜 물으니 고려라 하고, 본도를 가리켜 물으니 오질도라 하고, 중원을 가리켜 물으니 혹 대명(大明)이라고도 하고 대방(大邦)이라고도 하였으며, 서북을 가리켜 물으니 달단이라 하고, 정동(正東)을 가리켜 물으니 일본이라고도 하고 낭가삭기(郞可朔其)라고도 하였는데, 이어서 가려는 곳을 물으니 낭가삭기라 하였습니다." 하였다. ⓒ이에 조정에서는 서울로 상경시키라고 명하였다. 전에 남만인 박연이라는 자가 보고 "과연 만인이다." 하였으므로 드디어 禁旅(훈련도감)에 편입하였는데, 대개 그 사람들은 화포를 잘 다루었다. 혹은 퉁소를 부는 자가 있었고, 혹은 발을 흔들며 춤을 추는 자가 있었다.13)

---

13) 『孝宗實錄』, 孝宗 4년 8월 무진(6일)조. "濟州牧使李元鎭馳啓曰, 有舡一隻, 敗於州南, 閣於海岸, 使大靜懸監權克中判官盧錠, 領兵往視之, 則不知何國人, 而船覆海中, 生存者三十八人, 語音不通, 文字亦異, 船中多載藥財鹿皮等物, 木香九十四包, 龍腦四缸, 鹿皮二万七千, 碧眼高鼻, 黃髮短鬚, 或有剪髻留髭者, 其衣則長及髀而四玉, 衿旁袖低, 俱有連紐, 不服則襞積而似裳, 使解倭語者問之曰, 爾是西洋吉利是段者乎, 衆皆曰耶耶, 指我國而問之, 則云高麗, 指本島而問之, 則云吾叱島, 指中原而問之, 則或稱大明, 或稱大邦, 指西北而問之, 則云韃靼, 指正東而問之, 則云日本, 或云郎可朔其, 仍問其所欲往之地, 則云郎可朔其云, 於是, 朝廷命上送于京師, 前來南蠻人朴燕見之曰, 果是蠻人, 遂編之禁旅, 蓋其人善火炮, 或有以鼻吹簫者, 或有以搖足以舞者"

2. 표착 초기의 처리와 박연의 파견

우선, <사료 3>(『地瀛錄』)과 <사료 4>(『孝宗實錄』)로부터는 지금까지 알려지지 않은 하멜 일행이 제주에 표착할 당시의 많은 상황 등을 파악할 수 있다. 여기에서 그 내용을 세 가지로 나누면, 첫째로 박연을 제주에 파견하기 이전의 상황, 둘째로 박연에 의한 하멜 일행의 조사내용, 셋째로 박연과 하멜 일행 사이에 벌어진 일본으로의 송환교섭과 이송결정이다.

첫째, 박연을 제주로 파견하기 이전의 상황은 다음과 같다.

①<사료 4>의 밑줄 ⓐ에서 하멜 일행의 표착일은 음력으로 1653년 7월 24일 임을 확인할 수 있다. 양력으로는 1653년 8월 16일이 되며, 『하멜보고서』의 난파 일자와 정확하게 일치한다.

②<사료 4>의 밑줄 ⓐⓑ로서 그들의 정확한 표착 위치를 비롯한 난파의 피해 상황을 알 수 있다. 그러나 <사료 3>에는 생존자가 36명인데, <사료 4>의 밑줄 ⓐ에서는 38명으로 되어 있다. 이것에 대해 『孝宗實錄』의 오기라고 말하는 논자도 있으나,[14] 사실은 정확한 기술이라고 판단된다. 왜냐하면, 밑줄 ⓑ에서 알 수 있는 바와 같이, 표착 직후 사망했으리라 추정되는 2명의 병사자가 있었기 때문이다.

한편, 참고사항이지만, <사료 3>『地瀛錄』의 밑줄 ⓐ에 보이는 '힌듹얌신'에 대해서 『知瀛錄』의 역자 金益洙는 헨드릭 하멜이라고 보고 있으나,[15] 이것 또한 잘못 인식한 결과이다. 하멜의 임무는 서기이며, 밑줄

---

14) 강준식, 『우리는 코레아의 광대였다』(웅진출판, 1995), 22쪽.

15) 金益洙 역, 『知瀛錄』, 91쪽. 더군다나 헨드릭 하멜의 이름을 'Hendrik. Y. Hamel'이라고 했으며, 출생연도에 대해서는 1632년이라고 했으나, 그의 이름은 『하멜보고서』 필사본에 의하면, 'Hendrick Hamel'이며, 출생연도는 반 호베에 의하면, 1630년이다(H.J van Hove, *Hollanders in Korea*, Het Spectrum BV,

ⓙ에 보이는 바와 같이 항해사가 아니다. 여기서의 '흰듥얌신'은 일등항
해사 헨드릭 양세(Hendrick Janse)가 정확하다. '흰듥얌신'의 발음이 헨드
릭 양세와 거의 비슷하고, 밑줄 ⓙ의 기술, 즉 "소위 그들의 우두머리인
흰듥얌신이라는 자는 技舵工(항해사)으로 날씨를 헤아리고 방위를 분별
하는데 능하였다."는 기록이 보이고 있어 '흰듥얌신'이 항해사였다는 것
을 알 수 있다.『하멜보고서』필사본16)과 후팅크판17)에는 1655년 서울에
서의 거류지를 탈출하여 귀국하는 청국 사신 앞에서 본국송환을 요청하
는 소동을 일으킨 두 사람에 대해 "암스테르담 출신인 일등항해사 헨드
릭 얀스와 할렘 출신의 헨드릭 얀스 보스(opperstuijrman18) Hendrik Janse
van Amsterdam ende Hendrik Janse Bos van Haerlem)"라고 기록되어 있다.
여기서 헨드릭 양세가 조선인에게 하멜 일행의 '居首', 즉 우두머리로 인
식되고 있는 것은 그들이 제주에 난파했을 당시 선장이 사망하였기에
그가 일등항해사로서 일행의 대표가 된 것이다.19) 그는 위에 보이는 탈

1989, p.122). 한편, 'Hendrik. Y. Hamel'의 'Y' 명에 대한 근거는 제시하고 있
지 않다.

16) Dagregister gehouden bij de gesalveerde persoonen van't verongeluckte jacht de
Sperwer, van't gepasseerde en bun wedervaren in't rijck van Core, sedert den 18. Aug.
1653 tot 14. Sept. 1666. 상세 서지사항은 참고문헌 참조.

17) B. Hoetink, p.25.

18) 'opperstuijrman'이라는 단어는 현재의 'steersman'으로 舵手·항해사 등을 의미
하며, 여기에 'opper'가 붙어 제일 직위가 높은 항해사를 나타내고 있다.

19) 참고로 成海應의『研經齋全集』(筆記類, 西洋舶조)에는 "각자 이름과 나이를
써보라고 하여 이를 언문으로 옮겨 보니, 우두머리는 白鷄였다[使之各書名
字年歲, 而以諺爲首者白鷄也]."는 기록이 보이고 있다. 즉, 하멜 일행의 우두
머리를 '白鷄'라고 부른 것인데, '白鷄'는 한글 뜻으로 '흰닭'이며, '흰닭'은
『地瀛錄』의 일등항해사 헨드릭 양세의 한글 음 '흰듥얌신'의 '흰듥'이다. 다
시 말하면 '白鷄'는 일등항해사 양세이다. 이에 대해서 강준식은『研經齋全
集』의 '白鷄'에 대해서는 알 수 없다고 했으며(『우리는 코레아의 광대였다』,
웅진출판, 1995, 44쪽), 金良善은 '白鷄'가 헨드릭 하멜이라고 주장하고 있으

출사건으로 인해 붙잡혀 감옥에서 사망하였다.[20]

③표착 당시의 통역 사정과 조정에 대한 보고이다. 서양 異國人들이 제주에 표착해 오자 이들에 대한 조사를 진행시키나, <사료 3>의 밑줄 ⓒ에 보이는 바와 같이 중국어·일본어 통사 및 琉球에 표류했다가 돌아온 자도 말이 통하지 않아 조사를 진행시킬 수 없었으며, 생김새가 남만인(서양인)이라는 의심이 들어 조정에 보고를 하여 박연이 파견되고 있다는 점이다. 하지만, <사료 4>의 ⓑ에 따르면 일본어를 아는 자를 통해 어느 정도 의사소통이 이루어지고 있었음을 알 수 있다. 즉, 그리스도인가라는 질문에 '야야(耶耶)'라고 대답하고 있는데, 이것은 네덜란드어로 'jaja(발음은 야야)'이며, 'Yes, Yes'를 의미한다. 즉, 하멜 일행은 자신들이 그리스도임을 표명했으나, 조선 측은 그것을 이해하지 못했던 것이다. 또, <사료 5>의 밑줄 ⓑ의 기록을 통해 하멜 일행의 목적지가 낭가삭기(郎可朔其), 즉 나가사키[長崎]임이 밝혀졌으나, 당시 조정에서 명확히 나가사키에 대한 인식이 있었는지 없었는지는 이 사료로 확인할 수 없지만, 분명한 것은 목적지가 일본이었다는 것은 확인하고 있었다.

둘째, 박연이 제주도에 파견된 이후의 상황과 박연에 의한 하멜 일행의 조사 내용이다.

①우선, <사료 3>의 ⓓ에서 박연이 제주도에 파견되어 하멜 일행의 3명과 대면한 후, 그들이 같은 네덜란드인이라는 것이 확인되었다. 참고로 『하멜보고서』에도 박연과 하멜 일행이 대면한 모습이 간단히 기록되어 있는데, 그것에 의하면 박연이 하멜 일행과 대면한 시기는 1653년 9월 9일(10/29)이다.

②박연을 통해서 하멜 일행에 대한 조사가 시작된 것은 <사료 18>의

나, 이는 잘못된 것이다(「仁·孝·兩朝 蘭人의 漂到와 韓·中·日 三國의 外交關係」, 『鄕土서울』 30, 1967, 48쪽).
[20] 『孝宗實錄』, 孝宗 6년 4월 기묘(25일)조.

ⓔ의 "다음 날 박연은 만인들을 모두 불러 자기가 살고 있던 지명을 각각 말하게 하였는데, 모두가 남만 땅에 살고 있었다."라는 기술로 알 수 있듯이 박연과 하멜 일행이 처음으로 대면한 다음 날인 9월 10일이었다. 이 조사에 의해 전원이 네덜란드인이라는 것이 확인되었다. 그런데, 일행 중에 불과 13세의 너넷고불신(Denijs Govertszen)이라는 아이는 네덜란드에서 박연이 거주하고 있던 곳의 가까운 곳에 살았기 때문에 박연은 자신의 친족에 대해서 물었다(밑줄 ⓕ). 그러나 집은 부서졌으며, 아저씨는 이미 사망하였고, 다만 친족만이 살아있다는 소식을 듣고 비통해 했다는 것이다.

③하멜 일행은 사탕·후추·목향 등을 가지고 道安島(타이완)에 가서 그곳에서 녹피를 구입해 중국에다 팔고 있으며, 후에는 일본에 가서 목향으로 倭貨(일본 은)를 교환하는 장사를 할 예정이었는데, 도중 악풍에 만나 조선에 표착하였다는 경위가 밝혀졌다(밑선 ⓖ). 다시 말하면 하멜 일행은 동아시아 해역에서 중개무역을 하고 있었으며, 일본으로 향하던 도중에 표착한 것을 조선도 인지하고 있었다.

셋째, 박연이 파견 된 후 하멜 일행과의 사이에 벌어진 하멜 일행의 송환 교섭내용과 일행에 대한 서울 이송결정이다.

①박연과 하멜 일행의 송환교섭에는 재미있는 사실을 발견할 수 있다. 즉, 하멜 일행이 자신들을 살려서 일본에 보내주면, 곧 네덜란드의 많은 상선이 조선에 올 것이기 때문에 박연도 그 편에 돌아갈 수 있을 것이라고, 일본으로의 송환요청을 한 것이다(<사료 3> ⓗ). 그러나 박연은 단호했다. 그는 일본에 열린 곳은 나가사키[長崎]뿐이며, 교역이 전과 달라 타국의 상선이 상륙하는 것을 금지하고, 자국인이라도 타국과 왕래하는 자는 죽인다고 하며 적극적으로 하멜 일행의 송환요청을 만류하고 있다(<사료 3> ⓘ). 이전에 자신도 仁祖를 비롯한 고관과 대면했을 때, 일본으로의 송환을 요청하고 있었지만, "네가 새라면 그곳에 날아갈 수

있겠지만, 우리들은 외국인을 우리나라 밖으로 내보내지 않기 때문에 너는 식량과 의복을 받아 이 나라에서 일생을 보내지 않으면 안 된다.”(『하멜보고서』)는 답변을 듣고 있었기 때문에 스스로의 경험으로부터 하멜 일행의 일본송환을 간곡히 만류하였다는 추측도 든다.

더욱이 자신과 함께 서울로 올라가 훈련도감의 포수로 입속하여 衣食에 걱정 없이 몸을 안전하게 하느니만 못하다고 하며 그들을 오히려 감언으로 회유하였던 것이다. 박연이 조선에 표착한 후 조선정부에 의해 어느 정도 대접을 받고 있었는지 가늠케 해주는 부분인데, 아무튼 하멜 일행은 박연의 이러한 회유에 어쩔 수 없이 동의할 수밖에 없었다. 박연은 하멜 일행이 자신과 같은 네덜란드인들이기는 했지만, 이미 조선인으로서, 또 조선의 관리로서 서양 異國人에 대한 표착 처리를 행하고 있던 것이다.

②하멜 일행에 대한 서울로의 이송 결정에 대한 부분이다. 박연을 통해서 심문한 내용들은 조정에 보고되어 그들의 처리에 대한 조정의 지시를 기다리게 되었다. <사료 4>의 밑줄ⓒ에는 서울 상경을 명하고 있는데, 잘못 이해를 할 경우, 박연을 파견할 때, 서울로의 이송을 지시한 듯이 보인다. 그러나 실제는 박연을 제주에 파견하고 하멜 일행에 관한 조사보고를 기다렸다가 서울로의 이송을 명령한 것이다. 『하멜보고서』에는 박연이 그들에 대해 심문하고 그 상세한 내용이 신중하게 작성되어 조정에 보고되고 있었다고 기록하고 있으며, 1654년 4월 중순경(『하멜보고서』에는 5월 말)에 국왕의 답서를 기다려 서울로의 이송이 결정되었다고 기록되어 있기 때문이다. 이로써 4월 중순경에 제주에 서울로의 이송 결정이 내려왔다는 것을 알 수 있는데, 그렇다면 중앙의 조정에서는 언제, 어떠한 이유로 하멜 일행의 서울 이송 결정을 내렸던 것인가, 다음 절에서 살펴보도록 하겠다.

3. 이송 결정에 대한 논의

하멜 일행이 제주도에 표착했을 당시의 제주목사 李元鎭은 하멜 일행의 표착 후 얼마 지나지 않아 목사의 임기를 마쳤고, 곧이어 중앙의 우승지가 되었다. 그는 제주목사 재임기간 중에 하멜 일행에 대해 우호적인 접대를 행하였는데, 조정으로 관직을 옮긴 후에도 그들의 구제문제에 대해서도 깊은 관심을 보이고 있었다. 그 기록은 『備邊司謄錄』의 다음의 기사에 보이고 있는데, 더더욱 중요한 것은 이 기사가 하멜 일행의 서울 이송 처리를 결정한 시기와 이송 이유를 명확히 알려주고 있다는 점이다.

<사료 5>
이번 달 23일 인견할 때, ⓐ우승지 李元鎭이 아뢰기를, "서양국 사람을 구제하여 살리는 것에 대해, 대신이 입시할 때 다시 품달하여 처리하라고 전교하셨습니다. 오늘 대신이 입시하였으니 상의하여 그것을 처리함이 어떻겠습니까." 하니, ⓑ상이 이르기를, "만인의 표류하여 이르렀으니, 비록 귀순해 온 것이 아니다 하더라도, 또한 마땅히 살릴 수 있는(濟活)의 길이 있을 것이다. ⓒ들자니 島中(제주도)에 기근이 들어 살아갈 도리가 매우 어렵다고 하니, 어찌해야 하겠는가." 하였다. 영의정 鄭太和가 아뢰기를, "관가의 곡식으로 먹이는 것을 계속하기 어려운 형세이니 육지로 거느리고 와서 생계를 꾸려가게 하는 것이 또한 무방할 듯합니다." 하였다. ⓓ상이 이르기를, "京城(서울)으로 거느리고 와서 訓局(훈련도감)에 이름을 예속시켜 편하게 살도록 하는 것이 좋겠다."고 하였다. ⓔ영의정 鄭太和가 아뢰기를, "그들의 物貨는 오는 배편에 부쳐 싣게 하고, 그들은 육지로 거느리고 오게 하지만, 지나치는 각 관에서 먹을 양식을 제공케 하는 것은 어떻겠습니까." 하니, 상이 아뢰기를, 그대로 하라고 하였다.[21]

---

21) 『備邊司謄錄』, 孝宗 5년 2월 24일조.

앞에서 알 수 있는 바와 같이, 우승지가 된 李元鎭은 하멜 일행의 구제문제를 조정에서 다시 논의할 것을 진언하였는데(밑줄 ⓐ), 孝宗은 그들이 귀순해온 것은 아니지만, 살릴 수 있는 길이 있을 것이라는 의향을 표명했다(밑줄 ⓑ). 동시에 제주의 기근을 이유로 그들에 대한 처리를 조신들에게 묻고 있었는데, 영의정 鄭太和는 제주의 관곡으로 그들을 먹이기 힘드니 서울로 상경시키는 것도 무방하다고 하자(밑줄 ⓒ), 孝宗도 훈련도감에 예속시켜 편히 살게 하는 것이 좋겠다는 결정을 내리게 되었다(밑줄 ⓓ). 또한 계속된 鄭太和의 진언에 의해 하멜 일행의 물화(스페르붸르호의 선적물)는 배편을 이용해 옮길 것, 일행의 이송 중에 양식 제공 등이 결정되었다.

다시 말하면, 하멜 일행이 표착하고 나서 약 7개월 정도가 지난 1654년 2월 24일에 최종적으로 그들에 대한 처리가 결정된 것이다. 그것은 서울로의 상경과 훈련도감 배속이라는 결정인데, 그러한 결정을 내린 중요한 이유는 어디에 있을까. 바로 이국에서 난파를 당해 어쩔 수 없는 고난을 겪고 있는 표류민에 대한 인도주의적인 구제 조치를 조선정부가 취하고 있었기 때문이다. 때문에 孝宗은 그들에게 '살릴 수 있는 길[濟活之道]'이 있을 것이라 했고, 제주의 기근까지 염려하여 서울로 상경시키려 했으며, 나아가 훈련도감에 배속시켜 편안한 생활을 부여해 주고자 했던 것이다. 그 이전에 표착했던 馬里伊를 포함해, 조안 멘데스, 박연 등도 마찬가지이며, 하멜 일행의 표착 또한 인도주의적인 입장에서 처리되고 있었다는 것은 조선의 서양 異國人에 대한 기본적인 성격을 다른 무엇보다도 극명하게 보여주는 한 사례라고 할 수 있다.

한편, 하멜 일행의 서울 상경과 훈련도감에의 배속이라는 결정이 2월 24일 조정에서 매듭지어지자, 이들에 대한 서울 이송을 제주에 지시하게 되는데, 주지한 바와 같이 『하멜보고서』에는 이 지시가 1654년 4월 중순경(『하멜보고서』에는 5월 말)에 도착한 것으로 기록되어 있다. 거기서 일행은 6~7일이 지난 후, 4척의 선박에 분승하여 제주를 출발하려고 했으나, 격심한 태풍으로 출항은 연기되고, 4~5일이 더 지나서야 서울로 출발했던 것이다. 결국, 제주를 출발한 것은 4월 말 경이었다.

『하멜보고서』에 의하면, 이들은 아침에 출발했는데, 제주도를 떠날 당시 선박에 묶인 채 육지로 출항했으며, 저녁 무렵 전라남도 해남에 가까운 곳에 도착하여 선박에서 지내고, 그 다음날 아침에 하선하여 말을 타고 해남으로 이동한 것으로 되어 있다. 다만, 이들을 태운 선박들이 각기 다른 장소에 도착했었기 때문에 저녁에서야 다시 36명 전원이 만날 수 있었다.

Ⅳ. 스페르붸르호의 화물 처리와
하멜 일행의 상경

1. 스페르붸르호의 화물 품목

하멜 일행의 서울 이송이 결정된 것은 이미 언급한 바이나, 그들이 승선하고 있던 스페르붸르호의 화물은 어떻게 처리되고 있었을까. 우선 스페르붸르호의 화물에 관한 기록으로는 제주목사 李元鎭의 보고, 成海應의 『研經齋全集』이 있다. 李元鎭의 보고는 전술한 <사료 4>의 『孝宗實錄』에 수록된 내용으로 "배 안에는 약재·녹비 따위 물건을 많이 실었는데 목향 94포, 용뇌 4항아리, 녹비가 2만 7천이었다."고 기록하고 있으며, 『研經齋全集』의 기사에는 선적된 물건들이 50여 종에 이르고 있음을 명기하고 있다.22) 한편, 타이완 장관이 바타비아 총독에게 보낸 보고서에

의하면, 일부 품목에 대한 정확한 수치까지 기재되어 있는데, 이를 정리
해 보면 다음의 <표 5>와 같다.

〈표 5〉 스페르붸르호의 화물품목 비교표(승무원 일용품 포함)

화물품목	『바타비아 상관일기』	『孝宗實錄』	『研經齋全集』	화물비교환산량
목향 poetsjoek	20,007 Catties	94포		『孝宗實錄』환산량 94×200=18,800근
명반 aluijn	20,037 Catties			소실
영양가죽 elantshuijden	3,000			『바타비아
대만록피 Taijouanse hertevellen	19,952	27,000매		상관일기』의 가죽 합계=26,030
산양가죽 steenbocx vellekens	3,078			3,000+19,952+3,078 =26,030매
설탕 poeijersuijcker	92,000 Catties			
용뇌		4 항아리	수십 근	
일본은			600 냥	
琉璃漏			1 架	
測呇圓器			수량 ×	
測呇尺			수량 ×	
천리경			수량 ×	
琉璃鏡			수량 ×	
운모창 그릇			수량 ×	

22) 『研經齋全集』 券56, 筆記類 西洋舶조, "船中物, 凡五十余種, 頗有異貨奇器,
龍腦數十斤, 倭銀六百兩, 琉璃漏一架, 南瓶接口, 中有流沙, 測呇圓器, 以熟銅
懸環之樞, 活動轉移, 能左右前後, 準中國制少差, 又有測呇尺, 千里鏡, 琉璃鏡,
雲母牕器皿, 多用銅錫白金, 兵器皆輪武庫, 鳥銃以周尺, 尺之, 長五尺七寸, 圍
六寸, 梢四寸, 口徑一寸, 耳廣一寸五分, 耳有蓋有障, 共爲一樞, 皆可離合, 火
機向內而点鐵, 標之在梢者, 小如菜充, 在本者中割橫鐵, 從割痕而闖之, 共制
甚巧, 而今無粧筒, 不可攷, 長劍似倭製, 槍幹不知何木, 而輕靭不折, 庫藏五十
余年, 亦不蠹損, 收其粧船鐵, 至万余斤"

기혈		수량 ×	
장검		수량 ×	
대포		수량 ×	
조총		수량 ×	
스페르붸르호 잔해철		1만 근	

* Catty라는 단위는 약 1근으로 계산. 환산량은 레드야드의 2백 근을 1포로 가정한 수치이다(Gari Ledyard, pp.21-22).
* '수량×'→품목은 있으나, 수량이 없음을 표시.
* 빈칸은 품목이 기록되어 있지 않음을 표시.

  <표 5>에 보이는 바와 같이『바타비아 상관일기』에는『孝宗實錄』보다 정확한 품목이나 수량이 기재되어 있다. 다만,『바타비아 상관일기』의 품목에는 용뇌가 빠져 있는데, 용뇌는 열대성의 목향으로 약으로 사용되고 있었기 때문에『孝宗實錄』에서는 품목을 나누어 기록한 것일 것이다. 위의 표에서『바타비아 상관일기』와『孝宗實錄』화물품 기록들에 대해서는 레드야드가 이미 언급하고 있으므로 그의 연구[23]를 토대로 간단히 정리해둔 다음『研經齋全集』의 기술에 대해 검토해보도록 하겠다.
  우선『孝宗實錄』에는 명반과 설탕이 기재되지 않지만, 이것은 스페르붸르호가 난파했을 당시 사고로 인한 손실이라고 한다. 또『孝宗實錄』의 녹피의 수량이 많은 것은『바타비아 상관일기』에 기록되어 있는 영양가죽·대만록피·산양가죽을 녹피로 분류했기 때문이다. 실제, <표 5>의 '화물비교환산량'을 보면, 녹피의 합계는 원래 26,030매로『孝宗實錄』의 27,000매와 별다른 차이가 없음을 알 수 있다. 스페르붸르호의 선적 화물은 당시 네덜란드 화폐단위로 약 38,819프로렌(Florijn)[24]이며, 상당한 양이었다고 추측되어 지고 있다.

---

23) Gari Ledyard, pp.21-22.
24) B. Hoetink, pp.97-98. 원문에는 'f 38819:14:15'라고 기록되어 있다.

한편, 『研經齋全集』에는 '배안의 물건 모두 50여 종(船中物, 凡五十餘種)'[25]이라는 기술이 보이고 있는데, <표 5>에 보이듯이 13개 품목 이외에는 기술이 보이고 있지 않아 일부 품목은 기록이 안 되어 있음을 알 수 있다. 아마도 대부분은 스페르붸르호 승무원의 필수품 내지 일용품일 것이다. 또한 "병기는 모두 무기고로 수송되었다. 주나라의 자로 조총을 재어 보니, 길이가 5척 6촌, 본체의 둘레가 끝이 4촌, 구경이 1촌, 귀의 넓이가 1촌 5분이었다. 방아쇠에는 덮개가 있고, 가리개가 있어 하나의 장치를 이루며, 離合이 가능하여 불을 내는 기계는 안으로 움직여 철을 때린다."[26]는 상세한 기록으로부터 서양병기가 있었다는 것을 확인할 수 있다. 이외에는 『研經齋全集』에는 蠻人, 즉 하멜 일행의 다재다능한 능력에 대해 기술하며, 그들의 대포 장비에 대한 언급도 상세히 기록되어 있다. 李德懋, 柳得恭, 朴齊家 등의 북학파 인사들과의 교류를 가지고 있던 저자 成海應의 실학적인 면모도 파악할 수 있는 부분이다. 이와 관련하여 중요한 점은 하멜 일행이 표착한 1653년은 孝宗의 '북벌정책'이 추진되고 있었던 시기이며, 그들이 소지하고 있었던 서양의 신식병기들이 군사력 강화를 위한 병기개발 시에 이용되고 있었다는 점인데 이에 대해서는 제3장에서 고찰해 보도록 하겠다.

한편, 강준식은 스페르붸르호의 화물에 대해 언급하면서 李德懋의 「兵志備倭論」의 기사를 근거로 스페르붸르호 선체의 크기까지를 추측하고 있다. 그러나 그 해석에 커다란 오류가 있어 여기에 지적해 두고 넘어가겠다. 「兵志備倭論」에서 관련된 부분의 내용은 다음의 <사료 6>과 같다.

---

25) 주 22)번 참조.
26) 『研經齋全集』 권56, 筆記類 西洋舶조. "兵器皆輪武庫, 鳥銃以周尺, 尺之, 長五尺七寸, 圍本六寸, 梢四寸, 口徑一寸, 耳廣一寸五分, 耳有蓋有障, 共爲一樞, 皆可離合, 火機向內而点鐵"

<사료 6>

ⓐ근래에 동래에 사는 사람도 전에 표류하여 蝦夷(北海道)에 도착했다가 돌아왔는데, 蝦夷의 경계는 우리나라 北關과 서로 가까우니 변방을 맡은 신하는 알아두지 않을 수 없고, ⓑ阿蘭陀와 같은 지역에 대해서도 비록 우리나라와 인접해 있지는 않으나 또한 뜻밖의 사변을 생각지 않아서는 안 된다. 일명 하란(荷蘭)이라 부르며, 일명은 홍이(紅夷)요, 또한 홍모(紅毛)라고도 하는데 그들은 서남해(西南海) 가운데에 있어서 일본과의 거리가 1만 2천 9백리며 그 지방은 佛郎機와 가깝다. 깊은 눈, 긴 코에 수염과 머리는 모두 붉으며 발은 한 자 두 치인데, 항상 한 쪽 다리를 들고 오줌을 누는 것이 개와 같다. 그리고 서양의 야소교(그리스도교)를 믿는다. ⓒ그들이 믿는 것은 큰 배와 대포인데, 배는 길이가 30장이요, 폭이 6장, 두께가 2척이며, 5개의 돛을 달고, 어떤 것은 8개의 돛을 달았으며, 2장이나 되는 거포를 설치하였다. 그것을 발사하면, 石城을 부술 수 있는 위력을 가진 것으로 세속에서 일컫는 紅夷砲라는 것이 바로 그 제도로서 海中 여러 나라들의 걱정거리가 된다.[27]

강준식은 이 사료의 밑줄 ⓒ부분에 대해 "배가 크고 포가 길다. 배 길이가 30장, 넓이가 6장, 두께가 2척이나 되며, 돛대를 5개 세우고 아마도 8포를 두었다."라는 번역하여 이것은 스페르베르호의 길이와 넓이, 두께가 적혀있는 것이라고 주장하고 있다.[28] 그러나, 이것은 잘못된 번역이며, 왜곡된 해석이다.

---

27) 李德懋 저, 『編書雜稿』권4, 兵志備倭論(『國譯靑莊館全書』, 민족문화추진회, 1980). "近世東萊人, 亦常漂到蝦夷而還, 則蝦夷之境, 奧我北關相近, 籌邊之臣, 不可以不知, 至若阿蘭陀, 雖非我之隣近, 亦不可以不虞, 一名荷蘭, 一名紅夷, 亦曰紅毛, 在西南海中, 距日本一万二千九百里, 其地近仏郎機, 深目長鼻, 鬚髮皆赤, 足長尺二寸, 常擧一足而尿如犬, 習西洋耶蘇之敎, 其所恃惟, 巨舟大礮, 舟長三十丈, 廣六丈, 厚二尺, 樹五桅或八桅, 置二丈巨礮, 發之可洞裂石城, 世所称紅夷礮, 卽其製也, 爲海中諸國之患"

28) 강준식, 앞의 책, 28~30쪽.

앞의 밑줄 ⓐ는 근래에 동래 사람이 홋카이도[北海道]에서 돌아왔는데, 그곳의 경계는 조선의 북방과 가까우니 변방의 신하가 반드시 알아두어야 한다는 것이며, 밑줄 ⓑ는 阿蘭陀, 즉 네덜란드는 우리나라와 가깝지는 않지만, 이변을 염두에 두어야 한다는 것이다. 또, 밑줄 ⓒ에서는 네덜란드 대포의 위력에 대해 말하며, 여러 나라의 근심거리가 되고 있다는 것을 강조하고 있다. 다시 말하면, 저자 李德懋가 위의 글을 쓴 이유는 蝦夷와 네덜란드에 대해 미리 경계해 대비해 두지 않으면 안 된다는 것을 설명하기 위하여 그들의 선박과 대포에 대해 언급하고 있다. 즉, 이 사료에는 스페르베르호에 관한 그 어떤 언급도 없으며, 더군다나 하멜 일행의 선박이라는 특정적인 근거도 보이지 않고 있다. 따라서 여기에 보이는 선박의 크기는 네덜란드 선박의 일반적인 크기를 가늠하는 참고자료에 지나지 않는다는 것이며, 스페르베르호의 크기를 언급한 것으로는 볼 수 없다.

게다가 강준식이 인용한 상기의 사료의 원문은 원문 그 자체에 오류가 보이고 있다.[29] 그는 '樹五桅或八咆'라고 하여 "돛대를 5개를 세우고 어떤 것은 8포를 두었다."고 번역하고 있으나, 원문은 '樹五桅或八桅'이며, 그 해석은 "5개의 돛을 달고, 어떤 것은 8개의 돛을 달았다."가 정확한 것이다. 또, '置二丈巨咆, 發之可涸裂石城'이라고 하여 "2장 거포를 쏘면 돌성을 무너뜨리니"로 번역했으나, 원문은 '置二丈巨礮, 發之可洞裂石城'로 "2장이나 되는 거포를 설치하였다. 그것을 발사하면, 石城을 부술 수 있다."라는 번역이 되어야 한다. 즉, 원문 한자 인용에 오류가 있기도 하지만, 그 해석에서 대포가 8문이 있는 것이 아니라, 돛이 8개가 있었던 것이다.

이러한 번역과 해석상의 오류는 그가 원문 사료를 확인하지 않았던 결과이며, 아마도 『하멜보고서』를 『하멜표류기』라는 명칭으로 번역·출

---

29) 상동.

판하여 처음으로 부록사료를 소개한 이병도 번역서를 그대로 인용했기 때문일 것이다. 왜냐하면, 이병도도 '桅'→'礮', '洞'→'涸'로 잘못 인용하고 있으며,30) 이와 같은 오류는 김창수에게도 보이고 있다.31)

2. 스페르붸르호의 화물 처리

한편, 조정에서는 하멜 일행이 제주에 체재하고 있는 동안, 스페르붸르호의 화물을 어떻게 처리할 것인가에 대해 논의를 벌이고 있었다. 즉, 전술한 <사료 5>(밑줄 ⓔ)에 보이듯이 영의정 鄭太和의 진언에 따라 배편으로 부친 화물이 하멜 일행보다 먼저 서울에 도착했기 때문이다. 우선, 처음으로 화물에 대해 관심을 보인 것은 화물이 이미 도착했다는 소식을 들은 내의원의 관원이다.

> <사료 7>
> 내의원의 관원이 도제조의 뜻으로 아뢰기를, "지금 臘藥을 조제하고 있는데, 용뇌가 품절되어 唐材를 무역하여 납부하지 않은 사람에게 독촉하고 있습니다. 지금 들으니, 제주의 용뇌가 벌써 올라왔다고 합니다. 이를 속히 본원으로 이송하게 하여 화제(和劑)의 소용으로 쓰게 하는 것이 어떻겠습니까?" 하니, 윤허한다고 전교하였다.32)

위 사료에서 보이는 제주의 용뇌에 대해서는 하멜 일행이 표착할 당

---

30) 李丙燾 역, 『하멜漂流記』(一潮閣, 1954), 97쪽.
31) 鄭雲龍/金昌洙 역, 『東方見聞錄·하멜漂流記』(乙酉文化社, 1983), 301쪽.
32) 『備邊司謄錄』, 孝宗 4년 11월 25일. "內医員官員, 以都提調意, 啓曰, 臘藥方爲熟劑, 而龍腦乏絶, 徵責於貿易唐材, 未納之人矣, 今聞濟州龍腦已爲上來云, 亟令移送本院, 以爲亟和劑之用, 何如, 傳曰, 允"

시 스페르붸르호의 화물 품목이며, 이는 하멜 일행의 표착을 보고한 제주목사 李元鎭의 보고서(<사료 4>)에 의해 조정에서도 이미 올라올 것이라는 것을 알고 있었다. 그런데 내의원 관원이 납약을 조제하기 위한 용뇌 부족을 언급하면서 서울에 스페르붸르호의 화물이 도착했다는 소식을 듣고, 그 중의 용뇌에 대한 이용을 신청하고 있다. 이에 대해 孝宗은 사용 허가를 인정하고 있다.

하지만, 스페르붸르호 화물에 대한 이용은 이것만이 아니었다. 다량으로 있었던 녹피도 청국 사신에게의 예물로서 사용되고 있었는데, 이는 다음의 사료로부터 확인할 수 있다.

<사료 8>
호조판서 이시방이 아뢰기를, "ⓐ앞으로 칙사의 행차가 있사오니, 무릇 쵝응할 물건을 미리 알고 조치를 취하고자 하오나, 그 중 녹비가 시중에 동이나, 각처가 나누어 정한 일을 할 수 없습니다. 전에 재결이 있었음에도 일이 이와 같은 형세가 되었으니, 전례에 따라 일을 나누어 정하는 것은 불가할 듯하옵니다." 상이 말하기를, "ⓑ제주목사의 장계를 보니 표류인이 가져온 녹비의 숫자가 많다고 하니 이를 어떻게 처리함이 좋은가." 하니, 영의정 鄭太和가 말하기를, "ⓒ이 녹비는 쓸 수 있는 것을 택해서 교환해 쓰도록 하고, 물건의 가격만큼 사복시가 바치는 둔전 목화로 지급하여, 이로써 그들이 겨울을 날 수 있는 재료로 삼는 것이 실로 타당할 것입니다." 하니 상이 말하기를 "그렇게 하라."고 하였다.[33]

---

33) 『承政院日記』, 孝宗 4년 11월 30일 임술조. "戶曹判書, 李時昉所啓, 前頭似当, 有勅行, 凡策應之物, 慾爲預릀知委措脩而, 其中鹿皮, 市上絶之, 各處勿爲分定事, 前有定奪, 而事勢如此, 依前分定, 似不可已, 上曰, 見濟州枚使狀啓, 則漂流人鹿皮持來之敎多云會何以處之, 領義政鄭太和曰, 此鹿皮擇其可用者換用之, 価物則以司僕寺所納屯田木花題給, 以爲渠等過多之資, 實爲便当矣, 上曰, 依爲之"

즉, <사료 8>의 밑줄 ⓐ에 보이듯이 호조판서가 청국의 사신에게 줄 물건 등을 미리 준비하려고 하였으나, 시중에 녹피가 동이나 그 부족함을 孝宗에게 보고 하였는데, 밑줄 ⓑ에서는 孝宗이 제주목사 李元鎭의 보고(<사료 4>)에 하멜 일행의 화물 중에 녹피가 있음을 떠올려 그 처리를 묻고 있다. 이미 孝宗은 하멜 일행의 녹피에 대한 사용을 염두에 두고 물어보고 있는 것이다. 이에 영의정 鄭太和는 이 녹피를 청국 사신에게 사용하고, 대신에 하멜 일행에게는 그 대가로서 목화를 지급하여 겨울에 대비토록 할 것을 진언하여 윤허를 받고 있다(밑줄 ⓒ). 그런데, 이러한 결정은 조정 내에서 이국 표류민에 대한 처우와 관련하여 다음에 보이는 또 다른 논쟁을 일으킨다.

> <사료 9>
> 승지 徐元履가 상소하기를, "ⓐ제주에 표류해 온 사람이 가진 녹비를 국가에서 값을 주고 사 와서 장차 청국 사신이 요구하는 데에 쓸 것이라고 하는데, 신의 생각에는 먼 곳의 사람을 대우하는 도리가 이러해서는 안 될 듯합니다. ⓑ저 사람들이 우리나라에 표류해 와서 의지하여 머무를 곳이 없어 조정에서 돌보고 회유해 주기만을 바라는데, 이제 이들을 보살피지 않고 문득 서로 매매하여 장사꾼 같이 한다면 어찌 국가의 대체를 손상시키지 않겠습니까." 하니, 묘당에 의논하라고 명하였는데, 의논이 마침내 행해지지 않았다.[34]

즉, 밑줄 ⓐ에 보이듯이 12월 5일에 승지 서원리가 하멜 일행의 녹피를 그들로부터 구입하여 청국 사신에게 사용하는 것에 대해 조선에 온

---

34) 『孝宗實錄』, 孝宗 4년 12월 정묘(5일)조. "承旨, 徐元履上疏, 以爲濟州漂來人所持鹿皮, 自國家給價買來, 將用於淸使之需索云, 臣恐待遠人之道, 不當如是, 彼人等漂來我國, 無所依止, 唯望朝廷軫念懷綏, 今者不此之恤, 而逼相買賣有同商賣, 豈不顧國家之大禮乎, 命議于廟堂, 議竟不行"

먼 곳의 사람, 즉 하멜 일행을 대우하는 도리에 맞지 않는다고 상소한 것이다. 또한 밑줄 ⓑ에서는 하멜 일행과 거래를 하는 것은 장사꾼과 다를 바 없기 때문에 국가의 체면을 손상시키는 것이라고 강한 반대 의견을 제시하고 있었다. 결국 이러한 반대 의견으로 인해 위의 『孝宗實錄』에서는 당시 조정에서도 결론을 내리지 못했다고 기술되어 있다. 하지만, 같은 날 『承政院日記』(<사료 25>)의 기록에 의하면 하멜 일행의 녹피 중에 일부를 서울로 올려 보내라는 지시와 함께 하멜 일행에 대한 녹피의 대가에 대한 결정이 이루어지고 있었다.

<사료 10>
호조에서 아뢰기를, "ⓐ지난 달 30일 주상께서 인견하실 때, 영의정이 계를 올려 말하기를, 제주도의 표류인 물자 가운데 녹비는 선택을 해서 쓸 수 있는 것을 본 호조에서 바꾸어 사용하고, 그 물건의 가격은 사복시가 저축하고 있는 둔전의 목화로 지급하여 그들이 겨울을 나는 자금으로 삼는 것이 타당하다고 주청하니, 주상께서 그 말에 따라 하명하라고 말씀하셨습니다. ⓑ지금 이 녹비 가운데 나라에서 쓸 수 있는 것을 고르면 4, 5백장 정도입니다. 먼저 바르게 말려서 올려 보내라는 뜻을 내려 보냈는데, 제주목사가 있는 곳에서는 이미 그렇게 했습니다. 물건이 올라오는 것을 기다리는 동안 목화의 가격을 의당 알아보겠고, 훼손된 정도를 참작하겠습니다. ⓒ그렇지만 그들이 이 겨울을 맞고 있으니, 면포가 아주 시급합니다. 따라서 이미 사복시의 둔전목화를 지급하라는 지시를 내리고, 표류자 36명에게 각각 포목 4필씩을 지급하되 호남에 마땅히 상납해야 될 포목을 제외하고는 즉시 들여보내 옷감을 만들게 했습니다. 앞으로 녹비 가격이 훼손될 때는 그 숫자를 계산하여 일이 형세오 편의에 따라 주면 될 것입니다. ⓓ전라감사와 제주목사에게 이런 뜻을 급속히 알려 처리하도록 하는 것이 어떠한지요." 하니, 전교하기를, "알았다. 1인당 4필은 적을 듯하고 목화도 많지는 않다."고 하였다.[35]

위의 밑줄 ⓐ의 제주도 표류인이라는 것은 하멜 일행으로 그들의 녹피 사용할 것에 대한 호조의 진언 내용, 즉 전술한 <사료 8>을 재확인하고 있는 것이다. 또, 밑줄 ⓑ에서 알 수 있듯이 녹피 중에서 나라에서 쓸 수 있는 것은 4~5백장 정도이며, 이미 제주목사에게 이것에 대한 上送을 지시하여 그것이 시행되고 있음을 확인할 수 있다. 여기서 나라에서 쓸 수 있다는 것은 바로 청국 사신에게의 예물로서 사용하겠다는 것으로 결국은 하멜 일행의 녹피 중 4~5백장 정도가 조정의 편의대로 사용되고 있었음을 추측할 수 있다.

다만, 무조건 대가없이 사용하는 것이 아니라, 하멜 일행에게는 녹피의 대가로 포목 4필을 지급할 것이 결정되어 호남지역에서 상납할 포목을 제외하고, 나머지 것들 중에서 즉시 하멜 일행에게 옷감을 만들어 줄 것을 호조에서 진언하고 있었다(밑줄 ⓒ). 이러한 것들은 진언 내용은 곧바로 전라감사와 제주목사에게도 알려졌다(밑줄 ⓓ). 한편, 밑줄 ⓓ에 보이듯이 孝宗이 하멜 일행 1인당 4필과 목화의 양이 적은듯하다고 하였지만, 더 많은 양이 지급되었는지에 대해서는 위 사료로 확인할 수 없다. 결과적으로 볼 때, 하멜 일행의 화물의 일부가 본인들의 의향과는 관계없이 조선정부에 의해 이용되고 있었지만, 조선정부는 그 대가에 대해서 확실히 지불하고 있었던 것이다.

---

35) 『承政院日記』, 孝宗 4년 12월 초5일. "戶曹啓曰, 以去月三十日引見時, 領議政所啓, 濟州漂流人物貨中鹿皮, 擇其可用者, 換用於本曹, 而價物則以司僕寺所儲屯田木花題給, 以爲渠等過冬之資, 實爲便當矣. 上曰, 依「爲」之事, 命下矣. 今此鹿皮, 擇其中可合國用者四五百張, 爲先熟正上送之意, 濟州牧使處, 已爲行會, 待其上來, 價本當爲參酌磨鍊, 而但渠輩當此冬月, 衣資最急, 故太僕屯田木花, 已令題給漂流人三十六名, 每人又衣資木各四正式, 除出於湖南應上納價布, 及時上送, 以爲造衣資, 前頭皮物價磨鍊時, 通計此數以給, 事勢便宜, 全南監司及濟州牧使處, 以此意急速行會, 何如. 傳曰, 知道. 每人四正, 似爲略少, 木花亦不多矣"

한편, 전술한 <사료 9>에서 승지 서원리가 하멜 일행에 대한 처리에 대해서 강준식은 "이 상소문은 도리를 강조하는 공자 왈 맹자 왈에 입각해 있고, 한국인이 전통적으로 중시하는 체면의 대의명분에 기초해 있다. 이것이야말로 공담공론에 흐르기 쉬운 조선조 선비들의 전형적인 정신구조의 한 단면을 보여준다. … 상부의 결정이 잘못되었음을 지적하는 이런 류의 고지식한 상소에는 원칙에 입각한 아름다움도 있고, 실질을 도외시한 멍청함도 있다."[36]고 승지 徐元履를 신랄하게 비판하고 있다.

그러나 이러한 주장은 이해하기 어렵다. 徐元履가 孝宗에 진언한 것은 당시 조선이 표착 異國人에 대한 처리로서 일반적으로 취하고 있었던 처우에 의거한 것이었다. 즉, 조선에서 행해지고 있던 동아시아 제국의 표류민에 대한 '송환체제'나 '구조체제'라고 하는 표류민 구조 시스템에 근거한 상소였기 때문이다. 당시, 조선은 중국·일본·유구 등 동아시아 제국의 표류민들에 대해서 구조정책을 실시함과 더불어 본국 송환을 위해 필요한 비용을 제공하고 있었다는 것은 이미 많은 선행연구에서 밝혀지고 있다.[37]

이 徐元履 상소는 조선의 표류민 구조시스템 밖의 네덜란드인이라고 하는 異國人이라 하더라도 그 기본적인 시스템을 적용하려고 했던 것을 의미한다. 물론 하멜 일행의 경우, 조선정부의 구제가 본국 송환을 목적으로 한 것은 아니다. 그것은, 전술한 <사료 5>에서 孝宗이 말한 "만인의 표류하여 이르렀으니, 비록 귀순해 온 것이 아니다 하더라도, 또한 마땅히 살릴 수 있는[濟活] 길이 있을 것이다."라고 말한 내용으로부터도

---

36) 강준식, 앞의 책, 53쪽.
37) 荒野泰典,「近世日本の漂流民送還体制と東アジア」(『歴史學研究』400, 1983).
   『近世日本と東アジア』(東京大學出版會, 1988에 수록). 池內敏, 『近世日本と朝鮮漂流民』(臨川書店, 1998). 李薰, 『朝鮮後期 漂流民 韓日關係』(國學資料院, 2000).

명확하게 확인할 수 있다. 그들의 구제의 문제는 동아시아 '표류민 송환 체제'라고 하는 기본적인 시스템의 토대로부터 출발한 것이다.

필자는 하멜 일행의 구제를 진언했던 것이 강준식이 말한 '실질을 도외시한 멍청함'이라고는 결단코 생각하지 않는다. 徐元履가 하멜 일행에 대한 구제의 중요성을 진언했던 것은 '멍청'했기 때문이 아니라, 이국에서 예기치 못한 재난을 당한 불쌍한 표류민에 대한 조선의 '善意의 조치'였으며, 동아시아 여러 국가들의 '표류민 송환체제' 내지는 '구조체제'와 연동한 최선의 조치였다

3. 하멜 일행의 이송과 체재결정

드디어 1654년 4월 26일을 전후해서 하멜 일행은 4척의 배에 분승하여 제주도를 출발하게 되었다. 하멜 일행은 이날 전라도의 남해안에 도착하였고, 그 날은 배에서 하룻밤을 보냈다. 이튿날 아침 육지에 상륙하여 그 다음날에 말을 타고 海南으로 향해, 그곳에서 일행이 모두 합류했다.

4척의 배가 각각 다른 장소에 도착했음을 알 수 있는데, 이것은 하멜 일행이 탈출하는 만일의 사태에 대비하기 위한 것이었다. 실제, 제주에 체재하고 있었을 당시 일행 중의 6명이 탈출을 시도했지만 실패로 끝난 적도 있다. 『하멜보고서』에 의하면 4척의 배에 분승시켜 제주를 출발할 때에도 그들의 양 다리와 한쪽 팔은 배에 붙들어 매어져 있었다.

그런데, 하멜 일행은 서울까지 어떠한 경로로 이동하고 있었을까. 『하멜보고서』에는 그에 관한 상세한 기록이 있다. 이에 대해서는 이병도나 레드야드, 또 강준식 등의 많은 연구자가 언급해왔다. 그러나 『하멜보고서』의 원문에 나타난 지명의 표기나 이동 거리 등에는 약간 잘못된 부분

들이 보이고 있어 여기에서는 이러한 선행연구의 오류를 지적하면서, 하멜 일행의 서울 도착까지를 살펴보겠다.

〈표 6〉 하멜 일행의 서울까지 이동 경로와 지명

일 수	『하멜보고서』의 기록 내용과 이동 경로 및 지명
1일째	제주 출발, 전라도 남해안에 정박(4월 26일 전후로 추측)
2일째	아침 무렵 육지에 상륙
3일째	아침에 해남을 향해 출발하여 저녁 무렵 해남에 도착
4일째	말을 타고 출발. 저녁에 영암에 도착. 밤에 프르메렌드 출신의 포수 파울루스 얀스 콜이 사망
5일째	아침에 사망한 동료를 매장한 후 말을 타고 출발. 저녁에 나주에 도착
6일째	아침에 출발하여 밤에 장성 도착
7일째	아침에 출발. 매우 높은 산을 넘었는데, 정상에 입안산성이라는 성채가 있었다. 밤에 정읍 도착
8일째	아침에 출발하여 태인에 도착
9일째	아침에 출발하여 정오에 금구에 도착. 저녁에 전주에 도착
10일째	아침에 출발하여 여산에 도착. 전라도의 마지막 도시
11일째	아침에 출발하여 밤에 충청도의 은진이라는 작은 마을에서 숙박
12일째	아침에 출발하여 연산에서 숙박
13일째	아침에 출발하여 저녁 무렵 공주에 도착
14일째	커다란 강을 건너 경기도에 들어감
15일째 이후	수일을 여행하고 몇 개인가의 마을에서 머무름. 커다란 강(한강)을 건너 서울에 도착. 전부 70~75메일 정도를 여행함

위의 <표 6>에 보이는 바와 같이 하멜 일행이 전라도의 영암에 도착했을 때, 포수 파울루스 얀스 콜이 난파했을 때의 부상으로 사망하여 일행은 35명이 되었고, 그들이 서울까지 이동하는데 걸린 일수는 15일 이상이었다.[38] 도착했던 시기는 불명확하지만, 『備邊司謄錄』의 기록 5월

---

38) 전라도 남해안에서 서울까지의 이동에 필요한 일수에 대해서 강준식은 14일

12일조에는 비변사에서 "박연(朴延)이 거느리고 온 여러 사람이 이제 이미 서울에 들어 왔으니 즉시 司譯院에 거처하게 하고, 오늘부터 날짜를 헤아려 給料를 주고, 군인을 많이 정해 지키도록 하는 것을 병조로 하여금 적당히 헤아려 거행케 해야 하며, 이후에 처리할 일을 널리 의논해 稟定하는 것이 어떻겠습니까."[39]라고 상신한 것으로 보아 이미 5월 12일에는 서울에 도착하고 있었다는 것을 알 수 있다.

　그들이 서울까지 이동하는 동안에 통과한 도시를 명확하게 규명한 것은 이병도였으며, 이후의 연구는 모두 이것에 의거하고 있다. 특정지운 조선의 지명은 매우 정확하며, 필자도 여기에 전적으로 동감하고 있다.[40]

　그런데, 하멜은 서울에 도착할 때까지 70 내지 75 메일을 이동했다고 하고 있다. 메일의 단위에 관해서는 본서 제1장 <표 4>에서 '1메일＝5,555.6m'라는 것을 언급했다. 이것을 기준에 서울까지의 이동거리를 환산해 보면, 약 389km에서 417km이다. 후팅크, 강준식은 1메일을 7.4km의

　　걸렸다고 말하고 있다. 그러나 본문의 <표 6>에서 알 수 있는 바와 같이 14일째의 시점에서는 공주를 출발하여 경기도에 들어서고 있다. 제주를 출발한 것이 4월 26일 전후로 경기도에 도착한 시점이 14일째인 것이다. 더욱이 수일이 더 걸려 서울에 도착하고 있다는 것, 5월 12일에는 이미 서울에 도착하고 있었다는 점을 종합해 볼 때, 아마도 제주에서 서울까지는 약 16~17일 정도 걸렸다고 생각된다. 참고로 김태진은 12일 걸렸다고 말하고 있으나, 이는 엄연한 오류이다(김태진, 앞의 책, 74쪽).

39) 『備邊司謄錄』, 孝宗 5년 5월 12일조.

40) 그러나 이병도가 규명한 지명은 『하멜보고서』 원본에 의한 지명이 아니고, 『하멜보고서』의 영역과 불역본을 참조한 것이다. 그것은 강준식도 마찬가지로서 두 사람의 이른바 '하멜표기법'이라고 하는 것은 실제 하멜이 표기한 것이 아니다. 가령, 강준식은 카이난을 'Heynam'이라고 하멜이 표기했다고 하지만, 원본에는 'Heijnam'으로 기록되고 있으며, 'Jehsan'도 'Iesaen'(려산)이라고 기록되고 있다. 또 <표 7>에 보이는 바와 같이 『하멜보고서』 원본을 활자화해 전문을 수록한 후팅크판도 약간의 오류가 있다.

독일 마일을 이용해 약 518~555km라고 말하고 있다.41) 그러나 네덜란드에는 네덜란드의 거리 단위, 즉 메일이라고 하는 단위가 있어, 거기에 기초를 두어 거리를 환산하지 않으면 안 된다.『신증동국여지승람』에 의하면, 해남에서 서울까지는 1,007리, 해남에서 해안까지는 66리이며, 이것을 합치면 1,073리가 된다. 이것은 전술한 네덜란드 메일의 환산 방식으로 계산해 보면, 약 482km이다. 그러나 당시 이 거리가 어느 정도 정확하고, 또 하멜 일행이 추측한 70~75메일의 거리가 정확한지 아닌지를 판단하는 것은 어렵다. 본서의 제1장에서 말한 바와 같이 이국에서의 하멜 일행의 거리 감각에는 다소의 오차가 있었다. 덧붙여서 현재의 고속

〈표 7〉『하멜보고서』원본의 조선 지명 표기

지명	하멜보고서 원본	후팅크판	강준식	이병도
해남	Heijnam	Heijnam	Heynam*	Heynam*
영암	Ieham	Ieham	Jeham*	Jeham*
나주	Naedjoo	Naedjoo	Naedjoo	Nadioo*
장성	Sansiangh	Sansiangh	Sansiangh	Sansiangh
정읍	Tiongop	Tiongop	Tiongop	Tiongop
입안산성	Iipam sansiang	Jipamsansiang*	Jipamsansiang*	Jipamsansiang*
태인	Teijn	Teijn	Teyn*	Teyn*
김구	Kumge	Kninge*	Kninge*	Kunige*
전주	Chentio	Chentio	Chentio	Chentio
전라도	Thiellado	Thiellado	Thiellado	Thiellado
여산	Iesaen	Jehaen*	Jehsan*	Jesan*
충청도	Tiongsiangdo	Tiongsiangdo	Tiongsiangdo	Tiongsianando*
은진	Gunjiu	Gunjiu	Gunjin*	Gunun*
연산	Iensaen	Jensoen*	Jensan*	Jensan*
공주	Congtio	Congtio	Congtio	Consio*
경기도	Senggado	Senggado	Senggado	Sengado*
서울	Sior	Sior	Sior	Sior

※참고 : '*'표시는『하멜 보고서』원본과 다른 것을 나타낸다.

41) B.Hoetink, p.21 ; 강준식, 앞의 책, 67~68쪽 ; 김태진, 앞의 책, 36쪽. 이 거리를 처음으로 언급한 사람은 후팅크이다. 참고로, 강준식은 육지 최남단에서 서울까지 480km로 보고 있으나, 이 거리의 기준이 무엇인지는 밝히고 있지 않다. 한편 김태진은 하멜이 기록한 70~75메일을 550~550km로 보고 있다.

도로를 이용하면, 서울에서 해남까지는 약 412km이다.

아무튼 마침내 하멜 일행은 서울에 도착하지만, 비변사의 진언에 의해 사역원에 머물게 되었고, 당일부터 급료가 주어지는 것이 결정되었다. 그러나 일행이 사역원에서 숙박하는 것은 일시적인 것이었으며, 그들에 대한 상세한 처리 방침은 서울 도착 다음날 정해지고 있었다.

> <사료 11>
> ⓐ아뢰기를, 신 등이 賓廳에 와서 朴延을 불러서 물어 보았더니, "이 사람들은 한 곳에 함께 있도록 해서는 안 되니, 각기 보증인에게 주어 서로 가까운 여염집에 흩어져 있게 하여 혹 왕래하면서 서로 보도록 해야 한다."고 하였습니다. ⓑ전에 결정한 바에 의해 訓局에 이름을 예속시켜 박연으로 하여금 將官을 정해 거느려 기예를 교습시키게 하고, 料布는 출국에서 포수의 예에 의해 지급하며, ⓒ보증인에게 주기 전에는 그대로 사역원에 머물게 해 박연으로 하여금 줄만한 자를 찾도록 한 연후에 찾는 대로 보내야 마땅합니다. 여러 사람의 의논이 이와 같으니 이로써 분부하는 것이 어떻겠습니까하니, 아뢴 대로 하라고 답하였다.[42]

즉, 위의 밑줄 ⓐ를 보면, 비변사의 관리 등이 하멜 일행의 처우 문제에 대해 박연에게 문의했는데, 박연은 하멜 일행 각자를 한 곳에 체재시킬 것이 아니라, 보증인에게 인도해 서로 가까운 곳의 민가에 분산시켜야 한다는 취지를 전하고 있었다. 동시에 조정에서는 밑줄 ⓑ에 보이듯이 이전의 결정에 따라 하멜 일행을 훈련도감에 배속시키고, 박연을 지

---

42) 『備邊司謄錄』, 孝宗 5년 5월 13일조. "啓曰, 臣等, 來會賓廳, 招朴延問之, 則此人等, 不可同在一處, 各給保授, 使之散處閭家相近之地, 時或往來相見云, 依前定奪, 隸各訓局, 令朴延, 定將領率, 敎習技芸, 料布則自訓局, 依砲手例支放, 未及保授之前, 仍留司譯院, 令朴延, 覓得可授者然後, 隨得隨送爲當, 輩議如此, 以此分付何如, 答曰, 依啓"

휘관으로 삼아 그들에게 기예를 가르치도록 하며, 포수에 상응하는 봉급을 주도록 진언하였다. 또한 밑줄 ⓒ에서는 일행을 보증인에게 인도하기 전까지 사역원에 머물게 하고 박연에게는 보증인을 조사하게 한 후에 인도할 것을 결정하고 있다.

여기서 박연의 의견대로 하멜 일행에 대한 처리가 결정되고 있었다는 것은 그만큼 박연이 조정에서나 朝臣들에게 상당한 믿음과 신용이 있었음을 추측할 수 있는데, 이 점은 그가 이미 조선인으로서 동화되고 있었음을 입증해주는 것이다.

이상과 같은 하멜 일행에 대한 조선의 대응을 정리해 보면, 당초에 하멜 일행이 제주에 표착하여 그들이 '남만인'이라는 정보가 조정에 도착한 단계에서 취한 조선정부의 조치는 박연을 파견해 조사시키는 것이었다. 그 단계에서 그들의 표착에 대한 구체적인 처리는 행해지고 있지 않았다. 전술한 바와 같이 박연과 하멜이 대면한 것은 1653년 9월 9일이었고, 그 다음날인 10일에 일행에 대한 본격적인 박연의 심문이 행해졌고, 그에 대한 보고가 조정에 알려졌다.

보고의 정확한 내용은 현재 단계에서 명확하게 언급할 수는 없지만, 조정으로 보고하여 그에 대한 국왕의 답서를 기다리고 있었다고 하는 『하멜보고서』의 기술로부터 보고가 있었다는 사실은 확인할 수 있다. 『備邊司謄錄』의 1654년 2월 24일조에 전날 하멜 일행에 대한 구제문제가 조정에서 논의되고 있었다고 하는 기록으로부터 박연의 심문 결과는 동년 2월 23일 이전에 조정에 도착했다고 추측된다. 또, 조정에서의 논의 속에서, 영의정 鄭太和의 진언에 따라 일행의 서울 이송이 결정되었고, 孝宗의 명령에 의해 훈련도감에 배속이 결정되었다.

그런데, 서울 이송의 근본적인 이유는 鄭太和의 진언에 의한 것이 아니라 당시 제주도에 격심한 기근이 발생하고 있었기 때문이며, 그들을 구제하기 위한 목적의 하나로서 취해진 조치였다. 당시의 조선의 동아시아 표류민에 대한 '송환체제'나 '구조체제'가 그들에게도 100% 완전히 적용되고 송환 또는 귀국 조치가 내려진 것은 아니지만, 적어도 조선정부에 '구조체제'에 대한 인식은 충분히 존재하고 있었다. 조선정부가 그들에 대해서 동아시아 '표류민 송환체제'라고 하는 시스템을 적용해 본국 내지 일본송환을 실시하지 않았던 이유는 그들이 동아시아 '표류민 송환체제'의 대상이었던 동아시아 영역권 밖의 사람들, 즉 서양 異國人들이었기 때문이지만, 보다 중요한 이유는 다른 곳에 있었다. 이 점에 대해서는 다음 장에서 살펴보겠다.

V. 맺음말

본장에서는 조선에 표착한 네덜란드인에 대해 조선과 일본이 어떠한 처리를 행하고 있었는가를 살펴보았다. 이 문제는 본서 전체에 걸쳐 중요한 테마의 하나이기도 한데, 먼저 여기서는 표착 초기의 처리 과정만을 중점적으로 고찰해 보았고, 그 중요 논점은 다음과 같다.

우선, 근세 조선에 서양 異國人이 표착했을 때 이것을 처리하는 가장 근본적인 입장의 문제로서 서양 異國人 표류민에 대해서도 인도주의적인 입장에서 처리되고 있었다는 점이 중요하다. 다만, 1627년 여진[後金]의 제1차 침략(확대한다면 명·청교체기)부터는 중국으로의 송환이 불가능해지자 조선 체재시키는 것으로 전환되었다. 이는 1627년 이전에 표착한 馬里伊와 조안 멘데스 등의 서양인은 明(북경)으로 송환해 귀국의 길을 열어주었지만, 1627년 청이 침략하고 난 뒤의 표착 서양 異國人은 송환이 이루어지고 있지 않다는 것으로 알 수 있다. 또한 조선정부

자체도 전란으로 인해 표착 異國人에 대한 송환 조치를 취할 여유가 없었을 뿐만 아니라, 그 이후에는 후금과 형제관계를 맺음으로서 표착 異國人을 明으로 송환시킨다는 것은 후금과의 외교분쟁을 초래할 위험성이 있기도 했다.

그 대표적인 사례가 바로 본고에서 고찰한 네덜란드인 박연 등 3인의 표착과 하멜 일행의 사례이다. 박연 일행과 하멜 일행은 조선에서 체재하게 되지만, 여기서 중요한 것은 그들조차도 인도주의적인 견지에서 표착 처리가 진행되고 있다는 점이다.

즉, 박연 일행 3명에 대해서 조선정부는 당초에 왜관으로 인도하여 본국으로 송환시키려 했다. 원래대로라면, 서양 異國人의 표착의 경우 중국으로 송환시키고 있었으나, 박연 일행이 표착한 시기는 1627년 후금의 제1차 침입 직후로서 관례대로 중국(明)으로 송환할 여유가 없었기 때문이었다. 그러나 왜관은 일본인 표류민이 아니라는 이유로 거부했고, 어쩔 수 없이 박연 일행은 조선에 체재하게 된 것이다.

하멜 일행은 孝宗이 말한 '濟活之道', 즉 표착 초기 단계에서는 구제하여 살릴 길을 열어주기 위해 서울로 이송시킨 것이었다. 물론, 일행은 당초에 나가사키로 보내줄 것을 요청했으나, 조선정부는 그것을 허용하지 않았다. 그 이유는 박연이 일본의 그리스도교 금제가 철저하고, 교인들에 대한 탄압이 엄하다는 것을 이유로 그들의 요청을 거부하여 조선에 체재할 것을 종용하기도 했고, 조선정부 또한 그들로서 외교적인 문제가 발생하는 것을 미연에 방지하기 위함이었다. 더군다나, 이전에 표착한 박연은 조선의 무기개발에도 기여하고 있어,[43] 하멜 일행을 서울로 상경시켜 그들을 제주의 기근으로부터 구제함과 동시에 훈련도감에 배속시켜 박연과 같이 이용하려고 했던 것이다.

한편, 조선의 표착 異國人에 대한 조치는 남명 정부의 세력이 완전히

---

43) 이에 대해서는 본서의 제3장에서 고찰.

청에 의해 복속되는 1670년대 전후를 기점으로 다시 완전한 북경 송환이 이루어지게 되는 것으로 보아 명·청교체기가 조선에 가져온 파장의 한 결과였음을 알 수 있다.

제3장
네덜란드인의 병기개발과 異國人 등용정책

Ⅰ. 머리말

전근대시기에『하멜보고서』는 조선을 서양세계에 인지시키는데 가장 큰 역할을 다했다고 말해지고 있다. 이 표착 사건에 관한 선행연구도 이 보고서의 분석을 중심으로 행해져 왔다. 그럼에도 불구하고 네덜란드인들이 조선에서 어떤 흔적을 남기고, 또 조선정부가 그들 서양 異國人에 대해 어떤 대책을 세우고 있었는가에 대한 구체적이고 실증적인 연구는 거의 없다고 말해도 과언이 아니다. 또한, 조선정부는 왜 그들을 조선에 장기간 체재시키고 있었는가에 대한 명확한 논증도 행해지고 있지 않다.

이와 관련해 재일사학자 강재언이 이들 네덜란드인들을 서양의 우수한 기술자 집단으로 파악하고 있기는 하지만, 그의 평가는 매우 냉소적이다. 그는 이들 네덜란드인, 정확히 말하자면, 하멜 일행에 대해 그들이 서양의 우수한 기술을 가진 사람들이었음에도 불구하고 조선에는 그 기술을 전수시키기 위해 대책을 생각하고 있던 위정자가 단 한 사람도 없었다고 평가하고 있다.[1] 그 원인으로서 조선의 '문치주의'와 서양 문명의 가치를 인정하려고도 하지 않았던 '유교의 사상적 본질'을 예로 들고 있다.

그러나 그 비판은 필자의 생각으로는 본질을 외면하고 있다. 당시 조선의 위정자의 최고위 정점에 있던 孝宗은 표착해 온 네덜란드인들에 대해 군사력 강화를 위해 등용하고 있었고, 그들의 기술을 이용하고 있었기 때문이다. 물론, 하멜 일행도 서울에 상경시켜 훈련도감에 배속시켰을 당시에도 그들에 대한 이용에 대해서는 변함이 없었다. 다만, 본장

---

1) 姜在彦,『西洋と朝鮮－その異文化格鬪の歷史』(文藝春秋, 1994), 98～107쪽.

에서 규명하겠지만, 하멜 일행은 조선의 외교적 입지를 곤란하게 만드는 서울에서의 탈출사건을 일으켰기 때문에 이 사건 이후, 이른바 '기술자 집단'을 이용할 수 없었던 것이고 결국은 전라도로 유배시킨 것이다.

　근세 초기의 조선은 도요토미 히데요시[豊臣秀吉]의 침략과 내란, 청의 침략 등으로 인해 내우외환이 계속되는 상당히 불안정한 시기라고 할 수 있다. 이러한 시기에 표착해 온 네덜란드인의 존재는 과연 조선에게 나아가 조선을 중심으로 한 동아시아 국제관계에 어떠한 의미를 가지고 있을까. 이것이 필자의 가장 원대한 연구 목적 중의 하나이기도 하지만, 우선은 네덜란드인과 조선의 서양식 병기개발과의 관련 속에서 제 사실을 고찰하고, 표착해 온 외국인 처리 문제 속에서 당시 조선의 서양 異國人 등용정책을 규명하는 것이 본장의 연구 목적이다. 구체적으로 본장에서는 박연의 紅夷砲 개발과 서양식 조총의 개발문제, 서양식 무기개발과 관련된 박연 및 하멜 일행의 차별적인 대우 문제, 나아가 조선의 서양 異國人 등용정책의 사례와 그 실체는 어떠한 것이었는가를 중심으로 살펴보고자 한다.

Ⅱ. 네덜란드인 표착 당시의
##　　국내외적 상황

　1627년 조선에 표착한 박연은 그 후 서울로 이송되었지만, 이와 관련된 사료는 거의 남아있지 않으며, 또한 당시 그의 행적에 대해서도 불분명하다. 단지 후대의 극히 일부 사료가 박연에 대한 언급을 기술하고 있을 뿐이지만, 이들 사료로부터도 그에 대한 다양한 흔적들을 살펴볼 수 있다. 특히, 본장에서 명확히 하겠지만, 서양의 異國人인 박연이 스스로의 기술을 활용하여 근세 조선의 군사력 향상을 위해 병기제작이나 기술개발에 관여하고 있었다는 것은 한국사에서도 그 유례를 보기 힘든 사건이기도하다.

왜, 박연은 조선의 병기개발에 참여하게 된 것일까. 우선, 당시 조선의 시대적인 상황을 살펴보지 않으면 안 된다. 당시의 조선은 도요토미 히데요시의 조선 침략에 의해 전국토가 황폐해졌고, 그 상처가 아물기도 전에 국내에서 '李适의 난'이 발생하여 仁祖가 공주까지 피난하는 등 정세의 혼란을 거듭하고 있었다. 더군다나, 북방에서는 서서히 세력을 팽창시키고 있던 여진이 흥기하였고, 그 뒤에는 정묘·병자호란이라는 두 번에 걸친 침략을 당하고 있었다. 동아시아 전체의 국제관계로부터 생각해보더라도 이른바 명·청교체기라는 대변혁의 시기였으며, 그러한 가운데 조선은 17세기 중후반까지 국내는 물론 국외의 정세도 불안을 거듭하고 있었다.

박연이 표착한 1627년은 후금의 제1차 침입(정묘호란)의 해이기도 하다. 『하멜보고서』에 의하면, 박연과 함께 조선에 표착한 동료 2명은 청이 침략했던 병자호란 때, 조선 군사의 일원으로서 전투에 참가하여 전사하고 박연만이 살아남게 되었다고 한다. 그 후, 조선에서는 仁祖의 뒤를 이어 孝宗이 즉위하였는데, 孝宗은 청의 침략으로 인한 조정과 선왕의 굴욕을 씻기 위해 북벌계획을 추진하여 이를 무엇보다도 중요한 대외정책의 하나로서 강력하게 추진해 나아갔다.

즉위 당시부터 孝宗의 북벌계획은 모색되어 지고 있었으나, 재위 3년째인 1652년부터는 본격적으로 북벌을 위한 준비작업에 들어가 북벌인사의 규합, 병제개혁, 전략·전술의 정비, 觀武才와 閱兵式에 의한 인재선발과 군사훈련 등을 실시하며 군사력 강화에 힘을 들였다.[2] 또한, 북벌정책의 일환으로서 대사헌 김익희와 양병책을 논의하는 과정 중에 정예 10만의 북벌군을 양성하자는 논의가 제기되기도 하였다.[3]

이렇게 북벌정책이 강화됨에 따라 군사력 증강을 위한 조선의 병기개량은 무엇보다 급선무로 등장하게 되어 외래의 선진적인 기술도입을 필요로 하게 되었다. 물론 그 이전 도요토미의 조선침략 시에도 일본 및 명의 병기와 기술을 받아들이고 있었으며, 조선침략 직후부터는 降倭懷柔策을 실시하여 위력을 발휘한 일본도와 화승총의 제조 및 사용법의 습득을 위한 단련이 실시되고 있었다.[4] 降倭라는 것은 원래 왜구를 토벌했을 때 투항한 일본인을 말하는데, 일본 변방지역 사람들이 생활고로부터 벗어나 귀화한 경우도 적지 않으며, 그들도 마찬가지로 降倭라고 부른다.[5] 이들 降倭를 통해서 병기 제조기술 등의 도입되고 있었다.

히데요시의 조선침략 때에도 많은 일본 병사들이 투항했다. 그들 중에서 특히 조총 제조와 검술에 뛰어난 자는 중앙의 훈련도감과 군기시에 배속시키고, 또 조총을 제조하는 산철지에 파견하여 그 武器와 武技에 단련케 하였다.[6] 또한 조정에서는 누차 일본의 조총을 입수하려는 논의가 행해지고 있었으며, 日本刀에 대한 관심도 높아 히데요시의 침략 이

---

2) 李京燦, 「조선 효종조의 북벌운동」(『淸溪史學』5, 韓國精神文化硏究院淸溪史學會, 1988), 195~220쪽.

3) 『孝宗實錄』, 孝宗 4년, 7월 을축조(2일), 병인조(3일) ; 『孝宗實錄』, 孝宗 5년 11월 임인조(16일).

4) 宇田川武久, 「壬辰·丁酉の倭亂と李朝の兵器」(『國立歷史民俗博物館硏究報告』17, 國立歷史博物館, 1988), 142~145쪽 ; 宇田川武久, 『東アジア兵器交流史の硏究』(吉川弘文館, 1993), 375~407쪽. 그러나 여기에서 우타가와는 네덜란드인의 조선 병기개발이나 관여에 대해서는 전혀 언급이 없다.

5) 中村榮孝, 『日本と朝鮮』(至文堂, 1966), 102쪽 ; 有井智德, 「李朝初期向化倭人考」(『朝鮮史論集』, 村上四男博士和歌山大學退官記念, 開明書院, 1981), 277~288쪽.

6) 宇田川武久, 앞의 논문, 142~145쪽.

후 다량이 수입되고 있었으며, 때로는 청국에 공물로서 이용되는 경우도 있었다.[7]

조선은 이전부터 화약과 병기에 관한 기술이 일본 측에 전해질 것을 경계해 소위 '禁秘策'[8]을 취하고 있었는데, 히데요시의 침략 이후에는 상황이 역전되어 일본의 병기기술을 도입하려고 한 것이다. 요네타니 히토시[米谷均]도 17세기 전기의 朝‧日간의 무기교역에 대해서, 수량적으로는 무기수출 금지령이 발령되었던 日‧蘭關係의 경우와 비교해보아도 결코 많지는 않지만, 일본제의 무기류가 우량품으로서 중요시되어 조선 측은 그 수입에 노력하고 있었다는 것을 지적하고 있다.[9]

한편, 조선에는 '南蠻銃', 즉 일종의 서양식 조총에 대한 관심을 불러일으킬만한 정보가 일본으로부터 입수되고 있었다. 1612년에 왜관의 일본인이 "새로운 南蠻銃法은 연이어서 7~9발을 발사하고, 또 소매 속에 (넣을 수 있는) 단총이 있어, 백발백중이다. 만약, 이 銃法을 입수하게 된다면, 언제든 조선에 알려주겠다."[10]고 하여 '남만총'의 우수성을 높이 평가해 조선에 알리고 있었다. 이 정보가 조정에까지 보고되었는지에 대해서는 확인할 수 없지만, 당시 조선정부가 일본의 조총에 지대한 관심을 가지고 있었음을 볼 때, 이러한 정보는 큰 흥미를 불러일으켰을 것이라는 것을 추측하기는 어렵지 않다.

17세기 초기의 조선은 이와 같은 상황 하에 처해있었으며, 따라서 박연이 가지고 있던 기술과 지식이 군사적인 관점에서 주목을 받고 있었다는 것은 당연한 결과이기도 했다. 다시 말하자면, 본서의 제2장에서

---

7) 國防研究所編, 『韓國武器發達史』(國防軍事研究所, 1994), 458쪽.

8) 許善道, 『朝鮮時代火藥兵器史硏究』(일조각, 1997중판), 162~197쪽.

9) 米谷均, 「一七世紀前期日朝關係における武器輸出」(『十七世紀の日本と東アジア』, 山川出版社, 2000).

10) 『接倭事目錄抄』, 壬子年(1612) 11월조.

언급한 바와 같이 박연이 조선에 표착하여 왜관에 인도하려했을 때, 왜관이 박연의 인수를 거부했다는 것은 조선에게 오히려 더 실지적인 이득을 가져왔다. 현재로선 청의 제2차 침입(병자호란) 이전에 박연이 조선의 병기개발에 참여했는가, 또는 관여하고 있었는가에 대해 명확하게 기술한 자료는 보이지 않는다. 하지만, 적어도 그가 조선의 군사로서 청과의 전투에 참가하고 있었다는 것은 박연 일행의 능력을 군사적으로 이용하려고 했던 조선의 의도가 명확하게 표출되고 있다고 볼 수 있다. 그렇다면, 박연은 군사적인 측면에서 과연 어떠한 능력을 가지고 있었을까. 그 점에 대해 그의 서양식 병기 기술 및 제작 능력과의 관련 속에서 고찰해보도록 하겠다.

Ⅲ. 네덜란드인의 서양식 병기개발

1. 박연의 紅夷砲 제작과 南蠻大砲

仁祖의 뒤를 이은 孝宗 때에 병기와 군사기술의 향상이 모색되어 지고, 일본과 명의 병기 및 그 기술이 조선에 커다란 영향을 주었다는 것은 틀림없는 사실이지만, 孝宗의 북벌정책 하에 조선의 병기와 그 기술의 발달에 南蠻人, 즉 네덜란드인 박연이 참가하고 있었다는 것은 주목할 만한 것이다. 다시 말하면 조선정부는 북벌정책의 토대를 다지기 위한 병기개발과 그에 따른 신기술의 도입을 위해 훈련도감에 배속되어 있는 異國人들에게 관심을 가지고 있었으며, 이것이 훈련도감에 異國人을 배속시킨 또 하나의 이유였던 것이다. 박연이 언제부터 훈련도감에 배속되어 있었는지 명확한 근거는 없지만, 1653년의 하멜 일행이 표착해 왔을 당시에 이미 배속되어 있었던 것은 확실하다.

훈련도감은 원래 전쟁에 필요한 화포의 취급과 연습 및 사격훈련에 중점을 두고 있던 기관이었는데,[11] 조선은 병기개발을 위해 신기술을 도입하는 하나의 방편으로 異國人을 배속시키고 있었던 것으로 생각된다. 그 異國人이 바로 박연으로서 박연의 병기와 군사기술에 관한 능력은 몇몇 사료에 보이고 있는데, 가장 대표적인 것을 보면 다음과 같다.

<사료 1>
ⓐ박연은 하란타(河蘭陀, 네덜란드)인이다. 崇禎 원년에 호남에 표류해 왔다. ⓑ조정에서는 훈국(訓局)에 예속시켜 항왜와 표류해 온 漢人을 거느리게 했다. ⓒ박연의 이름은 胡呑萬이다. 병서에 재주가 있고, 화포를 매우 정교하게 만들 수 있었다. … ⓓ박연은 나라를 위해 그 재능을 살려 드디어 紅夷礮의 制를 전하였다. 기이한 일이다.[12]

우선, <사료 1>의 밑줄 ⓐ에서 박연이 崇禎 원년, 즉 1628년 호남에 표착해왔다고 전하고 있으며, 밑줄 ⓑ로부터 조정에서는 그를 훈련도감

11) 車文燮, 『朝鮮時代 軍制研究』(단국대학교출판부, 1973), 158~167쪽.

12) 尹行恁, 『石齋稿』 권9, 海東外史, 朴延조, 서울대학교규장각 소장. 여기에 전문을 제시해두겠다. “朴延者, 河蘭陀人也. 崇禎元年, 漂流至湖南. 朝延隷訓局, 將降倭及漂漢人. 延初名胡呑万工於兵書, 能製火砲, 甚精巧. 孝廟四年, 有漂船舶珍島郡, 船中三十六人, 衣冠詭異, 鼻高目深. 不通言語文字, 或云西洋人, 或云南蠻人. 朝廷命延往審之. 延見其人言語淋漓, 至於泣下霑襟. 而其人皆通星曆, 善鑄鳥銃及大砲. 遂以其人, 分隷京外營. 其後十四年, 隷湖南左道水軍節度營者八人, 潛乘漁舟, 逃之日本之長崎島. 倭酋書報朝廷曰, 阿蘭陀卽日本之屬郡, 而今留貴國者八人, 逃至長崎. 朝廷始知. 朴延亦阿蘭陀人也. 延居大將具仁垕麾下, 其子孫遂編訓局之軍籍. 阿蘭陀, 一名荷蘭, 一名紅夷, 亦曰紅毛, 在西南海中. 明季據台湾, 後爲鄭成功所敗, 倭人阿蘭陀互市, 爲外援云. 昔有蝦夷國松前人世琉兜宇須者, 漂留耽羅二十年, 至万曆壬辰, 爲倭嚮導. 朴延爲國効其能, 遂傳紅夷砲之制, 奇哉”

에 배속시켜 降倭와 중국인을 거느리게 했다는 것을 알 수 있다. 하지만, 하멜은 1627년 제주에 표착하고 있으며, 이 기록에서 호남이라고 한 것은 당시 제주가 전라도 관할이었기 때문이라고 추측하는데, 이에 대한 상세한 논증은 이미 필자가 拙稿에서 언급한 바가 있기에 그것을 참조해주기 바란다.[13]

한편, 위의 기록은 훈련도감에 배속시킬만한 그의 뛰어난 능력을 언급하고 있는데, 바로 밑줄 ⓒ에서 병서에 재주가 있고, 화포를 매우 정교하게 만들 수 있다는 부분이다. 뿐만 아니라, 孝宗의 駙馬였던 鄭載崙이 기록한 『閑居漫錄』에는 박연에 대해, "위인이 뛰어나고 훌륭하며, 깊이 헤아리는 바가 있었다."라고 그를 높이 평가하고 있다.[14] 그러한 능력을 가지고 있었기에 밑줄 ⓓ에 보이는 바와 같이 언제 제작했는지 밝히고 있지는 않지만, 조선을 위해 재능을 살려 '紅夷砲의 制', 다시 말하면 紅夷砲를 만드는 법을 전해준 것이다.

또, 위의 기록에서 호탄만(胡呑萬)이라는 박연의 본명이 한자로 표기되어 있는 흥미를 끈다. 이 명칭은 다른 사료에도 보이고 있다.[15] 레드야드에 의하면, 스미트(Jacob Smit)의 견해를 인용해 '호탄만'의 한글 발음은 네덜란드어로 대장을 의미하는 단어일 가능성을 추측하고 있는데,[16] 이는 박연의 지위를 해명하기 위한 중요한 단서로서 시사해주는 바가 크다. 네덜란드어 단어 중에는 'hoofdman(호프트먼)', 'hopman(호프먼)'이

---

13) 拙稿, 「네덜란드인의 朝鮮漂着에 관한 再考察－漂着船·漂着地·漂着年을 중심으로－」(『史學研究』58·59, 1999).

14) 鄭載崙, 『閑居漫錄』권2(서울대학교규장각 소장). "爲人卓犖, 有識慮"

15) 成海應, 『研經齋全集』, 筆記類, 西洋舶條(고려대학교중앙도서관도서영인제11호, 詐晟社, 1982) ; 李德懋, 『靑莊館全書』, 兵志備倭論(민족문화추진회편, 『靑莊館全書』5, 솔출판사, 1997, 135쪽).

16) Gari Ledyard, *The Dutch Come to Korea*, Monograph series No.3, Royal Asiatic Society, Korea Branch, 1971, pp.32-33.

라는 단어가 있는데, 분명히 'leader(지도자)', 'chief(장·우두머리·두목·
장관)' 등의 의미를 나타내고 있다.[17] 또한 네덜란드어의 어원이라고도
할 수 있는 독일어에도 'Hauptmann'이라는 단어가 있어 '대위(육군·공
군), 중대장, 부대장, 용병의 대장' 등의 의미가 있다.[18] 호탄만이라는 호
칭의 유래는 아마도 박연과 함께 표착했던 동료 2명이 박연을 호탄만이
라고 불러, 이것을 박연의 본명으로 들었던 당시의 조선 사람들이 그 한
자명을 '胡呑萬'이라고 표기했을 가능성이 많다고 추측된다. 아무튼 박
연은 호탄만이라고 불릴 정도로 화포 제작에 대한 능력을 소지하고 있
었고, 또 이러한 그의 능력을 살려 紅夷砲의 제작법까지 조선에 전해준
것이다. 박연이 훈련도감에 배속되어 실제로 항왜와 귀화한 중국인들로
구성된 일종의 외인부대장 이기도 했었기에 어느 의미에서 본다면, 호탄
만이라는 명칭은 그에게만 붙여질 당연한 명칭이었을지도 모른다.

　참고로 그의 무과 급제를 추측케 하는 사료도 보이고 있다. 『仁祖實
錄』에는 "庭試를 시행하여 문과에 이정기(李廷夔) 등 9인과 무과에 박연
(朴淵) 등 94인을 뽑았다."[19]는 기록이 있으며, 『增補文獻備考』의 「本朝
登科總目」에도 庭試에서 표를 시험하여 이정기 등 9인을 뽑았는데, 박연
(朴淵)이 장원이 되었다는 기록이 보이고 있다.[20] 여기에 보이는 '朴淵'
이 본고에서 소재로 삼은 네덜란드인 박연인가에 대해 명확하게 언급한
자료는 아직 발견되지 않았다. 하지만, 네덜란드인 박연이 조선명으로
朴燕·朴延·朴淵·朴仁 등으로 불려 왔었고, 또 박연이 생존하여 있었
던 1648년의 시기라는 점을 감안한다면, 충분히 납득할 만한 자료이기도
하다. 이것이 사실이라면, 박연은 병기와 병술에 관한 능력으로 인해 무

---

17) *Groot woordenbeok der Nererlandse taal*, van Dale Lexicografie, 1992.
18) 『獨和大辭典』, 小學館, 1991, 제7판.
19) 『仁祖實錄』, 仁祖 26년 8월 정사(25일)조.
20) 「本朝登科總目」 『增補文獻備考』 권189.

과에 급제한 것이고, 또 1627년에 표착하여 21년이 지난 시점으로 충분히 언어상의 문제도 해결된 만큼 과거를 통한 정식 등용은 그리 어려운 문제가 아니었을 것이다. 더욱이 그가 훈련도감에서 장교급의 무관이었다는 것은 이것이 무과에 급제한 박연의 상황을 더욱 잘 나타내주고 있다.

여기에서 紅夷砲 제작에 관해 조금 더 상세히 검토해보기로 하겠다. 이점에 대해서는 이미 李仁榮과 金良善이 언급한 바 있는데, 李仁榮은 박연이 서양포술을 조선에 전한 최초의 인물로 간주하는 것은 타당치 못하다고 한다.[21] 그 견해의 요점은 다음의 두 가지로 정리할 수 있다.

첫째, 소위 紅夷砲라는 것은 이미 1631년 정두원에 의해 천리경·자명종과 함께 전해지고 있었다.

둘째, 당시의 대포와 紅夷砲의 차이점에 대해서 연구의 여지가 있지만, 조선에 紅夷砲가 전래된 시기는 박연이 표착한 후 4년이 경과한 1631년으로 이 짧은 기간 동안 박연이 紅夷砲를 제조했다고 생각되지 않는다.

셋째, 따라서 당시 훈련대장 밑에 있던 박연은 명에서 전래된 紅夷砲의 취급방법을 지도했던 한 사람에 지나지 않는다.

즉, 李仁榮은 박연이 紅夷砲를 제작한 것은 아니며, 단지 紅夷砲의 취급기술을 전수한 사람에 지나지 않는다는 것이다. 이것에 대해 金良善은 紅夷砲가 중국에서 전래되었다고 하더라도 "그 제조술과 조종법에 능숙한 그가 전래된 紅夷砲를 모방해 새로운 紅夷砲를 제조한 것은 틀림없는 사실이다."라고 李仁榮의 주장에 반박하고 있다.[22] 두 사람이 이러한

---

21) 李仁榮, 앞의 논문.
22) 金良善, 앞의 논문, 37~38쪽.

상반된 견해를 보이는 가운데, 필자는 金良善의 설이 타당하다고 생각한다. 그 이유를 다른 측면에서 검토해 보겠다.

李仁榮이 1631년 조선으로의 紅夷砲 전래시기를 1631년이라고 한『仁祖實錄』의 기록, 즉 정두원이 중국에서 서양인으로부터 받아 조선에 들여온 대포는 紅夷砲가 아니라 '西砲'였다.23) 李仁榮이 西砲를 紅夷砲로 해석하여, 서양기술에 의해 제작된 대포라고 인정한다하더라도 그것은 중국 경유의 기술이며, 네덜란드인 박연이 조선에서 직접 제작한 紅夷砲와는 계통이 다른 것이다.

필자는 이 西砲를 소위 '불랑기(佛狼機)'라고 불리는 대포였을 것으로 생각한다. 조선에서는 중국에서 전래한 서양포에 대해 일반적으로 불랑기라고 부르고 있었다. 불랑기는 임진왜란 시기에 해당되는 1593년 정월 이후, 명에 의한 평양성 공격을 계기로 본격적인 도입이 모색되고 있었는데,24) 西砲가 서양의 대포를 의미하고 있기 때문에 불랑기와 같은 종류의 대포일 가능성은 매우 높다. 그러나 당시 사람들이 서양기술이 도입된 대포의 호칭에 대해서 특별한 구분을 두고 있지 않았다는 것에도 주의해야 한다는 점에서 紅夷砲=佛狼機일 가능성도 남는다. 아무튼, 여기에서는 당시의 조선에 서양기술이 도입된 대포를 紅夷砲・西砲・佛狼機라고 부르고 있었으며, 후술하겠지만, 南蠻大砲라고도 부르고 있었다. 이들 대포의 전래시기와 제조방법 및 각기 어떠한 형태의 대포를 가리키는 가에 대해서는 먼저 고찰할 필요가 있으나, 본고에서는 네덜란드인들과 이들 대포와의 관령성만 확인하는데, 그치고 상세한 논고는 남겨진 과제로 삼고 싶다.

아무튼, 李仁榮은 박연의 紅夷砲 제작 초차도 부정하고 있는데, <사료 1> 밑줄 ⓓ의 박연이 "나라를 위해 그 재능을 살려 드디어 紅夷砲의

---

23) 『仁祖實錄』, 仁祖 9년 7월 갑신(12일)조.
24) 許善道, 『朝鮮時代 火藥兵器史 研究』(일조각, 1997), 162~197쪽.

制를 전하였다.”는 기록은 무시할 수는 없다. 여기서 ‘制’의 의미가 만드는 법을 전했는지, 만들어 전했는지 사료 해석상의 문제는 있지만, 어떠한 경우에든 박연이 紅夷砲 제작에 관여했다는 사실은 분명하다. <사료 1>의 『石齋稿』는 尹行恁(1761~1801)의 저서로서 그는 1782년부터 규장각 대교, 1792년에는 예조참의, 1800년에는 대제학을 지냈던 인물로서 그러한 지위에 있었기에 각종 문헌과 정보를 섭렵한 인물로 알려져 있다. 때문에 그가 단지 南蠻人이라는 이유로 흥미를 돋우기 위해 “紅夷砲의 제를 전하였다.”고 과장하여 기록했을 리는 없다. 이러한 기록은 그가 많은 관직을 지내면서 섭렵했던 정보의 일부였던 것이다.

한편, 위에서 ‘南蠻大砲’라는 것도 있었다는 것을 언급했는데, 그렇다면 이것은 무엇을 의미하는가. 1664년 강도어사 閔維重이 병자호란 이후, 강화부의 미곡과 화기에 대한 보유 상황을 조사하는데, 그 목록에 남만대포라는 화기가 등장한다. 즉, 江都의 본부에 있었던 화기류는 震天雷 140좌, 大碗口·大砲·中砲가 65좌, 小碗口 30좌, 虎蹲砲 37좌, 각 堡에는 大砲 179좌, 震天雷 63좌, 南蠻大砲 12좌, 佛狼機 244좌 등이 있었다고 하여,[25] 남만대포 12좌의 존재를 확인할 수 있다. 비록 12좌로 다른 화기보다 수가 적기는 하였지만, 남만대포라는 명칭에서 알 수 있듯이 서양의 기술이 도입되었다는 것은 충분히 짐작할 수 있고, 남만대포와 불랑기를 구분하고 있었던 것으로 보아 명확히 다른 종류의 대포임을 알 수 있다.

그렇다면 여기에서 남만대포라는 것은 무엇일까. 당시 조선에서는 박연을 남만인이라고도 통칭하고 있었다.[26] 또 박연이 네덜란드(=阿蘭陀)인이라는 인식 하에 “阿蘭陀는 일명 荷蘭, 일명 紅夷, 또는 紅毛라고도

---

25) 『顯宗改修實錄』, 顯宗 5년 6월 계축(22일)조.
26) 鄭載崙, 『閑居漫錄』 권2 ; 金錫翼편, 『耽羅紀年』 ; 成海應, 『研經齋全集』 권56, 草榭談獻.

한다."27)는 기록을 보이고 있으며, 李德懋의 『訝亭遺稿』에도 같은 내용이 보이고 있다.28) 네덜란드인은 紅夷, 또는 紅毛이며, 南蠻이라고도 불렸던 것이다. 이렇게 본다면 紅夷砲는 네덜란드인이 만든 것이 되며, 紅夷砲는 또 남만대포이기도 한 것이다. 다시 말하면, 강화부가 보유하고 있던 남만대포 12좌는 紅夷砲를 가리키는 것이기도 했다. 이렇게 생각해 볼 때, 강화부의 남만대포라는 것은 박연이 개량한 紅夷砲일 가능성은 매우 높다.

물론, 하멜이 표착했을 당시의 난파선 스페르베르호에 장착되어 있던 대포도 남만대포로 기록하고 있어 강화부의 남만대포가 하멜 일행이 표착했을 때의 대포일 가능성도 생기지만, 실은 하멜이 가지고 대포는 남한산성에 있었다. 그와 관련된 기록을 검토해 보기로 하자.

<사료 2>
이달 24일, 晝講 入侍 때에 지사 민진후가 아뢰기를, "신이 남한산성을 조사하여 돌아보았을 때, 보이기에 다르게 만든 대포가 있어 장교들에게 물으니, 대체로 이르기를 'ⓐ南蠻砲로 지난날 漂海人이 두고 간 것입니다. 때문에 조정에서 그대로 산성에 보냈습니다. ⓑ故 판서 김좌명이 수어사로 있을 때, 그 (대포) 한 坐에 화약을 넣고 시험 발사했는데, 모두 파열되었습니다. 그러므로 그 남은 쇠로 佛狼機를 주조하였고 지금도 또한 한 坐가 남아있습니다'고 말합니다. 설령 이 포를 시험 발사할 수 있다하더라도 佛狼機나 玄宗砲와 같이 긴요하지 못합니다. ⓒ어차피 그 발사방법도 알지 못하고, 이 무용지물을 두어 아이들이 쪼아 두드리는 것을 그대로 두는 것은 실로 意義가 없습니다. 그러므로 신이 장인을 불러 물으니, '이 포는 水鐵과 正鐵을 혼합하여 주조해 만들었으므로 지금 녹여서 다른 포를 만들 수 있다'고 합니다.

---

27) 尹行恁, 『碩齋稿』 권9. "阿蘭陀, 一名荷蘭, 一名紅夷, 亦曰紅"
28) 李德懋, 『青莊館全書』, 兵志備倭論. "至若阿蘭陀, 雖非我之隣近, 亦不可以不虞. 一名荷蘭, 一名紅夷, 亦曰紅"

ⓓ만약, 佛狼機와 玄宗砲로 고쳐 만들면 옳을 듯싶으나 마음대로 하기 어렵습니다. 감히 이를 아룁니다." 하니, 상이 이르기를, "아뢴 바에 따라서 고쳐 주조하는 것이 좋겠다."고 하였다.[29]

앞의 사료는 남한산성에 있던 南蠻砲에 대한 내용인데, 우선 南蠻砲의 유입경로를 알 수 있다. 즉, 밑줄 ⓐ에서 알 수 있는 바와 같이 남만포는 漂海人이 두고 간 것으로 조정에서 남한산성으로 보냈다는 것이다. 그렇다면 그 漂海人은 누구일까. 남만포라는 명칭으로 봐서 서양인인데, 서양인 표착사건은 두 건이 있다. 그것이 바로 박연과 하멜 일행인데, 박연의 경우 표착 당시 대포가 있었다는 기록은 안보이나, 하멜 일행이 표착할 당시에는 대포가 있었다. 제2장에서 살펴본 『知瀛錄』에서 하멜 일행의 대·중·소포 등의 물건을 모두 濟州牧의 무기고에 유치시키고 있었다는 기술,[30] 또 『研經齋全集』의 스페르베르호 난파선의 목록을 기록한 내용 및 무기가 모두 무기고로 옮겨졌다는 기술로부터도 알 수 있다.[31]

---

29) 『備邊司謄錄』, 肅宗 31년 8월 26일조. "今八月二十四日晝講入侍時, 知事閔鎭厚所啓, 臣於廻審南漢山城時, 見有異制大砲, 間於將校輩, 則蓋所謂南蠻砲, 而昔年漂海人留置而去, 故朝家仍送於山城, 故判書金佐明, 爲守禦使時, 取其一坐, 塡藥試放, 則悉爲裂破, 故以其余鐵鑄, 得佛狼機, 而今尙余一坐云, 設令此砲, 可以試放, 猶不如佛狼機(與)玄宗砲之爲緊要, 況不知其試放之法而留此無用之物, 一任兒童之所琢, 實無意義, 故臣召匠問之, 則此砲, 以水鐵正鐵相雜而鑄成, 今可以鎔作他砲云, 若改作佛狼機玄宗砲, 則似爲得宜, 而有難擅便, 敢此仰達, 上曰, 依所達改鑄可也"

30) 『知瀛錄』, 「西洋國漂人記」. 본서 제2장 <사료 3>의 밑줄 ⓚ를 참조.

31) 成海應, 『研經齋全集』 권56, 筆記類, 西洋舶條. "其放砲, 必安砲車上而放之, 以便周旋低仰, 且砲之發也, 輪自退轉, 殺其後蹙勢, 免致筒裂, 大砲藏藥八斤, 中砲六斤, 差小砲四斤, 鳥銃九錢, 鉛丸重八錢, 以鐵糸連綴二三丸, 以發之, 中輒洞穴, 船中物, 凡五十余種, 頗有異貨奇器, 龍腦數十斤, 倭銀六百兩, 琉璃漏一架, 兩瓶接口, 中有流沙, 測咎圓器, 以熟銅懸環之樞, 活動轉移, 能左右前後,

하멜이 표착했을 당시에 그들의 대포는 모두 제주목의 무기고로 옮겨졌지만, 그 후 남한산성으로 이송되었다는 것을 유추할 수 있다.

아무튼 위 기록의 밑줄 ⓑ에서 南蠻砲는 1653년 하멜 일행이 표착했을 때 가져온 것으로 2문 중에서 1문은 수어사 金佐明이 시험발사 도중에 파열되었고, 나머지 1문은 불랑기를 만들어 1문만이 남아있었다는 것을 알 수 있다. 즉, 1705년까지는 아직 남아 있었던 것이다. 하지만, 南蠻砲는 발사방법도 모르며, 이 무용지물을 아이들이 두드리며 놀게 놓아두는 것은 의미가 없으니, 불랑기와 현종포로 만드는 것이 좋다는 閔鎭厚의 진언에 따라 녹여서 새로운 포로 만들 것이 결정되었다(밑줄 ⓒⓓ). 그러나 이 남만포의 철을 이용해 새로운 대포를 만들지는 못했는데, 다음의 기록으로부터 확인할 수 있다.

<사료 3>
이번 2월 20일 주강에 입시하였을 때에 지경연사 趙泰采가 아뢰기를, "신이 남한산성을 시찰하러 나가기 때문에 아뢸 말씀이 있습니다. ⓐ 산성에 있는 南蠻砲 3門을 해체하여 玄字砲를 주조하기로 전 수어사가 품의 결정한 바 있었으나, 지금 들으니 2門은 이미 해체 주조하였고, 1門은 미처 일을 시작하지 못하였다고 합니다. ⓑ이는 바로 외국의 병기이고 보관해 온 지 이미 오래되었습니다. 이것을 파괴하여 다른 병기를 주조해보았자 그리 대단한 일도 아니고 차후에 혹 그 제도를 상고하여 원용할 일이 있을지도 모르니 1문은 우선 그대로 두는 것이 어떻습니까." 하니, 임금이 그렇게 하라고 하였다.[32]

準中國制少差, 又有測咎尺, 千里鏡, 琉璃鏡, 雲母牕器皿, 多用銅錫白金, 兵器皆輪武庫"

32) 『備邊司謄錄』, 肅宗 33년 2월 21일조. "今二月二十日, 晝講入侍時, 知事趙泰采所啓, 臣以山城檢察事出去, 故有所仰達矣, 山城所在, 南蠻砲三箇, 分鑄玄字砲事, 前守禦使, 曾有稟定矣, 今聞二箇則旣已改鑄, 一箇則來及始役云, 此乃異國之戎器, 而由來已久, 毁此鑄他, 戎器亦不大段, 日後或不無考制試用之

　원래 남아 있던 南蠻砲 1門에 대해서 <사료 2>의 밑줄 ⓓ에 보이는 결정에 따라 불랑기나 현종포를 만들기로 하였으나, 2년이 지난 1707년 (肅宗 33)의 기록인 <사료 3>의 밑줄 ⓐ에서는 아직도 그 일이 시작되고 있지 않음을 알 수 있다. 그리고 밑줄 ⓑ에서 알 수 있듯이 이 南蠻砲가 외국의 병기, 다시 말하면 하멜 일행이 표착할 당시 가지고 온 南蠻砲로서 이미 오래되어 다른 병기를 주조해보았자 대단한 것은 못되므로 차후의 대포제작에 이용하기 위하여 남겨두도록 하였던 것이다. 결국 이 하멜 일행이 가져온 南蠻砲가 어떠한 용도로 사용되고 있었는가에 대해서는 확인할 수 없었다.

　아무튼 이러한 결정 이후에도 서양의 기술로 제작된 紅夷砲 관련의 기록들은 보이고 있다. 즉,『英祖實錄』기록된 훈련도감의 보고 기록으로서, 여기에는 "本局(훈련도감)에서 새로 마련한 銅砲가 50이고, 紅夷砲가 둘인데, 그것을 싣는 수레는 52폭입니다. 銅砲의 탄환거리는 2천여 步이며, 紅夷砲의 탄환거리는 10여 리나 되니, 이는 실로 위급한 시기에 사용할 만한 것입니다. 紅夷砲는 바로 우리나라에서 새로 만든 것으로 睿覽하시도록 올리니 관리·감독한 자들의 노고를 기록해 주소서."[33]라는 내용이 보이고 있어 紅夷砲 제작을 확인할 수 있다. 그런데, 이 기록은 1731년(英祖 7)의 일로서 시기적으로 당시의 紅夷砲 제작에 박연이 관여하고 있었다고는 볼 수 없다. 아마, 이것은 주지한 바와 같이 1707년 (肅宗 33) 남겨둔 하멜 일행의 남만대포 1문의 개량품이 아니면 박연이 훈련도감에 배속되어 있을 당시 제작했다고 여겨지는 강화부 남만대포의 개량품이었다고 생각된다.

　道, 一箇則姑爲留置, 何如, 上曰, 依爲之"
33)『英祖實錄』, 英祖 7년 9월 신사(21일)조.

2. 박연의 조총 제작과 하멜의 관련성

지금까지 막연하게 많은 연구자들 사이에서는 17세기에 조선에서 행해진 서양식 무기개발을 두고 여기에는 하멜 일행이 관여했다고 보는 경향이 있었다. 그 실례로 김종수는 하멜이 조총개발에도 참여했었다고 주장하였고,[34] 또 KBS 방송국에서 하멜의 조선표착을 중심으로 제작한 2부작 다큐멘터리 프로그램에서는 "하멜 일행이 조선의 병기개발에 개입하고 있었다."라고 주장하고 있다.[35] 방송국의 다큐멘터리 프로그램 제작을 비판하는 것은 아니나, 국영방송의 다큐멘터리인 만큼 일반인들이 그것을 사실로 인지하여 잘못된 역사인식을 심어줄 수 있기 때문에 언급하는 것이다. 하지만 과연 그러할까. 다음의 사료로부터 검토해 보기로 하자.

> <사료 4>
> 새로운 체제의 鳥銃을 만들었다. 이에 앞서 蠻人이 표류해 와 그들에게 조총을 얻었는데, 그 체제가 매우 정교하므로 訓局에 명하여 모방해서 그것을 만들도록 한 것이다.[36]

<사료 4>는 1656년(孝宗 7) 7월의 『孝宗實錄』의 기사인데, 南蠻人이 표착해 왔을 때 가지고 온 조총이 정교하니, 훈련도감에 명하여 그것을 모방해서 서양식의 새로운 조총을 만들었다는 것이다. 전술한 바와 같이

---

34) 金鍾洙, 「朝鮮後期 訓練都監 運營의 社會經濟的 影響」(『軍事』 33, 1996), 169 ~170쪽.

35) KBS방송국, '중세 조선의 비밀-하멜표류기-', 1996년 8월 25일·9월 1일 방영.

36) 『孝宗實錄』, 孝宗 7년 7월 갑자(18일)조.

이미 조선은 남만 조총의 위력과 편리성에 대한 정보를 쓰시마번[倭館]을 통해 듣고 있었다. 또 1648년(仁祖 26) 10월에는 영의정이 南蠻의 조총은 운용하기에 가볍고, 거리도 2~30리까지 도달할 수 있으며, 또 연속발사도 가능하므로 奇震興에게 감독하게 하여 제조를 지시했다는 보고를 하고 있었으며, 仁祖도 그렇다면 많이 제조하라는 승인까지 내리고 있었다.37) 이때 南蠻의 銃이 제작되었는지 어떤지는 확인할 수 없지만, <사료 4>에서는 확실히 남만의 조총을 모방해 제작하고 있었다.

조총의 제작 시기와 당시의 표착해 온 南蠻人으로 생각해 볼 때, <사료 4>에 보이는 표류한 蠻人이라는 것은 3년 전인 1653년에 표착한 하멜 일행이다. 또, 成海應의 기록으로부터 하멜 일행이 표착했을 당시에 조총이 있었다는 것도 확인할 수 있어,38) 하멜 일행이 표착했을 당시의 조총이라는 것은 틀림없는 사실이다.

그런데, 여기서 주목해야할 것은 훈련도감에서 네덜란드인의 조총을 모방하여 새로운 서양식의 조총을 제작했을 때에 어떠한 형태로든 그들이 개발에 참여했을 가능성이 충분히 있다는 점이다. 때문에 전술한 김종수는 하멜 일행이 조총개발에도 참여했었다고 주장하고 있으나, 하멜 일행은 당시에 참여하지도 않았고, 또 참여할 수 있는 여건도 조성되지 않았었다. 그 이유는 하멜 일행이 훈련도감의 조총개발에 참여했었다는

---

37) 『備邊司謄錄』, 仁祖 26년 10월 3일조. "領相曰, 南蠻國紙銃之制極妙云, 方使奇震興監做矣, 上曰, 其制何以爲之, 領相曰, 以熟銅造其體, 以紙厚裹之, 着以同油, 運用甚輕, 高低任意, 聲壯而及遠, 雖二三十里, 可以及達矣, 上曰, 累次連放, 而不爲裂破乎, 兵判曰, 然矣, 上曰, 果好則多造可也"

38) 『研經齋全集』 권56, 筆記類, 西洋舶條. "鳥銃以周尺, 尺之, 長五尺七寸, 圍六寸, 梢四寸, 一寸, 耳廣一寸五, 耳有盖有障, 共爲一樞, 皆可離合, 火機向內而点鐵, 標之在梢者, 小如菉充, 在本者中�/割橫鐵, 從割痕而闊之, 其制甚巧, 而今無粧筒, 不可攷, 長劍似倭製, 槍幹不知何木, 而輕靭不折, 庫藏五十余年, 亦不蠹損, 收其粧船鐵, 至万余斤"

명확한 사료도 없을 뿐만 아니라, <사료 4>에 보이는 바와 같이 서양식의 조총이 만들어졌던 1656년 7월의 시점에서 그들은 이미 전라도에 分置되어 있었다. 『하멜보고서』에 의하면, 그들은 1656년 2월 초순경에 박연과 한강변에서 이별한 후, 전라도를 행해 서울을 떠나고 있었다.

서울을 떠나게 된 이유와 하멜 일행의 무기개발에 대한 논증과는 깊은 관련이 있어 다음 절에서 상세히 살펴보겠으나, 우선 여기서 간단히 언급만 해보도록 하겠다.

하멜 일행은 1653년 제주도에 표착한 이후 1654년 5월 12일에는 박연과 함께 이미 서울에 도착해 있었다.[39] 하지만, 조정의 입장에서 본다면, 서양 異國人들의 조선 체재는 조선에 매우 불리했다. 왜냐하면, 청국과 책봉체제를 맺은 지 얼마 되지 않아 이 이 사실을 알면 괜한 트집을 잡을까 우려했기 때문이다. 물론, 박연도 체재하고 있었지만, 그는 혼자였고 하멜 일행과 같이 당시 35명(제주도에 표착했을 당시는 36명이나 한 명은 서울로 이송하던 중 영암에서 사망)이라는 다수의 서양인들이 그것도 서울에 체재한다는 것은 어떠한 경우라도 문제의 소지가 있었다.

때문에 청국 사신들에게 하멜 일행이 서울에 체재하고 있다는 사실을 비밀로 하기 위해 사신들이 입경할 때마다 수차례에 걸쳐 남한산성에 감금하였다. 그러나 1655년(孝宗 6) 3월의 청국 사신 입경했을 때, 일행 2명이 거류지를 탈주하여 귀국을 위해 서울을 떠나고 있던 청국 사신의 행렬에 뛰어들어 본국으로의 송환을 요청하는 사건을 일으킨다. 이것이 바로 서울에서의 '탈출사건'인데, 이 사건으로 인해 조선정부는 서양식의 신식무기개발과 관련해 네덜란드인의 이용에 부정적인 인식을 갖게 된다. 결국 '탈출사건'은 청국 사신에게 뇌물을 줌으로써 해결하였으나, 조정에서는 이러한 문제를 미연에 방지하기 위해 전라도 유배를 결정한다. 이러한 사건을 배경으로 하멜 일행은 서울을 떠나게 되는데, 바로 그

---

39) 『備邊司謄錄』, 孝宗 5년 5월 12일조.

출발 시기가 1656년 2월 초순경인 것이다.

　다시 말하면, 시기적으로나 조정의 하멜 일행에 대한 인식 정도로 보나 그들이 조총을 만들거나, 신식 조총제작에 관여할 기회는 전혀 없었던 것이다. '탈출사건' 이전에 조총제작이나 무기개발에 관여했다는 증거도 없으며, 오히려 그들에 대한 감시는 더더욱 엄격하게 변했다. 그렇다면 이러한 조선정부의 하멜 일행에 대한 인식과 무기개발 문제를 어떻게 평가해야할까. 다음에서 하멜 일행이 일으킨 서울에서 탈출사건의 전모와 함께 이 사건이 박연 또는 조선의 무기개발과 어떻게 관련되고 있었는가에 대해 살펴보겠다.

Ⅳ. 하멜 일행의 탈출사건

1. 탈출사건

　하멜 일행의 서울에서의 탈출사건과 관련된 기록은『하멜보고서』,『孝宗實錄』,『承政院日記』,『備邊司謄錄』등이 있다. 다만,『承政院日記』[40]에는 일행이 탈출 후 서울의 동서문로에서 체포될 때의 상황을 알려주는『訓局謄錄』을 인용한 기사도 보이고 있으나, 현재『訓局謄錄』은 1703(肅宗 29)~1778년(正祖 2) 사이의 3책만 현존하고 있어 효종 때의 자료는 검토할 수 없었다. 이들 사료에 의하면 하멜 일행의 탈출사건이 얼마나 조선정부를 곤란에 빠트리고 있었는가를 확인할 수 있다.

　우선,『하멜보고서』에 의하면, 조선에 청국 사신에 올 때마다 자신들

---

40)『承政院日記』, 孝宗 6년 3월 15일조.

은 서울 부근의 남한산성에 보내져 외출이 금지되는 등의 왕명을 받았
다고 기록하고 있다. 그 정도로 청국의 압박 하에 있던 조선에게 하멜
일행은 신경을 곤두세우게 하는 존재였던 것이다. 분명히 그들이 가지고
있던 서양의 병기기술은 그 나름대로 평가를 받아 孝宗의 북벌정책 하
에서는 훈련도감에도 배속되기는 했지만, 서양의 異國人이 35명씩이나
훈련도감에 배속되어 훈련을 받고 있었다는 것은 청국의 의심을 사게
되고 나아가 북벌정책에 지장을 초래할 위험성이 충분히 있었다.

하멜 일행이 서울에 체재하고 있던 기간에는 총 4번에 걸친 청국 사신
의 서울 방문이 있었다. 우선, 1654년에 사신이 입성한 시기는 사신들이
서울에 체재하고 있던 8월부터 9월 초순까지 남한산성에서 지내고 있었
기 때문에 문제가 없었다. 그런데, 1655년 3월에 청국 사신이 서울을 방
문했을 때, 조선정부의 우려는 현실로 나타났다. 그 전과 마찬가지로 하
멜 일행은 외출이 금지되고, 위반할 경우 엄벌에 처한다는 지시가 내려
져 있었음에도 불구하고 일행 중의 두 사람이 거류지를 이탈해 청국 사
신의 귀국 행렬에 뛰어들어 자신들을 네덜란드 본국으로 송환해줄 것을
요청하는 사건을 일으켰다. 이 사건에 관해서는 하멜이 그 전모를 상세
히 기록하고 있기 때문에 내용이 조금 길지만 『하멜보고서』의 기록을
살펴보도록 하겠다.

<사료 5>
1655년 3월 청국 사신의 일행이 다시 서울로 왔다. 우리는 이 기간 동
안에 외출을 금지한다는 명령을 받았다. 그러나 사신이 떠나려던 날,
ⓐ우리 일행 중 암스테르담 출신 일등항해사 헨드릭 얀스(Hendrik
Janse)와 할렘 출신의 포수 헨드릭 얀스 보스(Hendrik Janse Bos)가 땔감
을 구하러 가는 척 하다가 숲으로 가서 청국 사신이 지나가는 길목에
숨어 기다렸다. ⓑ수백 명의 기병과 보병의 호위를 받으며 사신이 지

나가자 그들은 행렬을 헤치고 나아가 사신이 탄 말머리를 붙잡았다. 그들은 조선 의복을 벗고 안에 입고 있던 네덜란드 복장을 보여주었 다. 순식간에 일대 혼란이 일어나 우왕좌왕하여 수라장으로 변했다. 청국의 사신은 그들에게 어느 나라 사람이냐고 물었으나 서로 말이 통하지 않았다. 사신은 자신들이 묵게 될 곳으로 항해사를 같이 데려 오도록 명령했다. 사신은 그를 호위하고 온 병사에게 그의 말을 알아 들을 수 있는 사람이 있는지 물었다. 그러자 왕은 즉시 박연(벨테브레) 을 그곳으로 보냈다.

우리들 또한 왕국으로 끌려가 대신들 앞에 서게 되었다. 그들은 우리 에게 이 일에 대해 알고 있었는지를 물었다. 우리는 이 일에 대해 알 지 못한다고 대답하였다. 그럼에도 불구하고 대신들은 이 두 사람이 외출한 것을 보고하지 않았다는 이유로 우리를 처벌했다. 판결은 각 각 곤장 50대씩이었다. 보고를 받은 왕은 우리가 폭풍 때문에 이곳에 온 것이지 도둑질이나 혹은 약탈을 하기 위해 이곳에 온 것이 아니라 고 하여 그 처벌을 승인하지 않았다. 왕은 우리를 숙소로 돌려보내고 그곳에서 다음 지시를 기다리라는 명령을 내렸다.

항해사가 벨테브레와 함께 청국 사신에게 가자 청국 사신은 이런 저 런 일에 대해서 조사를 받았다. ⓒ그러는 사이에 왕과 조정의 대신들 은 파선된 배에서 건져낸 총과 화물을 공물로 바쳐야만 할 것을 우려 한 나머지 이 불상사가 중국 황제의 귀에 들어가지 않도록 하기 위하 여 청국 사신에게 많은 돈을 뇌물로 주어 일을 적당히 수습하는 방향 으로 마무리 지었다. ⓓ우리의 동료 두 사람은 서울로 압송되어 곧바 로 감옥에 투옥되었다. 그들은 얼마 후 옥중에서 죽었다. 수감 중 단 한 번의 면회도 허락되지 않았고, 심지어는 가까이 접근하지 못하도 록 금지령이 내렸던 관계로 그들이 자연사로 죽었는지 혹은 사형을 당했는지 조차도 확인할 길이 없다.

사건의 전말을 아주 상세하면서도 명료하게 기록하고 있다. 밑줄 ⓐ로 부터 탈출을 주도한 일행 2명은 바로 일등항해사 헨드릭 얀스(Hendrik Janse)와 포수 헨드릭 얀스 보스(Hendrik Janse Bos)라는 것을 알 수 있다. 그리고 이들이 청국 사신의 행렬에 뛰어 들어가 자신들의 네덜란드 복장을 보여주며 소동을 피웠는데(밑줄 ⓑ), 이것은 네덜란드 복장을 보여주어 자신들이 조선인이 아니며 억류되어 있다는 것을 하소연하여 귀국의 기회를 얻으려 했던 것임을 유추해볼 수 있다. 하지만, 결국은 실패하였고, 더욱이 탈출을 방조했던 일행들에게도 곤장 50대의 형벌이 내려지고 있었다.

한편, 하멜은 이 탈출사건이 조선정부에게는 치명적인 것이었다고 보고 있었다. 밑줄 ⓒ에서 알 수 있듯이 난파선 스페르붸르호에 선적되어 있던 총과 화물 등을 공물로서 淸으로 보내야 할 것을 우려했기 때문이다. 물론 이것은 하멜의 판단으로 이 또한 조선정부를 곤란하게 만든 이유가 되겠지만, 더 큰 문제를 발생할 수 있었던 것은 네덜란드인 자체가 조선에 장기간 체재하며 훈련도감에서 군사훈련을 받고 있었다는 점이었다. 이것이 청국에 알려지면, 북벌정책에 막대한 지장을 가져오기 때문이다. 결국 이 사건은 청국 사신에게 뇌물을 주어 매수하는 방편으로 무사히 넘어갈 수 있었지만, 조선정부의 입장에서는 역시 일어나서는 안 될 귀찮은 사건이기도 했다. 후에 이 탈출사건의 주범격인 일등항해사와 포수는 밑줄 ⓓ에서 알 수 있듯이 옥사해 버렸다고 한다. 하멜은 자연사인지 처형을 당했는지 모르겠다고 기술하고 있으나, 이와 관련된 조선측의 사료를 검토해보면 흥미롭고도 새로운 사실들을 발견할 수 있다.

<사료 6>
훈련도감에서 아뢰기를, "南蠻人이 청국 사신의 행렬에 뛰어들었는데, 일찍이 예기치 못한 일입니다. 소식을 듣고 경악을 금치 못했습니다. ⓐ뛰어든 사람이 누구인지 알아보기 위해 즉시 南蠻人을 불러 점호를 해보았더니, 그들 중에 南北山과 南二安 두 사람이 나타나지 않습니다. 그 후에 遠接使의 장계를 받고나서 비로소 뛰어든 자가 南北山이고 달아난 자가 南二安이라는 것을 알았습니다. 뛰어든 자는 접어두

고라도 달아난 자는 즉시 쫓아가서 잡지 않으면 안 되기 때문에 기패 (旗牌) 등의 관원을 따로 정해 각기 군인을 인솔케 하여 창의문 안팎 의 여러 산들을 수색하도록 하고 성안의 주요 도로도 염탐하여 조사 하게 하였습니다. 그러자 ⓑ東營에 근무하던 군병이 東小門의 노상에 서 二安(남이안)을 발견하여 발에 족쇄를 채우고 보고해 왔습니다. 칼 과 족쇄를 채워 죄인을 옥에 가두는 것에 대해 감히 여쭙니다." 하 였다. 전하여 말하기를 "알았다. 잘 타일러서 그 마음을 안심시키는 것이 좋으며, 한편으로는 그의 행동거지를 잘 살피라."고 하였다.[41]

이 기록은 훈련도감의 보고를 받아 승정원이 기록한 내용인데, 『하멜 보고서』에는 보이지 않았던 조정의 상황에 대해서 상세히 알려주고 있 다. 『하멜보고서』에는 이 두 사람을 일등항해사 헨드릭 얀스(Hendrik Janse)와 포수 헨드릭 얀스 보스(Hendrik Janse Bos)라 하였고, 청국 사신에 게 붙잡혀간 것은 항해사라고 했다. 그런데 위의 <사료 6>의 기록에는 청국 사신 행렬에 뛰어든 자가 南北山이고 달아난 자가 南二安이라고 정확하게 조선명으로 기록하고 있다(밑줄 ⓐ). 그들이 조선명을 가지고 있었다는 것 자체로 흥미로운 사실들이기는 하지만, 『하멜보고서』에 언 급되지 않았던 내용들을 보충하고 있어 사건의 전말을 더욱 명확히 알 려주고 있다.

이 두 기록을 비교해보면, 南北山은 항해사 헨드릭 얀스이고, 도망친 南二安이 헨드릭 얀스 보스였던 것이다. 먼저 뛰어들었던 南北山은 그

41) 『承政院日記』, 孝宗 6년 3월 15일조. "訓鍊都監啓曰, 南蠻之人, 投入勅行, 曾 所不意, 聞來極爲驚駭, 欲知某人之投入, 卽聚南蠻人等點考, 則其中南北山南 二安二名, 不現矣. 得接遠接使狀啓, 始知投入者北山, 逃走者二安也. 投入者 則不須言, 而逃走之人則不可不及時追捕, 故別定旗牌等官, 各率軍人, 彰義門 內外諸山, 使之搜覓, 城中要路, 亦爲詗察矣. 卽者東營入直軍兵, 逢着二安於 東小門路上, 執捉來告, 俱枷杻囚禁之意, 敢啓. 傳曰, 知道. 善爲開諭, 俾安其 心, 一邊譏察其行止, 可也"

자리에서 붙잡혔으나, 다른 한 명이었던 南二安은 그대로 도망쳤고, 결국 <사료 6>의 밑줄 ⓑ에 의하면, 南二安은 旗牌와 관원 및 군인들의 수색에 의해 서울 東小門의 노상에서 붙잡히게 되어 칼과 족쇄에 채워져 옥에 갇히는 신세가 되었던 것이다.

2. 탈출사건의 처리

그렇다면, 탈출사건의 주동자인 南北山과 南二安이 붙잡히거나 투옥되기는 했으나, 그 후에 어떻게 처리되었을까. 그들의 처리는 청국과의 외교관계에 커다란 지장을 초래할 위험성을 지니고 있었는데, 이것이 어떻게 해결되고 있었는가를 살펴보겠다. 청국 사신에게 붙잡혀 있던 일등 항해사도 3일 후에는 조정에 넘겨지는데, 관련기록은 다음과 같다.

> <사료 7>
> 비변사에서 아뢰기를 "本司의 草記에 답하여 말하기를, '알았다. 蠻人을 압송해오면, 즉시 엄하게 가두어 두고, 전교하라'고 되어 있습니다. 北山이 어제 申時에 들어왔는데, 즉시 훈련도감의 대장에게 죄수를 견고히 가두라고 분부했습니다. 삼가 알려드립니다." 하니 전교하기를, "알았다."고 하였다.[42]

위 기록의 밑줄에 의하면, 탈출사건 직후, 청국 사신에 붙잡혀 있던 南北山은 3월 18일의 申時(오후 3시~5시 사이)에 조정으로 압송되어져 투옥되고 있음을 알 수 있다. 이로써 사건의 주동 인물 2명은 모두 투옥되

---

42) 『承政院日記』, 孝宗 6년 3월 19일조. "備邊司啓曰, 以本司草記. 答曰, 知道. 押來蠻人, 卽令嚴囚耶事, 傳敎矣. 北山, 昨日申時入來, 卽爲分付都監大將, 使之堅囚矣. 敢啓. 傳曰, 知道"

게 되었는데, 이들의 그 후 상황은 참담 그 자체였다. 전술한『하멜보고
서』(<사료 5>의 밑줄 ⓓ)에는 두 사람이 투옥된 후에 자연사했는지 사
형을 당했는지 명확하게 언급되지 않은 채 사망한 사실만을 기록하고
있다. 하지만 다음『孝宗實錄』의 기록에 의하면 명확한 사망 원인을 파
악할 수 있다.

<사료 8>
당초에 남만인 30여 인이 표류하여 제주에 이르러 목사 李元鎭이 붙
잡아서 서울로 보내었다. 조정에서 급료를 주고 都監(훈련도감)의 軍
伍에 나누어 예속시켰다. ⓐ청나라 사신이 왔을 때에 南北山이라는
자가 노상에서 直訴하여 고국으로 돌려보내 주기를 청하니, 청국 사
신이 크게 놀라 본국을 시켜 잡아 두고 기다리게 하였다. ⓑ南北山이
초조하여 먹지 않고 죽으니 조정이 매우 근심하였으나, ⓒ청국 사람
들이 끝내 묻지 않았다.[43]

먼저 <사료 8> 밑줄 ⓐ에서 南北山이 탈출사건을 일으켰다는 사실을
확인할 수 있고, 밑줄 ⓑ에서는 南北山이 투옥된 후, 감옥에서 초조해하
다가 아무것도 먹지 않아 병사했음을 알 수 있다.[44] 이국땅에서 탈출에
실패해 감옥에 갇히게 되자 너무나 초조해한 나머지 식음을 전폐하였다
고는 하지만, 탈출사건을 일으킨 죄목으로 어떠한 형태로든 형벌이 가해
졌을 것이므로 그 형벌이 원인이 되었음도 추측해 볼 수 있다. 南二安에
대해서는 어떠한 언급도 없어 확인할 길은 없으나, 결국 사망했다는 사
실과 함께 南北山과 같은 상황에 놓여 있었음은 말할 것도 없겠다. 그런

---

43)『孝宗實錄』, 孝宗 6년 4월 기묘(25일)조.
44) 이병도는 이 사료를 근거로 南北山이라는 이름은 南山과 北山으로 탈출을
    시도한 두 사람의 이름이라고 했으나, 이는 오류이다(『하멜漂流記』, 一潮閣,
    1954, 41쪽).

데, 여기서 재미있는 사실은 <사료 7>의 밑줄 ⓒ에 보이듯이 탈출사건
에 대해서 청국 사신들이 더 이상 문제 삼고 있지 않았다는 점이다.

탈출사건으로 인한 南北山의 죽음에 조정은 상당히 우려하고 있었다.
하멜 일행이 탈출사건과 함께 청국 사신에게 본국송환을 직소하는 사건
을 일으키기는 하였지만, 사형으로서 처벌할 수는 없었다. 그 이유는
<사료 8>의 밑줄 ⓐ에 보이듯이 청국 사신이 소동을 일으킨 네덜란드
인 두 명을 잡아두고 자신들의 지시를 기다리도록 했기 때문이다. 그럼
에도 불구하고 탈출사건에 대해서 청국 사신으로부터 그 어떠한 문책도
없었다. 그것은 『하멜보고서』에 기록되어 있는 바와 같이 청국 사신에게
뇌물을 주어 사건 차제를 문제화시키지 않는 은폐 작전이 성공했기 때
문이다.

이 탈출사건의 여파는 하멜 일행에게도 조선에게도 크게 미쳤다. 『하
멜보고서』(전술 <사료 5>)에 의하면, 우선 하멜 일행은 이 사건을 사전
에 알고 있었는지 어떤지에 대해 심문을 받는 뒤에 도주가 불가능하다
는 것을 인지시키기 위해 한 사람 당 곤장 50대의 처벌을 명받았다. 이
처벌은 孝宗이 하멜 일행이 어쩔 수 없이 풍랑에 떠밀려온 것이지 약탈
을 목적으로 온 것은 아니니 살려두라는 지시에 의해 취소되기는 했지
만, 하멜 일행에 대한 조선의 경계는 더욱더 냉엄해지고, 사건의 이후에
도 2회에 걸친 청국 사신의 입성이 있었으나 이때에도 엄중히 감금되고
있었다.

그러나 이것만으로 끝난 것은 아니었다. 조정에서는 탈출사건을 일단락
지운 뒤에도 하멜 일행의 처리에 관하여 논의를 거듭했다. 왜냐하면, 이와
같은 사건이 재발하여 또 다시 청국과의 관계에서 조정이 외교적 난관에
봉착되는 것을 염려했기 때문이다. 조정에서는 일행을 처형해야한다는 잔
혹한 의견도 강하게 대두되었지만, 국왕의 남동생인 인평대군 등의 의견
으로 목숨만은 살려두어 전라도에 유배시키는 것으로 결착되었다.

이들이 서울을 떠난 것은 1656년 2월 초순경(『하멜보고서』 3월 초순경)으로 한강 부근에서 박연과 마지막 인사를 나누게 된다. 그들이 당초 제주에서 서울로 왔을 때의 길을 반대로 거슬러 내려가 도착한 곳은 전라병영이었다. 1653년 표착할 당시 36명의 생존자가 서울 상경 시에 1명이 사망하고, 탈출사건으로 2명이 사망하여 결국 33명만이 생존하고 있었다.

V. 네덜란드인과 서양 異國人 등용정책

1. 무기개발로 본 박연과 하멜 일행의 차이

앞의 절에서는 하멜 일행의 탈출시도사건에 대한 전모를 밝혀 보았다. 그렇다면, 이러한 탈출사건이 박연과 하멜 일행에 어떠한 차별적인 대우를 초래했으며, 이들이 조선정부의 서양식 병기개발과 어떠한 관련이 있었는지를 고찰하여, 이를 통해 조선의 서양 異國人 등용정책을 규명해 보도록 하겠다.

당초, 조선정부가 박연을 훈련도감에 배속시킨 것은 그의 능력을 인정했기 때문이며, 하멜 일행도 초기 단계에서는 마찬가지였다. 하멜 일행이 서양의 여러 가지 기술을 가지고 있다는 것은 "蠻人은 많은 기술을 가지고 있어, 역법과 의술에 정통하다. 기교가 있는 장인과 뛰어난 대장장이는 모두 바다에서 사망했는데, 단지 星曆(천문)을 이해하는 자 1명, 권법을 잘하는 자 1명, 조총을 잘 다루는 자 1명, 대포를 잘 다루는 자 10여 명이 있었다."는 내용으로도 알 수 있다.[45] 즉, 그들 중에 생존자는 대부분이 병기에 뛰어난 자들이었고, 그러한 그들의 능력이 있었기에 훈련도감으로의 배속은 조선정부로서는 적절한 조치였다.

참고로 『하멜보고서』에 의하면 조선정부는 그들에게 호패를 지급하여 훈련도감에 배속시켰는데, 당초에 그들에게 호패를 지급했다는 점으로 볼 때, 박연과 같은 차원에서 조선의 백성으로 인정하여 이용하려했던 점도 없지 않아 보인다. 즉, 훈련도감에 배속되어 있던 降倭 또는 귀순 중국인과 같은 레벨에서 그들을 위치시키려 했다. 그러나 그들은 제주도에 표착했을 당시부터 수차례에 걸쳐 탈출을 시도하고 있었으며, 전술한 바와 같은 서울에서의 탈출사건도 일으키고 있었다. 조선에서 체재하는 동안 시간이 경과함에 따라 그들은 귀찮고 불편한 존재로 전락해간 것이다.

당시 조선은 청국의 심한 내정간섭을 받고 있었다. 또 일본으로부터는 1644년부터 수차례에 걸쳐 그리스도교 금제에 관한 요청을 받고 있었다.[46] 이러한 상황 하에 네덜란드인이 조선에 머물고 있다는 것 자체가 대외적인 문제를 일으킬 소지가 충분히 있었다. 당초에 박연과 같이 이용하려 했던 하멜 일행은 점차 문제 집단으로 전락된 것이고, 또 격리시켜야만 할 존재로 조선정부에 인식되어 버린 것이다. 하멜 일행을 서울과 청국 사신의 통로에서 멀리 떨어져 있고, 또 일본인이 왕래하던 부산으로부터 먼 곳에 위치한 전라도 지역으로 분치한 것은 이러한 이유가 있었기 때문이다.

그러나 하멜 일행과는 달리 박연의 경우는 많은 차이점을 보이고 있다. 박연은 서울에서 조선의 정식관리로 훈련도감에 배속되어 있었으며, 병서와 대포제조 등 뛰어난 능력을 소유하고 있었다. 뿐만 아니라, 降倭

---

45) 『研經齋全集』 권56, 筆記類, 西洋舶條. "蠻人多技術, 最精曆法醫方. 其巧匠良冶, 多死於海, 只有解星曆者一人, 解拳法者二人, 善鳥銃者一, 解大砲者十余人"

46) 본고의 제4장을 참조.

및 귀순 중국인을 거느리는 일종의 '외인부대'의 책임자였다. 박연은 후에 무과에 급제하기도 했으며, 조선의 여성과 결혼하여 자식을 낳았고, 그 자식 또한 훈련도감에 배속되어 있었다.[47) 또 무엇보다도 장기간 조선에 체재하고 있었기에 언어 소통에 대한 문제점도 없었다. 조선에 표착할 당시 벨테브레라는 이름의 네덜란드인이 조선의 병기개발과 개량에 중심적인 역할을 다하며, 조선인 박연으로 조선 사회에 동화되어 간 것이다. 때문에 하멜 일행이 표착했을 당시 박연에게 일본으로의 송환과 박연의 송환 가능성을 애원했어도 오히려 그들의 요청을 묵살하며 조선 체재를 권유했던 것이다.

이러한 여러 상황 등으로 볼 때, 조선의 紅夷砲 및 조총의 성능 개량에는 하멜 일행보다도 박연이 참여하고 있었다고 보는 것이 논리적으로 타당하며, 또 하멜 일행이 무기개량에 참가하고 있었다고 보는 견해는 수정하지 않으면 안 된다. 그 후의 박연에 대해서『閑居漫錄』에는 "조선의 여자를 취해 남여 각 1명씩을 낳았으나, 사후 그의 존부를 알 수 없다."[48)는 기록이 보이고 있으며 그 밖의 상세한 내용은 찾을 수 없다.

한편, 조선인이 된 박연은 조선의 병기개발과 개량에 커다란 역할을 다하고 있었으나, 그가 참가하고 있던 병기개량에 의한 군사기술의 축적은 孝宗의 崩御와 함께 쇠퇴했다. 그것은 孝宗의 崩御에 따른 북벌운동의 침체에 기인하는 것이다. 하지만 그것만으로 북벌체제와 병기개량의 침체를 설명할 수는 없다. 강력한 북벌정책의 추진 중에도 민심의 동요는 늘 상존하고 있었으며, 지방 관리는 민정보다 군정에 매달리게 되었고, 중앙정계에서는 孝宗의 무신세력 비호 속에서 문신과 무신간의 대립이 심화되어 문제성은 잔존하고 있었다. 또한 孝宗과 문신간의 직접적인

---

47)『石齋稿』권9. "朴延亦阿蘭陀人也. 延居大將具仁垕(厚)麾下. 其子孫遂編訓局之軍籍"
48)『閑居漫錄』권2. "淵娶我國女, 産男女各一人. 淵死後, 不知其存否也"

대립이라고 할 수 있는 '釋奠파기사건'이 일어나 孝宗은 朝臣뿐만이 아닌 재야유림과도 반목하고 있었던 것이다.49)

특히, 병기의 개발과 개량이라는 측면에서 본다면, 1658년(孝宗 9) 청국의 요청에 의해 참가한 羅禪征伐에서 정밀한 수석식 조총을 손에 넣었음에도 불구하고 개발작업에 들어 가보지도 못하고 사장50)되었을 정도로 활발했던 병기개량의 분위기도 대청관계의 개선과 함께 쇠퇴하기 시작하였다. 게다가 1653년의 전국적인 흉황으로 인해 익년에는 군비 확충보다 기민구제가 급선무로 등장하게 되었고,51) 1659년부터 1663년 사이의 전례 없는 가뭄과 기근으로 인한 경제적 기반의 약화는 군비증강의 쇠퇴를 동반하게 되었다. 즉, 대외적인 면에서는 북벌정책보다 안정을 지향하게 되었고, 대내적으로는 재정난과 파벌경쟁, 그리고 군신간의 불화가 겹쳐짐에 따라 군비증강에 힘을 쓸 수 있는 여건이 조성되지 못했던 것이다.

이러한 병기개발에 대한 무관심은 결국 19세기까지 계속되었다. 그 사이에 신기술에 의한 병기개발은 물론, 기존의 병기에 대한 관리조차도 태만을 거듭하였던 것이다. 병기에 대한 개량과 신병기의 개발이 연속적으로 이루어진 서양에 비해 조선은 비교도 안 될 정도로 격차를 보이며 뒤떨어지게 된 것이다. 19세기 유럽에서의 병기기술은 'percussion cap'이

---

49) 李京燦, 앞의 논문, 225~236쪽. '釋奠파기사건'이라는 것은 順天營將 白弘性이 선조의 휘일에 향교로 釋奠제물을 받들고 가던 유생들을 구타하고 제물을 길에 쏟아 버린 사건으로 호남유생들이 通文을 돌려 성토하였으나, 孝宗이 오히려 통문의 주동자를 처벌하겠다고 하여 조정과 재야의 거센 비난을 받기도 하였다.

50) 국방연구소편, 『韓國武器發達史』(국방연구소, 1994), 481쪽.

51) 『備邊司謄錄』, 孝宗 5년 5월 27·28일조. 이와 관련한 군비확충과 재정 내지는 飢民救恤의 문제에 대해서는 車文燮이 상세히 설명하고 있다(국방연구소편, 앞의 책, 322~341쪽).

라는 신기술이 개발됨과 동시에 탄환의 구조도 변형시켜 연속발사가 가
능하게 되었다.[52] 1836년에는 프랑스에서 격침과 藥莢을 이용한 'percussion
lock'이라는 뇌관식 격발장치가 발명되어 유럽에서는 병기개발에 더더욱
박차를 가하고 있었으며, 대포 역시 말할 것도 없었다. 그 후, 소위 아편
전쟁으로 淸이 패전함에 따라 서양에 대한 위기감이 고조되어 군비강화
에 다시 관심을 갖게 되지만, 이미 좁혀질 수 없을 정도로 벌어진 기술
의 차이를 단기간에 극복하기는 어려웠다.

2. 서양 異國人 등용정책

조선정부는 표착해 온 네덜란드인들을 훈련도감에 배속시키고 있었는
데, 특히 박연은 장교급으로 등용되고 있었다는 것은 주지의 사실이다.
이러한 異國人 등용이 언제부터 시작되었는지 정확한 규정짓기는 어렵
다. 하지만, 최근의 연구에 따르면, 고려초기부터 많은 여진·거란인의
귀화가 있었고, 후기에는 몽골·일본인 등이 귀화하고 있어 귀화인 수는
고려 초기에만 158회 168,499명에 이르며, 후기에는 93회 69,726명에 이
른다.[53] 또한 귀화인을 받아들인 목적은 지식인 유치와 국방 병력의 강
화에 있었으며, 공적이 있는 귀화인에 대해서는 성명과 관직을 주는 등
그들에 대한 동화책을 실시하고 있었다.[54]

조선을 건국한 태조 이성계 때에도 異國人 등용 사례는 여러 곳에 보
인다. 조선 초기 가장 대표적인 사례는 여진족 출신인 李之蘭의 등용을

---

52) 金舜圭, 「朝鮮時代 手銃運用의 性格」(『軍事』 26, 1993), 52~53쪽. 격발 뇌관
   장치로 소형화기의 발사를 위해 기폭제를 넣은 소형 금속제 캡을 말한다.
53) 朴玉杰, 『高麗時代의 歸化人 硏究』(국학자료원, 1996), 59·156쪽 ; 朴玉杰, 「高
   麗初期 歸化漢人에 대하여」(『國史館論叢』 39, 1992).
54) 상동, 169~210쪽.

들 수 있다. 그는 마천령 이북에서 다수의 여진족을 지배하며 이성계와 세력 다툼을 하고 있었는데, 결국 이성계의 휘하에 들어가 조선왕조 건국에 혁혁한 공을 세운 개국공신이 되었다.[55] 이러한 여진족의 등용에 대해서는 『太祖實錄』에만도 수 없이 등장하고 있다. 물론, 이것은 북방민족에 대한 기미정책의 일환이기도 하였지만, 특히 기마술과 전투에 능한 여진족은 조선의 군사력 증강에 커다란 역할을 다하고 있었기 때문이다.

하지만, 조선시대의 異國人 등용은 북방민족에 한정된 것이 아니었다. 도요토미 히데요시[豊臣秀吉]가 조선을 침략했을 때, 조선에 투항한 金忠善이라는 降倭도 있다. 그는 일본군과의 전투와 북방수비에 공을 세워 宣祖로부터 관직과 성명을 부여받아 조선인으로서 일생을 마친 자이다. 金忠善의 일본명은 沙也可, 호는 慕夏堂이며, 저명한 『慕夏堂文集』이 남아있어 그의 생애를 엿볼 수 있다. 그의 문집인 『慕夏堂文集』에는 약간 윤색의 흔적이 있고, 또 年譜에는 오기도 보이고 있어 일본 학자들 사이에 위작의 가능성도 대두되고 있었지만, 그가 1597년(宣祖 30)에 金應瑞 휘하의 降倭들과 함께 일본군과의 전투에서 공을 세웠고, 李适의 난, 정묘·병자호란 때에도 공을 세우고 있었다는 것은 의심할 수 없는 사실이다.[56]

金忠善 사례와 유사한 귀화 일본인들은 『宣祖實錄』에 많은 실례가 보이고 있다. 이렇게 귀화 내지는 투항한 일본인은 降倭, 또는 向化倭·歸順倭라고 불리고 있었다. 거의 대부분 『朝鮮王朝實錄』에는 降倭로 표기되고 있는데, 그들은 히데요시의 침략 이후, 급증하여 조정의 허가 없이 살해당하는 경우도 있었다.[57] 그러나 명과 일본 간의 강화교섭이 결렬된

---

55) 국사편찬위원회, 『韓國史』 2(탐구당문화사, 1992), 52~53쪽.

56) 中村榮孝, 「朝鮮役の投降倭將金忠善」(『日鮮關係史の硏究』 中, 吉川弘文館, 1969), 409~412쪽.

후에는 그들에 대한 대우도 완화되어 그 수가 급증하게 되었다. 조선은 그들에게 정보를 얻거나 또는 戰力으로서 이용했는데, 그 중에는 '자칭 倭將', 즉 일본의 무장급인 降倭들은 검술에도 뛰어났을 뿐만 아니라, 일본의 사정에도 밝아 훈련도감에 배속되어 일종의 검술교관으로 기용되기도 하였다.58)

조정에서는 일본의 침략전쟁이 끝난 후에도 이들 降倭를 일본에 송환하지 않고 이용하려고 했다. 훈련도감의 이서와 신경진이 降倭의 자손으로 일본에 쇄환할 자들은 기예에 뛰어나 명령만 내리면 죽을 각오로 싸움에 임하며, 은혜를 베풀면 윗사람을 신애해 명을 받들고 있어 軍中에 두면 도움이 된다고 하면서, 일본은 인구가 많아 그들이 있거나 없거나 커다랗게 문제될 것은 없다고 仁祖에게 진언한 것으로부터도 알 수 있다.59) 또한 일본인들 중에는 조선에 귀화·귀순하려는 자들이 끊이지 않아 조선정부도 그들을 유효하게 이용했던 것이다.

降倭를 포함해 여진 등의 북방민족과 귀화한 중국인도 훈련도감에 배속되어 있었으며, 박연과 하멜 일행과 같은 표착 네덜란드인도 그 범주에 속해 있었다. 임진왜란 때 원군으로 파견된 명군의 잔류병 중에서도 훈련도감에 배속되어 있었다고 추측되는데, 훈련도감에 배속된 異國人들 중에 박연이 서양인으로서 처음인가 아닌가에 대해서는 현재 명확하게 판단할 수는 없지만, 기록상으로는 그가 최초이다.

그렇다면, 표착해 온 서양 異國人을 조선에 체재시키며 훈련도감에 배속시켜 등용하고, 또 그들의 기술을 이용하려한 조선정부의 조치를 어떻게 평가할 것인가. 필자의 견해는 다음과 같다.

첫째, 국가적 차원의 관계에서 벗어난, 환언한다면, 조선의 '표류민 송

---

57) 『宣祖實錄』, 宣祖 27년 10월 기유(5일)조.
58) 『宣祖實錄』, 宣祖 28년 1월 정유(24일)조.
59) 『仁祖實錄』, 仁祖 12년 12월 정유(15일)조.

환체제'라는 네트워크의 그물망에 걸리지 않은 사람(=異國人)에 대해서
도 표류민 구제체제가 적용되고 있었다고 생각한다. 표류민은 소속하고
있는 국가와 조선 사이에 어떠한 형태로든 국제관계가 있어야만 송환되
지만, 생명과 필요 최소한의 생활 여건은 조성해 주고 있었다. 또 그들이
지니고 있는 기능과 능력에 따라 등용시키는 경우도 많았으며, 사정에
따라서는 그들을 유폐시키는 경우도 있었다. 전자의 경우가 박연이며,
후자의 경우가 하멜 일행이었다.

둘째, 조선은 새로운 기술과 인력을 습득하기 위해서는 異國人에 대해
서 기본적으로 열려있었다는 점이다. 그것은 박연의 사례로 명확해지며,
적어도 하멜 일행을 전라도에 분치하기 이전인 서울의 훈련도감에 배속
되어 있을 때도 같은 의도가 있었다고 생각한다. 즉, 어디까지 그들의 기
술을 이용하기 위한 것이었지 네덜란드와 국가적 차원에서의 관계를 인
정한 것은 아니었다. 그것이 조선 해금체제의 또 다른 기본 입장이었던
것이다. 즉, 조선을 둘러싼 네트워크망 밖의 사람(또는 국민)에 대해서도
새로운 기술을 습득하기 위해서는 열려있었다는 것이다. 이는 조선에 대
한 소위 '쇄국론'에 대한 비판의 근거가 될 수 있다.

셋째, 서양 異國人의 훈련도감 배치는 초기에 인도주의적인 차원에서
일종의 관례적인 형태로 이루어진 것이지만, 조선정부는 그들의 군사기
술과 서양식 무기에 대한 취급 능력, 또 무기 제조에 관한 능력을 높이
평가하였고, 그들을 이용하기 위해 배속시켰다는 점이다. 박연과 하멜이
표착했을 당시는 명·청교체기의 혼란을 거듭하고 있었고, 또 孝宗의 북
벌정책 하에 훈련도감을 중심으로 한 군비증강이 진행되고 있었기 때문
이다.

한편, 異國人을 등용하는 것은 조선만의 문제가 아니며, 더 빠른 시기
에 중국과 일본에서도 보이고 있다. 중국의 마르코 폴로와 마테오 리치
등의 예수회 선교사, 일본의 윌리엄 애덤스가 유명한 사례들인데, 양국

은 해외정보와 서양기술을 습득하기 위해 이들을 등용하고 있었다. 아라노 야스노리[荒野泰典]에 의하면, 일본의 경우, 중국인이 大名의 家臣으로서 등용되기도 했으며, 또 領主 계급에 의해 기용되는 사례도 많이 보이고 있다고 한다.[60] 예를 들면, 히라토[平戶]에 표착한 오우치 요시타카[大內義隆]에 의해 기용되었다가 후에 모리 모토나리[毛利元就]에게 의사로 등용된 張忠이라는 중국인과 그 자손이 좋은 예이다. 물론 등용의 방법과 등용된 異國人들의 역할 등에 각국의 특색이 있어 전혀 동일하다고 말할 수는 없지만, 그들의 능력과 기술에 따라 등용하고 있다는 점에서는 일치한다. 즉, 근세 동아시아 세계에서 異國人의 등용이라는 것은 그리 특별한 경우가 아니었던 것이다.

하지만, 조선의 異國人 등용의 특색을 엿볼 수 있다. 조선의 경우, 정보수집 내지 사역원에서의 통역을 위한 경우도 있었는데, 대부분의 경우는 군사력 강화의 일환으로서 면이 강하게 비치고 있다. 그것은 임진왜란과 李适의 난을 거쳐 정묘·병자호란이라는 대내외적인 반란과 침략을 연이어 받고 있었고, 또 孝宗의 북벌정책 등에 의해 국방이 다른 무엇보다도 중요한 선결 과제일 수밖에 없었던 당시 조선의 상황을 반영하고 있었기 때문이다.

한편으로 17세기의 명·청교체기라는 동아시아 대변혁기에 조선의 탈중화 현상과 함께 조선 중심주의의 동아시아 국제관이 형성되어간다는 시점에서 異國人의 등용을 생각해본다면, 일본이 네덜란드를 복속국이라고 인식했던 것과 마찬가지로 조선은 이 네덜란드인들을 조선의 화이관 속에 인식하고 있었다고도 평가할 수 있다.

네덜란드의 호베는 조선이 박연의 병기기술을 이용하고 있었던 것에 대해, "조선은 무기 산업이 발달하고 있지 않았었기 때문에, 박연은 장님

---

60) 荒野泰典, 「日本型華夷秩序の形成」 『日本の社會史-列島內外の交通と國家』 (岩波書店, 1987), 210~211쪽.

나라의 외눈박이 왕이었다."61)고 얄궂은 촌평을 행하고 있다. 즉, 군사기술에 후진적인 조선은 장님 나라이고, 네덜란드의 일개 선원이었던 박연은 그래도 병기와 군사기술에 어느 정도의 능력이 있었기에 조선의 외눈박이 왕이 되었다는 것이다. 그만큼 박연의 군사기술적인 능력이나 무기 제조술을 높이 평가한 것이겠으나, 이는 당시 조선의 병기개발이 국가적 차원에서 얼마나 적극적으로 활발하게 이루어졌는지 모르고 하는 말이다. 당시에는 기존의 병기보다 월등한 기술에 탁월한 효과가 있는 병기가 있다면, 서양의 기술만이 아니라 일본의 기술을 포함해 지역과 국가를 가리지 않고 수용하고 있었던 것인데, 단지 서양인이라는 이유로 박연의 능력을 절대적으로 신용했었다 식의 평가에는 절대 찬성할 수 없다.

또, 호붸의 말은 네덜란드가 당시 기술적인 면에서 우월한 위치에 있었음을 표명하고 조선을 기술 능력을 멸시하는 차원에서 언급하고 있지만, 조선의 유명한 실학자였던 이덕무는 그의 저서에서 다음과 같이 네덜란드인을 평가하고 있었다.

> <사료 9>
> 阿蘭陀(=네덜란드)와 같은 지역에 대해서도 비록 우리나라와 인접해 있지는 않으나 또한 뜻밖의 사변을 생각하지 않아서는 안 된다. 일명 荷蘭이라 부르며, 일명 紅夷, 또한 紅毛라고도 하는데 그들은 서남해 가운데에 있어서 일본과의 거리가 1만 2천 9백 리며 그 지방은 佛郞機와 가깝다. 깊은 눈, 긴 코에 수염과 머리는 모두 붉으며 발은 한 자 두 치인데, 항상 한 쪽 다리를 들고 오줌을 누는 것이 개와 같다. 그리고 서양의 耶蘇敎를 믿는다.62)

---

61) H. J. van Hove, Hollanders in Korea, Het Spectrum BV, 1989. p.118.
62) 李德懋, 『靑莊館全書』, 兵志備倭論.

<사료 9>의 글은 李德懋가 저술한 「兵志備倭論」으로 일본의 에조(蝦
夷, 북해도) 지역에 대해 알아두어야 한다는 기술과 함께 또한 네덜란드
에 대해서도 만일의 사태에 대비해 변방의 장수는 알아두어야 한다는
취지로 내용의 일부이다. 李德懋는 하멜 일행이 표착한 후 약 1세기가
지난 후의 인물이기는 하지만, 특이한 것은 위에 보이는 그의 네덜란드
인에 대한 평, 즉 밑줄 부분의 "항상 한 쪽 다리를 들고 오줌을 누는 것
이 개와 같다."는 표현이다. 멸시적이고 해학적이라고 볼 수 도 있겠으
나, 네덜란드인에 대한 강렬한 華夷觀이 느껴진다.

당시 조선의 지식인들도 그러한 인식을 가지고 있었다는 것을 유추할
수 있으며, 이것이 바로 서양인에 대한 조선의 '夷' 인식의 한 단면이라
고 평가할 수 있다. 서양에 대한 '夷'의 인식이 언제부터 형성되고 변화
되어 갔는가에 대해 많은 연구가 필요하지만, 당시 李德懋의 인식은 이
미 조선에 어느 정도 서양, 즉 '南蠻'이 '夷'로서 인식되고 있음을 보여주
는 것이며, 그 대표적인 소재가 바로 네덜란드인이었던 것이다.

VI. 맺음말

지금까지 본장에서 고찰해 온 내용을 토대로 다음과 같은 세 가지의
결론을 도출할 수 있다.

첫째, 근세 조선의 무기발달사 속에 서양의 기술이 도입되고 있었다는
사실을 밝혀 보았다. 그 주동적인 인물이 바로 박연이라는 네덜란드인이
며, 특히 박연의 紅夷砲 제작과 서양식 총기를 모방한 조총의 제작에서
알 수 있다. 이는 조선시대의 무기발달사 속에 서양인의 역할을 자리매

김 시키지 않으면 안 된다는 것을 의미한다. 하지만, 이것이 조선만의 특징은 아니다. 예를 들면, 일본에서도 1600년(宣祖 33/慶長 5) 네덜란드선 리흐데호가 표착했을 때, 도쿠가와 이에야스[德川家康]의 지시에 의해 승선하고 있던 포수들이 자신들의 대포를 가지고 세키가하라[關ヶ原] 전투에 참전[63]하여 도쿠가와 정권을 도와주고 있었고, 그 이전의 사례로 타네가시마[種子島]에 정크선을 타고 표착해 온 포르투갈인의 총기를 모방해 일본에서 화승총이 만들어 졌다는 사실도 간과해서는 안된다.

둘째, 조선의 병기개발에 관여했던 서양 異國人은 기존 학설에 보이는 하멜 일행이 아니라, 박연이었다는 점이다. 일반적으로 하멜 일행은 서양의 선진적인 기술을 가지고 있어 조선의 병기개발에 어떠한 형태로든 관여했을 것이라는 막연한 추측들이 난무하지만, 하멜 일행은 서울에서의 탈출사건을 계기로 국가적 외교문제를 일으키는 쓸모없고 귀찮은 존재로 전락하고 만다. 더구나 무기개발을 담당하고 있던 훈련도감에 배속되어 있던 기간은 본고에서 고찰한 바와 같이 짧았으며, 청국 사신들이 입경할 때마다 남한산성에 감금 상태로 있었기 때문에 병기개발에 관여할 기회조차 없었던 것이다. 또, 하멜 일행의 조총을 모방하여 훈련도감에서 서양식 조총을 개발할 당시에는 이미 그들은 전라도 있었다. 반면에 표착 후 장기간 조정에 상당한 신용을 쌓았으며, 훈련도감 외국인 부대의 통솔자로서, 또 과거에 급제한 무관으로서, 나아가 조선의 여인과 결혼해 완전히 귀화 조선인이 된 박연은 서양식 병기개발에 자신의 능력을 발휘하는데, 이것은 이미 異國人이 아닌 조선인으로서 당연한 일이었던 것이다.

셋째, 근세 조선의 무기발달사 속에서 서양의 기술이 이용되고 있었고, 이것은 조선의 異國人 등용정책의 결과였다는 사실을 간과해서는 안된다는 점이다. 그 구체적인 사실로서 紅夷砲의 제조와 서양식 조총개발에 참여한 박연의 경우를 들 수 있다. 특히, 박연의 병기개발 참여는 孝宗의 북벌정책을 기조로 한 군사력 강화에 일정의 영향을 주었다고 생각된다. 환언한다면, 조선정부가 네덜란드인을 훈련도감에 배속시켜 등용한 것은 수년전에 연속된 내우외환(임진·정유왜란, 이괄의 난, 정묘·병자호란)을 대비함과 동시에 降倭나 귀화 중국인을 훈련도감에 배속시켰듯이 북벌을 추진하기 위한 군비증강의 일환이었던 것이다. 서양異國人들이 표착했을 때의 초기 단계는 인도주의적인 입장에서의 처리였으나, 차차 그들을 효과적으로 이용하여 조선에 정주시키려는 정책으로 변화된 것이다. 즉, 인도주의적 입장 하에 그들을 이용하는 것, 바로이것이 서양 異國人 등용정책의 양면성이었다.

한편, 서양 異國人들을 등용시키면서 그들에 대한 조선의 華夷觀에 대한 부분은 매우 흥미로운 부분이기는 하나, 본고에서 규명하지 못했는데, 이것은 본고의 미해결 과제로 명기해 두도록 하겠다.

제4장
日本의 그리스도교 금제요청과 표착 異國船 처리

Ⅰ. 머리말

일본에서 일본 국내의 그리스도교[1] 금제에 관한 선행연구는 언급할 수 없을 정도로 많은 연구가 축적되어 있다. 하지만, 17세기 일본이 국내에서 강력한 금교정책을 실시함과 동시에 조선에 대해서도 수차례 그리스도교 금제에 관한 협조요청(이하, '禁制要請一件'으로 약칭)을 하고 있었다는 사실에 대해서는 단편적인 사실만 언급하고 있을 뿐 구체적인 고찰이 이루어지고 있지 않다. 또, 소수의 관련 연구조차도 일본 측의 관점에서만 취급하고 있어 요청을 수락한 조선의 정치적 배경과 의도, 또 그 결과에 대해서는 거의 무시되거나 사실이 왜곡되어 있는 실정이다.

한편 본장에서 이 테마를 고찰의 대상으로 삼은 것은 본서의 중요 소재인 네덜란드인의 조선표착 및 일본송환 문제와도 밀접한 관련이 있기 때문이며, 나아가 서양 異國人의 표착이 당시 조선과 일본의 국제관계에 어떠한 영향을 끼치고 있었는가도 살펴볼 수 있는 좋은 소재 거리이기도 하기 때문이다.

일본의 조선에 대한 '禁制要請一件'에 대해서 다나카 타케오[田中健夫]는 『中世對外關係史』에서 근세 초기 조선과의 교섭에 관한 막부의

---

1) 현재 한국에서 일반적으로 구교를 가톨릭교 또는 천주교, 신교를 기독교라고 부르고 있으나, 본서에서 사용하는 '그리스도교'라는 용어는 사료에서 말하는 '耶蘇宗門'과 같은 의미로 모두 가톨릭 계통의 구교를 의미한다. 중국에서는 '耶蘇會', 일본에서는 '예수會(イェスス會)'라고도 하나, 모두 아시아 지역 전도를 목적으로 했던 구교 세력이다. 특히 일본에서는 키리시탄(キリシタン)・耶蘇宗門・邪宗이라고도 했는데, 현대에 들어와 그리스도교가 일반화된 명칭이다. 한편, 사료 인용문이나 그에 대한 설명이 필요한 경우는 기본적으로 각 사료의 기술에 입각해 용어를 사용한다.

관심과 기본 방침을 언급하면서 중요 과제의 하나로 들고 있다.2) 다만 그의 경우, 그러한 사실의 존재를 지적하는데 그치고 있어 '禁制要請一件'과 깊게 관계되고 있던 네덜란드인의 조선표착과 일본송환에 관해서는 언급이 없으며, 조선으로의 요청 과정이나 성격 등은 고찰하고 있지 않다.

이 문제에 대해서 본격적으로 취급한 연구자 야마모토 하쿠분[山本博文]이다. 그는 「日本の沿海防備體制と朝鮮」에서 조선에 대한 그리스도교 금제요청과 표착 異國船의 처리의 과정을 일본 '연해방비체제'의 일환으로서 파악해 이것이 조선을 포함한 국제적인 체제라고 주장했다.3) 그러나 그의 경우, 이 사건에 대한 조선 측의 주체성에 관한 일단의 배려를 나타내기는 했지만, 이른바 일본의 '쇄국'과 '연해방비체제'의 한 단면을 지나치게 강조하여 朝·日간의 외교적 행위와 역사적 배경에 대한 이해가 단순화되어 버렸다. 그로 인해 그는 당시 조선에 표착한 이국선을 일본으로 인도하는 관행이 성립되어 있었으며, 이를 근거로 하멜 일행 8명의 탈출 후, 조선에 남아있던 네덜란드인들도 일본으로 인도되어질 수 있었다는 결론을 도출해 내고 있다. 야마모토는 물론 조선 측의 사료를 검토한 위에 그러한 결론을 내리고 있지만, 필자가 관련된 사항과 쓰시마번의 기록인 『廣東船一艘人數五拾二人乘朝鮮國全羅道之內珍島江漂着之次第覺書也』(이후, 『廣東船覺書』라고 칭함)4)라는 사료를 면밀히 검토한 결과, 적어도 당시 조선에는 그러한 관행이 성립되고 있지 않았을 뿐만 아니라, 조선 조정에서도 전혀 그러한 인식도 없었다. 또 잔

---

2) 田中健夫, 『中世對外關係史』(일본, 東京大學出版會, 1975), 260~269쪽.

3) 山本博文, 「日本の沿海防備體制と朝鮮」, (『歷史評論』 516, 1993). 후에 『鎖國と海禁の時代』(校倉書房, 1995)에 수록.

4) 『廣東船一艘人數五拾二人乘朝鮮國全羅道之內珍島江漂着之次第覺書也』, 對馬島宗家文書 記錄類, 한국국사편찬위원회 소장, 마이크로번호 MF0000468. 이후, 본장에서는 『廣東船覺書』로 약칭함.

류 네덜란드인의 일본 引渡(=송환)도 조선표착 이국선의 일본 引渡라는 관행에서 성립된 것은 아니었다.

때문에 본장에서는 일본의 조선에 대한 '禁制要請一件'의 실태와 전개과정 및 이에 대한 조선정부의 '共助', 나아가 실천적인 대응책으로서 조선에 표착한 異國船의 일본 인도에 대한 실태를 1644년 진도 표착 廣東船의 사례로 고찰해 나가겠다. 이것은 네덜란드인의 송환을 둘러싼 朝·日간의 국제관계와 일본의 외교체제를 구축하는 토대가 과연 무엇이었던가를 규명하기 위한 중요한 단서가 될 것이라고 생각하기 때문이다.

Ⅱ. 그리스도교 금제요청의 발단

우선, 도쿠가와[德川] 막부가 그리스도교 금제요청을 행한 배경에는 어떠한 외교적 사정이 있었는가에 대해서 크게 국내·국외 문제 두 가지로 나누어 생각해 보겠다. 물론, 내외의 상황은 상호 관련성을 가지고 발생되는 것이기는 하지만, 서술의 편의상 나누어 언급하고 싶다.

우선, 첫째로 국내의 배경으로 가장 중요하다고 말할 수 있는 것은 1633년(仁祖 11/寬永 10)부터 1639년(仁祖 17/寬永 16)까지 5회에 걸쳐 발령된 '寬永의 禁令'이다. 일반적으로 '鎖國令'이라고 불리는 것으로 이 금령에 의하여 주로 일본인의 해외 도항이 금지되고, 그리스도교 및 선교사의 적발, 외국 무역에 대한 관리 통제의 강화 등 중국 연해 방면과의 관계를 중심으로 한 막부 대외정책의 기본방침이 갖추어졌다.

한편으로 막부는 그리스도교를 배제하면서 무역 관리 체제를 강화했지만, 무역 그 자체를 금지하는 것이 아니라는 점은 이미 선행연구에서

명확히 하고 있다.5) 그것은 1639년의 금령이 발령된 뒤에 조선의 동래부
사 앞으로 南蠻國 상선의 내항 금지를 알리는 동시에 그 밖의 이국에 대
해서는 폭넓게 교역을 인정한다는 취지의 서계를 전한 것으로부터도 알
수 있다(후술 <사료 2> 참조). 다시 말하면, 그리스도교 관련의 선박을
제외한 그 밖에 외국의 상선에 대해서는 무역을 허용하고 있었다.

둘째, '시마바라의 난[島原의 亂]', 또는 '아마쿠사의 난[天草의 亂]',
나아가서 '시마바라·아마쿠사의 난[島原·天草의 亂]'이라고 불리는
미나미아리아케[南有明] 해안가 주민들의 대규모 봉기가 발생했다는 점
이다. 1637년 10월부터 이듬해 2월까지 약 5개월에 걸친 이 봉기(일본에
서는 一揆)를 막부는 당초부터 '그리스도 교도의 봉기[キリシタン一揆]'
라고 단정하고, 농성하고 있던 자들에 대해 단 한 사람이라도 용서치 않
는다는 방침으로 진압에 임했다. 이 봉기에 대해서는 학자들 간에도 봉
건 영주의 수탈에 대한 피지배층의 봉기라는 견해와 그리스도 교도들의
종교적인 봉기라는 견해로 양분되어 있는 다양한 성격6)을 가진 농민 봉
기이기는 하지만, 아무튼 막부는 난의 진압 후, 일본 선교활동의 중심국
이었던 포르투갈과의 단교를 결행하고, 국내의 그리스도교 탄압을 더한
층 강화하였다.

그런데, '시마바라·아마쿠사의 난'에 대한 정보는 조선에도 알려지고
있었다. 그 정보는 난이 진압된 직후인 1638년(仁祖 16/寬永 15) 3월 동래
부사 鄭良弼의 치계에 의해 조정에 도착하고 있었는데,『仁祖實錄』에는
다음과 같은 기록이 보인다.

---

5) 荒野泰典,『近世日本と東アジア』(일본, 東京大學出版會, 1988), 230~233쪽.
6) 煎本增夫,『島原の亂』(敎育社歷史新書 101, 敎育社, 1980) ; 煎本增夫,「歷史
手帖 島原·天草の亂の發端について」(『日本歷史』659, 2003) ; 神田千里,「土
一揆としての島原の亂」(『東洋大學文學部紀要－史學科篇』29, 2003) ; 神田千
里,「宗敎一揆としての島原の亂」(『東洋大學文學部紀要－史學科篇』30, 2004).

<사료 1>
동래부사 鄭良弼이 치계하여 말하기를, "家康이 일본의 관백이었을
때, ⓐ吉利施端이라고 칭하는 南蠻人들이 일본에 와 있으면서 단지
하늘에 기도하는 것만 일삼고 人事는 폐하였으며, 사는 것을 싫어하
고 죽는 것을 기뻐하며 혹세무민하였는데, 家康이 잡아다 남김없이
죽였습니다. 이때에 이르러 ⓑ島原 지방의 조그만 동네에 두서너 사
람이 다시 그 술수를 전파하느라 마을을 출입하면서 마을 사람들을
속이고 유혹하더니, 드디어 난을 일으켜 肥後守를 죽였습니다. 이에
江戶의 執政 등이 모두 죽였다고 합니다."고 하였다.7)

위의 기록으로만 보면 동래부사가 치계하고 있다는 점으로 미루어 왜
관을 통한 정보임을 유추할 수 있는데, 이와 관련된 사료는 후대의 기록
이기는 하지만 1805~1806년에 鄭東愈가 저술한『晝永編』등 많은 관련
기록이 남아있다.8) <사료 1>의 밑줄 ⓐ에서는 吉利施端, 즉 그리스도교
를 믿는 南蠻人들이 혹세무민하고 있으며, 이들이 일본 국내 백성들을
속이고 유혹한다는 폐단을 지적하고 있다. 여기서 흥미로운 것은 "그들
이 사는 것을 싫어하고 죽는 것을 기뻐한다."는 표현이다. 즉, 그리스도
교도의 순교를 언급한 것인데, 도쿠가와 막부 성립기에 이들은 국가질서
를 어지럽히는 사교로 인식되었다. 통계적으로 에도시대[江戶時代] 초
기의 신자는 학자들 간에 차이는 있지만, 70만에서 80만 정도였다고까지
한다. 이 중에서 많은 순교자가 발생했음은 말할 것도 없다.

한편, 밑줄 ⓑ에서는 시마바라[島原] 지방의 난이라는 것은 다름 아닌

7)『仁祖實錄』, 仁祖 16년 3월 병자(13일)조.
8) 鄭東愈 著/南晩星 譯,『晝永編(上)』(乙酉文化社, 1971), 82~83쪽 ;『多山詩文
集』22권, 雜評, 李雅亭備倭論評(민족문화추진회 편,『多山詩文集』9) ;『靑
莊館全書』24권, 編書雜稿4, 兵志備倭論(민족문화추진회 편,『靑莊館全書』
5) ;『燕巖集』2권, 答巡使書(민족문화추진회 편,『燕巖集』1).

'시마바라·아마쿠사의 난'을 가리키는 것인데, 막부는 그 후 10여 만의 병사로 이 난을 일으킨 3만 7천여 명을 전부 몰살시킨 것을 기록하고 있다. 하지만, 이 기록에서 간과해서 안 될 점은 단순한 일본 정보의 유입에 대한 기록이 아니라, 조선의 그리스도교에 대한 인식, 즉 그리스도교에 대한 邪敎觀이 일본에서 일어난 이 난에 대한 정보와 함께 일본으로부터 전해졌고, 이러한 인식이 조선의 그리스도교 인식에 영향을 주기 시작했다는 점이다. 그리스도교에 대한 이러한 인식은 18세기말까지도 존속하게 되었고, 당시를 전후해 시작된 그리스도교 박해 사건(천주교 박해사건)과도 밀접한 연관이 있음을 『晝永編』의 다음과 같은 기사에서 유추해볼 수 있다.

> <사료 2>
> ⓐ이것은(시마바라·아마쿠사의 난) 곧 서양사람이 처음 일본에 와서 徒衆을 매우 많이 모았다가 일본인들에게 초멸된 것이다. 서양이 중국과 통한 것은 萬曆 중년인데, 이때부터 겨우 50여 년일 뿐이다. ⓑ그때에는 외국을 몰라 서양이 어떤 나라인지 알지 못하였으며, 耶蘇가 무슨 이름인지도 모를 때인데, 이미 그 사람이 남의 나라에서 무리를 모아 亂을 일으킴이 이와 같았으니 어찌 두려워해야 할 자가 아니겠는가.[9]

즉, 정동유는 밑줄 ⓐ에서 '시마바라·아마쿠사의 난'을 언급하여 난을 일으킨 자들이 전부 초멸되었음을 전제하고, 밑줄 ⓑ에서는 난을 일으킨 그리스도교 신자들에 대해 "어찌 두려워할 자가 아니겠는가"라고

---

9) 상동. "此卽西洋人之始到日本, 聚徒甚多, 而爲日本人剿滅者也. 西洋之通中國, 在萬曆中年則距, 此僅五十餘年. 其時外國不知, 西洋爲何國, 耶蘇爲何名, 而已見其人, 聚黨作亂於他國如此, 豈不可畏者呼"

하여 강한 경계심을 표출하고 있다. 한편, '시마바라·아마쿠사의 난'에 보이는 그리스도교 박해에 관한 정보는 통신사를 통해서도 전해졌다. 1642년(仁祖 20/寬永 19) 7월, 통신사가 일본을 방문했을 때, 하야시 도슌[林道春]이 두 사람의 역관과 필담하던 중에 일본에서는 耶蘇(=그리스도교)의 邪法이 백성을 현혹하고 있다고 말하며 조선의 그리스도교에 대한 조치를 묻고 있었다.[10] 그 시기 조선에서는 일본과 같이 그리스도교 문제가 심각한 상태는 아니었지만, 일본과 조선의 권력층은 '시마바라·아마쿠사의 난'을 계기로 그리스도교에 대한 邪敎觀을 공유하게 되었다고 말할 수 있다.

그렇다면 일본에서 이 난은 왜 일어난 것일까, 그 국외적인 배경을 보도록 하겠다. 첫째, 외국으로부터 선교사의 잠입계획을 들 수 있다. 일본은 해외로부터 선교사의 재입국 내지는 잠입 등을 막기 위해 이미 1616년(光海 8/元和 2) 경부터 나가사키 봉행[長崎奉行]의 지휘에 의한 엄중한 감시체제를 확립하기 시작했다. 그럼에도 불구하고 선교사의 일본 잠입 계획은 속출되고 있었다.

1622년(光海 14/元和 8)부터 다음해 봄까지 나가사키[長崎]항에 입항하는 선박의 감시가 강화되는 등의 선교사 밀입국을 저지하기 위한 조치가 취해졌다. 그 계기가 된 것이 1620년(光海 12/元和 6)에 일어난 이른바 히라야마 죠친[平山常陳] 사건이다. 이것은 그리스도교 신자인 히라야마의 朱印船이 선교사 2명을 마닐라에서 일본으로 밀입국시키려다가 그 배가 1620년 7월 4일 대만 근해에서 영국과 네덜란드 방위 선단에 의해 나포됨에 따라 그 사실이 발각된 사건이다.[11] 고노이 다카시[五野井

---

10) 미상, 『癸未 東槎日記』, 仁祖 21년 7월 13일조(『海行摠載』 V, 민족문화추진위원회, 1989).

11) 永積洋子, 『朱印船』(吉川弘文館, 2001), 제5장 수록 「平山常陳と元和の大殉教」 참조. 武田万里子, 『鎖國と國境の成立』(江戶時代叢書 21, 同成社, 2005),

隆史]의 연구12)에 의한다면, 이것이 계기가 되었는지 1623년(仁祖 元/元和 9)부터 1628년(仁祖 6/寬永 5) 사이에 선교사의 일본 잠입에 관한 기록은 보이지 않고 있다. 그러나 프란시스코회 선교사의 일본 도항계획은 1626~1628년(仁祖 4~6/寬永 3~5)에도 있었으며, 또 1629년(仁祖 7/寬永 6)부터 1631년(仁祖 9/寬永 8) 사이에도 3회가 있었으며, 막부가 그리스도교 금제에 대한 협력을 조선에 요청하기 직전인 1642~1643년(仁祖 20~21/寬永 19~20)에도 선교사의 잠입이 발각되었다. 즉, 연이은 선교사의 잠입에 대해 막부는 그 대응책을 강구하지 않으면 안 되었고, 더욱더 철저한 금교정책의 강화를 구축해 나갈 필요성이 대두되었던 것이다.

둘째, 南蠻의 그리스도 교도가 중국·조선의 국경지역에 있는 섬으로부터 쓰시마[對馬]에 잠입하려고 한다는 정보를 막부가 입수하고 있었다는 점이다. 이것은 쓰시마번[對馬藩] 측이 조선에 보낸 서계의 내용, 즉 "에도 집정이 연락해서 알려왔는데, 그리스도 교도가 大明國과의 국경지대에 체재하고 있으며 금년 쓰시마에 배로 간다는 풍문이 있다. 만약 그렇다면, 즉시 모두 붙잡아야만 한다."13)는 문언으로부터 엿볼 수 있다. 이에 대한 상세한 논증은 후술하겠지만, 이것은 1644년(仁祖 22/寬永 21) 4월에 막부의 지시로 그리스도 교도가 쓰시마에 들어가려 한다는 풍문을 알려 만약 그러한 사태가 발생한다면, 모두 붙잡아 왜관에 압송시켜야 한다는 이른바 '禁制要請一件'이다. 규슈[九州]와 琉球 등으로부터의 선교사 잠입 내지 계획은 이전부터 있었지만, 중국과 조선의 사이를 통해 일본 측에 밀입국한다는 정보를 접하고 막부는 조선에

제3장 수록 「平山常陳事件」 참조.

12) 五野井隆史, 『德川初期キリシタン史研究』(일본, 吉川弘文館, 1983), 195쪽.

13) 「耶蘇宗門嚴禁書翰」. "東武執政置郵之告報, 南蠻邪法宗旨信次于大明, 與貴國之隣莊, 今歲有可超渡舟於對州聞. 若然, 則悉可焉"

대해서도 그리스도교 금제에 대한 협력을 요청하지 않을 수 없었던 것이다.

조선에 대한 그리스도교 금제요청을 검토하기에 앞서 琉球의 경우를 간단히 언급해 두도록 하겠다. 일본은 조선뿐만 아니라 琉球에 대해서도 자국의 그리스도교 금제를 파급시키려 했다. 가장 큰 이유는 선교사들이 琉球를 경유해 일본으로의 잠입을 획책하고 있었기 때문이다. 琉球는 이미 1620년대에 스페인 선교사가 체재하고 있었으며, 마닐라와 일본을 연결하는 항해 루트의 중계 지점으로서 가장 적합하다는 지리적 조건에 의해 선교사들이 일본으로 잠입하기 위한 거점의 하나였다.

막부는 琉球를 경유한 그리스도 교도의 일본 잠입을 저지하기 위해 네덜란드선과 南蠻船을 구별하여 전자에게는 대접, 후자에게는 강력한 격퇴를 철저히 하였다. 또 尙氏 지배 하에 있는 각 섬들의 모든 선착장에 番衆(일종의 감시인)의 파견을 정하는 등의 대책을 세워 琉球 지배를 강화하고 있었다.14) 사쓰마번[薩摩藩]의 지배 하에 있는 琉球의 경우, 사쓰마번에 의해 일련의 그리스도교 금제 정책이 시행되고 있었지만, 막부도 선교사의 일본 잠입을 미연에 막기 위해 마닐라 출병계획을 세울 정도로 직접적인 관여를 하고 있었다는 것이 알려지고 있다.15)

이것에 비해 조선의 경우, 그리스도교 금제요청이 시행되기 이전에 그리스도교와의 관련성은 거의 없었다. 선교사의 조선 잠입의 계획은 있었지만, 성공한 사례는 없었다.16) 그러나 이것과 완전히 반대되는 견해로

---

14) 上原兼善, 「明淸交替期における幕藩制國家の琉球支配」(箭內健次 編, 『鎖國日本と國際交流(上)』, 吉川弘文館, 1988), 246~247쪽.

15) 眞榮平房昭, 「鎖國期のキリシタン禁制と琉球」(箭內健次 編, 『鎖國日本と國際交流(上)』, 吉川弘文館, 1988).

16) 山口正之, 「耶蘇會宣敎師の入鮮計劃-朝鮮基督敎史硏究 2-」(『靑丘學叢』2, 1930). 후에 『朝鮮西敎史』(일본, 雄山閣, 1967)에 수록. 여기에서 말하는 선교사의 조선 잠입 계획은 임진왜란 당시 그리스도교를 신봉하고 있던 고니시

서 1592년(宣祖 25/文祿 元)부터 1593년(宣祖 26/文祿 2) 사이에 조선에 '가톨릭교회'가 탄생하고, 서울과 그 주변의 넓은 지역에 그리스도 교도가 존재하고 있었다는 메디나(Juan G.Luiz de Medina)의 주장도 있다.[17] 또한 나카무라 타다시[中村質]의 연구에 의하면, 히데요시의 조선침략 당시 일본에 연행된 피로인들 중에는 그리스도 교도가 되었다가 1605년(宣祖 38/慶長 10) 제1차 회답겸쇄환사에 의해 다수가 쇄환되었다고 한다.[18] 이러한 사례로부터 그는 한반도에서 최초의 그리스도교 전파가 임진왜란을 계기로 시작되었다는 것에 의심할 여지가 없다고 주장했다. 최근에는 임진왜란 당시 고니시 유키나가[小西行長]를 따라 온 선교사 세스페데스의 입국도 일본에 진출하고 있던 예수회 포교의 일환으로 평가하고 있는 연구도 보이고 있다.[19] 한국에서도 이러한 경향이 강하게 보이고 있는데, 세스페데스와의 관련성을 포함해 한국의 그리스도교 전래의 기원을 임진왜란까지 거슬러 올려야만 한다는 논의가 행해지고 있다.[20]

유키나가[小西行長]의 포로로서 일본에 압송당해 그리스도 교도가 된 조선인의 북경을 경유한 조선 잠입을 가리킨다. 그러나 당시는 명·청교체기였기 때문에 북경에서 4년간을 체재제한 후에 1620년 일본으로 송환되어 실패로 끝나고 말았다.

17) Juan G.Luiz de Medina 著, 『遙かなる高麗－16世紀韓國開敎と日本イェスス會－』(일본, 近藤出版社, 1988), 59~64쪽. 이 저서는 朴哲 역, 『한국 천주교 전래의 기원』(서강대 출판부, 1989)으로 번역 출판.

18) 中村質, 「秀吉 政權과 壬辰倭亂의 特質」(『아시아문화』 8, 한림대아시아문화연구소, 1992). 후에 遺稿集 『近世對外交涉史論』(吉川弘文館, 2000)에 수록.

19) 金泰虎, 「16世紀末の東アジアにおける國際關係とイェスス會－'文祿·慶長の役'における日本軍の從軍司祭を中心に－」(『地域と社會』 2, 大阪商業大學比較地域研究所, 1999).

20) 인천가톨릭대학교아시아복음화연구소 주최, 『壬辰·丁酉倭亂とガトリック敎會』(1998년 11월)의 수록 논문 참조. 朴哲, 「韓國 訪問 最初 西歐人 그레고리오·데·세스뻬데스 硏究」(『外大史學』 창간호, 한국외국어대학교사학연구소, 1987) ; 「16세기 한국 천주교회사 史料硏究」(『外大史學』 7, 한국외국어대

그러나 孫承喆의 연구에 의하면, 통신사의 기록이나 그 밖의 어느 기록에도 '가톨릭교도'의 존재를 기록한 내용은 보이지 않으며, 17세기를 통해 조선에 가톨릭교도가 존재했을 가능성은 거의 없다고 한다.[21] 필자도 마찬가지로 임진왜란을 계기로 조선에 구교인 가톨릭교가 전파되었다고는 생각하고 있지 않다. 불교조차도 표면적으로 인정하지 않았던 유교본위의 조선정부가 백성의 그리스도교 신앙을 인정할 리가 없었기 때문이다. 또 일본에서 발생한 '시마바라·아마쿠사의 난'을 '나라를 어지럽히는 난'이라고 인식하고 있던 조선에게 이미 그리스도교는 邪敎로 간주되고 있었다. 메디나가 주장한 조선에서의 가톨릭교회 탄생이라는 것도 사료적 근거는 루이스 프로이스가 기록한 傳聞, 즉 일본 병사가 조선에서 200여 명의 유아들에게 세례를 주었다고 하는 傳聞에 의한 추측에 지나지 않는다.

이상의 내용을 전제로 일본의 '禁制要請一件'은 어떻게 전개되었고, 그 과정 중에서 막부·쓰시마번은 각각 어떤 입장에서 행동하였는지, 또 조선정부는 어떠한 대응책을 펼쳤는가를 검토해 보겠다.

Ⅲ. '禁制要請一件'의 전개와 朝·日 양국의 의도

1. '禁制要請一件'의 전개

일본의 조선에 대한 그리스도교 금제요청은 일본 국내의 체제확립과

학교역사문화연구소, 1997).
21) 孫承喆, 「17세기 耶蘇宗門에 대한 朝鮮의 인식과 대응」(『史學研究』 58·59합집호, 1999), 859~879쪽.

도 깊은 관련을 맺고 있어 에도시대를 통해 수차례 행해졌다. 이러한 요
청이 시작된 첫 번째 징조는 1639년(仁祖 17/寬永 16)에 쓰시마번의 소우
씨[宗氏]가 요시다 토우에몬[吉田藤右衛門]으로 하여금 동래부에 보낸
서계에 보이고 있다.

<사료 3>
ⓐ누년 남만국의 상선이 일본에 왕래하고 있기는 하지만, 그들은 邪
法으로써 사람을 속이려 합니다. 다만, 많은 우매한 많은 사람들이 그
것을 믿는 것을 두려워합니다. 때문에 우리의 大君은 그 朋黨을 미워
하여 금년부터 (그들의) 船路를 금지하였습니다. ⓑ이로 말미암아 그
들 이외에 이국의 장사를 위한 행상단은 마땅히 널리 끌어드리라는
명령이 이미 내려졌습니다. ⓒ귀국에 또한 이전보다 지금은 藥錄(=약
종)과 蚤糸(=생사) 및 錦綉(견직물), 그 나머지 물품 등을 증대시켜 부
산(왜관)에서의 무역을 더욱 원한다는 것을 칭하라는 執事(막부의 老
中)의 명령을 받았기에 신속하게 알립니다. 자세한 사정은 관수(館守)
에게 설명하도록 할 따름입니다. 엎드려 청하건대 여러 어르신들께
알려주시면 다행이겠습니다.[22]

22) 「耶蘇宗門嚴禁書翰」, 1번째 서계. 『寬永正保之度耶蘇宗門御嚴禁ニ付朝鮮國
御往復御書翰寫』(동경대학사료편찬소 소장, 청구번호:宗家史料-4-5). 본서에
는 『耶蘇宗門嚴禁書翰』이라고 약칭한다. <사료 3>에 보이는 寬永 16년의
서계에는 수신인이 생략되어 있어 『本邦朝鮮往復書』 4(일본, 동경대학사료
편찬소 소장)에 의해 보완했다. 본서에서는 國書나 書契를 인용할 경우 서계
의 내용 부분만을 번역하고, 원문은 각주에 표기한다. 단 원문에 보이는 段
(존중어 다음의 빈칸이나, 어떤 용어를 다음 단으로 쓰는 형식을 포함)을 구
분한 형식을 무시한다(이하 동일).
日本國對馬州太守拾遺平 義成 啓書
朝鮮國東萊府主 閤下 共惟
本邦平安, 貴國和融, 邐邐同致矣. 仍諗累年南蠻國之商舟來往于此邦, 雖然彼
素以邪法將化人. 只恐愚昧者多信之也. 故吾大君, 惡彼朋党, 而自今歲始, 禁
止船路. 由是彼之外, 異邦商旅須宏來引之命, 已降矣. 貴國亦增益於古今而藥

앞의 사료 밑줄 ⓐ에서 말하는 것은 일본에서 그리스도교의 폐단이 있어 大君(=將軍)에 의해 南蠻國 상선, 즉 포르투갈 선박의 일본 내항이 금지되었다는 것이며, 또 밑줄 ⓑ에서는 포르투갈 이외의 타국 상인들에 대해서 널리 받아들인다는 것을 쓰시마번을 통해 조선에 알리고 있다. 즉, <사료 3>의 내용은 서계를 작성하기 2개월 전에 발령된 포르투갈선의 일본 내항 금지를 조선에 알린 것이며, 이는 그리스도교 금제를 주된 목적으로 한 이른바 '寬永의 禁令'이라는 대외정책의 연장선상에 있었다고 볼 수 있다.

한편, 밑줄 ⓒ에서는 조선의 藥種·생사·견직물과 그 이외의 물품 등을 증대시켜 부산 왜관에서의 무역액을 증가시키고자 하는 의도를 표명하고 있다. 이와 관련해 생사와 견직물은 조선이 중국에서 수입하여 쓰시마에 수출하는 사무역의 물자로서 타시로 가즈오[田代和生]에 의하면 이러한 무역 품목의 확대는 私貿易에 대한 확대를 지향한 것이며, 당시 쓰시마번이 다른 무엇보다도 바라고 있었던 점이라고 평가하고 있다.[23] 또한, 이러한 요청들이 '執事', 즉 막부 老中의 명령을 받았다는 것으로부터도 알 수 있지만, 무역확대의 요청이 단순히 쓰시마번 자신만의 이익을 추구하기 위해 나온 것이 아니라, 막부의 의향으로부터 나왔다는 것이 중요하다.[24]

하지만, <사료 3>이 쓰시마번의 무역확대와 관련된 사료라는 면에서도 중요하지만, 본고의 테마에 안점을 둔다면, 일본 국내의 그리스도교

錄幷蚕糸錦綉斯餘之物品等, 貿易于釜市尤稱好, 兹卽承執事令諭, 速以告報. 縷々情由, 付與館守之舌伸而已. 伏請奏達左右爲幸, 不宣草々
寬永拾六己卯年九月 日
對馬州太守拾遺平 義成

23) 田代和生, 『近世日朝通交貿易の研究』(創文社, 1981), 433~445쪽.
24) 이 점은 아라노 야스노리[荒野泰典]도 언급한 바 있다(荒野泰典, 앞의 책, 230~233쪽).

금제를 조선에 정식으로 전했다는 것은 매우 중요한 논점이 될 수 있다. 일본의 그리스도교 금제에 관한 정보가 왜관을 통해 입수되는 경우가 보이고는 있지만, 양국의 공식적인 루트를 통해 조선에 전해진 것은 이것이 처음이기 때문이다.

이와 같은 쓰시마번의 요청에 대하여 동래부사 姜大遂는 "邪를 제압해 正을 도운다는 것은 나라를 다스리는 大要이다. 만약 大君의 정령이 엄하지 않았다면, 어찌 지금에 이르렀겠는가. 더욱 감탄할 뿐이다."[25]라고 일본의 그리스도교 금제에 긍정적인 입장을 표명하였다. 여기에서 조선이 일본 측의 그리스도교 금제에 긍정적인 평가를 나타내고 있던 점은 후에 실시될 朝·日 그리스도교 금제에 대한 '共助'가 실시되는 전제조건이기도 하며, 이를 통해 볼 때, 朝·日간에는 그리스도교 금제에 대한 인식을 공유하고 있었다고도 평가할 수 있다. 그러나 무역 관련 요청사항에 대해서 동래부사는 그 뜻을 조정에 전달하고 마음을 다해 부응토록 하겠다고 성의는 보이고 있었지만, 조선에서 생산되지 않는 품목에 대해서는 거부했으며, 결국 생사·견직물의 무역확대에 관한 일본의 요청에는 응하지 않았다.[26]

1643년의 겨울에 막부의 閣老들은 소우 요시나리[宗義成]에게 조선에 그리스도교 금제를 전달해야만 한다는 취지의 지시를 내리고 있었다.[27] 쓰시마번은 이에 따라 1644년 4월에 두 통의 서계를 보내 정식으로 그리스도교 금제에 대한 협력을 조선에 요청했는데, 그 내용은 다음과 같다.

---

25) 「耶蘇宗門嚴禁書翰」, 2번째 서계. "抑邪扶正, 乃經邦之大要. 若非大君政令之嚴, 何能臻此, 益用欽歎不已"
26) 상동. "示來貿易一款, 謹卽轉達朝廷, 盡心應副. 而其非弊邦所産者, 勢亦末由, 來使想能詳報也"
27) 『通航一覽』 3, 524쪽. "寬永十六年, 日本有禁耶蘇商船來事之台命. 同二十年冬, 諸閣老贈書于義成君曰, 耶蘇之法嚴禁之事, 宜傳達之朝鮮云々"

<사료 4>
ⓐ야소종문 만선(蠻船)의 도해를 엄금한다는 명령이 새롭게 내려졌습니다. ⓑ귀국(=조선)의 각 道와 변방의 포구에 이르기까지 만에 하나 둘이라도 표류가 있다면, 빨리 부산의 포구(=왜관)에 보내어 그로써 마땅히 館守에게 알려주기를 바랍니다. 다만, 倭船을 같은 무리로 보아 문서로 맺은 계약이 잘못될까 우려됩니다. 여러 가지의 모든 관련되는 것을 館守의 혀끝에(언급에) 있으니 엎드려 바라옵건대 잘 살펴 알아주시기를 바랍니다.28)

<사료 5>
ⓐ얼마 전 다시 東武(=에도) 執政(=막부의 노중)이 연락해서 알려왔는데, 그리스도 교도가 진실로 大明國과 貴國(=조선)의 국경지대에 이르러, 금년 배로 쓰시마에 넘어 간다는 풍문이 있습니다. ⓑ만약 그렇다면, 즉시 모두 붙잡아야만 합니다. 귀국(=조선) 또한 전적으로 바다 멀리 떨어져 있는 곳과 포구에 명령을 내려 約條船 이외의 의심스러운 자가 있다면 붙잡아 왜관의 관수에게 전달해 주셔야만 합니다. 그것이 이와 같다고 한다면, 안으로는 정성을 다하는 것이고, 또한 밖으로는 모양새를 좋게 하는 것입니다. ⓒ지난 번 館守 교대의 날에 여러 가지 건에 대한 사정은 말씀드렸습니다만, 치명(治命)에 따라 또 여기에 계속 거듭하여 번거롭게 아룁니다. 바라옵건대 화를 풀어 주시길 바랍니다.29)

---

28)「耶蘇宗門嚴禁書翰」, 3번째 서계.
　日本國對馬州大守拾遺平 義成 啓達
　朝鮮國禮曹大人 閣下
　耶蘇宗門蠻船渡海厲禁之命日以新. 貴國至各道邊浦, 亦約條船外, 萬之一二有漂流, 速送達于釜浦, 以宜告報館守. 只恐與倭船訛契券矣. 萬般附在館守舌頭, 伏希照亮
　寬永二十一甲申年四月 日
　對馬州拾遺平 義成

<사료 4>는 예조에게 보낸 것으로 밑줄 ⓐ는 전술한 1643년의 겨울에 막부가 소우 요시나리[宗義成]에게 조선에 그리스도교 금제를 요청하라는 취지를 언급한 것이다. 그 내용은 밑줄 ⓑ에서 알 수 있듯이 조선의 각 道와 변방의 포구에 이르기까지 약조한 선박 이외의 선박이 만약 하나 둘이라도 조선의 영역에 표류해 온다면, 즉시 왜관에 압송하여 왜관의 館守에게 알려달라고 요청한 것이다.

그러나 그것만으로는 쓰시마번이 왜 조선에 그리스도교 금제에 대한 협력을 요청한 것인지 알 수 없다. 이 의문점을 명확히 밝혀주는 것이 <사료 5>의 내용인데, 밑줄 ⓐ에서 알 수 있듯이 막부로부터 그리스도교 무리가 중국과 조선 사이의 지역에 이르러 금년에 올해 반드시 쓰시마에 배를 보내려 한다는 소문이 쓰시마번에 전달되었기 때문이다. 때문에 밑줄 ⓑ에서 만약에 그들이 온다면 모두 붙잡아야 하고, 바다 멀리 떨어져 있는 곳과 포구에까지 지시하여 의심스러운 자를 왜관의 관수에게 넘겨달라고 요청한 것이다. 이것은 일본 국내의 그리스도교 엄금에 대한 조치를 알렸던 1639년의 경우(<사료 3>)와는 달리, 한층 더 나아가 조선에 그리스도교 금제에 대한 의뢰 요청까지 하고 있다. 위의 사료만으로 그리스도교가 쓰시마에 배를 보내려 한다는 중국과 조선 사이의 어느 지역을 확인할 수는 없지만, 양국의 국경지역을 경유해 그리스도

---

29) 「耶蘇宗門嚴禁書翰」, 4번째 서계.

日本國對馬太守拾遺平 義成 奉書
朝鮮國禮曹大人 閣下
ⓐ屬者, 亦復有東武執政置郵之告報, 南蠻邪法宗旨, 信次于大明與貴國之隣莊, 今歲有可超渡舟於對州聞. 若然, 則悉可生擒焉. ⓑ貴國亦頤命諭海角浦口, 約船之外, 有嫌疑者狗率焉, 以可被轉達倭館館守, 夫如此, 則內誠以猶可形於外, 嚮館守交代之日, 雖件々情由縷陳, 因治命猶頻, 重玆以煩達焉, 統希, 怒亮寬永二十一年甲申年四月 日
對馬州太守拾遺平 義成

교도가 일본에 잠입하려 한다는 정보를 이미 입수하고 있었다는 자체가
중요한 점이며, 이것이 '禁制要請一件'의 직접적인 계기였다.

　이러한 일본 측의 요청에 대해 조선은 예조참의 李行遇의 이름으로
쓰시마번에 다음과 같은 답서를 보내고 있다.

<사료 6>
사신이 바야흐로 와서 계속해서 편지를 바쳐 이르기를 蠻船을 찾아내
붙잡는 것을 말하고 있는데, 부지런하고 성실함이 여기에 이르니, 특
히 매우 놀랍고 기이합니다. ⓐ우리나라와 남만은 바닷길로 서로 떨
어져 있어 만리 밖을 넘으며, 前代로부터 선박이 왕래했다는 것을 들
어보질 못했고, 우리 조정에서는 삼가 疆界를 지켜 절대로 타국과 물
자를 통하지 않습니다. ⓑ本道(경상도)와 서로 마주 접하고 있는 것은
쓰시마뿐이고, 만약 표박해 오는 자가 있다고 한다면, 漢船(중국 선박)
과 귀국에 지나지 않습니다. 따라서 즉시 돌려보내고 있으며, 잠시라
도 조선에 정박하는 것을 허용하지 않습니다. 이것은 貴州(쓰시마번)
도 잘 알고 있는 바입니다. 하물며 우리나라는 예속이 본디 엄하고 異
術의 현혹을 용서하지 않습니다. 근해 및 각 섬들 사이, 그리고 아무도
살지 않는 지역에는 邊臣이 매번 수색하여 竊盜을 막는데 힘쓰고 있
으며, 법제 또한 엄격합니다. ⓒ이른바 里菴甫島라고 하는 이름은 지
금 처음 들어 그 소재를 모릅니다. ⓓ耶宗의 요술은 사람들을 미혹하
고 백성을 어지럽히고 있어 마땅히 함께 화를 내어 미워해야 하며, 너
그럽게 용서해서는 안 되는 자들입니다. 만약, 과연 와서 말해준 바와
같은 일이 일어난다면, 또한 우리의 변방이 侵盜될 우려가 없지 않을
것입니다. 이미 연해 鎭浦의 병영에 申飭하였고, 호행하여 명확히 살
펴 엄하게 방비를 가하고 있는데, ⓔ만약 色目을 달리해 約條船 이외
의 배가 조선의 섬이나 항구에 난입하는 일이 있다면 즉시 붙잡아 부
산 왜관에 압송하여 조금이라도 소홀히 하지 않도록 시키겠습니다.
ⓕ대체로 보아 모든 지나간 일의 형세와 사정을 헤아렸습니다만, 곧
바로 이러할 리는 없을 듯합니다. 이미 貴州의 誠信을 보았습니다만,
미리 감히 긴급하게 시행하는 것은 착실치 못합니다. 넓게 헤아려 주
시기를 바랍니다. 이만 줄입니다.30)

　　예조참의 李行遇는 밑줄 ⓐ에서 조선과 남만은 만 리가 넘을 정도로 떨어져 있어 서로 통교하고 있지 않으며, 조선의 疆界를 지켜 타국과의 물자는 통하지 않는다는 답변을 보내고 있다. 또 ⓑ에서는 경상도와 접하고 있는 것은 쓰시마뿐으로 중국선과 일본선이 표착해 올뿐이며, 그것도 즉시 돌려보내고 있다는 것을 강조하고 있다. 또 밑줄 ⓓ에서는 耶宗(그리스도교)이 백성을 현혹시키고 있으므로 朝·日 양국이 함께 미워해 용서해서는 안 된다고 그리스도교에 대한 邪敎觀을 표명함과 동시에 ⓔ에서는 約條船 이외의 선박이 조선의 경계에 난입해 온다면 즉시 붙잡아 왜관에 압송하겠다고 그리스도교 금제에 전면적인 '共助'를 표명했다.

　　하지만, 밑줄 ⓕ에서 일의 형세와 사정은 알았으나, 그리스도교가 곧바로 넘어 올리는 없을 듯 하니 미리 긴급하게 시행하는 것은 좋지 않다는 견해도 피력하고 있다. 더욱이, 밑줄 ⓒ에 보이는 이른바 '里菴甫島'라는 이름은 지금 처음 들어 그 곳을 모른다고 반론하고 있다. 이 '里菴

---

30) 「耶蘇宗門嚴禁書翰」, 5번째 서계.
　　朝鮮國禮曹參議李 行遇 奉復
　　日本國對馬州太守平公 閣下
　　專价鼎來, 續捧信書, 申言蠻船伺捕事, 勤懇至此, 殊極驚怪. 我國之於南蠻, 海道相左隔越萬里外, 自前代, 未聞船舶往來, 至于我朝, 謹守疆界, 絶不與他國通貨. 本道相接, 只有貴州而已, 其或風漂來泊者, 不過漢船與貴地. 而隨則刷送, 不許暫停此. 是貴州所明知也. 況我國禮俗素嚴, 不容異術眩誘. 近海島岐空曠之地, 則邊臣每行搜索, 務防盜竊, 法制亦峻矣. 所謂里菴甫島之名, 今始聞之不知處在. 耶宗妖術, 惑衆亂民, 所當共爲忿嫉, 不可饒貸者也. 若果如來示, 則亦不無我邊侵盜之虞. 卽已申飭沿海鎭浦兵營, 號行瞭候, 嚴加防備, 如有異色目外約條之船, 驀入我界島港, 便卽禽捕, 綁送釜館, 俾毋少弛忽也. 大抵揆諸已往形勢事情, 則似無此理. 旣見貴州誠信, 預敢不着緊施行. 統惟盛亮. 不宣
　　崇禎十七年五月 日
　　禮曹參議李 行遇

甫島'라고 하는 곳은 <사료 5>의 ⓐ에 보이는 大明國과 조선의 국경지
대를 말하는 것으로, 이 지명은 전술한 막부가 쓰시마번에 알려준 풍문
속에는 없었다. 또 '禁制要請一件'의 시작이었던 <사료 4>와 <사료 5>
의 서계에도 보이지 않으며, 위의 서계 이외에 당시 朝·日간의 왕복서
계에도 없다.31) 다만, 『通航一覽』에 수록된 『方策新編載日觀要攷』라는 기
록에는 다음과 같은 내용이 보이고 있다.

<사료 7>
…ⓐ甲申年, 소우 요시나리(宗義成)의 서계에 "南蠻耶蘇宗久(그리
스도교 무리), 즉 施端(그리스도교)의 잔당이 黑菴甫島에 출몰하고
있다. 그 섬은 中原(중국)과 조선 사이에 있어 간혹 (일본에) 표도하
는데, 힘써 모두 잡아들여야만 한다."고 한다. ⓑ乙酉에 또 서계에
서 칭하기를, "한 척의 황당선이 나가사키[長崎]에 정박하였는데,
스스로 말하기를 天國川은 南蠻·暹邏 사이에 있으며, 무리(그리
스도교)의 우두머리가 唐船을 만들어 조선으로부터 일본에 잠입하
려고 한다. (조선의) 각 진이 당연히 붙잡아야만 할 것을 청한다."
고 하여 갖추어 병부에 물었다.32)

밑줄 ⓐ는 甲申年 요시나리의 서계, 즉 <사료 4>와 <사료 5>의 서
계로 1644년의 그리스도교 금제요청을 가리키는 것이며, 밑줄 ⓑ에서 말
하는 乙酉年의 서계는 쓰시마번이 조선에 보낸 1645년의 서계로 후술하
는 <사료 12>의 서계를 가리키는 것이다. 또한, '天國川'이라는 곳은 마

---

31) 『本邦朝鮮往復書』 권9·10.
32) 『通航一覽』 3, 524쪽. "甲申平義成書契, 南蠻耶蘇宗久, 卽施端之餘黨, 出沒於
黑菴甫島. 島在中原朝鮮之間, 如或漂到, 務要窮捕. 乙酉又書稱, 有一荒唐船
泊於長崎, 自言, 天國川在南蠻暹邏之間, 有宗久酋長造唐船, 欲自朝鮮入日本.
請合各鎭瞭捕, 具咨兵部"

카오를 가리키는 것으로 동일하게 <사료 12>에도 ‘天川’이라고 보이고 있다.

한편, 위의 사료에 보이는 ‘黑菴甫島’는 <사료 6>에 보이는 ‘里菴甫島’이다.[33] 그러나 쓰시마번이 조선에 보냈던 <사료 4>와 <사료 5>의 서계에 ‘里菴甫島’라는 지명은 없고, 다만, <사료 5>의 양국 간 공식적인 서계에는 그리스도교 무리가 중국과 조선 사이의 지역에 도착해 올해 반드시 쓰시마에 배를 보내려 한다는 풍문이 있다는 것뿐이었으며, ‘大明國과 조선의 국경 지대’라고 되어있는데, 왜 그 답서에 그리스도 교도의 출몰지역으로 ‘里菴甫島’라는 명확한 지명이 거론되고 있었을까. 이것은 ‘里菴甫島’라는 지명은 <사료 4>와 <사료 5>의 서계를 지참해 조선에 도해한 사자의 口傳에 의한 것이라고 생각된다. 그것은 『接待倭人事例』와 『承政院日記』의 기술에 의해 확인된다.

『接待倭人事例』에는 1644년 珍島에 표착한 廣東船의 처리를 둘러싸고 역관 洪喜南의 진언 내용이 기록되어 있는데, 그 내용을 요약해 보면, “耶蘇의 무리는 일본의 큰 우환이 되고 있으며, 그 일부는 중원의 安府에 있다고 들었는데, 그곳은 우리의 국경에 가까운 곳입니다. 그 무리가 그곳에서 (일본에) 들어오려고 합니다. 때문에 島主는 그 소망하는 바를 지시해 사자로 하여금 우리나라에 기찰을 청하였습니다.”[34]는 것이다.

---

33) 이는 『通航一覽』의 편자가 <사료 6>을 수록할 당시 ‘里菴甫島’의 里를 黑으로 잘못 실은 것이라 생각된다.

34) 『接待倭人事例』, 甲申(仁祖 22) 8월 24일조. “耶蘇之黨, 果爲日本大患, 彼中, 聞中原安府, 卽我境近地. 其黨, 自其處入來. 故令島主, 十分候望, 非日本使我國機察之請也” 한편, 『多山詩文集』 22권(雜評, 李雅亭備倭論評)에도 다음과 같은 글이 수록되어 있다. “仁祖 22년(1644) 갑신에 보내온 島酉 平義成의 書契에 이르기를 ‘南蠻에 耶蘇宗文이 있어 里菴甫島에 출몰하는데, 里菴甫島는 中原과 조선 사이에 있다. 宗文은 바로 吉利施端의 잔당이니, 혹시라도 표류하여 이르거든 하나도 놓치지 말고 체포하기 바란다’고 하였다. 곧바로 이 뜻을 가지고 兵部에 보고하였다.”

즉, 일본이 그리스도교 금제에 대한 협조를 요청한 이유를 들면서 그리
스도 교도들의 출몰지역으로 ‘安府’라는 지명을 들고 있다. 『承政院日
記』에도 같은 내용이 기재되어 있는데, 단지 ‘安府’가 ‘里安府’로 되어
있다.[35]

다시 말하면, 1644년 5월 조선의 답서에 처음 보이는 ‘里菴甫島’라는
지명은 전술한 ‘黑菴甫島’, ‘安府’, ‘里安府’와 같은 곳을 가리키는데,
표기만을 달리하고 있다. 만약, 일본 측이 명확한 지명을 표기한 서계
를 조선에 전했다면, 이러한 표기의 차이가 발생했을 리 없었을 것이
고, 또 『接待倭人事例』와 『承政院日記』에 보이는 바와 같이 洪喜南의
보고는 일본 측의 풍문을 전한 내용으로 일본의 서계에 의한 것은 아
니다.

그렇다면, 그리스도교 금제를 둘러싼 朝·日간의 교섭에 왜 ‘里菴甫
島’가 등장했을까. 그것은 쓰시마 측이 그리스도교 금제에 대한 협조요
청의 구실로서 만들어낸 가공의 지역이었기 때문이다. ‘里菴甫島’라는
곳이 조선 주변지역에 존재하지 않았을 뿐 아니라, 그러한 섬이 실제로
존재했다면 조선 측은 그곳을 인지하고 있었을 것이다. 그러나 조선은
<사료 6>의 ⓒ에서와 같이 “이른바 里菴甫島라고 하는 이름은 지금
처음 들어 그 소재를 모른다.”고 회답하였다. 이 회답에 대해 쓰시마번
이 아무런 응답이 없었다는 것으로부터도 지명에 대한 위작은 명백해
진다. 쓰시마번의 지명 위작에 대해서 조선정부는 인지하고 있었다는
근거는 보이고 있지 않으며 또 어떠한 대책을 세운 것도 아니지만, 일

---

35) 『承政院日記』, 仁祖 22년 8月 22일(정축)조. “卽間譯官洪喜男之言, 則耶蘇之
黨, 果爲日本大患. 彼中聞中原里安府, 卽我境近地. 其黨, 自其處越海入來. 故
令島主, 十分候望, 而島主因此, 自爲書契而來, 非日本別有使我國譏察之請也”
야마모토 하쿠분[山本博文]은 이 사료의 里安府라는 지명이 요시나리의 서
계(<서계 4><서계 5>)에 기술되어 있다는 듯이 설명하고 있으나(山本博文,
「日本の沿海防備體制と朝鮮」, 6쪽), 이는 오류이다.

본의 요청에 대해서는 約條船 이외의 선박이 조선에 들어온다면 즉시 붙잡아 왜관에 압송하겠다는 회답을 보냈다. 이것은 일본의 그리스도교 금제 협조에 대한 '공조정책'의 표명이며, 또 朝·日 양국은 그리스도교에 대해 국가를 어지럽힌다는 邪敎觀을 공유하고 있었다는 증거이기도 하다.

2. '禁制要請一件'을 둘러싼 쓰시마번과 조선의 의도

쓰시마번이 조선에 그리스도교 금제에 대한 협조요청을 행한 것은 막부의 명령에 따른 것으로 幕藩體制 내에서 조선과의 대외관계를 '家役'으로 위임받았던 쓰시마번의 임무이기도 했다. 야마모토 하쿠분[山本博文]은 이를 쓰시마번이 막부에 대해 충성심을 보이기 위한 조치였다고도 평가하고 있다.[36] 하지만, 쓰시마번이 막부의 지시를 받아 적극적으로 이 안건을 조선 측에 전달하고 또 외교업무를 수행하고 있었던 것은 쓰시마번 내부의 사정도 있었다. 즉, 조선정부에 대한 무역확대 요구와 왜관이전의 문제가 내재적으로 존재하고 있었기 때문이다. 왜관이전에 대한 요청은 무역확대로 연결되는 문제이며, 조선과의 무역에 번의 거의 모든 재정을 의존하고 있던 쓰시마번에게는 사활이 걸린 문제였다.

쓰시마번은 조선 측에 대해 1639년에 그리스도교 금제를 통지함과 동시에 무역량의 확대를 요구한 후(<사료 3>), 1640년(仁祖 18/寬永 17) 10월 7일에는 왜관을 釜山城 안으로 이전할 것을 요청해 왔다. 이것에 대해 동래부는 부산성은 우리들의 鎭이 있는 장소라고 답변하고, 城地의 借入 요청에 대해서도 놀라워하며 부정적인 견해를 피력했다.[37] 이와 같

---

36) 山本博文, 앞의 논문, 4쪽.

은 이전 요청은 왜관의 입지 조건이 나쁘다는 것, 즉 1639년의 무역확대가 막부로부터 지시를 받은 것으로 그에 따른 거래량의 증가를 예상하고 왜관을 보다 편리한 장소로 이전할 필요가 있었기 때문에 이루어진 것이다. 조선정부는 쓰시마 요청의 배후에 당시 조선을 침략한 청국의 남하에 대비해 釜山城을 개축해서 이전하고 병기를 갖추어두고 싶은 것이라는 일본의 의도가 있다고 판단하여 즉시 이것을 거부했다.[38] 그러나 거부된 뒤에도 쓰시마번의 왜관 이전에 대한 욕구는 늘 잠재하고 있었으며 실제 후에 이전이 실현될 때까지 朝·日간에 외교문제가 있을 때마다 요청하고 나섰다. 그 때문에 1667년(顯宗 8/寬文 7) 쓰시마·나가사키[長崎]·오사카[大阪]를 거점으로 한 대규모 무기밀수 조직이 적발된 이른바 '拔船一件'에 얽힌 쓰시마와 조선간의 교섭[39] 때에도 해결해야할 중대 현안의 하나였으며, 또 조선 잔류 네덜란드인의 일본송환 교섭 때에도 중요 문제로 대두되고 있었던 것이다.[40]

다시 말하자면, 쓰시마번은 막부의 명령을 받아 남만 상선의 왕래 엄금에 대한 연락, 그리스도교 금제에 대한 협조 요청 등의 공식적인 업무를 실행함과 동시에 무역확대, 왜관 이전 등도 함께 요청해 自藩의 직접적인 이익을 추구하고 있었다. 여기에는 막부와 조선 사이에 개재하면서 양자의 관계를 맺어주며 동시에 그것에 의해 자신의 존위를 모색할 수밖에 없었던 쓰시마번의 외교적 특징이 단적으로 나타나 있다.

한편, 조선이 그리스도교 금제에 대한 협조요청에 긍정적으로 대답한 이유는 다음의 세 가지 점으로 설명할 수 있다.

---

37) 『倭館移建謄錄』 第1, 仁祖 18년 10월 18일조. 『邊例集要』 권11, 館宇.

38) 田代和生, 앞의 책, 169쪽.

39) 荒野泰典, 「小左衛門と金右衛門－地域と海禁をめぐる斷章－」(網野善彦 他編, 『海の列島文化』 10, 小學館, 1992), 412～417쪽.

40) 본서의 제5장에서 상술함.

첫째, 당시 조선은 청국의 침략에 의해 아직 정국이 안정되어 있지 않았으며, 그로 인해 그리스도교 금제 협력을 요청하는 일본과의 외교문제에 그다지 신경을 쓸 여유가 없었다는 점이다.

둘째, 동래부의 정보에 의해 알게 된 '시마바라·아마쿠사의 난'과 같은 국가를 어지럽히는 그리스도교의 폐해를 미연에 막을 필요성이 있었다는 점이다. 당시 조선에 그리스도교와 직접적으로 관련된 문제는 없었음에도 불구하고, 전술한 바와 같이 그리스도교에 대한 邪敎觀을 가지고 있었다.

셋째, 쓰시마번에 대한 회유책이기도 했다. 다시 말하면, 그리스도교에 대한 금제요청을 시행하면서 쓰시마번이 조선에 요청하고 있던 각종의 부수적인 요청 사항들에 대한 회유책이었던 것이다. 조선 측이 쓰시마번의 다양한 요구를 그 어떠한 반응도 없이 모두 수락한다는 것은 있을 수 없는 일이다. 그러나 전부 거부했던 적 또한 거의 없다. 다양한 요구 중에서 조선 측의 입장으로 보아 가장 문제가 없을 사항에 대해서, 또는 조선 측의 필요에 따라 조금씩 인정하여 쓰시마번을 회유함과 동시에 쓰시마번을 일본의 대리자로서 이용해왔다. 바로 그것이 쓰시마번에 대한 전통적이고 관습적인 외교 대응책이었다. 때문에 당시 시점에서의 요청들 가운데 1639년의 무역확대 요청에 대해서 쓰시마번이 희망하고 있던 무역량을 충족시키지 않았으며, 1640년의 왜관 이전 요청도 허용하지 않았다(왜관 이전에 대해서는 1673년까지 허가하지 않았다). 그러한 상황에서 막부의 대리인으로 쓰시마번의 그리스도교 금제에 대한 협조요청을 적극적으로 받아들여 '共助'를 표명한다는 것은 쓰시마번을 회유하는 절호의 기회이기도 했다.

Ⅳ. 일본의 그리스도교 적발과 朝·日의 共助政策

1. 廣東船의 일본 引渡

일본이 그리스도교 금제요청을 시행하고 얼마 지나지 않은 1644년 여름에 廣東省 廣州府의 선박이 나가사키[長崎]로 항해하던 중 전라도 珍島郡 南桃浦에 표착하는 사건이 발생했다. 이 사건은 전라감사 睦性善에 의해 신속하게 조정에 보고되었다. 우선, 그 표착을 둘러싼 보고 내용부터 살펴보겠다.

<사료 8>
전라감사 睦性善이 馳啓하여 말하기를, "ⓐ漢船 1척이 珍島郡 南桃浦 앞바다에 와서 정박하였는데, 군수 李恪이 배가 정박하고 있는 곳에 이르러 불러 물어보았습니다. 그 가운데 蔡萬官·李國琛·林理思·陳璟 등은 문자를 약간 알았습니다. 이들은 모두 廣東省 廣州府 南海縣 사람들로 장사를 업으로 삼아 배를 타고 나가사키[長崎]로 향하던 중 도중에 바람을 만나 표류하여 이곳에 이르렀다고 하였습니다."고 하였다. 備局이 回啓하기를, "ⓑ漢人이 표류하여 우리나라에 이르게 되면 처리가 매우 어렵습니다. 지난번 왜인이 그리스도교[耶蘇宗文]의 일로 우리에게 자못 소망한 것이 있었고, 이 배가 원래 나가사키[長崎]로 향하던 것이므로 여기에서 전해주는 것이 순편할 듯합니다. 영리한 역관을 별도로 정하여 그들을(廣東船 선원) 풀어서 쓰시마에 넘겨주고, 또 漢船으로 하여금 귀로를 얻게 하소서." 하니, 상이 따랐다.[41]

___

41) 『仁祖實錄』, 仁祖 21년 8월 계해(8일)조.

위의 <사료 8>에 보이는 廣東船의 표착은 전라감사 목성선의 보고에
의해 8월 8일에 조정에 알려지게 되었다. 그 보고는 밑줄 ⓐ에 보이듯이
漢船, 즉 중국 廣州府 南海縣의 선박 1척이 珍島郡 南桃浦 앞바다에 표
착하였는데, 그 선원 중의 일부는 문자를 알고 있으며, 장사를 위해 나가
사키로 향하던 중 강풍에 의해 표착하게 되었다는 것이다. 이 보고에 대
해 비변사는 중국인이 우리나라에서 표착하면 그 처리가 어려우며, 또
얼마 전 쓰시마번이 그리스도교 금제의 일로 소망한 바도 있고, 더군다
나 이 선박이 나가사키로 향하던 것이었으므로 쓰시마번에 전해주는 것
이 편하다는 진언을 하여 仁祖의 허가를 얻고 있다(밑줄 ⓑ). 즉, 조선정
부는 앞에서 언급했던 약 4개월 전에 행해진 일본의 그리스도교 금제에
대한 협력 요청에 근거해 쓰시마를 통하여 일본 측에 인도할 것을 결정
하고 있다. 그러나 廣東船의 인도 경위를 상세히 검토해보면, 이 사료가
말한 대로 표착사건이 처리되고 있지 않았음이 밝혀진다.

관련 기록 중에 쓰시마번의 기록인 『廣東船覺書』에는 조선의 사료에
기재되어 있지 않은 사정들이 상세히 기록되어 있다. 이것은 廣東船이
쓰시마번에 인도된 뒤에 쓰시마번의 심문에 의해 밝혀진 내용을 다루고
있는데, 이를 근거로 표착한 직후부터의 상황을 살펴보자.

<사료 9>
一, ⓐ위의 선박, 7월 3일 廣東 出船.
一, ⓑ동 27일 진도에 표착. ⓒ이때 番船 10척이 나아가 鎭守가 물과
쌀을 보내고 在留하는 동안 위의 52명에게 밥과 절인 반찬, 채소 등을
대접했다. 위의 사람들 모두 珍島의 守護 관청에 남김없이 가두어두
고 서울(漢城)에서 보고에 대한 답서가 올 때까지는 문밖으로 나가지
못하게 하였다. 珍島를 出船할 때에 振廻錢 등을 주었다.[42]

---

42) 『廣東船覺書』. "一, 右之船, 七月三日廣東出船. 一, 同廿七日珍島江漂着. 此

위의 <사료 9>의 밑줄 ⓐ와 ⓑ로부터 廣東船은 1644년 7월 3일에 廣東을 출발하여 7월 27일에 珍島에 표착하였다는 것이 밝혀진다. <사료 8>에서 이 사건이 조정에 보고되어 올라 온 것이 8월 8일인 점을 생각해 볼 때, 보고하는데 11~12일이 소요되고 있다. 또한, 밑줄 ⓒ로부터 표착 당시에 鎭守로부터 물과 쌀을 제공받았으며, 그 표착 인원 52명은 모두 조정에서의 답서가 올 때까지 珍島의 守護, 즉 <사료 8>에 보이는 珍島郡守 李恪의 관아에 머물고 있었음을 알 수 있다.

한편, <사료 8>의 『仁祖實錄』에는 珍島郡守로부터 사건의 보고를 받자마자 廣東船을 일본에 인도할 것을 결정하였는데, 그 배경에는 '禁制要請一件'이라는 일본 측의 요청도 있었지만, 당시 조선의 국제관계와 관련된 또 하나의 다른 중대한 이유가 있었다. 그것을 암시해주는 것이 <사료 8>의 밑줄 ⓑ에 보이는 "漢人이 표류하여 우리나라에 이르게 되면 처리가 매우 어렵습니다."라는 문구이다. 당시는 명·청교체기로 청에 대한 남명 정부의 저항이 계속되고 있었으며, 중국 대륙에서의 전란 상태가 종식된 것은 아니었다. 때문에 漢人(중국인, 특히 남명정부의 사람)이 조선의 경계 내에 표착해 왔을 경우, 淸과 南明 정부 사이에서 과연 어떠한 조치를 취할 것인가에 대해 일종의 갈등이 발생했다. 다시 말하자면, 청의 제2차 침략인 병자호란 이후 조선은 청과 책봉관계를 맺기는 했지만, 아직 남명 정부가 존속하고 있어 중국 표류민을 어느 쪽에 송환하더라도 외교문제를 발생시킬 위험성이 존재했던 것이다. 거기에 때마침 일본으로부터도 그리스도교 금제에 대한 협조 요청이 있어 廣東船을 일본으로 인도할 것을 결정한 것이다.

廣東船의 인도를 결정할 당시 조선정부의 자세를 명확히 보여주고 있

時番船數十艘出之, 鎭守より水米を遺幷在留之間, 右五拾二人ニ飯米肴野菜等馳走仕候. 右之者共珍島之守護屋敷之內ニ盡取籠置, 都より注進之返事來候迄ハ門外不出體ニ召置候. 珍島出船之時振廻錢なと仕候"

는 것은 『承政院日記』와 『接待倭人事例』의 기록인데, 『承政院日記』는 야마모토 하쿠분[山本博文]도 인용하여 廣東船을 인도하는 조선 측의 의도를 논증하고 있다.43) 여기에서는 『接待倭人事例』의 내용으로 소개해 보겠다.

> <사료 10>
> 비변사가 啓하여 말하기를, "洪喜男의 말을 접하니 '@耶蘇의 黨(그리스도교도)은 과연 일본의 큰 걱정이 되고 있는데, 일본 내에서는 우리나라 경계 가까운 곳에 있는 중국 安府로부터 그 黨이 들어온다는 풍문이 있습니다. 때문에 島主로 하여금 충분히 경계시키고 있는 것이지, 일본(막부)이 우리나라로 하여금 조사를 요청한 것은 아닙니다. ⓑ지금 이 唐船을 압송시키면, 매우 편리하고 좋습니다. 하지만, 廣東船 도착 후에 조사하여 耶蘇의 黨이 아니라면, 혹 받아들이지 않을 폐단이 있을지도 모릅니다. 將(압송의 담당자)을 정하여 보내는 것은 사태 또한 아직 불안하니, 부산 왜관으로 배를 돌려 머물게 하는 것 보다 못합니다. 왜관의 왜인에게 그들을 보내면 스스로 처리할 것입니다'고 합니다. 이 말은 실로 사정에 적합하오니, 감히 이것을 받들어 올립니다." 하니 답하여 말하기를 "啓에 따르라."고 하였다.44)

<사료 10>은, 비변사가 동래부 역관 洪喜男의 의견을 조정에서 보고한 내용인데, 원문의 해석이 약간 까다롭다. 필자는 밑줄 @를 그리스도교에 대한 일본 내의 풍문, 즉 조선과 중국 사이에 있는 安府로부터 그

---

43) 山本博文, 앞의 논문, 5~6쪽(『承政院日記』, 仁祖 22년 8월 22일조 인용).

44) 『接待倭人事例』, 甲申(仁祖 22) 8월 24일조. "備邊司啓辭, 卽接洪喜男之言, 耶蘇之黨, 果爲日本大患, 彼中, 聞中原安府, 卽我境近地, 其黨, 自其處入來. 故令島主十分候望, 非日本使我國機察之請也. 今此唐船押送, 亦甚便好, 而到彼查究, 非耶蘇之黨, 則或有不受之幣. 定將領送, 事體亦甚未安, 莫如回泊釜館, 付之館倭, 自爲處置云. 此言實合事情, 敢此仰稟, 答曰, 依, 啓"

리스도 교도가 일본에 들어오려 한다는 풍문이 있기 때문에 이것은 쓰시마번이 책임을 지고 조사해야 할 사항이며, 막부가 조선 측으로 하여금 조사를 요청한 것은 아니라는 의미로 해석했다. 즉 조선 측에는 그 책임이 없다는 의미로 파악했다. 이는 어디까지나 洪喜南 개인의 사견이지만, 밑줄 ⓑ를 보면 그 의도가 명확해 진다. 만약에 廣東船을 조사한 후에 그리스도교와 무관하다면 왜관에서 받아주지 않을지도 모르고, 또 조정에서의 조사를 위해 廣東船을 압송시키기 위한 담당자를 정해 내려 보내는 것보다 직접 왜관으로 보내는 것이 더욱 편리하고 좋다고 했던 것이다. 홍희남의 의도는 廣東船에 대해 조사할 필요 없이 표착지에서 왜관으로 직접 보내는 것이 최상의 상책이라는 것이며, 이에 비변사도 일의 사정에 적합하다고 판단하여 진언한 결과 仁祖의 허락을 얻었다.

　조선정부는 廣東船에 그리스도 교도가 승선하고 있었지 아닌지에 대해 명확히 파악되지 않았음에도 불구하고, 일본의 그리스도교 금제요청에 부응하는 형태로 廣東船 표착사건에 대한 해결책을 세웠다. 어떠한 해결책이던 조선에 표착해 온 廣東船을 그대로 둘 수는 없는 일이고, 이왕이면 일본의 그리스도교 금제에 협력하는 형태를 취해 일본 측에 '共助'를 보여주는 아주 좋은 기회였던 것이다. 게다가 왜관에 인도하는 것으로 귀찮고 번거로웠던 廣東船의 표착 처리를 모두 쓰시마번에 일임시키는 이점도 있었다. 일거양득의 해결책으로 고도의 외교술이었던 것이다.

　왜관 引渡라는 결정에 따라 조정에서는 예조참의 蔡裕後의 이름으로 廣東船 선원을 일본 측에 넘긴다는 취지의 서계를 보내게 되었다. 다만, 그 서계에서 廣東船의 선원 모두를 확실하게 일본 측에 넘겨주기 위해 그들이 그리스도 교도라는 죄목을 부여하지 않으면 안 되었다. 과연 조선정부는 어떠한 내용으로 서계를 보냈는가, 다음에서 살펴보겠다.

<사료 11>

요 근래 좌우승지의 지시에 의해 특별히 해방을 신칙하여 더욱더 방비를 엄하게 하고 있습니다. ⓐ전라도 병수사의 장계에 의하면, 진도의 남도포 항구에 황당선 한 척이 외양에서 표류해 도착하였는데, 우리의 변장이 그들을 붙잡았습니다. 그 배에는 52명이 승선하고 있었는데, 그들의 거주지와 표류한 연유를 물으니, 모두 말하기를, 남해의 사람들로 매매를 업으로 삼는데, 배를 타고 나가사키[長崎]로 향하던 중 강풍을 만나 표류하였다고 합니다. ⓑ스스로 漢人이라고는 하지만, 알 수 없는 모양의 선박이며, 지금까지 본적이 없습니다. ⓒ어쩌면 邪가 위장하여 서로 섞여있을 위험성이 있는데, 조선은 그 판별이 불가능하니 변신으로 하여금 부산 바다에 압송시켜 왜관의 관수에 넘기도록 하겠습니다. 귀국의 처치를 부탁합니다.[45]

위의 밑줄 ⓐ에서 52명이 승선한 廣東船이 진도에 표착한 경위와 행선지가 나가사키라는 것, ⓑ에서는 표착한 52명이 스스로 중국인이라고는 하지만 알 수 없는 모양의 선박으로 본적이 없다는 것을 표명하여 의심스럽다는 것을 언급하고 있다. 더군다나, 밑줄 ⓒ에서는 어쩌면 邪, 즉 그리스도교가 섞여있을 가능성을 과장하여 나타내고 있다. 그것은 일본

---

45) 『耶蘇宗門嚴禁書翰』, 6번째 서계.

朝鮮國禮曹參議蔡 裕後 奉復

日本國對馬州太守平公 閣下

新秋戒候緬惟動定珍衛瞻慰交至朝廷. 頃因左右勤示, 另飭海防, 俾謹暸守. 卽據全羅道兵水使狀啓, 珍島地方南桃浦港口, 有荒唐船一隻, 自外洋漂到, 被我邊將捕捉. 本船所坐人數, 伍拾有貳名, 問其居住及漂泊緣由, 則供云以南海之人, 買賣爲業, 乘船指向長崎, 遭風漂流而來云, 仍念這船所禽. 雖自稱漢人, 而係是異樣海舶, 前所未見. 恐或邪僞相混, 而自我國不能辨別, 玆邊臣押赴釜洋, 交付館守. 以憑貴國處置, 照亮不宣

崇禎十七年八月 日

禮曹參議蔡 裕後

측에서 만약에 그리스도교와의 관련성이 없다면 왜관에서의 인수를 거
부할 가능성이 있기 때문이었다. 더욱이 ⓒ에서는 그리스도교인지 아닌
지에 대한 판별과 처리조차도 쓰시마번 측에 맡기고 있었다. 이러한 처
리 방법으로부터 일본 측과의 관계에서 해결하기 어려운 문제는 쓰시마
번에 전부 일임하고 있었던 조선 측의 자세를 엿볼 수 있는데, 이것이
바로 일본과의 사이에서 외교적 난제를 해결하는 조선정부의 해결책이
었다.

왜관으로의 압송이 결정되어 진도에 체류하고 있던 廣東船의 선원은
어떻게 되었을까. 9월 1일에 진도를 출발하려고 했으나, 역풍 때문에
진도의 항구에 체류하다가 3일에 출항을 하였다.[46] 4일에는 수군절도
사가 있는 順天의 水營에 이르렀고, 그곳에서 '振廻錢' 등을 지급받고
곧바로 밤이 되어서 출선했다.[47] 10일에는 또 다시 역풍 때문에 南海浦
에서 체류했는데, 그 후 순풍이 불어와 출선하여 15일에 부산포에 도착
했다.[48]

한편, 조선으로부터 廣東船을 인도한다는 연락을 받은 쓰시마번은 같
은 해 9월 동래부사와 부산첨사 두 사람에게 타지마 스케노신[田嶋助之
進]·요시카와 야이치에몽[吉川彌一右衛門]·요시카와 한노죠[吉川判
之允] 3명을 파견해, 廣東船 인도에 대한 감사의 취지를 전함과 동시에
이것을 막부에도 보고하여 예조에도 거듭 陳謝할 것을 표명했다.[49] 막부

46) 『廣東船覺書』. "一, 九月朔日, 珍島出船仕候得共逆風二而珍島之湊口二滯留,
同三日此所出帆"
47) 『廣東船覺書』. "一, 同四日, 水軍節度老爺所二至ル, 此所二而振廻錢なと仕候,
即晩出船"
48) 『廣東船覺書』. "一, 同十日, 逆風二而南海浦江滯留、其後順風故出帆". "一, 同
十五日, 釜山浦江到着, 其晩從釜山浦米酒等遣". 이와 관련된 기사는 『接倭事
目錄抄』[甲申(1644) 9월조]와 『邊例集要』(권17, 雜條)에도 수록되어 있다.
49) 『耶蘇宗門嚴禁書翰』, 7번째 서계. 서계에는 3명의 사자가 橘成供, 平成貫, 平

에 보고한 것은 9월 22일이며,[50] 또한 10월 8일에는 바바 토시시게[馬場利重=馬場三郎左衛門]·야마자키 마사노부[山崎正信=山崎權八郎]의 두 나가사키 봉행에게도 廣東船에 대해 보고함과 동시에 쓰시마에 도착하면 즉시 나가사키에 보낼 것을 상신하고 있었다.[51] 막부는 9월 22일자의 쓰시마번의 보고에 대해서 10월 16일에 아베 시게츠구[阿部重次]·아베 타다아키[阿部忠秋]·마츠다이라 노부츠나[松平信綱]가 連署한 후에 서장을 보내 廣東船 처리에 대한 지시를 내렸는데, 그 내용은 부산에 사자를 파견하고 날씨를 보아 쓰시마로 압송한 후, 상세하게 그리스도교인지 아닌지 조사하여 보고하라는 것이었다.[52]

廣東船員을 압송하기 위한 사자는『接倭事目錄抄』에 의하면, 같은 해 10월에 이들 선원을 나누어 승선시키기 위한 선박과 함께 3명이 도착했

成達로 되어 있으나, 이 서계의 끝 부분에 3명의 일본 이름이 附記되어 있다. 아마도『耶蘇宗門嚴禁書翰』편자가 후에 附記한 것으로 생각되는데, 吉川判之允는 吉川半之允로 표기되어 있다. 한편,『本邦朝鮮往復書』9,『通航一覽』3(610~611쪽)에도 3명이 기록되고 있는데, 이를 참조하여 吉川判之允로 수정하였다.

50)『廣東船覺書』. "一, 右廣東船漂着之段, 九月廿一日朝鮮より申來候付, 同廿二日之日付ニ而江戶御老中江爲注進書狀差上ル, 使岩崎喜兵衛"

51)『廣東船覺書』. "一, 十月八日, 長崎御奉行馬場三郎左衛門殿, 山崎權八郎殿御兩人方江書狀を以, 右廣東船朝鮮國全羅道之內珍島と申所江漂着仕候由申來候. 對府參着次第其許江可送進由, 先達而申遣ス. 使佐護市之允"

52)『朝鮮人日本國エ漂流記·日本人朝鮮幷大淸エ漂流記·朝鮮國ヨリ唐人幷南蠻人送來記』, 국사편찬위원회 소장. 이후『南蠻人送來記』라고 약칭. "九月廿二日之御狀具拜見候. 兩上樣彌御氣色能被成御座候間, 可安御心候. 將又朝鮮國全羅道內珍島と申所, 唐船被放風來候付而, 彼所之番之者出合人數五拾六人捕之. 釜山浦江差越其方家來江相渡候之間, 日和次第其國へ召寄, 宗門等之儀, 具相改之樣子重而可有注進旨, 尤之事ニ候" 또한, 이 사료에는 마츠다이라 노부츠나[松平信綱]가 소우 요시자네[宗義眞]에게 보낸 서장도 수록되어 있다.

다.53) 그렇지만, 쓰시마번의 기록에 따르면, 廣東船을 인수하기 위한 3명
의 사자는 9월 25일에 이즈하라[嚴原]를 출발하고 있었다.54) 그 시점에
廣東船員 52명은 전술한 바와 같이 조정의 지시에 의해 이미 전원이 왜
관에 압송되어 있었으며, 9월 17일에는 館守와 대면하고 있었다.55)

그들이 부산을 출발한 것은 『廣東船覺書』에 의하면 10월 18일인데, 당
일 쓰시마의 와니우라[鰐浦]에 도착하였고, 20일에는 이즈하라의 府內
에 도착하고 있다.56) 그러나 廣東船을 인도받은 쓰시마번이 조선에 보낸
답서에는 10월 17일에 도착한 것으로 기록되어 있다.57) 하루의 차이가
있으나, 어느 것이 정확한지 현재로서는 판단하기 어렵다.

부산을 출발하는 때에는 廣東船員들에게 '渡海米 10석, 생닭, 어물, 甘
醬' 등이 제공되었다.58) 물론, 부산에 도착한 날부터, 동래부사와 부산첨
사 및 왜관의 館守 등이 자구 음식물을 제공하고 있었다는 것은 말할 것
도 없다. 결국, 廣東船員의 일본 인도로 표착사건은 일단락되었는데, 쓰
시마 번주 소우 요시나리[宗義成]는 10월 28일자로 廣東船員의 인도에
대한 감사의 뜻을 담아 부산으로부터 아무 문제없이 쓰시마에 도착했다
는 사실을 예조와 동래부사, 그리고 부산첨사에 알려왔다.59)

---

53) 『接倭事目錄抄』, 甲申년(1644) 10월조.

54) 『南蠻人送來記』. "廣東船請取ニ朝鮮江被遣候, 御使者ハ古川彌一左衛門・古
   川半之丞・田嶋惣右衛門也, 同年九月廿五日右三人之乘船對府出"

55) 『廣東船覺書』. "一, 同十七日, 此方より差置候館守相對仕候. 其後東萊釜山幷
   館守方より米肴野菜等遣之"

56) 『廣東船覺書』. "一, 同十八日, 右之廣東船釜山浦出船, 對州鰐浦參着", "一, 同
   廿日, 府內廻着"

57) 耶蘇宗門嚴禁書翰』. "仍當秋, 全羅道之內漂到于珍島方南桃浦廣東而被送達
   釜山倭自館守今月十有七日右隻船人數無恙着到對諒爲不淺, 近日參勤柬綿密
   台聽, 想夫爲嘉尙焉"

58) 『邊例集要』 권17, 雜條.

59) 각주 57)번 참조.

2. 일본에서의 그리스도 교도 적발

한편, 쓰시마에 압송된 廣東船員은 "公儀로부터 항상 지시가 내려온 것은 조선의 선박 이외에 다른 모양의 이국선은 나가사키에 보내도록 한다."[60]는 종래의 지시에 따라 나가사키에 이송되었다. 10월 25일 쯤에 廣東船員을 나가사키에게 이송할 예정이었지만, 역풍으로 인해 출발이 지연되어 11월 5일에 나가사키 봉행 바바 토시시게[馬場利重]·야마자키 마사노부[山崎正信]에게 보내는 서장을 붙여 출발시켰고, 11월 9일 나가사키에 도착했다.[61] 그 때의 인솔자는 타지마 스케노신[田嶋助之進]·요시카와 야이치에몽[吉川彌一右衛門]·요시카와 한노죠[吉川判之允]로 부산에서 廣東船員을 인수했던 사절과 동일 멤버였다. 廣東船員은 나가사키에게 도착하자마자 곧바로 슈몬아라타메[宗門改め], 그리스도 교도인지 아닌지의 조사를 받았는데, 52인의 廣東船員 속에서 5인의 그리스도 교도가 잠입해 있다는 것, 그 외에 마카오를 출입하던 중국인 21명이 승선하고 있다는 사실이 밝혀졌다.[62] 나가사키 봉행은 즉시 이 사실을 막부에 보고했다.

---

60) 『南蠻人送來記』. "從公儀常々被仰付置候ハ, 朝鮮船之外ヶ樣之異國船ハ長崎表江送屆候樣ニ与之儀ニ付, 御使者相添被送遣"

61) 『廣東船覺書』. "一, 十一月五日, 右之廣東船長崎御奉行馬場三郎左衛門殿·山崎權八郎殿方へ書狀相添送遣ス. 打續逆風ニ而, 漸此日對府出帆, 書狀之日付ハ十月廿五日, 右之使田嶋助之進·吉川彌一右衛門·吉川判之允此三人相添遣ス", "一, 同九日廣東船幷此方使之者長崎着船." 『南蠻人送來記』에는 쓰시마를 출발한 것이 9월 25일로 되어 있지만("同年九月廿五日, 右三人之乘船對府出航"), 『廣東船覺書』의 기록에 보이는 바와 같이 역풍으로 인해 출발이 연기되었다.

62) 『南蠻人送來記』. "於彼地茂彌右之廣東船被相改候處, 切支丹之者五人, 其外天川江出入仕候唐人廿一人乘居候. 其段長崎より同十一月廿三日公儀江御注進有之"

　한편, 막부는 쓰시마번에 또 다른 廣東船, 즉 조선에 표착한 廣東船이
아닌 다른 廣東船에서 그리스도교를 적발한 사실을 알려주고 있었다. 이
에 쓰시마 번주는 같은 해 12월 24일자로 그 내용을 조선 측에 전하고
있다. 그 당시 쓰시마 번주는 參勤交代를 위해 에도[江戶]로 향하고 있
던 도중이었는데, 비슈[尾州]의 아츠다[熱田]에서 막부가 보낸 파발마
로 그 사실을 알게 되었다. 이러한 긴급 연락사항을 접수한 쓰시마번은
조선에 표착했던 廣東船員 중에서 그리스도 교도를 적발하였다는 것을
알리고, 동시에 재차의 그리스도교 금제에 대한 협조를 요청했다. 이것
이 바로 아래에 보이는 예조참판과 동래부사・부산첨사에게 보낸 2통의
서계인데, 2통의 내용이 거의 동일하여 여기에서는 예조참판에게 보낸
서계를 중심으로 살펴보겠다.

<사료 12>
12월 24일 東武(=에도)에 參勤交代로 가던 중, 비슈[尾州]의 아츠다
[熱田]에서 막부 執權(=노중)의 파발마가 있었습니다. 그 새로운 조
목에서 말하기를, "ⓐ大明 사람 五官이라는 자를 나가사키에서 죄를
따져 물은 바, 정말로 죄인이 나왔다. 다만 南蠻宗門(=그리스도 교도)
을 말하기를, '우두머리 두 사람이 앞으로 날이 오면, 天川(=마카오)에
머물러 있다가 白銀을 내어 唐人에게 주고 새롭게 唐船을 만들어 가
까운 시일에 귀국(=조선)에 渡海할 것이며, 이어서 本邦(=일본)에 도
항할 것이다'라는 취지로서 절대로 의심할 수밖에 없다."라는 것입니다.
ⓑ그렇기 때문에 귀국의 도서와 큰 강, 큰 못 등의 곳에 두루 그 걱정
에 준비하게 하여 괴이한 선박이 있다면, 모두 붙잡아서 부산포의 왜
관에 넘겨야만 할 것입니다. 그렇다면 즉 대군을 위한 誠信이 미미한
신하에게 간절하게 정이 두터워질 것입니다. 이와 같은 것이 어디 있
겠습니까. 그 흉악한 무리와 역도는 公侯를 업신여겨 그들을 멸하였
는데, 반드시 훗날의 화가 될 것입니다. 빨리 그것을 도모하십시오. 나
머지의 모든 것은 동래부사와 역관이 설명을 다할 것입니다. 헤아려
주시기 바랍니다. 이만 줄입니다.[63]

　즉, 밑줄 ⓐ에 보이는 바와 같이 나가사키에서 명의 五官이라는 자를 심문하여 그리스도 교도의 우두머리 두 사람이 마카오에 있다가 조선을 거쳐 일본으로 잠입한다는 정보를 파악한 막부는 에도로 오고 있던 쓰시마 번주에게 그 내용을 급보로 알리고 있었다. 이에 대해 쓰시마 번주도 사전에 그리스도교의 밀입국을 방지를 위해 즉시 조선 측에 서계를 보내 괴이한 선박이 있다면 붙잡아 왜관에 보내달라는 요청을 하고 있다(밑줄 ⓑ). 결국 막부의 그리스도 금제에 대한 강열한 의지가 쓰시마번을 통해 조선 측에도 다시 한 번 전해진 것이다.

---

63)『耶蘇宗門嚴禁書翰』, 10번째 서계.
　　日本國對馬州太守拾遺平 義成 奉書
　　朝鮮國禮曹大人 閣下
　　臘月二十四日, 東武參向半途, 而至尾州熱田, 有幕下執權飛撥. 其新條曰, 大明人五官者, 於長崎糺問之, 則款出囚人. 只曰南蠻宗門, 聱頭二人, 日來寓居天川, 出白銀付與唐人, 新造唐船近日渡海于貴國, 次而可航本邦旨, 決無所疑矣. 然者貴國海岸島嶼巨川大澤, 彌被備其虞, 有怪異舟, 悉搦取, 可被渡釜浦倭館. 然則爲大君誠信, 於微臣懇篤. 何事如之哉. 彼凶徒逆儔, 莪公侯滅之, 必爲後期禍. 蚤圖之. 餘總悉東來府主及譯官口布. 盛亮. 不宣.
　　寬永二十一年甲申年臘月二十四日
　　對馬州太守拾遺平 義成
　　원문에는 "大明人五官者, 於長崎糺問之"로 기록되어 있는데, 이 사료의 일본어 번역인『耶蘇宗門嚴禁書翰和解寫』(서론 제Ⅲ절 참조)에는 "다만, 大明사람 5인을 나가사키에서 조사를 한 것에 대해서는…"(只大明之人五人於長崎, 御取糺有之候儀者)으로 되어 있다. '五官'이라는 것은 1644년 8월 나가사키에 入津한 廣東船의 선원이었던 黃五官의 이름이며, 더욱이 그 선박에서 적발한 그리스도 교도는 黃五官과 楊六官을 포함해 6인이 있었기 때문에(이에 관해서는 후술), 이러한 차이는『耶蘇宗門嚴禁書翰』에 기록된 '五官'을 '五人'이라고 번역한『耶蘇宗門嚴禁書翰和解寫』편자의 실수이다. 야마모토하쿠분[山本博文]은『耶蘇宗門嚴禁書翰和解寫』을 이용해 조선표착 廣東船에 대해서 "명나라 사람 5인을 나가사키에서 취조를 하였는데,…"라고 해석하고 있다(「日本の沿海防備体制と朝鮮」, 7쪽).

그러나 그리스도 교도의 밀입국에 관한 정보는 조선으로부터 압송된 廣東船 선원에 의한 조사가 아니다. 이것은 조선에 廣東船이 표착한 시기와 같은 무렵인 1644년 8월[64] 나가사키에게 入津한 또 다른 廣東船의 조사에 의한 것이었다. 이 廣東船의 적발 배경에는 고우타 하치베에[小歌八兵衛]라고 하는 일본 이름을 가지고도 있는 중국인 林友官의 그리스도교에 관한 밀고가 있었다.

<사료 13>
하나, 正保 원년(1644) 甲申年에 ⓐ나가사키 항구에 있던 중국인 林友官, 다른 이름으로 고우타 하치베에[小歌八兵衛]라고 하는 자가 있었다. 이 자는 일본의 작은 칼을 몰래 중국에 넘기려고 한 일이 발각되어 감옥에 들여보내지게 되었다. 이미 그렇게 하도록 지시해 두었는데, 그 자가 切支丹(=그리스도) 교도를 고발하여 나왔기 때문에 목숨을 살려 두었다. 林友官은 이후부터 오는 선박에서 邪宗門(=그리스도) 교도가 반드시 넘어올 것이라는 취지를 고발했다. 그런데, 동년 8월 광동을 출발한 중국선 1척이 입진했다. 그 선박을 상세하게 조사했더니, ⓑ阿媽港(=마카오)의 일을 적은 서물을 찾아냈다. 배 안의 중국인에 대해 상세하게 고문을 했더니, 黃五官과 楊六官, 그 외의 邪宗門 교도 4인이 있다는 것을 자백하였다. … ⓒ그리하여 봉행(나가사키 봉행) 야마자키[山崎]의 입회하에 상세히 내용을 따져본 바, 이 五官과 六官은 의리를 배반하고 후회하며, 충절을 위해서 고발해 나왔는데, 뒤에 오는 선박에서 또 黃順娘, 周辰官이라고 하는 邪宗門 교도가 건너 올 것이라는 취지이다.[65]

---

64) 조선에 표착한 廣東船은 7월 23일 진도에 표착하여 나가사키로 압송하여 도착한 것은 11월 9일이다.

65) 『長崎實錄大成』正編(長崎文獻社, 1973), 185~186쪽. "一, 正保元甲申年, 長崎在津ノ唐人林友官, 異名小歌八兵衛ト云者アリ. 此者日本ノ刀脇指ヲ唐國ニ渡スヘキ密事露顯シ入牢被仰付. 既ニ御仕置可被仰付ノ處, 彼者切支丹訴人ニ可出由ニ付助命被差置處. 林友官追付跡船ヨリ邪宗門ノ者可渡來旨訴之.

　<사료 13>은 짧은 기록이기는 하지만, 상당히 많은 정보를 알려주고 있다. 밑줄 ⓐ에서 일본에 귀화한 것으로 보이는 중국인 임유관이라고 자가 일본 칼을 중국인에게 넘기려한 죄목으로 감옥에 가게 되었으나, 그리스도 교도에 관한 정보를 밀고하였기에 살려두었다. 그런데, 그 밀고 내용이 이후에 오는 선박에는 그리스도 교도가 승선해 올 것이라는 것이다. 실제로 그의 말대로 같은 해인 1644년 8월 나가사키에 광동에서 출발한 선박 1척이 들어와 조사해본 결과, 밑줄 ⓑ에 보이는 바와 같이 黃五官과 楊六官을 포함해 그리스도 교도 6명이 승선해 있는 것이 발각 되었다.

　이것으로부터 전술한 막부의 파발마 연락을 받아 그 내용을 전달한 서계 <사료 12>의 밑줄 ⓐ에 보이는 大明 사람 '五官'은 야마모토 하쿠 분이 말하는 5명이라는 인수를 말하는 것이 아니라, '黃五官'이라는 사 람을 가리키는 것이며,[66] 南蠻宗門(그리스도 교도)의 우두머리 2명이라 는 것은 <사료 13> 밑줄 ⓒ에 보이는 '黃順娘'과 '周辰官'이다. <사료

　然ル處同年八月廣東出ノ唐船一艘入津ス. 彼船委細被相改處, 阿媽港ノ事書 シ物ヲ捜出ス. 船中ノ唐人稱シク拷問有シ處, 黃五官, 楊六官其外邪宗門ノ者 四人有之由白狀ス. … 仍テ御奉行山崎氏立會ニテ稱シク被遂御穿鑿ノ處, 此 五官六官非義ヲ悔ミ, 爲御忠節訴出ルハ, 跡船ヨリ又々黃順娘, 周辰官ト云邪 宗門ノ者可渡來之旨" 또한, 『長崎古今集覽』上卷(長崎文獻社, 1976, 645쪽)과 『長崎港草』(長崎文獻社, 1973, 75~76쪽)에도 같은 내용의 사료가 수록되어 있다. 다만, 이 두 사료에는 8월 나가사키에 入津한 廣東船에서 적발한 그리 스도 교도를 7명으로 기록하고 있는데, 黃順娘의 이름을 黃順官으로 표기하 고 있으며, 처벌된 자들의 인수에 관해서도 설명이 일치하지 않고 있다. 8월 에 入津한 廣東船의 경우, 네덜란드의 『나가사키 상관일지』에 의하면, 8월 17일에 入津한 것으로 명확하게 기록하고 있다(村上直次郎, 『長崎オランダ 商館の日記』第1輯, 岩波書店, 1956, 1644년 9월 17·25일조). 그러나 승선하 고 있던 그리스도 교도의 인수에 대해서 동월 25일조와 26일조에는 8명으로 기록하고 있어 일관되어 있지 않다.

66) 각주 63)번 참조.

12>의 일자가 12월 24일로 되어 있는 것은 이러한 사정이 나가사키[長崎]에서 에도[江戶]로, 다시 에도로부터 參府 중에 비슈[尾州]의 아츠다[熱田]에 있던 쓰시마 번주에게 전달되고 있었기 때문에 그 연락을 위한 일수가 소요되었기 때문이다.

한편, 위의 <사료 13>의 밑줄 ⓒ에서 黃五官과 楊六官이 밀고한 廣東船은 11월이 되어 나가사키에 입항했다. 그리고 밀고한 대로 그리스도교도 5명이 발각되었는데, 그 사실을 알려주는 것이 <사료 14>이다.

<사료 14>

그런데, ⓐ동 11월 광동을 출발한 선박 1척이 入津하였다. 곧바로 고발한 자에게 보여주어 상세히 내용을 파악하게 한 결과, 黃順娘, 周辰官 이외에 3인, 전부 5인이 邪宗門(=그리스도) 교도라는 것을 자백하였다. 즉시 배 안의 사람을 감옥에 집어넣도록 하였고, ⓑ이어서 에도[江戶]에 보고하여 동 12월 林友官 외에 중국인 2인, 전부 3인을 통사 에가와 토자에몽[穎川藤左衛門]에게 붙여 파견하였으며, 에도에서 다시 논의하였는데, 나가사키에서 자백한 대로 그 사실을 고하였다. ⓒ 이 중국인들은 함께 阿媽港(=마카오항)에서 수년 살고 있다가 邪宗門(=그리스도교)의 세례를 받았고, 지난 寬永 17년(1640) 나가사키에서 蠻船을 불태웠었던 당시에 13인이 목숨을 부지하여 돌아간 것 등을 상세하게 말하고 있다. ⓓ또한 이후에 邪宗門 교도가 반드시 건너올 것이라는 것도 말하고 있던 6인은 목숨을 살려두어 그리스도 교도인지 아닌지를 밀고하는 메아카시[目明]로 삼았으며, 급여를 주어 나가사키로 돌려보내 후루카와마치[古川町]에 있는 관소의 저택을 주었다. 위의 邪宗門 교도 9인 중에 2인은 옥중에서 병사하였고, 7인은 아나즈리[穴釣] 형벌을 받았으며, 2척의 중국인은 모두 각각 돌려보냈다.[67]

---

67) 『長崎實錄大成』, 앞의 책, 185~186쪽. "然ル處同十一月廣東出ノ船一艘入津ス. 則訴人ノ者ヲ見セラレ稠シク被遂御穿鑿之處, 黃順官, 周辰官其外三人都

즉, 1640년 8월에 나가사키에 입진했던 廣東船의 黃五官과 楊六官이 밀고한 대로 광동을 출발한 선박이 11월에 또 다시 나가사키에 입진하였고, 그 선박에 黃順娘·周辰官을 포함해 5명의 그리스도 교도가 승선해 있었다는 것을 확인할 수 있다(밑줄 ⓐ). 그리스도교 잠입을 발각된 나가사키는 에도에 보고하였고, 에도로부터 처음에 밀고한 林友官 등이 통사와 함께 나가사키로 파견되어 黃順娘·周辰官 등 5명의 그리스도 교도를 에도에서 다시 조사한 결과 사실임이 밝혀졌다(밑줄 ⓑ). 결국, 나가사키에 入津한 두 차례의 廣東船 선원들 중에서 그리스도 교도가 다시 올 것이라는 밀고를 행한 6명은 살려두어 급여와 저택까지 주어 그리스도를 적발하는 메아카시[目明]로 이용했으며(밑줄 ⓓ), 나머지는 감옥에서 병사하거나, 처형되고 있음을 확인할 수 있다(밑줄 ⓔ). 그 이유는 밑줄 ⓒ에 보이는 바와 같이 이들이 마카오에서 세례를 받았고, 1640년 통상 재개를 요청하며 나가사키에 들어 온 포르투갈 선박에 대해 의사와 흑인 선원 13명을 제외한 선원 61명을 참수시키고 배를 소각시켜 버린 사건[68]까지 소상히 알고 있어 막부는 이들이 당시 선교사 잠입계획의 근거지인 마카오의 사정을 잘 알고 있다고 판단했기 때문이다.

合五人邪宗門ノ者ナル由白狀ス. 則船中ノ者入牢被仰付, 追々江府言上有シ處, 同十二月林友官外ニ唐人二人共ニ三人, 通事穎川藤左衛門相添被差越之處, 於江府猶又御僉議有之處, 長崎ニテ白狀ノ通訴之. 此唐人供阿媽港ニ數年在住シ, 邪宗門ヲ授リ, 去ル寬永十七年長崎ニテ蠻船を燒捨ラレ, 其節十三人助命ニテ被追返シ事等委シク物語ス. 猶又此以後邪宗門ノ者渡來事モ可有之トテ, 六人ノ者ハ命ヲ助ラレ, 宗門改ノ目明ニ被仰付, 御扶持方被下, 長崎ニ歸シメ古川町ニ有之御闕所屋敷ヲ給ル. 右邪宗門ノ者九人, 內二人ハ獄中ニテ病死, 七人ハ穴釣被仰付, 二艘ノ唐人共皆々追返サル"

68) 이 사건으로 막부는 규슈[九州]의 諸大名에게 포르투갈선의 내항을 방지하는 감시대[遠見番所]를 설치하게 하여 나가사키와 시마바라[島原]를 중심으로 포르투갈선 경계체재가 더욱 강화되었다(五野井隆史, 앞의 책, 226~227쪽).

그런데, 여기서 1644년 8월 조선의 진도에 표착한 廣東船과의 관계를 살펴보지 않을 수 없다. 즉, 11월에 나가사키에 도착한 廣東船은 조선으로부터 쓰시마번에 인도된 廣東船이라는 것이다. 『長崎實錄大成』에는 이것과 관련된 그 어떠한 기록도 보이고 있지 않으나, 선원이 52명으로 그 중에서부터 5명의 그리스도 교도가 적발되었다는 것과 쓰시마번 측이 조선으로부터 인도받은 廣東船 선원에 대한 조사 결과를 조선에 알린 서계(전술한 <사료 12>) 속에서 언급한 선원 52명 중에서 5명의 그리스도 교도가 적발되었다는 내용이 일치하고 있다. 또한, 전술한 바와 같이 조선표착 廣東船은 11월 9일에 나가사키에게 도착하고 있기 때문에 <사료 14>의 밑줄 ⓐ에서 11월에 나가사키에 입진했다고 하는 기술로 보아 시기적으로도 타당하다. 다시 말하자면, 이 선박은 7월 23일 진도에 표착한 廣東船으로 진도→왜관→쓰시마→나가사키의 경로로 도착한 廣東船이 틀림없다. <사료 14>에 의하면, 조선으로부터 인도된 廣東船에 승선해 있던 5인의 그리스도 교도는 옥중에서 병사하거나, 처형되었던 것이다.

한 가지 더 흥미 깊은 것은 일본 측의 그리스도교 적발에 대한 방법이다. 즉, 적발되었던 그리스도 교도를 이용해 다음에 잠입하는 그리스도 교도를 밀고하게 함과 동시에 메아카시[目明]로 등용시켜 그리스도교 신자를 색출하고 있는데, 林友官을 이용해 黃五官과 楊六官을 적발하였고, 또 이들을 이용해 黃順娘과 周辰官을 밀고하도록 한 것이다. 여기서 막부의 그리스도교 금제 정책에 대한 엄격하고도 교묘한 테크닉을 탐지할 수 있다. 또, 종교에서 말하는 순교라는 성스러운 죽음을 버리고, 목숨을 부지해 동일 종교를 신봉하는 신자를 밀고한다고 하는 이러한 인간의 삶의 방식은 어떻게 이해해야 하며, 이러한 실상을 어떻게 역사적으로 파악해야 하는가, 필자는 점점 '인간사회'에서 종교 본래의 모습에 대한 역사적 이해에 관심이 이끌린다.

한편, 쓰시마 번주 소우 요시나리[宗義成]는 조선으로부터 인도된 廣東船으로부터 그리스도교를 적발한 상황에 대해 1645년 2월 17일자로 예조참판, 동래부사·부산첨사에게 각 1통씩 2통의 서계를 보내고 있는데, 다음에서 예조참판에게 보낸 서계를 살펴보도록 하겠다.

<사료 15>
이전에 붙잡아 보낸 異船의 일, 저희들이 州(쓰시마)에 있을 때, 이미 집정 등으로부터 연락을 받아 들었습니다. ⓐ지난번에 보낸 선박을 나가사키에서 규찰한 바, 明國의 商民 52명이 타고 왔는데, 그 중에 耶蘇邪徒 5인이 섞여 은닉하고 있었습니다. 과연, 그들이 죄를 인정하여 귀국(=조선)의 두터운 성의의 효과를 어찌 기뻐하지 않겠습니까. 지난번 우리들은 東武(=에도)에 述職하여 大君(=막부 장군)을 알현하여 감사의 말씀을 받았는데, 너무 기쁘고 다행스러운 일입니다. 이때에 異船에 대한 것을 갖추어 말씀드리니 매우 기뻐하는 분위기가 되었습니다. ⓑ또한 집정(=노중)들이 엄명을 공손히 받들어, 우리들에게 깨우쳐 알려 말하기를, "반드시 귀국에 감사의 뜻을 전달해야 하고, 그 善隣을 찬양하여 명확히 알아두어야 할 것이다."고 하였습니다. 때문에 사신을 보내어 정중하게 그것을 말씀드립니다. ⓒ이전에 南蠻邪徒로 살아남은 자가 스스로 설명해 말하기를, "일본이 (그리스도교를) 엄히 금하여 숨어들어오기가 불가능하기 한데, 귀국이 본방과 더불어 근접해 서로 통하고 있기 때문에 요술자(=그리스도 교도)가 客船을 타고 귀국 변방의 포구에 이르러, 이후 몰래 일본에 들어오려고 한다. 반드시 미워해야하고 반드시 죽여야만 한다."고 했습니다. 이것으로써 마땅히 전하에게 계하여 호령을 내리게 하고 연해 鎭浦의 兵官으로 하여금, 더욱 그 준비를 마련하게 하여, 비상의 때를 살피게 하고, 만약 약조의 선박 이외에 다른 선박의 표류가 있다면, 즉시 빨리 그것을 붙잡아 부산 왜관에 보내주어야만 합니다. 邪法者는 함께 마땅히 막아야할 바입니다. 그 뒤에 더 한층 이 뜻을 살피시면, 곧 나라를 위해, 정사를 위해 매우 다행일 것입니다.[69]

---

69) 『耶蘇宗門嚴禁書翰』, 17번째 서계.

즉, 밑줄 ⓐ에서는 조선으로부터 인도받은 廣東船의 규찰 결과, 52명의 그리스도 교도가 발각되었는데, 이에 대한 감사와 더불어 당시 막부 장군이었던 도쿠가와 이에미츠[德川家光]도 기뻐하고 있다는 것을 알리고 있다. 그리고 밑줄 ⓑ에서는 이렇게 조선에 감사의 편지를 보내는 것이 막부의 지시에 의한 것임도 명확히 밝히고 있다. 더욱이 밑줄 ⓒ에서는 발각된 그리스도 교도로부터 획득한 정보, 즉 일본이 그리스도 금제를 엄하게 실행하고 있어 객선을 타고 조선을 경유해 은밀히 일본에 들어오려고 한다는 사실도 전하며, 約條船 이외의 선박이 표류해 온다면, 붙잡아 왜관에 넘겨줄 것을 재차 요청하고 있다.

일본 측의 감사와 廣東船 선원의 규찰 결과에 대해서 조선은 예조참의 兪省曾의 명의로 1645년 3월에 가까운 시일에 그리스도 교도가 새로운 배를 만들어 조선으로 도해한다는 말에 매우 놀랐으며, 이것을 알려주어 양국 간의 우호를 더욱더 느낀다는 답서를 보냈으며,[70] 마찬가지로

日本國臣從四位下侍從對馬州太守平 義成 呈書
朝鮮國礼曹參判大人 閣下
本邦升平想, 貴國亦安泰, 甚堪瞻仰, 前回鋼送異船事, 我儕在州時, 旣因執政等以達尊聽, 乃遣彼船於長崎糺察之所, 乘來明國商民五十二人, 其中耶蘇邪徒五人, 雜爲隱匿, 果伏其罪貴國懇厚之效, 可以嘉焉, 頃日我儕, 述職東武, 拜謁大君, 辱蒙恩言, 欣幸多多, 此時具仰異船事, 甚動喜氣, 且執政等, 恭承嚴命, 諭告我儕曰, 宜傳達感獎之趣於貴國, 賞其善隣可被昭知矣, 故騁价丁寧演之, 先是, 南蠻邪徒生口自陳云, 本邦嚴制, 不能匿來, 以貴國與本邦近接相通, 故妖術者乘客船, 到貴國邊浦而後, 欲蜜入本邦, 可以憎焉, 可以誅焉, 以此宜啓殿下, 申降號令, 使沿海鎭浦兵官, 益設本備, 察非常, 而若有約條外他船漂流, 則速擒之, 可被送於釜山倭館, 邪法者, 共以所當禁遏也, 他俊彌審此旨, 則爲國爲, 政幸甚, 菲薄土宜, 聊表寸誠, 載在別幅, 伏冀諒察不宣
正保二年二月十七日
日本國臣從四位下侍從對馬州太守平 義成

70) 『耶蘇宗門嚴禁書翰』, 12번째 서계. "見示南蠻宗旨等, 近日造船渡海等說, 甚用驚訝, 荷此指誨, 益感兩國交好之義也" 한편, 이 서계는 『本邦朝鮮往復書』

동년 동월에는 부산첨사 金逿이, 동년 4월에는 동래부사 李元鎭이 다행스럽게 廣東船을 붙잡은 것과 이것이 양국이 바라던 바였다는 취지의 답서를 보냈다.[71] 한마디로 조선정부의 대응은 그리스도교가 양국 공통의 적이고, 그에 대한 금제정책을 '共助'함으로써 양국의 교린이 더 한층 깊어졌다는 태도였다. 또한, 동년 6월 예조참판 조위한은 "혹시 예외의 異船이 (조선의) 섬과 항구 사이에 들어온다면, 곧바로 연해의 변신이 마땅히 붙잡아서 부산의 왜관에 압송하겠다."고 하여 이전과 마찬가지로 그리스도교 금제에 대한 '공조'를 거듭 약속하고 있다.[72]

한편, 쓰시마로부터 <사료 15>의 서계가 조선에 건너왔을 무렵, 왜관의 裁判役 아리타 모쿠베[有田杢兵衛, 藤智繩]는 조선 지도의 모사본을 지참해 가지고 와서 그리스도의 나머지 잔당이 조선의 海島에 왕래할지도 모르기 때문에 자신이 직접 조선 연해의 孤島·小嶼를 돌아보겠다고 요청하고 있었다.[73] 그것과 함께 水使에 의한 荒唐船의 유무에 대해서 1년 4회 정기적인 연락도 요청했다. 더구나 『仁祖實錄』에 의하면, 아리타 모쿠베는 조정에 지도도 요청하고 있었는데, 이에 대한 것은 허락했지만, 앞에서 언급한 水使에 의한 荒唐船의 유무에 대한 연락은 거부하고 있었다.[74]

이렇게 일본의 조선에 대한 그리스도교 금제에 대한 요청은 그 후에도 계속 행해졌다. 1648년(仁祖 26/慶安 元) 4월에는 전년 4월에 마카오

---

(10)에 「禁南蠻宗旨返簡」으로 수록되어 있다.

71) 『耶蘇宗門嚴禁書翰』, 14·15번째 서계. 부산첨사의 서계는 다음과 같다. "… 且聞南蠻宗旨等報, 因轉達朝廷使行申飭, 幸得捉獲, 則兩國之願也, …"

72) 『本邦朝鮮往復書』(10). "倘有例外異船, 闌入島港之間, 則沿海邊臣, 便當捉拏, 押赴釜館"

73) 『邊例集要』 권17, 雜條. 『接待倭人事例』, 乙酉年(1645) 3월 13일조. 『接倭事目錄抄』, 乙酉年(1645) 3월조.

74) 『仁祖實錄』, 仁祖 23년 5월 임인(21일)조.

의 배 2척을 나가사키에서 붙잡았지만, 도주했기 때문에 조선에 표착할 수도 있다고 하여 재차 禁制를 요청했다.[75] 1649년(仁祖 27/慶安 2) 4월에도 막부의 대군이 엄명을 내려서 지금은 南蠻船 도래의 시기라고 말하였기 때문에 만약 조선에 이전과 같은 그리스도 교도가 온다면(1644년 廣東船 표착사건), 붙잡아서 조속히 왜관에 알려줄 것을 요청하고 있다.[76]

V. 朝·日간 표착 이국선의 처리와 의의

여기에서는 조선에 표착한 이국선의 처리 방법, 그리고 일본으로의 이국선 인도가 가지는 朝·日간의 의의를 생각해 보도록 하겠다.

일본은 국내만이 아니라 조선에도 그리스도교 금제에 관한 요청을 행하였고, 즉시 조선은 그 요청에 '共助'를 표명했다. 그 '共助'의 증거로서 조선 측은 1644년 진도에 표착한 廣東船을 일본에 인도한 것이다. 이 廣東船의 인도에 대해서 야마모토 하쿠분[山本博文]의 선구적인 연구가 있다는 것은 본장의 서두에서 언급하였다. 그의 견해를 필자 나름대로 정리해보면 다음과 같다.

① 1644년의 廣東船을 일본에 인도한 이국선 처리의 방법으로부터(조선 측의 의도는 막부와 다르다 하더라도) 朝日 간에 합동의 연해방비체제가 틀림없이 막부의 주도로 형성되었다. 다시 말하면, 이에미츠[家光]

---

75) 『邊例集要』 권17, 雜條.
76) 『耶蘇宗門嚴禁書翰』, 15번째 서계.

정권의 연해방비체제는 외국이었던 조선정부조차 포괄하는 국제적 체제이다.

② 막부는 1644년의 조선 측의 廣東船 인도에 의해 귀중한 '慣行'을 얻게 되었다. 명청교대 후인 1653년에 표착한 하멜 일행 중 1666년의 하멜을 포함한 8명의 탈출 후, 조선정부가 일본의 송환요청에 부응해 잔류하고 있던 네덜란드인의 일본송환을 결정한 것은 異國人 표착을 발각하면, 일본에 인도한다고 하는 '관행'이 그 나름대로 살아 있었다.

그러나 그의 이러한 두 가지 견해에는 찬성할 수 없다. 우선, ②에 관해 살펴보겠다. 조선정부는 廣東船과 같은 이국선의 처리를 조선 국내외의 정세변화에 따라 이용하고 있었으며, 다양한 처리 방법을 행하고 있어 일정한 '慣行'으로까지 성립, 또는 정착되고 있지 않았기 때문이다. 그것과 관련해 조선시대에 전시기에 걸쳐 조선정부가 일본 측에 인도한 이국선은 1644년 진도에 표착한 廣東船 밖에 없다는 점도 지적해 두고 싶다. 그러면, 동시기를 전후해 조선의 이국선 처리에 관한 사례를 검토해 보겠다.

첫 번째 사례는 『邊例集要』에 수록되어 있는 1647년(仁祖 25/정보 4) 조선에 표착한 南京船과 중국인의 북경 송환에 관한 것이다.

<사료 16>
7월, 왜관의 관수가 말하기를, "ⓐ작년 南京船 1척이 조선 지방에 표박하여 부서진 배의 사람들은 거의 모두 익사했지만, 생존자 세 사람을 조선에서 붙잡아 북경으로 보냈다고 한다. 關白(=막부 장군)이 만약 이 일을 들으면, 반드시 쓰시마 번주에게 상세하게 물어볼 것이다. 그러한 즉 왜 쓰시마 번주에게 알리지 않는 것인가."라고 하는 것이다. ⓑ작년 7월 표류인 한 명이 나무 조각을 타고 알몸으로 좌수영에

> 표박하였는데, 그 출처를 물어 보니, 중국인이었다. 그 때 거듭 왜인이 보기를 청하여 원하는 대로 보여주니, 곧바로 差倭 平成幸이 말하기를 "과연 이 사람은 福州의 사람이기에 보고나서 긴요한 것은 아니다."고 하였다. 때문에 서울로 올려 보내 이에 ⓒ북경으로 보낸다는 뜻을 왜관의 관수에게 말했더니, 매우 무료한 듯한 얼굴색이었다는 것을 알렸다.[77]

　　<사료 16>은 1648년의 기록이지만, 1년 전인 1647년의 것을 기록하고 있는 것이다. 즉, 밑줄 ⓐ에서 왜관의 館守가 1647년 남경선의 생존자 세 사람을 북경에 보낸 사실을 알고, 왜 쓰시마 번주에게 알리지 않았는가라고 힐문하고 있다. 이것은 1644년 그리스도교 금제요청에 따른 이국선 처리, 다시 말하면 약조선 이외의 선박이 표착해 온다면 붙잡아 왜관에 보내달라는 것에 대한 '共助'가 이루어지고 있지 않음을 따지고 있는 것이다. 하지만, 밑줄 ⓑ의 내용을 보면 1647년 7월에 표착한 중국인에 대해서는 그리 긴요한 사항이 아니라고 표명하고 있었다. 이것은 『邊例集要』의 1647년 7월의 기록에도 나와 있는데, "표류인 한 명이 어디에서 왔는지 알 수 없는데, 부서진 배의 판자에 타고 좌수영에 표류하여 도착하였다. 왜관의 일본인 등이 宗文(=그리스도)의 무리로 의심스러우니, 보기를 청하고 매우 급하게 (표류인을) 보내줄 것을 원하였는데, 곧바로 또한 받아들이지 않겠다고 말하고, 본국으로 하여금 선처하라고 하였다."[78]는 것을 보아도 확실한 중국 표류민에 대해서는 조선에 그 처리를

---

77) 『邊例集要』권17, 雜條, 戊子 7월조. "七月, 館守倭言, 上年南京船一隻, 漂泊朝鮮地方, 敗船之人, 幾盡渰死, 生存者三人, 自朝鮮, 捕得轉送北京云. 關白若聞此事, 則必有詳問於島主. 然則何不報知於島主云云是乎所. 上年七月, 漂流人一名, 乘片木, 赤身漂泊于左水營, 問其所從來, 乃是漢人也. 其時仍倭請見, 使之欲爲入見, 則差倭平成幸曰, 果是福州之人, 則見之不緊云. 故卽爲上送于京中, 仍送北京之意, 館守倭處答言, 則頗有無聊之色事啓"

의뢰하고 있었다. 때문에 밑줄 ⓒ에 보이는 바와 같이 조선 측이 표류민을 북경에 보내겠다고 말했어도 무료한 듯한 내색을 비추고 있었던 것이다.

그 결과, 이 중국인은 북경으로 송환되는 것으로 일단락되지만, 일본 측이 주지한 바와 같이 약조선 이외의 선박이 표류해 온다면, 반드시 왜관에 압송해주도록 요청하고 있었음에도 불구하고, 실제 일본 측은 그러한 경우에도 그리스도 교도의 의심이 없는 표류민 내지는 선박에 대해서 그 인수를 거부하고 있었다.

1627년 조선에 표착한 네덜란드인 박연에 대해서 1644년의 '禁制要請一件' 이전이라 하더라도 조선정부는 왜관에 넘겨주려했으나, 일본 측은 그 인수를 거부하고 있었다.79) 이렇게 표류인에 대한 인수거부를 경험하고 있던 조선에게 중국인의 북경 압송은 당연한 처리 방법이었다. 때문에 조선은 <사료 16>에 보이는 것처럼 표착해 온 약조선 이외의 南京船을 일본 측에 알리지 않은 채, 북경에 보내버린 것이다. 1652년 (孝宗 3/承應 元)에도 남경을 출항한 중국선이 제주에 표착하자, 조정에서는 청국의 의심을 회피하기 위해 청국 사신의 귀국길에 같이 보내고 있었다.80)

두 번째 사례인데, 1653년(孝宗 4/承應 2) 제주에 표착한 하멜 일행 36명의 네덜란드인들에 대해서는 '禁制要請一件' 이후였음에도 불구하고, 왜관에 알리고 있지 않았으며, 일본인들에게 신병을 인도해주려고 하지도 않았다는 점을 들 수 있다. 야마모토는 전술한 그의 견해 ②에서 밝

---

78) 『邊例集要』 권17, 雜條, 丁亥 7월조. "七月, 漂人一名, 不知自何來, 乘一破船板子, 漂到左水營, 館倭等, 疑宗文之徒, 求見甚急, 欲入付, 則又辭不受, 使本國善處云云事 啓. 狀錄, 無回下"

79) 『接倭事目錄抄』, 丙午年(顯宗 7) 12월조. 『接待倭人事例』, 丁未年(顯宗 8) 정월초 10일조.

80) 『孝宗實錄』, 孝宗 3년 6월 갑인(14일)조.

했듯이 조선정부의 잔류 네덜란드인 송환은 조선에 표착한 異國人을 일본에 인도하는 '慣行' 속에서 행해진 것으로 파악하여, 당시까지도 異國人 표착이 발각되면, 일본에 인도한다고 하는 '慣行'이 그 나름대로 살아 있었다고 하지만, 이는 실상을 전혀 파악하지 못한 주장이다.

그들 네덜란드인들이 일본으로 인도된 것은 하멜 등 8명의 탈출 후, 나가사키에서 이들을 심문한 결과 잔류 네덜란드인의 존재를 파악하고 난 후의 일이다. 즉, 조선이 잔류 네덜란드인 7명을 일본에 인도한 것은 일본의 요청에 수동적으로 대처한 것도 아니며, 어떠한 '慣行'으로부터 행해진 것도 아니다. 그것은 네덜란드인들이 조선에 체재함으로써 수반되는 대외적인 문제를 종식시키기 위한 능동적인 대처 방식이었다. 왜냐하면, 네덜란드인들은 서울에 체재하고 있을 때, 청국 사신 앞에서 탈출사건을 일으키고 있었고, 이러한 청과의 외교적 문제는 네덜란드인들이 조선에 체재하고 있는 한 계속 존재할 수밖에 없었기 때문이다. 이 점은 본서의 제3장에서 살펴본 바와 같이 조선정부가 서양식 무기개발에 하멜 일행을 배제하고 있었던 이유와도 상통하는 점이다. 더욱이 하멜 등 8명의 탈출사건으로 인해 일본으로부터는 각종의 문의와 그것에 뒤따르는 갖가지 요청이 들어오고 있었다. 조선은 이러한 문제들을 해소하기 위해 귀찮은 존재가 되어버린 네덜란드인을 일본에 인도해 버린 것이다.

이렇게 보면, 朝·日간에 표착 이국선의 인도라는 '慣行'이 성립되어 있었다고는 말할 수 없다. 일본의 그리스도교 금제에 대한 요청이 있었기에 1644년에 조선에 표착해 온 廣東船을 일본에 인도한 것은 사실이다. 그러나 조선 측이 중국선박을 일본에 인도한 경우는 이 廣東船밖에 없고, 이 경우도 일본에 대한 회유책의 일환으로서 조선정부의 주체적인 판단에 근거한 뛰어난 외교술이었던 것이다.

한편, 廣東船 인도와 관련해 야마모토는 일본 측의 의의를 전술한 ①

과 같이 말했지만, 조선정부에게 이 사건은 어떤 의미를 가지는 것일까에 대해 간단히 살펴보겠다.

첫째, 廣東船의 인도는 교린관계에 있던 일본에 대해 隣國으로서의 후의를 보여줄 수 있는 기회로 이용했다는 점이다. 일본의 그리스도교 금제요청이 행해진 후 얼마 지나지 않아, 표착해 온 廣東船에 관한 전라감사의 보고를 접한 조정에서는 당초에 그들 선원을 돌려보내기 위한 논의가 이루어지고 있었다. 하지만, 전술한 역관 洪喜男의 廣東船 처리에 관한 진언에 따라 일본의 그리스도교 금제요청에 대한 '共助'를 표명할 수 있는 기회로 상황이 바뀌었다. 대내적으로는 廣東船에 대한 표착 처리에 대한 고민을 해소하였고, 대외적으로는 일본에 대한 후의를 표명하는 기회가 되었던 것이다.

둘째, 이러한 '共助' 자체가 조선정부의 입장에서 본다면 일본 측, 특히 쓰시마번에 대한 회유책이었다는 측면도 간과할 수 없다. 당시, 쓰시마번은 조선에 왜관이전, 무역량의 확대 등을 요청하고 있었지만, 그에 대해 조선은 그 요구를 모두 들어줄 수 없었다. 이러한 상황에 그리스도교 금제에 대한 요청에 '共助'를 표명하여, 그 불만을 일시적으로 보충해주는 역할로 작용했다고 생각된다. 즉, 廣東船의 일본 인도는 일본 측을 회유하기 위한 절호의 기회였던 것이다.

셋째, 조선은 廣東船 인도와 같은 이국선 인도를, 일본과 청국과의 사이에서 효율적으로 이용하여 대외적으로는 균형 잡힌 국제관계를 유지하는 동시에 대내적으로는 군비를 정비하는 기회로 이용했다. 이는 조선 후기 외교정책의 탄력적이고 능동적인 모습을 보여주는 것이기도 했는데, 다음의 사례로서 입증된다.

1650년에 청국의 사신이 청국으로 보낸 奏文 속에 "표류해온 漢人(=중국인)을 왜관으로 보내지 않으면 왜가 필시 화를 낼 것이다."라는 문구가 있는 것을 들어, "이후로 표류한 한인을 잡더라도 왜관으로 보내야겠다는 것인가."라고 조정의 신하들에게 묻고 있었다. 이때, 李曼은 "이 일을 奏文에다 언급한 것은, 왜인이 매번 耶蘇宗門의 무리들이 한인의 배에 섞여 타고 오는 것을 우려하여 누차 왜관으로 압송해 줄 것을 요청하여 왔었는데, 이번에 만일 표류해 온 한인을 상국으로 압송한 것을 알게 된다면 교활한 왜인들이 분노하여 변을 일으킬 근심이 없지 않기 때문에 상국에 갖추어 아뢴 것이다."[81]라고 답변했다. 그런데, 여기서 말하는 奏文이라는 것은 사은사 仁興君 李瑛이 가지고 간 것으로 전술한 『孝宗實錄』의 같은 일자에 말미에 수록되어 있다.

<사료 17>
그들이 말하는 예수교인들은 바로 왜국의 叛賊인데, 그 무리가 한인의 상선에 섞여서 왜국의 연해 지방에 출몰하므로 왜국이 매우 근심하고 있습니다. 일찍이 본국에 요청하기를 "만일 표류해오는 상선이 있으면 즉시 체포해서 보내 달라."고 하였는데, ⓐ이번에 표류해 온 한인을 가까운 왜관으로 보내지 않고 곧바로 석방하여 상국으로 보냈기 때문에 그들이 우리에게 감정을 품은 것이 필시 전보다 더할 것입니다. ⓑ전후의 사정으로 보아 이미 틈이 생겼기 때문에 만일 미리 대처하지 않으면 앞으로 갑작스런 변에 대응하기가 어려울 듯합니다. 그러나 지금의 각처 城池와 軍兵과 기계가 하나도 믿을 만한 것이 없으니 만일 변방에 변이라도 있게 되면 와해될 형세이니, 미리 대비하는 계책을 강구하지 않을 수 없습니다. 이러한 내용을 중국에 주문해서 분명한 성지를 받아야 하겠기에 상응하는 내용을 갖추어 아룁니다.[82]

위의 밑줄 ⓐ에서는 일본의 그리스도교 금제요청을 언급하며, 표착해 온 한인을 왜관이 아닌 청국으로 보냈기 때문에 일본은 조선에 감정을

---

81) 『孝宗實錄』, 孝宗 원년 3월 신유(8일)조.
82) 상동.

품었을 것이라고 말하고 있다. 이것은 앞에서 본 李曛이 "만일 표류해온 한인을 상국으로 압송한 것을 알게 된다면 교활한 왜인들이 분노하여 변을 일으킬 근심이 없지 않기 때문에…"와 일맥상통하고 있다. 더욱이 밑줄 ⓑ에서는 이러한 변을 대비한다는 것을 이유로 각지의 城池와 軍兵, 또는 기계 등을 준비하지 않으면 안 된다고 하여 군비의 확장을 꾀하고 있음을 알 수 있다. 孝宗 때에는 훈련도감을 중심으로 군비확장을 꾀하던 시기였고, 이것이 孝宗의 북벌정책과도 밀접한 상관관계가 있음을 말할 것도 없지만, 원래 청국과의 관계에서 성지의 개수축, 병기의 수선 등은 청국과 책봉관계를 맺을 때부터 금지조항이었다.[83] 그러나 조선정부는 일본 관계에서는 일본의 그리스도교 금제의 요청을 받아들여 廣東船을 인도하여 그리스도교 금제에 실천적인 '共助'를 나타내 일본 측을 회유하는 한편, 때로는 위에서 살펴본 南京船과 漢船 같은 표착선을 청국에 압송하여 긴밀성을 유지하면서, 동아시아 속에서 조선의 위치를 굳혀갔다. 환언한다면, 조선은 청국과 일본과의 사이에서 균형 잡힌 외교적 탄력성과 국제관계를 유지하고 있었던 것이다.

Ⅵ. 맺음말

1639년 일본은 포르투갈선의 도항금지령과 그리스도교 금지령을 조선에 알렸고, 또 1644년에는 그리스도교 금제에 대해 공식적으로 요청해왔다. 그 주된 내용은 약조선 이외의 이국선이 표착해 온다면, 즉시 붙잡

---

83) 상동.

아 왜관으로 압송해달라는 요청이었다. 조선은 그것에 대해 긍정적인 입장을 취하여 '共助'를 표명했다.

조선이 '共助'를 표명한지 얼마 지나지 않은 같은 해 8월에 일본으로 향하던 廣東船이 진도에 표착하는 사건이 일어났다. 조정에서는 그리스도 교도가 승선하고 있는지 아닌지 확실치 않았음에도 불구하고, 이 선박을 일본 측에 인도했다. 이것은 당시의 조선이 청국의 압박 하에 있었기 때문에 한인(=중국인)이 표류해 오면, 그 처리가 극히 어렵고, 廣東船을 일본에 인도하면, 그리스도교 금제에 대한 일본의 요청에 대해서도 실천적인 회답으로서 후의를 나타낼 수 있었기 때문이다. 그러나 본문에서 살펴보았듯이 廣東船 인도의 또 하나의 목적은 일본 측을 회유하기 위한 것이기도 했다.

그리스도교 금제에 대한 협력 요청은 막부의 지시에 의한 것이지만, 그 처리를 담당하고 있던 쓰시마번은 그 기회를 당시 쓰시마번의 대조선 교섭의 현안이었던 왜관이전, 무역량의 확대 등을 실현하기 위해 이용했다. 조선과의 교역 없이는 재정의 유지조차 불가능했던 쓰시마번의 사활이 걸린 문제였다. 때문에 막부의 명령을 수행하는 동시에 조선과의 교섭에 임하여 각종의 명목과 난제를 요구하며, 그 속에서 실리를 추구했다. 쓰시마번의 대조선 외교에 보이는 상투적 수단이었다고 생각된다.

야마모토 하쿠분[山本博文]은 1644년 廣東船의 일본 인도로부터 朝·日간에 합동의 '沿海防備體制'가 실로 막부의 주도하에 형성되었고, 또 朝·日간에 이국선 인도의 관행이 성립되어 있었다고 주장하지만, 실상은 전혀 그렇지 않다.

이른바, '연해방비체제'라고 하는 것은 일본의 그리스도교 금제에 대한 요청 이전부터 朝·日 양국이 각기 대외정책의 기본 방침으로서 실시하고 있던 것이다. 그것은 국가권력이 각각의 지배 영역에서 국제관계를 독점하고, 상호간에 외교관계를 맺어 그 지역 전체의 체제질서 유지를 실현하기 위한 '海禁體制'였다고 필자는 생각하고 있다. 막부나 쓰시마번, 그리고 조선은 각각 의도는 달랐지만, 국가의 평화에 지장을 초래하는 그리스도교를 금압을 위해서는 서로 협력하고 있었던 것이다. 그것은 표면적인 성격이 매우 강하지만, 결과적으로 廣東船을 인도함으로써 실천성을 띠게 된 朝·日간 '협력관계', 즉 '共助'는 일본의 주도 하에 성립된 것이라고는 볼 수 없다.

더욱이, 그리스도교 금제에 대한 '共助'의 실천적 대응으로서 廣東船을 일본에 인도한 형식, 즉 이국선을 일본에 인도하는 처리 방식은 정착되었다고 할 수 없다. 야마모토가 말하는 '慣行'으로서 발전되지 못했다는 것이다. 왜냐하면, 1644년 廣東船의 인도 이후, 조선에 표착해 온 이국선(예를 들면, 전술한 南京船이나 漢船) 또는 異國人을 북경으로 압송하였을 뿐만 아니라, 그 표착 사실조차 일본에 알리고 있지 않았기 때문이다. 1653년 제주도에 표착해 온 하멜 일행 36명의 네덜란드인에 대해서도 1666년(顯宗 7/寬文 6) 하멜을 포함한 8명의 탈출 이전까지는 전혀 통보하고 있지 않다. 그 뒤에 양국 간에 벌어진 잔류 네덜란드인 7명의 송환도 일본으로의 이국선 인도라고 하는 '慣行'으로부터 행해졌고 볼 수 없다. 그것은 네덜란드인의 조선 체재가 초래하는 대외적 문제를 해결하기 위한 조치였다.

결론적으로 일본의 그리스도교 금제에 대한 협력요청에 대해서 조선은 긍정적인 입장으로부터 '共助'를 표명하여 廣東船을 인도했지만, 그것은 조선의 대일 회유책의 일환인 동시에 청국과 일본의 사이에서 탄력적이면서도 균형을 유지한 뛰어난 외교술의 결과였다. 다만, 본장에서 취급한 그리스도교 금제에서 '共助'라고 하는 것은 말 그대로의 "함께 도움을 주고받는다."라고 하는 交隣·善隣의 측면만을 의미하는 것은 아니다. 각각의 이익을 최대한으로 끌어내려고 하는 동시에 서로 양보하여 균형이 잡힌 상태를 유지해 가는 상호간의 도움을 의미한다. 그것이 근세 일본과 조선의 국제관계에 엄연히 존재하고 있었던 본연의 모습이었다고 필자는 생각한다.

제5장

日本의 네덜란드인 송환요청과 外交交涉

Ⅰ. 머리말

하멜 일행이 서울에서 체재하고 있던 1655년(孝宗 6), 동료 2명이 거류지역을 벗어나 귀국길에 오른 청국 사신 앞에서 탈출을 위한 소동을 일으켰던 것에 대해서는 본서의 제3장에서 살펴보았다. 물론 이 사건은 실패로 끝났지만, 결국 1666년(顯宗 7) 하멜 일행 8명은 전라도의 거류지를 벗어나 일본으로 탈출하는데 성공했다(이하, '탈출사건'으로 약칭). 과연 그들은 전라도에서 어떠한 과정을 거쳐 탈출하여 귀국하였는지, 그 후이 사건이 불러온 파장은 어떠한 국제관계, 또는 외교문제를 일으키고 있었는지 본장에서 살펴보고자 한다.

본장에서의 테마와 관련된 연구로서 우선, 1920년 네덜란드 후팅크의 연구(본서에서 말하는 '후팅크판')가 선구적이다. 그가 이용한 것은 네덜란드 측의 사료만이며 개괄적인 것이기는 하지만, 그의 저서 권말에 하멜 일행의 조선표착과 관련한 네덜란드의 사료들을 수록하고 있어 후학에 편의를 도모하고 있다.[1] 또한, 나카무라 히데타카[中村榮孝]의 연구가 있다.[2] 그는 朝·日간의 왕복서계와 조선 사료를 이용하여, 네덜란드인의 조선표착에 대한 개괄적인 흐름을 소개했는데, 이후 그의 업적은 많은 후학들에게 이용되고 있으며 네덜란드인의 조선표착사건을 소재로

---

1) door Hendrik Hamel, uitgegeven door B. Hoetink, Verhaal van het vergaan van het jacht de Sperwer en van wedervaren der schipbreukelingen op het eiland Quelpaert en het vasteland van Korea(1653-1666) meteene beschrijving van dat Rijk, Werken uitgegevendoor de Linschoten Vereniging ⅩⅧ, Mirtinus Nijhoff, 1920.

2) 中村榮孝, 「蘭船の朝鮮漂著と日鮮の交渉」(『靑丘學叢』 23, 1966). 후에 『日鮮關係史の研究』 下卷(吉川弘文館, 1969)에 재수록.

한 연구의 토대를 만들었다. 그러나 나카무라가 이 연구에서 스스로 말
했듯이 그의 연구는 사료소개가 주된 목적이었으며, 사료도 전술한 왕복
서계와 조선 측의 사료 일부에 한정되어 있다. 그 때문에 일본 측의 움
직임을 정확히 파악할 수 없었다.

한편, 미국의 연구자 게리 레드야드[3]와 네덜란드의 반 호붸[4]도 이 사
건에 대해 언급하고 있으며, 레드야드의 연구 성과를 대폭적으로 수용한
강준식[5]의 연구도 있다. 이들 또한 네덜란드인 탈출과 송환교섭에 대한
내용은 나카무라가 소개한 여러 사료와 연구에 그 기조를 두고 있으며,
새로운 사실을 규명하기보다는 알려진 사실들에 대한 재평가를 시도하
고 있다.

그러나 위에서 언급한 연구들은 일본 측, 즉 막부와 쓰시마번의 사료
를 거의 이용치 않았고, 탈출사건에서부터 잔류 네덜란드인의 귀국에 이
르기까지 전 과정을 규명하지도 못했으며, 더욱이 잘못된 해석들이 보이
고 있다.

이에 본장에서는 이들 연구를 비판적인 시각 하에 하멜 일행이 조선
을 탈출한 후, 일본을 통해 본국에 송환되기까지의 과정을 명확히 하고,
그 안에서 벌어진 朝·日간의 외교관계를 조선·일본·네덜란드의 사료
를 이용해 고찰해 보도록 하겠다. 특히, 하멜 등 8명이 조선을 탈출한 후,
지금까지 알려지지 않았던 일본에서의 표착지, 탈출한 하멜 일행에 대한
막부의 처리와 대응, 朝·日간의 잔류 네덜란드인 송환과정과 그 의의를
중점적으로 규명해 보도록 하겠다.

---

3) Gari Ledyard, The Dutch Come to Korea, Royal Asiatic Society, Korea Branch. 1971.

4) H.J. van Hove, Hollanders in korea, Het Spectrum BV, 1989.

5) 강준식, 『우리는 코레아의 광대였다』(웅진출판, 1995).

II. 하멜 일행의 탈출과 일본 漂着地

1. 하멜 일행 탈출사건

본장에서는 『하멜보고서』에 근거하여 하멜 일행이 일본으로 탈출하게된 경위, 그리고 지금까지 하멜을 포함한 8명의 네덜란드인이 조선을 탈출해 어디에 표착했는가에 대해 고찰해 보도록 하겠다. 우선, 탈출경위를 알아보기 전에 서울에서 전라도로 유배되는 과정을 간단히 언급해두겠다.

하멜은 그의 보고서에서 청의 사신이 서울에 올 때마다 자신들은 서울 근처에 있는 남한산성에 감금되기도 하고 외출이 금지되기도 했다고 기술하고 있다. 그 정도로 청국의 압박 하에 있던 조선에게 하멜 일행은 늘 골칫거리였다. 또한 35명이나 되는 서양 이방인이 훈련도감에 배속되어 군사훈련을 받고 있다는 것이 청국에 누설된다면, 청국의 의심을 사게 될 것이고 북벌정책에 크나큰 지장을 초래할 위험성이 있었다. 그럼에도 불구하고 그들은 孝宗의 북벌정책 하에서 훈련도감에 배속되어 있었다. 때문에 청국에 네덜란드인의 조선 체재 사실을 극비로 하였던 것이다.

하멜 일행의 서울 체재 중 청국 사신 앞에서 일으킨 탈출사건으로 인해 동료 2명은 옥에서 사망하고, 이 사건으로 인해 하멜 일행은 이 사건에 대해 이전부터 알고 있었는가에 대한 심문을 받고 난 후, 한 사람 당 50대의 곤장형에 처해지게 되나 왕명에 의해 취소되었다. 그 후 하멜 일행에 대한 경계는 더욱 엄격해졌고, 조정에서는 이들에 대한 처형 논의까지 이루어지나, 결국 孝宗의 동생이었던 인평대군의 건의로 전라도 유배가 결정되어 서울에서의 탈출사건은 매듭지어졌다.

이 전라도 유배에 대해 시볼트는 "성가신 客을 온당하고 원만하게 나라를 떠날 수 있도록 기회를 부여해주기 위한 정부의 의도가 있었다."[6]라고 평가하고 있다. 하지만, 이는 청국과의 외교문제를 방지하기 위한 조치일 뿐이며, 하멜 등 8명이 일본으로 탈출하자 해당 지방관리가 처벌되고 있는 것으로부터도 알 수 있다.

1656년(孝宗 7) 1월 말에서 2월 초순경(『하멜보고서』 3월 초순경) 하멜 일행은 서울을 떠나 전라도로 향하게 되는데, 한강 부근에서 박연과 마지막 인사를 나누게 된다. 그들은 제주도에 표착하여 서울까지 압송되었을 때의 길을 통과해 목적지였던 전라병영에 도착했다. 조선에 표착했을 때는 36명이었으나, 서울에 압송도중, 영암에서 한 명이 사망하고, 또 서울에서의 탈출사건으로 인해 두 명이 사망하여 병영에 도착한 것은 모두 33명이었다. 전라병영에서 생활하게 된 그들에게 서울에서와 같은 군사훈련은 없었다. 단지 전라병사에 의한 명령으로 한 달에 두 번 관청의 풀을 깎고 청소하는 것이 그들의 업무였다. 그러나 1659년(孝宗 10)부터 1663년(顯宗 4)에 걸친 대가뭄으로 인해 33명중 11명이 사망하고, 22명만이 살아남았다. 또한 1662년에 전라감사 이봉연이 기근으로 인해 하멜 일행에게 급여를 지급할 수 없다는 보고를 조정에 올리고,[7] 조정은 좌수영과 전라도의 큰 마을에 분산시킬 것을 명해, 결국 여수에 12명, 남원에 5명, 순천에 5명으로 분치되었다.

하멜은 동료 11명과 함께 전라좌수영이 있던 여수에 분치되었는데, 그들에 대한 대우는 지휘관(좌수사)의 변동에 의해 악화·개선을 반복하게

---

6) フィリップ・フランツ・シーボルト 著/尾崎賢治 譯, 『日本』 5(雄松堂書店, 1978), 42~43쪽.

7) 『備邊司膽錄』, 顯宗 3년 정월 20일조. 이 기록에는 네덜란드인이 23명으로 기록되고 있으나, 『하멜보고서』에 의하면 왕명에 의해 분산을 명령받았던 1월 하순(『하멜보고서』, 2월 말)에 22명이 생존해 있었다. 즉, 전라감사가 조정에 하멜 일행에 대한 조치를 물은 직후, 한 명이 사망했음을 알 수 있다.

된다. 하지만, 『하멜보고서』에 의하면 그들에게 보름 내지는 한 달에 한 번 외출도 허가되고 있어 어느 정도의 자유행동은 가능했다. 여수에서 생활하게 된 그들은 늘 배를 입수하려고 노력하였으나, 그 때마다 실패를 거듭했다. 그것은 그들이 늘 탈출을 염두에 두고 있었다는 것을 의미한다. 그러나 처벌을 두려워한 주위 사람들로 인해 목적을 달성하기는 쉽지 않았다. 정상적인 가격으로는 배를 구입할 수가 없었으나 1666년(顯宗 7/寬文 6) 여름 무렵부터는 친하게 지내던 조선인에게 부탁하여 배를 입수하게 되었다. 물론, 선주가 배를 구입하는 자가 하멜 일행임을 알고 거래를 취소하려 했으나 두 배의 가격을 지불함으로서 구입에 성공했다.

그러던 중, 때마침 찾아 온 순천의 마테우스 이복켄(Matheus Ibocken)과 코넬리스 디룩세(Cornelis Dirckse)에게 탈출계획을 설명함과 동시에 순천에 있는 항해술에 뛰어난 얀 피테르첸(Jan Pieterszen)까지도 불러들였다. 그들의 탈출은 8월 6일(9/4) 감행되었고, 1653년 36명이 조선에 표착한 이래 13여 년 만에 8명이 탈출한 것이다. 『하멜보고서』에 의하면 당시, 조선에 잔류하고 있던 네덜란드인은 남원에 3명, 순천에 3명, 여수에 2명이 있었다.

2. 일본에서의 표착지 '奈摩'

그렇다면, 조선을 탈출한 하멜 일행은 일본의 어디에 도착하였을까. 지금까지 하멜 일행이 조선을 탈출해 고토(五島＝五嶋)에 표착하였다고만 알려져 있을 뿐, 고토의 정확한 표착지점이 어딘가에 대해서는 전혀 알 수가 없었다. 단순한 표착지점의 고찰이 역사적으로 어떠한 의미를 갖는가에 대해서는 여러 가지 견해가 있겠지만, 역사의 한 사실을 규명하는 것이 역사라는 큰 테두리에 의미를 부여하기 위한 첫 출발이라는 인식하에 규명하겠다.

조선을 탈출하는데 성공한 하멜 일행은 8월 8일(9/6) 일본의 섬(=五島)이 보이는 곳에까지 도착해 그 날은 섬의 서해안에서 정박했다. 9일(9/7)은 강풍으로 인해 고토의 주변을 돌다가 10일(9/8)이 되어 고토에 위치한 어느 만에서 고토번[五島藩]의 배에 발견되어 상륙했다. 『하멜보고서』에는 그때의 상황을 다음과 같이 기록하고 있다.

<사료 1>
저녁이 되니 날씨는 조금 잠잠해졌다. 이윽고 각기 두 개의 칼을 찬 6명을 태운 배가 왔다. ⓐ그들이 우리들에게 가까이 노를 저어 왔을 때, 또 다른 한 사람이 灣의 다른 쪽 육지에 서있는 것이 보였다. 우리들은 그것을 보고 즉시 닻을 올리고 돛을 올려서 돛과 노를 사용해 다시 만 밖(바다)으로 나가려 했지만, 앞에서 말한 배가 빨리 쫓아와 붙잡혔다. … ⓑ그 후에 그들은 우리들의 배를 어느 마을까지 끌고 갔다. 그들은 거기에서 우리들의 배를 커다란 닻과 두꺼운 줄로 단단히 동여매, 망을 보는 작은 배로 엄중하게 감시했다.[8]

즉, 밑줄 ⓐ에서 알 수 있듯이 하멜 일행 8명은 어느 灣에 들어왔다가 발각되어 바다로 빠져나가려 했으나, 붙잡혔음을 알 수 있다. 그리고 밑줄 ⓑ에서 붙잡힌 후에 어느 마을로 끌려갔다는 것이 명확해진다. 현재까지의 연구에서 그들이 고토에 표착했다는 것은 밝혀져 있는데, 밑줄 ⓐ와 ⓑ의 내용으로 볼 때, 고토로서 灣이 있는 어느 마을임을 유추해 볼 수 있다. 그렇다면 과연 어디일까.

『分類紀事大綱』의 「阿蘭陀人朝鮮江漂着之一件」에는 "네덜란드인 조

---

8) 『하멜보고서』(生田滋 譯, 『朝鮮幽囚記』), 69쪽.

선국에 12~13년 이전에 표착한 것을 붙잡아 두었는데, 그 중에서 8인이 가미고토[上五嶋]로 도망쳐 왔다."[9]라고 하여 표착한 곳이 가미고토[上五島]라고 기록되어 있다. 지금까지의 연구는 단지 고토에 표착한 것으로만 기술되어 있고, 가미고토[上五島]에 대한 언급은 없었다. 하지만, 나가사키[長崎] 縣立圖書館에 소장되어 있는 다음의 사료로서 표착지는 더더욱 명확해 진다.

> <사료 2>
> 13년 이전에 고려(=조선)의 앞 바다에 네덜란드 선박 한 척이 파선하였는데, 그 중에 네덜란드인 7명이 고려(=조선)로부터 고토 영내의 '나마[奈摩]'라고 말하는 마을에 도망해왔다. 寬文 6년(1666) 8월 16일에 나가사키[長崎]에 도착하여 즉시 데지마[出島]에 들여보냈다.[10]

위의 <사료 2>의 밑줄로 하멜 등 8명의 탈주자들은 고토 영내의 '나마[奈摩]'라고 말하는 마을에 도착하고 있음을 알 수 있다. 이 기록은 寬文 6년조(1666)에 기록되어 있으며, 여기에서 말하는 13년 전은 1653년으로 하멜 일행이 제주도에 표착한 해이다. 그런데, 네덜란드인 7명이 고토에 도망해왔다고 하나, 실제로 고토에 도망해 온 하멜 일행은 8명이므로 잘못 기록되어 있다. 아마도 이러한 오기는 2년 뒤인 1668년 조선에

---

9) 「阿蘭陀人朝鮮江漂着之一件」(『分類紀事大綱』 33, 일본국회도서관소장). "阿蘭陀人朝鮮國江十二三年以前ニ漂着仕候を召捕置候, 其内八人上五嶋へ缺落仕參候"

10) 『日記 自寬永十年五月至寶永午年十二月』(長崎縣立圖書館所藏). "一, 十三年以前ニ高麗之前ニ而阿蘭陀壹艘破損仕候內, 阿蘭陀七人高麗より五嶋之內なまと申村ニ逃參. 寬文六年午ノ八月十六日ニ長崎江參, 則出島御入被成候事" 이하, 본고에서는 『日記』로 약칭함.

남아있던 잔류 네덜란드인 7명이 일본에 송환되는데, 기록할 당시 실수
한 것으로 생각된다.

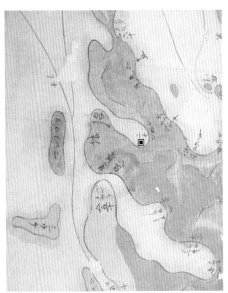 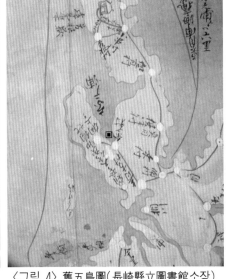

〈그림 3〉 五島之古圖(長崎縣立圖書館소장).   〈그림 4〉 舊五島圖(長崎縣立圖書館소장).
■ 표시에 'ナマ(나마＝奈摩)'라는 지명이 보인다.   ■ 표시에 '奈摩村'·'奈广浦(奈摩浦)'가 보인다.

그러나 다른 무엇보다 중요한 것은 "고토 영내의 '나마'라고 말하는
마을에 도망해왔다."라는 내용으로 일행의 표착지를 마을 단위까지 매우
정확하게 기록하고 있다. 이 기록은 나가사키 봉행소에서 작성된 것으로
하멜 일행이 고토에 표착한 후, 고토번의 호위 하에 나가사키에 보내져
봉행의 심문을 받고 있었다는 것을 상기해 보면, 그 신빙성이 매우 높다.
그런데, '나마'라는 마을은 어디를 가리키는 곳일까. 현재의 가미고토
에는 '나마(奈摩;なま)'라는 지역이 있으며, <사료 2>의 내용에 'なま'라
는 마을은 현재 '나마[奈摩]'와 같은 지역인 것이다. '奈摩'라는 지명은

원래 '那摩'라고 기록되고 있었으나, 가마쿠라[鎌倉]시대부터 '奈摩', 에
도[江戸]시대에는 '奈摩村'으로 불렸으며,11) 근세 초기에는 아오가타[靑
方] 마을의 일부였다. 1661년(顯宗 2/寬文 元)부터는 하타모토[旗本] 고
토[五島]씨의 지행으로 후쿠에령[富江領]이 된 곳이다.

〈그림 5〉 현재의 奈摩(1/75000의 지도. 일본 웹사이트 'Yahoo Japan'의 지도를 수정).
■ 표시가 있는 포구에 奈摩가 있다.

이러한 사실은 코토번의 고지도로부터도 명확해진다. 위의 <그림 3>
과 <그림 4>에서 '奈摩村' 주변에 약간 색을 달리하는 부분이 富江領이

---

11) 『角川日本地名大辭典—長崎縣』42(角川書店, 1987).

다. 특히, <그림 3>의 「五島之古圖」는 고토 관계 지도 중에서 가장 오래된 것으로 알려져 있는데, 'ナマ[나마]'라고 '奈摩村'이 표기되어 있으며, 당시의 민가수가 '△四十'으로 기록되어 있음을 알 수 있다.

<그림 4>의 「舊五島圖」에도 '奈摩浦'의 끝에 '奈摩村'이 표기되어 있음을 확인할 수 있다. 즉, '奈摩村'이라는 곳은 <사료 1>의 '나마라고 말하는 마을'이며, 이러한 근거로부터 하멜 일행 8명은 조선에서 탈출해 현재의 '奈摩'에 표착했다는 것을 알 수 있다. 현재 '奈摩'는 행정구역으로서 長崎縣 南松浦郡 上五島町 靑方鄕에 속해있다.

Ⅲ. 日本의 대응과 조선의 탈출사건 처리

1. 日本의 표착처리와 '照會一件'의 의도

하멜 등 8명의 네덜란드인이 조선을 탈출한 사건과 그 후의 조선 잔류 네덜란드인의 일본송환에 관한 기록으로는 『善隣通書』의 「阿蘭陀漂人 告事狀往復」에 양국의 서계가 기록되어 있으며, 기록의 서두에는 하멜 일행의 조선표착부터 귀국까지의 개략이 간단하게 보이고 있다[12]. 내용

---

12) 「阿蘭陀漂人告事狀往復」(『善隣通書』 30, 國史編纂委員會 소장). "承應二年, 阿蘭陀之商舶, 將赴日本, 而猝遇颶風, 漂到于朝鮮國焉. 朝鮮拘留乎. 彼阿蘭陀之商, 而編置于全羅道者十有三年也. 寬文五年之秋, 彼亡隸八口, 窃掠小舸 遁歸, 而漂止于本國之五島矣. 五島牧主, 依例送諸長崎之公廳, 搬問則原係乃 稱阿蘭陀國商氓也. 曾爲皮沙糖, 將到乎日本, 猝遇石尤, 沒溺者二十八口, 免 死者三十六口, 漂至乎朝鮮之沿海, 遂被捉住, 編置乎全羅道者, 十有三年也. 中間死亡而僅殘者十六口, 去秋適取掠小舸, 逃去而至此云. 其他八口, 猶留于 全羅云. 於是, 東都命本州曰, 彼蠻人, 雖自稱商賈, 勤有耶蘇邪種而混雜也. 況

중에는 오기의 부분도 보이고 있고, 나카무라[中村榮孝]도 그 개략을 소개하고 있어,[13] 본장에서는 각주에 표기해 놓고 내용은 생략하겠다. 그 외에 하멜 일행의 탈출 후 일본에서의 움직임에 대해서는 「朝鮮國ヨリ唐人幷南蠻人送來記」,[14] 『本邦朝鮮往復書』[15] 등의 기록이 있다. 쓰시마번의 藩廳 기록인 『每日記』[16]에도 관련기사가 다수 보이고 있으나, 대부분 『分類紀事大綱』의 「阿蘭陀人朝鮮江漂着之一件」에 정리되어 있다. 특히 하멜 일행이 고토의 '奈摩村'에 표착한 직후의 상황과 표착처리, 조선에의 탈출사건에 대한 문의가 다른 어떤 기록보다 상세하게 보이고 있어 본고에서는 이를 중심으로 하멜 일행의 탈출사건에 대한 일본의 대응책을 고찰하겠다. 그럼 우선 하멜이 '奈摩村'에 표착한 후, 일본 측은 이를 어떻게 처리했는지, 다음의 기록부터 살펴보겠다.

<사료 3>
一, ⓐ13년 이전에 네덜란드 高砂船에 66명이 승선하고 장사를 위해 일본에 가던 중, 바다에서 강풍을 만나 난파하였다. 그 중의 30명은 사

彼蛮在于朝鮮久矣. 遣使以可咨詢渠輩情僞云. 因是遣正官田島左近右衛門都船岩井治部右衛門封進長留太郎左衛門於朝鮮, 告彼事狀, 使者歸時, 以朝鮮書轉達東都之執政. 於是, 執政再命本州曰, 更遣使, 可告於朝鮮, 今蛮商拘留于朝鮮者, 旣是阿蘭陀之同種也. 彼蛮商來貢乎日本久矣. 然則今猶生存者八口, 可送乎本邦云. 於是, 亦遣正官久和太郎左衛門都船黑木新藏封進田口左五右衛門於朝鮮, 告諭焉. 朝鮮乃以蛮商八口, 附送乎使者也. 其後送於長崎, 遂有公命, 而使彼蛮而歸乎阿蘭陀國也"

13) 中村榮孝, 앞의 논문.
14) 『朝鮮人日本江漂流記‧日本人朝鮮幷大淸エ漂流記‧朝鮮國ヨリ唐人幷南蠻人送來記』(國史編纂委員會 소장).
15) 『本邦朝鮮往復書』22, 23(東京大學史料編纂所 소장).
16) 『對馬藩廳每日記』(長崎縣立對馬歷史民俗資料館 소장). 寬文 6년 9월~寬文 7년 7월 기록(宗家文庫, 日記類, Aa-1-21~25).

> 망하고, 나머지 36명이 조선국의 세이시우토(せいしう嶋)라는 곳에 표
> 착한 것을 그곳의 사람들이 붙잡아 케라도(けら道)에 연행한 후, 그 지
> 역의 담당 관리에게 넘겼다. 그 중에서 20명이 병사했는데, ⓑ남은 16
> 명이 지난 달 7일에 조선의 배를 훔쳐 도망쳐서 고토[五嶋]의 영내에
> 표착한 것을 五嶋民部가 御政所에 보내고, 이전에 에도(=막부)에 보
> 고한 도시의 사태를 들었으므로, 御政所에 가서 가로들에게 문의한
> 바, 마쓰다이라 진자부로(당시의 長崎奉行)가 이 사실을 듣고, 가로들
> 에게 명령하여, 주의를 기울여 테려왔는데, 도리에 당연한 것이다.
> 위 내용 寬文 6년 9월 朔日, 吉村庄左衛門을 파견하여 전달함[17]

위의 기록 <사료 3>은 「阿蘭陀人朝鮮江漂着之一件」으로 쓰시마번에
서 조선에 표착한 네덜란드인에 관한 기록을 정리해 놓은 것 중의 하나
인데, 내용은 나가사키에 체재중인 쓰시마번사가 쓰시마번에 보낸 서장
으로 생각되며, 하멜 일행이 표착한 후, 고토번이 어떠한 처리를 행하고
있었는지를 확인할 수 있다.

우선, 사실 확인부터 해보면, 밑줄 ⓐ에서는 66명이 조선에 표착했다
고 기록되어 있으나, 이는 64명이 정확한 것이다.[18] 또한 여기에서 말하
는 '세이시우토(せいしう嶋)'는 제주도, '케라도(けら道)'는 전라도를 가

---

17) 「阿蘭陀人朝鮮江漂着之一件」. "一, 十三年以前阿蘭陀高砂船二人數六十六人
乘り, 日本江爲商賣渡り候處, 洋中二而遭風破難. 右之內世人者相果, 殘り三
十六人朝鮮國之內せいしう嶋へ漂着候を彼所之者召捕けら道へ連越地頭江渡
置候處. 右之內卅人ハ病死仕, 殘る十六人, 先月七日二朝鮮船を盗取り, 致缺
落五嶋之內漂着候を五嶋民部殿より其表御政所江被送遣候付, 江戸へ御注進
被成候通, 町沙汰被承候付, 則御政所江被罷出家老衆江被相尋候處二松平甚
三郎樣被聞召, 右之通家老衆を以被仰聞候通, 被入御念預參, 御尤二存候, 右
寬文六年九月朔日吉村庄左衛門江申遣ス"
18) 『하멜보고서』와 조선 측의 제기록, 특히 「西洋國漂人記」(이익태 저/김익수
역, 『知瀛錄』, 제주문화원, 1997)에는 표착한 인수를 정확히 64명으로 기록하
고 있다.

리킨다. 그런데, 상기의 기록에는 제주도에서 전라도로 연행된 것으로
되어 있으나, 전술한 바와 같이 서울에서 전라도로 유배되고 있었다. 밑
줄 ⓑ에서는 일행이 고토에 표착하자마자 당시 고토번[五島藩]의 藩主
모리카츠[盛勝]의 숙부인 고토 모리키요[五嶋盛淸＝五嶋民部]에 의해
나가사키 봉행에게 보내졌음을 확인할 수 있다. 하멜은 스스로의 보고서
에서 고토에 표착해서 서열 세 번째의 관리를 만났다고 기록하고 있는
데, 이는 위의 사료의 五嶋民部, 즉 모리키요를 가리키는 것이다.

또한 위의 사료로부터 하멜 일행은 고토번의 표착 이국선에 대한 처
리방침에 따라 조치가 취해지고 있음을 확인할 수 있다. 이것은 하멜이
고토에 표착하기 2년 전인 1664년(寬文 4) 고토번에 내려진 다음의 條書
로 확인된다.

<사료 4>
ⓐ이국선의 표착 또는 파손이 있을 때에는 속히 후쿠에[福江] 奉行所
에 보고해야 할 것이며, 다른 廻船을 이용하여 2~3리 밖으로 몰아내
고, 시간을 기다리지 말고 선박을 정박시킬 것. 그리고 ⓑ異國船에 番
船(일종의 감시선)을 붙여, 밤에는 산 언덕에 봉화를 밝혀 주의를 기해
야만 할 것. 附, 異國人으로부터 어떠한 경우라도 그들로부터 禮物 또
는 음식물에 이르기까지 일절 받아서는 안 된다.[19]

<사료 4>의 내용으로 볼 때, 이 사료는 하멜 일행의 표착처리의 기준
이 어떤 것이었는지를 짐작케 해준다. 전술한 <사료 3>에서 알 수 있는
바와 같이 그들이 모리키요에 의해 고토번의 후쿠에 봉행소(御政所)에

19) 『長崎縣史』 史料編 第2(吉川弘文館, 1964), 422~423쪽. "異國船漂着, 又ハ破
損有之節ハ, 急度福江奉行所へ注進致ヘし, 自他之廻船, 縱貳里・三里押出候
共, 不移時刻, 可爲船留. 尤異國船番船を付置, 夜ハ岡江烽を燒, 可致入念. 附,
異國人より, 何色によらす, 禮物又ハ食物ニ至迄, 一切不可受事".

보내지고 있다는 것은 <사료 4>의 밑줄 ⓐ에 의한 것이며,『하멜보고
서』에 의하면 선상에서도 육지에서도 엄중한 감시를 받고 있었다고 했
는데, 이것은 바로 밑줄 ⓑ의 처리방침에 의한 감시를 의미하고 있는 것
으로 이 條書가 일행의 표착에 대한 처리기준이 되고 있음을 확인할 수
있다.

표착 후, 하멜 일행은 8월 15일(9/13)까지는 고토에 체재하고, 그날 밤
에 고토번의 선박 2척의 호위를 받으면서 나가사키[長崎]로 향해, 그 날
은 나가사키만에서 정박하고, 다음 날 16일에 상륙했다.[20] 같은 날 오후
경에는 봉행 마쓰다이라 진자부로[松平甚三郎]의 심문을 받게 되었다.
『하멜보고서』에는 그 심문의 내용이 54항목에 걸쳐 기록되어 있어 그들
의 인적사항과 제주표착에서 탈출까지의 경위, 또 조선 전반에 걸친 조
사했다는 것을 알 수 있다. 그 심문의 내용은 난파된 선원의 인적 사항
(<표 8>, <표 9> 참조)과 난파선의 규모・항해의 목적・난파경위에 관
한 11항목, 조선에서의 생활에 관한 7항목, 조선의 군사・경제・풍습・
종교에 관한 17항목, 조선의 대외관계에 관한 6항목, 탈출경위와 조선의
입장에 관한 13항목으로 되어 있다. 그 후 9월 28일(『하멜보고서』 10월

---

20)『長崎實錄大成』의 제14권의 기록은 "八月十三日五島ヨリ阿蘭陀人八人送來"
　라고 하멜 일행의 나가사키 도착을 13일로 기록하고 있으며(長崎文獻叢書第
　一集 第二卷, 長崎文獻社, 1973), 또 元祿 연간의 나가사키를 견문・조사하고
　저술된『長崎虫眼鏡』에도 "おらんた人朝せんの地にて破船のよし, なかなか
　てうせんにおり, かの地にて八人小船に乘り, 五嶋へなかれ來る, 則五嶋より
　長さきへおくりこさる, くわんふん六午のとし八月十三日事也, 右のおらんだ
　いまた七人てうせんニ殘り居るよし, いろいろそせういたし, 對馬よりおくり
　わたさる"라고 13일로 기록되어 있다(同書, 「來朝幷漂着」, 長崎文獻叢書第一
　集 第五卷, 長崎文獻社, 1975). 한편,『日記』에는 8월 16일로 기록되어 있고
　(주10번 참조),『하멜보고서』의 기록에도 16일로 기록하고 있어 본고에서는
　이 두 기록에 따른다. 다른 무엇보다도『하멜보고서』는 나가사키에 송환된
　당사자 하멜이 직접 쓴 기록으로서 신빙성이 높기 때문이다.

25일 기록)에는 다시 두 명의 나가사키 부교, 즉 마쓰다이라 진자부로와
코노 곤에몬[河野權右衛門]의 심문을 받았는데, 이것은 1차 심문의 확
인과 같은 것이었다. 이러한 심문으로 일본 측은 조선에 아직 8명의 네
덜란드인이 잔류하고 있다는 사실을 알게 되었고, 그 송환을 조선에 요
청하게 된다. 이러한 심문으로부터 얻은 정보가 후일 朝·日간에 벌어진
잔류 네덜란드인 송환교섭에서의 중요한 정보원이 되었다.

〈표 8〉 일본으로 탈출한 8명의 네덜란드인

이 름	연 령	직 책	비 고
헨드릭 하멜(Hendrick Hamel)	36	書記	
호베르트 데네이첸(Govert Denijszen)	47	操舵手	
마테우스 이복켄(Mattheus Ibocken)	32	下級船醫	
얀 피테르첸(Jan Pieterszen)	36	砲手	
헤릿트 얀첸(Gerrit Janszen)	32	砲手	
코르넬리스 디룩센(Cornelis Dircksen)	32	水夫	
베네딕투스 클레륵(Benedictus Clercq)	27	給仕	
데네이스 호베르첸(Denijs Govertszen)	25	給仕	

〈표 9〉 조선에 잔류한 8명의 네덜란드인

이 름	연 령	직 책	비 고
요한니스 람펜(Johannis Lampen)	36	助手	
헨드릭 코르넬리세(Hendrick Cornelisse)	37	下級甲板長	
얀 클라에첸(Jan Claeszen)	49	料理師	귀국 직전에 사망
야콥 얀스(Jacob Janse)	47	操舵手	
안토네이 울더릭(Anthonij Ulderic)	32	砲手	
클라에스 아렌첸(Claes Arentszen)	27	給仕	
산더르 바스켓(Sandert Basket)	41	砲手	
얀 얀스 스펠트(Jan Janse Spelt)	35	水夫	

* <표 8>과 <표 9>는 후팅크판(p.73)과 生田滋의 『朝鮮幽囚記』(84쪽)를 참조.

한편, 하멜의 탈출사건과 그들에 대한 심문결과가 막부에 보고되어 老中으로부터 조선에 탈출사건을 문의하라는 지시가 내려졌다(이하, '照會一件'으로 약칭). 그것은 쓰시마로부터 왜관에 보내진 다음의 내용으로 확인할 수 있다.

<사료 5>
一, 네덜란드인 36인, 13년 이전 바람에 조난을 당해 조선의 세이시우(せい志う; 제주)라고 부르는 섬에 표착하였다. 이어 (조선의) 케라타우(けらたう=전라도)에 데려가 그 땅에서 12~13년을 있었는데, 위의 36인 중에서 13인이 살아남았다. 그 중에서 8인이 이번에 몰래 나와 작은 배로 고토[五嶋]에 표착하였다. ⓐ나가사키[長崎]에 보내게 되었는데, 나가사키 봉행소로부터 에도의 老中에게 위의 내용이 보고되었고, 老中으로부터 번주(쓰시마)에게 봉서가 내려져, "상기의 네덜란드인 8명이 전라도에 남아있다는 것은 듣고 있어 만약에 耶蘇宗門(=그리스도 교도)이 섞여있다면 넘어올 것이라고 생각하고 있다. 이 사항을 번주가 조선국에 전해, 그 상황에 대해 상세히 조회하여 보고하도록 하라."는 봉서가 도착했다. 이에 따라 ⓑ요시카와 지로베[吉川次郎兵衛]를 사신으로 삼도록 하고, 조선의 참판에게 보낼 서한을 준비하도록 하여 머지않아 도해할 것이다. 그러하므로 그 건에 대해 각자에게 지시를 내린바, 金同知가 이번 달 5일에 동래에 도착했다는 것을 듣고 있다. 그러하다면, 이 건도 김동지가 입관했을 때 편리를 도모해 처리해야 하지 않은가라고 생각한다.
위 내용 寬文 6년 10월 9일, 仁位孫右衛門·井手彌六左衛門으로 하여금 보냄[21]

---

21) 「阿蘭陀人朝鮮江漂着之一件」. "一, 阿蘭陀人三十六人, 十三年以前遭難風朝鮮之內せい志うと申嶋江漂着, 從其けらたうへ召連彼地江十二三年有之而, 右三十六人之內十六人生殘, 其內八人今度忍出, 小船を以五嶋江漂着仕長崎江送被成候處ニ, 長崎御政所より江戸御老中江右之段御注進被成候處ニ, 御老中樣より殿樣江御奉書被遣, 右阿蘭陀人殘る八人けらたう江罷有由, 被聞召上

상기 기록의 전반부분에는 표착경위가 기록되어 있는데, <사료 3>과 거의 마찬가지이다. 우선, 위의 기록의 밑줄 ⓐ로부터 나가사키에서의 8명에 대한 심문이 끝난 뒤, 이 사건은 에도 老中에 보고되고, 老中으로부터는 쓰시마번주 소우 요시자네[宗義眞]에게 封書로서 지시가 내려지고 있다는 것을 알 수 있다. 그 내용은 아직 조선에는 8명의 네덜란드인이 잔류하고 있으며, 야소종문, 즉 그리스도 교도가 혼재해 있을 것이므로 그에 대한 조회를 명한다는 것이다. 또, 밑줄 ⓑ에서는 막부의 지시에 따라 요시카와 지로베[吉川次郞兵衛]를 파견할 사신으로 정하였고, 조선의 예조참판에게 보낼 서계도 준비하고 있었으며, 이러한 연락에 역관 金謹行, 즉 金同知가 동래에 도착할 것을 기다려 편의를 도모하고 있었다는 것에서 쓰시마번의 용의주도함을 엿볼 수 있다. 그 후, 조선에 보낼 서계는 즉시 장로(=虎林中虔)에게 초고 작성에 대한 지시가 내려져 같은 날(10월 9일) 초고를 지참하고 쓰시마 번주와의 대면이 이루어지고 있는데,[22] 막부의 지시를 받은 쓰시마번의 매우 신속한 대응을 엿볼 수 있다.

自然耶蘇宗門紛相渡候儀, 可有之哉と被思召上候間, 此段朝鮮國江殿樣より被仰, 追樣體具承合被仰上候樣ニとの儀ニ付御奉書到來仕候, 依之御使者吉川次郞兵衛ニ被仰付御書簡參判ニ被相渡, 近日渡海之筈御座候, 然處其表御用之儀, 各江被仰付置候處ニ金同知儀茂當月五日ニ東萊へ下着仕候由令承知候, 左樣候ハヽ, 御用之儀茂近日金同知入館之刻首尾能可相濟哉と存候, 右寬文六年十月九日仁位孫右衛門, 幷手彌六左衛門江遣"

22) 「阿蘭陀人朝鮮江漂着之一件」. "一, 阿蘭陀人朝鮮國江致漂流候付, 從御公儀御奉書被遺候付, 朝鮮國江右之意趣被仰遺候付, 使者吉川次郞兵衛被仰付, 其御書簡之下書慶長老, 御持參被成, 殿樣御對面被遊候, 右寬文六年十月九日之日帳" 참고로, 여기에 보이는 당시의 長老는 이시이 마사토시[石井正敏]의 「以酊庵輪番僧虎林中虔」(田中健夫 編, 『前近代日本と東アジア』, 吉川弘文館, 1995)에 의하면, 虎林中虔(道號虎林, 字中虔)인데, 그는 以酊庵의 輪番僧으로 1665년부터 1667년까지 쓰시마번에 부임하고 있었다.

그런데, <사료 5>에서 중요한 것은 조선에 '照會一件'을 행한 이유를 찾을 수 있다는 것이다. 즉, 조선의 잔류 네덜란드인들 속에 그리스도 교도가 섞여 있다고 막부는 걱정하고 있었다. 왜 일본 측은 이러한 의심을 갖게 되었을까. 그것은 본서의 제4장에서 고찰한 바와 같이 조선에 표착한 廣東船에 그리스도 교도가 섞여있었고, 조선에서 일본에 廣東船을 인도했을 때 그 사실이 발각되었던 전례가 있었기 때문이다.[23] 더구나, 1644년부터는 의심스러운 이국선이 조선에 표착했을 경우, 왜관에 그 사실을 통보해 달라고 수차에 걸쳐 그리스도교 금제를 요청했었고, 조선도 거기에 긍정적인 입장을 취하여 '共助'를 표명하고 있었기 때문에 일본 측의 입장에서 '照會一件'을 실행하는 그 자체가 명분있는 행위였다. 다시 말하면, 하멜 등 8명의 탈출사건에 대한 일본 측의 조선에 대한 '照會一件'의 목적은 그리스도교 금제에 있었던 것이다. 이러한 일본의 움직임에 대한 정보는 조선에도 흘러 들어가게 되는데, 조선은 이에 대해 어떠한 처리를 행하고 있었는지 알아보기로 하겠다.

2. '照會一件'에 대한 조선의 대응과 관리 처벌

하멜 등의 탈출사건에 대한 막부로부터의 '照會一件'이 있다는 정보는 당시 도해역관사였던 金謹行과 차왜와의 문답으로부터 조선 측에 전해지게 되었다. 그 상황은 다음과 같은 기록으로 확인된다.

<사료 6>
동래서장, 비변사계목 중에 의하면 차왜 등과 金謹行이 문답을 행했는데, "ⓐ소위, 13년 전 阿蘭陀人(=네덜란드인) 36명이 물화를 싣고 제주

---

23) 본서 제4장 참조.

에 표도하였는데, 제주의 인민들은 그 재화를 전부 빼앗고, 그들을 전
라도에 분치하였다. 생존자 16명 중에서 8명이 올해 늦여름 무렵에 작
은 배에 숨어 타고 고토[五島]에 도망쳐 왔다. 때문에 에도(=막부)는
그 시말을 알고자한다. 예조에 서계를 준비하여 머지않아 차왜가 올 것
이다."라고 한다. 소위 아란타인은 지난 날 제주도에 표도한 만인을 가
리키는데, ⓑ그 복색이 왜와 같지 않았고, 언어도 통하지 않았는데, 어
디에 근거를 두고 일본에 입송하겠는가. 난파선의 재물은 표류해온 자
들에게 각자 처분토록 했으므로 우리에게 잘못은 없고 숨길 것도 없다.
지금 역관이 시험 삼아 물어보니 阿蘭陀人의 服色과 언어가 어찌 왜인
과 같을 리가 있겠는가. 그것을 보고 답하는 바, "장차 만인이 표류하
여 온 일의 상황에 대한 언급에 준비하여 의당 이것으로써 회답하여
보내는 것이 어떻습니까." 하니, 아뢴 대로 하라고 하였다.24)

  위의 내용은 역관 金謹行이 차왜로부터 들은 정보를 근거로 하고 있
다. 즉, 밑줄 ⓐ에 보이는 바와 같이, 13년 전에 제주도에 표착해 전라도
에 분치되어 있던 하멜 일행 중에 8명이 탈출한 사건을 알림과 동시에
이에 대한 문의를 위해 차왜가 파견될 예정이라는 것이다. 단지 기록의
날자가 10월 24일로 되어 있는데, 이 기록은 일본인 접대에 관한 중앙의
등록과 같은 것으로 조정에까지의 보고 기간을 염두에 둔다면, 10월 24
일 이전에 정보를 입수했다고 볼 수 있다. 또한 전술한 <사료 5>의 날
짜로 알 수 있는 바와 같이 '照會一件'의 정보가 왜관에 전해진 것은 10

---

24) 『接待倭人事例』, 顯宗 7년 10월 24일조. "一, 東萊書狀, 據備邊司啓目內, 差
倭等与金謹行問答, 所謂, 十三年前阿蘭陀郡人, 三十六名, 載物貨漂到濟州,
濟州之人盡奪其財, 分置其人於全羅道. 而生存十六名內八名, 今年夏秋間, 潛
乘小船, 逃越五島, 故江戶慾知其始末. 修書契於禮曹, 差倭不久出來云. 所謂
阿蘭陀人, 似指頃年濟州漂到蠻人, 而服色与倭不同, 言語不通, 何所據而入送
日本乎. 敗船余物, 使渠區處, 在我無失, 又無可諱之事. 今譯官試問, 阿蘭陀人
服色言語与倭人何如. 觀其所答, 備將蠻人漂到事狀言及, 宜當, 以此回移, 何
如, 啓依允"

월 9일 이후이며, 그 직후에 정보가 조선에 전해진 것으로 생각된다.

　그런데, 조선 측은 일본 측의 문의가 있을 것이라는 정보를 듣고, 네덜란드인이 13년간 전라도 등의 지역에 억류한 이유에 대해서 답변을 생각해두지 않으면 안 되었고, 그 때문에 밑줄 ⓑ와 같은 논의, 즉 일본 측이 문의를 해올 경우에 네덜란드인은 왜인과 의복이 다르고, 또 언어도 통하지 않았을 뿐만 아니라, 그들의 재물을 빼앗지도 않았으니, 네덜란드인을 13여 년간 조선에 체재시킨 이유는 당연하다는 논리를 세우게 된다.

　한편, 정보를 누설한 차왜는 누구인가. 그것은 아래의 기록(<사료 7>)으로 橘成陳이라는 것이 판명된다. 그런데, 쓰시마번으로부터 처음으로 '照會一件'에 관한 연락이 왜관이 전해진 <사료 5>에는 니이 마고에몬[仁位孫右衛門]과 이데 야로쿠자에몬[井手彌六左衛門]에 의해서였다. 그 중에서 이데 야로쿠자에몬은 당시의 朝·日간의 교섭을 담당하고 있어 그가 橘成陳이라고 추측된다.[25] 그의 정보 누설이 고의인지 아닌지에 대해서는 단정할 수 없지만, <사료 5>의 ⓑ에서 "이 건도 金同知(=金謹行)가 입관했을 때 편리를 도모해 처리해야 하지 않은가라고 생각한다."라는 문구가 보이고 있어, 적어도 '照會一件'에 대해 조선 측의 역관이 왜관에 입관했을 때 전달해, 문제가 생기지 않도록 할 의도가 있었던 것으로 조선정부에 '照會一件' 전달에 편의를 모색한 행동이었다.

　문의가 있을 것이라는 정보는 즉시 동래부사 安縝의 치계에 의해 1666년 10월 23일 조정에서도 알게 되었다. 내용이 <사료 6>과 비슷한

---

25) 이데 야로쿠자에몬은 동년 12월 29일에 쓰시마에 귀착하였다는 기사가 보이고 있다(『分類紀事大綱』5). 단지, 타시로 카즈오[田代和生]에 의하면 이데 야로쿠자에몬이 17세기 초부터 조선 교섭을 담당하고 있었던 橘智正이라고 하고 있으나(『近世日朝通交貿易史の硏究』, 創文社, 1981. 색인참조), 본고에서 설명하고 있는 이데 야로쿠자에몬이 橘智正와 동명이인인지 직계 자손인지는 명확치 않다.

부분도 있고 약간 길기는 하지만, 상세히 기록되어 있어 전문을 살펴보
도록 하겠다.

<사료 7>
동래부사 安績이 치계하여 말하기를, "차왜 橘成陳 등이 은밀히 역관
들에게 말하기를, '10여년 전에 阿蘭陀(=네덜란드) 군민 36명이 40여
만 냥의 물건을 실고 표류하여 탐라에 닿았는데, 탐라인들이 그 물건
을 전부 빼앗고 그 사람들을 전라도 내에 흩어 놓았다. 그 가운데 8명
이 금년 여름에 배를 타고 몰래 도망 와서 에도에 정박했다. 그래서
에도에서 그 사건의 전말을 자세히 알고자 하여 서계를 예조에 보내
려고 한다. ⓐ이른바, 阿蘭陀는 바로 일본의 屬郡으로 공물을 가지고
오던 길이었다. 황당선이 표류해 오면 즉시 통지해 주기로 굳게 약속
하였는데, 지금 통지해 주지 않을 뿐만 아니라 도리어 그 물건을 빼앗
고 사람을 억류하였으니, 이것이 과연 성실하고 미더운 도리인가. 차
왜가 나오면 반드시 서울에 올라가 서계를 올린 것인데, 본부와 접위
관의 문답이 예조에 답한 서계와 다르지 않아야 일이 어긋나는 단서
가 없게 될 것이다. 또 도주와 강호의 집정자 사이에 틈이 있는데, 이
번 일은 매우 중대하여 만약 서로 어긋나기라도 한다면 도주가 먼저
화를 입을 것이다' 하였습니다." 하니, ⓑ상이 비국에 내려 의논하게
하였다. 회계하기를, "장계에 말한 아란타 사람은 몇 년 전에 표류해
온 만인을 말하는 듯합니다. 그러나 이들의 복색이 왜인과 같지 않고
말도 통하지 않았으므로 어느 나라 사람인지 알 수가 없었는데, 무슨
근거로 일본에 들여보내겠습니까. 당초에 파손된 배와 물건을 표류
해 온 사람들로 하여금 각자 알아서 처리하도록 하였으므로 우리에
게는 잘못이 없으니 숨길만한 일도 없습니다. 차왜가 오면 그대로 답
하면 그만입니다. 역관을 시켜 복장과 말이 왜인과 같았는지를 한번
물어보고 그들의 답을 들은 다음에 만인의 실상을 갖추어 언급해야
되겠습니다. 이렇게 공문을 보내는 것이 편리하겠습니다." 하니 상이
따랐다.[26]

---

26) 『顯宗實錄』, 顯宗 7년 10월 경오(23일)조 ; 『顯宗改修實錄』, 顯宗 7년 10월 경
오(23일)조.

차왜 橘成陳은 은밀하게 역관 김근행 등에게 하멜 일행의 탈출을 알리는 동시에 에도[江戶], 즉 막부는 이 사건의 전말을 상세히 알기 위해 예조에 서계를 보내려고 한다는 내용을 전한 것이다. 그런데, <사료 6>에는 보이지 않는 내용이 있다. 즉, 밑줄 ⓐ에서 네덜란드는 일본의 屬郡이라는 것이며, 이전 荒唐船이 조선에 표류해 오면, 속히 연락해 주기로 하였음에도 불구하고, 통보도 안 해주고 그들의 재물을 빼앗은 것이 과연 성신이라고 할 수 있는가라고 강하게 항의한 부분이다. 즉, 1644년의 전술한 일본의 조선에 대한 그리스도교 금제요청을 예로 들고 있다. 이에 대해 비변사는 '照會一件'에 관한 차왜의 파견에 대비하여, 네덜란드인들이 표착했을 때, 복장이 일본인들과 달랐으며, 언어도 물론 통하지 않았고, 어느 나라 사람인지도 몰랐으므로 인도하지 않았다는 것으로 대응책을 세운 것이다.[27] 이것은 처음에 동래부사가 보낸 장계의 내용(<사료 6>)에 보이는, 일본의 '照會一件'에 대한 대책을 그대로 수용한 결과이다. 그러나 조선정부는 하멜 일행과의 의사소통이 가능했었으며, 그들이 네덜란드인이라는 것도 인식하고 있었다. 왜냐하면, 1627년(仁祖5)에 조선에 표착한 네덜란드인 박연이 그들의 통역을 맡고 있었기 때문이다. 이것은 그들이 제주에 표착했던 1653년 당시, 제주에 내려간 박연이 하멜 일행을 심문한 내용[28]과 제주목사 李元鎭의 조선에 보고한 내

---

27) 한편, 강준식은 이러한 비변사의 대책, 즉 10월 23일의 기록인 <사료 7>의 내용이 파발마를 이용해 부산까지 전해져 동래는 그 다음 날인 24일에 조정의 대책을 접하고 있다고 하며, 그 근거로서 <사료 6>의 내용을 들고 있다 (전게서, 163쪽). 그러나 서울에서 동래까지 파발마로 보낸다고 해도 하루 만에 도착하는 것은 불가능하다. 원래 『接待倭人事例』는 동래부에서 작성된 『東萊府接倭狀啓謄錄可考事目錄抄冊』(이하, 『接倭事目錄抄』)과는 달리 중앙의 謄錄과 같은 것인데, 그는 이 기록을 동래부에서 작성한 것으로 잘못 판단한 결과이다. 한 가지 더 언급한다면, 동래부의 기록인 『接倭事目錄抄』의 동년 10월조에도 같은 기록이 보이고 있다.

28) 「西洋國漂人記」, 앞의 책.

용29)으로 확인할 수 있다.

이렇게 하멜 일행 8명의 탈출이 당시 그들을 관리 감독하고 있던 관할 지방관청의 보고가 아닌 차왜로부터 알려지자 조정은 놀랄 수밖에 없었다. 즉, 동래부의 보고 이전까지 조정은 하멜 일행의 탈출을 전혀 모르고 있었는데, 조정에서는 이에 대한 처리를 다음과 같이 논의하고 있었다.

<사료 8>
비변사에서 아뢰기를, "지금 동래부사 安縝의 장계를 보니, 소위 阿蘭陀(=네덜란드) 사람이라는 것은 지난 날 제주도에 표착한 南蠻人을 가리키는 것 같습니다. 이 만인들은 훈국에서 일찍이 전라병영 및 순천 등 다섯 고을에 보냈었습니다. 그리고 그 후 그들에 대한 일련의 보고가 있었지만, 그 동안 몇이나 살아남았는지는 알 수 없습니다. 전년에 생존자가 몇이나 되는지 물어보니 전라감사는 16명에 대해 책으로 만들어 올려 보냈습니다. 지금 들으니 금년 여름과 가을 사이에 작은 배를 타고 일본의 고토[五島]로 도망갔다고 합니다. 그러나 어떤 蠻人들이 관련되어 있는지 알 수 없고, 本道(전라도)에서 아직 보고가 없다는 것은 정말로 해괴한 일입니다. 먼저 도망 여부를 조사한 연후에 처치하는 것이 어떻겠습니까." 하니, 답하기를 "윤허한다"고 하였다.30)

<사료 8>에서 보이듯이 탈출보고를 들은 다음날 비변사는 하멜 등 8명이 일본의 고토에 도주했음에도 불구하고 아직 지방관리로부터 보고

---

29) 『孝宗實錄』, 孝宗 4년 8월 무진(6일)조.

30) 『承政院日記』顯宗 7년 10월 24일조. "備邊司啓曰, 卽見東萊府使安縝狀啓, 則所謂阿蘭陀人, 似指頃年濟州漂到南蠻人而言也, 此蠻人, 自訓府, 曾已下送 於全羅兵營及順天等五邑, 而厥後連以物故報知, 未知其時存幾許. 年前查問生 存實數于全羅監司, 則以十六名成冊上送矣. 今聞八名, 今年夏秋間, 乘小船逃 日本五島云, 雖未知某接置蠻人之入來, 而本道尙未文報, 殊甚可駭. 姑先查出 逃亡與否後, 處置何如. 答曰, 允"

가 없다고 하여 심히 놀라고 있었으며, 이 탈출사건의 진상을 조사해 처
리할 것을 진언하고 있다. 그러나 밑줄 부분에서 확인되지만, 이 단계에
서도 탈출자의 정확한 신상에 대해서는 파악하지 못하고 있었다. 이러한
가운데, 10월 26일에도 顯宗과 조신들 간에 일본 측 '照會一件'의 답서에
대한 논의가 행해졌는데, 그 내용은 다음과 같다.

<사료 9>
상이 희정당에 나아가 대신과 備局의 신하들을 인견하였다. 상이 표
류해 온 南蠻人에 대해 답할 서계의 일을 물으니, ⓐ영상 鄭太和가 아
뢰기를, "지난해 청나라 사신이 나올 때에 남만인들이 갑자기 홍제교
주변에 나와 갖가지로 호소하였기 때문에 전라도에 나누어 두었는데,
왜국으로 도망쳐 들어간 자들은 필시 이 무리일 것입니다." 하고, ⓑ
승지 閔維重이 아뢰기를, "신이 호남에 있을 때에 보았는데, 이 무리
들이 연로에서 구걸하다가 신에게 호소하기를 '만약 저희들을 왜국으
로 보내준다면 그들 나라로 돌아갈 수 있을 것이다'라고 하였는데, 그
들이 도망쳐 왜국으로 들어간 것이 의심할 게 없습니다." 하자, ⓒ좌
상 洪命夏가 아뢰기를, "남만인이 타국으로 도주하였는데도 지방 관
원이 아직까지 보고하지 않았으니, 정말 한심스럽습니다." 하니, 상이
본도에 명해 조사하여 아뢴 다음에 치죄하라고 하였다.[31]

　밑줄 ⓐ에서 영의정 鄭太和는 일본으로 탈출한 무리는 이전에 청국
사신 앞에서 탈출 소동을 일으킨 南蠻人들이라고 단언하고 있고, 밑줄
ⓑ에서 승지 閔維重은 자신이 전라도에 있었을 때 하멜 일행은 걸식을
하고 있었으며, 일본으로의 송환을 간청한 적이 있다고 하여 그들이 일
본에 도주한 것이 틀림없다고 진언하고 있다.[32] 또한 좌의정 洪命夏는

31) 『顯宗改修實錄』, 顯宗 7년 10월 계유(26일)조. 『顯宗實錄』, 同條.
32) 『承政院日記』의 顯宗 7년 10월조의 내용을 보면, 민유중은 좌부승지였다. 또
　한, 그는 1665년 2월 13일에 전라감사에 임명되고 있으며[『顯宗實錄』, 顯宗

네덜란드인 8명이 타국에 도주했음에도 불구하고 중앙에 보고하지 않은 것을 진언했는데, 顯宗은 이 사건에 대한 조사와 함께 전라도 지방관리의 처벌을 명했다. 그 후 이 명령에 의해 전라감사 洪處厚는 세 곳에 분치되어 있던 네덜란드인의 상황을 조사하여 그 결과를 11월 25일에 조정에 보고했다.

<사료 10>
비변사에서 아뢰기를, "동래부사 장계로 처음에 전라도에 분치한 남만인 중에 8명이 일본 고토[五島]로 도망했다는 것을 알게 되어, 本道(전라도)에 글을 보내 살아남아 있는 수를 조사하게 하였는데, 곧 @전라감사 洪處厚가 조사하여 밝힌 첩보를 접하니, '남원에 분치한 3명은 모두 관문 안에 있고, 좌수영에 분치한 8명 중에서 3명은 점호에 출석하였으나, 5명은 나가서 아직 돌아오지 않고 있으며, 순천에 분치된 5명 중에서 2명은 점호에 출석하고 3명은 아직 돌아오지 않고 있습니다. 그들의 동료와 보증인을 추궁하였더니, 그들은 8월 초 6일에 목화를 구하러 간다고 하며 주위의 섬으로 갔는데, 지금까지 돌아오고 있지 않다'고 합니다. 아무 때나 출입하여 처음부터 구금해두지 않았고, 목화를 구걸하여 얻어 이때부터 매년 예사의 것이 되었는데, 그대로 탈주하고 말았습니다. ⓑ비록 뜻밖의 일이라고는 하지만, 해당 관리들은 그 죄를 면하기 어렵습니다. 좌수사 鄭瞶를 나문하여 정죄하여야 합니다. 순천은 그 당시에 이전 관리가 돌아오는 중이었고, 신임 관리는 아직 부임하지 않았습니다. 때문에 전라도에서는 色吏를 옥에 가두었습니다. 지금, 전라도에 엄형을 내린 후에 정죄를 묻는 것이 당연하오니, 이를 분부하심은 어떠신지요." 하니 답하기를, "윤허한다."고 하였다.33)

6년 2월 경오(13일)조], 1666년 9월 3일에는 대사헌에 임명되고 있었으므로 [『顯宗實錄』, 顯宗 7년 9월 경진(3일)조], 호남에 있었던 기간은 전라감사로 부임해 있었다.

33) 『承政院日記』, 顯宗 7년 11월 신축(25일)조. "備邊司啓曰, 東萊府使狀啓, 始知

위의 밑줄 ⓐ에서 전라감사 洪處厚의 조사 보고를 정리해 보면, 남원
에서는 도주자가 없으며, 좌수영의 5명과 순천의 3명이 도주하고 있음을
알 수 있다. 또한 하멜의 동료와 보증인을 심문한 결과 그들이 8월 6일
에 목화를 구한다는 핑계로 나가서 탈출한 사실도 명확해졌다. 즉, 이 보
고로 인해 하멜 일행의 탈출사건이 정식으로 확인된 것이다. 이러한 사
실이 밝혀진 것에 대해 비변사는 밑줄 ⓑ에 보이는 바와 같이 해당지역
의 관리는 그 죄를 면하기 힘들며, 전라좌수영 鄭瑛을 붙잡아 정죄할 것
을 진언하고 있다.[34] 그 단계에서 이미 당해 관청의 色吏들은 처벌을 받
고 있었다.

鄭瑛은 1666년 4월 20일자로 전라좌수사에 임명되었는데,[35] 하멜 일
행의 탈출사건을 책임을 지고 파면되었다. 또한 순천의 경우는 鄭世衡이
부사로 부임하고 있었으나, 탈출사건이 일어난 것은 鄭世衡이 새롭게 겸
관에 명해진 다음 날이므로 그의 죄로 보기 힘들다는 顯宗의 의견에 따
라, 그에 대한 처벌은 면해졌다.[36] 그러나 顯宗은 8~9월에 재임하고 있
던 관리에 대해서는 탈출사건을 끝내 보고하지 않았다는 것을 이유로
현재 부임하고 있는 관리를 처벌토록 하였다.[37] 즉, 하멜 일행의 탈출 후

全羅道分置南蠻人中八名, 逃入日本五島, 行文本道, 使之査報時存名數矣, 卽
接全羅監司洪處厚査覈牒報, 則南原所接三名, 則皆在官門, 左水營所接八名
中, 三名逢點, 而五名出去未還, 順天所接五名中, 二名逢點, 三名出去未還, 推
問其同類及保授主人, 則皆於八月初六日, 稱以求乞木花, 向往諸島, 至今不來
云云. 常時出入, 旣不拘禁, 乞得木花, 自是年年例事, 仍爲脫逃, 雖出於意外,
該管之官, 難免其罪, 左水使鄭瑛, 拿問定罪, 順天縣則其時舊官遞歸, 新官未
赴. 故已自本道, 囚禁鄕所色吏云, 則令本道嚴刑後, 啓聞定罪宜當, 以此分付,
何如, 答曰, 允"

34)『顯宗改修實錄』, 顯宗 7년 11월 임인(26일)조.
35)『顯宗改修實錄』, 顯宗 7년 4월 경오(20일)조.
36)『顯宗實錄』, 顯宗 7년 12월 기미(13일)조.
37) 상동.

에 순천에 부임한 부사가 조정에 탈출을 보고하지 않았다는 것으로 처벌된 것이다.

결과적으로 보면 탈출사건으로 인한 처벌로서 남원에 대해서는 도주자가 없었으므로 문책하지 않았고, 전라좌수영에서는 5명이 탈출하여 그 책임을 지고 정영이 파면되었으며, 순천에서는 탈출사건 때에 신구관리의 교체가 행해지고 있어 당시의 부사 鄭世衡은 문책하지 않았고, 후임부사가 처벌을 받았다. 물론 남원을 제외한 좌수영과 순천의 담당色吏들이 처벌받았음을 말할 것도 없다. 그리하여 하멜 일행의 탈출사건과 관련한 조선 내부의 문제처리는 일단락되었다.

하지만, 이 탈출사건은 朝·日간의 중대한 외교문제로 불씨는 여전히 남아있었다. 더욱이 조선의 입장에서는 일본과의 '교린'에 관련된 문제이기도 했다. 그것은 앞에서도 언급한 바와 같이 일본의 그리스도교 금제요청에 부응해 1644년 이후 의심스러운 이국선이 표착할 경우 왜관에 알려주기로 한 약속을 이행치 않았기 때문이다. 그 이유에 대해서는 이미 제4장에서 언급했다. 그러면, 이 탈출사건이 어떠한 형태로 전개되고 있었는가에 대해 살펴보도록 하겠다.

Ⅳ. 日本의 송환요청과 외교교섭

1. '照會一件'에서 송환교섭으로

탈출사건에 대해 정식으로 '照會一件'이 행해진 시기는 1666년 12월이었다. 당초에 '照會一件'에 파견될 차왜는 요시카와 지로베[吉川次郞兵衛]로 정해져 있었으나(<사료 5> 참조), 그는 회의가 있어 그 대신에 타지마 사콘에몬[田嶋左近右衛門]이 새롭게 정해졌으며, 타지마도 이를 승낙하고 있었다.38) 드디어 1666년 12월에 출발을 위해 正官 타지마 사콘에몬[田嶋左近右衛門, 藤成供]과 도선주 이와이 지부에몬[岩井治部右衛門, 藤成正]으로 하여금 조선의 예조참판, 참의, 그리고 동래부사·부산첨사 앞의 3통의 서계를 지참케 하여 '照會一件'을 행하였다. 예조참의에게 보낸 서계에는 橘成供·橘成正이 차왜로 되어 있는데, 이미 나카무라[中村榮孝]가 언급한 바와 같이 동래부사와 부산첨사에게 보낸 서계의 藤成供(田嶋左近右衛門)·藤成正(岩井治部右衛門)이 정확한 것이다.39) 그 점은 橘成正(카쓰다 고로사에몬, 勝田五郎左衛門)이 1653년 윤7

---

38) 「阿蘭陀人朝鮮江漂着之一件」. "吉川次郎兵衛朝鮮江被仰付置候得共, 御僉議之事有之而, 其代り田嶋左近右衛門被仰付候與之儀, 多田主計方より手紙ニ而申來ニ付申渡ス", "一, 田嶋左近右衛門朝鮮江被仰付, 御請申上ル"

39) 中村榮孝, 앞의 논문. 예조참의(<참고사료 1>), 동래부사·부산첨사(<참고사료 2>)에게 보낸 서계는 다음과 같다.
<참고사료 1>
日本國對馬州太守拾遺義奉
朝鮮國礼曹參議大閤
歲晏春勤, 想惟震艮萬祉, 傾注方殷, 日者蛮舶, 漂到本國五嶋, 嶋主依例送諸肥之長崎公廳, 搬問原係, 乃称阿國商氓也, 曾鬻皮及砂糖, 發向本國, 猝遇石尤, 沒溺洋中者, 二十八口, 免死者三十六口, 漂至貴國邊浦, 而被邊臣捉住, 編置全羅道者, 十有三年, 中間死亡而今存者, 十六口, 去秋適取掠小舟, 逃去至此, 其他八口, 猶留全羅道云, 仍念蛮人, 雖自称商賈, 勤有耶蘇邪種, 眩妖惑衆之徒, 以故本罰耶蘇之法甚峻, 今慮邪徒, 或託言商氓混來, 謹奉台命, 遣使以咨詢, 情僞, 想淹寓貴境, 厥邪正必詳悉焉, 切冀明垂曉喩, 睦隣信孚, 只要承喩以處置焉, 余附橘成供及成口布, 布腆別錄, 用伸遲悃, 莞納惟幸, 統冀盛諒, 肅此不宣
寬文六年丙午十二
對馬州太守拾遺 義眞
<참고사료 2>
日本國對馬州太守拾遺義眞 啓書

월 왜관에서 병사한 것으로도 명확해진다.40) 각 서계의 내용이 거의 같
은 내용이므로 여기에서는 중앙의 예조참판에게 보낸 서계를 중심으로
살펴보겠다.

<사료 11>
근래에 표류민 8명이 우리나라 肥의 長崎에 漂到 해왔는데, 자칭 阿
蘭陀國의 상인이라고 합니다. ⓐ그들을 조사해 본 바, "일찍이 일본
의 해역에서 상매를 하려고 했으나, 태풍을 만나 조선의 영역으로 밀
려나고 말았습니다. 전라도에 編置해 두기를 13년이 되었는데, 지난
가을 작은 배를 훔쳐 타고 여기로 도망해왔습니다. 그 외에 전라도에
는 8명이 남아있습니다."라고 합니다. 도망한 사람인지 아닌지 알 수
가 없고, 全羅刺史를 생각해보니, 마땅히 화를 내고 미워할 것입니
다. ⓑ지난번에 蠻人 선박이 耶蘇邪徒(=그리스도 교도)를 싣고 와서
어리석은 백성들을 蠱惑시키고 있기에 본국은 야소를 전부 멸하고 매
우 엄하게 금제하고 있습니다. 지금 그 무리를 보니 또한 邪를 위장해
혼재해 있을까 걱정입니다. 스스로 貴境에 오랫동안 억류되어 있다고
합니다만, 그 정위는 반드시 판별해야합니다. 만약에 邪術로서 백성을
현혹시키는 일이 있다면 나라에 법이 있는데, 어찌하여 용서할 수가
있겠습니까. ⓒ그러므로 그들 또한 의심스러운 바, 臺命을 받들어 차
왜를 보내 그 무리들의 邪正을 자문합니다. 명확하게 살펴서 조사해
주기를 간절히 바랍니다.41)

朝鮮國東萊釜山兩令公 閣下
歲序告闌, 緬想僉雅增勝, 無已, 頃者蠻舶, 漂到本邦肥之長崎, 自称阿國商氓
也, 向者漂海, 寓止貴國全羅道者, 幾超一紀, 去秋掠舟出奔至此云, 仍念蠻人,
有耶蘇邪術, 惑世誣民之徒, 今慮託商, 或邪徒胥混來, 茲遣使藤成供及成, 以
咨問情僞, 只要承喩罰, 有差, 謹奉台命, 以呈上書礼曹參判同參議大人, 切冀
轉達, 余附使价口陳, 些々土宜, 博粲統希炳亮, 潦艸不宣
寬文六年丙午十二月 日
對馬州太守拾遺 義

40) 『接倭事目錄抄』, 孝宗 4년 윤7월조.

　즉, 밑줄 ⓐ에서 하멜 일행이 태풍으로 조선에 표착해 전라도 등의 지역에서 13여 년을 살다가 일본으로 도망쳤다는 사실을 알림과 동시에 아직도 잔류인들 8명이 남아있다는 사실을 환기시키고 있다. ⓑ에서는 그들 중에 그리스도 교도가 섞여있을 가능성이 있다고 하여 하멜 일행에 대한 촉구하고 있으며, ⓒ에서는 일행이 그리스도 교도인지 아닌지에 대한 진위에 대해 자문을 구하고 있다. 여기에서 일본 국내에서의 그리스도교 금제에 대해서 언급하여 耶蘇를 전부 멸하고 있다고 한 것은 큐슈[九州] 지역에서 일어난 '시마바라·아마쿠사의 난[島原·天草の亂]' 당시에 난에 참가한 신도 약 3만 여명을 몰살시킨 것을 말한다. 이 정보는 이전에 동래부의 보고에 조정에서도 파악하고 있었다.[42]

　또한 위의 서계 내용으로 보아 일본 측은 하멜 일행 속에 그리스도 교

41) 『本邦朝鮮往復書』 22.
　　日本國對馬州太守拾遺平 義眞 奉書
　　朝鮮國禮曹參判大人 閣下
　　愛日護寒, 緬惟鈞候, 對時珍毖, 景仰曷已, 頃者流民八口, 漂到我國肥之長崎, 自稱阿蘭陁國商氓也, 鞫問情狀, 乃云, 曾欲售賈, 我國泛海, 猝遇颶風, 戾止貴境, 編置全羅道者, 十有三年, 去秋竊掠小舸, 遁逃至此, 其他留全羅者八口, 不知亡隸口欤否是, 想全羅刺史, 當爲忿嫉, 嚮者萬舶, 載耶蘇邪徒來, 蠱惑蚩民, 故本國殄滅耶蘇, 制禁太嚴, 今於渠輩, 又恐邪僞相混, 自謂拘滯貴境者, 年尙矣, 想其情僞必辨焉, 至若夫邪術眩衆之徒, 則國有憲章, 豈敢容貸, 然而今猶涉嫌疑, 謹奉臺命, 差專价以咨問, 渠輩邪正, 切冀審察明諭, 隣好之敦, 忘煩至此, 聊將薄儀, 用表遠忱, 笑領多幸, 統希崇亮, 肅此不宣
　　寬文六年丙午十二月 日
　　對馬州太守拾遺平 義眞
　　또한, 「諮問阿蘭陁漂人耶蘇邪宗否書契」(『善隣通書』 30)에도 동 서계가 보이고 있다. '照會一件' 차왜가 조선에 도착한 시기에 대해서 나카무라[中村榮孝]는 1월 초순으로 추측하고 있으나, 『顯宗實錄』[顯宗 8년 2월 신미(26일)조]에 의하면 '差倭出來, 留館四十日'이라는 내용이 보이고 있어, 1월 15·16일 정도임을 알 수 있다.
42) 『仁祖實錄』, 仁祖 16년 3월 병자(13일)조.

도가 혼재해 있을 가능성도 배재하지 않고 있으며, 이러한 이유로 인해 그들의 진위를 자문하고 있다는 점은 중요한 의미를 갖는다. 이 점은 본고에서 말하는 '照會一件'이 일본의 대외정책의 근간을 이루고 있는 그리스도교 금제정책에 입각하여 행해지고 있음을 보여주는 것이다. 또한, '照會一件'은 1644년 이래 조선에 대한 그리스도교 금제요청(즉, 본서 제4장에서 고찰한 '禁制要請一件')의 연장선상에 있다고 할 수 있으며, 일본과의 무역관계를 맺고 있는 네덜란드인이라 할지라도 항상 경계하고 있었음을 입증해준다.

한편, 조선정부는 네덜란드인 탈출사건으로부터 시작된 일본의 '照會一件'에 대해서 어떠한 대책을 세우고 있었을까. 조선은 橘成陳의 정보에 의해 하멜 일행의 탈출사건을 알고 있었으며, 또한 일본의 '照會一件'에 대한 대비책으로 표착한 네덜란드인들의 복색과 언어가 일본과 달라 일본에 알릴 수가 없었다는 답변을 준비하고 있었음은 이미 언급한 바이다. 그러나 조선은 일본의 '照會一件'에 관한 정보를 사전에 입수한 직후부터 이러한 문의의 뒤에는 쓰시마번의 다른 목적이 있지 않은가하고 의심하고 있었다.

그 의심의 실체는 일본 측이 네덜란드인 탈출사건을 이유로 삼아 조선을 협박하고, 그 원하는 목적을 달성하려고 한다는 것이었으며, 그 원하는 것이 바로 '現堂一事', 즉 도쿠가와 이에야스[德川家康]의 사당인 權現堂 香火를 위한 물자의 획득으로 무역량을 확대시킴과 동시에 公木의 확대도 노리고 있다고 생각한 것이다.[43] 당시 쓰시마번의 현안이었던

---

43) 『接待倭人事例』, 顯宗 7년 11월 15일조. "監司東萊書狀, 據備邊司啓目內, 倭人慾以阿蘭陀事, 一邊恐喝, 以遂其所望. 其飛報江戶, 亦朝廷誠信之意, 庶圖此事之無弊完了等語, 尤可見其情態, 現堂一事彼若言及, 則以渡海後議定於島主之意, 答之公木一欵. 知今年木花之全失, 有此復舊之說, 殊非誠信之道, 以此開諭事回移. 何如. 啓依允"

무역확대와 이번의 '照會一件'이 깊은 관련이 있음을 보여주는 것이다. 실제로 왜관이전이나 公木의 확대, 전술한 權現堂 香火의 문제는 모두 쓰시마번의 무역확대 의지와 관련된 것으로서, 이 점에 대해서는 하멜 일행의 탈출사건부터 시작된 朝·日간의 외교교섭 문제와 관련시켜 다음 절에서 고찰해 보겠다.

더욱이 일본 측의 '照會一件'에 대해서 이는 일본 측이 실리를 얻기 위한 하나의 구실에 지나지 않다고 생각하게 한 또 하나의 이유가 있었다. 그것은 1627년, 조선에 표착해 온 네덜란드인 박연을 조선 측이 왜관에 보내려고 하였으나, 일본 측은 자국의 표류민이 아니라고 그 인수를 거부한 전례가 있었기 때문이다.[44] 이러한 사항은 동래부사의 보고에 의해 조정에서도 알게 되었고, 일본 측이 이전에 박연의 인수를 거부했다는 점을 중시해 만약에 네덜란드인을 왜관에 보낸다 하더라도 일본은 인수를 거부했을 것이라는 추측을 가지게 하였다.[45] 그래서 하멜의 조선 표착과 탈출사건에 대한 문의를 목적으로 한 '照會一件'에 대해서, 위와 같은 불온한 의도가 있다는 판단 하에 처음에는 접대에 응하지 않았는데, 다음의 기록으로 확인된다.

> <사료 12>
> 수찬 金錫冑를 접위관으로 차출해 보냈다. 일찍이 갑오년에 남만인의 배가 표류해 대정의 해변에 도착하였는데, 그들의 탄 배가 전부 파손되어 돌아갈 수 없었다. 제주목사가 치계하여 여쭙자 그들을 그냥 그곳에 머물게 있게 하였다. 병오년 가을에 그 중 8명이 고기를 잡으러 바다로 나갔다가 표류해 일본 五島에 도착하였다. 五島에서 이들을 붙잡아 장기로 보내니 장기태수가 그들의 거주지를 물어 보았는데,

---

44) 『接倭事目錄抄』, 顯宗 7년 병오 12월조.
45) 『接待倭人事例』, 顯宗 8년 정월始 10일조.

아란타의 사람들이었다. 阿蘭陁는 곧 일본의 屬郡이었다. 그 사람들을 강호로 들여보냈는데 關白이 대마도주로 하여금 우리나라에 묻기를, ⓐ"해변에 왕래하는 耶蘇宗門의 잔당들을 일일이 기찰하여 통보해 주기로 일찍이 귀국과 약조를 했었다. 그런데 아란타 사람들이 표류해 귀국에 도착했을 때, 통보하지 않았다. 표류해 온 8명은 비록 아란타 사람들이지만, 그 나머지 귀국에 머물러 있는 자들은 필시 야소의 잔당일 것이다." 하면서 여러 모로 공갈하였다. 대개 耶蘇는 서양에 있는 별도의 종자인데, 요술을 부려 어리석은 사람을 미혹할 수 있었다. 그들이 일찍이 일본과 상통하였는데, 뒤에 틈이 생겨 관백이 매우 미워하였으므로 매번 우리나라에 붙잡아 보내달라고 요청하였다. ⓑ이번에 아란타 사람들이 표류해 일본에 도착하였을 때, 關白이 우리나라에 머물러 있는 자들이 야소가 아닌 줄 알고도 이를 트집 잡아 권현당에 쓸 향화를 요구할 구실로 삼은 것이다. 그리하여 차왜가 나와 왜관에 40일을 머물러 있었으나, 조정에서 일부러 응하지 않았었는데, 이때에 이르러 석주를 접위관으로 차출하여 보낸 것이다.[46]

위 기록의 전반부는 하멜 일행의 조선표착과 일본으로의 탈출, 그리고 일본의 조선에 대한 그리스도교 금제요청, 즉 전술한 <사료 11>에 보이는 내용과 일맥상통하고 있다. 그런데, 후반부를 보면, 일본의 '照會一件'에 대한 조선정부의 대응책을 명확히 보여주고 있다. 밑줄 ⓐ에서 일본 측은 이전에 그리스도교 금제요청을 했음에도 하멜 일행에 대해서는 통보하지 않았다는 것과 그들이 그리스도교의 잔당일 가능성이 있다는 것을 들어 강한 어조로 조선 측에 항의를 하고 있다. 하지만, 밑줄 ⓑ에서는 하멜 일행이 그리스도 교도가 아니라는 것을 알면서도 이것을 계기로 일본 측이 권현당 향화의 물자를 구하려 한다고 파악하여 '照會一件'을 위해 온 차왜에 대한 접위관 파견을 늦추었다는 것을 확인할 수 있다. 조선은 하멜 일행의 탈출을 계기로 이전부터 요청하고 있던 그리

---

46) 『顯宗改修實錄』, 顯宗 8년 2월 신미(26일)조.

스도교 금제를 고집하며, 권현당 향화의 물자를 획득하려고 하는 쓰시마 번의 의도를 간파하고 있었던 것이다. 그 때문에 일부러 접대에 응대하고 있지 않았던 것인데, 쓰시마번의 끊임없는 요청에 결국 접위관 파견의 결정이 내려졌다.

결정이 내려진 후인 2월 무렵에도 朝·日간에는 타지마 사콘에몬[田嶋左近右衛門]이 이끌고 온 伴從의 人數 문제가 제기되었으나, 3월에 조정은 정관 타지마[藤成供]의 伴從을 13명으로, 도선주 이와이[藤成正]의 반종은 2명으로 한정하여 응접할 것을 결정하였다.[47] 현재 이 응접의 정확한 날짜에 대해서는 알 수 없으나 『接倭事目錄抄』에 의하면 3월달에 정관 타시마 등과 차례의 응접이 이루어지고 있었다.[48]

하지만, 응접이 이루어지기는 했으나 일본 측은 답서의 내용이 오직 네덜란드인들이 그리스도교가 아니라는 것에 일관되어 있다는 것을 이유로 개정을 요구하였다.[49] 결국 회답서계는 승문원에 명해 개정된 것을 내려 보내게 되었는데,[50] 그 서계의 내용은 다음과 같다.

<사료 13>
ⓐ언급되고 있는 蠻舶(=하멜 일행)은 지난 계사년(1653)에 전라도에 표도해 왔는데, 그 반수는 익사하고 생존자는 36명으로, 그 용모와 언어·문자를 알 수 없었으며, 어느 나라 사람인지도 알 수 없었다. ⓑ또한 갑신년(1644)에 진도에 漂到해 와 귀국에 解送한 자들과도 다른 類의 사람들이었다. ⓒ이곳에 체재하기를 14년이었는데, 단지 물고기 잡는 것을 업으로 하여 다른 기술은 없었다. 만약 민중을 妖惑하는 일이 있었다면, 어찌하여 우리의 域內에 머물게 하겠는가. 더욱이 貴州의

---

47) 『接倭事目錄抄』, 顯宗 8년 2·3월조.
48) 『接倭事目錄抄』, 顯宗 8년 3월조.
49) 『接倭事目錄抄』, 顯宗 8년 4월조.
50) 『接待倭人事例』, 顯宗 8년 4월 초5일조.

耶蘇黨類(그리스도 교도)에 대한 금제요청에 따라서 그 隣好를 조금이라도 소홀하게 한 적은 없다. 또한 그들이 만약에 邪種이라면, 당연히 귀국으로 피하는 것을 두려워해, 배를 훔쳐 스스로 死地로 향하는 짓은 하지 않을 것이다.[51]

　위의 밑줄 ⓐ에서는 하멜 일행이 표착해 왔으나, 그 용모와 문자를 알 수 없어 어느 나라 사람인지 몰랐다는 이전부터의 대책에 준한 답변을 보내고 있다. 더욱이 이들은 밑줄 ⓑ에서 알 수 있듯이 1644년에 진도에 표착한 廣東船에 승선한 사람들과도 다른 사람이라는 것이다. 이것은 본서의 제4장에서 살펴본 것인데, 하멜 일행을 이들과 비교한 것은 바로 廣東船 선원과 같이 그리스도 교도가 섞여있지 않다는 것을 강하게 입증하려고 한 것이다. 더욱이 ⓒ에서는 그들에게 별다른 기술이 없었고, 민중을 요혹하는 일도 없었으며, 조선 또한 일본의 그리스도교 금제요청에 대해 소홀히 한 적은 없었다고 강변하고 있다. 한마디로 하멜 일행의 그리스도교 관련을 전면적으로 부정하는 동시에 네덜란드인을 억류한 것에 대한 정당성을 주장한 것인데, 이러한 조선의 태도는 앞에서 언급한 동래부사 안진의 치계, 그리고 비변사의 진언에 보이는 '照會一件'의 대응책에 기준을 둔 것이었다.

　이렇게 조선 측이 그리스도교가 아니었다는 것을 강조하여 답서를 보낸 이유는 1644년 이후 '禁制要請一件'에 '共助'를 표명해 약조선 이외의 이국선이 조선에 표착할 경우, 즉시 왜관에 알려주기로 했음에도 불구하고 하멜 일행이 표착했을 때 통보하지 않은 것에 대한 이유를 일본 측에 인식시킬 필요성이 있었기 때문이다.

　타지마 사콘에몬 등의 차왜는 조선의 답서를 가지고 6월 8일 쓰시마에 도착하였는데, 타지마의 병으로 인해 그를 대신해서 이와이 지부에몬

---

51) 『本邦朝鮮往復書』 23, 「鞫問阿蘭陀漂人耶蘇邪宗否回答」.

[岩井治部右衛門]이 조선의 답서를 지참해 가지고 왔다.[52] 즉시, 쓰시마 번은 이 답서를 막부에 보내는 동시에 '照會一件'에 대한 보고를 하였다. 먼저, 이 답서는 月番 老中 이나바 미나노카미[稻葉美濃守]에 보내어졌는데, 이나바는 "阿蘭陀는 수년 일본에 渡海하고 있는데, 이들 8명을 쓰시마에 인도하도록 전할 것이며, 도착한 다음에는 나가사키 부교에게 넘겨야 한다."[53]라는 지시를 내리고 있다. 그 후, '照會一件'에 대한 답서는 장군(將軍) 이에쓰나[家綱]에게 올려 졌고, 노중 이나바에 의해 이 건에 대한 지시가 쓰시마 번주에게 내려졌는데, 그 내용은 다음과 같다.

<사료 14>
타지마 사콘에몬[田嶋左近右衛門]이 귀국함에 따른 답서는 곧 公儀에 올려 보내졌는데, 이나바 미나노카미[稻葉美濃守]로부터 쓰시마 번주에게 지시되어 진 것은 "參判, 參議, 東萊·釜山浦로부터의 답서는 모두 상담을 거쳐 (장군이) 上覽하였다. ⓐ장군의 뜻으로 지시가 내려온 것은 '조선에 표착한 阿蘭陀人 8인이 지금 조선에 있다는 것이 서한에 보이고 있다. 阿蘭陀人들은 수년 일본에 來通해 온 자들이다. 이 8명을 쓰시마에까지 넘겨받도록 하라'는 취지의 지시를 받았다. ⓑ 그것에 대해 답서에 대한 답서는 老中에게 지시하였는데, 弘文院 학사를 저택으로 불러들여 案書를 준비해 老中에게 보여드렸더니, "案紙는 한층 좋은 것으로 하고, 淸書(초안대로 글을 깨끗이 베껴 쓰는 것)은 쓰시마번에 준비하도록 하라."는 것이다. 즉 이번에 參判에게 眞文 1통을 보내라는 것이다.[54]

---

52) 「阿蘭陀人朝鮮江漂着之一件」. "一, 朝鮮江御使ニ被仰付候田嶋左近右衛門, 岩井治部右衛門, 長留太郎左衛門參着, 左近右衛門儀者病氣故治部右衛門, 參議·參判·東萊·釜山浦より之書啓箱三ツ持參ス"

53) 「阿蘭陀人朝鮮江漂着之一件」. "…阿蘭陀人八人, 于今彼地江罷有候由書簡相見候, 阿蘭陀人之儀ハ數年日本江致渡海候間, 右之八人對州迄差渡候樣ニ申渡, 到着次第長崎奉行人江可相渡由ニ御座候"

앞에서 밑줄 ⓐ가 장군 이에쓰나의 지시 내용으로 하멜 일행 탈출 후, 잔류인 8명이 조선에 있는데 네덜란드는 수년 일본에 '來通'해 온 자들이니 이들을 쓰시마에까지 넘겨받도록 하라는 것이다. 막부 최고의 장군이 직접 하멜 일행의 처리에 대한 지시를 내리고 있다. 더욱이 ⓑ에서 알 수 있듯이 조선의 답서에 대한 답서를 老中에게 지시하고 있으며, 답서는 결국 弘文院 학사 하야시 가호[林鵞峰][55]에 의해 초안이 작성되도록 결정되었다. 그런데, 중요한 것은 위의 장군의 지시에 대해 노중 이나바가 덧붙여서 "서한의 案文은 弘文院이 준비하고 있지만, (案文) 그대로가 아니더라도 괜찮다. 서면의 취지만이 틀리지 않는다면 문제될 것은 없으며, 쓰시마에서 늘 그래왔던 것처럼 준비하라."[56]는 것이다. 즉, 조선관계에 관한 외교문서 작성에 막부가 쓰시마의 권한을 인정하고 있다는 것이다. 더욱이 이러한 것은 이나바가 말한 바와 같이 '늘 그래왔던 것'처럼 상투적 수단이었다. 이는 막부→쓰시마→조선(왜관→동래→조정)이라는 외교 루트에서 쓰시마번의 특수한 지위를 단적으로 보여주고

54) 「阿蘭陀人朝鮮江漂着之一件」. "一, 田嶋左近右衛門歸國之御返翰, 卽公儀江被差上候處, 稻葉美濃守樣より殿樣江被仰渡候者, 參判, 參議, 東萊·釜山浦より之返翰, 何茂御相談有之候而被致上覽候. 上意ニ被仰出候ハ, 朝鮮江致漂着候阿蘭陀人, 于今八人朝鮮ニ罷有候由書翰ニ相見候. 阿蘭陀人之儀ハ數年日本江來通之者ニ候. 右之八人對州迄指渡候樣可被仰渡之旨被蒙仰候. 就夫再返翰之儀御老中樣江被仰入, 弘文院此方御屋鋪江被召寄, 御案書被相認御老中江被懸御目候所, 案紙一段宜候條, 淸書之儀者於對州被相認候樣ニとの御事. 則今度參判へ之眞文壹通被差越候事"

55) 1657년(明曆 3) 하야시가[林家]의 뒤를 이어 幕政에 참여했다. 1663년(寬文 3) 3대 장군 도쿠가 이에미쓰[德川家光]에게 五經을 강독해 弘文院 學士의 칭호를 부여받았고, 소송관계와 막부외교의 기밀관계 문서를 담당하고 있었다(『國史大辭典』, 吉川弘文館).

56) 「阿蘭陀人朝鮮江漂着之一件」. "御書翰之案文弘文院相認候共, 其認のことくニ無之候而も不苦候間. 書面之趣さへ相違無之得ハ, 彌不苦候間, 於對州如常被相認候樣ニとの御事候"

있다고 필자는 생각한다. 다시 말하면, 쓰시마번은 기본적으로 막부의 명령에 따르면서 그 속에서 스스로의 이익을 추구하고자 하는 욕망이 늘 내재해 있었고, 이러한 점이 뒤에서 언급하는 朝·日간의 잔류 네덜란드인 송환교섭에 영향을 미치고 있었다.

아무튼 '照會一件'의 결과 잔류네덜란드인의 그리스도 교도에 대한 의심이 해소되고, 이것이 쓰시마에 의해 막부에 보고되자, 막부(=장군)는 쓰시마에 잔류 네덜란드인의 송환명령을 내리고 있었다. 즉, 하멜 일행의 탈출사건으로 시작된 朝·日간의 '照會一件' 문제는 다시 '送還交涉' 문제로 전환된 것이다. 그러면 이러한 송환교섭은 어떻게 전개되었는지에 대해 다음에서 알아보도록 하겠다.

2. 송환교섭의 전개

朝·日간에 하멜 등의 탈출사건과 '照會一件'에 관한 교섭이 행해지고 있는 사이에 나가사키[長崎] 네덜란드 상관에서는 조선에 남겨진 8명의 네덜란드인에 대한 구제문제가 부상하였고, 즉시 상관에서는 구출운동을 전개하였다. 이것은 뒤에서 언급할 윗츤의 기록(<사료 19>)과 당시 네덜란드 상관장이었던 다니엘 식스(Daniel Six)가 에도참부(江戶參府) 중에 조선 잔류자의 구출을 요청했던 것으로부터도 확인할 수 있다.[57] 그 후에도 일본인 통사를 통해서 나가사키 봉행에게 편지를 보내는 등의 구출운동을 계속하고 있었다.[58]

또한, 잔류자 구출에 관심을 가지고 있었던 것은 네덜란드만이 아니다. 일본도 그들의 구제에 열심이었다. 그것은 다니엘 식스의 기록에 보

---

57) 生田滋, 앞의 책, 239쪽.
58) Dgregister Japan, 14 April. 1667(B.Hoetink, p.82).

이고 있듯이 나가사키 봉행이 잔류자들의 구제를 고려하고 있으며, 나가
사키에 재주하고 있던 봉행이 에도에 있던 나가사키 봉행에게 구제에
관한 서장을 보내고 있는 것으로 확인할 수 있다.[59] 물론, 잔류 네덜란드
인 8명의 일본송환이 막부의 명령으로 실행되고 있음은 말할 것도 없는
것이지만, 네덜란드 상관장의 송환을 위한 구제운동이 막부에 영향을 줄
수밖에 없었다는 점은 부정할 수 없다.

한편 쓰시마번은 막부로부터 조선 잔류 네덜란드인의 송환명령을 받
자, 즉시 조선에 파견할 차왜로서 히사와 타로사에몬[久和太郎左衛門]
을 선정하여 임무를 맡겼다.[60] 하지만, 한편으로는 네덜란드인 송환요청
에 대해 조선 측의 대응에 문제가 있을 수도 있다는 것을 다음과 같이
상정해 두고 있었다.

<사료 15>
一, @阿蘭陀人에 대해서는 별다른 일없이 조선으로부터 인도되리라고
생각하지만, 그러나 아란타인은 조선에서 겨우 사냥 등을 하며, 적절
치 못한 환경에 있었기 때문에 조선을 감사하게 생각하지 않을 수도
있다. 위의 8명이 일본에 인도되어도 위와 같은 마음이 있기 때문에
조선으로부터의 인도가 어떠한 이유로든 문제가 생길 수도 있을 것이
다. ⓑ또한 (조선이) 살해하고 나서 사망했다고 말할지도 모르고, 병사
했을 가능성도 있을 것이다. 그러한 경우에는 사체 등에 대해서도 주
의 깊게 인도 받도록 지시할 것이며, 문제 발생의 상황을 타로사에몬
[太郎左衛門]으로 하여금 반드시 상세하게 보고하도록 명령하라는
것이 쓰시마번주의 생각이다.[61]

---

59) Dgregister Japan, 17 Februari. 1667(B.Hoetink, p.82). 당시 나가사키 봉행은 마쓰
다이라 진자부로[松平甚三郎]와 코노 곤에몬[河野權右衛門]이었는데, 누가
에도와 나가사키에 있었는지 명확하지 않다.

60) 「阿蘭陀人朝鮮江漂着之一件」. "一, 右之御使者久和太郎左衛門被仰付候, 封
進ハ田口左五右衛門被相附候間申付, 可被差渡候"

앞의 내용에서 밑줄 ⓐ를 보면, 阿蘭陀人, 즉 하멜 일행은 문제없이 일본에 인도되리라고 생각하면서도 조선 측이 열악한 환경에 그들을 두었기 때문에 좋은 감정을 갖고 있지 않을 것이며, 이로 인해 그들의 일본 송환에 대해 조선 측이 문제 삼을 수도 있을 것이라는 점을 상정해두고 있다. 더욱이 그 문제의 내용이라는 것은 밑줄 ⓑ에서 알 수 있듯이 조선 측이 잔류 네덜란드인을 살해하고 나서 사망 내지는 병사했다고 할지도 모른다는 것이며, 만약에 그런 경우에는 대응책으로 네덜란드인의 사체라도 넘겨받으라고 지시하고 있다. 朝·日간의 표류민 송환의 경우, 표류민이 사망했을 대는 사체를 소금에 절여 상호 송환시키고 있었던 사례를 생각해 보면, 이것이 朝·日간 표류민 송환체제에서 하나의 관례였다고 생각할 수 있다. 아무튼 그 어떤 어려움이 있더라도 잔류 네덜란드인의 송환을 달성시키겠다는 쓰시마번의 송환의지를 엿볼 수 있는데, 이는 막부의 명령을 완수하지 않으면 안 될 쓰시마의 전형적인 존재 형태였다.

일본 측이 네덜란드인의 송환요청을 위해 차왜를 파견한다는 정보는 이전의 '照會一件'의 경우와 마찬가지로 차왜가 파견되기 이전에 조선 측에 알려졌다. 즉, 동래부는 館倭로부터 네덜란드인에 관한 교섭을 위해 히사와 타로사에몬[久和太郎左衛門, 平成睦]이 올 예정이며, 이미 그

---

61) 「阿蘭陀人朝鮮江漂着之一件」. "一, 阿蘭陀人之儀無別儀朝鮮より差渡候而可有之候と被思召候得共, 乍然阿蘭陀人於朝鮮わつか獵なといたし, (不)可然風情召置之由ニ候間, 朝鮮之儀を忝とも存間敷候, 尤右ニ八人日本江罷越候得共, 右之心入茂候ハ丶, 朝鮮より渡シ兼何角と滯儀可有之候, 又殺候而死候と申儀も可有之候, 尤病死茂可有之候, 左樣候ハ丶死骸等入念相渡候樣ニ申付, 幷滯樣體念比ニ太郎左衛門方より急度注進仕候樣ニ可申付之旨, 御意候事" 위에 보이는 (不)는 원사료에는 빠져있으나, 원사료 기입자의 오기라고 생각된다. 「阿蘭陀人朝鮮江漂着之一件」의 뒷부분에 있는 같은 내용에는 "不可然風情召置之由ニ候間"라고 기록되어 있다.

사자가 에도로부터 쓰시마에 도착해 있다는 정보를 입수한 것이다.62) 이 정보는 즉시 조정에 보고되었고, 비변사는 나중에 문제의 발생을 방지하기 위해 이와 관련된 조사와 보고를 동래부에 명하고 있다.63) 조선 측은 이번의 일본 교섭에 대해서도 의문을 가지고 있었던 것이다.

드디어 송환교섭을 위한 차왜가 예조참판, 예조참의, 동래부사·부산 첨사 앞으로의 서계를 지참하고 1668년(顯宗 9/寬文 8) 3월 부산에 도착하였고, 동래부는 이들에 대한 접대를 위해 접위관의 파견을 요청했다.64) 조선에 도해한 사신은 正官 히사와 타로사에몬[久和太郎左衛門]과 都船主 구로키 신조[黑木新藏, 源調忠]인데, 여기에서는 예조참판 앞으로 보낸 서계를 보겠다.

<사료 16>
…이전 蠻舶의 일로 문의했었는데, 회답에 대해 陳謝한 바를 보고 그 내용을 알 수 있었습니다. ⓐ우리는 지금 江府(=江戶)에 있으며, 執政을 통해서 大君(=將軍)에게 보고하였습니다. 이것에 대해 執政은 우리들에게 그 뜻을 전해주었습니다. ⓑ고토[五島]에 표착한 자들은 阿蘭陀國의 蠻種으로 귀국이 억류하고 있는 자들과 동류라고 듣고 있습니다. 그 蠻民은 오랫동안 본방에 내공(來貢)해 온 자들입니다. 때문에 그들 생존자 8명을 蔽州(대마도)로 호송해야만 합니다. 이를 위해 正

---

62) 『接倭事目錄抄』, 戊申년(顯宗 9) 2월조. "二月, 一代官倭, 言於韓時說曰, 差倭 又當出來, 而所幹乃昨年阿蘭陀事也. 所謂久和太佐御門稱號倭差定. 自江戶, 已到馬島云云事." 여기에서 말하는 久和太佐御門은 久和太郎左衛門이라고 도 부르며, 조선에서는 平成睦이라고도 하였다.

63) 『接待倭人事例』, 顯宗 9년 2월 14일조. "一, 東萊書狀內, 差倭, 以阿蘭陀事, 又將出來事. 備邊司啓目內, 差倭所幹何事, 而果爲出來, 則必須探知報來. 可 無臨時窘速之患, 更探馳啓之意, 分付何如. 啓依允"

64) 『接倭事目錄抄』, 戊申년(顯宗 9) 3월조. "差倭平成睦, 以蛮人余存者率去事出 來, 而伴從則依平成尙例, 以十五名接待, 接慰官, 速令下送云云."

官 平成睦과 都船主 源調忠을 파견하여 성심으로 요청하는 바입니
다.…65)

　앞의 밑줄 ⓐ에서 알 수 있듯이 조선으로부터의 회답을 막부 장군에
게 보고하였으며, 막부의 執政, 즉 노중은 쓰시마번을 통해 ⓑ에 보이듯
이 잔류 네덜란드인 생존자 8명의 송환을 요청하고 있다. 이는 예조참의
에게 보낸 서계에서도 "그들 蠻民은 본방에 오랫동안 來貢해 온 자들이
므로 8명의 생존자는 陋邑(=쓰시마)에 호송되어야 하며, 이는 양국의 修
好를 돈독하게 하는 것이다."66)라고 하여 양국관계의 修好까지 내걸면서
잔류 네덜란드인의 쓰시마로 송환을 마찬가지로 요청했다. 지난번 '照會
一件' 때에는 네덜란드인이 그리스도 교도인지 아닌지를 문의하는 것이
었는데, 이번에는 그들의 송환을 요청하고 있으며, 더욱이 네덜란드는
일본에 조공하는 속국이라고 주장하면서 조선에 대한 송환요청의 정당
성을 강조한 것이다.

　한편, 여기에서 일본 측은 네덜란드에 대해서 '來貢'하는 나라라는 표
현을 썼다. 이는 이전에 '照會一件' 정보를 이데 야로쿠자에몬[井手彌六

---

65) 「爲阿蘭陀漂人再差崇价書」(『本邦朝鮮往復書』23).
　　日本國對馬州太守拾遺平 義眞 奉書
　　朝鮮國禮曹參判大人 閣下
　　嚮者致問萬舶之事, 見回劄所陳謝得其趣, 我儕今幸候江府, 乃憑執政, 以聞我
　　貴大君, 於是執政, 傳旨諭我儕, 謂漂我五島者, 乃是阿蘭陀國萬種也, 聞拘留
　　貴邦者, 爲其同種, 彼萬民久來貢本邦者也, 然則今其猶生存者八口, 可被護送
　　蔽州, 仍于玆差正官平成睦, 都船主源調忠, 以所懇求也, 簿品依例, 莞爾惟幸,
　　時維祁寒, 統冀順序保嗇, 肅此不宣
　　寬文七年丁未十一月 日
　　對馬州太守拾遺平 義眞
66) 上同. "彼蠻民等, 來貢本邦已久矣, 因之思之, 八口活存者, 被護送宇陋邑, 重
　　兩國修好之敦"

左衛門]이 조선에 사전에 알려주었을 때, 네덜란드가 '屬郡'이라고 표현한 것(전술 <사료 7>)과도 괘를 같이 한다.

　이렇게 네덜란드가 일본의 속국과 같은 위치에 있다는 표현을 사용한 이유는 과연 무엇일까. 막부가 쓰시마번에 네덜란드인의 송환을 지시했을 때, '來貢'이라는 표현은 사용하지 않았다. 노중 이나바[稻葉美濃守]는 네덜란드에 대해서 "아란타인들은 수년 일본에 '渡海'하고 있는데"라는 표현을 사용했고,[67] 장군은 "네덜란드는 일본에 수년 '來通'하고 있는 자들이다."(<사료 14>)라고 하여 '來貢'과는 전혀 의미가 틀린 '渡海'와 '來通'이라는 표현을 막부에서 쓰고 있었다. 한마디로 쓰시마번이 '來貢'이라는 표현을 자의적으로 쓰고 있었던 것인데, 이와 같이 막부의 명령에 의해 서계를 작성했음에도 쓰시마번이 용어를 바꾸거나, 표현을 바꾸었던 것은 이번만이 아니라 항상적으로 존재하고 있었으며, 이것이 조선과의 외교에서 쓰시마번이 사용하는 하나의 외교술이었다고 생각된다. 이른바 '國書改竄事件'이었던 '柳川一件'[68]은 그 대표적인 사례인데, 그 정도는 아니라고 하더라도 자의적으로 서계의 표현을 변형시키는 것은 일본과 조선 양국 사이의 매개자로서 중요한 외교수단 중의 하나였던 것이다. 특히 위에서 언급한 송환요청의 서계(<사료 16>)에 대해서는 막부가 쓰시마번에 서계 작성에 독자의 재량권을 인정하고 있었다는 것도 하나의 요인이다.[69]

---

67) 「阿蘭陀人朝鮮江漂着之一件」. "今朝美濃守殿より被仰下候ハ, 朝鮮より之返簡何も被遂御相談被備上覽候. 朝鮮江漂着之阿蘭陀人八人, 于今彼地江罷有候由書簡相見候. 阿蘭陀人之儀ハ數年日本江致渡海候間, 右之八人對州迄差渡候樣ニ申渡, 到着次第長崎奉行人江可相渡由ニ御座候"

68) 柳川一件은 근세 초기 쓰시마의 소케[宗家]와 가신이었던 야나가와케[柳川家]와의 御家騷動을 계기로 조선과의 교섭에 국서가 개찬되었던 부정이 폭로된 사건을 말한다. 국서 개찬을 폭로한 야나가와 시게오키[柳川調興]는 처벌받았고, 이후 朝·日간의 교섭이 개혁되었다.

　결국, 쓰시마번이 '來貢'이라는 표현을 사용했던 것은 막부의 지시가
아니었고, 쓰시마번이 송환요청의 정당성을 강조하여 송환교섭을 달성
시키기 위한 의도적인 문구였다. 이것은 '照會一件'의 결과, 조선 잔류
네덜란드인들이 그리스도 교도가 아니라는 것이 명확해 졌기 때문에 송
환요청의 명분을 더욱 강조하기 위해 삽입한 것으로 쓰시마번의 외교적
노력이었다고 평가할 수 있다.

　이 점은 송환요청과 관련해 동래부사와 부산첨사 앞으로 보낸 서계에
서 명확해 진다. 즉, "그들 蠻民 8명 또한 일반인이다."[70]라는 문구가 보
이고 있어 이미 그들은 그리스도 교도라는 의혹에서 벗어나 있었다. 다
시 말하면, 송환교섭에서 네덜란드인의 그리스도교 관련 의혹이 풀린 이
상, 송환요청을 행할 정당한 근거를 찾아야 했는데 그것이 바로 네덜란
드는 일본의 '屬國'이므로 그 '屬民'인 네덜란드인의 송환요청은 당연하
다는 인상을 부여해줄 필요성이 있었던 것이다. 이에 대해 조선은 송환
교섭과 관련한 쓰시마번과의 교섭을 빨리 마무리 짓기 위해 요청에 따
라 네덜란드인의 일본송환을 다음과 같이 결정하였다.

<사료 17>
이달 초 3일 대신과 비국 당상들을 인견하였을 때 예조판서 趙復陽이
아뢰기를, "ⓐ지금 이 蠻人들을 끝내 보내야 한다면 입을 옷을 만들어
주어서 보내야 할 듯합니다." 하니, 영의정 鄭太和가 아뢰기를, "ⓑ南
原은 거쳐 가야 할 길이니 남원에 집결시키기로 하고 본도로 하여금
옷을 지어주게 하며, 또 差使員을 정하여 전라도 차사원은 경상도 차
사원에게 인계하여 倭館에 넘겨주게 함이 타당합니다. 양 도의 감사

---

69) 각주 56)번 참조
70) 「爲阿蘭陀漂人再差崇价書」(『本邦朝鮮往復書』23). "彼蠻民輩八口, 亦一般也.
　　請夫被護送蔽州幸甚"

에게 분부하여 거행케 함이 어떻겠습니까." 하니, 상이 그렇게 하라고
하였다.[71]

위의 <사료 17>은 1668년(顯宗 9) 4월 4일의 기사이지만, 하루 전인
4월 3일 조정에서 예조참판 趙復陽은 밑줄 ⓐ에 보이듯이 잔류 네덜란
드인을 인도할 때에 의복을 지급하도록 건의하였고, 밑줄 ⓑ에서 영의정
鄭太和는 인도할 때의 집결지를 남원으로 정해 전라도 차사원이 경상도
차사원에게 넘겨 이후 왜관으로 넘길 것을 진언해 허가를 받고 있다. 조
선의 이러한 조속한 대응은 네덜란드인이 조선에 체재함으로써 발생되
는 문제를 해소하기 위한 것이며, 그들에 대한 달갑지 않은 존재로서의
인식하에 행해진 처리였다.

본서의 제3장에서 언급한 바와 같이 네덜란드인의 조선 체재는 하멜
일행의 탈출 이전부터 청국과의 사이에 외교문제로 비화될 위험한 요소
였다. 더욱이 그들의 일본 탈출로 인해 일본 측으로부터 각종의 문의와
그것에 수반되는 쓰시마번의 다양한 요구에 시달리고 있었기 때문에 네
덜란드인은 불편한 존재일 수밖에 없었던 것이다. 때문에 이러한 문제점
을 해소하기 위해서라도 조선은 일본 측의 네덜란드인 송환요청을 받아
들일 수밖에 없었다. '照會一件' 때의 초기 단계에서 일본 사신의 응접을
연기하려고 했던 때도 있었지만, 결국 잔류 네덜란드인의 송환을 결정한
것은 바로 이 같은 이유 때문이다.

일본으로의 송환결정에 따라 잔류 네덜란드인들은 예정대로 남원에
집결하여 예조판서가 진언한대로 의복이 지급되었다. 당시 조정의 명으
로 지급된 것은 의복과 10카티(cattij, 약 1근에 해당)의 쌀, 2매의 옷감, 그
리고 이외의 소용되는 물건들이었다.[72] 이것으로 본다면, 당시 朝・日간

---

71) 『備邊司謄錄』, 顯宗 9년 4월 4일조.

에 표류민 송환 시에 행해지고 있던 구제제도의 틀 속에서 네덜란드인
의 일본송환도 이루어지고 있었음을 엿볼 수 있다.

잔류 네덜란드인들이 경상도 차사원과 대면한 것은 1668년 4월 11일
로서 곧 동래부에 넘겨질 것이며, 아직 조정에서의 서계가 도착하고 있
지 않아 그 도착을 기다린 후, 서계와 함께 인도할 것[73]이라는 내용이
보이고 있어 그들의 동래부 이송을 확인할 수 있다. 드디어 일본 측에
전해질 예조판서와 예조참의의 서계가 동래부에 도착하였는데 예조참판
조한영의 서계에는 다음과 같은 내용을 일본 측에 전하고 있다.

<사료 18>
阿蘭陀人에 관해서는 이미 이전의 서계에서 상세히 하였습니다. ⓐ생
각건대, 그들이 표도한 당초에는 어느 나라 사람인지도 알 수 없었고,
그 귀로도 또한 알 수가 없었습니다. 처지를 불쌍히 여겨 南邊(=전라
남도 지역)에 처하게 하고, 생업에 안정토록 하였는데, 하루라도 도망
치려는 기색은 없었습니다. ⓑ貴國 지방에 흘러들어 간 그들은 여기
(=조선)에 속해 오래 머물러 있어 우리의 백성과 같으나, 그 隣好가
있어 마땅히 돌려보는 것이 도리라고 생각합니다. 더욱이 남아 있는
사람을 찾고 있는데, 특히 (귀국시키려는 것을) 기대했던 것은 이전만
이 아닙니다. ⓒ다만, (귀국의) 서계에서 말하기를, 이들은(네덜란드인)
이전부터 貴邦에 來享하는 자들이라고 하였습니다. 과연 그러하다면,
조정이 서로 더불어 하는 도리로서 어찌 다시 어려움을 두어 성심의
뜻을 저버리겠습니까. 만약, 또 다시 배를 보내는 일이 있다면, 고향으
로 생환시키는 것 또한 좋은 일입니다. ⓓ그 중에 한 명이 작년에 사
망하여 생존자는 7명인데, 곧바로 소재지에 명을 내려 (일본 측의) 와

---

72) Dagregister Nagasaki, 14 Augustus 1668(B.Hoetink, p.88).
73) 『接待倭人事例』, 顯宗 9년 4월 11일조. "一, 備邊司行移內, 全羅道所在蠻人,
   到本道初面官. 則本道差使員, 當爲押付本府. 同回答書契段, 今月十二日, 當
   爲下送. 蠻人與書契, 雖未一時齊到, 必須留待, 一時傳給向事"
74) 「爲阿蘭陁人再遣使答」(『本邦朝鮮往復書』23).

있는 사신에게 압송하여 보내도록 하겠습니다.[74]

    <사료 18>의 서계와 예조참판 앞으로의 서계도 거의 같은 내용인데, 우선 밑줄 ⓐ에서 조정에서는 네덜란드인을 조선에 체재시키고 있었던 일종의 변명을 일본 측에 표명하고 있다. 밑줄 ⓑ에서는 그들이 조선에 오래 머물러 있어 백성과 같기는 하지만, 일본과의 隣好가 있기에 송환하겠다고 일본 측의 요청에 쾌히 승낙하고 있다. 하지만, 조선정부가 네덜란드인이 표착했을 당시 그들이 어느 나라 국민인지도 몰라 전라도에 분치시켜 안정된 생업을 영위시켰다고는 하나, 조선이 그들의 본국송환을 당초부터 생각하고 있었다고 볼 수는 없다. 전라도에 분치한 것은 일행 두 명이 청국 사신 앞에서 탈출소동을 일으켰기 때문에 청과의 외교문제 발생을 미연에 방지하기 위한 것이라는 것은 이미 전술한 바이다. 아무튼 밑줄 ⓒ에 보이는 바와 같이 네덜란드인이 일본에 來享하는 자들이기에 일본과의 성심을 위해 송환하겠으며, 이후 또 다시 네덜란드 선박이 온다면 고향으로 돌려보내겠다는 것을 표명하였다.

    한편, 위의 <사료 18>에서 흥미로운 사실은 밑줄 ⓓ의 부분이다. 하

朝鮮國禮曹參判曺 漢英 奉復
日本國對馬州太守平公 閣下
使至, 獲奉華翰, 具審興居迪吉, 良慰々々, 示及阿蘭陀人事, 已悉於前書矣, 蓋其漂到之始, 不知是何國人, 而歸路杳茫, 請有可矜, 處之南邊, 俾安生業, 不料一朝跳去, 流入貴國地方, 此屬止泊旣久, 卽同吾民, 其在隣好, 理宜見還, 更索餘存人口, 殊非夙昔所期, 第來書謂, 是曾前來享於貴邦者, 果爾則以朝廷相與之道, 豈復留難, 以孤勤懇之意旨, 倘若仍而津遣, 使得生還故土, 亦一好事也, 其一人, 前歲作故, 生存者七口, 卽令所在, 押解來价, 仍將薄物, 用謝厚餉, 統希照亮, 不宣
戊申年四月 日
禮曹參判曺 漢英

멜 등 8명이 일본으로 탈출할 당시에 조선에 잔류하고 있던 네덜란드인
은 8명이었는데, 밑줄 ⓓ에서는 한 명이 사망하여 7명을 송환한다고 답
하고 있다. 잔류 네덜란드인의 인수와 관련해, 하멜 등 8명이 탈출하여
본국으로 돌아간 후, 그 일행 중의 두 명과 대담을 나눈 당시의 저명한
니콜라스 윗츤은 다음과 같은 기록을 남기고 있다.

<사료 19>
1653년 주민에 의해 무세라고 불리고 있는 퀼파츠섬에 수명의 네덜란
드인이 야하트선 스페르붸르호로 난파를 당해 일본에 탈출하기까지
13년이라는 장기간을 코레아와 이 섬에 붙잡혀 있었다. ⓐ남은 사람들
은 동인도회사의 요청을 받은 일본 황제의 중계에 의해 그곳에(조선
에) 남을 것을 희망한 한 사람을 제외하고 나중에 석방되었다. ⓑ그는
그 곳(조선)에서 결혼하여, 그리스도교도 내지는 네덜란드인으로 정말
볼 수 없었다. 그들 중에 일부분은 그 곳(조선)에서 결혼한 처자를 남
겨두고 돌아왔다.[75]

즉, 네덜란드 선박 스페르붸르호에 선원이 겔파츠(＝제주도)에 표착하
여 13년을 조선에 억류되었다는 사실과 함께, 밑줄 ⓐ에서는 네덜란드
동인도연합회사(VOC)의 요청에 따라 그들 중에 조선에 남을 것을 희망
한 한 사람을 제외하고 석방되었다고 말하고 있다. 또, 밑줄 ⓑ에서 조선
잔류를 희망한 자는 조선에서 결혼하여 그리스도 교인이라고는 볼 수
없었고, 하멜 일행 중의 일부도 결혼하여 처자를 남겨두고 왔다는 것이
다. 달리 생각해보면, 낭만적인 역사 사실로서 매우 흥미로운 이야기 거
리가 아닐 수 없다.

　하지만, 이것에만 의거한다면, 전술한 <사료 18>의 밑줄 ⓓ에 보이듯

---

75) 生田滋 譯, 앞의 책, 124~125쪽.

이 한 사람은 병사한 것이 아니라, 잔류 네덜란드인의 일본송환 시에 스스로 송환(=본국 송환)을 거부했다는 것이 된다. 그렇다면 그 한 명은 누구인가. 『하멜보고서』와 그 외 네덜란드 측의 기록에는 잔류 네덜란드인 7명의 명부가 명확히 기록되어있으며,[76] 하멜 일행이 나가사키 부교의 심문에 답한 조선 잔류 네덜란드인 8명의 명부를 비교해 보면 사망자가 요리사 얀 클라에첸(Jan Claeszen)임을 알 수 있다.

이와 관련하여, 이쿠타와 강재언은 한 명의 조선 잔류설을 인정하고 있으며,[77] 네덜란드의 연구자 반 호베,[78] 최근에 『보물섬은 어디에=네덜란드 공문서를 통해 본 한국가의 교류사』를 저술한 지명숙·왈라벤[79]도 잔류설을 인정하고 있다. 특히, 호베는 일본의 송환요청으로 곤란한 상황에 빠지지 않기 위해 잔류 희망자인 얀 클라에첸이 사망했다고 했어야 했으며, 송환된 동료 7명도 송환되지 못할 위험을 피하기 위해 거짓말을 했다는 것이다.

그러나 필자는 이 '잔류설'을 인정할 수 없다. 우선, 네덜란드의 기록에는 한 명이 사망했음을 정확히 기록하고 있고,[80] 일본의 송환요청에 의해 인도된 잔류 네덜란드인 7명이 이 사실을 감추었다고 생각할 수 없기 때문이다. 조선의 입장에서 보더라도 송환이 결정된 네덜란드인의 조선 잔류는 또 다른 형태의 일본 개입과 청의 외교 간섭을 초래할 위험성이 있었다. 이 문제를 해소하려는 조선정부가 단지 한 명의 잔류희망을 허가했다고 생각하기 힘들다. 더구나 조선 측의 기록에는 잔류를 희망했

---

76) Missiven Nagasaki naar Batavia, 25 Oct. 1668(B.Hoetink, p.89).

77) 生田滋 譯, 앞의 책, 124～125쪽 ; 姜在彦, 『西洋と朝鮮－その異文化格鬪の歷史』(文藝春秋, 1994), 100쪽.

78) H.J. van Hove, pp.111-112.

79) 지명숙·왈라벤, 『보물섬은 어디에－네덜란드 공문서를 통해 본 한국과의 교류사－』(연세대학교출판부, 2003).

80) Generale Missive, 13 Dec. 1668(B.Hoetink, p.89).

다고 하는 인물에 대한 기록이 전혀 보이지 않고 있다. 그 반면에 조선
의 서계(<사료 18>)와 일본 측의 기록에는 한 명의 사망을 명확하게 기
록하고 있다. 즉,「阿蘭陀人朝鮮江漂着之一件」에는 다음과 같이 기록하
고 있다.

> <사료 20>
> 一, ⓐ太郎左衛門이 이곳으로 年寄中(쓰시마번)에 여쭈었던 네덜란드
> 인 사체에 대한 것은 각 사항을 지시한대로 그곳에(倭館, 久和太郎左
> 衛門이 있는 곳)에 보내도록 (조선 측에) 요구하고, 그 모습을 보고 확
> 인하는 것이 좋을 것이다. ⓑ이번에 몇 번에 걸쳐 쓰시마 번주에게 뜻
> 을 여쭈어본 바, 사체에 대해서는 주의를 기울여야만 한다고 생각하
> 고 계시기 때문에 소금에 절여 손상되지 않도록 하여 아란타인이 승
> 선하는 배에 태워서 넘겨받아야만 한다. 당연히 나가사키 봉행소에
> 보낼 것이므로 그 뜻을 잘 알아주길 바란다.81)

즉, 밑줄 ⓐ로부터 조선 잔류 네덜란드인을 송환하기 위해 파견되었던
차왜 히사와 타로사에몬[久和太郎左衛門]이 일행 중 한 명의 사망 사실
을 보고하여 문의하였고, 그에 대한 대책이 왜관에 있던 히사와 타로사
에몬에게 다시 지시되고 있음을 알 수 있다. 더욱이 밑줄 ⓑ에서는 사망
자에 대해서도 그 사체를 소금에 절여 손상되지 않게 하여 네덜란드인
들이 쓰시마로 이송될 때 같이 배에 선적하여 가져올 것을 지시하고 있
다. 더욱이「阿蘭陀人朝鮮江漂着之一件」에는 위의 기록 이외에도 "아란

---

81)「阿蘭陀人朝鮮江漂着之一件」. "一, 太郎左衛門爰元ニ而年寄中江被相尋候, 阿
  蘭陀人死骸之儀, 各を以申渡候通, 其元江差越候樣ニ被申聞見屆可然候. 今度
  每々得御內意候處, 死骸之儀念入, 可置候と被思召上候間, 塩付ニ仕不損樣ニ
  いたし, 阿蘭陀人乘船ニ乘せ渡し候樣ニ可然候. 尤長崎御改所江被送遣筈ニ而,
  可被得其意候"

타인 8명 중에서 그 중의 한 명이 작년 11월 9일에 病死했다."는 것을 잔류 네덜란드인들이 말하고 있어, 그 한 사람이 병사한 것이 1667년 11월 19일임을 확인할 수 있다.[82] 다시 말하면, 이는 <사료 19>에 보이는 내용이 윗쓴의 실수로 잘못하여 기록했거나, 윗쓴과 대담한 두 명의 네덜란드인이 거짓말을 하고 있다는 것을 의미한다.

한편, 『邊例集要』에도 차왜 平成睦(久和太郞左衛門)이 下船宴을 행할 때 말하기를, "만인 8~9명이 귀국에 잔류하고 있다는 것은 에도(=막부)에서도 알고 있는 바이다. 지금 만약에 7명을 이끌고 돌아간다면, 에도에서는 반드시 의심할 것이다. 사망한 자의 시신을 싣고 가지 않으면 안 된다."[83]라는 기록이 보이고 있다. 시신이라도 가지고 돌아가야 한다는 것은 전술한 <사료 15>의 밑줄 ⓑ에서 알 수 있는 바와 같이, 이미 송환요청 이전에 쓰시마번에서 만약의 경우를 대비해 준비하고 있었던 대응책이었고, 또 <사료 20>의 밑줄 ⓑ에서 알 수 있는 바와 같이 소금에 절여 손상되지 않도록 해야 한다는 지시에 의한 것임을 확인할 수 있다.

「阿蘭陀人朝鮮江漂着之一件」에 의하면, 그 후 이 사망자에 대한 처리로서 쓰시마번에서는 다음과 같은 지시가 내려지고 있다.

<사료 21>
一, 아란타인 중에 남아 있는 자들에게 사망한 상황에 대해 잘 알고 있는지를 물어보고 싶다. 말이 통한다면, 그 곳(倭館, 久和太郞左衛門이 있는 곳)에서 그 모습을 물어보는 것이 좋을 것이다. 만약, 또는 아란타인의 시체를 몹시 간략하고 보잘 것 없이 취급하여, 시체 등도 손

---

82) 「阿蘭陀人朝鮮江漂着之一件」, "一, 阿蘭陀人八人之內壹人去年十一月九日病死仕候由, 彼者共申候"

83) 『邊例集要』 권17, 雜條.

상해 형체도 알아볼 수 없을 정도라면, 더욱 더 주의를 기울여 接慰官, 東萊·釜山浦 判事의 설명을 잘 듣고 보고해야만 한다.[84]

즉, 위의 밑줄에 의하면, 쓰시마번에서는 사망자에 대한 더욱 상세한 정보를 원하고 있었는데, 그들과 말이 통한다면, 당시 송환을 위해 왜관에 체재하고 있던 잔류 네덜란드인들에게 물어보도록 지시하고 있다. 또한, 만약에 시체를 함부로 취급하거나, 손상했을 경우에는 동래부사나 부산첨사의 설명을 잘 듣고 보고하라는 것이었다. 하지만, 결국 이 사망자는 다음에 보이는 바와 같이 조선 측에 의해 임의대로 처리되어 쓰시마로 송환되지 못했다.

<사료 22>
一, 阿蘭陀人 8명 중에서 한 사람이 지난 해(1667) 11월 9일에 병사했다는 것을 그들(잔류 네덜란드인)이 말했다. 사체는 그들이 보는 앞에서 처리했기 때문에 관 등을 만들 노력도 하지 않았고, 그대로 땅에 매장했다고 하여 알게 되었다. 그것에 대해서 接慰官, 東萊·釜山浦의 判事가 양해를 구해왔다는 것은 서면에 있는 대로 당연한 것이라고 생각한다. 그렇다고 한다면, 사체를 넘겨받지 않아도 되니 그 뜻을 잘 알아주길 바란다.[85]

---

84) 「阿蘭陀人朝鮮江漂着之一件」. "一, 阿蘭陀人殘り居候者共ニ相果候樣子存知居候哉. 能々尋申度事ニ候, 口通し候ハヽ, 其元ニ而其樣子可被相尋候. 將亦阿蘭陀人死骸之儀, 麤草仕置死骸等茂損し, 茂不見體に候ハヽ, 弥念を入接慰官東萊釜山浦判事申分被承屆可被申上候"

85) 「阿蘭陀人朝鮮江漂着之一件」. "一, 阿蘭陀人八人之內壹人去年十一月九日病死仕候由, 彼者共申候. 死骸之儀彼者共手前ニ而取置候故, 箱抔之才覺不成候而, 其儘土ニ埋たる由申候通得其意候. 就夫接慰官·東萊·釜山浦判事江被申斷候段, 御紙面之通尤ニ存候. 左樣候ハヽ, 死骸之儀被取渡ニ不及候間, 可被得其意候"

즉, <사료 22>의 밑줄 부분에서 사망자의 사체는 잔류 네덜란드인들이 보는 앞에서 처리하였고, 관을 만들지 않은 채 땅에 매장했다는 사실을 확인할 수 있다. 더욱이 이에 대해서 조선 측은 양해를 구해왔고, 이러한 사정이 있기에 사체를 넘겨받을 수 없다는 사정을 쓰시마번에 보고하고 있었다. 결국 쓰시마측도 이를 어쩔 수없이 사망자에 대한 확인과 사체의 인도가 불가능하다는 것을 인정한 것이다. 이상의 것으로부터 조선 잔류 네덜란드인의 송환에 보이는 한 명의 조선 잔류희망자는 사실이 아니고, 사망했던 것으로 보지 않으면 안 되며, '잔류설'과 관련된 여러 연구들도 수정되지 않으면 안된다.

V. 송환교섭의 의미와 잔류 네덜란드인의 귀국

1. 朝·日의 갈등－日本의 외교현안을 중심으로

여기에서는 하멜 등 8명의 네덜란드인이 조선을 탈출하면서 시작된 朝·日간의 외교교섭에 내재된 문제, 즉 탈출사건→照會一件→송환교섭→귀국에 이르기까지 일련의 외교문제에 어떠한 충돌이 발생해 어떻게 해결되었는가, 양국 간의 의도는 무엇이었는가에 대해 쓰시마번의 외교현안을 사이에 두고 살펴보겠다.

일본 측은 본장의 <사료 6>과 <사료 7>에서 살펴본 바와 같이 당초에 이데 야로쿠자에몬[井手彌六左衛門]이 '照會一件'의 정보를 동래부에 전하여 '탈출사건'을 빌미로 조선과의 외교접촉을 꾀하고 있었다. 그

러나 '照會一件'의 정보를 접수한 조선 측은 일본 측에 또 다른 의도가
있다고 판단하고 있었다. 우선, 다음과 같은 동래부의 보고를 살펴보도
록 하겠다.

> <사료 23>
> ⓐ왜인은 아란타의 일로 한편으로는 공갈하여 그 바라는 바를 이루려
> 고 합니다. … 그렇다고는 하지만, 그 사정과 상태를 보아야만 합니다.
> ⓑ現堂一事(=權現堂 香火의 물자)를 만약 (왜인이) 언급해온다면, (도
> 해 역관의) 도해 후를 기다려 島主의 뜻을 의논하여 결정해야 합니다.
> 이 (문제에 대한) 대답은 公木 하나입니다. 금년 (쓰시마번의) 木花를
> 전부 잃었다는 것을 알고 있는데, (公木에 관한) 復舊의 說이 있어 특
> 히 성신의 도리가 아닙니다. 이로써 잘 타일러 알아듣도록 回移하는
> 것은 어떻습니까."[86]

즉, 밑줄 ⓐ에서 쓰시마번 측이 '照會一件'을 빌미로 조선과의 외교교
섭에서 원하는 목적을 이루려고 한다는 것임을 알 수 있는데, 조정에서
추측하고 있던 그 목적은 밑줄 ⓑ로서 명확해진다. 바로 權現堂 香火의
물자를 요청할 것이라는 것으로 구체적으로는 公木이었다. 다시 말하면,
동래부는 쓰시마번이 1666년 하멜 일행의 '탈출사건'과 그에 따른 '照會
一件'을 빌미로 公木을 확대시키려고 하는 것이 아닌가라는 의심을 하
고 있었던 것이다. 그렇다면, 여기에서 말하는 '權現一事'와 '公木' 및
'復舊의 說'은 무엇을 의미하고 있는 것일까.

---

86) 『接待倭人事例』, 顯宗 7년 11월 15일조. "監司東萊書狀, 據備邊司啓目內, 倭
人慾以阿蘭陀事, 一邊恐喝, 以遂其所望. 其飛報江戶, 亦朝廷誠信之意, 庶圖
此事之無弊完了等語, 尤可見其情態, 現堂一事彼若言及, 則以渡海後議定於島
主之意, 答之公木一欸. 知今年木花之全失, 有此復舊之說, 殊非誠信之道, 以
此開諭事回移. 何如. 啓依允"

'權現一事'라는 것은 권현당 향화의 물자를 조선정부에 요구하는 것이다. '權現堂'이라는 것은 일본 조정으로부터 '東照大權現'이라는 神號를 부여받은 도쿠가와 이에야스[德川家康]를 제사지내는 신사로서 1617년(光海 9/元和 3) 닛코[日光]에 창건되었다. 1645년(仁祖 23/正保 2)에 宮號를 받고 東照宮으로 개칭되었다. 당시의 여러 대명들도 막부에 대한 충성을 나타내기 위해 東照宮을 영내에 건립하였는데, 이것은 막부 권위를 대표적으로 상징하는 것 중의 하나였다.

특히, 1643년(仁祖 21/寬永 20)과 1655년(孝宗 6/明曆 元)의 통신사가 닛코[日光]의 東照宮에 참배했던 것은 막부 장군의 권위를 강열하게 보여주는 것이었다. 500명에 가까운 이웃 나라 사신의 화려한 행렬과 닛코 東照宮으로의 參詣는 장군의 권위를 발현하는 것이었고, 국제사회의 공인이라고도 말할 수 있는 重厚性을 더하여 국내 제후에 대한 지배권력을 강화시킨 것이라고 말해지고 있다.[87] 일본은 통신사가 방일했을 때에 종종 닛코 東照宮으로의 參詣를 일정에 편입시키려 획책하고 있었으며, 또 쓰시마번은 영내 權現堂에서의 연회를 통신사 일행에게 추천하고 있었다.

1655년에 통신사가 방일했을 때도 쓰시마번은 府中(嚴原)의 權現堂에서 세 번에 걸친 연회를 계획해 사고 시키에몽[佐護式右衛門, 平成扶][88]을 통해 통신사 일행의 참가를 요청하고 있었다. 그러나 통신사들은 이것을 거부하였고, 특히 종사관이었던 南龍翼은 "사신에게 권현당에 향불을 피우며 절을 하게 하여 사후의 구실을 삼으려 하는 것이니, 그 간교하고 음흉한 꾀가 통분스럽고 해괴하다."[89]고 권현당에서의 분향이나 배

---

87) 三宅英利, 『近世日朝關係史の研究』(文獻出版, 1986), 340~341쪽.
88) '換米의 制'를 약정했을 때, 일본 측의 중요한 역할을 담당하고 있었으며, 이전부터 권현당 향화를 요청하고 있던 인물이었다.
89) 南龍翼, 『扶桑錄』, 孝宗 7년 정월 16일조(『海行摠載』 V, 민족문화추진회,

례에 관한 요청에 강하게 반발하고 있었다. 이것에 대해 쓰시마번 측은 사고 시키에몽 등을 통해 통신사가 머무르는 숙소까지 보내, "지금 바야 흐로 權現堂에서의 연회를 베풀기를 위하여 島主가 먼저 갔으니 사신이 만약 끝까지 가지 아니한다면 두 나라의 결말이 단지 오늘로 끝날 것입 니다."[90]라고 양국 간의 교린까지 들먹거리며 위협하였고, 또 접반승 紹 柏도 "도주가 이 일로써 극히 노하였는데 우리들이 날마다 타일러도 되 지 아니하니 사신은 어찌 잠깐 허락하기를 꺼려서 두 나라의 友好를 끊 으십니까."[91]라고 간청하고 있었다. 하지만 결국 권현당에서의 香火는 열리지 않았고, 전례에 따른 下船宴만 성 안에서 행해졌다.

일본 측의 權現堂과 그에 관련되는 물자에 대한 요구는 1640년(仁祖 18/寬永 17) 5월 19일 이에야스[家康]의 聖廟營建을 핑계로 필요한 제기 및 儀註 등의 물건을 요청한 것이 처음이라고 생각된다.[92] 1642년(仁祖 20/寬永 19)에도 日光山의 願堂營建을 위해 장군의 명령이라고 하며 仁 祖의 御筆과 대장경, 또 향로・촛대・화병・큰 종과 그것에게 필요한 철 물 등을 요청하고 있었다.[93] 1652년(孝宗 3/승원 원) 9월에는 향로를 주 조해 보내줄 것을 요청함과 동시에 향로의 명문에 조선이 보냈다는 것 과 일본 연호의 사용 등을 요청하고 있었으나, 조선 측은 일본 연호가 사용되는 명문을 문제로 삼아 이에 따라 같은 해 10월 4일, 일본 연호 대 신에 간기를 사용하도록 결정했다.[94] 이 향로 명문의 건은 1656년(孝宗

1969).

90) 상동, 孝宗 7년 정월 16일조.

91) 상동, 孝宗 7년 정월 20일조.

92) 『倭人求請謄錄』1, 仁祖 18년 5월 19일조. 또, 『邊例集要』권12, 求貿(앞의 책 (下), 209쪽).

93) 『倭人求請謄錄』1, 仁祖 20년 2월 21일조. 또, 『邊例集要』권12, 求貿(앞의 책 (下), 210쪽).

94) 『倭人求請謄錄』1, 孝宗 3년 10월 5일조.

7/寬文 5) 무렵까지 계속 문제가 되었다.

조선 측에서는 1655년에는 도쿠가와 이에미쓰[德川家光]의 大猷院과 도쿠가와 이에야스[德川家康]의 東照大權現의 廟堂에 분향의 물자를 보냈고,[95] 1665년(顯宗 6/寬文 5)에는 平義智의 사당인 만송원 향화를 위한 물자보다도 많은 물자를 권현당에 지급할 것 등이 결정되었다.[96] 이듬해인 5월에도 왜관의 館守는 권현당 향화의 물자를 얻기 위한 요청을 행하고 있었다.[97]

이와 같이 권현당 향화의 물자를 얻으려고 하는 일본 측의 움직임에 대해 '照會一件'이 있기 직전이었던 9월에 조정에서는 다음과 같은 논의를 행하고 있었다.

> <사료 24>
> 丙午년(1666) 9월 16일. 도해 역관 金謹行의 處分에 대해서
> 一, 이번 9월 초 10일, 영의정 鄭(=鄭太和)이 아뢰기를, "@왜인은 매번 權現堂의 것을 말하는데, 반드시 그 원하는 바를 이루려고 하는데, 이 일은 그냥 끝나지 않을 것입니다. 일찍이 변신의 실언에 의해 彦三(=平彦三)의 圖書를 들이게 되었는데, 지금의 잘못은 우리들에게 있습니다. 또한 그 다그침에 어쩔 수 없이 따라, 오히려 우리들 스스로가 은혜를 베풀고 있습니다. … 지금 金謹行이 도주의 間慰를 위해 수일 후에 하송할 것인데, 전례에 따라 定奪[98]하여 분부하여 보내야합니다. 그러나 ⓑ權現堂은 즉 關白 家康에게 향화하는 곳으로, 만약에 (권현당 향화의 물자를 얻기 위해) 사신을 보내는 일이 있다면, 접대의 비용은 流芳院에 비할 바가 아닙니다. 지금 만약에 이 송사를 없앤다면, 곧 폐단을 크게 덜을 수 있습니다. 金謹行에게 명하여 주선토록 함이 어떻겠습니까."[99]

밑줄 ⓐ에서 영의정 鄭太和는 일본 측이 權現堂 향화에 대해서 언급
하면서, 이것은 단지 권현당 향화를 위한 물자를 지급하는 것으로 끝나
지 않는다는 것을 진언하며, 그 예로 平彦三에게 일종의 통행허가증인
圖書의 지급에 따른 폐단을 들고 있다. 따라서 밑줄 ⓑ에서는 權現堂 향
화의 사신에 대한 접대가 流芳院 송사의 접대보다 많으니, 지금 송사를
없앤다면 폐단을 줄일 수 있으며 이것을 문위역관으로 쓰시마에 파견하
는 金謹行에게 주선토록 진언하고 있다. 이에 대해 顯宗은 송사를 줄이
도록 허락하고 있었는데, 조선정부로서 쓰시마번의 權現堂 향화에 대한
요청이 계속적인 고민거리였고, 그 비용도 상당한 양에 이르고 있다는
것을 추측할 수 있다. 그 때문에 金謹行으로 하여금 權現堂 향화의 물자
를 줄이는 교섭에 임하도록 한 것이다.

이와 같이 권현당의 건립부터 시작된 물자의 요구는 建立이 끝나자,
어느새 '權現堂 香火의 資', 즉 권현당 향화를 위한 물자를 얻기 위한 요
구로 변화해 갔다. 또한 권현당 향화의 물자를 얻는다는 것은 반대로 막
부의 권위를 보이는 것이기도 했기 때문에 막부에 대해서도 편의가 좋

---

98) 定奪은 신하들이 올린 몇 가지의 논의나 계책 중에서 임금이 가부를 논해
한 가지만을 채택하는 것을 의미한다.

99) 『接待倭人事例』, 顯宗 7년 9월 16일조. "丙午九月十六日, 渡海譯官金謹行處
分付. 一, 今九月初十日, 引見時, 領議政鄭所啓, 倭人每發權現堂之言, 必欲遂
其所欲, 此事終不但已, 且邊臣失言, 旣納彦三図書, 今則曲在我矣, 且其迫不
得已從, 寧爲自我施惠, 譯官金謹行入往島中時, 使之說与朝廷軫念許之意, 而
其數, 則以曾前所減, 流芳院送使彦三送使兩船合百余同, 爲限而定式, 似当,
金謹行發行, 臨時言送事, 前已定奪於榻前矣, 今者金謹行, 以島主問慰事, 數
日後当爲下送, 依前定奪, 分付以送, 而權現堂卽關伯家康香火之所, 如有送使
之擧, 接待之費, 非流芳院之比, 今若図減送使, 則除弊大矣, 令金謹行極力周
施, 何如, 上曰, 依爲之, 而減除送使事, 觀其弁得与否, 另加賞罪之意, 別爲申
飭以送, 可也" 내용 중에 "…領議政鄭所啓…"라는 부분이 있는데, 이 시기의
영의정은 鄭太和이다.

은 행위였다. 더군다나, 막부로부터 부여받는 조선무역 독점권을 보장받고 유지하기 위한 쓰시마번의 하나의 수단이기도 했다. 이러한 사정 속에서 네덜란드인 탈출사건으로 인한 '照會一件'과 그들의 송한교섭도 또한 그들에게는 스스로의 이익을 확대하기 위한 좋은 기회였으며, 이를 유효적절하게 이용하고 있었던 것이다.

한편, 전술한 <사료 23>에서 '公木'도 문제가 되고 있었는데, 왜 '公木'이 문제가 되었는지 생각해 보겠다. '公木'이라 하는 것은 일본 측이 가져온 '私貨(＝품물)'의 양이 점점 많아져 조선정부가 목면으로 그 대가를 지급하는 공무역으로서 17세기 초두에 시작됐다.100) 그 이후, 쓰시마번 측은 자주 수량을 증가시키려 노력하였고, 이에 대해 조선정부는 상당한 부담을 가지고 있었다. 그러나 조선으로부터 지급되는 '公木'의 질이 점차적으로 떨어지면서 쓰시마번의 항의가 끊이지 않았다. 처음에는 1疋 당 8升으로 양 단을 청색 실로 짜는 40尺이 기준이었지만, 점점 8升에 35尺의 것으로 변화되었기 때문이다.101) 그러한 이유로 쓰시마번은 1651년(孝宗 2/경안 4)에 사고 시키에몽을 파견하여 公木의 반을 쌀로 대신한다는 이른바 '換米의 制'를 조선 측에 요구했다. 그 내용에 관해서 『增正交隣志』의 公作米條에는 다음과 같이 기록하고 있다.

---

100) 『增正交隣志』권1, 公貿易(『國譯增正交隣志』, 민족문화추진회, 1998). "各送使倭, 所持私貨, 初則許開市, 令与商賈賣買, 後益繁滋, 商賈鮮少, 不能盡貿, 每致載還, 多有寃恨懇訴不已, 朝廷令以公貨貿之, 此公貿易之始也"『萬機要覽』, 財用編五, 公貿, 公木(『國譯萬機要覽』, 민족문화추진회, 1971). "倭使所持私貨, 初則只令商賈賣買, 貨物漸多, 不能盡售售, 每致鎖折, 彼人以爲寃, 朝廷許以公貿, 計給木綿, 此乃公木之始也"

101) 『增正交隣志』권1, 每年進上及公貿種代給公木之數. "旧例, 以八升兩端織靑糸者, 準四十尺, 分定於各邑, 待進上公貿物種畢納, 始許入給, 倭人留以爲本, 求其準此, 而勢不能終始如一, 其漸劣者, 至爲五升三十五尺, 差倭之來, 以此苦爭者, 無歲無之"

<사료 25>

孝宗 2년 신묘(1651)에 ⓐ차왜 平成扶가 와서 公木을 반드시 옛날의 것을 기준으로 하고자 하여 모든 수량을 헤아리더니 물리치었다. 우리로 하여금 바꿔 주기 어렵게 만든 다음 드디어 말하기를, "도주의 筑前州 食邑에서 거둔 수확을 江戶에서 가져다 쓰기 때문에 대마도는 달리 생계를 유지할 방도가 없습니다. 원컨대 公木의 반은 쌀로 바꾸어 도와주시길 바랍니다."라고 하였다. ⓑ동래부사 柳淰이 조정에 주청하여 그 중 300同을 매 필당 쌀 12斗로 환산하여 특별히 5년 동안 바꾸어 줄 것을 허락하고 契券을 작성하여 서로 약속하였다. 그런데 기한이 지난 후에도 빈번히 다시 와서 청하므로 그 어지럽게 구는 것을 어찌할 수 없어서 조정에서 마지못하여 허락하곤 하였다. ⓒ顯宗 원년 경자(1660)에 차왜 橘成般 등이 다시 公木의 품질을 처음에 정한 기준대로 하자고 말하면서 강하게 요청하기를 그치지 아니하여, 동래부사 鄭泰齊가 조정에 아뢰어 100동을 더 허락하여, 모두 400동을 쌀로 바꾸어 도합 1만 6,000石을 지급하였다. 이것 또한 5년을 기한으로 허락하였다. ⓓ그러나 5년이 지난 후에도 낡은 구습을 버리지 못하여 계속 요청하면서 매번 前例를 끌어다 대었다.[102]

즉, 사고 시키에몽[平成扶]이 舊例에 의한 '公木'을 요청하고, 후에 '公木'의 반을 쌀로 바꾸어 달라고 청원하고 있었던 것이다(밑줄 ⓐ). 이러한 쓰시마번의 요청을 받아 동래부사가 조정에 상신하여 公木 중에서 300同을 1필 당 12斗의 쌀로 환산해 향후 5년간 換米할 것을 허락하고

---

102) 『增正交隣志』 권1, 公作米. "孝宗二年辛卯, 差倭平成扶出來, 公木必欲以旧本爲準, 而盡數点退, 使我難於換給, 然後遂爲言曰, 島主筑前州食邑, 所收移用於江戶, 島中無他資生之路, 願以公木一半, 換米以濟云, 府使柳淰請于朝, 以其中三百同, 每疋作米十二斗, 特許五年換給契券相約, 而過限之後, 輒復來請, 不勝其紛紜, 朝廷黽勉許之, 顯宗元年庚子, 差倭橘成般等更以木品復初爲言, 强請不已, 府使鄭泰齊稟于朝, 加許一百同通, 共四百同作米, 合爲一万六千石, 亦許五年爲限, 而五年之後, 因循爲請, 每以授例" 또한 『萬機要覽』(財用編五, 公貿, 公作米)을 참조.

있다(밑줄 ⓑ). 이것을 '換米의 制'라고 하며, 그 환미를 '公作米'라고도 한다. 그런데, 당시 조선에서는 연이어 흉작이 계속되어 1655년까지 6만 석의 체납이 생길 정도로 상황이 좋지 않았다.[103] 때문에 일본 측은 1660년(顯宗元/萬治 3) 테라다 이치로베(寺田市郎兵衛, 橘成般)를 파견해 公木의 품질을 이전과 동일하게 할 것을 요청하자, 이에 조선 측은 100同을 증가시켜 모두 400同을 쌀로 바꾸게 해 합계 16,000석을 지급하였다(밑줄 ⓒ). 그런데, 이것은 5년 기한이라는 제한 기간이 두었음에도 불구하고, 일본 측은 5년 후에도 '前例'를 핑계로 계속적인 요청을 행하고 있었다(밑줄 ⓓ). 쓰시마번의 입장에서는 조선과의 무역, 특히 쌀의 수입은 사활이 걸린 문제였기 때문이다.

이러한 '換米의 制'는 1666년에 이르면 또 다시 변질된다. 1666년『接待倭人事例』의 기록에 의하면, 이후에는 '換米의 制'를 요청하는 것이 아니라, 목면을 얻기 위해 '換米의 制'를 시행하기 이전의 방식, 즉 쌀에 의한 '公木'을 목면에 의한 '公木'으로 변화시키려는 의도가 있었다.[104] 이것이 '復舊의 說'이다. 어느 때는 쌀을 요청하고, 또 어느 때는 목면을 요청하는 등 쓰시마번의 이중적 태도에 고민하던 조선 측은 네덜란드인의 탈출사건으로 인한 '照會一件'도 스스로의 이익을 추구하기 위한 하나의 수단으로 이용하려 한다고 인식했던 것이다.

또한 전술한 權現堂 香火의 물자와 公木 문제 이외에 왜관이전도 당시의 朝·日간에는 중요한 외교 현안이었다. 조선시대의 왜관은 1409년(太祖 9/應永 16)에 일본인의 전용숙소라고도 할 수 있는 東平館이 서울

---

103) 田代和生, 앞의 책, 151쪽.

104)『接待倭人事例』, 顯宗 7년 11월 15일조. "監司東萊書狀, 據備邊司啓目內, 倭人慫以阿蘭陀事, 一邊恐喝, 以遂其所望. 其飛報江戶, 亦朝廷誠信之意, 庶圖此事之無弊完了等語, 尤可見其情態, 現堂一事彼若言及, 則以渡海後議定於島主之意, 答之公木一欵. 知今年木花之全失, 有此復舊之說, 殊非誠信之道, 以此開諭事回移. 何如. 啓依允"

에 건립된 것으로부터 시작되는데, 이 東平館은 임진왜란 당시 불에 타
버렸다.[105] 1607년(宣祖 30/慶長 12) 국교재개와 동시에 절영도에 임시
왜관이 설치되었고, 1609년(光海 元/慶長 14)의 '을유조약'의 체결에 따라
서 豆毛浦로 정해졌다. 그러나 豆毛浦 왜관은 좁고 배의 출입도 불편하
였으며, 나아가 무역량이 증가함에 따라 왜관의 이전문제가 대두하였다.

왜관이전에 관한 쓰시마번의 요구는 1640년(仁祖 18/寬永 17)부터 시
작되어 1673년(顯宗 14/延寶 元) 10월에 조선으로부터 이전의 허가를 얻
을 때까지 朝·日 교섭에 초미의 문제였기는 하지만,[106] 본서에서는 네
덜란드인을 둘러싼 朝·日 관계 속에서 살펴보도록 하겠다. 1639년(仁祖
17/寬永 16)에 일본이 자국의 그리스도교 금제정책을 조선에 알렸을 당
시부터 쓰시마번이 무역확대의 의도를 갖고 있었다는 것은 이미 본서의
제4장에서 언급한 바이다. 쓰시마번은 그 이듬해인 1640년에 豆毛浦에
서 부산성으로 왜관을 이전시켜줄 것을 요구하고 있었는데, 이것은 바로
전년에 요청했던 무역액의 증가를 예상하고 왜관을 보다 편리한 부산
성내로 이전할 필요성이 있었기 때문이다.[107] 1644년에도 이전요청을 하
는데, 부산성은 이전에도 왜관이었던 곳이며, 내외의 성곽도 왜인이 축
성했다고 하며, 館守가 역관 洪喜南에게 역설하기도 했었다. 이것은 즉
시 조정에 보고되었지만, 곧바로 거부되었다. 또한, 1646년(仁祖 24/正保
3)부터 1648년(仁祖 26/慶安 元)까지 쓰시마번은 대규모 왜관 보수공사를

---

105) 孫承喆, 『近世朝鮮の韓日關係史研究』(國學資料院, 1999), 17～35쪽.

106) 李鉉淙, 「李朝倭館略考」(『成均』 7, 성균관대학교, 1956) ; 金容旭, 「釜山倭館
考」(『韓日文化』 1·2, 부산대학교한일문화연구소, 1962) ; 金義煥, 「釜山倭館
貿易の研究－15世紀から17世紀にかけての貿易形態を中心に」(『朝鮮學報』
127, 1988) ; 村井章介·荒野泰典·高橋公明·孫承喆, 「三浦から釜山倭館―
朝鮮時代の對日貿易と港町」(『靑丘學術論集』 3, 1993) ; 尹裕淑, 「一七世紀に
おける日朝間の倭館移轉交涉」(『史觀』 149, 2003).

107) 田代和生, 앞의 책, 167～171쪽.

하고 있었는데, 당시 왜관 울타리의 확장공사 문제로 인해 왜관의 지형을 조사하고 있던 다대포 첨사 趙光瑗을 일본인이 구타하는 사건도 일어났다.[108]

그 후에 왜관이전의 문제는 쓰시마 번주 소우 요시나리[宗義成]가 사망하자 또 다시 문제가 되었다. 요시나리가 사망할 때 부산으로의 왜관이전을 유언으로 남겨 놓았기 때문이다.[109] 때문에 쓰시마번은 1659년(顯宗 10/萬治 2) 4월에 唐坊佐左衛門(平智友)을 파견하여 부산성으로의 왜관이전을 요구했다.[110] 이 요구도 결국 거부되었지만, 唐坊佐左衛門은 조선에서 왜관이전을 거부한 서계를 자신은 죽어도 받지 않겠다고 강한 반발을 표명했다.[111] 그 때문에 역관 洪喜男과 金謹行 등이 唐坊佐左衛門을 타이르게 되는데, 그는 만약에 부산이 허용되지 않는다면, 熊浦(熊川) 내지 多大浦 또는 그 이외의 곳으로 이관을 요구하기 시작했다.[112] 여기서 왜관이전에 대한 쓰시마번의 절실한 상황을 엿볼 수 있다. 그러나 왜관이전은 거부되었고, 이에 따라 쓰시마번은 배의 창고를 개축하겠다고 요구하여 이것은 조선정부도 허가를 해주었다.[113]

---

108) 『倭館移建膽錄』, 병술(仁祖 24) 1월 27일조~무자(仁祖 26) 12월 5일조(서울대학교규장각 소장). 『仁祖實錄』, 仁祖 26년 9월 신유(30일)조. 『邊例集要』 권11, 館宇, 병술(仁祖 24)조~무자(仁祖 26)조.

109) 소우 요시나리[宗義成]의 유언 내용은 다음과 같다. "日本差倭平智友, 持書契而來, 其一, 島主義成臨死時遺言封進銀貨也. 其二, 江戸出送硫黄宜遣譯官而謝之也. 其三, 義眞嗣其父任請改送図書以送也. 其四, 請移倭館于釜山城內也. 廟堂以爲, 書契有違格例, 使之改呈, 只從送譯官, 改図書之請爲宜, 許之" [『孝宗實錄』, 孝宗 10년 3월 무술(7일)조]

110) 書契의 날자는 무술(1658) 11월로 되어 있다(『同文彙考』 3, 爭難, 島主告還島仍請改圖書移館舍謝硫黄書).

111) 『邊例集要』 권11, 館宇, 기해(1659) 4월조.

112) 상동.

113) 『邊例集要』 권11, 館宇, 기해(1659) 5월조.

그 후, 1661년 11월에는 히라타 준노스케[平田準之允, 平成喬]가 역관 金謹行에게 왜관이전을 요구하였고, 1662년(顯宗 3/寬文 2)에는 히라타와 테라다 이치로베[寺田市郎兵衛, 橘成般]가 이전에 요청했던 바와 같이 多大浦 내지는 熊浦로의 이전을 요구했다.[114] 이러한 일본의 왜관이전에 관하는 요청은 1668년, 1669년(顯宗 10/寬文 9), 1670년(顯宗 11/寬文 10), 1671년(顯宗 12/寬文 11)에도 계속하고 행해지고 있었다.[115]

1672년(顯宗 13/寬文 12)에도 마찬가지의 왜관이전 요구가 있었지만, 조선 측은 이듬해의 4월이 되어서 낙동강으로부터 동쪽으로 제한하고 허가한다는 내부 조정안을 결정했다.[116] 낙동강의 서쪽을 왜관의 이전지로서 허가하지 않은 이유는 이 지역에 위치한 熊川이 이전부터 왜관이전의 후보지로서 언급되어 왔었고, 이곳이 군사적으로 요충지인 統營의 앞쪽에 위치하고 있었기 때문이다. 결국, 왜관이전에 관해서는 일단 긍정적인 결론이 도출되었지만, 이전 장소를 정하지 않은 채, 1673년 9월에 조선 측은 多大浦·牧場(절영도)·草梁 중에서 일본 측이 선택하도록 하였다. 그러자 초기에 쓰시마번 측에서는 다대포는 상당히 좁고, 牧場은 형세가 좋지 않으며, 초량은 선박의 창고를 세우기에 적절한 한 장소라고 생각하고 있었지만, 초량이 구관과 비교하여 넓지 않다는 이유로 쓰시마번 내부에서도 의견 일치를 이루지 못하였다.[117] 그러나 결국 초량으로 결정되었고, 그것으로 1673년 10월에 조선정부는 정식으로 초량으로의 왜관이전을 허가했다. 그 내용을 다음의 기록에서 살펴보도록 하겠다.

---

114) 『邊例集要』 권11, 館宇, 임인(1662) 3월조.

115) 『倭館移建謄錄』, 孝宗 9년 12월 13일조~孝宗 12년 5월 28일조.

116) 『邊例集要』 권11, 館宇, 계축(1673) 4월조.

117) 『邊例集要』 권11, 館宇, 계축(1673) 9월조.

<사료 26>

對馬州의 差倭가 아직도 釜山舘에 머물고 있으면서 舘을 옮겨 달라고 간고히 청하였으나 조정에서 허락하지 않았다. 차왜 등이 청한 바를 굳게 막아버린 회답 서계를 보고는 성을 내고 펄쩍 뛰면서 서울에 올라가겠다고 큰소리를 쳤다. 行具를 준비해 달라고 간절히 청하면서 떠나려고 하는 기색이 있었는데도 조정에서는 역시 금지하지 않고 하는 대로 내버려 두었다. 차왜 등은 어쩔 수 없다고 생각하고, 하루는 接慰官 趙師錫을 찾아가 보고 말하기를, ⓐ"비록 多大·草梁 등의 浦에라도 옮기도록 허락해 주었으면 합니다."고 하니, 사석이 이 말을 조정에 아뢰었다. ⓑ조정의 의논이 熊川은 결코 허락할 수 없고 草梁은 허락해도 무방하다고 하였다. 상이 비로소 허락해 주라고 명하여, 차왜로 하여금 스스로 多大·牧場·草梁 중 한 곳을 택하도록 하여 뒷말이 없도록 하였다. 차왜가 草梁項으로 옮기기를 원하자 허락하였다.[118]

쓰시마번은 熊川으로의 왜관이전을 허락하지 않은 조선에 대하여 밑줄 ⓐ에 보이듯이 多大·草梁 등의 곳이라도 상관하지 않는다고 이관을 요청하였고, 밑줄 ⓑ에서 조선 측은 조정에서 초량으로의 이전을 승인해 왜관이전을 정식으로 허가하고 있음을 알 수 있다. 다만, 밑줄 ⓑ의 내용으로부터 알 수 있듯이 조선 측은 왜관이전의 후보지를 3개의 장소로 한정하되, 일본 측에 그 선택권을 부여함으로써 일본의 또 다른 변명거리를 없애려고 한 목적이 있었기 때문이다. 1640년부터 30년 이상에 걸쳐 쓰시마번의 왜관이전에 고민해 왔던 조선의 절묘한 해결책이었다.

이상, '權現堂 香火의 資', '公木', '왜관이전' 등 당시 朝·日 외교의 중요 현안들을 고찰해 보았는데, 이것들은 모두 쓰시마번의 무역확대에 대한 의도 속에서 진행되어온 것들이다. 조선 측에 대해 동시 다발적으

118) 『顯宗實錄』, 顯宗 14년, 10월 을묘(19일)조.

로 다양한 요구를 행하고, 그 중에서 다만 하나라도 조선 측으로부터의
양보를 이끌어내려고 하는 쓰시마번의 상투적 수단이 발현되고 있음을
확인할 수 있다. 이것으로 볼 때, 조선에 표착한 네덜란드인에 관한 '照
會一件'이나 송환교섭은 그러한 무역확대를 위한 요구를 실현하기 위한
최상의 핑계거리로서 그 역할도 다하고 있었다고 생각된다. 다시 말하
면, 쓰시마번은 '照會一件'이나 잔류 네덜란드인의 송환임무를 수행하면
서도 스스로의 무역확대를 획책하여 자번의 이익을 꾀하고 있었던 것이
다. 이러한 쓰시마번의 의도를 조선 측도 명확히 간파하고 있었는데, 그
것을 보여주는 것이 <사료 27>이다.

> <사료 27>
> 동래부 서장, 비변사 계목 안에 의하면, 부사 李之翼이 橘 차왜를 접대
> 했을 때, 왜관을 옮겨 설치하고, 公木의 복구 및 阿蘭陀·潛商 등에 대
> 한 것을 또 제기하였다. 成陳 등이 바라는 바는 現當(=權現堂 香火의
> 資)에 있는데, 이로써 시험 삼아 떠보려는 계책으로 진실로 너무나 악
> 랄하다.[119]

즉, 밑줄 부분을 보면, 네덜란드인이 일본으로 탈출한 문제로 파견된
橘成陳이 왜관이전 문제, 公木과 네덜란드인에 대한 '照會一件', 潛商(=
밀무역) 등에 관한 문제점을 제기하자, 조선 측은 그의 이러한 문제 제
기들이 결국은 權現堂에 향화할 물자를 얻어내기 위한 하나의 계책이
라고 간주하고 있음을 알 수 있다. 권현당 향화의 물자를 확보하려는
것도 결국은 쓰시마번의 무역확대의 의지를 보여주는 것으로 파악할
수 있다. 이러한 쓰시마번의 외교행위는 막부로부터 하달 받은 '照會一
件'에 대한 목적을 완수함과 동시에 스스로의 이익을 추구하고 있던 쓰

---

119) 『接待倭人事例』, 정미년(顯宗 7) 5월 17일조.

시마번의 이중적 성격과 그 중층적 존재 형태를 여실히 드러내 주는 것으로 대조선외교가 쓰시마번의 존속에 교묘히 이용되고 있었음도 확인해볼 수 있다.

2. 송환을 둘러싼 朝·日의 의도

잔류 네덜란드인 송환교섭이 朝·日간에 일단 매듭지어진 것에 대해 나카무라 히데타카[中村榮孝]와 레드야드는 상반된 견해를 보이고 있다. 우선 나카무라의 주장을 보면, 두 가지 점으로 요약된다.[120]

①조선 측이 송환교섭을 용인한 것은 송환교섭으로 문제를 일으켜 당시 절충 중이었던 무역상의 제 문제와 왜관이전 등에 대해서 불리한 사태가 초래되는 것을 염려했기 때문이다.

②그리스도교 금제에 대한 교섭은 이전부터 중요한 문제로서 조선이 일본의 남만제국과의 관계에 대해 무관심이었을 리가 없으며, 네덜란드가 일본에 조공해 온지가 오래되었다는 일본 측의 주장에 대해서도 거의 그 실상을 이해하고 있었기 때문이다.

나카무라의 ① 견해에 대해서는 필자도 동의하고 있다. 여기서 덧붙여 상세히 언급한다면, 당시 조선은 일본 측의 갖가지 무역확대 요청과 왜관이전 등 일본 측이 만족할 만한 응답을 하지 못하고 있었기에 이 문제를 해결하기 위한 '회유책'의 일환으로 송환교섭에 신속히 부응한 것이다. 그러나 ②의 주장에서 그리스도교 금제에 관한 사항, 그리고 네덜란드가 일본의 朝貢國이라는 것을 조선 측이 인식하고 있었다는 것에 대

---

120) 中村榮孝, 앞의 논문, 97쪽.

해서도 납득할 수 없다.

먼저, 그리스도교 금제에 관해서 생각해 보겠다. 주지한 바와 같이 조선은 1644년 이래 일본 측의 그리스도교 금제에 대한 요청을 받아 그에 대한 '共助'를 표명하여, 그 이후의 朝·日 외교관계에 중요한 위치를 차지하고 있다. 그러나 1668년 잔류 네덜란드인의 일본송환은 그리스도교 금제를 염두에 둔 처리가 아니었다. <사료 16>에서 알 수 있듯이 송환 요청을 한 시점에서, 서계에는 그리스도교 관련 내용이 전혀 보이지 않고 있다. 즉, 일본은 그들이 그리스도교 금제의 대상으로 삼고 있던 포르투갈의 구교권 그리스도교가 아니라는 것을 파악하고 있었던 것이다. 하멜 일행이 일본에 도주하여 나가사키 부교의 심문을 받았을 때 이미 어느 정도 그리스도교가 아니라는 것을 알고 있었고, 최종적으로는 '照會一件'에 의해 그들에 대한 종교적 의혹은 완전히 해소되고 있었다. 때문에, 네덜란드가 일본의 '朝貢國'이라는 명분을 이유로 조선에 송환을 요구한 것이다. 즉, 송환이 이루어 진 것은 그리스도교 금제 관련의 문제가 아니었던 것이다.

다음으로 네덜란드가 일본의 '朝貢國'이라는 것을 조선이 인식하고 있었는가에 대한 문제를 보도록 하겠다. 네덜란드에 대해 이와 같은 표현을 처음으로 조선에 전한 사람은 이데 야로쿠자에몬[井手彌六左衛門, 橘成陳]이었다. 즉, 하멜 등 8명의 탈출사건을 역관에게 누설하여, 막부가 탈출사건의 전말을 상세히 알기 위해 예조에 서계를 보낼 것이라고 하며, 네덜란드는 일본의 '屬郡(=朝貢國)'이라고 말했다. 그러나 조선은 이 '屬郡'이라고 한 것에 대해서 어떠한 의사표명도 하지 않았다. 또한 일본의 '照會一件'이 정식으로 행해졌을 때의 주된 문제는 조선표착 네덜란드인들이 그리스도교도인가 아닌가에 있었으며, 그들의 일본 '屬郡' 설에 대해서는 아무런 내용도 보이지 않는다. 그 후 쓰시마번이 그들의 송환을 요청했을 때, 다시 '來貢'이라는 표현으로 네덜란드인의 '屬郡' 설이 제기된다. 그것은 '照會一件'에 의해서 그들이 그리스도교와 전혀 관계가 없음이 명확해졌기 때문에 그들의 송환요청에 대한 정당성을 확보하기 위해 '屬郡'설을 다시 주장한 것에 지나지 않는다. 막부가 네덜란드인에 대해서 '屬郡' 인식이 있었는지 없었는지에 대한 문제는 접어두고라도 적어도 조선 측이 네덜란드의 일본 '屬郡'설을 인정하여 송환요청에 응했다는 내용은 그 어디에도 보이지 않는다. 다시 말하면, 이른바 '屬郡'설, 즉 네덜란드인이 일본의 '朝貢國'인가 아닌가의 문제는 잔류 네덜란드인의 송환이 성사되는데, 그다지 중요한 문제가 아니었던 것이다.

한편, 레드야드는 조선이 네덜란드인을 석방한 가장 중요한 이유에는 당시의 외교적인 요소가 많이 작용했을 것이라는 추론을 하고 있으나,[121] 그 외교적인 요소에 관해서는 아무런 언급이 없다. 또한, 그는 잔류 네덜란드인이 조선을 떠나는 것이 조선인에게 안도감을 부여했을 것이고, 어느 조선인은 이들이 돌아가는 것을 인도적인 차원에서 기쁘게 생각했을 것이라는 추측을 하며, 나카무라의 "네덜란드가 일본에 조공하고 있다는 것에 대해 조선 측이 인정하고 있었기 때문에 네덜란드인을 송환하게 되었다."는 주장에 대해 강하게 비판하고 있다. 그 근거로서 조선 측은 일본의 답서에 네덜란드가 일본에 온다는 표현으로 '朝貢'이라는 표현을 쓰지 않았고, "귀국의 서한에 의하면"(第來書謂, <사료 18> 참조)이라는 단서를 붙였으며, "만약 사실이 그러하다면"이라는 가정을 하고 있으므로, 조선은 네덜란드가 일본에 조공한다는 것을 분명히 인정하지 않았다고 주장한다.

레드야드의 네덜란드인 석방이 당시의 외교적인 요소가 작용했다는 추론은 당연하면서도 중요한 지적이라고 할 수 있으며, 필자도 동감하는 바이다. 그러나 그가 비판한 내용 중에서 조선 측은 '朝貢'이라는 표

---

121) Gari Ledyard, pp.95-96.

현을 쓰지 않았다고 하고 있으나, 이것은 틀린 것이다. 이것은 그가 서
계의 원문을 잘못된 해석한 것에 기인한다. 원문에는 "第來書謂, 是曾前
來享於貴邦者" 라고 되어 있다. <사료 18>에서도 번역을 하였지만, 그
내용은 "다만, (귀국의) 서계에서 말하기를, 이들은(네덜란드인) 이전부
터 貴邦에 來享하는 자들이라고 하였습니다."라는 의미이다. '來享'이라
는 것은 "諸侯가 來朝하여 물건을 바친다."라는 뜻으로 '朝貢'과 같은
의미인 것이다. 이는 일본 측이 조선에 송환요청을 했을 당시 3통의 서
계 중에서 예조참판과 예조참의에게 보낸 서계에는 '來貢'이라 하고, 동
래부사·부산첨사에게 보낸 서계에는 '來享'이라고 한 것으로부터도 알
수 있다. 즉, 3통의 서계가 전부 '朝貢'을 의미하고 있는 표현이었다. 그
렇다고 나카무라가 말한 것처럼, 조선정부가 네덜란드를 일본의 조공국
으로 인식했기 때문에 송환했다는 것에 필자가 동조하는 것은 아니다.
어디까지나 일본이 송환요청을 했을 당시, 서계에 네덜란드는 일본의
조공국이라는 내용이 있었기에 답서의 형식으로 기입한 것으로 이것이
네덜란드인의 송환을 성공케 했다고는 볼 수 없으며, 이는 단지 표면적
인 이유에 불과한 것이었다. 그렇다면 근본적인 송환의도는 어디에 있
는가에 대해 조선과 일본의 입장(쓰시마번과 막부의 입장)으로 나누어
생각해보겠다.

첫째, 조선 측의 송환 의도를 보면 다음과 같다.

①일본에 대한 회유책의 일환이었다는 점이다. 당시 조선은 각종 명목
으로 교섭해오는 쓰시마번에 대해 상당한 불만이 있었으며, 네덜란드인
송환교섭도 또 다른 하나의 교섭명목이 될 가능성이 있어 그를 배제하
기 위해 신속히 일본의 송환요청에 응해 잔류 네덜란드인을 인도했다.
또한 당시의 왜관이전에 대해 조선은 강경하게 허락을 거부했고, 이러한
일본 측을 회유시킬 필요성이 있었으며, 그 회유의 방법이 일본의 송환
교섭에 무리 없이 응해주는 것이었다.

②청과의 외교적인 문제를 미연에 방지하기 위해 인도했다는 점이다. 당시 1666년부터 1668년에 걸친 시기는 동아시아에 파급을 미친 '明·淸 交替期'의 혼란이 어느 정도 정착되는 시기였으며, 朝·淸 관계도 비교적 안정된 시기였다. 그 상황에서 네덜란드인의 조선 체류가 초래하는 외교문제(예를 들면 수차례에 걸친 하멜일행의 '탈출사건')를 미연에 방지하기 위한 정치적 해결책이었다.

둘째, 일본 측의 의도는 다음과 같은 내용으로 정리된다.

①쓰시마는 우선 막부의 명령을 수행하는 입장으로서, 막부의 권위를 유지시키기 위해 어떠한 난관이 있어도 송환을 달성시키지 않으면 안 되었다. 때문에 네덜란드는 일본의 朝貢國이라는 표현('來貢'과 '來享')까지 구사해가며 송환을 달성시키려 했다. 이러한 송환교섭의 성공은 조선외교를 위임받은 쓰시마번의 임무였으며, 반대급부로서 조선무역의 독점이익을 계속적으로 인정받는 선행요건이었던 것이다.

②막부입장에서 본다면, 통상국이었던 네덜란드를 위해 조선에 억류되어 있는 그들의 국민을 일본으로 송환시키는 것은 막부의 권위와 면목을 세우는 것이었다. 그 배경에는 물론 네덜란드 측의 막부를 통한 송환요청이 있었다는 것은 전술한 바이나, 이 송환을 성공시킴으로서 막부의 네덜란드에 대한 입지는 더더욱 강해졌다. 또한, 동북아시아 해역에서 일본의 정치적 입지를 네덜란드에 과시한 행동이기도 했다. 그것은 하멜 일행의 귀국 후, 네덜란드 동인도회사의 조선무역에 대한 의지를 막부가 견제하자 철회된 것으로부터도 이해된다.[122] 이상의 내용을 종합해 보면, 조선 잔류 네덜란드인의 일본송환은 조선과 일본 측의 외교적 환경과 현안문제들, 그리고 일본과 네덜란드의 외교관계가 복합적으로 연동되어 전개되고 있다는 것을 보여준다.

---

122) 본서 제7장을 참조.

3. 잔류 네덜란드인의 귀국

조선의 잔류 네덜란드인 송환 승낙의 답서는 4월에 차왜에게 전해지게 되는데, 정작 송환을 위한 출발은 6월에 이루어져 두 달간의 공백이 생기고 있다. 하지만, 그것은 朝·日간의 송환교섭에 어떤 문제가 있어 연체되었던 것이 아니라, 왜관을 출발할 당시 계속되는 강한 남풍의 영향으로 송환선의 돛대가 부러져 버렸기 때문에 약 2개월간 조선에 머무를 수밖에 없었다는 기록으로 명확해진다.[123] 한편, 조선의 기록에는 잔류 네덜란드인들의 조선 출발 시기에 대해 단지 6월이라고만 기록되어 있으나,[124] 일본 측의 기록에는 1668년 6월 18일 무사히 도착했다는 기록이 보이고 있어,[125] 조선에서 출발한 것이 동년 6월 17일 내지는 18일이었다는 것을 알 수 있다. 일본 측의 기록에 의하면 조선을 출발할 당시 네덜란드인들은 왜관에 있는 荷船(일종의 화물선) 중에서 가볍고 튼튼한 배에 橫目侍(감시역의 무사)와 함께 승선하였고, 선상에서는 어느 정도의 자유가 부여되고 있음을 추측할 수 있다.[126]

쓰시마번에 도착한 그들은 松水軒에 머무르면서[127] 나가사키로 이송할 준비를 하였다. 또한, 6월 27일에는 그들에게 음식물과 조선의 청동 14貫匁[128]과 백포 24필, 그리고 면이 들어간 의복 한 벌씩을 지급하였

---

123) Dagregister Nagasaki, 14 Augustus. 1668(B.Hoetink, p.88.).

124) 『接倭事目錄抄』, 顯宗 9년 6월조.

125) 「阿蘭陀人朝鮮江漂着之一件」. "去々年五嶋江漂着仕候阿蘭陀人之殘八人朝鮮江罷有之由申ニ付, 對州江送返し候樣ニ可申遣之旨, 御老中樣より被蒙仰, 其趣彼地江被仰越候之處ニ, 內一人ハ病死仕, 七人今十八日無恙令着船候處"

126) 「阿蘭陀人朝鮮江漂着之一件」. "一, 阿蘭陀人乘船之儀, 其元江居合候荷船之內手輕ク丈夫成船ニ乘せ, 橫目侍壹兩人乘り, 尤中間夫之者見合ニ而賄等迄不自由ニ無之樣ニ可被申付候"

127) 「阿蘭陀人朝鮮江漂着之一件」. "一, 阿蘭陀人宿之儀松水軒ニ申付ル"

다.[129] 잔류 네덜란드인들도 쓰시마번이 자신들이 나가사키에 도착할 때까지의 음식물과 의복을 제공해 주었다고 기록하고 있다.[130] 물론 이들은 조선을 출발할 때 조선정부로부터도 의복, 쌀, 포 등을 지급받고 있었는데,[131] 조선에 표착한 일본인들이 쓰시마를 거쳐 나가사키에 송환된 경우와 비교해 볼 때 거의 마찬가지의 대우를 받고 있음을 알 수 있다. 즉, 이들의 일본송환이 결정된 후부터 그들은 朝·日간의 표류민과 같은 입장에 있었던 것이며, 송환될 때에도 '漂流民 送還體制'의 틀 속에서 그 송환이 이루어지고 있음을 확인할 수 있다.

이들은 왜관→쓰시마→나가사키의 경로를 거쳤는데, 네덜란드의 기록에 의하면 나가사키의 奉行所에 도착한 것은 왜관을 출발해 약 2개월이 소요된 1668년 8월 10일 오후였다.[132] 『通航一覽』에도 악천후로 인해 8월 10일에 나가사키에 도착하여 부교 마쓰다이라 진자부로[松平甚三郎] 앞으로 보내졌다는 기록이 보이고 있다.[133] 나가사키에 도착한 7명은 나가사키 봉행의 심문을 받은 후, 데지마[出島] 네덜란드상관에 보내졌는데, 그들이 일본을 출발해 어떠한 경로로 바타비아 상관을 거쳐 본국에 귀국하였는가는 후팅크와 장 폴 바이스의 연구[134]가 있어 본고에서는

---

128) 일본에서는 몬매[匁]는 尺貫法 단위로서 貫의 1/1,000이고, 3.75그램에 해당한다. 또한, 근세 에도[江戶]시대에는 錢을 세는 단위이기도 했는데, 錢 1枚를 1몬매[文目]로 삼았다.

129) 「阿蘭陀人朝鮮江漂着之一件」. "一, 阿蘭陀人七人御下屋鋪ニおいて御料理被成下, 幷朝鮮靑銅拾四貫匁, 白布貳拾四疋七人中ニ被成下ル, 右寬文八年六月卄七日之日帳", "一, 阿蘭陀七人ニ綿入着物壹ツ宛被下候, 右寬文八年六月卄七日之日帳"

130) Dagregister Nagasaki, 14 Augustus 1668(B.Hoetink, p.88).

131) 上同.

132) 上同.

133) 『通航一覽』 3, 615쪽.

134) 장 폴 바이스 역/김태진 重譯, 『하멜일지 그리고 조선국에 관한 기술』(전남

생략하고 그 간단한 개략만을 두 연구자의 연구와『바타비아 상관일기 (Dagregister Batavia)』의 기록에 근거해 정리해 보도록 하겠다.

잔류 네덜란드인 7명은 일본출발에 대한 허가를 받고, 1668년 9월 22 일(10/27) 니웨포트(Nieuwpoort)호를 타고 나가사키를 출발하였다. 그런 데, 나가사키를 같이 출발한 뷰엔스커크(Buijenskerck)호를 우연히 티몬 (Timon)이란 섬에서 만나게 되었고, 이 배에 선원들이 조금뿐이 승선해 있지 않았기 때문에 잔류 네덜란드인 7명은 뷰엔스커크호로 이동하였는 데, 이 선박은 10월 27일(11/30) 바타비아에 도착하였고,[135] 니웨포트호는 코로만델(Coromandel)을 경유하여 1669년 3월 8일(4/8)에 바타비아에 도착 하고 있었다.[136] 이와 관련하여, 이쿠타 시게루[生田滋]는 잔류 네덜란 드인 7명이 뷰엔스커크호로 나가사키를 출발하여 10월 27일(11/30)에 바 타비아에 도착하였다고 설명하고 있으며,[137] 장 폴 바이스는 니웨포트를 타고 1669년 3월 8일(4/8)에 바타비아에 도착했다고 설명하고 있는데, 어 느 견해가 정확한가에 대한 면밀한 판단은 네덜란드 제사료의 비교·분 석이 필요하므로 본고의 남겨진 과제로 할 수밖에 없다.

그들 7명은 바타비아에 도착 후, 먼저 탈출하여 바타비아에 남아있던 헨드릭 하멜과 합류하여 1670년에 본국으로 돌아갔다. 본국에 도착하여 1670년 7월 15일(8/29)에는 하멜보다 먼저 본국으로 돌아간 7명과 마찬가 지로 '17인 위원회'에 조선에서 체재하고 있던 기간의 밀린 급료를 요청 하고 있다. 기록에는 헨드릭 하멜과 얀 얀스 스펠트가 배상금을 신청했 다는 내용과 함께 먼저 귀국한 7명에게 급료를 지급한 전례에 따라 급료 가 지급될 것[138]이라는 기술이 보이고 있어 잔류 네덜란드인들에게도

대학교출판부, 1996), 129쪽 참조.

135) Dagregister Batavia, 1668. 30 November.

136) Dagregister Batavia, 1669. 4 April.

137) 生田滋 譯, 전게서, 240쪽.

급료가 지급되고 있음을 추측할 수 있다.

이것으로서 1653년 8월에 조선에 표착하여 1670년에 당시까지의 생존자 전원이 본국에 송환되기까지 약 17여 년간에 걸쳐, 조선·일본·네덜란드 삼국간의 외교문제를 역사에 새긴 네덜란드인의 조선표착사건은 대단원의 막을 내린다. 하지만, 이들의 귀국에 영향을 받은 네덜란드 동인도연합회사(VOC)는 이전부터 계획하고 있던 조선무역을 실행에 옮겨, 코레아호라는 조선무역 전담선까지 제작하는데, 이것은 본서의 제7장에서 고찰해 보도록 하겠다.

VI. 맺음말

본고에서 고찰 한 내용은 다음의 네 가지 점으로 정리된다.

첫째, 지금까지 알려지지 않았던 조선에서 일본으로 탈출한 하멜 등 8명의 네덜란드인이 표착한 지점을 명확히 했다는 점이다. 그 표착지는 일본 측의 사료와 고지도로 규명이 되며, 고토번[五島藩]의 '奈摩'라는 곳으로 현재의 長崎縣 南松浦郡 上五島町 青方鄕에 위치한 奈摩 항구이다.

둘째, 고토번에 표착한 하멜 일행의 처리가 고토번의 異國船 대책에 준해 처리되고 있었으며, 고토[五島]→나가사키[長崎]→幕府→쓰시마[對馬]라는 명령체계 과정 속에서 하멜의 탈출사건이 처리되고 있었다. 물론, 하멜 일행과 관련된 제정보가 나가사키에서 쓰시마로 직접 전달되고 있었다는 것은 말할 것도 없겠다.

---

138) Resolutie Heeren ⅩⅦ, 29 Augustus. 1670(B.Hoetink, p.94).

셋째, 하멜 일행 탈출사건으로 인한 일본 측의 조선에 대한 '照會一件'은 막부의 그리스도교 금제라는 대외적 정책기반에 토대를 두고 있으며, 이는 근세 일본의 외교형태를 보여주는 것이었다. 한편, 이 '照會一件'에 한해서는 1644년의 조선에 대한 그리스도교 금제요청과도 무관하지 않으며, 그 연장선상에 위치해 있던 교섭이었다.

넷째, 하멜 일행의 서울에서 '탈출사건'→전라도에서 '탈출사건'→'照會一件'→송환교섭→귀국에 이르기까지의 전개과정을 명확히 했으며, 朝·日간의 송환교섭이 갖는 의미를 고찰했다. 조선 측의 입장에서 본다면, 잔류 네덜란드인 일본송환은 일본 측에 대한 회유책의 일환이었으며, 조선의 대외적 정치안정을 위한 대응책의 하나였다. 즉, 네덜란드인을 일본에 송환함으로써 조선 잔류로 문제될 수 있었던 淸과의 외교관계를 미연에 방지할 수 있고, 일본에게는 네덜란드인 조선 잔류로 인한 갖가지 요청의 원인을 일소할 수 있었다. 일본 측의 입장에서 본다면, 송환교섭 성공은 네덜란드(나가사키 네덜란드상관)에 대한 일본 국내에서의 종주권을 확인시켜주는 행위였으며, 막부의 권위를 보여주는 일종의 '武威'였다. 쓰시마번이 스스로의 권익을 도모하긴 했으나, 이러한 막부의 권위가 우선하고 있었음은 말할 것도 없다. 결과적으로 본다면 조선과 일본, 양국의 정치적 목적이 네덜란드인 송환이라는 최적의 형태로 막을 내리게 되었는데, 이는 朝·日간에 수많은 갈등적 요소가 존재하면서도 상호간에 최적의 해결을 모색하는 일종의 '善隣外交'로서의 의미를 갖기도 했으며, 이것이 이른바 근세의 잠재적 평화를 유지하는 토대가 되었다고 생각한다.

한편, 본고에서는 조선 잔류 네덜란드인의 송환교섭을 설명하면서 漂流民 送還體制와의 관련성을 제시하긴 하였지만, 논증을 하여 그 실체를 파악하진 못하였다. 지금까지의 漂流民 送還體制라는 것은 어디까지나 동아시아 '人民', 다시 말하면 중국·조선·일본·琉球 사람들에 대한 상호 송환이 그 대상이었으며, 선행연구 또한 그 틀을 벗어나진 못해왔다. 표류·표착이라는 형태로 동아시아의 네트워크에 걸린 동아시아 영역 외의 사람(=異國人)도 하멜 일행에서 보이는 바와 같이 동아시아 영역 내의 송환체제 속에서 본국송환이 이루어지고 있고, 이러한 다수의 例가 역사 속에 존재하는 한, 지금까지의 漂流民 送還體制는 미완이라 할 수밖에 없다. 이에 대해서는 제6장에서 異國人을 테마로 漂流民 送還體制 속에 보이는 제3국경유의 송환시스템과 國際關係를 규명해보는 것으로 보충해 두고 싶다.

제6장

근세 동아시아 漂流民 送還體制와 國際關係

Ⅰ. 머리말

지금까지 동아시아 표류민에 관한 연구로서는 아라노 야스노리[荒野泰典]의 동아시아 표류민 송환체제에 관한 선구적인 연구가 있다.[1] 이후 이케우치 사토시[池內敏][2]와 하루나 아키라[春名徹],[3] 그리고 李薰[4] 등이 표류민에 관한 폭넓은 연구성과를 보이고 있다.

하지만, 선행연구가 표류민의 표착경위, 표류민에 의한 정보교류, 송환과정과 절차, 국가 간의 외교문제 등에 관한 여러 사항에서 많은 업적을 남기고는 있으나, 타국에 표착한 표류민이 직접 본국으로 송환되지 않고 제3국을 경유해 송환되기에 이르기까지의 국제관계에 대한 논의는 충분히 이루어지고 있지 않다. 다시 말하면, 근세 漂流民 送還體制라는 범위 속에는 표착지에서 본국송환이라는 직접 송환형식과 함께 표류민이 제3국을 경유해 본국에 송환되는 국제관계가 존재하고 있었다는 것이다. 그러한 표류민 송환체제를 보다 실증적으로 파악하기 위해서 표류민의 제3국경유 송환에 대한 실체를 규명하지 않으면 안 된다. 본서에서

---

1) 荒野泰典,「近世日本の漂流民送還体制と東アジア」(『歷史評論』400, 1983). 후에 『近世日本と東アジア』(東京大學出版會, 1988)에 수록.

2) 池內敏, 『近世日本と朝鮮漂流民』(臨川書店, 1998).

3) 春名徹,「近世アジアにおける漂流民送還体制の形成」(『調布日本文化』四, 調布學園女子短期大學, 1994) ; 同,「東アジアにおける漂流民送還制度の展開」(『調布日本文化』五, 1995) ; 同,「漂流民送還制度の形成について」(『海事史研究』五二, 1995).

4) 李薰, 『朝鮮後期 漂流民과 韓日關係』(국학자료원, 2000). 그 밖의 표류민 관련 연구 정리에 대해서는 李薰과 이케우치 사토시[池內敏]가 앞의 저서에서 상세히 정리하고 있으므로 본고에서 그에 대한 언급은 생략한다.

중점적으로 다루고 있는 조선에 표착한 네덜란드인도 결국은 일본이라는 제3국을 경유해 네덜란드 본국으로 귀국하고 있기 때문이다.

이에 본장에서는 근세 동아시아 표류민 송환체제에 보이는 표류민의 제3국경유 송환방식의 의의를 국제관계의 필요성과 연관시켜 고찰해보도록 하겠다. 특히, 본서의 주된 연구 테마였던 네덜란드인의 조선표착을 비롯해 조선과 일본의 기록에서 보이는 표류민의 제3국경유 송환과 동아시아 영역 밖의 표류민이 제3국을 통한 본국송환이 국가권력과 국제관계 속에서 성립되고 있었음을 규명해보도록 하겠다.

Ⅱ. 漂流民 送還體制와 國家權力

우선 근세 표류민 송환체제 속에서 표류민이 본국에 송환되기 위한 기본 전제조건으로서의 국가권력 문제와 이와 관련된 연구성과를 간단히 검토해보겠다.

아라노는 동아시아 표류민 연구에 송환체제라는 개념을 도입함과 동시에 표류민 송환체제가 성립하기 위해서는 국가권력의 존재와 그 통치권이 미치는 범위에서 대외관계를 국가가 장악하고 있는 상황이 전제가 되어야 한다고 하여, 이후 표류민송환에 관한 연구의 기초를 이루었다.[5] 더욱이 근세 동아시아의 '國際關係論'과 표류민 송환체제를 서술하면서 동아시아 제국에는 각기의 '海禁·華夷秩序'에 의해 국가 간의 네트워크가 편성되어 있으며, 그것이 동아시아의 국제관계의 원리를 이루고 있

---

5) 각주 1)번 참조.

어, "표류민 송환체제를 검토한다는 것은 근세 동아시아의 국제관계가 어떻게 기능하고 있었는가를 살펴보는 것과 연결된다."라고 표류민 송환 체제와 국제관계의 밀접한 상관관계를 언급한 바 있다.[6]

한편 근년에 경계를 초월해 바다를 중심으로 한 연구성과를 반영해 국가 레벨이 아닌(=국가권력의 참여가 보이지 않는) '지역'을 중심으로 한 표류민 송환체제를 논하는 연구도 있다. 세키 슈이찌[關周一]는 15세 기를 대상으로 朝·日간의 표류민 송환에 '지역'의 영주가 조선과 직접 표류민 송환교섭을 담당하고 있었다는 점을 근거로 일본 측의 국가적 성격이 희박했으며, 그것이 당시의 송환체제의 특질이었고,[7] 그러한 송 환체제로부터 근세에 들어와 쓰시마번을 창구로 일원화하여 국가주도에 의한 송환체제로 변모했다고 아라노의 견해에 입거해 논고를 맺고 있다.

그러나 이케우치 사토시[池內敏]는 표류민 중에서 조선표류민의 본국 송환이 반드시 幕府 주도하에 행해지지 않고 있다는 것을 주장한다.[8] 이 케우치의 근거를 필자 나름대로 정리해보면 다음과 같은 두 가지 점이 된다.

① 조선인 표류민의 송환과정에서 老中은 일일이 표착사건의 구체적 인 중심 내용에까지 파악하여 통괄하지 않고 있었다.
② 막부는 1795년(寬政 7) 6월에 쓰시마번의 요청에 의해 '표류 조선어 민 보호령'을 발령하고 있지만, 그 배경에는 寬政 6년 윤11월에 쵸슈[長

---

6) 강원대학교인문과학연구소/한일관계사학회주최 국제 심포지엄 초록, 『조선 시대 漂流民을 통해 본 한일관계』(강원대학교국제회의실, 1999년 4월 29~30 일) ; 荒野泰典, 「近世東アジアの國際關係論と漂流民送還体制」(『史苑』 60-2호, 2000)가 있다.

7) 關周一, 「15世紀における朝鮮人漂流人送還体制の形成」(『歷史學硏究』 617, 1991).

8) 池內敏, 「日朝漂流民送還体制における幕藩關係」(『新しい近世史』 2, 新人物 往來社, 1996). 후에 『近世日本と朝鮮漂流民』(앞의 책, 제2장)에 수록.

州] 湯玉浦에 표착한 조선인의 사례가 있다. 그러나 막부가 이 법령을 내
고나서도 1년 정도 논의를 계속하고 있는 사이에 쓰시마번은 1795년 2월
에 전술한 표류민을 조선 측에 송환하고 이 문제를 매듭짓고 있었다.

위와 같은 두 가지 점을 제시한 이케우치는 "이 문제의 해결은 어떻게
보더라도 막부 주도하에 전개된 것이라고 말할 수 없다. 쓰시마번은 말
하자면, 조선외교에 한정되어진 江戸幕府의 외교부국으로서 독자적으로
기능하고 있었다."[9]라고 결론짓고 있다.

그러나 그는 조선 표류민의 표착지(=일본) 국내에서의 송환과정, 즉
막부 주도(필자는 이것을 '국가권력'이라고 받아들였다)의 관여 여부에
만 한정하고 있으며, 그 표류민 당사자가 송환되는 국가(=조선)의 존재
에 대해서는 전혀 언급하지 않고 있다. 과연 그가 사례를 들은 표류 조
선인은 '국가권력'의 존재 없이 송환되었을까 의문이다. 만약에 쓰시마
번이 "에도막부의 外交部局으로서 독자의 기능"을 한 것만으로 조선인
의 송환이 행해졌다고 하더라도 표류민의 송환을 받아들이는 조선이라
는 국가권력의 참여 없이 송환이라는 외교관계는 행해질 수 없었다.

다시 말하면, 근세의 송환체제라는 것은 항상 표류민을 송환하는 상대
(=국가)의 존재를 전제로 하고 있으며, 송환 대상국의 국가권력이 존재
하지 않는 경우에 일정의 체제로서 성립할 수 없는 것이다. 더군다나 이
케우치가 예를 들고 있는 표류민의 송환사례도 결국은 이에 대한 송환
논의가 막부에서 진행되고 있었으며, '표류 조선어민 보호령'이라는 것
도 쓰시마번의 요구에 의한 것이라는 것을 상정해본다면, 전혀 막부(=
국가)가 개입되지 않았다고는 볼 수 없는 것이다.

설혹, 朝·日간의 표류민이 아니라도 해당 표류민의 본국송환에는 양
국의 표류민 송환체재와 밀접한 관련이 있으며, 또한 양국 국가권력의

---

9) 상동.

관여에 의해서 송환이 실현되고 있다. 본서에서 주목하고 있는 1653년
(孝宗 4) 조선에 표착한 네덜란드인의 일본송환은 국가권력을 참여를 보
여주는 좋은 예이다.

일반적으로 조선에 표착한 일본인은 왜관에 인도된 후, 쓰시마번에 이
송되고, 막부의 지시를 기다렸다가 나가사키[長崎]에 보내진다. 나가사
키의 奉行所에서 조사를 받은 뒤, 표류민의 본거주지가 藩領이라면 그
번의 役人에게, 幕領이라면 대관 밑의 역인[代官手代]에게 인도하여 거
주지로 돌려보내고 있었다.[10] 또한 표류민이 쓰시마의 주민일 경우는 사
자를 파견하지 않았으며, 그밖의 경우에는 사자를 파견하고 있었다. 쓰
시마번에서는 이 사자를 '漂差使'라고 하였고, 조선에서는 '漂人領來差
倭'라고 하여 正官·都船主·封進 등으로 구성되어 있었다.[11] 이들 사자
는 조선에 도착하면 서계 전달이 주된 목적이었던 차례를 행하고, 그 후
에 조선국왕에 대한 숭배를 목적으로 한 封進宴을 행하고 있었다. 그런
데, 네덜란드인들도 이러한 송환관례 속에서 일본으로 인도되고 있었다
는 것은 주목할 만한 일이다.

우선, 네덜란드인의 송환과정을 간략히 살펴보면 다음과 같다.[12] 그들
의 송환이 결정된 후에 분치되어 있던 전라도의 3곳(전라좌수영·남원
·순천)에서 남원으로 집결시켰다. 그 후, 전라도 差使員으로부터 경상
도 差使員에게 인도되어 왜관에 보내졌다. 쓰시마번에서는 그들을 인수
받기 위해 正官 히사와 타로사에몬[久和太郎左衛門]과 都船主 및 封進
이 도해하였고, 조선에 도착한 후 茶禮를 행하였다. 네덜란드인들은 이

---

10) 荒野泰典, 앞의 책, 132쪽.
11) 李薰, 앞의 책, 113~150쪽.
12) 네덜란드인의 송환과정에 대해서는 「阿蘭陀人朝鮮江漂着一件」(『分類紀事大
    鋼』 33, 日本國會國立圖書館 소장)에 상세히 기록되어 있으며, 본서의 제5장
    에서 상세히 다루었다.

들 사자에게 인도되었으며, 조선으로부터는 쌀·의복·布 등이 지급된
후, 왜관을 출발해 쓰시마번으로 이송되었다. 쓰시마번에서 나가사키에
도착하기까지의 음식물과 의복 등도 지급되고 있었다. 나가사키에 도착
하자 그들은 봉행소로 보내지고, 그곳에서 봉행의 조사를 받은 후, 나가
사키의 데지마[出島] 네덜란드 상관에 이송되었다.

즉, 네덜란드인의 일본송환은 조선에 표착한 일본인을 일본에 송환하
는 것과 마찬가지의 체제 속에서 행해지고 있음을 알 수 있다. 네덜란드
인을 송환시키기 위해 파견한 사자들의 성격(正官·都船主·封進)은 물
론, 사자가 도착하고 나서 행해진 茶禮와 封進宴, 그들이 일본에 송환될
때 지급된 물품, 쓰시마번에서 나가사키까지의 표류민에 대한 취급, 나
가사키에 도착하고 나서 奉行所에서 조사를 받았다는 것 등, 네덜란드이
라고는 하지만 일본인과 다른 그 어떠한 차별적인 조치도 취해지지 않
았다. 게다가 통상적으로 네덜란드인 표류민을 송환하기 위한 비용은 네
덜란드인 스스로가 부담하지 않으면 안 되었던 것[13])에 비해, 조선에 표
착한 네덜란드인은 일본 표류민과 마찬가지로 쓰시마번 측의 부담이 되
고 있다. 이러한 내용들이 조선표착 네덜란드인들도 일본 표류민과 동일
한 송환방식 아래서 일본에 송환되고 있다는 명확한 근거가 된다.

결국, 네덜란드인의 송환은 朝·日 양국의 국가권력 상호간에 국제관
계라는 틀 속에서 행해지고 있었다는 것이다. 일본의 국가권력이 막부에
있다는 것은 말할 것도 없는 것이지만, 막부 將軍은 물론 老中도 쓰시마
번에 적극적으로 송환에 대한 지시를 내리고 있었다는 점[14])에서 네덜란

---

13) 각주 1)번 참조.
14) 「阿蘭陀人朝鮮江漂着一件」. 이 내용을 소개해 보면 다음과 같다.
　　田嶋左近右衛門 귀국의 답서를 곧 公儀에 올려 보낸 바, 稻葉美濃守로부터
　　殿樣(對馬藩主)에게 보내진 것은 "參判, 參議, 東萊·釜山浦로부터의 답서는
　　어찌되었든 상담을 건친 후에 將軍이 上覽하였다. 上意가 말씀하신 것은
　　'조선에 표착한 네덜란드인이 지금 조선에 있다는 내용이 보이고 있다. 네

드인의 일본송환에 국가권력의 존재는 절대적인 필수조건이었다. 특히, 일본이 네덜란드를 '通商國'으로 위치시킨 국제관계가 존재하고 있었다는 점도 중요한 논점이 될 것이다. 이러한 일례로서 표류민의 본국송환에 국가권력의 전제조건은 입증되지 않을까 생각한다.

Ⅲ. 제3국경유 송환과 國際關係

앞의 절에서는 표류민 송환에 보이는 국가권력의 존재에 대해서 살펴보았는데, 본절에서는 이러한 국가권력과 아울러 국제관계의 존재성에 대해서 살펴보겠다. 특히, 표류민의 제3국경유 송환방식이 이루어지는 전제조건을 국제관계의 존재로 파악하여, 제3국경유 송환이 근세 표류민 송환체제에 또 다른 한 형태의 송환방식이었음을 규명해보고자 한다.

지금까지 표류민을 소재로 한 각기의 논고는 '체제·제도론'과 '상호

덜란드인 수년 일본에 來航해오고 있는 자들이다. 위의 8명을 對馬까지 인도하도록 전해야만 한다'라는 것으로 그 뜻을 전해 받았습니다. 그것에 대해서 재답서를 보낼 때에 老中에게 지시받은 것은, 弘文館의 사람을 거소에 불러들여 그 案書를 준비·정리하여 노중에게 보여드린 바, 案紙는 조금 더 준비를 잘 할 것이고, 淸書를 할 때에는 對馬에서 준비·정리하도록 하라는 것"(「阿蘭陀人朝鮮江漂着一件」. "右衛門歸國之御返翰, 卽公儀江被差上候處, 稻葉美濃守樣より殿樣江被仰渡候者, 參判, 參議, 東萊·釜山浦より之返翰, 何茂御相談有之候而被致上覽候, 上意ニ被仰出候ハ, 朝鮮江致漂着候阿蘭陀人, 于今八人朝鮮江罷有候由書翰ニ相見候, 阿蘭陀人之儀ハ數年日本江來通之者ニ候, 右之八人對州迄指渡候樣可被仰渡之旨被蒙仰候, 就夫再返翰之儀御老中樣江被仰入, 弘文院此方御屋鋪江被召寄, 御案書被相認御老中江被懸御目候所, 案紙一段宜候條, 淸書之儀者於對州被相認候樣ニとの御事").

인식·문화론', 또는 '이국정보론' 등의 여러 가지 분야에서 연구가 축적
되고 있다. 그러나 이러한 선행연구들이 근세 표류민의 송환을 논할 때,
그 대상으로 삼은 표류민의 대부분의 사례들은 동아시아[環中國海] 諸
國의 사람들이었다. 특히, 중국·조선·일본·琉球의 사람들을 연구대
상으로 하였고, 그 연구범위는 거의가 동아시아 범주를 벗어나질 못했
다. 그런데, 공간으로서의 동아시아에는 동아시아의 인적 범위를 뛰어넘
은 '人民'(=동아시아인 이외의 사람)도 활동하고 있었으며, 그들이 동아
시아의 각 지역에 표착하는 경우도 있었다. 또한, 이들이 본국의 귀환하
는 전제 조건으로서 동아시아 속에서의 국제관계에 한정하지 않은 서양
과 동아시아의 국제관계도 존재한다. 앞 절에서 살펴본 것처럼 조선에
표착한 네덜란드인들이 그 한 가지 사례이다. 이러한 사례들은 소수이긴
하지만, 이를 연구의 대상에서 제외시키고 표류민에 대한 종합적인 연구
와 분석은 불가능한 것이다.

결국, 조선에 표착한 네덜란드인들은 어떻게 귀환하였는지가 국제관
계와 표류민 송환의 상관관계를 해결하는 포인트가 될 수 있다. 그렇다
면 그들 네덜란드인들은 어떠한 방식으로 본국에 송환되었을까. 이미 본
서의 제5장에서 조선과 일본 간의 상세한 송환교섭 경위에 대해서는 언
급한 바대로, 바로 제3국경유의 송환방식을 취하고 있다. 즉, 그들이 송
환된 이유는 네덜란드와 조선 사이에 국제관계가 존재했기 때문에 성사
된 것이 아니라, 네덜란드와 일본 사이에 국제관계가 성립되어 있었기
때문이다. 일본은 1600년(慶長 5)에 네덜란드선 리흐데호가 분고[豊後]
에 표착한 이후 꾸준한 관계를 맺고 있었으며, 특히 1609년에는 히라토
[平戶]에 상관을 설치함으로써 근세 일본의 서양관계 중에서 다른 어떤
국가보다도 중요한 위치를 점하고 있다. 이 점은 先學들의 많은 연구가
있어 여기서 특별히 언급할 사항은 아니지만, 조선과 네덜란드의 관계라
는 측면에서 본다면, 일본의 경우와는 매우 차이를 보인다.

1627년(仁祖 5) 얀 얀스 벨테브레(박연)를 포함한 3명의 표착과 전술한 1653년의 하멜 일행의 조선표착으로 발전되는 국제관계 이외에는 그 어떠한 관계도 발견할 수 없으며,[15] 당시로서 양국 간에 어떠한 형태로든 직접적인 국제관계가 존재하지 않는다는 것은 명확하다.

한편, 조선과 일본 사이의 관계도 송환의 전제조건이 된다. 다시 말하면, 표류민의 표착지가 그 표류민이 소속된 자국과 직접적인 국제관계가 없다하더라도 일본이라는 제3국을 경유하여 본국송환이 가능했었다. 단지, 제3국과 표류민의 자국 및 표착지 국가와의 국제관계가 불가결한 성립 조건이 된다. 이러한 표류민 송환과 국제관계와의 구조를 도식화해보면 아래의 <그림 6>으로 설명할 수 있다.

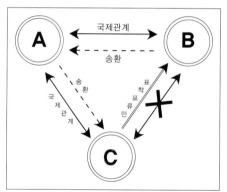

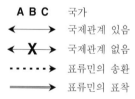

* 다만 여기서 말하는 '國際關係'는 국가 레벨에서의 관계, 즉 외교 내지는 어떠한 형로든 네트워크의 존재를 말한다.

〈그림 6〉 표류민의 제3국경유 송환과 '국제관계'

---

15) 벨테브레의 조선표착에 대해서는 拙稿, 「네덜란드인의 朝鮮漂着에 관한 再考察－漂着船·漂着地·漂着年을 중심으로－」(『史學研究』 58·59합집호, 1999)와 拙稿, 「オランダ人漂流民と朝鮮の西洋式兵器の開發」(『史苑』 第61-1號, 2000)를 참조.

<그림 6>의 제3국경유를 조선표착 네덜란드인에 比定하여 보면, A국은 일본, B국은 조선, C국은 네덜란드가 된다. 네덜란드(C)와 조선(B)과의 사이에 직접적인 국제관계가 없고, 일본(A)과 조선(B), 일본(A)과 네덜란드(C) 사이에는 국제관계가 있었다. 직접적으로 네덜란드(C)와 조선(B) 사이에 국제관계는 없었지만, 조선(B)에 표착한 네덜란드(C)의 표착·표류민은 일본(A)을 통해서 본국 네덜란드(C)에 송환되어진 것이다.

만약에 조선과 일본, 일본과 네덜란드 사이에 그 어떠한 관계도 존재하지 않는다면, 당시 조선과 아무런 관계가 성립되어 있지 않았던 네덜란드인들의 본국송환은 성사될 수 없었다. 국제관계가 없는 국가에 표착한 표류민은 제3국(A국가)을 정점으로 한 표착민 자국(C국가)과 표착지 국가(B국가)와의 국제관계, 즉 외교 내지는 어떠한 형태로서의 네트워크가 성립되어 있어야만 송환이 가능한 것이었다.

이러한 표류민 송환체제의 한 형태는 조선에 표착한 네덜란드인들에게만 국한된 것이 아니다. 조선인과 일본인들이 異國에 표착했을 경우에도 적용되고 있었다. 그러한 사례로서 조선인과 일본인이 安南에 표착한 사건을 들어 보겠다.

安南에 표착한 조선인이 중국이라는 제3국을 경유해 조선에 송환된 경우는 「金大璜漂海日錄」[16]에 기록되어있는데, 그 개략을 보면 다음과 같다. 1687년(肅宗 13) 제주의 鎭撫였던 金大璜 등 24명은 3필의 진상마를 이송하기 위해 제주도를 출발했는데, 폭풍에 휘말려 약 1개월간 표류한 끝에 安南에 표착했다. 표착 후, 安南의 수도에 이송되었는데, 그곳에서 안남 국왕의 허가를 얻어 다시 會安府를 향하였고, 거기서 수 개월간 체재하게 되었다. 국왕에게 몇 번인가의 송환요청을 한 끝에 일본으로 향하는 상선에 기탁하여 귀국할 것을 허락받았는데, 일본 상선이 이들에 대한 송환을 거부했기 때문에 福建으로 행하는 상선에 승선시켜 북경으

---

16) 「金大璜漂海日錄」(李益泰 著/金益洙 譯, 『知瀛錄』, 제주문화원, 1997).

로 보낼 것이 명해졌다. 그런데, 福建의 또 다른 선주가 조선까지의 선박
비를 지불한다면, 조선까지 데려다주겠다고 하였기에 그 선박을 타고 定
海縣 普陀山의 항구에 도착하여 그곳에서 제주도 서귀포까지 돌아온 것
이다. 그 福建의 선주는 陳建과 朱漢源이라는 사람이었는데, 조선정부는
그들에게 조선 표류민을 송환시켜준 답례로 은 2,556냥을 주었고, 육로
를 이용하여 북경으로 귀국시켰다.[17]

이 사례로부터 알 수 있는 바와 같이 安南과 중국[淸] 사이에 국제관
계가 있었기 때문에 金大璜 등의 표류민은 조선으로 귀국할 수 있었던
것이다. 우연하게도 중국인 陳建과 朱漢源에 의해 송환되기는 하였으나,
그것조차도 安南과 중국 사이에 국제관계가 없었다면 성사될 수 없었던
것이었다. 安南 국왕의 본래 의도대로라면 제3국인 일본 경유의 송환이
었는데, 그것도 역시 제3국인 중국의 북경 경유로 변경되었고, 그러한
제3국경유 송환과정 중, 우연한 기회에 의해 福建의 중국인 선주에 의해
서 조선으로 귀국하게 된 것이다. 일본이던 중국이던 조선 표류민의 송
환방법으로 직접적인 송환방식, 즉 安南에서 조선으로의 송환이 아닌 제
3국경유 송환 방법이 취해지고 있었다는 것이며, 결국 그 배경에는 安南
과 중국의 국제관계가 성립되어 있었기 때문에 金大璜 등의 조선 표류
민은 귀국이 가능해진 것이다.[18]

한편, 1765년(明和 2) 12월에 安南에 표착한 일본 표류민(姬宮丸의 선
원)도 전술한 조선 표류민과 거의 같은 경우로 제3국(중국)을 경유해서
일본으로 송환되고 있었다.[19] 이들은 강풍으로 인해 安南의 북부에 있는

---

17) 「陳建朱漢源等問答」(李益泰 著/金益洙 譯, 『知瀛錄』, 제주문화원, 1997).
18) 陳建과 朱漢源은 安南과 중국의 국제관계에 대해서 조선정부에 다음과 같이
　　언급하고 있었다. "安南者進貢於我國, 其君臣撫念漂人一, 則有尊貴國之禮
　　二"(상동)
19) 「奧人安南國漂流記」(加藤貴校訂, 『漂流奇談集成』, 國書刊行會, 1990) ; 川合
　　彦充, 『日本人漂流記』(社會思想社, 1967), 23~38쪽.

마이치바라는 곳에 도착하여 약 2개월간을 체재한 후에 중국인[淸人]
코크쿠와인을 만나 그의 조언으로 會安으로 향하였다. 會安에서 우연히
도 같은 일본인 표류민(住吉丸의 선원)과 만나 그들과 합류하게 되었다.
1767년 2월, 그때까지 생존하고 있던 두 선박의 7명은 이들을 일본으로
귀국시켜주겠다는 통타이쿤이라는 사람의 南京船에 옮겨 타고, 약 3개
월 정도의 선상생활을 거친 후에 5월 나가사키에 도착하였다. 전술한 조
선인이 안남에 표착한 경우와 마찬가지로 중국인 선주가 스스로 일본
표류민을 귀국시켜주겠다고 말하고 있으며, 표류민 송환에 임하고 있다
는 점이 흥미롭다. 이러한 선주들을 표류민 송환체제 속에서 어떻게 평
가해야 하는가에 대해 현재로서는 명확히 규명할 수 없지만, 표류민을
송환시킴으로써 그 어떠한 형태로든 이익을 기대하고 있었던 것은 아닌
가하는 추측을 해본다. 그러나 安南에 중국선이 빈번하게 출입할 수 있
는 국제관계 없이는 일본 표류민들의 송환 역시 불가능한 것이었다.

　유명한 사건이기는 하지만, 일본의 『韃靼漂流記』에 보이는 일본인의
송환 케이스도 제3국경유의 범주에 포함시킬 수 있다.[20] 1644년(仁祖
22), 연해주에 표착한 일본의 어민들이 표착하자마자 여진족에게 습격을
당해 거의 반수 이상이 살해되었는데, 살아남은 15명은 중국[淸]의 지방
관리에게 보호되어 북경으로 이송되어졌다. 그 후, 북경에서 조선으로
이송되어 왜관→쓰시마번을 거쳐 일본으로 송환되었는데, 1644년은 시
기적으로 明·淸교체기로서 아직 淸이 중국 전토를 장악하지는 못했지
만, 북경을 장악한 시기였다. 또한, 조선은 1627년(仁祖 5)과 1636년(仁祖
14)에 두 차례에 걸친 청의 침략을 받고 있었으며, 그 후에는 책봉관계를
맺고 있었다. 즉, 청과 조선의 국제관계가 성립되어 있었기 때문에 조선
을 통해서 일본으로의 송환이 가능했던 것이다. 당시 청이 일본 표류민

---

20) 「韃靼漂流記」(山下恒夫再編, 『江戶漂流記總集』 第一卷, 日本評論社, 1992) ;
　　園田一龜, 『韃靼漂流記の硏究』(ユーラシア叢書 第34卷, 原書房, 1980), 참조.

을 조선을 통해 일본으로 송환시킨 것은 청이 일본과의 책봉관계를 모색하기 위한 하나의 책략이었다라고 하는 연구도 있고,[21] 실제로 조선정부는 청의 일본 표류민 송환에 대해서 청이 일본 측의 답장으로부터 일본과의 관계에 대한 일본의 의도를 탐색하는 것이라고 간파하고 있었다는 사례도 보이고 있다.[22] 하지만, 여기서 중요한 것은 청과 조선 사이에 국제관계가 성립되어 있었기 때문에 생존 일본인들이 조선을 통해 일본으로의 귀국이 가능했다는 점이다.

한편, 조선과 琉球國 사이에도 제3국경유의 표류민 송환은 행해지고 있었다. 1530년(中宗 25)에 제주도에 표착한 7명의 琉球人은 북경경유로 송환되고 있었으며, 1589년(宣祖 22)에 진도에 표착한 琉球 상인 30여명도 북경 경유로 송환되고 있었다.[23] 이는 중세에도 제3국경유의 표류민 송환이 이루어지고 있었다는 사례인데, 근세에 들어와서는 조선인이 琉球에 표착했을 경우 중국을 통한 제3국경유 송환방식이 여러 차례 보이고 있다. 즉, 조선인이 琉球에 표착하면, 福建→北京→조선의 제3국(중국)을 통한 송환이 많은데, 1661년의 경우와 같이 사쓰마[薩摩]→나가사키[長崎]→쓰시마[對馬] 경유로 송환되기도 하였다.[24] 다시 말하면, 조선과 琉球國 사이의 표류민은 일본·중국이라는 제3국과의 국제관계라는 전제 조건 위에 일본과 중국을 경유하여 송환되고 있었던 것이다. 이 경우, 조선과 琉球國 사이에는 국제관계가 명확한 존재형태로 성립되어 있었다고 말할 수 없는 단계에 있었기 때문이며, 따라서 필요에 응해 제3국경유의 송환이 이용되고 있었던 것이다.

---

21) 川勝守, 『近世日本と東アジア世界』(吉川弘文館, 2000), 164~170쪽.
22) 『備邊司謄錄』, 仁祖 24년 정월 초5일조.
23) 李薰, 「人的 교류를 통해서 본 朝鮮·琉球관계」(河宇鳳·孫承喆·李薰·閔德基·鄭成一, 『朝鮮과 琉球』, 마르케, 1999), 214쪽 <표 3>.
24) 상동, 221쪽 <표 4>.

17세기 이전의 조선과 琉球國 사이에서 표류민의 중국 경유 송환은 明이 주변 국가 간의 동향파악에 관심을 가지고 있어 양국의 표류민에 대해서 북경 경유 송환을 적극적으로 장려하고 있었기 때문이라는 견해가 보이고 있다.[25] 또한, 李薰에 의하면, 1638년(仁祖 16) 이후의 우회송환(제3국 송환)은 조선과 琉球國 사이에 소위 '無私交之禮'라는 직접적인 통교가 중단되어 있었다는 상황이 전제되어 있으며, 琉球가 중국과 일본에 兩屬되어 있었기 때문이라고 한다.[26]

그런데, <그림 6>에서 보는 바와 같이 송환관계에서 제3국이 표류민이 소속하는 자국과의 국제관계가 없는 경우에는 송환되고 있지 않았다. 그러한 명확한 사례를 조선에 표착한 표류민으로 살펴보도록 하겠다.

1801년(純祖 元)에 제주도의 唐浦에 대형선박이 표착하였는데, 표착 후 그 선박은 남방 '黑人' 5명을 하선시켜 놓은 채 도주한 사건이 발생하였다.[27] 高柄翊에 의하면 그 대형선박은 포르투갈 선박으로 표착한 5명은 마카오에 살고 있던 흑인 노예일 것이라고 한다.[28] 조선정부는 이들에 대한 해결책으로 중국에 사신을 파견할 때, '黑人' 표류민을 동반시켜 중국(북경) 경유로 본국에 송환하려고 하였다.[29] 그러나 그들 5명이 북경에 사신과 함께 도착하기는 하였으나, 중국정부는 "그들이 어느 나라의 사람인지도 모르기 때문에 돌려보낼 道理가 없다."라는 이유로 표류민에 대한 인수를 거부하였다. 조선 측은 어쩔 수 없이 그들을 조선에 다시 이송시키게 되는데, 그들이 처음에 표착한 장소, 즉 제주도로 돌려보내게

---

25) 양수지,『朝鮮·琉球關係 연구 - 朝鮮前期를 중심으로 - 』(한국정신문화연구원 한국학대학원 박사학위논문, 1994).

26) 李薰,「人的 교류를 통해서 본 朝鮮·琉球관계」(河宇鳳·孫承喆·李薰·閔德基·鄭成一,『朝鮮과 琉球』, 마르케, 1999), 220쪽.

27) 鄭東愈 著·南晩星 譯,『晝永編』上(乙酉文化社, 1971).

28) 고병익,「南蠻黑人의 濟州漂着」(『東亞交涉史의 硏究』, 서울대학교출판부, 1970).

29) 각주 27)번을 참조.

하였다. 그 후, 그들 중에서 2명은 사망하고 3명은 생존해 있었다고 『畫永編』에는 기록되어 있다. 결국, 그들 5명의 '黑人' 표류민은 송환되지 못한 채 조선에서 일생을 마치고 만 것이다.

여기에서 그들이 송환되지 못한 이유가 중국과 표류민(5명의 '黑人') 자국 사이에 국제관계가 존재하고 있지 않았다는 점, 즉 중국 측의 입장에서 볼 때 흑인들의 본국이 어디인지 확인할 수 없었기 때문에 인수를 거부하고 있었다는 것은 말할 필요도 없다. 단지, 1627년에 네덜란드인 벨테브레(박연)가 조선에 표착했을 당시, 조선정부는 그를 왜관에 인도하려했으나 쓰시마번에서 인수를 거부한 사례가 있다. 그 당시에 네덜란드와 일본 사이에 국제관계가 있었음에도 불구하고 인수를 거부된 이유는 조선과 일본 사이에 표류민 송환체제가 아직 정립되어 있지 않았으며,[30] 네덜란드와 일본 사이에도 양국의 표류민 송환체제가 정비되지 않았기 때문이라고 판단된다.

네덜란드와 일본 사이에 표류민 송환체제가 정비되기 시작한 것은 1643년 이후부터이다. 즉, 1643년 네덜란드 선박 브레스켄스호가 야마다[山田]浦에 표착한 사건 이후, 막부는 네덜란드선의 표착에 대한 처리기준을 만들고 있었기 때문이다. 이 브레스켄스호 사건은 일본 북방지역에 대한 탐험과 금은섬 탐험을 목적으로 바타비아를 출발한 브레스켄스호가 1643년 6월 16일(일본음력) 식품과 음료수를 보급하기 위해 야마다浦에 하선했을 때 선장 스하프를 비롯한 10명이 일본 측의 포로가 되어 그 후 10여 명은 같은 해 12월이 되서야 네덜란드 상관의 상급 상무원 에르세라크에게 인도된 사건을 말한다.[31]

---

30) 아라노 야스노리[荒野泰典]에 의하면, 朝·日간의 표류민 송환체제가 안정되기 시작한 것은 1627년이라고 한다(앞의 책, 128쪽).

31) 板澤武雄,「蘭船ブレスケンス號の南部入港」(『日蘭文化交涉史硏究』, 吉川弘文館, 1959) ; 永積洋子 譯,『南部漂着記－南部山田浦のオランダ船長コルネ

카토 에이치[加藤榮一]에 의하면 막부는 브레스켄스호 사건이 네덜란
드와 사이에서 해결되자, 그 사후 처리와 금후의 방침에 대해서 토시요
리슈[年寄衆][32] 連署의 奉書를 오오메쯔케[大目付][33] 이노우에 마사시
게[井上政重]와 두 명의 나가사키 봉행에게 하달하였고, 그 후 奉書의
내용은 네덜란드인에게도 전달되었다.[34] 여기에서 카토는 그 奉書를 분
석함과 동시에 奉書의 제2개조의 내용을 들어 "표류민 송환체제의 일환
으로서 네덜란드선의 경우를 명확하게 보여준 것"이라고 그 의의를 부
여하고 있다. 그 奉書 제2항의 취지는 다음과 같다.

> 네덜란드선은 일본의 어느 항구에 표착하더라도 그 안전을 보장할 것,
> 단지 그때에 네덜란드인이 사정을 솔직하게 갖추어 알릴 것이며, 토지의
> 영주·집정관의 임검을 받은 후에 자유롭게 출선시킬 것. 그때에는 이번
> 의 브레스켄스호와 같은 부당한 행동이 있어서는 안 된다.[35]

위의 내용은 일본 측이 브레스켄스호 사건 직후 네덜란드선 표착에
대한 기본 방침을 세우고 있었다는 것인데, 1627년의 벨테브레의 조선표

리스·스하프の日記-(キリシタン文化硏究會, 1974) ; 加藤榮一,「ブレスケン
ス號の南部漂着と日本側の對應-附·奧國南部領國繪図に描かれたブレスケ
ンス號-」[『日蘭學會會誌』 27號<14-1>, 1989. 후에 『幕藩制國家の成立と對
外關係』(思文閣出版, 1998)에 수록] ; レイニア·H·ヘスリンク/鈴木邦子 譯,
『オランダ人捕縛から探る近世史』(山田町敎育委員會, 1998).

32) 武家에서 政務를 담당하는 重臣. 室町幕府의 評定衆·引付衆, 江戸幕府의
老中, 大名의 家老 등.

33) 江戸幕府의 職名으로 1632年에 설치되었다. 당초에는 總目付라고 불려졌는
데, 老中 밑에서 大名·旗本·諸役人의 政務와 行狀에 대한 監察을 주된 임
무로 했다.

34) 加藤榮一,「ブレスケンス號の南部漂着と日本側の對應-附·奧國南部領國繪
図に描かれたブレスケンス號-」, 앞의 논문.

35) 상동. 이 문서는 네덜란드 국립하그공문서관에 사본이 소장되어 있는 것으
로 본고에서는 카토 에이치[加藤榮一]의 논문을 재인용하여 번역한 것이다.

착사건과 1653년의 하멜 일행 표착사건을 비교해보면 이해가 쉬울 것이다. 브레스켄스호 사건 이전인 1627년에는 뻴테브레의 송환 인수(왜관에서의 인수)를 거부했으나, 이 사건 이후인 1653년의 하멜 일행에 대해서 오히려 일본 측이 송환요청을 하고 있기 때문이다. 그것은 네덜란드인이 일본이 아닌 조선에 표착한 경우라 하더라도 네덜란드인이 잔류하고 있는 것을 확인한 이상 방치해둘 수는 없었기 때문이다.

이상의 내용으로부터 확인되는 것은 표류민의 제3국경유 송환에는 앞절에서 본 국가권력이 전제된 위에 제3국과 표류민의 자국, 제3국과 표류민이 표착한 국가 사이의 국제관계가 성립되어 있어야만 표류민이 송환될 수 있다는 것이며, 이는 근세 표류민 송환체제의 또 다른 한 가지 형태로 존속되고 있었다는 것이다.

Ⅳ. 異國 표류민의 송환유형

그렇지만, 국제관계를 가지고 있지 않는 異國人이 표착했을 경우, 제3국경유만으로 송환된 것은 아니다. 그것은 표류민에 대한 처리 방법으로서의 한 가지 유형이었다. 본절에서는 이렇게 국제관계가 성립되어 있지 않은 異國人이 표착했을 경우, 어떠한 형태로 처리되고 있었는가에 대해 그 유형을 대표적인 사례와 함께 정리해 보도록 하겠다.

첫째, 송환되지 않고 표착지와 그 해당 국가 영역 내에서의 체재를 강요받은 유형이 있다. 단지, 이 유형에는 표착지의 국가권력이 제3국경유로 송환시키려고 했다가 실패로 끝난 경우와 표류민 스스로가 표착지에서의 체재를 희망한 경우를 포함한다. 사례로서는 1627년 조선에 표착한

네덜란드인 **벨테브레**와 전술한 제주 표착의 남만 '黑人'이 해당된다. 그 표류민 속에는 '고용 외국인'으로서 평가될 수 있는 경우가 있는데, 조선의 경우는 훈련도감에 배속되어 조선의 군사력 강화에 기여한 **벨테브레**, 일본의 경우는 도쿠가와 이에야스[德川家康]의 소위 고용외국인(お雇い 外國人)이라고도 할 수 있는 영국인 윌리엄 아담스(일본명은 미우라 안 징, 三浦按針)가 그 대표적인 사례이다.

둘째, 송환은커녕 표착지의 지역 주민에게 살해되고 마는 유형이 있다. 캄차카 반도 주변에 표착한 일본인이 살해된 경우와 『韃靼漂流記』에 보이는 일본인이 연해주에 표착했을 때, 대부분이 살해된 경우가 여기에 속한다. 조선의 경우, 16세기 중반에는 일본의 표류민이 살해(斬獲)되는 경우가 많이 보이고 있으며, 때로는 비변사가 일본인 표류민에 대한 斬 獲을 진언하여 실행된 적도 있었다.36) 그 원인이 1510년(中宗 5) '삼포왜 란', 1544년(中宗 39)의 '사량진왜변', 1555년(明宗 10)의 '을묘왜변'에 의 한 朝·日간의 국제관계가 일시적으로 붕괴된 것에 기인한다는 것은 말 할 필요도 없다.

셋째, 본장의 주된 소재인 제3국경유로 송환되는 유형이 있다. 사례 로서는 전술한 조선표착의 네덜란드인(하멜일행 중 8명이 탈출한 후에 조선에 남아있던 7명에 대한 일본으로의 송환)과 『韃靼漂流記』에 보이 는 생존자 15명이 조선을 경유해 일본으로 송환된 사실이 이 유형에 속 한다.

넷째, 自力으로 표착지로부터 귀환하는 유형이 있다. 이 경우, 완전한 자력 귀환으로 보기 어려운 부분도 있으며, 표류민의 자력 귀환에 대한 또 다른 유형도 파악해야하겠으나, 우선적으로 카와이 히코미츠[川合彦 充]가 제시한 자력 귀환에 대한 분류방법을 적용해보겠다.37) 즉, ①표착

---

36) 李薰, 『朝鮮後期 漂流民과 韓日關係』, 46~51쪽.
37) 川合彦充, 『日本人漂流記』(社會思想社, 1967), 161~165쪽.

했을 당시의 선박(元船)으로 귀환, ②傳馬船(선박에 장비된 연락선과 같은 작은 배)으로 귀환, ③표류민 자신들이 선박을 만들어 귀환, ④어떤 형태의 수단으로든 선박을 입수해 귀환하는 방법 등이 있다. 사례로서는 1653년 조선에 표착한 하멜 일행 중에 8명이 1666년(顯宗 7) 일본으로 탈출한 사건이 이 유형에 속한다. 그들은 조선의 국가권력에 의한 송환이 아니라 배를 스스로의 힘으로 획득하여(구입) 도주하였기 때문에 이것도 자력귀환이라고 할 수 있다. 또한, 1797년(正祖 21)에 동래에 표착한 異國船이 기후를 기다려 나중에 귀환한 것도 한 가지의 사례이다.[38] 그 때, 동래부사・부산첨사・역관 등이 이 異國船에 승선한 적도 있었지만, 별다른 통제 없이 좋은 날씨를 기다려 출항했다.

다섯째, 표류민의 자국과 표착지의 국가 사이에 국제관계는 없지만, 국제관계를 성립시키기 위해 그 계기로서 표류민을 본국에 송환시킨 유형이 보이고 있다. 사례로서는 伊勢國 度會郡 神社村의 船主 太兵衛 등 12명이 마카오에 가까운 작은 섬에 표착했는데, 마카오에 있던 포르투갈인은 일본과의 통상을 모색하기 위해 이들 표류민을 산・파울로호에 승선시켜 對日使節과 함께 송환시킨 예가 있다. 또한 러시아의 예카테리나 2세호에 승선시켜 락스만으로 하여금 대일교섭시에 송환시킨 光太夫 등의 경우도 있다.[39]

이상 다섯 가지 유형으로 표류민의 송환 방식을 살펴보았는데, 실제적으로는 이 유형들이 서로 복합되어 발생되는 경우가 많다. 전술한 1653년 하멜 일행의 조선표착의 경우, 일본에 도주한 하멜 등 8명은 네 번째의 유형이 되며, 8명이 탈출한 후, 조선에 잔류하게 되어 나중에 일본에 송환된 하멜의 동료 7명은 세 번째의 유형이 된다. 또한,『韃靼漂流記』에 보이는 일본 표류민의 경우, 표착할 당시에는 대부분이 살해되어 두

---

38)『晝永編』, 앞의 책.
39) 川合彦充, 앞의 책, 12~23쪽.

번째의 유형이 되고, 그 생존자는 북경에서 조선 경유로 일본에 송환되고 있었기 때문에 세 번째의 유형이다. 즉, 표류민의 귀환 내지는 송환 방식에 이 다섯 가지의 유형이 복합적으로 발생되는 케이스도 다수 존재하고 있었던 것이다.

V. 맺음말

본장의 주된 안점은 근세 표류민 송환체제에 국가권력과 국제관계가 어떻게 결부되어 있는지를 확인해보는 것이었고, 또 지금까지는 언급되지 않았던 국제관계 속에서 제3국경유의 송환 유형을 고찰해보는 것이었다. 고찰의 결과, 근세에는 표류민의 본국에 직접적으로 송환하는 방식 이외에 제3국을 경유하여 송환되는 방식이 존재하고 있었으며, 다수의 사례가 기록상에 나타나 있음을 알 수 있었다.

그런데, 여기에서 중요한 점은 단지, 제3국을 통해 송환하는 방식에는 전제조건이 필요하다는 것이다. 일반적으로 조선과 일본의 경우와 같이 표류민 자국과 표류민이 표착한 국가와의 사이에 외교관계 내지는 국제관계가 존재했을 때, 직접적인 송환방식이 이루어졌었다. 하지만 본 논문에서 살펴본 바와 같이 제3국을 경유해 표류민이 본국으로 송환될 때에는 제3국을 정점으로 표류민 자국과 제3국, 표류민이 표착한 국가와 제3국 사이에 국제관계가 전제조건으로서 존재해야만 한다. 당연히 여기에는 각국의 국가권력이 존재하지 않으면 송환도 성사될 수 없는 것이었다.

이는 근세 동아시아의 표류민 송환체제가 단지, 표류민의 자국과 표착

국 사이의 송환문제로 해결될 수 없음을 증명해주는 것이며, 표류민 송
환체제의 총체적인 구조를 파악하기 위해서는 표류민 자국의 국제관계,
그리고 표착국의 국제관계가 상호 밀접하게 연동하고 있음을 보여주는
것이다.

한편, 본장에서는 근세 동아시아 각국의 표류민 송환체제와 국제관계
의 상호 밀접한 관계를 규명하기는 했지만, 성격별로 규명하지 못했다.
또한, 본문에서 사례로 들은 제3국경유의 송환 이외에도 근세 표류민의
제3국경유 송환은 기록 속에도 상당한 사례가 존재하며, 이러한 사례의
통계분석을 총체적으로 실시하지는 못했다. 이에 대해서는 본서의 남겨
진 과제로 삼겠다.

제7장
네덜란드의 동아시아 진출로 본 조선과 일본

Ⅰ. 머리말

근래에 들어와 국내에서는 네덜란드에 대한 관심도가 높아지고 있는데, 이것은 2003년도가 『하멜보고서』를 저술한 헨드릭 하멜이 조선에 표착한지 350주년과 관련되어 많은 학술 행사가 진행되었기 때문일 것이다. 이러한 측면에서 마치 하멜로부터 한국과 네덜란드 관계가 시작되었고, 또 한국을 처음으로 서양에 소개한 것이 하멜이라는 인식이 일반화되고 있는 듯이 보인다. 하지만, 하멜로부터 네덜란드 관계가 시작되지도 않았으며, 하멜이 한국을 처음으로 서양에 알린 사람도 아니다.[1]

그 하나의 증거로서 17세기 초엽부터 시작된 네덜란드의 조선에 대한 무역계획과 시도를 들 수 있는데, 이것이 바로 본장에서 살펴볼 고찰 내용이다. 네덜란드는 1515년부터 에스파냐의 지배를 받아왔으나, 1566년부터 신교도 중심으로 에스파냐와의 독립전쟁에 돌입하여, 1581년 에스파냐를 몰아내고 신교국으로서 독립을 선언하게 되었다. 그 후, 네덜란드의 각지에서는 수많은 무역 회사들이 설립되나, 각 회사들의 경쟁과 난립을 방지하기 위한 의회의 요망에 따라 1602년 국가 주도하에 통합된 회사, 즉 세계 최초의 주식회사라고 말할 수 있는 네덜란드 동인도연합회사(Vereenighde Oost-Indische Compagnie, 이후, VOC로 약칭)를 창립하게 된다.[2] 이 회사는 정부로부터 대외무역의 독점권을 부여받고 있었으며, 외국과의 조약체결 및 군대 편성, 관리의 임명 등에 대한 권한도 가

---

1) 拙稿, 「하멜을 통해 본 조선·네덜란드·일본의 국제관계」(국립제주박물관 편, 『항해와 표류의 역사』, 솔출판사, 2003), 312~314쪽.
2) 永積昭, 『オランダ東インド會社』(近藤出版社, 1971). 제2장 「VOC의 탄생」 참조.

지고 있어 이른바 정치·경제·군사권을 가진 권력집단이 되었다. 한마디로 네덜란드가 VOC이며, VOC가 네덜란드인 일종의 회사 국가였던 것이다.

이러한 VOC가 동아시아에 진출하면서, 1609년 일본의 히라토[平戶]에 무역상관을 설치하면서 일본무역을 추진하고 있었다는 것은 널리 알려져 있으나, 동시기에 조선무역 또한 계획하여 실제로 시도하고 있었다는 점은 선행연구에서 전혀 언급되지 않았다. 더욱이 조선무역에 대한 의도는 VOC 내부에서 동아시아 지역에 있다고 하는 '금은도 탐험'과 맞물려 실행·중단을 반복하면서 17세기 중반까지 계속되고 있었으며, 하멜 일행이 본국으로 귀국한 1668년부터는 코레아호라는 선박을 만들 정도로 조선무역에 열의는 강렬했다. 즉, 조선표착 네덜란드인이 VOC에 조선무역에 대한 불씨를 다시 퍼트리는 계기가 되었던 것이다.

한편, 근래에 들어와 일본과 네덜란드의 관계로부터 일본의 '근대화 성공'을 설명하고, 또 그 연장선상에서 조선과 네덜란드의 관계로부터 조선의 근대화 문제를 취급하는 경향이 두드러지게 보이고 있다. 즉, 일본은 네덜란드의 관계가 있었기에 근대화에 성공했고, 조선은 네덜란드와의 직접적인 관계가 없었기 때문에 근대화의 후진성을 보일 수밖에 없었다고 하는 주장들이다. 그리고 그 후진성의 원인을 네덜란드와 조선과의 사이에 직접적인 무역관계의 가능성이 단절된 것에서 찾아, 그 단절의 원인을 막부의 방해로 인식한 동시에 근대에 들어와 일본의 식민지가 되어버린 조선의 식민지 문제까지도 확대시켜 이해하고 있다. 이러한 주장의 타당성을 포함해, 과연 네덜란드와의 관계가 근대화의 첩경이었는지, 다시 재검토해볼 필요성도 있다.

이전, 필자는 『하멜보고서』와 관련해 VOC의 조선무역기도에 관해 논증을 시도한 적이 있었는데, 전술한 조선 근대화와의 관련성에 대한 문제는 해결치 못한 과제로 남겨두었으나,[3] 여기서 해결해보고자 한다. 또 그 외에 해결치 몇몇 문제점들도 있었는데, 여기서는 고찰의 대상을 넓혀, VOC의 금은도 탐험 속에서 조선이 과연 어떠한 위치에 있었는가, VOC가 그토록 열정적으로 조선무역을 추진해왔던 근본적인 이유는 어디에 있었는지, 또 조선무역의 철회의 원인이 어디에 있고, 또 이를 朝·日관계 속에서 어떻게 평가해야하는지에 대해 검토해보겠다. 그리고 朝·日 근대화 비교론을 비롯해 VOC가 조선무역보다 일본무역에 집착할 수밖에 없었던 원인과 배경을 동아시아 국제관계사 속에서 규명하는 것도 본장의 가장 중요한 목적이다.

II. 유럽의 '金銀島 探險'과
VOC의 동아시아 진출

1. '金銀島 探險'에 의한 동아시아

VOC의 조선무역 계획에 대해 검토하기 전에 우선, 네덜란드의 동아시아 진출의 배경이기도 한 유럽세력의 금은도 탐험의 역사를 언급하지 않을 수 없다. 이에 관한 연구는 일찍부터 오바타 쥰[小葉田淳]이나 후나코시 아키오[船越昭生] 등의 연구가 있어,[4] 여기서 이에 대한 상세한

---

3) 拙稿, 「17세기 네덜란드의 朝鮮貿易企圖에 관한 고찰」(『史學研究』 55·56, 한국사학회, 1998).

4) 小葉田淳, 「日本の金銀外國貿易に關する研究－鎖國以前に於ける－(1·2)『史學雜誌』 44-10·11(東京大學校 史學會, 1933) ; 同, 『日本と金銀島』(創元社, 1942) ; 船越昭生, 『北方圖の歷史』(講談社, 1967), 第2節「金銀のいざさい－東方への憧れ」.

고찰은 생략하겠다. 다만, 16세기 전후부터 금은도 탐험은 네덜란드의 조선에 대한 무역계획과 깊은 관련을 가지고 있기 때문에 본서의 시대적 배경으로서 간단히 언급해 하고 본론으로 들어가겠다.

고대부터 유럽에서는 아시아 지역의 금은도에 대한 지대한 관심을 가지고 있어서 초기에는 인도 주변에 있다고 하는 금은도가 동남아시아 지역을 거쳐 서서히 일본 주변에까지 轉移된다. 그 배경에 마르코 폴로(Marco Polo)의 유명한 『東方見聞錄』에 보이는 '지팡그(황금의 나라 일본)설'이 있었다는 것은 말할 필요도 없는 것이지만, 그의 견문록이 유럽의 아시아 진출과 이른바 대항해 시대를 맞이해 상당한 영향을 주었다는 것은 중요한 사실이다. 한편, 콜럼버스의 항해가 계기가 되어 카리브해역에서의 금 탐험도 시작되었고, 그 후 중남미 지역의 황금을 위해 파나마 해협 및 현 콜롬비아의 북쪽 해안기슭에서 조직적 탐험을 실시하는 집단이 생겨났다. 실제, 그 지역에는 잉카제국이 있었고, 그 지역에 진출하고 있던 스페인은 다량의 금을 획득하고 있었다. 그러한 상황 속에서 1531년에 잉카제국도 유럽 금 착취의 희생양이 되어 멸망하고 말았다.

물론, 그 이전의 유럽은 15세기 중엽부터 '大金銀荒'이라고 말해질 정도로 경제적인 불황을 경험하고 있었고,[5] 아시아의 향료나 무역을 위한 대금으로서 막대한 금은이 필요했던 것도 아시아 진출의 주요한 원인 중의 하나이다. 선행연구에 의하면, 16세기부터 17세기까지 유럽에서는 아시아의 향료 제도를 둘러싸고 각국이 격심한 진출경쟁을 하고 있었다는 것이 정설로 자리 잡고 있지만,[6] 덧붙여 일본의 금은 광산 개발의 증가와 금은 무역의 발전이 그 배경에 자리 잡고 있다는 것도 상기하지 않

---

5) ウィリアム・アトウェル, 「ユーラシアの'大金銀荒'」(『東アジア世界の地域ネットワーク』, 山川出版社, 1999).

6) R. A. スケルトン 著/增田義郎・信岡奈生 공역, 『圖說・探險地圖の歷史－大航海時代から極地探險まで－』(原書房, 1991), 138～156쪽.

으면 안 된다. 일본의 은광 개발이나 막대한 은 수출이 그 배경을 이루
었고, 또 16세기 초엽 포르투갈인이 琉球 선박에 의한 다량의 금 수출을
傳聞으로 보고한 것도 그 계기가 되고 있었다.[7]

한편, 16세기 중반 무렵부터는 포르투갈인이 일본에 왕래하게 되었고,
1600년에는 리흐데호가 분고[豊後] 지역에 표착하면서 네덜란드인도 일
본에 내항하게 되었다. 거기에 동반하여 금은도의 탐사도 각국에서는
관심을 가지게 되는데, 1608년에는 멕시코→필리핀 항로를 중심으로,
북위 34~35도에 위치하는 금은도를 조사하기 위해 비스카이노(Sebastian
Vizcaino)의 탐험이 있었으나, 금은도의 발견에는 실패하였다.[8] 네덜란드
도 일본에 진출한 후, 수차례에 걸쳐 금은도 탐험을 실시하고 있었다.
1643년의 네덜란드선 브레스켄스호의 야마다[山田] 표착 사건도 일본
주변 지역의 금은도 탐험 도중에 일어난 것이다.[9] 또한, 브레스켄스호
와 동시에 바타비아를 출발한 커스트리컴호도 마찬가지로 금은도 탐험
의 목적으로 일본 북동해역을 탐험하고 있었다.[10] 물론 두 선박에게는
금은도 탐험 이외에 일본 북단 지역의 정밀한 조사(蝦夷地, 즉 북해도를
포함)와 달단('타타르'라고도 하며 연해주 주변지역을 가리킨다) 지역
조사, 항해에서 발견한 토지·섬·무인 지역의 네덜란드령화 등의 목적
이 있었다.[11] 당시의 유럽인은 항상 무역에 의한 이익을 염두에 두고

---

7) 小葉田淳, 앞의 논문.
8) 村上直次郎 譯註, 『ドン・ロドリゴ日本見聞錄/ビスカイノ金銀島探檢報告』(奧
   川書房, 1941). 또한, 異國叢書시리즈에도 수록되어 있다(『ドン・ロドリゴ日
   本見聞錄/ビスカイノ金銀島探檢報告』, 駿南社, 1929).
9) 永積洋子 譯, 『南部漂着記－南部山田浦漂着のオランダ船長コルネリス・ス
   ハープの日記－』(キリシタン文化研究會, 1974). レイニア・H・ヘスリンク著,
   『オランダ人捕縛から見る近世史』(山田町敎育委員會, 1998).
10) 幸田成友, 「金銀島探檢－カストリクム號航海日誌－」『史話南と北』(慶應出版
    社, 1948) ; 北構保男, 『一六四三年アイヌ社會探訪記－フリース船隊航海記錄
    －』(雄山閣出版, 1983).

동아시아에 진출함과 동시에 금은도 탐험도 병행하여 실시하고 있었던 것이다.

그 후 18세기에 들어와서 라페루즈(Lapérouse)가 프랑스 국왕 루이 16세의 명을 받아 조선의 동해안, 달단, 사할린, 캄차카, 북해도, 등의 연해를 탐험했는데, 그 원래 목적은 대서양 남방해역, 남극양, 적도 해역, 태평양 북방해역에 대한 조사였다. 주로 이 4개의 해역에서 ①항해 계획, ②정치무역 조사, ③과학 조사 등이었다.12) 그러나 금은도 탐험과도 무관하지 않았다. 즉 1620년 스페인이 발견했다고 전해졌던 일본의 동북해상 약 380해리, 북위 37도 30분 부근에 있는 금은도의 조사도 국왕에게 부여받은 중요한 항해목적 속에 포함되어 있었다.13) 1803년에는 러시아의 제독 크루젠슈테른(Ivan Fyodorovich Kruzenshtern)이 1610년에 위도 37.5도 일본 동방 40리그 부근에서 발견되었다고 하는 금은도를 탐험했지만 역시 실패했다.

유럽인들이 처음에 인도 주변에 존재한다고 여기고 있던 금은도는 지리상의 발견과 인식의 확대에 따라 점차적으로 인도로부터 주변 지역으로 옮겨갔다. 그 과정을 크게 살펴보면, 인도 주변→동남아시아 주변→琉球→일본→일본 주변으로 인식의 轉移가 이루어진 것이다. 이렇게 동아시아 쪽으로 이동하게 된 사정에는 유럽세력의 일본 진출과도 관련되어 있으며, 지도제작과도 깊은 관련을 맺고 있다. 금은도의 종착지가 일본 주변이라고 하는 것도 당시 유럽에 일본 서북부와 조선의 동해안 등에 대한 지리적 지식이 불충분했기 때문일 것이다. 그 후, 이 지역에 대

---

11) 永積洋子 譯, 앞의 책, 「付錄史料 1」, 105～124쪽.

12) 小林忠夫 編譯, 『ラペルーズ世界周航記－日本近海編』(白水社, 1988), 32～37쪽 ; 李鎭明, 「1787년 프랑스 라페루즈 탐험대의 울릉도 발견」(『독도, 지리상의 재발견』, 삼인, 1998).

13) 小林忠夫 編譯, 앞의 책, 183쪽.

한 탐험이 계속되는 것과 동시에 지리적 실상이 밝혀짐에 따라 유럽의
'金銀島說'은 단순한 이상향으로서 역사에 남게 되었다. 즉, 금은도의 행
방을 밝혀내려고 하는 유럽인의 욕망이 지리상의 발전을 가져온 하나의
원인이 되었던 것이다.

그렇다면 금은도의 최종 종착지는 어느 곳인가. 그것은 일본의 북방
동북해역이었다고 생각된다. 17세기부터 이 지역에 대한 탐사가 계속되
고 있으며, 전술한 러시아의 탐험대가 마지막으로 금은도에 대한 조사
를 실시했던 곳이기도 하다. 하지만, 그 금은도에는 조선(=한반도)도 포
함되어 있었다. 9세기 무렵의 아라비아 학자의 저서에 보이는 바와 같이
풍부한 금이 존재한다고 하는 '와쿠와쿠(WakWak)'가 일본, 수마트라, 마
다가스카르의 어느 한 쪽일 것이라는 논의 속에서 같은 책에는 '시라
(Sila)'가 신라에 해당된다는 평가도 있었다.[14] 그 '시라'가 신라라고 한다
면, 한반도의 금은도설은 9세기부터 시작하고 있는 것이다. 그러나 16세
기까지 유럽 세력이 한반도를 금은도로 지정해 탐험을 실시한 예는 보
이지 않는다. 17세기 1653년에 조선에 표착한 하멜 일행 8명이 1666년에
조선을 탈출해 일본을 통해 귀국하게 되면서 다시 한반도의 금은도설이
부상하게 된다.

2. VOC의 일본 진출과 조선무역의 여명기

VOC는 1609년에 일본 히라토[平戸]에 상관을 설치하고 업무를 개시
하였으며, 1612년에 최초의 중국무역선이라고 말할 수 있는 2척의 정기

---

14) 小葉田淳, 앞의 책, 38~51쪽 ; Goeje 著/遠藤佐々喜 譯, 「日本に關する亞剌比
亞人の知識」(『東洋學報』5-1, 東洋學術協會, 1915) ; 的場節子, 「南海のワクワ
ク, シーラと古地圖に見る極東黃金島再考」(『歷史地理學』195, 歷史地理學會,
1999).

선이 브로뷔(H. Brouwer)의 지휘로 일본에 도착했다.

그는 함대장인 동시에 초대 상관장이었던 자크 스펙스(Jacqes Specs)의 후임을 겸하고 있었지만, 스펙스와 함께 도쿠가와 이에야스[德川家康] 를 방문하여 당시 네덜란드의 군주였던 마우리츠(Maurits) 왕자의 서한 을 제출했다. 이 서한은 1609년 이에야스가 네덜란드에 보내는 서한의 답장이었는데, 네덜란드와의 무역 통상 허가에 대한 정중한 감사와 경 의를 나타내는 한편, 당시 일본과 무역을 행하고 있던 포르투갈을 통 렬히 비판하고 있었다. 그런데, 이 서한에는 VOC의 동아시아 진출과 관 련해 주목할 만한 한국관계의 기사가 보이고 있다. 그 내용은 다음과 같다.

<사료 1>
나의 가신들은 모든 국가나 지역과 우호와 친선으로 무역을 하기 위 해 방문할 생각이 있습니다. ⓐ때문에 그들이 각하의 은혜와 원조에 의해 코레아(Corea)와의 무역을 향수하고 보다 적당한 시기에 일본의 북방 해안을 항해하기를 원하고 있습니다. 그리고 그것에 대해서 저 에게 각별한 우정이 생겨나도록 각하에게 부탁드립니다.[15]

---

15) B.Hoetink, pp.XXXVII. 이 서한은 1610년 12월 18일자로 되어 있는데, 브로뷔 가 1612년 8월 28일에 히라토에 입항하고 있었기 때문에 이에야스에게 제출 되어 진 것은 그 이후의 일이다. 무라카미[村上直次郎]의 譯註書에는 일본 어 역문과 원문이 수록되어 있는데, 조선 관련의 역문은 약간 차이를 보이고 있다. <사료 1>의 원문을 후팅크판에 의거해 제시해 놓겠다.

【原文】 Voorts alzoo mijne onderdanen genegen zijn, om alle landen en plaatsen met handeling in vriendschap en sincerelijk te bezoeken ; zoo verzoeke ook aan Uwe Keiz. Majesteit dat dezelve den handel op Corea door Uwer Majesteits faveur en behulp mogen genieten, om alsoo met gelegener tijd de noordcust van Japan mede te mogen bevaren, daaraan mij zonderlinge vriendschap geschieden zal.

<사료 2>
一, 우리들은 먼 나라에 장사하는 것을 업으로 삼고 있는 사람입니다. ⓑ그러므로 고려국에도 어쩌면 가고 싶다고 말씀드릴 때는 허락[朱印]을 지시하여 내려주실 것을 삼가 부탁드립니다.16)

여기에서 <사료 1>은 네덜란드 원문번역으로 <사료 2>는 本光國師(諱 崇傳, 子 以心)가 通詞를 통해 기록한 것이다. <사료 2> ⓑ에서 '고려국에도'라는 문구만이 보이고 있으며, <사료 1>의 원문번역 ⓐ에 보이는 '일본의 북안(de noordcust van Japan)'이나, 그 밖의 어구는 생략되어 있다. 아마 통사를 통하여 원문 내용이 전달되고 있었기 때문에 그 요점만이 전달되었기 때문이라고 생각되지만, 그 본래의 뜻을 전하고 있지 않다. <사료 1>의 ⓐ내용에서 본다면, 네덜란드는 일본뿐만 아니라, 조선은 물론 일본 주변의 북방지역과의 무역도 시야에 넣고 있었으며, 그에 대한 도움을 일본에 요청하고 있었다는 것을 알 수 있다.

마우리츠의 서한에 대하여 이에야스는 네덜란드가 가져온 진상품에 대한 감사와 네덜란드와의 변함없는 우호관계를 표명하고, 매년 상선 왕래의 허가를 약속한다는 답서를 보냈다.17) 그러나 조선과의 무역 및 일본 주변의 북방지역에 관한 마우리츠의 요청에 대하여는 그 어떠한 언급도 하지 않고 있다. 물론, 통사를 통하여 그 원의가 잘 전달되지 못한 실정도 있었겠지만, 조선의 경우, 네덜란드와 조선이 무역관계를 맺음에 따라 일본과 네덜란드의 무역관계에 초래되는 지장을 사전에 막기 위해서, 또는 북방지역을 포함한 동북아시아 지역에서 네덜란드와의 단독무

---

16) "一, 我等之者ハ, 遠國へ商賣仕候者にて候, 然者高麗國へも, 自然參度と申上候時ハ, 御朱印被仰付候て可被下候, 奉賴候" 村上直次郎譯註, 『異國往復書簡集/增訂異國日記抄』(駿南社, 1929), 126~144쪽.

17) 村上直次郎 譯註, 앞의 책, 152~154쪽(「阿蘭陀へ御返書之留」).

역을 생각하고 있던 이에야스의 정치적인 재량이었을지도 모르겠다. 아무튼 여기서 중요한 것은 일본이 1609년 히라토에 상관을 설치하고 일본무역을 개시하면서 <사료 1>에서 알 수 있는 바와 같이 조선무역을 염두에 두고 있었다는 것이 중요하다.

그런데, 네덜란드에서 조선과의 무역 개시에 의욕적이었던 것은 마우리츠가 처음이 아니었다. 마우리츠가 이에야스에게 서한을 보내기 약 45일 전인 1610년 11월 3일, 초대 히라토[平戶] 상관장이기도 한 스펙스는 본국 VOC의 '17인위원회' 앞으로 다음과 같은 서신을 보내고 있었다.

<사료 3>
주석은 조선으로의 수요가 많고, 그곳에서는 다량을 구입하고 있습니다. ⓐ저는 이곳 일본에서 조선으로의 무역 가능성에 대하여 조금 시험해 보았습니다. 즉, 지난 3월, 관원 1명에게 후추 20피콜(60킬로 환산)을 지참케 하여 쓰시마에 파견하였습니다. 쓰시마의 주민은 조선 주민과 무역하여 년 3~4회는 조선에 파견하는 선박을 가지고 있습니다. ⓑ그러나, 이 무역은 일본의 엄중한 약정에 의하여 절대로 금지되어 있고, 쓰시마의 政廳에서도 막부를 두려워하여 허가하고 있지 않습니다. ⓒ그럼에도 불구하고, 絹貨·피혁·약품 외에 조선에서 가져올 수 있는 다른 물건의 큰 이익을 생각하면, 그 계획은 포기하기 어렵습니다.[18]

여기에서 스펙스는 조선에 주석의 수요가 많고, 또 구입량도 많다는 정보에 따라 밑줄 ⓐ에서 알 수 있는 바와 같이, 후추 약 60킬로를 쓰시마번에 보내어 조선과의 무역 가능성에 대해서 시도해보고 있다는 것을 확인할 수 있다. 그런데 밑줄 ⓑ에서는 조선과 쓰시마번의 무역은 일본

---

18) オスカー·ナホット 著/富永牧太 譯,『十七世紀日蘭交渉史』(天理大學出版部, 1956). 부록사료 8 참조.

제7장 네덜란드의 동아시아 진출로 본 조선과 일본 383

(=幕府)에 의한 엄중한 약정에 의해 금지되어 있을 뿐만 아니라, 쓰시마 번도 막부의 의향을 두려워하고 있기에 조선과의 무역 가능성은 어렵다고 판단하고 있었다. 그럼에도 불구하고 밑줄 ⓒ에서는 조선무역으로 인한 큰 이익 때문에 조선무역 계획은 포기하기 어렵다는 점도 강조하고 있다. 즉, 스펙스는 현재 상황에서 조선과의 무역 거래 가능성은 낮지만 계속 시도해 보겠다는 강한 의지를 표명하고 있는 것이었으며, 네덜란드의 조선무역에 대한 의도는 지장을 초래할 수 있는 막부와 쓰시마번이라는 장애가 있었음에도 잠재적으로 존속하게 되었다.

또한, 당시 조선과의 무역 가능성을 타진하고 있었던 것은 네덜란드만이 아니었다. 영국의 동인도회사는 1613년 11월경부터 히라토에 상관을 설치하여, VOC와 다방면에 걸쳐 경쟁하고 있었으며, 조선과의 무역도 계획하고 있었다. 영국 동인도회사의 상관장 리처드 콕스는 통신사 일행이 일본에 왔을 때, 통신사의 움직임을 용의주도하게 관찰하고 있었다.[19] 또한 그는 쓰시마번의 번주인 소우 요시나리[宗義成]의 거처까지 방문하여, 통신사들의 출발 준비를 확인한 후, 통신사들에게 선물까지 주려고하였다.[20] 그 후에도 계속 통신사와의 접촉을 도모하고 있었지만, 쓰시마번에 의해 번번이 거절되었다. 콕스는 그것에 대해, "조선인을 방문하기 위해 미야코(=京都)로 향했다. 그러나 나는 쓰시마왕(=쓰시마 번주)에 의해 조선인들과 대담하는 것을 용인되지 못했다. 그것은 그가 쓰시마인 이외의 누구도 허가되지 않고 있는 조선과의 무역을 우리들이 하게될까봐 걱정하고 있기 때문이다."[21]라고 그 이유를 피력하고 있었다.

---

19) 『イギリス商館長日記』日本關係海外史付錄譯文編上(東京大學史料編纂所, 1979), 1617년 4월 6·7·19일조, 동년 5월 9일조.
20) 『イギリス商館長日記』日本關係海外史譯文編下(東京大學史料編纂所, 1980), 1617년 9월 20일조.
21) 동상, 1617년 9월 21조.

즉, 쓰시마 번주는 콕스의 의도가 조선무역에 있다는 것을 알고 있었
고, 그로 인해 통신사와의 접견을 허락지 않았던 것이다. 이것은 쓰시마
번이 통신사 일행의 제반 경비업무를 총괄하고 있었다는 점에도 그 이
유가 있겠지만, 쓰시마번의 조선무역에 대한 독점적인 위치를 확고히 하
려는 의지를 엿볼 수 있다.

이후 영국은 일본무역에서 별다른 이익을 얻지 못하였고, 네덜란드와
의 경쟁에서도 밀려 일본무역을 네덜란드에게 양도하게 되었다. 그것은
콕스 자신이 "만약, 우리들이 중국무역을 확보하지 않는다면, 우리들의
일본무역은 전혀 무익한 것이라고 저는 평가합니다."[22]라고 본국에 보고
한 것으로 알 수 있는 바와 같이, 일본 시장을 포기하고 중국으로의 무
역 진출로 계획을 전환하였던 것이다. 그 배경에는 일본의 富商들과의
갈등도 하나의 원인으로 존재하고 있었지만,[23] 네덜란드와의 경쟁에서
패한 것에 대한 일종의 변명이기도 했다.

이와 같은 상황에서 일본무역에 유리한 입장에 선 VOC는 동남아시아
에서의 무역권을 확고히 함과 동시에 일본무역을 유지하면서, 1622년에
는 레이엘슨(Cornelis Reijersen)선장에게 중국지역을 포함한 조선탐험에 대
한 명령을 내리고 있었다. 이에 따라 네덜란드 선단이 출항하였지만 조
선에는 이르지 못하였고, 또 태풍과 적절한 항해시기를 놓치는 바람에
결국 실패로 끝나고 말았다. 최근의 연구에 의하면, 이 당시 중국 쪽의
평후(澎湖) 지역을 점령하기는 했으나 중국 측의 저항이 의외로 강해 결
국은 평후를 반환하고 타이완으로 후퇴함으로서 이 '원정'은 종결되었
고, 이에 따라 조선에 대한 탐험도 포기하게 되었다고 한다.[24]

---

22) 『イギリス商館長日記』日本關係海外史付錄譯文編上(東京大學史科編纂所, 1979),
   1619년 3월 10일부.
23) 또 영국 동인도회사 본부에 보낸 서한에도 일본 富商의 독점무역에 대해 비
   판하고 있다(상동, 1920년 12월 13일부).

그러나 VOC가 조선무역을 완전히 포기한 것은 아니었다. 1628년 6월 바타비아의 기록에 의하면, 사령관 카렐 리벤즈(Carel Lievensz)가 9개월분의 식량과 무역품을 실고 6척의 선단과 함께 타이완과 중국 연안을 향해 출항하였는데, 당시 그에게는 아래와 같은 명령이 내려져 있었다.

> <사료 4>
> 만약 무역이 곧 개시되지 않는다면, 어떠한 구실이라도 만들어 연기시킬 것이며, 성공의 여지가 보이지 않는다면, 거액의 경비를 소요한 함대를 헛되게 하지 않기 위해서라도 2~3척의 적당한 야하트선을 福州에 파견하여 그 지역에서 무역을 행사할 수 있는가에 대한 여부를 조사할 것. 또, … (중국)정크선의 항로를 단절시킴과 동시에 이것을 습격하여 포획하는 것에 전념할 것. 만약 회사를 위해 두 가지 방법을 행할 수 없을 경우에는 더 북진하여 生絲를 산출하는 南京 해안까지 진출하고, ⓐ필요한 경우에는 코리아까지도 전진하여 그 어떠한 수단을 다해서라도 그 지역과 무역을 개시할 수 있도록 노력해야만 한다.[25]

<사료 4>는 원래 VOC가 중국 진출을 위해 리벤즈에게 지시한 명령 내용인데, 여기서 본고와 관련지어 흥미로운 부분은 밑줄 ⓐ부분으로 소기의 목적을 달성치 못했을 경우에는 수단과 방법을 불문하고 조선에까지 전진하여 무역을 개시할 수 있도록 하라는 내용이다. 이것은 VOC가 일본뿐만 아니라, 중국을 중심으로 한 동아시아 전체지역을 시야에 두고 있었다는 것을 의미하는 것이며, 전술한 마우리츠의 서한에

---

24) 지명숙·왈라벤, 『보물섬은 어디에-네덜란드 공문서를 통해 본 한국과의 교류사-』(연세대학교출판부, 2003).

25) 村上直次郎 譯註·中村孝志 校注, 『バタビィア城日誌 Ⅰ』(東洋文庫 170, 平凡社, 1984), 1628년 6월 27일조, 98~99쪽.

서 알 수 있듯이 일본 북방지역에까지도 시야에 두었던 그 연장선상에
서의 진출계획이었다. 당초, 마우리츠가 조선과의 무역에 관심을 보이
고 일본 측에 일종의 도움을 요청하고 있었을 때와는 달리 상당한 적극
성을 띠고 있다.

　다시 말하자면, 전술한 스펙스의 조선과의 무역 계획과 그것에게 수반
하는 무역 가능성에 관한 <사료 3>의 보고가 VOC에서 현실성을 띠고
정책적으로 실천되고 있었던 것이다.

Ⅲ. VOC의 '金銀島 探險'과
동아시아 무역의도

1. '金銀島 探險'의 전개와 중단

　VOC가 1610년경부터 조선무역을 계획하고 있었다는 것은 전술한 바
이다. 그러나 수차례에 걸친 시도는 결국 실패로 끝나고 말았는데, 이러
한 상황 하에 1633년에 하급 상무원으로 히라토에 착임하였다가 다음해
나가사키로 옮긴 윌렘 훼르스테헨(Willem Verstegen)이 1635년 12월 7일
에 금은도 탐험의 필요성을 바타비아 총독과 VOC의 평의원들에게 건의
하고 있다. 그것은 전술한 비스카이노의 금은도 탐험을 상세히 언급하여
VOC도 금은도 탐험에 나서야만 한다는 취지의 의견서였다. 그 의견서의
마지막 부분에는 다음과 같이 흥미를 끄는 내용이 있다.

<사료 5>
상기의 빈센트·로메인은 만약 귀하가 이것을 시험해 보려고 생각하고 있다면, 그 자신의 가지고 있는 모든 지식에 의해 좋은 희망을 가지고 동행하겠다고 스스로 자청하고 있다. ⓐ이 예정의 항해와 나아가 북방의 중국, 조선 등의 나라에 탐험을 실시하기 위해 야하트선을 고용하는 것도 가능할 것이다. ⓑ이러한 국가로부터 또 이 국가를 통해 커다란 거래가 이루어지고 있다고 원주민 자신들이 인정하고 있다. 황제의 朱印狀은 통킨(베트남 북부)이나 코치시나(베트남 남부)와 마찬가지로 시나(중국)와 조선에 가는 길에도 항상 부여되고 있다. 이와 같이 간단히 기록하는데, 다른 사람들로부터 (정보를) 들어 수집한 것은 앞에서 말한 바와 같이 회사와 조국의 번영을 바라는 증표로서 행한 것이라고 귀하들은 받아주었으면 좋겠다.[26]

위의 <사료 5>는 VOC에 의한 금은도 탐험을 역설한 일종의 건의서인데, 밑줄 ⓐ로부터 금은도 탐험의 조사지역으로서 중국과 조선 등이 포함되어 있다는 것을 알 수 있다. 이 탐험에서 조선이 금은도 탐험의 원래 목적지는 아니지만, 밑줄 ⓑ에서 알 수 있는 바와 같이 중국과 조선에서 행해지는 무역거래의 많은 이익을 언급하여 그러한 지역과의 교역을 촉구하고 있다.

이러한 건의에 당시 바타비아 총독이었던 안토니오 환 디멘(Antonio van Diemen)은 사업가로서 이러한 금은도 탐험을 크게 환영하였다. 이에 따라 총독은 그 건의를 실천에 옮기고자, 이듬해 1636년 5월 26일, VOC 평의회의 결정을 받아내었고, 당시 바타비아에 체재하고 있던 히라토 네덜란드 상관장 니콜라스 쿠케박케르(Nicolaes Couckebacker)에게 이 건에 대한 조사를 명했다. 그리고 항해를 2척의 선박으로 실행할 것과 북중국

---

26) 「윌렘 훼르스테헨 서한」, 1635년 12월 7일자(永積洋子, 앞의 책, 「付錄史料」 2, 125~129쪽). 인용사료의 용어는 번역원문 그대로 임.

및 조선으로의 항해도 포함시키는 것에 대한 가능성에 대해서도, 이 지역에 상세한 선장과 항해사에게 상담할 것을 지시하고 있었다.[27] 즉, 금은도 탐험을 실시하면서 동시에 조선을 포함한 지역의 탐사도 그 목적에 포함시키고 있다.

이에 대해 쿠케박케르는 VOC의 무역정책에 관한 자신의 제언으로서 1637년에 조선의 산물과 무역 및 일본과의 관계에 대해서 상세한 보고를 하고 있다. 이 보고는 당시 VOC가 가지고 있던 조선정보가 막연하고 미확인 정보였던 것과는 달리, 꽤 구체적이고 다양한 내용들을 포함하고 있다. 그 전문은 다음과 같다.

<사료 6>
ⓐ이 나라는 일본과 거의 동일한 크기로, 큰 원형의 섬이고 (작은)섬들 사이에 있고, 그 한 끝이 시나에 접해 있지만, 그(2개의 것)나라는 약 1마일 정도 폭의 강으로 갈라져있다. 코레아의 다른 한 쪽은 타르타리아에, 양자의 사이에는 폭 약 2.5마일의 수로가 있다. 동쪽은 약 28 내지는 30마일은 떨어진 곳에 일본이 있다. ⓑ상기의 코레아에는 금광과 은광이 있지만, 굉장한 것이 아니다. 명주도 산출하지만, 자국에서 필요로 하는 것보다 적기 때문에 그곳에서는 시나로부터 명주가 수입된다. 同地에서 특히 풍부히 얻을 수 있는 것은 미(쌀) 1량에 20 라스트, 동, 목면, 면직물, 인삼근이다. … ⓒ코레아에서 일본의 거래는 대마 영주만의 것이고, (다른 곳의) 누구에게도 허용되고 있지 않으며, (영주도) 5척의 큰 배를 가지고 있을 뿐으로 그 이상의 배를 同地에 파견할 수 없다. 同地로부터 면, 면직물, 인삼근, 매, 호피를 입수하여, (조선에서) 1(의 값)을 (일본에서) 3~4 부친다. ⓓ따라서 거래에서는 상당한 이득이 있기 때문에, (영주는) 이 거래에 타인이 참가하는 것을 용인하지 않는 것이다. 우리들이 들은 바에 의하면, (네덜란드 동인도)회사가 同地에서 무역하려고 해도 목적을 달성할 수는 없을 것이다.

---

27) 永積洋子, 앞의 책, 7쪽.

왜냐하면, 그들은 매우 소심하고, 겁쟁이 사람들로서 특히 외국인을
상당히 두려워하고 있다. 또한 작년 그들이 (江戶로) 왕복하는 도중에
우연히 코레아 사람들과 이야기를 나눌 기회를 얻었지만, 그들은 薩
摩侯의 使用人과 병사 등에 의해 엄중히 감시하게 되고 있어 그러한
것은 말할 수 없었다.[28]

위에 보이는 쿠케박케르의 조선에 관한 정보는 당시 VOC가 가지고
있던 정보보다도 구체적이고 정확한 것이었다. 지리적 조건에 대해서 밑
줄 ⓐ에서는 조선이 아직 섬으로서 인식되고는 있지만, 조선과 중국의
사이에 있는 압록강과 두만강의 존재를 파악하고 있었다. 그러나 그가
섬이라고 기록한 바와 같이 당시 네덜란드인들은 조선이 섬인지, 대륙인
지, 반도인지, 확실한 정보를 가지고 있지 않았다고 생각된다. 그 하나의
예로서 당시 유럽 지도에는 조선이 표기되어있지 않은 것도 있고, 얀슨
(J.Jansson)의 「日本圖」와 브라우(W.Blaeu)의 「世界圖」, 「아시아全圖」에 보
이는 바와 같이 1650년경의 지도임에도 불구하고 조선이 섬으로서 그려
져 있던 것을 보더라도 추측할 수 있다.[29] 단지, 같은 시기에 제작된 브

---

28) 生田滋 譯,『朝鮮幽囚記』(일본, 平凡社, 1969), 177~179쪽. 원문은 B. Hoetink,
    pp.114-115 참조.
29) 織田武雄,『日本古地圖大成』(講談社, 1975), 264~265쪽 ;『世界のかたち日本
    のかたち－渡邊紳一郞古地圖コレクションを中心に－』(神奈川縣立歷史博物
    館, 1997), 26·38쪽 ; ジョン・ゴス 著/小林章夫 監譯,『ブラウの世界地圖』(同
    朋舍出版, 1992). 17세기 이전에도 반도로 그려진 예가 있는데, 1594년 VOC
    의 초대 공인 지도학자이기도 했던 프란시우스(P.Planciu)의 「世界圖」가 바로
    그것이다(『古地圖セレクション』, 神戶市立博物館, 1994, 75쪽). 그 외에 17세
    기를 전후해서 일본 북방과 조선이 함께 그려진 유럽 지도에도 조선은 섬으
    로 그려지고 있는 것이 보인다(秋月俊幸,『日本北邊の探檢と地圖の歷史』, 北
    海道大學圖書刊行會, 1999, 45·57쪽). 한편, 서양의 고지도로부터 한국을 고
    찰한 연구로서는 서정철,『서양고지도와 한국』(대원사, 1991)이 있다.

라우의 「中國圖」와 「日本圖」에는 조선이 반로로 그려지고 있어,[30] 17세기 중반을 전후해 반도로서의 인식이 정착하기 시작했다고 생각된다.[31]

한편, 쿠케박케르는 조선에 금광과 은광이 있지만, 그다지 생산량이 많지 않다는 것, 명주의 산출은 있지만 중국으로부터 수입하고 있다는 실상을 전하고 있다(ⓑ). 그리고 쌀, 銅, 목면, 견직물, 인삼 등이 풍부하다고 전하고 있다. 여기서 주목해 두고 싶은 것은 밑줄 ⓒⓓ부분으로, 쓰시마번의 조선무역에 관한 쿠케박케르의 관찰이다. 즉, 조선무역은 쓰시마번이 독점하고 있고, 그 교역을 통하여 3~4배에 이르는 무역 이윤을 얻을 수 있다는 점이다(ⓒ). 이것은 VOC가 쓰시마번을 거치지 않고 직접 조선과 무역을 할 경우 그 만큼의 이익을 가져올 것이라는 것을 추측케 한다. 그러나 이렇게 상당한 무역이윤이 있기에 쓰시마번은 이를 용인하지 않을 것이며, 따라서 VOC가 조선과 무역을 하려해도 목적을 달성할 수는 없을 것이라는 것이 쿠케박케르의 생각이었다(ⓓ).

그 이유로서 다음의 두 가지 점을 생각해 볼 수 있다.

첫째는, 조선의 해금정책이 생각보다 철저히 행해지고 있었다는 점이다. 쿠케박케르는 조선 사람들은 상당히 소심하고 겁쟁이들로서 특히 외국인을 상당히 두려워한다고 말하고 있다. 조선의 해금정책에 의한 대외관계의 통제가 그의 눈에는 그러한 모습으로 밖에 보이지 않았다는 것을 의미한다.

---

30) ジョン・ゴス 著, 앞의 책.

31) 후나코시 아키오[船越昭生]는 네덜란드의 지도에 조선이 반도로 그려지기 시작한 이유로서 북방 탐험을 추진하고 있던 VOC의 존재와 VOC가 파견한 상선의 조선표착과 그 승조원들의 억류 등 현안문제가 있었기 때문이라고 하고 있다(「ウィットセンの一地圖に現れた長白山—その基礎資料をめぐって—」, 『朝鮮學報』 42, 1967, 54쪽). 그러나 VOC 상선의 조선표착, 즉 하멜 일행의 조선표착과 관련된 현안문제들이 등장하기 이전에 네덜란드는 조선이 반도국이라는 것을 알고 있었다.

둘째는, 쓰시마번의 견제가 있었다는 점이다. 쓰시마번의 이러한 행동은 앞에서 언급했던 영국 상관장 콕스가 조선의 통신사들과 접촉을 시도했을 때, 그것을 허용하지 않는 것과 일맥상통하고 있다. 영국과 마찬가지로 조선의 무역상황과 무역 가능성을 타진하고 있던 VOC는 이와 같은 조선무역에 대한 문제점(두 가지 이유)을 보고 받음으로 해서 조선무역이 불가능하다는 것을 구체적인 정황으로서 인식하기 시작한 것이다.

한편, 윌렘 훼르스테헌의 의견서에 의해 바타비아 총독이 금은도 탐험을 계획하게 되었다는 것은 전술한 바이나, 이것이 실행된 것은 1639년이 되어서였다. 실행이 지체된 이유는 히라토 상관의 기록에 의해 명확해 진다. 다시 말하면, 타이완과 바타비아로 항해하기 위한 선박이 부족했기 때문이었다.[32] 또 동 기록에 의하면, 탐험대는 일본에서 파견하는 것 보다 바타비아로부터 출발하는 것이 적당하다는 것을 총독에게 알려 줄 것이 결정되고 있다.

이어서 1639년 6월 2일에 북위 36~39도에 있는 금은도를 발견하기 위해 콰스트(Mathijs Quast)의 지휘 아래 프라이트선 앵겔호와 흐라흐트호에 의한 탐험대가 구성되어 바타비아를 출발했다.[33] 목적은 물론 금은도 탐험이었는데, 그 외에도 달단, 조선 주변의 북쪽 해안과 서인도에 이르는 해역을 조사할 예정이었다. 그러나 금은도가 있다고 하는 위도 상을 일본의 동쪽으로 600해리 정도를 항해했어도 그곳을 발견하지 못했고, 그곳에서 다시 일본 북방해역 탐험을 위해 서쪽을 향했지만, 선원의 질병으로 인해 탐험을 중단하지 않을 수 없었다. 결국 두 선박은 승무원의

---

32) 永積洋子 譯,『平戸オランダ商館の日記』第3輯(일본, 岩波書店, 1969), 1636년 9월 24일조, 399쪽.

33) 永積洋子 譯,『平戸オランダ商館の日記』第4輯(일본, 岩波書店, 1970), 1639년 8월 8일조, 266쪽.

약 반수에 해당하는 38명의 손실을 입고 비참한 상태로 타이완에 돌아왔다.[34] 이 탐험이 실패에 끝났음에도 불구하고, VOC의 17인위원회는 1640년에 재차 새로운 탐험계획을 결의했다. 그러나 말라카 봉쇄와 세이론섬 공격 때문에 탐험에 이용할 선박이 없었고, 이 전투가 끝날 때까지 계획은 연기되었다.

1643년 초에 바타비아 총독 디멘은 달단, 아메리카 서해안 및 금은도에 대한 새로운 탐험을 결정하고, 후리스(M.G.Vries)와 스하프(H.C.Schaep) 두 선장의 지휘 아래, 커스트리컴호와 브레스켄스호 2척에 의한 탐험을 실시케 하였다. 그 중에서 브레스켄스호는 전술한 바와 같이 도중에 일본의 야마다[山田]에 표착하여 항해를 중단하게 되는데, 나머지 한 척 커스트리컴호는 항해를 계속해 북해도와 千島(쿠릴열도), 사할린 등의 지역을 조사하여 북방 지역에 탐험에 어느 정도의 성과를 올리게 되었고,[35] 이는 VOC에 잘 알려지지 않은 북방지역에 대한 지리인식을 확대시켰다. 그러나 금은도 탐험은 완전히 실패로 끝나버렸고, 그 후로 VOC의 금은도 탐험에 대한 계획은 두 번 다시 나타나고 있지 않다.

2. 조선무역의 필요성

그러나 조선무역 계획이 완전히 VOC에서 사라진 것은 아니었다. 17세기 중반에 들어오면서 유럽에서는 마르틴 마르티니(Martin Martini)가 1655년에 중국으로부터 유럽에 일시적으로 귀국했을 때 저술한『신중국지도첩』(Novus Atlas Sinensis)이 출판되었는데, 거기에는 다음과 같은 조선에 관한 상세한 기술이 있어 유럽 사람들에게 조선에 대한 새로운 관심을 불러일으켰다.

---

34) 富永牧太 譯, 앞의 책, 205쪽.
35) 北構保男, 앞의 책, 18~24쪽.

> <사료 7>
> 코레아의 지방은 전체에 걸쳐 비옥하고, 밀이 상당히 풍부하게 산출
> 되며, 쌀도 또한 마찬가지이다. (중략) 그곳에는 사람들이 일반적으로
> 진센이라고 부르는 뿌리가 많이 있다. ⓐ山도 많으며, 그 山中의 지역
> 에는 두 개의 가장 가치 있는 금속(즉, 금과 은)이라는 기중한 보물이
> 숨겨져 있다. ⓑ그러나, 이 지방의 사람들은 일본인과 시나인 이외의
> 외국인과는 거래하지 않는다. 이상 말한 것 외에 동쪽 바다에서는 귀
> 중한 자안패와 뛰어난 진주를 산출한다.36)

　즉, 위의 밑줄 ⓐ부분으로부터 알 수 있는 바와 같이, 조선은 산이 많
은데 그 산에는 금은이 다량 숨겨져 있다고 하여 유럽인에게 미지의
땅인 조선이 마치 금은보화의 창고(=금은도)와 같은 인식을 부여하고
있었던 것이다. 특히, 조선은 일본과 중국 이외의 나라와는 무역 거래
를 하지 않는다고 하여 통상이 가져오는 막대한 이익을 예감케 하고
있다.

　그런데, 유럽인들이 처음부터 조선을 일종의 금은도로 인식하고 있었
다고는 말할 수 없다. 오히려, 아시아 가운데에서 일본이나 그 주변지역
에 금은도가 있다는 인식을 가지고 있었다. 잘 알려져 있는 바와 같이
마르코 폴로의 『동방견문록』에서는 '금은도=지팡그=일본'이었다. 그렇
지만, 16세기에 들어와 포르투갈이나 스페인선의 빈번한 일본 내항과 일
본인의 해외 도항에 따라 일본과 그 주변 지역의 정보가 유럽에 전해져
일본과 금은도의 관계는 그 실상이 서서히 밝혀지고 있었다. 이러한 면
에서 볼 때, <사료 7>은 금은도에 대한 관심이 지리상의 발견에 따라
일본이 아니라는 것이 거의 판명되자 일본에서 조선으로 전이되고 있는
한 과정을 보여주는 것이라고 할 수 있다.

---

36) 生田滋 譯, 앞의 책, 「諸文獻に見える朝鮮關係記事」, 185~186쪽.

더욱이 조선에 대해 금은도와 같은 인식을 한층 더 증폭하게 한 사건이 일어났다. 그것이 바로 하멜 일행의 조선표착이다. 특히, 그 사건의 경위와 조선 체재의 경험을 기록한『하멜보고서』는 1666년 그 일행의 일부가 조선을 탈출하여 귀국하면서 VOC의 17인위원회에 제출되어 1668년에는 암스테르담에서 출간되었고, 이어서 불어, 독어, 영어로 번역되면서 전 유럽에 조선을 널리 알리게 되는 또 하나의 계기를 가져왔다.『하멜보고서』에는 일행의 난파 경위뿐만이 아니라, 조선의 교역에 관한 상세한 내용도 언급되어 있었는데, 이러한 사실에 자극을 받은 VOC는 다시 조선과의 무역을 계획하게 되는 것이다. 이에 대해서는 후술하겠지만, 또 다른 한편에서는 조선에 대한 금은도 인식이 다시 대두하게 된다. 그것은 하멜 일행 중의 한 사람이었던 이복켄(Mattheus lbocken)과 인터뷰한 니콜라스 윗츤(Nicolaas Witsen)의 기록으로 알 수 있다.

<사료 8>
ⓐ그는 金山·銀山 및 동, 주석, 철광산을 同地(조선)에서 본 적이 있다. 銀은 그곳에서 매우 다량으로 있다. 그것을 채굴하는 것은 특별한 사람에 한해서 인정되며, 국왕은 거기에서 세금을 거두어들인다. 同地의 동은 꽤 광택이 좋으며, (치면) 높은 음을 낸다. ⓑ그는 광산에서 금광맥을 본 적이 있다. 그는 강에 잠수해 소량의 사금을 강바닥에서 채취하기도 했다고 말하고 있다. ⓒ그러나 금광은 은이나 광산만큼 잘 개발되어 있지 않다. 그것에 대한 이유는 그에게 알 수 없었다.[37]

이복켄은 밑줄 ⓐ에 보이듯이 조선에 금·은·동·주석·철광산이 있고, 특히 은에 대해서는 상당한 양이 있다고 하며, ⓑ에서는 조선에 체재

---

37) 상동,「朝鮮國記」, 165쪽.

하고 있었을 때, 금광맥을 본 적도 있고 비록 적은 양이지만, 강에서 사금을 채취하기 했다는 진술을 하고 있다. 또, 밑줄 ⓒ에서는 금광은 은광만큼이나 잘 개발되어 있지 않다고 하여 마치 조선이 개발되지 않은 미지의 금은도와 같은 인상을 부여하고 있다. 뿐만 아니라, 그는, "이 나라에게 에메랄드·사파이어 및 우리나라에서는 알려져 있지 않은 보석을 볼 수 있다."는 언급을 하고 있었으며, "同地에서는 초석이 풍부히 산출되기 때문에 사람들은 양질의 화약을 만든다. 그것은 큰 덩어리로 되어 있지만, 그것을 사용할 때에는 밀가루처럼 분말로 만든다. 이것은 그들이 粒藥을 알지 못하기 때문이다. 同地에서 수은도 발견되고 있다."[38]고도 말하고 있었다. 조선의 명주에 대해서도 "이 나라에는 다량의 명주가 산출되고 있지만, 외국인은 어느 누구도 그것을 매입하고 있지 않으며, 따라서 매우 그 가격이 싸다. 단지 쓰시마를 통해서 일본인과 약간의 거래를 행하고 있어 그것이 일본에서 네덜란드에 의한 명주 거래를 방해하고 있다."[39]고 말하고 있었다.

　물론 이 내용이 출간된 것은 1701년으로 『하멜보고서』가 출간되고 약간의 시간이 흐르고 있었지만, 당시 조선을 탈출한 이들의 진술로 보거나, 또 이들이 1668년 귀국 후 그들의 조선 체재기간 중 체불된 임금문제와 관련해 VOC의 '17인위원회'와 다방면에서 교섭을 진행하고 있었다는 점을 생각하면, VOC 내부에 조선무역에 대한 필요성이 재인식되고 있었다는 것은 쉽게 유추할 수 있다. 그렇다면, 1666년 하멜 일행의 조선 탈출 후, VOC에서 어떠한 형태로 조선무역을 진행시키고 있었으며, 그 목적은 무엇이었을까. 다음에서 고찰해 보겠다.

---

38) 상동, 166~167쪽.
39) 상동, 170쪽.

Ⅳ. 조선 仲介貿易地 논의와 일본의 견제

1. 仲介貿易地 논의

1666년 조선을 탈출해, 1668년에 하멜을 제외한(당시 하멜은 바타비아에 체류) 7명의 네덜란드인이 귀국한 후, VOC에서는 이전과 달리 본격적으로 조선무역을 시도하기 시작하였다. 이러한 VOC의 계획에 탈출한 7명도 자진하여 조선무역에 지원하겠다는 의사를 피력하는 등 VOC의 조선에 관한 관심은 날로 높아져 갔다. 그러한 관심의 표명은 다음과 같은 기록으로 확인할 수 있다.

<사료 9>
… 또 우리에게 손수 전달된 난파의 자초지종을 기록한 경위 진술서(『하멜보고서』)도 읽었습니다. 여기서 주목할 만한 점은 일본인들이 그곳(조선)에 무역관을 설치하고 있다는 것입니다. ⓐ또 조선의 관심을 살만한 품목으로는 후추, 蘇芳, 백단향, 각종 녹피 등이라 했으며, 나아가서 우리가 일본 시장에 내가는 품목들, 특히 여기서 생산되는 모직류가 추운 그 곳 기후 사정을 생각할 때, 최적격품이라고 지적되었습니다. 그러므로 어떠한 명분을 내세워서라도, 예를 들어 그곳에서 아직도 억류생활을 하고 있는 잔류자들을 구실삼아 넌지시 사절을 파견해 보는 방법도 효율적이지 않을까 고려하고 있습니다. ⓑ목적인즉 그 기회에 무역 허가를 받아낼 수 있는지의 여부를 타진해 보기 위해서 입니다. ⓒ언급한 선원들은 회사의 공익을 도모하는 길이라면 헌신할 준비가 되었노라고 자신들의 입장을 밝히면서 이 사절 항해에 동행할 것을 자청해 왔습니다. … 언급한 위의 경위 진술서에 의하면 조선인들은 육로를 통해 페킹과도 교역을 하고 있다고 합니다. ⓓ그러므로 우리가 그 곳(중국)에서 통행세를 물어야할 많은 품목들을 그

들(조선인들)이 우리대신 운송해주겠다고만 한다면, 그 수송비용은 우리측에서 부담하는 식으로 일을 추진해 봐야 할 것 같습니다. ⋯40)

위의 <사료 9>에서 당시 VOC가 어떠한 목적을 가지고 조선무역을 시도했는지에 대한 구체적인 사실들을 알 수 있다. 첫째, 조선무역에 필요한 무역품들에 대한 사항이다. 즉, 밑줄 ⓐ로부터 확인되듯이 조선은 후추, 백단향, 녹피 등 남방의 물건을 필요로 하고 있으며, 모직류 또한 최적의 무역품이라는 것을 강조하고 있다. 이전부터 조선이 쓰시마번을 통하여 모직, 남방의 약종, 후추 등의 일부를 들여오고 있던 사실을 상기한다면, 일본을 중개하지 않는 직접무역을 의미한다는 것을 알 수 있다. 또, 밑줄 ⓑ로부터는 VOC가 명백히 조선과의 무역의도가 있음을 증명해 주는 것으로, 심지어 조선에 아직 잔류하고 있는 그들의 회사원들을 구실로 삼아서라도 이것을 성사시키려 하고 있다.41)

한편, ⓒ에서 보이듯이 이러한 VOC의 조선무역에 귀국한 네덜란드인 7명이 동참을 자청해옴으로써 더 활기를 띠게 되었다고 생각된다. 밑줄 ⓓ에서는 VOC가 조선무역을 시도하는 더 중요한 사실을 유추할 수 있다. 즉, VOC는 중국과의 무역에서 통행세, 다시 말하면 일종의 관세로 그리 많은 이득을 얻지 못했고, 이를 수송비용만 지불하여 조선을 통해 운반한다면, 더 많은 이득을 취할 수 있다는 사실이다. 실제로, VOC는 동남아시아, 중국, 일본 등을 왕래하며 중개무역을 근간으로 하는 회사였는데, 그러한 무역구조 시스템 자체를 조선을 통해 좀더 효율적으로

---

40) 1668년 8월 22일 서장, 네덜란드본사에서 바타비아로 발송(지명숙·왈라벤 저, 앞의 책, 181~182쪽).

41) 당시 조선 잔류 네덜란드인들은 이미 일본으로 송환된 뒤였지만, 아직 VOC 에는 보고되지 않아 이 사실을 모르고 있었던 것 같다. 잔류 네덜란드인들의 송환에 대해서는 본서의 제5장을 참조.

변경하려고 했다는 점이다. 이것은 조선이 단지, 무역품의 소비지가 아니라, VOC의 이윤을 극대화하기 위한 교두보로서의 가치가 있다고 판단한 것이었다.

이와 같은 VOC의 조선무역에 대한 열망은 구체적으로 코레아(Corea)호의 건조로 나타났다. 네덜란드와 아시아 사이의 선박출항기록에 의하면, 코레아호는 1669년 5월 20일에 네덜란드의 웰링헨(Wiehngen)을 출항해 케이프 로페즈를 거친 후, 1669년 12월 10일에 희망봉인 게이프 타운에 도착하였으며, 1670년 4월 2일에 바타비아에 도착한 것으로 되어있다.[42] 출발 당시는 31명의 선원이 승선하고 있었지만, 케이프까지의 항해 중 1명이 사망하고, 또 케이프에서 선원 1명이 승선하였으며, 그 이후의 선원의 교체나 사망은 확인할 수 없지만, 바타비아 도착 시에는 29명이었다.[43]

2. 일본의 견제와 VOC 조선무역 추진의 철회

그러나 이 선박은 단 한 번도 조선은 물론 그 주변에도 항해하지 못하고 말았다. 그 이유를 다음의 보고서로부터 엿볼 수 있다. 아래의 보고서는 마테우스 환 덴 부룩크가 1670년에 동인도로부터 귀국한 함대의 사령관으로서 작성한 것을 바타비아 총독에게 제출한 것인데, 여기에서 그는 조선에 관한 구체적인 정보와 함께 VOC의 조선무역에 관한 평가를 다음과 같이 피력하고 있다. 조금 길기는 하지만, 그 전문을 살펴보겠다.

---

42) J.R.Bruijn, G.S.Gaastra and I. Schoffer with assisyance of E.S. van Eyck van Heslinga, RIJKS GESCHIEDKUNDIG PUBLICATIËN 166, "DUTC-ASIATIC SHIPPING IN THE 17th AND 18th CENTURIES", volumeⅡ, The Hague Martinus Nijhoff 1979. pp.164-165.

43) 상동.

<사료 10>

각하의 명령에 따라 코레아라는 큰 반도에서의 무역 거래 가능성에 대해 조사를 실시한 바, 그곳에서 1653년에 조난당해 탈출한 자들의 말과 또 ⓐ일본으로부터 입수된 최근의 정보에 의하면, 전술한 반도에는 상인이 전혀 없고, 어업과 농업으로 생활을 꾸려나가는 가난한 사람들만이 그 일부에 살고 있을 뿐입니다. 그들은 타르타리아의 (지배하에 있는) 시나인과 일본인 양쪽의 신하입니다만, 이 두 강대국은 우리들이 同地에 가서 무역거래를 행하는 것을 방임하지 않을 것입니다. 그리고 후자(일본)에 대해서 말하자면, ⓑ그들은 모든 종류의 그리스도교가 일본의 주변에 체재하는 것에 대해서 새로운 변화와 반란(이 일어나는 것)을 두려워하고 있으며, 뿌리 깊은 강한 의심을 품고 있습니다. 또한 그뿐만 아니라, ⓒ모든 일본인이 코레아의 사람들을 포함해 그 주변 사람들과 거래를 행하는 것에 대해 사형으로 엄하게 금지하고 있으며, 對馬의 영주만은 특별한 은총을 부여해 거래에 종사하는 것을 인정하고 있습니다. 그리고 후추·丁子(丁香의 열매)·肉豆蔲·목향·乳香·소목·백단 및(네덜란드 동인도) 회사에 의해 일본에 수입되는 그 밖의 많은 상품이 同地에 보내지고 있습니다. 그러한 상품들은 육로를 통해서 시나에 보내어져 그곳에서 소비되어 지고 있습니다. 그리고 그 상품들과 마찬가지로 수출하고 있다고 생각되는 금은과 교환되어 시나의 생사 및 견직물류를 입수합니다. ⓓ그리고 同地에 체재하고 있는 각하의 부하에 의해 작년 약 600폰드의 명주가 이 루트를 통해서 일본에 들어 온 것이 지적되었고, ⓔ또 그들은 동지로 항해한다는 생각을 포기하여 중지하고, 일본에서 추방되어 무역거래를 잃지 않도록 하지 않으면 안 되며, 그렇게 하지 않으면 의심 깊은 국민은 반드시 우리들이 일본국왕에게 불이익을 안겨주는 계획을 하고 있다고 판단할 것임에 틀림이 없다고 결론을 내리고 있습니다.[44]

위의 사료는 한 마디로 조선은 VOC의 무역대상국이 될 수 없다는 사실을 극명하게 보여주고 있다. 그 원인으로서 조선의 국내문제와 국외문

---

44) 生田滋 譯, 앞의 책, 「朝鮮國記」, 135~136쪽.

제 모두를 언급하고 있다. 즉, 밑줄 ⓐ에 보이는 바와 같이, 하멜 일행과 일본으로부터 입수한 정보를 근거로 삼아 조선의 국내문제로서는 상인이 없고, 어업과 농업 위주의 가난한 사람들만이 살고 있으며, 국외적인 면에서는 중국과 일본의 지배를 받고 있어 이 두 국가가 VOC의 조선무역을 방임하지 않을 것이라는 것을 문제점으로 제시한 것이다. 그리고 일본과의 문제점도 제시하고 있다. 그리스도 교도가 일본의 주변에 체재하는 것에 대해 새로운 변화와 반란을 두려워하고 있다고 했는데, 이는 1637년에 그리스도 교도를 중심으로 한 '시마바라[島原]·아마쿠사[天草]의 난'이 일어나 막부가 4만 여명을 몰살시킨 적도 있었고, 그로 인해 조선에도 그리스도교 금제정책에 대한 도움을 요청하고 있었기 때문이다.[45] 또, 밑줄 ⓒ에서는 쓰시마번에 의해서만 조선무역이 일임되고 있다는 사실을 인지시키고 있는데, 이는 앞에서 본 스펙스의 조선에 대한 보고(<사료 3>의 밑줄 ⓑ)에 보이는 조선무역의 어려움과도 일맥상통하는 것이다.

한편, 위의 사료에서 조선무역 불가론의 가장 중요한 근거를 찾을 수 있는데, 그것이 바로 밑줄 ⓓ와 ⓔ의 기술이다. ⓓ에서는 중국→조선→쓰시마번의 루트를 600폰드의 명주가 일본에 들어 왔다고 했는데, 이는 쓰시마번의 독점무역으로 침해하기 어려운 상황을 언급한 것이며, ⓔ에서는 조선과의 무역 관계를 추진하는 것은 일본으로부터 VOC의 추방을 초래하게 되어 결국 일본과의 거래 기회를 상실하게 될지도 모르는 위험성을 내포하고 있다고 강조한 것이다. 그리고 끝으로 일본은 의심이 깊어 VOC의 조선무역 계획이 자국에 불이익이 될 것이라고 판단할 것임에 틀림없다는 결론을 내고 있다. 부룩크의 이 보고는 당시 나가사키 상관에서 파악하고 있던 정보를 전하고 있는 것으로, 나가사키 상관장으로 하멜 일행의 조선탈출과 잔류 네덜란드인의 구조요청을 막부에 행했

---

45) 본서의 제4장 참조.

던 다니엘 식스도 부룩크의 보고 내용과 거의 동일한 사정을 바타비아에 보고하고 있었다.[46]

다시 말하면, 조선무역 불가론에 관한 이 보고는 VOC 본부의 조선무역 시도에 따끔한 일침을 가한 것으로, 조선의 열악한 경제상황과 VOC와 일본과의 관계를 언급하여 조선과의 무역으로 얻어지는 VOC의 이익보다는 일본과의 관계를 유지하는 것이 VOC의 무역정책으로 합당하다는 정확한 상황파악에 근거한 것이었다.

이러한 보고를 접한 VOC는 결국, 조선무역을 포기하게 되는데, 그 상세한 내용을 다음의 기록으로부터 확인할 수 있다.

<사료 11>
대일 교역이 성황을 이루고 있는 현 시점에서 성실하게 일본과의 교역확충에나 주의를 집중시켜야 한다는 결론을 잘 이해했습니다. ⓐ중국 측의 저지는 차치하고라도 ⓑ일본 측에 질투와 불신감을 조장시키리라는 점을 감안하여 우리의 사전계획을 포기해야만 할 불가피한 입장인 것 같습니다. 그러나 만약 행운이 주어지고 또 시간이 경과함에 따라 장차 그 상황이 어떻게 변화될지는 아무도 예측할 수 없는 일이므로 두고 보면서 기회를 기다릴 수밖에 다른 방도가 없다고 하겠습니다.[47]

위의 밑줄 ⓐ가 의미하는 것은 조선무역을 시도할 경우, 중국 측의 저지가 있을 것이라는 예상이며, 또한 부분에서 ⓑ에 명확히 보이는 바와 같이 VOC는 일본과의 무역 상실 기회를 잃지 않기 위해라도 조선과의

---

46) 1669년 10월 5일자 서장, 나가사키에서 바타비아로 발송(지명숙·왈라벤저, 앞의 책, 185~186쪽).
47) 1671년 5월 15일자 서장, 네덜란드 본부에서 바타비아로 발송(지명숙·왈라벤저, 앞의 책, 186~187쪽).

무역을 포기할 수밖에 없다는 것이다. 그 때문에 코레아호는 네덜란드를 출항한 뒤, 1670년 4월 2일에 바타비아에 도착했지만, 결국 그 이후에 조선으로의 항해는 이루어지지 않았으며, 1679년 11월 15일 바타비아에서 廢船되고 말았다.[48]

정리해 본다면, VOC가 조선무역을 실행할 수 없었던 이유로서 다음의 세 가지 점을 들 수 있다.

첫째, VOC에게 위험을 동반하는 조선무역보다는 일본과의 교역으로부터 생기는 이익이 더 중요하게 인식되었었다는 점이다. VOC의 일본무역은 1652년부터 1671년 사이가 최전성기였으며, 이 시기의 일본을 말하기를, '회사의 육지 무역 및 인도(동아시아) 이윤의 가장 큰 희망'이라 할 정도로 자부심을 가지고 있었다.[49] 즉, 일본은 네덜란드에게 가장 중요한 통상국이었던 것이다. 또한 당시 VOC는 세이론·반다·말라카·타이·바타비아·솔론섬 등의 상관에서는 모두 무역 결손상태에 있었는데, 나가사키의 일본 상관으로부터 얻는 이익에 의해 그 결손을 보충하고 있었다고 말해질 정도였다.[50] 일본 상관을 상실하는 것은 아시아 전체에서의 가장 중요한 거점을 상실하여 VOC 자체의 경영상태를 악화시키는 것이었으며, 동아시아에서 다른 유럽 세력에게 일본을 거점으로 한 상관의 막대한 이익을 양도할 수밖에 없는 위험성도 있었던 것이다.

이 문제에 대해 박물학자로도 유명한 시볼트는 후에 그의 저서『일본』에서, "네덜란드 동인도 회사는 상관으로부터 얻은 정보에 의해 정치적으로 보더라도 경제적으로 보더라도 조선과 우호통상관계를 맺기 위한 일보를 진척시키는 것은 아직 불이익이라고 판단했다. 그것은 당시

---

48) 각주 42)번 참조.
49) 富永牧太 譯, 앞의 책, 292쪽.
50) 永積昭, 앞의 책, 112쪽.

번성하고 있던 일본무역에까지 나쁜 결과를 초래하지 않을 수 없었기 때문이다."[51]라고 조선무역 포기에 대한 언급을 하고 있다. 즉, 그는 VOC에 다른 무엇보다 중요한 것은 일본무역이며, 조선무역이 초래할 악영향을 고려해 회사는 조선무역 계획을 포기했다고 생각한 것이었다. 이러한 그의 생각은 핵심을 찌르고 있다고 필자도 생각한다.

둘째, VOC는 자신들의 조선무역 시도에 대해 일본 측이 강력하게 반발할 것이라는 인식을 가지고 있었다는 것이다. 그것은 전술한 스펙스, 쿠케박케르, 부룩크 등의 보고서로 알 수 있는데, 일본이 견제책을 취하고 있었다는 구체적인 근거를 현 단계에서 명확히 언급하긴 어렵지만, 쓰시마번의 조선무역 독점을 위한 배타성 등으로 볼 때, 일련의 견제가 있었다는 것은 충분히 유추할 수 있다. 주지한 바와 같이 일본 입장에서도 VOC의 조선무역은 결코 자국의 이익을 위해서도 바람직하지 않은 것이었다.

셋째, 조선의 국제관계의 형태도 그 한 요인이었다고 말할 수 있다. 당시 조선은 해금정책을 실시하고 있고 선택적인 국제관계를 유지하고 있었다. 특히, 중국·일본·琉球 등의 일부 국가를 제외하고 적극적으로 국가 레벨에서의 대외관계를 맺으려하지 않았다는 것이다. 만약에 코레아호가 조선으로 향해 무역교섭을 행한다 하더라도 청의 간섭을 받아오던 조선이 서양과의 관계에서 청의 의심을 불러일으킨다는 것을 생각하면, 조선정부 스스로가 네덜란드와의 접촉을 기피했을 것이라는 견해도 나오고 있다.[52] 바로 그러한 이유로 1653년 하멜 일행이 제주도에 표착했을 당시 본국 송환에 적극적이지 않았던 것이다.[53] 물론, 네덜란드와

---

51) シーボルト 著/尾崎賢治 譯, 『日本』第5卷(일본, 雄松堂書店, 1978), 43쪽.

52) Gari Ledyard, "The Dutch Come to Korea", Monograph series No.3, Royal Asiatic Society, Korea Branch, 1971, pp.99-101.

53) 이 점에 대해서는 1627년 조선에 표착한 네덜란드인 박연(벨테브레)이 제주

조선이 당시에 어떠한 외교관계도 없었기에 표류민 송환에 문제가 있었던 것이지만, 이것이 바로 조선 '海禁體制'의 한 발현이라고 볼 수 있다. 朝・日관계라는 측면에서도 일본은 1644년 이후, 수차례에 걸쳐 그리스도 교도를 포함하여 약조 이외의 선박이 조선에 들어왔을 때는 모두 체포해 왜관에 송환토록 요청하고 있었고, 이에 대해 조선이 긍정적인 입장을 취해 共助를 표명하고 있었다(본서 제4장 참조). 이와 같은 대외문제가 네덜란드의 조선무역 시도에 장애가 되고 있다는 것은 의심할 여지가 없는 것이다.

결과적으로 VOC의 조선무역 시도철회의 가장 큰 이유는 조선이 무역상대로서는 부적절하다고 생각한 VOC의 주체적인 판단에 있었다. 그 판단의 근거가 되는 것이 현행 일본무역이 가져오는 막대한 이윤이었으며, 그 이윤을 유지하면서 계속적으로 일본을 동아시아 무역시장의 거점으로 삼기 위한 실리정책이기도 했던 것이다.

V. 네덜란드관계로 본 朝・日近代化 문제

VOC의 조선무역 시도가 1670년대에 들어오면서 최종적으로 철회되었

도에서 하멜 일행과 처음 대면했을 때, 그들 일행에게 말한 다음의 내용으로부터도 짐작할 수 있다. "자신은 누차 국왕과 그 외의 대관에게 일본으로 송환시켜줄 것을 부탁했지만, 언제나 거절되어 '귀군이 새라면 그곳에 날아갈 수 있겠지만, 우리는 외국인을 국외로 내보내고 있지 않기 때문에 귀군은 의식주를 부여받아 이 나라에서 일생을 보내지 않으면 안 된다'라고 말했다(生田滋 譯, 앞의 책, 16~17쪽)." 즉, 조선정부의 외교관계가 없는 외국에 대한 단호한 입장을 대변해주고 있다.

다는 것은 전술한 바이다. 그렇다면 네덜란드와 조선은 언제 공식적인 국가관계를 맺었을까. 그것은 놀랍게도 1961년 4월 4일 단독수교를 맺음으로서 성사되었다. 1610년 마우리츠와 스펙스가 조선무역에 대한 의향을 표명하고부터 350여 년이라는 세월을 기다리지 않으면 안 되었던 것이다. 기록에는 1797년 네덜란드선 1척이 東萊에 표착하여 날씨가 잠잠해진 후 자력으로 귀환했다는 내용이 보이고는 있다. 그러나 이것은 왜관의 일본인이 네덜란드선이라고 하였던 것으로, 사실은 네덜란드선이 아닌 영국의 브로튼 선장이 이끄는 북태평양탐험 선박이었다.54) 그 이후에 완전히 네덜란드와의 관계가 없었던 것은 아니다. 19세기 후반에 들어와서 네덜란드는 수차례에 걸쳐 조선과의 근대적인 외교관계 수립을 시도하고 있었으나, 번번이 실패로 끝나 성사되지 못했다.55)

한편, 최근에 들어와 근세 조선과 네덜란드 관계, 나아가 일본과 네덜란드의 관계로부터 조선의 근대화를 설명하려는 경향이 보이고 있다. 서론에서 문제를 제기하였듯이 그러한 경향은 네덜란드와의 관계라는 측면에서 조선과 일본의 근대화를 비교해, 그 속에서 조선 근대화의 후진성을 해명하려는 것이다. 그것은 아시아 제 국가들의 근대화라는 것이

---

54) "倭館人以千里鏡, 登高瑤之曰, 其船已近對馬島云々, 而我國人, 亦無由知之, 館倭又言, 是阿蘭陀, 其船都, 是宝物云." 鄭東愈 著/南晩星 譯, 『畫永編』上 (乙酉文化社, 1971). 표착했을 때, 동래부사와 부산첨사 및 역관들이 승선해 보기도 하였지만, 이 선박이 어느 나라의 선박인지는 확인할 수 없었다. 단지, 이 배가 출발하는 모습을 천리경으로 보고 있던 왜관의 일본인이 그들은 네덜란드인이라고 말했던 것이다. 하지만, 시볼트의 기록에 의하면, 이는 영국 브로튼 함장의 프로비던스호였으며(尾崎賢治 譯, 앞의 책, 42쪽), 다른 무엇보다도 브로튼의 『북태평양탐험기』가 이를 잘 증명해주고 있다(김재승, 「朝鮮王國을 찾아 온 西洋船들의 探査항해기」, 『東西史學』 3, 32~33쪽, 참조).

55) R.C.van Baarle, 「締結되지 못한 朝·蘭 通商條約」(『韓國學研究』 2, 인하대학교한국학연구소, 1999).

서양세력과 밀접한 관계 속에서 진행되어 왔으며, 조선의 근대화는 일본과 분리해 검토할 수 없기 때문일 것이다. 일본은 네덜란드와 17세기 초두부터 밀접한 관계를 맺어, 소위 아시아에서 가장 빨리 근대화에 성공했다고 말해지는 것도 그 배경에 존재한다.

우선 그러한 경향들에 대해서 살펴보겠다. 在日 사학자 강재언은 전근대라는 시기에는 대등교린국이었던 조선과 일본이 근대에 들어와서 일본은 자본주의국가로 자립함과 동시에 아시아 각국을 향한 제국주의로 발전한 것에 반해, 왜 조선은 그러한 일본의 식민지로 전락했는가, 그 갈림길은 어디에 있었는가라는 의문으로부터 朝·日의 근대화에 관심을 두고 있다.56) 다시 말하면, '比較思想史的' 입장에서 조선 근대화의 후진성을 해명하려고 시도한 것이다. 또 그는 하멜 일행을 기술자 집단으로 평가하여 서양의 선진기술을 받아들이지 못한 조선 위정자의 문치주의와 조선유교의 사상적 체질을 비판하기도 하였다.57)

이와 관련해 강재언은 조선 근대화 후진성의 원인을 다음의 세 가지 점에서 비교하고 있다. ①서양 여러 나라의 개국 강요에 대한 양국 대응의 비교, ②그러한 대응의 차이를 규정한 개국 전야의 西學(=洋學) 수용의 태도, ③西學을 받아들여 새로운 국민교육으로 전환하는 문제이다. 즉, 이러한 세 가지 점에서 양국의 시간차가 근대화의 명암을 갈랐다고 보는 것이다. 특히, ②에 관한 문제점에서는 "조선은 鎖國期에 중국과의 사이에 한성과 북경을 연결하는 주요 통로가 있었고, 일본과도 부산과 쓰시마 간의 통로를 통해 에도[東京]와 연결되어 있었다. 특히, 서울과 북경을 연결하는 통로가 일본에는 없었지만, 조선에는 서양으로 열려진 '나가사키'와 같은 창구가 없었다."라고 언급하고 있다.

---

56) 강재언, 『조선과 서양』(학고재, 1998), 247~248쪽 ; 강재언, 『조선의 西學史』(민음사, 1990), 37~75쪽.
57) 상동, 92~93쪽.

이와 같은 관점에서 조선의 근대화를 설명하고 있는 것에 대해 필자도 역사연구의 한 방법론으로서 비교사적인 관점은 수용해야만 한다고 생각한다. 하지만, ②의 근거로서 전술한 설명에 추가해서 일본은 洋學(=蘭學)을 잘 이용해 근대화에 성공하였고, 조선은 '西學不在'가 원인이 되어 근대화에 늦었다는 주장에 대해서는 의문이 남는다. 만약 그렇다면, 중국은 어떻게 설명해야 하는가. 중국은 근세 초기의 단계에서부터 서양 학자들을 초빙하여 소위 '西學' 수용에 힘을 들이고 있었으며, '西學不在(=洋學不在)'도 아니었을 뿐만 아니라, 서양 각국과의 관계도 유지하고 있었다.

일본의 근대화가 양학과 밀접한 관계에 있다는 것은 이미 先學들에 의해 명확히 밝혀진 사실이다. 다카하시 신이찌[高橋磌一]가 일본의 근대화와 관련지어 '洋學의 승리'라고 평가했던 것은 그러한 사정을 잘 대변해주고 있다.[58] 그러나, 일본의 근대화를 洋學의 수용만으로 설명할 수는 없다. 일본 자체의 경제적 발전, 국민국가의 탄생에 이르기까지 외교·정치·문화 등 모든 분야에서 복합된 상황 하에 추진된 것이다. 일본의 근대화가 洋學의 수용과 깊은 관련이 있다는 것은 분명하지만, 그렇다하더라도 그러한 상황을 아시아 각국에, 특히 조선과 비교하는 것에는 문제가 된다. 네덜란드와의 관계에서 근대화를 설명하기 위해서는 일본만이 아닌 아시아 각국에서의 네덜란드 관계를 우선적으로 밝히지 않으면 안 된다. 그 후에 그러한 점을 어떻게 평가하는가에 따라 강재언의 비교사적인 검토가 객관화될 것이다.

그런데, 이러한 인식을 표명한 것은 강재언만이 아니다. 김태진은 『하멜보고서』를 번역한 서문에 "17세기 조선의 선조들이 이들 낯선 화란인들 36명이라는 집단을 적절하게 응대하고 잘 활용하였더라면 서양문명 발달을 일찍 수용할 수 있었을 것이요 조선의 개화도 더 빨리 이뤄졌을

---

58) 高橋磌一, 『洋學思想史論』(新日本出版社, 1972), 144~162쪽.

것이 아닌가! 그랬더라면 일제침략도 지배도 그리고 남북분단의 비극도 없었을 것이 아닌가! 일본은 나가사키를 통해 이 화란인들과 교역을 함으로써 그들의 근대국가 형성에 결정적 계기로 삼은 것임은 일반적으로 인식되는 바이다."[59]라고 피력하고 있다.『하멜보고서』를 번역한 강준식도 "하멜 표류사건을 계기로 조선에서 일대 인식전환이 일어났더라면 이라는 미련이 남는다. … 그 무렵, 인식의 전환이 일어났더라면 이후의 모든 역사적인 문제는 순조롭게 해결되었을 것이라고 생각한다."[60]고 했으며, 그리고 이 책을 재판하면서는 "이웃 나라 일본의 경우를 보면, 명치유신을 단행하기 전에도 이미 란가쿠[蘭學]라 하여 서구문화를 익히는 2세기 이상의 착실한 준비기간이 있었다. '란가쿠'란 화란 즉 네덜란드를 통한 서양과학의 습득을 가리키며, 그 시작은 하멜의 조선표류 전후라고 할 수 있다. 따라서 하멜의 표류를 계기로 우리 선조들이 시대의 변화를 읽었더라면 하는 아쉬움이 짙게 남는다."[61]라고 하멜 일행이 조선근대화에 기여했을 가능성을 상정하고 있다.

조선의 근대화와 관련된 인식은 이들로만 그치지 않는다. 1999년에 서인석은 『꼬장꼬장 세계문화답사기』[62]의 제8장 「네덜란드, 친화된 자연만이 정복된다」에서 "네덜란드인 하멜 일행은, 제 발로 굴러들어온 근대화의 기회였다. 그런데 우리는 그 기회를 제 발로 찼다. 당시 좀 더 빨리 개명했더라면 이준 열사가 이곳까지 와서 분사하는 역사 비극이 있었을까."라고 하여 하멜과 조선의 근대화 후진성에 대한 관련성을 강조하고 있다. 마찬가지로 주강현은 같은 시기에 『21세기 우리문화』[63]라는 저서

---

59) 김태진 역,『하멜일지 그리고 조선국에 관한 기술 1653-1666』(전남대학교출판부, 1996), 15쪽.

60) 강준식,『우리는 코레아의 광대였다』(웅진출판, 1995), 프롤로그.

61) 강준식,『다시 읽는 하멜표류기』(웅진닷컴, 2002), 프롤로그.

62) 서인석,『꼬장꼬장 세계문화답사기』(동방미디어, 1999).

63) 주강현,『21세기 우리문화』(한겨레신문사, 1999).

를 출판하면서, 제3장의 「하멜표류기는 무엇을 남겼을까」에서 하멜 일
행의 표류경위와 함께 이 표류사건으로 우리가 반성해야할 점으로서 다
음과 같은 주장을 하고 있다. 즉, "38명이나 되는 이들 집단을 대상으로
조선정부가 어떤 구체적인 서양 과학기술을 알려고 하였다거나 이를 본
격적으로 탐구하려 하였다는 어떤 흔적도 보이지 않는다. … 박연이 군
대에 소속되어 대포 따위의 전투술을 가르쳐준 것은 분명하고, 군부대에
배속된 하멜 일행도 약간의 전투술 전수에 참여한 것은 미루어 짐작이
되나 새로운 과학기술 문명에 대한 조정의 관심은 보이지 않는다. 30여
명이 넘는 대부대의 하멜 일행을 13년간이나 데리고 있었음에도 그들로
부터 새로운 세계에 대한 정보를 얻었다는 이야기는 별로 보이지 않으
니, 참으로 순진무구한 조선정부여!"라고 한탄하고 있다.

2001년에는 이덕주도 『조선은 왜 일본의 식민지가 되었는가: 새로운
시각 분석－일백년전 '조선멸망기'』라는 저서의 제2장 「조선망국론」에
수록된 「조선이 서양을 접촉하게 된 경위」에서 전술한 강재언의 『朝鮮
近代史』[64]을 인용하여 하멜 일행이 조선에 온 것에 대해 다음과 같이 평
가하고 있다.

> 조선으로서는 또 한 번의 기회가 있었다. 1653년 네덜란드 상선 스패
> 로우 호크 호가 대만에서 일본의 나가사키로 항해하던 중, 제주도 근해
> 에서 난파당했다. … 하멜 일행은 우리나라 서학사의 관점에서 볼 때, 참
> 으로 귀중하고도 아까운 서양의 기술자 집단이었다. 그들은 曆法과 醫方
> 에 정통하고, 조총과 대포에 관해 잘 아는 사람들이었다. 그들이 지니고
> 있던 천문 관측, 항해술, 대포 및 소총의 제조와 조종법 등은 그 어느 것
> 이나 조선의 국방력 강화와 항해술 발전에 귀중하지 않은 것이 없었다.
> 특히 그들의 언어인 네덜란드어를 익히고, 서양 사정을 연구한다는 것은
> 일본의 난학 수용에서 보는 것과 같이 서양문물의 수용에 결정적인 의미
> 를 갖는 것이었다. 그러나 그 누구도 하멜 일행의 기술을 수용하기 위해

---

64) 姜在彦, 『朝鮮近代史』(平凡社選書 90, 平凡社, 1986).

서 그들의 처우를 개선하고, 국내의 우수한 젊은이들을 선발해서 서양의
언어와 기술을 터득시키기 위한 대책을 세우거나 노력한 정치가는 한 사
람도 없었다.[65]

즉, 하멜과 같은 뛰어난 기술자 집단을 이용하려던 정치가가 없어 일
본보다 뒤떨어졌다는 의미이다. 이러한 평가는 물론 강재언의 저서를 인
용한 평가이기는 하지만, 다른 연구자들에게까지 조선의 근대화와 관련
해 하멜 일행의 영향력을 강조시켜 전가시키고 있다. 한마디로 이러한
견해들로만 본다면, 네덜란드는 조선의 근대화에 대단히 깊은 관련이 있
으며, 하멜 일행을 당시 조선정부가 제대로 이용하지 못해 근대화에 뒤
떨어질 수밖에 없었다는 평가들뿐이다.

더욱이 한국의 공영방송국인 KBS의 다큐멘터리 '중세 조선의 비밀 -
하멜표류기'에서는 조선은 네덜란드와 관계를 맺을 기회를 일본의 방해
에 의해 상실하여 근대화에 뒤늦었다는 주장으로 결론을 내리고 있다.
여기서 말하는 일본의 방해라는 것은 본고에서 고찰해 왔던 네덜란드의
조선무역 시도에 대해 일본이 견제하고 있었던 사실을 가리키고 있는
것이다. 특히, 마지막 부분에는 "코레아호가 조선으로 향했을 때 또 다른
(조선 근대화의) 기회였다. 그때는 일본의 방해로 무산되었다. … 그리고
19세기에는 200년 전 조선의 개방을 방해한 일본에 의해 강제적으로 개
항되고 말았다. 역사의 갈림길은 이미 17세기의 한 사건(하멜의 표착)에
서 시작되었던 것이다."[66]라고 끝을 맺는다. 이 내용만으로 보아도, 조선
의 근대화는 전부 17세기의 한 사건, 즉 네덜란드인 하멜 일행의 조선표
착사건, 다시 말하면 네덜란드와의 관계에서 좌우되었던 것처럼 보인다.
과연 이러한 견해로 조선의 근대화를 설명할 수 있을까 의문이 생기지

---

65) 이덕주, 『조선은 왜 일본의 식민지가 되었는가: 새로운 시각 분석 - 일백년전
　　'조선멸망기'』(에디터, 2001), 제2장 「조선망국론」.
66) KBS방송국, '중세조선의 비밀 - 하멜표류기'(1996년 8월 25일, 9월 1일 방송).

않을 수 없다.

　물론 일본이 일찍이 蘭學을 받아들여 서양의 과학기술을 토대로 근대
화의 기초를 만들고 있었던 것은 부인할 수 없다. 일본의 자본주의 침략
과 제국주의 침략에 의해 조선의 '자본주의적 맹아'(=내재적인 근대화
의 노력)가 짓밟혀 조선의 근대화가 늦어진 것은 분명한 사실이며, 일본
에 의한 식민지 기간이 조선의 자주적 근대화를 상쇄시켜 버린 것 또한
역사적 사실로서 여기에서 이 문제에 대해 부언하거나 소견을 피력할
생각은 추호도 없다. 그러나 앞에서와 같은 주장들처럼 일본과 네덜란드
관계에 중점을 두고 일본의 근대화를 해석하여 그것을 조선의 근대화에
적용시키는 것, 또 네덜란드의 조선무역 시도에 대한 일본의 견제정책이
조선의 근대화에 대한 일본의 방해로 인식되는 것에는 찬성할 수 없다.
네덜란드의 조선무역 계획에 대해 일본 측의 견제가 있었다는 것은 본
고에서도 추론한 바이지만, 네덜란드가 조선과의 무역을 단념했던 근본
적인 이유는 VOC가 일본무역의 이익을 중시했던 독자적인 판단에 의거
한 것이다.

　더욱이 이 문제는 한국의 역사관과도 깊은 관련이 있다. 조선 근대화
의 후진성에 대한 원인을 네덜란드와의 접촉기회를 상실했던 것과 그것
을 견제한 일본에서 원인을 찾는다면, 한국의 자주적 역사성을 무시하는
결과를 초래할 위험이 있다. 즉, 네덜란드와 일본에 의해 마치 조선의 근
대화가 좌지우지 된다면, 이것이야 말로 일본 제국주의 시대에 탄생한
한국의 역사 자체가 압도적인 밖으로부터의 영향 아래 형성되어 한국
독자의 것은 존재하지 않는다는 소위 '他律性史觀'과 무엇이 다르다는
말인가. '他律性史觀'은 한국의 '半島的 性格論'과도 불가분의 관계에 있
다. 한국은 대륙의 부속적인 존재이며 많은 강대국들에 둘러싸여 그 영
향 하에 존속되어 왔으며 그 원인이 바로 반도국가이기 때문이라는 것
이다. 이것은 한때 유행했던 역사의 地理的 決定論이며, 바로 여기에서

외래의 영향으로 他律性이 성립되었다는 '他律性史觀'이 탄생한 것이다. 그러나 이러한 주장이 허구적이며, 조선의 식민지화를 합리화하기 위한 수단으로 등장했다는 것은 이미 이기백과 하타다 다카시[旗田巍] 등의 많은 先學들에 의해 밝혀지고 있다.

더욱 강조해야 할 것은 일본은 절대 근대화에 성공했다고 평가해서는 안 된다는 점이다. 소위 '근대화의 성공'이라는 것이 현재 선진국과 개발도상국, 그리고 후진국의 차이를 가르는 하나의 요인이라는 것에 반론할 생각은 없으나, 그 '성공'이라는 것은 서양 제국주의를 기준으로한 근대화이며, 아시아 諸國의 강제된 희생 위에 성립된, 있어서는 안 될 '성공'이었다. 물론, 현대의 일본이 경제부국으로서 세계평화에 기여하려고 노력하고 있는 이 시점에서 근대화에 실패한 나라라고 평가하기에는 거부감이 없지 않아 있지만, 제국주의 시대에 아시아 각국에 처참한 피해를 주었고, 나아가 자국민에게도 뼈아픈 고통을 주었으며, 결국은 세계에서 유일하게 원자폭탄의 시험 대상국이 되어버렸던 일본을 근대화의 성공 국가로서 비교 평가해서는 안 된다는 것이 중요하다. 억측일지로 모르나, 그러한 국가를 모델로 근대화를 추진했다면, 지금의 일본이 그러하듯 세계사에서 오명을 씻을 수 없는 암울한 시대를 간직한 한국사를 탄생시켰을 것이다.

조선의 근대화 문제에는 여러 가지 견해가 있다. 그 가운데 어느 설이 정확한가, 또 어느 설을 수용해야하는가에 대한 결론을 내리는 것은 극히 어려운 일일 것이며, 어떤 의미에서 불가능할지도 모른다. 그만큼 근대화에 대한 다양한 견해가 존재하고 있으며, 또 '근대화'라는 용어의 개념이 명확하지 않다는 것, 서양의 '근대화' 개념을 어떻게 동양에 적용시키는가의 문제도 중요하다. 그러나 전술한 선학들의 연구가 이 문제를 보다 발전적인 동시에 객관화하기 위한 토대가 된다는 것은 분명하다고 할 수 있을 것이다.

VI. 맺음말

지금까지 네덜란드 VOC의 조선무역에 대한 계획 및 시도에 대해 살펴보았는데, 다음과 같은 몇 가지 점을 결론으로 도출하여 정리해 볼 수 있겠다.

첫째, 조선과 네덜란드의 관계를 언급할 때 그 시작의 단계를 일본과 거의 같은 시기인 1610년으로 보지 않으면 안 된다는 점이다. 이는 전술한 1610년 마우리츠 서한에 보이는 조선무역에 대한 의향 전달과 스펙스의 조선에 관한 정세보고서로 이해할 수 있다. 일본의 경우, 1600년에 네덜란드 선박 리흐데호의 분고[豊後]지역 표착으로 시작되었다는 점에서 조선이 늦기는 하지만, VOC에서 일본 진출과 함께 조선을 염두에 두고 있었다는 것을 잊어서는 안 된다. 이는 1627년 박연 등 3명과 1653년 하멜 일행 36명의 조선표착으로 네덜란드 관계가 시작되었다는 피상적인 속설을 반증하는 것으로 조선의 서양관계라는 측면에서도 절대 간과할 수 없는 사실이다.

둘째, 지금까지 네덜란드의 동아시아(특히, 동북아시아) 관계에서 일본만이 그 대상으로 여겨져 왔으나, 조선을 포함시키지 않고는 네덜란드의 동아시아 무역활동에 대한 총체적인 논의를 할 수 없다는 점이다. 당시 VOC는 일본 만이 아닌 조선과도 무역통상 계획을 가지고 있었고, 실제로 17세기초반부터 중반까지 수차례의 '금은도 탐사'와 병행하여 조선무역을 시도하기도 하였으며, 1668년에는 조선무역 담당 무역선이라 평가할 수 있는 코레아(Corea)호를 건조한 것으로 확인할 수 있다.

셋째, VOC가 조선과 무역을 시도하고 무역 대상국으로 삼으려 했던 이유를 파악할 수 있다는 점이다. 그 이유의 하나는 스펙스의 서한을 비

롯한 인용사료 곳곳에 보이는 바와 같이 일본, 특히 쓰시마번을 거치지
않는 조선과의 직접무역으로 VOC의 이윤을 극대화하려했다는 것이고,
가장 중요한 이유는 <사료 5>의 ⓑ, <사료 6>의 ⓒ, <사료 9·10·11>
에 보이는 바와 같이 조선을 통해 중국과 일본의 무역품을 이동시켜
VOC의 동아시아 무역거래 시스템을 효율적으로 운영하려 했다는 점이
다. 이것 역시 VOC 이윤극대화의 일환이지만, 조선을 동아시아에서의
무역 교두보, 즉 중개무역지로 이용하려 했다는 점은 동아시아사 속에서
네덜란드의 진출을 이해할 때 중요한 논점이 된다.

　넷째, VOC가 17세기 초기부터 활발히 진행해왔던 조선무역 시도를
1670년대 전후로 철회한 가장 큰 이유는 많은 이윤을 내고 있던 일본무
역에 지장을 주지 않기 위해서라는 점이다. 조선무역을 시도한 것은
VOC의 이윤 극대화의 한 방편이었지만, 이는 일본 시장을 불안하게 만
드는 요소가 될 것이고, 나아가 일본이라는 무역거점 자체를 상실할지도
모른다는 위기감이 있었기 때문이었다. 결국, VOC의 이러한 시대적 상
황판단이 있었기 때문에 17세기 중반 이후부터 일본만이 유일하게 VOC
의 무역 대상국가로 남아있게 되는 것이다.

　다섯째, 최근에 네덜란드와 외교관계 성립 성사 여부로 조선의 근대화
후진성을 해명하려는 경향은 한국 역사의 타율성을 강조할 뿐이라는 점
이다. 이에 대해서는 본장의 내용 중에서 언급하였지만, 네덜란드 조선
무역 시도의 철회가 조선의 근대화에는 어떠한 영향을 주었는가에 대한
증거도 없을 뿐만 아니라, 이에 대한 그 어떠한 논증도 행해오지 않았다.
더군다나, 일본의 방해로 네덜란드가 조선무역을 철회한 것도 아니라는
것이다. 이는 위에서 언급했듯이 일본무역을 더 중요하게 생각했던 VOC
의 독자적이며 자율적인 판단에 의한 것이었다.

결 론

근세라는 시기에 동아시아에서 서양 표류민의 표착사건으로 벌어졌던 일본·조선·네덜란드(日·朝·蘭) 삼국의 국제관계를 테마로 삼아 서론에서 제기하였던 문제점을 7개의 장으로 나누어 고찰해 보았다. 우선, 각 장에서의 주요 논점들을 정리해 본 후에 근세 동아시아 속에서 日·朝·蘭 국제관계가 가지는 의미에서 대해서 언급해 보도록 하겠다.

　제1장에서는 네덜란드인의 조선표착과 관련된 여러 사실을 규명했다. 17세기 네덜란드의 아시아 진출로 인해 발생하는 日·朝·蘭 국제관계의 출발은 1610년을 전후로 네덜란드의 일본 진출과 조선에 대한 무역계획의 수립과 진출시도로 인해 발생하지만, 본서에서는 네덜란드인의 조선표착사건을 계기로 일본·네덜란드와의 송환문제가 먼저 발생하기 때문에 우선적으로 고찰한 것이다. 최초의 표착사례는 1627년 일본으로 향하던 중 오베르케르크에 승선하고 있던 얀 얀스 벨테브레, 즉 박연 일행 3명이다. 이들의 표착지에 대해서는 논란이 많으나, 본서에서는 제주에 표착하고 있음을 밝혔다. 그리고 역시 일본으로 가던 중 1653년 헨드릭 하멜 일행 36명이 제주에 표착하는데, 『知瀛錄』에 의해 大靜縣에 위치한 '大也水沿邊'(현재의 한경면 고산리 水月峰 남쪽 해안)에 표착하였다는 것을 규명하였다. 그 후 이들은 표착지에서 제주도의 大靜縣→明月鎭→濟州牧을 거쳐 전라도 남해안을 상륙해 서울로 이송되었는데, 여기서 중요한 점은 이들의 표착에 대한 조선정부의 표류민 처리와 대응인데, 이것을 고찰한 것이 제2장이다.

　당시 동아시아 국제관계의 현황으로 볼 때, 표류민은 자국(일본인→일본, 중국인→중국) 내지는 중국(異國人→중국)으로 송환시키는 관례가 있었으나(물론, 제3국경유의 송환사례도 있음), 박연 일행의 경우, 중국

으로도 송환시킬 수 없었으며(1627년 後金의 침략을 받고 있어 명과 後
金 사이의 관계로 인해), 일본으로 송환시키려 하자 일본 측도 자국민이
아니라고 이들에 대한 인수를 거부해 박연 일행은 어쩔 수 없이 조선에
체재할 수밖에 없었다. 하멜 일행의 경우, 이미 조선인으로서 귀화해 살
고 있던 박연에게 일본으로의 송환을 애원하지만, 거절을 당했다. 더욱
이 당시의 국왕 孝宗은 난파당한 그들을 구해 살릴 수 있는 길[濟活之
道]이 있을 것이라는 취지 하에 조정은 그들을 훈련도감에 배속시켰다.
이러한 경위를 볼 때, 당시 일본의 표류민 송환체제라는 것에 이국민이
완전하게 포함되어 있지 않았다는 것을 의미하며, 당시 조선에는 표류민
송환체제와 별도로 인도적 차원에서 '救濟體制'가 취해지고 있음을 확인
할 수 있다.

　이렇게 조선에 체재하게 된 네덜란드인들이 과연 어떠한 영향을 끼쳤
으며, 또 조선정부는 이들을 어떻게 이용하고 있었는지를 고찰한 것이
제3장이다. 서양의 연구를 포함해 많은 학자들이 조선에 체재하게 된 네
덜란드인들은 단지 조선에 억류되어 있었던 것으로 평가하나, 조선정부
는 그들을 억류하려고 했던 것도 아니며, 또 단순한 억류라는 평가보다
도 조선의 異國人 등용 문제와 깊이 관련되어 있다는 점이 중요하다. 즉,
그들은 조선의 서양식 병기개발에도 참여하고 있었다. 그것은 『碩齋稿』
에서 박연이 "紅異砲의 制를 전했다."라는 기술로부터도 명확해지며, 또
한 훈련도감에서 하멜 일행이 표착할 당시 가지고 온 조총을 모방해 신
형 조총을 만들었다는 기록으로부터도 규명된다. 그리고 최근에 이러한
서양식 병기의 개발과 관련해 하멜 일행이 관여해 조선의 병기개발에
공헌했다는 주장이 많이 나오고 있으나, 사실은 하멜 일행은 전혀 관여
하지 않았고, 박연이 핵심적인 역할을 했다는 것도 본서에서 명확히 밝
혔다.

　그리고 네덜란드인이라는 당시로서는 명확치 않았던 異國人을 훈련도

감에 배속시킨 것은 당시의 북벌정책과 관련된 군비강화의 일환이었다. 물론, 표착할 당시 孝宗의 '濟活之道'가 있다는 취지에 따라 훈련도감으로의 배속이 결정되었지만, 그들은 서양의 뛰어난 병기기술을 가지고 있었고, 한편으로는 '兵'으로서 훈련도감에 배속되어질만한 충분한 능력이 있었기 때문이다. 당시 훈련도감에는 귀화한 중국인과 일본인들이 배속되어 있었는데, 네덜란드인조차도 훈련도감에 배속시키고 있었다는 점은 조선의 외국인에 대한 처리정책이 중국과 일본에 한정되지 않고, 서양인까지 포함한 폭넓은 異國人 등용정책을 시행했다는 것을 말해준다.

한편, 조선에 표착한 이후 하멜 일행은 1655년 서울에서 탈출사건을 일으키게 되고 조정은 이들로 인한 淸과의 외교마찰을 미연에 종식시키기 위해 전라도로 分置시킨다. 그러나 이들 중의 하멜을 포함한 8명이 1666년 일본으로 탈출하면서 네덜란드인의 조선체재 사실을 德川幕府도 알게 되면서 이후 조선과 일본 사이에 조선에 잔류하고 있던 네덜란드인에 대한 송환교섭이 시작된다. 그러나 송환교섭 이전에 양국 간에는 외교논쟁이 발생한다. 이유는 1644년에 이미 일본에서는 심각한 문제를 발생시키고 있던 그리스도교를 금압하기 위해 조선에 대해서도 그리스도교 금제, 즉 의심스러운 異國人이 조선에 들어왔을 때에는 붙잡아 왜관에 알려달려고 요청하여 이에 대해 조선과 '共助'를 약속했는데(본서에서 말하는 '禁制要請一件'), 1653년에 네덜란드라는 알 수 없는 국가의 서양 異國人이 표착을 해왔음에도 일본 측에 알려주지 않았기 때문이다. 하지만, 조선 측에도 명분은 있었다. 그것은 1627년 네덜란드인 박연이 표착해 왔을 당시에 일본에 인도하려 했어도 전술한 바와 같이 일본 측이 인수를 거부했던 전례가 있었기에 알려주지 않은 명분을 세울 수 있었다. 아무튼 이러한 과정에서 중요한 문제점은 일본의 그리스도교 금제 요청이 네덜란드인들의 조선표착과 송환의 배경에 전제하고 있었다는 점이며, 때문에 본서의 제4장에서 일본의 그리스도교 금제요청과 이에 대한 조선 측의 대응책을 검토해보았는데, 다음의 세 가지 점을 규명하였다.

첫째, 1644년 4월 일본의 그리스도교 금제에 대한 협조요청에 대해 조선정부는 긍정적인 입장을 취해, 실제로 동년 8월에 표착해 온 廣東船을 일본에 인도하여 일본의 그리스도교 금제정책에 협조하고 있었다는 사실이다. 그러나 당시 조선은 이 廣東船에 그리스도 교도가 승선하고 있었는지 아닌지 확인하고 있지 않았다. 그럼에도 廣東船을 일본 측에 인도한 이유의 하나는 당시 청국의 제1~2차 침입으로 인해 조선은 압박을 받고 있었기에 廣東船과 같은 異國船의 표착처리에 고심하고 있었으며, 이러한 이유로 인해 廣東船을 쓰시마번에 인도함으로써 그 문제를 초기에 해결하려고 했다는 점이다. 또 다른 이유는 막부의 대행자로서 쓰시마번의 그리스도교 금제요청에 대해 협조한다는 것은 쓰시마번을 회유할 수 있는 절호의 기회이기도 했기 때문이다. 이것은 다음의 두 번째 점과도 연결된다.

둘째, 조선과 쓰시마번은 이 '禁制要請一件'을 상호간에 이용하고 있었다. 쓰시마번은 幕府의 명령에 따라 조선에 그리스도교 금제요청을 행했지만, 무역확대·왜관이전 등의 현안 문제를 동시적으로 조선정부에 요구하면서 실리를 추구하고 있었다. 쓰시마번의 입장으로서는 막부의 지시사항을 완수하고, 또 스스로의 이익을 추구하는 對 조선외교에 보이는 상투적 수단을 견지하고 있었던 것이다.

셋째, 전술한 廣東船의 인도를 근거로 일본의 근세외교사 전공자인 야마모토 하쿠분[山本博文]은 朝·日간에 표착 이국선에 대한 일본으로의 인도라는 관행이 성립되어 있다고 했으나, 이러한 관행은 전혀 성립되고 있지 않았다. 왜냐하면, 조선이 표착 異國船을 일본 측에 인도한 것은 廣東船 사례 단 1건뿐이며, 廣東船을 인도한 후에 표착해왔던 다른 異國船(荒唐船으로 예를 들면, 南京船과 漢船) 내지는 異國人들을 북경으로 호송하고 있었기 때문이다. 더욱이 북경 호송의 사실조차도 거의 일본에 알리지 않았다. 이러한 점은 당시 明·淸교체기라는 동아시아의 혼란 상태에서 南明 정부가 멸망해가고 淸이 동아시아의 주도권을 잡아가기 시작해 그 이후 동아시아의 안정이라는 국제관계가 그 배경에 전제하고 있었기 때문이다. 다시 말하면, 조선정부는 明과 淸 사이의 국제관계가 불안했던 1644년에는 일본의 그리스도교 금제요청에 부응해 표착 廣東船을 일본에 인도하는 '共助'를 보여 일본 측을 회유하였고, 이후 明·淸 교체기가 안정화로 접어들자 표착 異國船들을 수차례 淸으로 압송시켜 淸과의 긴밀성도 유지하고 있었다. 탄력성 있고 균형 잡힌 國際關係를 당시 조선정부는 유지하고 있었던 것이다.

본서의 제5장에서는 1666년 하멜 일행의 탈출사건으로 벌어지는 제문제 즉, 이 사건으로 인한 일본 측의 조선에 대한 문의(본서에서 말하는 '照會一件'), 이후 벌어지는 조선 잔류 네덜란드인들에 대한 일본으로의 송환교섭, 그리고 이들의 본국 귀환까지를 고찰해 보았는데, 규명한 점을 간략히 정리하면 다음과 같다.

첫째, 1666년 하멜 일행 8명이 조선을 탈출한 후, 일본의 어느 지역에 표착했는가는 밝혀지지 않았으나, 일본 측의 「阿蘭陀人朝鮮江漂着之一件」, 『日記 自寬永十年五月至寶永午年十二月』 등의 사료와 일본의 고지도를 통해 카미고토[上五島]의 나마[那摩]이며, 현재의 나가사키[長崎]縣 미나미마쓰우라[南松浦]郡 신카미고토[新上五島]町 아오가타[青方]鄕라는 것을 규명하였다.

둘째, 하멜 일행의 탈출사건에 대한 일본 측의 문의, 즉 '照會一件'은 그리스도교 금제라는 근세 일본의 기본적인 대외정책의 일환으로서 시행된 것이었다. 강조한다면, 전술한 바와 같이 본서의 제4장에서 고찰한 일본의 조선에 대한 '禁制要請一件'의 연장선상에 있었던 외교문제였다고 생각한다.

셋째, 잔류 네덜란드인의 일본송환은 조선 측의 입장에서 본다면, 쓰시마번에 대한 회유책이었으며, 또한 네덜란드인의 조선 체재가 초래하는 대외문제를 사전에 방지하기 위한 목적 하에 행해졌다. 일본 측의 입장에서 송환교섭의 성공은 네덜란드인에 대한 일본 국내에서의 '종주권'을 재확인하는 행위였으며, 네덜란드에게 막부의 권위를 보여줄 수 있는 이른바 '武威'의 표현이기도 했다.

그런데, 조선에 표착한 네덜란드의 표류민이 일본을 거쳐 본국으로 송환된 것은 일본의 요청이 있었기에 가능한 것이었지만, 표류민 송환체제의 논리 속에서, 또 국가권력과 국제관계라는 틀 속에서 송환되었던 것이다. 이것을 고찰한 것이 제6장으로 다음의 두 가지 측면으로 정리할 수 있다.

첫째, 조선 잔류 네덜란드인의 송환이 실현된 것은 일본·조선·네덜란드라는 국가권력의 존재와 어떠한 형태로든 외교적 국제관계가 성립되어 있었기 때문이다. 지금까지 표류민 송환체제 입장에서 국제관계의 형성을 논하고 있지는 않았으나, 본고에서 조선↔일본, 일본↔네덜란드의 직접적인 국제관계(국가권력 상호간에 외교를 인정하고 있으며, 동시에 실제적으로 직접적인 외교관계가 유지되고 있는 것에 한정)의 형성으로부터 네덜란드인들이 송환되고 있음을 증명했고, 그밖의 표류민들도 이러한 관계의 형성을 기조로 송환될 수 있음을 논증했다. 즉, 표류민 송환체제에는 국가권력과 국제관계의 존재가 전제되어야만 한다는 것을 확인했다.

둘째, 네덜란드와 조선과 같이 직접적인 국제관계가 형성되어 있지 않은 표류민에 대해서는 제3국경유의 송환방식이 동아시아 표류민 처리에 보이는 하나의 유형으로 존재하며, 여기에는 반드시 '표착지 국가', '경유지 국가', '표류민 본국'이라는 삼자 간에 '경유지 국가'를 중심으로 '표착지 국가'↔'경유지 국가', '경유지 국가'↔'표류민 본국'이라는 국제관계의 형태, 즉 위에서 언급한 형태의 직접적인 외교관계의 형성이 전제가 된다. 또한, 표류민 송환 유형에는 다양한 형태가 존재하는데, 이 점에 대해서도 본고에서는 명확히 규정하였고, 동아시아 표류민 송환체제의 총체적 구조를 고찰하기 위해서는 국가 간의 직접적인 송환방식 이외에 제3국 유형의 송환방식도 포함시켜 논증하지 않으면 안 된다는 것을 강조했다.

한편, 이렇게 하멜을 포함한 8명의 탈출과 잔류 네덜란드인의 본국 송환을 계기로 네덜란드에서는 조선무역에 대한 진출계획이 추진되었다. 하지만, 조선무역의 의도는 VOC(네덜란드 동인도연합회사)가 1602년에 창립되어 1609년에 일본무역을 개시할 무렵에도 존재하고 있었다. 이러한 VOC의 조선무역과 단절, 그리고 완전한 철회, 여기에 개입한 일본의 견제, 나아가 네덜란드와의 관계로 본 조선과 일본의 근대화를 비교해본 것이 제7장이며, 그 고찰 내용은 다음과 같이 요약된다.

첫째, 지금까지 네덜란드의 동아시아 진출에는 일본만이 논의대상이 되어 왔으나, 본고에서 고찰한 바와 같이 1610년부터 이미 조선을 무역대상지로 염두에 두고 탐험대를 파견하는 등의 실제적 시도가 있었다는 사실을 역사 속에 자리매김해야 한다는 것이다. 이는 본문에서 검토한 1610년 마우리츠의 서한에 보이는 조선무역에 대한 의향과 조선에 관한 정세 보고서를 본국에 보낸 상관장 스펙스의 견해로부터 이해할 수 있다. 더욱이 이 점은 조선과 네덜란드의 관계가 1627년 박연, 1653년 하멜 일행의 표착으로 시작된 것이 아니라는 것을 반증하며, 조선의 서양관계라는 측면에서도 간과해서는 안된다.

둘째, VOC가 조선과 무역을 시도하고 무역대상국으로 삼으려 했던 이유를 파악할 수 있다는 점이다. 그 이유의 하나는 스펙스의 서한을 비롯한 인용사료 곳곳에 보이는 바와 같이 일본, 특히 쓰시마번을 거치지 않고 조선과의 직접 무역으로 VOC의 이윤을 극대화하려했다는 것이고, 조선을 통해 중국과 일본의 무역품을 이동시켜 VOC의 동아시아 무역거래 시스템을 효율적으로 운영하려 했다는 점이다. 이러한 일련의 과정은 1668년 VOC가 조선을 동아시아에서의 무역 교두보, 즉 중개무역지로 이용하려 했다는 점에서 극대화되어 조선무역의 개시를 위한 코레아호를 건조하기도 하지만, 결국 조선무역은 성사되지 않았다.

셋째, VOC가 17세기 초엽부터 활발히 진행해왔던 조선무역 시도를 1670년대를 전후로 철회한 가장 큰 이유는 많은 이윤을 내고 있던 일본무역에 지장을 주지 않기 위해서라는 점이다. 조선무역을 시도한 것은 VOC의 이윤 극대화의 한 방편이었지만, 이는 일본시장을 불안하게 만드는 요소가 될 것이고, 나아가 일본이라는 무역거점 자체를 상실할지도 모른다는 위기감이 있었기 때문이었다.

넷째, 최근에 네덜란드와 외교관계 성립 성사여부로 조선의 근대화 후진성을 해명하려는 경향은 한국 역사의 타율성을 강조할 뿐이라는 점이다. 이에 대해서는 본장의 내용 중에서 언급하였지만, 네덜란드의 조선무역 계획의 철회가 조선의 근대화에는 어떠한 영향을 주었는지에 대한 증거도 없을 뿐만 아니라, 이에 대한 그 어떠한 논증도 행해오지 않았다. 더욱이 일본의 방해로 네덜란드가 조선무역을 철회한 것도 아니라는 것을 명확히 했는데, 이는 위에서 언급했듯이 일본무역을 더 중요하게 생각했던 VOC의 독자적 판단에 의한 결과였던 것이다.

이상 근세 동아시아라는 공간 속에서 벌어진 조선과 일본, 그리고 네덜란드와의 국제관계를 고찰해보았는데, 본서 속에서 대상으로 하였던 각 장의 테마들을 종합해 '근세 동아시아 국제관계사 연구'라는 입장에서 정리해 보면, 필자는 다음과 같은 내용들을 강조해 두고 싶다.

첫째, 국제관계라는 것은 현대에 국제관계가 존재하는 것과 마찬가지로 근세라는 시기에도 존재하고 있었다는 점이다. 근래에 연구자들 간에 국제관계를 논할 시에는 대부분 근현대 시기만을 국제관계로서 설명하는 경우가 많다. 본서에서 테마로 삼았던 일본과 조선 및 네덜란드도 21세기에 들어온 현재의 시점에서 보더라도 다양한 형태의 네트워크와 국제관계 속에서 존재하고 있다. 각기의 국가들은 세계와 다양한 형태의 네트워크를 통해서 연결되어 있고, 그것에 의해 현재와 미래의 존립을 유지시키고 있는 것이다. 또한, 네트워크는 각양각색의 채널을 통해 우리들의 생활 구석구석까지 미치고 있다. 비록 국경이라든가 민족이라든가, 또는 종교 등의 경계로 인한 다수의 분쟁과 갈등은 존재하지만, 어느 의미에서 본다면 이러한 한정된 공간 영역을 무의미하게 만들 정도로 현대인은 국제관계 속에서 살아가고 있다. 더욱이 식탁에 오르는 재료를 포함해 생활필수품의 많은 부분들이 수입품이라는 것을 잊을 정도로 국제관계는 생활의 일부로 정착되어 왔다.

사실 근현대와는 양적으로도 질적으로도 많은 차이를 보이고 있지만, 근세 중국·조선·일본 등의 동아시아 국가들이 국제관계 속에서 존립하고 있었다는 것을 필자는 본서의 테마를 심화시키면서 확신했다. 분명히 현대, 아니 근대 이후의 국제관계는 근세의 국제관계와 상당한 차이점을 보이며, 또 근세는 전근대라는 시대와 동아시아라는 지역의 규정성에 제한을 받기는 하지만, 엄연히 제 외국과의 관계, 즉 국제관계의 존재를 부정할 수는 없다. 더욱이 본서에서 주된 테마로 삼았던 네덜란드라는 서양국가도 동아시아 제국과의 국제관계 속에서 근세의 시기를 영위해 나갔다. 이러한 국제관계는 서론에서 언급한 자국이 중심이 되어 외국과의 관계를 파악하는 '대외관계사', '외교사'와는 다른, 복합·다층적인 구조 속에서 타국으로부터의 입장도 파악해야만 이해할 수 있는 것이다. 다만, 여기서 제기되어야할 문제는 그것이 어떠한 특징을 가진 국제관계인가라는 점이다. 근세의 國際關係論은 이러한 문제를 해결하기 위해서 필요한 것이다.

둘째, 근대=서양형의 국제관계를 구성하는 요소로서 주권국가의 가장 기본적인 것에는 주권국가 사이의 대등한 관계 설정이 생각되어지고 있다. 근세 동아시아에 보이는 국제관계의 특징 중의 하나는 국가들의 관계가 중국 중심의 화이질서, 조선이나 일본 중심의 화이질서로 말해지는 계층적이고 상하적인 관계로서 실현되고 있다는 것이다. 그러나 그것은 일면에 지나지 않으며, 근세 동아시아에서도 국제관계를 구성하는 것은 각기 국가의 주체성이었다는 점이 중요하다. 그것은 朝·日간의 외교현안에 대처하는 양국 정부의 해결 방법이나, 조선이 청으로부터의 압력을 탄력적으로 대비하는 외교술 등으로부터 보아 파악할 수 있다. 그것은 화이적인 관계는 外皮에 지나지 않으며, 본질은 국가뿐만이 아니라, 국제관계에 관여하고 있는 모든 당사자들의 주체성은 아닐까하고 생각한다.

셋째, 이러한 주체성을 가진 국가들이 각기의 사이에 발생한 현안, 즉 본서의 입장에서 본다면, 조선에 표착한 네덜란드인으로 인해 파생되는 제문제, 일본의 조선에 대한 그리스도교 금제요청 등의 문제를 해결하기 위해서 다양한 형태로 共助(=협력)하고 있다는 것도 근세 국제관계의 또 다른 하나의 특징이었다. 국가가 상호간에 협력한다는 것은 현안의 문제를 해결함으로써 각기의 국가가 소속하는 지역의 평화와 질서를 유지하기 위해서였다. 상호 긴장관계를 가진 채 대치하면서도 한편으로는 공동의 현안 외교문제를 해결하기 위해 타협하거나 '共助'하였던 것이다. 이러한 현상은 현대의 국제관계를 보아도 마찬가지이다.

넷째, 근세 일본과 조선을 평가할 때, '鎖國'이라는 용어를 사용해 시대를 정의지우고 있으나, 이는 잘못된 역사적 판단이며, 오류이다. 물론, 일본사에서 말하는 '鎖國' 개념의 옹호론자들은 '鎖國'이 말하는 한자 의미대로 "나라의 문을 닫았다."는 것은 아니라고 하지만, 왜 굳이 '鎖國'을 쓰는 것인가라는 의문이 남는다. 본서에 살펴본 테마에 의하면, 조선

표착 네덜란드 표류민을 통한 일본・조선・네덜란드의 국제관계와 그 외의 異國人 표류민이 송환되는 체제, 그리고 네덜란드 동인도연합회사(VOC)의 조선과 일본과의 관계, 조선의 서양 異國人 등용정책 등을 볼 때, '鎖國'이라는 용어는 적절치 않다. 동아시아 국가들이 국제관계의 안정과 국내질서의 편안을 위해 대외관계에 제한을 둔 것은 사실이나, 이 모든 것을 '鎖國'이라는 개념으로는 단순하게 정의내릴 수는 없다.

더욱이 조선에 대해서는 '鎖國'이라는 용어 외에 '隱者의 나라', '조용한 아침의 나라'라는 용어도 대표적으로 사용되고 있다. 이는 조선의 '鎖國'이라는 용어가 일본의 제국주의 침탈시대에 일본으로부터 전래된 것과 마찬가지로 '隱者의 나라'라는 용어도 동시대에 유행한 것으로 서양의 제국주의와 근대화의 편견에 의한 것이었다. 조선은 '隱者의 나라'도 아니었으며, 동아시아 나아가 세계라는 공간에서 타국과 마찬가지로 국제관계를 형성하고 있던 주권국가였다. 이러한 용어는 근대국가 이후에 그 어떤 마이너스적인 평가와 비판도 없이 그대로 수용되지 않았는가 생각된다. 일본의 경우는 서양에 비해 근대화만 늦었지만, 한국의 경우에는 근대화뿐만 아니며, 결국 일본의 식민지가 되어 버렸다는 것이다. 여기에는 '鎖國'이라는 용어가 조선을 세계화 속으로 유입시킨다는 '開國'과 반대되는 이미지로서 식민지화에 일조하고 있었다. '鎖國'이라는 용어와 개념이 일본에 시작되어 조선에 적용되었다는 점과 일본에 의한 식민지화를 어떻게 인식해야하는지, 필자는 물론이고 역사학자들에게 보다 면밀한 판단과 역사적 서술이 요구된다.

부 록

Ⅰ. 참고문헌

1. 참고사료

1) 한국소재사료

「廣東船一件往復」(『善隣通書』 권24, 국사편찬위원회소장, 마이크로번호: MF
0000784, 소장번호:4773).

「南京漂人一件往復幷小序」(『善隣通書』 권25, 국사편찬위원회소장, 마이크
로번호: MF0000784, 소장번호:4774).

「南蠻耶蘇制禁往復幷小序」(『善隣通書』 권26, 국사편찬위원회소장, 마이크
로번호: MF0000784, 소장번호:4775).

「南槎錄」(金尙憲 저/朴用厚 역, 『敎育濟州』 19-21, 1971).

「阿蘭陀漂人告事狀往復」(『善隣通書』 권30, 국사편찬위원회소장, 마이크로번
호: MF0000785, 소장번호:4779).

「耽羅志」(李元鎭著, 『濟州道』 46-55·58, 1970~1973).

『各司謄錄』(현재 92책, 국사편찬위원회편, 1981~계속).

『國朝寶鑑 1-9』(민족문화추진회, 1994~1997).

『南槎錄』(金尙憲 저/金禧東 역, 永嘉文化社, 1992).

『南槎錄』(金尙憲 著·朴用厚 譯, 『敎育濟州』 19-21, 1971).

『茶山詩文集1-10』(민족문화추진회, 1996).

『大東輿地圖』(京城帝國大學法文學部, 1936).

『對馬島宗家關係文書(전5권)』(國史編纂委員會編-書契目錄集-, 1992~1994).

『東萊府接倭狀啓謄錄可考事目錄抄冊』(서울대학교규장각소장, 마이크로번호:
M/F67-10-1-D, 마스터번호:10390).

『同文彙考(1-4)』(국사편찬위원회편, 1978).

『萬機要覽』(민족문화추진회편, 『國譯萬機要覽』, 1971).

『邊例集要(上·下)』(국사편찬위원회편, 探求堂, 1984).

『備邊司謄錄(1-28)』(국사편찬위원회편, 1959~1960).

『西歸浦市文獻資料集』(서귀포시, 1998).

『碩齋稿』(尹行恁, 서울대학교규장각소장, 마이크로번호: M/F79-3).

『星湖僿說1-12』(민족문화추진회, 1976~1979).

『承政院日記(1-141)』(국사편찬위원회편, 1960~1977).

『新增東國輿地勝覽』(國書刊行會, 1986).

『역주 탐라지』(김창흡 외 7인 역, 푸른역사, 2002).

『練藜室記述1-12』(민족문화추진회, 1966).

『五洲衍文長箋散稿1-현재6』(민족문화추진회, 1977~계속간행).

『倭館移建謄錄』(서울대학교규장각소장, 마이크로번호: M/F65-10-3).

『倭人求請謄錄(1-3)』(규장각자료총서, 서울대학교규장각, 1992).

『接待倭人事例』(釜山史料叢書 2, 釜山市史編纂委員會刊, 1963).

『接待倭人事例』(서울대학교규장각소장, 마이크로번호: M/F74-102-23-E).

『正保元甲申年廣東船一艘人數五拾二人乘朝鮮國全羅道之內珍島江漂着之次
　　　　第覺書也』(국사편찬위원회소장, 마이크로번호: MF0000468, 소장번
　　　　호: 2787).

『濟州의 옛 地圖』(제주민속자연사박물관, 1996).

『朝鮮王朝實錄(1-48)』(국사편찬위원회편, 1955~1958). 본서에서는 『太宗實
　　　　錄』, 『仁祖實錄』, 『孝宗實錄』, 『顯宗實錄』, 『顯宗改修實錄』, 『英祖實
　　　　錄』, 『肅宗實錄』을 이용.

『朝鮮人日本國エ漂流記·日本人朝鮮幷大淸エ漂流記·朝鮮國ヨリ唐人幷蠻
　　　　人送來記』(국사편찬위원회소장, 마이크로번호: MF0000953, 소장번
　　　　호: 6506).

『晝永編(상/하)』(鄭東愈 저/南晩星 역, 을유문화사, 1971).

『增補文獻備考』(세종대왕기념사업회, 1970~1996).

『增正交隣志』(민족문화추진회, 1998).

『增正交隣志』(민족문화추진회 편, 『國譯增正交隣志』, 1998).

『知瀛錄』(국사편찬위원회소장, 마이크로번호: MF0001511).

『知瀛錄』(李益泰 저/金益洙 역, 제주문화원, 1997).

『靑莊館全書1-13』(민족문화추진회, 1966).

『耽羅紀年』(金錫翼 저, 『韓國近代邑誌』 48, 한국인문과학원, 1991).

『耽羅巡歷圖』(제주시, 1999).

『耽羅志』(李元鎭 저, 韓國學文獻硏究所 編, 『邑誌6-濟州道』, 아세아문화사, 1983).

『通文館志1-4』(세종대왕기념사업회, 1998).

『通文館志』(경인문화사, 1973).

『通文館志』(세종대왕기념사업회, 1988).

『閑居漫錄』(鄭載崙, 서울대학교규장각소장, 마이크로번호: M/F82-16-214-I).

『海行摠載1-12』(민족문화추진회, 1967).

『海行摠載』(민족문화추진회편, 1967).

『硏経齋全集』(成海應 著, 고려대학교 소장, 고려대학교중앙도서관도서영인 제11, 詐晟社, 1982).

『靑莊館全書(1-13)』(민족문화추진회편, 솔출판사, 1997).

『頤齋亂藁1-3』(黃胤錫 저, 정신문화연구원, 1994~1996).

2) 일본소재사료

「阿蘭陀人朝鮮江漂着之一件」(『分類紀事大綱』 권33, 日本國立國會圖書館 古典籍資料室, 청구기호: 823-30).

『江戶漂流記總集(1-6)』(山下恒夫再編, 日本評論社, 1992).

『公譜別錄拾遺(副題: 五島記)』中(文久2年增補, 貞方定吉纂輯, 長崎縣立圖書館 소장).

『公譜別錄拾遺(中)』(文久2年增補, 長崎縣立圖書館 소장, 코드: 8012111612, 분류기호: Sテ13).

『寬寶日記と犯科帳』(森永種夫・越中哲也編, 長崎文獻社, 1977).

『寬永以來異國船來着年表』(동경대학교 사료편찬소 소장, 청구기호: 4151.9-88).

『寬永正保之度耶蘇宗門御嚴禁ニ付朝鮮國御往復御書翰寫』(東京大學 史料編纂所 소장, 청구번호: 宗家史料-4-5).

『寬永正保之度耶蘇宗門御嚴禁ニ付朝鮮國御往復御書翰和解寫』(東京大學 史料編纂所 소장, 청구번호: 宗家史料-4-6).

『舊五島圖』(長崎縣立圖書館 소장, 코드: 8012035386, 분류기호: S3).

『崎陽群談』(中田易直・中村質 교정, 日本史料選書10, 近藤出版社, 1974).

『大東輿地圖-付索引』(吉田光男監修, 草風館, 1994).

『同文考略』(學東叢書第 11, 學習院東洋文化研究所, 1972).

『每日記』(對馬藩廳, 宗家文書日記類, 長崎縣立對馬歷史民俗資料館 소장, 청구기호: Aa-1, 21-25).

『本邦朝鮮往復書』(東京大學 史料編纂所 소장, 청구번호: dup.M-29).

『新訂寬政重修諸家譜』(續群書類從完成會, 1970, 제4판).

『新增東國輿地勝覽』(國書刊行會, 1986).

『五島之古圖』(長崎縣立圖書館 소장, 코드: 8012035060, 분류기호: S3).

『五島編年史(上・下)』(中島功 저, 國書刊行會, 1973).

『異國往復書簡集/增訂異國日記抄』(村上直次郎 譯註, 駿南社, 1929).

『日本(第5卷)』(フィリップ・フランツ・ファン・シーボルト 著/尾崎賢治 譯, 雄松堂書店, 1978).

『自寬永十年五月至寶永五年十一月日記』(長崎縣立圖書館 소장, 코드: 80120 16907, 분류기호:S13).

『長崎古今集覽』(長崎文獻社, 1976).

『長崎實記年代錄』(九州文化史研究所史料集 3, 同研究所史料集刊行會, 1999).

『長崎實錄大成(正編)』(長崎文獻叢書 제1집제2권, 長崎文獻社, 1973).

『長崎蟲眼鏡・長崎見聞錄・長崎緣起略』(長崎文獻叢書 제1집제5권, 長崎文獻社, 1975).

『長崎港草』(長崎文獻叢書 제1집제1권, 長崎文獻社, 1973).

『長崎縣史』(史料編2, 吉川弘文館, 1964).

『長崎オランダ商館の日記(전3권)』(村上直次郎 역, 岩波書店, 1956~1958).

『朝鮮半島五万分の一の地圖集成』(朝鮮總督府 編, 學生社, 1981).

『朝鮮通交大紀』(田中健夫・田代和生校訂, 名著出版, 1987).

『通航一覽(1-8)』(國書刊行會, 1912~1913).

『平戸オランダ商館の日記(전4권)』(永積洋子 역, 岩波書店, 1969~1970).

『漂流奇談集成』(加藤貴校訂, 國書刊行會, 1990).

『和蘭風說集成書(上・下)』(日蘭學會, 1976).

『イギリス商館長日記』(原文編3/譯文編2권/附錄2권, 東京大學史料編纂所編, 東京大學, 1978~1982).

『オランダ商館長日記』(原文編10권/譯文編9권, 東京大學史料編纂所編, 東京大學, 1974~2003).

『ドン・ロドリゴ日本見聞録/ビスカイノ金銀島探檢報告』(村上直次郎譯註, 奧川書房, 1941).

『バタヴィア城日誌(전3권)』(村上直次郎/中村孝志 역주, 東洋文庫170・205・271, 平凡社, 1970~1975).

『バタビヤ城日誌(上・中)』(村上直次郎 역주, 日蘭交通史料研究會, 1937).

2. 참고문헌

1) 한국어 문헌

강원대학교인문과학연구소・한일관계사학회주최국제심포지엄초록, 『조선시대 漂流民을 통해 본 한일관계』(강원대학교국제회의실, 1999년 4월 29・30일 개최).

姜在彦, 『서양과 조선』(학고재, 1998).

姜在彦, 『조선의 西學史』(民音社, 1990).

강준식, 『내가 사랑한 됴선』(웅진출판, 1994).

姜憲圭, 「'漂流記'에 나타난 固有名詞表記」(『公州師大論文集』 24, 1986).

강헌규, 「"하멜漂流記"에 나타난 固有名詞表記」(『공주사범대논문집』 24, 1986).

고광민, 『濟州道浦口硏究－歷史·民俗學的 接近－』(제주대학교 탐라문화연구소, 2003).

高柄翊, 「南蠻黑人의 濟州漂着」(『東亞交涉史의 硏究』, 서울대 출판부, 1970).

곽차섭, 『조선 청년 안토니오 코레아, 루벤스를 만나다』(푸른역사, 2004).

국방연구소편, 『韓國武器發達史』(국방군사연구소, 1994).

국사편찬위원회, 『韓國史 2』(探求堂文化社, 1995).

金泰能, 「濟州道와 外國과의 關係－하멜漂着地 小考」(『濟州道史論攷』, 세기문화사, 1982).

金泰能, 「和蘭國漂人 "벨트브레"의 行蹟」(『제주도』 46, 1970).

金泰能, 「和蘭船舶의 大靜縣 漂着」(『제주도』 39, 1969).

金泰能, 『濟州道史論攷』(世起文化社, 1982).

김경화 저/서진숙 그림, 『하멜 아저씨 따라 조선 구경하기』(기탄출판, 2003).

김경훤, 「서양인의 기록에 나타나는 17세기 국어 어휘에 관하여－어휘, 음운론적 측면을 중심으로－」(『인문과학』 31, 성균관대학교 인문과학연구소, 2001).

김경훤, 「하멜 일지에 나타난 조선국 지명에 관하여」(『인문과학』 30, 성균관대학교 인문과학연구소, 2000).

金淇森·柳承宙·潘允洪, 『全羅兵營史硏究－康津兵營城滯留址攷硏－』(조선대 출판부, 1999).

金東栓, 『南濟州郡의 文化遺跡』(濟州大學博物館, 1996).

金良善, 「仁·孝 兩朝 蘭人의 漂到와 韓·中·日 三國의 外交關係」(『鄕土서울』 30, 1967).

김석근, 「조선정부의 표류민 정책과 하멜 일행의 처리」(『17세기 조선과 서양의 만남』, 하멜표류350주년 기념 연세대학교－Leiden대학교 국제학술회의 초록, 2003년 6월 5일).

김성준, 「西洋船에 대한 조선인의 인식과 대응」(『韓國海運學會誌』 제29호, 1999).

金世民, 「日本에서의 '鎖國論'研究」(『韓日關係史研究』 창간호, 1993).

김숙현, 「하멜표류기 분석을 통한 문화간 커뮤니케이션 연구」(『順神大學校 敎授論叢』 제10호, 1997).

金舜圭, 「朝鮮時代 手銃運用의 性格」(『軍事』 26, 1993).

김영자, 『서울 제2의 故鄕－유럽인의 눈에 비친 100년전 서울』(서울시립대 학교부설학연구소, 1994).

金容旭, 「釜山倭館考」(『韓日文化』 1·2, 부산대학교한일문화연구소, 1962).

金義煥, 「釜山의 草梁倭館과 對日通信使外交」(『韓日文化交流史』, 民文庫, 1991).

金在得 編, 『古文獻用語解例』(培英社, 1983).

김정환, 『근대로 가는 길－조선후기편』(푸른숲, 1997).

金鍾洙, 「朝鮮後期 訓鍊都監 運營의 社會経濟的 影響」(『軍事』 33, 1996).

김필주, 『하멜의 여자』(하나로, 1995).

남경태, 『종황무진 한국사(하)－조선 건국에서 대한민국 정부 수립까지』(그 린비, 2001).

梁弘植, 「地理上 發見時代의 濟州道」(『濟州道』 7, 1963).

렘코 에릭 브뢰커, 「하멜과 동인도회사의 동방무역」(국립제주박물관, 『항해 와 표류의 역사』, 솔, 2003).

李京燦, 「조선 효종조의 북벌운동」(『淸溪史學』 5, 韓國精神文化硏究院, 1988).

李基白, 「半島的 性格論 批判」(『韓國史市民講座』 창간호, 1987).

李基淳, 『仁祖·孝宗代政治史硏究』(國學資料院, 1998).

李燦, 『韓國의 古地圖』(汎友社, 1991).

李鉉淙, 「李朝倭館略考」(『成均』 7, 성균관대학교, 1956).

李薰, 「人的 교류를 통해서 본 朝鮮·琉球관계」(河宇鳳·孫承喆·李薰·閔德 基·鄭成一, 『朝鮮과 琉球』, 마르케, 1999).

李薰, 『朝鮮後期 漂流民과 韓日關係』(國學資料院, 2000).

李鎭明, 「1787년 프랑스 라페루즈 탐험대의 울릉도 발견」(『독도, 지리상의
　　　재발견』, 도서출판 삼인, 1998).

메디나신부 著·朴哲 譯, 『한국 천주교전래의 기원』(서강대 출판부, 1989).

박대헌, 『西洋人이 본 朝鮮－朝鮮關係 西洋書誌(上·下)』(壺山房, 1996).

朴星來, 「韓國人의 포르투갈 發見」(『外大史學』 11, 韓國外國語大學校 外國
　　　學綜合研究센터 歷史文化研究所, 2000).

朴璉鎬, 「科擧制度의 西漸」(『慶熙大學校論文集』 제10집, 1980).

박영준, 『섬의 세계사』(가람기획, 2003).

朴玉杰, 「高麗初期 歸化 漢人에 대하여」(『國士舘論叢』 39, 1992).

朴玉杰, 『高麗時代의 歸化人研究』(國學資料院, 1996).

朴用厚, 『最南의 港都: 摹瑟浦』(도서출판제주문화, 1990).

朴仁鎬, 『朝鮮後期 歷史地理學 研究』(以會文化社, 1996).

박철, 「16세기 한국 천주교회사 史料研究」(『外大史學』 7, 한국외국어대학교
　　　역사문화연구소, 1997).

朴哲, 「16世紀 韓國 天主教會史 史料研究」(『外大史學』 7, 1997).

朴哲, 「韓國 訪問 最初 西歐人 그레고리오·데·세스뻬데스 研究」(『外大史
　　　學』 창간호, 한국외국어대학교사학연구소, 1987).

三宅英利 著/金世民·姜大德·柳在春·嚴燦鎬 譯, 『조선통신사와 일본』(지
　　　성의샘, 1996).

西歸浦市 編, 『西歸浦市文獻資料集』(西歸浦市, 1998).

서울市史編纂委員會 編, 『서울六百年史(第1卷)』(서울市史編纂委員會 編, 1977).

서인석, 『꼬장꼬장 세계문화답사기』(동방미디어, 1999).

서정철, 『서양고지도와 한국』(대원사, 1991).

孫承喆, 「17세기 耶蘇宗門에 대한 朝鮮의 인식과 대응」(『史學研究』 58·59,
　　　1999).

孫承喆, 『近世朝鮮의 韓日關係史研究』(國學資料院, 1999).

신동규, 「17世紀 네덜란드의 朝鮮貿易企圖에 관한 고찰」(『史學研究』 55·56,
　　　韓國史學會, 1998).

신동규, 「근세 漂流民의 송환유형과 "國際關係" - 조선과 일본의 제3국경유 송환유형을 중심으로 - 」(『江原史學』 17·18, 2002).

신동규, 「네덜란드인의 日本行 도주사건과 德川幕府의 대응」(『韓日關係史研究』 14, 한일관계사학회, 2001).

신동규, 「네덜란드인의 朝鮮漂着에 관한 再考察 - 漂着船·漂着地·漂着年을 중심으로 - 」(『史學研究』 58·59, 1999).

신동규, 「耶蘇宗門禁制를 둘러싼 朝日外交關係」(『江原史學』 13·14, 江原史學會, 1998).

신동규, 「하멜을 통해 본 조선·네덜란드·일본의 국제관계」(국립제주박물관, 『항해와 표류의 역사』, 솔, 2003).

신동규, 「훈련도감의 신식무기개발과 서양 이국인 등용정책」(『향토서울』 63, 서울시사편찬위원회, 2003).

양수지, 『朝鮮·琉球關係 연구 - 朝鮮前期를 중심으로』(한국정신문화연구원 한국학대학원 박사학위논문, 1994).

梁弘植, 「지리상 발견시대의 제주도」(『제주도』 7, 1963).

오창명, 「제주도 마을과 산악 이름의 종합적 연구」(『耽羅文化』 18, 탐라문화연구소, 1997).

이덕주, 『조선은 왜 일본의 식민지가 되었는가: 새로운 시각 분석 - 일백년 전 '조선멸망기'』(에디터, 2001).

이덕희, 「이승만과 하와이 감리교회, 그리고 갈등: 1913~1918」(『한국기독교와 역사』 21, 2004).

이병권, 『청소년을 위한 조선왕조사 - 교과서도 모르는 조선 역사 안팎의 이야기』(평단문화사, 2006).

李元淳, 「初期 韓國 그리스도教史의 比較史的 一考」(『韓國學報』 23, 1981).

이이화, 『이이화와 함께 한국사를 횡단하다』(한길사, 2004).

李仁榮, 「西洋人朴燕考」(『京城大學史學會報』 7, 1935).

이지은, 『왜곡된 한국 외로운 한국 - 300년 동안 유럽이 본 한국』(책세상, 2006).

인천가톨릭대학교 아시아복음화연구소주최, 『壬辰·丁酉倭亂과 가톨릭교회』
    (1998년 11월).

정경란 번역, 「[해외한국학동향] 미국의 한국학자 게리 레드야드」(『정신문
    화연구』 92, 2003).

濟州道史硏究會/濟州史定立事業推進協議會, 『하멜 漂着地에 대한 학술세미
    나』(1999년 10월 28일 개최).

조풍연, 『공상 유모어 소설 '하멜표류기'』(동민문화사, 1972).

주강현, 「동도서기와 문명개화-백년의 경험」(『우리문화』, 한국민속문화연
    구소, 1999).

주강현, 『21세기 우리문화』(한겨레신문사, 1999).

주경철, 「네덜란드 동인도 회사의 설립 과정」(『서양사연구』 25, 서울대학교
    서양사연구회, 2000).

中村質, 「秀吉 政權과 壬辰倭亂의 特質」(『아시아문화』 8, 한림대아시아문화
    연구소, 1992).

지명숙, 「하멜 일행의 한국 체류, 적응 및 이해」(『東方學志』 122, 2003).

지명숙/왈라벤 共著, 『보물섬은 어디에-네덜란드 공문서를 통해 본 한국과
    의 교류사』(연세대 출판부, 2003).

車文燮, 『朝鮮時代軍制硏究』(단국대 출판부, 1973).

채바다, 「하멜(Hendrick Hamel)漂流記의 史的 再照明과 漂着地에 관한 硏究」
    (『濟州島史硏究』 7, 1999). 동, 「하멜(Hendrick Hamel)漂流記의 歷史
    的 再照明과 漂着地에 관한 硏究報告書」(『濟州文化』 9, 1999).

최두환 譯, 『신 하멜표류기-새롭게 고쳐 쓴』(우석출판사, 2003).

崔夢龍, 「高興 鉢浦鎭城」(『壬辰倭亂 前後 關防史硏究』, 문화재연구소, 1989).

崔奭祐, 「近代東西文化交流의 樣相-서양에 비추어진 한국」(『梨花史學硏究』
    13-14, 梨花女子大學校史學硏究所, 1983).

崔鍾庫, 『西洋人이 본 韓國法俗』(敎育科學社, 1989).

프레데릭 불레스텍스 著/이향·김정연 譯, 『착한 미개인 동양의 현자』(청년
    사, 2001).

하멜표류350주년 기념 연세대학교－Leiden대학교 국제학술회의 초록, 『17세기 조선과 서양의 만남』(연세대학교 국학연구원 주최, 2003년 6월 5일).

한상복, 『해양학에서 본 한국학』(해조사, 1988).

許東賢, 『近代韓日關係史研究』(國學資料院, 2000).

許善道, 『朝鮮時代火藥兵器史研究』(一潮閣, 1997).

洪以燮, 「서울에 왔던 歐美人」(『鄕土서울』 1, 서울특별시사편찬위원회, 1957).

Leonard Blussé, 「만남과 발견: 극동아시아에서의 네덜란드 동인도회사의 활동」(『東方學志』 122, 2003).

R.A.Skeiton 著·安在鶴 譯, 『탐험지도의 역사』(도서출판새날, 1995).

R.C.van Baarle, 「締結되지 못한 朝·蘭 通商條約」(『韓國學研究』 2, 인하대학교한국학연구소, 1999).

W.E.Griffis 著·申福龍 譯, 『은자의 나라 한국』(한말외국인기록시리즈, 集文堂, 1999).

W.E.Griffis 著·申福龍 譯, 『隱者의 나라 韓國(Ⅲ)』(探求堂, 1976).

2) 일본어 문헌

加藤榮一, 「鎖國論の現段階」(『歷史評論』 475, 1989).

加藤榮一, 「ブレスケンス號の南部漂着と日本側の對應－附·奧國南部領國繪圖に描かれたブレスケンス號」(『日蘭學會會誌』 27(14-1), 1989).

加藤榮一, 『幕藩制國家の成立と對外關係』(思文閣出版, 1998).

加藤榮一, 『幕藩制國家の形成と外國貿易』(校倉書房, 1993).

姜在彦, 『西洋と朝鮮－その異文化格闘の歷史－』(文芸春秋, 1994).

姜在彦, 『朝鮮近代史』(平凡社選書 90, 平凡社, 1986).

岡田章雄, 『三浦按針』(思文閣出版, 1984).

高橋公明, 「朝鮮外交秩序と東アジア海域の交流」(『歷史學研究』 573, 1987).

宮原兎一, 「オランダ人のみた十七世紀の朝鮮」(『朝鮮學報』 14, 1959).

旗田巍, 『日本人の朝鮮觀』(勁草書房, 1969).

金義煥, 「李氏朝鮮に於ける釜山の倭館の起原と変遷」(『日本文化史研究』 2, 帝塚山短大, 1977).

金井圓, 『日蘭交涉史の研究』(思文閣出版, 1986).

金泰虎, 「16世紀末の東アジアにおける國際關係とイェスス會-「文祿·慶長の役」における日本軍の從軍司祭を中心に-」(『地域と社會』 2, 大阪商業大學比較地域研究所, 1999).

內海紀雄, 「異國船警備史話(一·二·三)」(『浜木綿』 17-19, 五島文化研究會, 1974~1975).

多賀一史, 『黃金傳說ジパングの謎』(PHP研究所, 圖書印刷株式會社, 1999).

渡邊美季, 「'シンポジウム參加記'「近世東アジアの漂流民と國家」」(『民衆史研究會會報』 48, 1999).

渡邊美季, 「シンポジウム參加記 '近世東アジアの漂流民と國家'」(『民衆史研究會會報』 48, 1999).

鈴木信昭, 「李朝仁祖期をとりまく對外關係-對明·對淸·對日政策をめぐって-」(田中健夫 編, 『前近代の日本と東アジア』, 吉川弘文館, 1995).

李仁榮, 「南蠻人朴燕考」(『京城大學史學會報』 7, 1935).

武田万里子, 『鎖國と國境の成立』(江戶時代叢書 21, 同成社, 2005).

米谷均, 「一七世紀前期日朝關係における武器輸出」(藤田覺 編, 『一七世紀の日本と東アジア』, 山川出版社, 2000).

方詩銘·方小芬 編『中國史曆日和中西曆日對照表』(上海辭書出版社, 1987).

北構保男, 『一六四三年アイヌ社會探訪記-フリス船隊航海記錄-』(雄山閣出版, 1983).

史學會, 「シンポジウム'近世東アジアの漂流民と國家'」(『史學雜誌』 108-9, 1999).

史學會主催, 「シンポジウム'近世東アジアの漂流民と國家'」(『史學雜誌』 108-9, 1999). 1999년 7월 24일 개최.

山口正之, 「耶蘇會宣敎師の入鮮計畫-朝鮮基督敎史研究 2-」(『靑丘學叢』 2, 1930).

山口正之, 『朝鮮西敎史』(雄山閣, 1967).

山本博文, 「日本の沿海防備体制と朝鮮」(『歴史評論』 516, 1993).

山本博文, 『寛永時代』(吉川弘文館, 1989).

山本博文, 『鎖國と海禁の時代』(校倉書房, 1995).

三宅英利, 『近世日朝關係史の研究』(文獻出版, 1986).

三宅英利, 『近世アジアの日本と朝鮮半島』(朝日新聞社, 1993).

上五島町 編, 『上五島町郷土誌』(昭和堂印刷, 1986).

上原兼善, 「明淸交替期における幕藩制國家の琉球支配」(『鎖國日本と國際交流 (上)』, 吉川弘文館, 1988).

石井正敏, 「以酊庵輪番僧虎林中虙」(『前近代日本と東アジア』, 吉川弘文館, 1995).

船越昭生, 「ウィットセンの一地圖に現れた長白山－その基礎資料をめぐ って－」(『朝鮮學報』 42, 1967).

船越昭生, 『北方圖の歴史』(講談社, 1976).

小林忠夫 編譯, 『ラペルーズ世界周航記－日本近海編』(白水社, 1988).

小葉田淳, 「日本の金銀外國貿易に關する研究－鎖國以前に於ける－(1・2)」(『史學雜誌』 44-10・11, 1933).

小葉田淳, 『日本と金銀島』(創元社, 1943).

小田省吾, 「李氏朝鮮時代における倭館の変遷」(田保橋潔, 『朝鮮支那文化の研究』, 刀江書院, 1929).

沼田次郎, 「在外未刊日本關係史料蒐集事業の沿革について」(『日本歴史』 186, 1978).

孫承喆 著/山里澄江・梅村雅英 譯, 『近世の朝鮮と日本－交隣關係の虛と實－』(明石書店, 1998).

神奈川縣立博物館 編, 『世界のかたち日本のかたち－渡邊紳一郎 古地圖コレクションを中心に－』(神奈川縣立博物館, 1997).

申東珪, 「1653年朝鮮漂着オランダ人の漂着地と移動経路について」(『學術論文集』 23, 朝鮮奬學會, 2000).

申東珪, 「一九九九年韓日關係國際シンポジウム'朝鮮時代漂流民を通してみた

韓日關係'參加記」(『史苑』60-2, 2000).

申東珪, 「オランダ人漂流民と朝鮮の西洋式兵器の開發」(『史苑』61-1, 立敎大學史學會, 2000).

神田千里, 「宗敎一揆としての島原の亂」(『東洋大學文學部紀要－史學科篇』30, 2004).

神田千里, 「土一揆としての島原の亂」(『東洋大學文學部紀要－史學科篇』 29, 2003).

岩生成一, 『南洋日本町の研究』(南亞文化研究所, 1940).

岩生成一, 『朱印船と日本町』(至文堂, 1962).

永積昭, 『オランダ東インド會社』(近藤出版社, 1971).

永積洋子, 『朱印船』(吉川弘文館, 2001).

永積洋子 譯, 『南部漂着記－南部山田浦漂着のオランダ船長コルネリス・スハプの日記－』(キリシタン文化研究會, 1974).

五野井隆史, 『日本キリスト敎史』(吉川弘文館, 1990).

五野井隆史, 『德川初期キリシタン史研究』(吉川弘文館, 1983).

宇田川武久, 「壬辰・丁酉の倭亂と李朝の兵器」(『國立歷史民俗博物館研究報告』 17, 國立歷史博物館, 1988).

宇田川武久, 『東アジア兵器交流史の研究』(吉川弘文館, 1993).

園田一龜, 『韃靼漂流記の研究』(ユーラシア叢書 第34卷, 原書房, 1980).

有井智德, 「李朝初期向化倭人考」(『朝鮮史論集』 村上四男博士和歌山大學退官記念, 開明書院, 1981).

的場節子, 「南海のワクワク, シーラと古地圖に見る極東黃金島再考」(『歷史地理學』 195, 歷史地理學會, 1999).

田代和生, 『近世日朝通交貿易の研究』(創文社, 1981).

煎本增夫, 「歷史手帖 島原・天草の亂の發端について」(『日本歷史』659, 2003).

煎本增夫, 『島原の亂』(敎育社歷史新書 101, 敎育社, 1980).

田中健夫, 「鎖國成立期日朝關係の性格」(『對外關係と鎖國』 論集幕藩体制史 第8卷, 雄山閣出版, 1995).

田中健夫, 『對外關係と文化交流』(思文閣出版, 1982).

田中健夫, 『中世對外關係史』(東京大學出版會, 1975).

田中健夫 외, 『對外關係史總合年表』, 吉川弘文館, 1999).

佐口透, 『マルコ=ポーロ東西を結んだ歷史の証人』(淸水書院, 1984).

佐々木潤之介, 「東アジア世界と鎖國」(『中世史講座』 권11, 學生社, 1996).

中村榮孝, 「蘭船の朝鮮漂着と日鮮の交涉」(『靑丘學叢』 23, 1966).

中村榮孝, 「朝鮮役の投降倭將金忠善」(『日鮮關係史の硏究(中)』, 吉川弘文館,
　　　　1969).

中村榮孝, 『日本と朝鮮』(至文堂, 1966).

中村質, 『近世對外交涉史論』(吉川弘文館, 2000).

增田義郎, 『黃金の世界史』(小學館, 1997).

池內敏, 「日朝漂流民送還体制における幕藩」(『新しい近世史(2)』, 新人物往來
　　　　社, 1996).

池內敏, 『近世日本と朝鮮漂流民』(臨川書店, 1998).

織田武雄, 『日本古地圖大成』(講談社, 1975).

川勝守, 『日本近世と東アジア世界』(吉川弘文館, 2000).

川合彦充, 『日本人漂流記』(社會思想社, 1967).

淸水紘一, 「寬永鎖國令をめぐって」(『日本海地域史硏究』 10, 文獻出版, 1990).

村上直次郎 譯註, 『ドン・ロドリゴ日本見聞錄/ビスカイノ金銀島探檢報告』
　　　　(奧川書房, 1941).

村井章介・荒野泰典・高橋公明・孫承喆, 「三浦から釜山倭館−朝鮮時代の對
　　　　日貿易と港町−」(『靑丘學術論集』 3, 1993).

秋月俊幸, 『日本北邊の探檢と地圖の歷史』(北海道大學圖書刊行會, 1999).

春名徹, 「近世アジアにおける漂流民送還体制の形成」(『調布日本文化』 4, 調
　　　　布學園女子短期大學, 1994).

春名徹, 「東アジアにおける漂流民送還制度の展開」(『調布日本文化』 5, 1995).

春名徹, 「漂流民送還制度の形成について」(『海事史硏究』 52, 1995).

板澤武雄, 「蘭船ブレスケンス號の南部入港」(『日蘭文化交涉史硏究』, 吉川弘

文館, 1959).

坪井信良 譯, 「阿蘭人高麗島キュエルパールヅ漂着記事」(『東京地學會報告』 9, 1887).

鶴田啓, 「それは「鎖國」だったのか」(『歷史地理敎育』 568, 特集「新しい「鎖國」 の見方·學び方」, 1997).

幸田成友, 「金銀島探檢－カストリクム號航海日誌－」(『史話南と北』, 慶應出版 社, 1948).

荒野泰典, 「18世紀の東アジアと日本」(『講座日本歷史』 6, 東京大學出版會, 1985).

荒野泰典, 「國際認識と他民族觀－「海禁」「華夷秩序」論覺書」(『現代を生きる歷 史科學』 2, 大月書店, 1987).

荒野泰典, 「近世東アジアの國際關係論と漂流民送還体制」(『史苑』 60-2, 2000).

荒野泰典, 「近世日本の東アジア認識」(『描かれた「異國」「異域」－朝鮮·琉球· アイヌモシリの人びと』, 大阪人權博物館, 2001).

荒野泰典, 「近世日本の漂流民送還体制と東アジア」(『歷史評論』 400, 1983).

荒野泰典, 「近世の對外觀」(『日本通史』 岩波講座 第13卷, 岩波書店, 1994).

荒野泰典, 「近世の日朝關係」(『日朝關係史を考える』, 靑木書店, 1989).

荒野泰典, 「東アジアの華夷秩序と通商關係」(『世界史とは何か－講座世界史』, 東京大學出版會, 1995).

荒野泰典, 「東アジアのなかの日本開國」(田中彰 編, 『近代日本の軌跡(1)－明 治維新』(吉川弘文館, 1994).

荒野泰典, 「小左衛門と金右衛門－地域と海禁をめぐる斷章－」(網野善彦他 編, 『海の列島文化』 10, 小學館, 1992).

荒野泰典, 「日本型華夷秩序の形成」(『日本の社會史 1－列島內外の交通と國 家－』, 岩波書店, 1987).

荒野泰典, 「海禁と鎖國」(荒野泰典·石井正敏·村井章介編, 『アジアのなかの 日本史』 2, 東京大學出版會, 1992).

荒野泰典, 『近世日本と東アジア』(東京大學出版會, 1988).

橫田佳恵, 「老中体制下の海防体制－五島藩の實体から－」(『日本近世國家の諸相』, 東京堂出版, 1999).

横田佳惠, 「鎖國体制下における漂流民送還体制－五島藩を中心に－」(『史艸』
35, 日本女子大學私學會, 1994).

眞榮平房昭, 「鎖國期のキリシタン禁制と琉球」(『鎖國日本と國際交流(上)』, 1988).

關周一, 「15世紀における朝鮮人漂流人送還体制の形成」(『歷史學硏究』617, 1991).

ウィリアム・アトウェル, 「ユーラシアの'大金銀荒'」(浜下武志 編, 『東アジ
ア世界の地域メットワーク』, 山川出版社, 1999).

オスカー・ナホット 著/富永牧太 譯, 『十七世紀日蘭交涉史』(天理大學出版部,
1956).

ジョン・ゴス 著/小林章夫監 譯, 『ブラウの世界地圖』(同朋舍出版, 1992).

マルコ・ポーロ 著/長澤和俊 注, 『東方見聞錄』(小學館, 1996).

レイニアー・H・ヘスリンク 著/鈴木邦子 譯, 『オランダ人捕縛から探る近世
史』(山田町敎育委員會, 1998).

Goeje 著/遠藤佐々喜 譯, 「日本に關する亞刺比亞人の知識」(『東洋學報』 5-1,
東洋學術協會, 1915).

Juan G.Luiz de Medina 著, 『遙かなる高麗－16世紀韓國開敎と日本イェスス會
－』(近藤出版社, 1988).

R.A.スケルトン 著/增田義郎・信岡奈生 譯, 『圖說・探檢地圖の歷史－大航海
時代から極地探檢まで－』(原書房, 1991).

『東京大學史料編纂所－日本關係海外史料目錄(1-5)』(東京大學史料編纂所,
1963~1966).

『藩史大辭典(第7卷九州編)』(雄山閣, 1988).

『曆の百科事典』(新人物往來社, 1986).

3) 서양언어 참고문헌(사료·문헌)

A voyage of discovery of teh North Pacific Ocean, T. Cadell and W. Davies in the
Strand, 1804(명지대－LG연암문고소장. 청구기호: 연암 ENG-775).

Craig S. Coleman, Early Western Images of Korea(1660-1882): Traders, Diplomats, Missionaries, and Travelers, Korean Culture, Volume18-2, 1997.

Dagh Register gehouden int Casteel Batavia vant passerende daer ter plaetse als over geheel Nederlandts India : Anno 1624-1682, 's-Gravenhage : M.Nijhoff, 1896-1928.

David Bannon, Park Yon: The Story of Dutchman Jan Janse Weltevree in 17th Century Korea, Asian Pacific Quarterly, Volume26-4, 1994.

David J. Nemeth, Notes on Some Early Western Travellers to Cheju Island, 『耽羅 文化』 7, 1988.

Donald L. Baker, Cloudy Images: Korean Knowledge of the West from 1520 to 1800, B.C. Asian Review, Volume3-4, 1990.

door Hendrik Hamel, uitgegeven door B.hoetink, 『Verhaal van het vergaan van het jacht de Sperwer en van wedervaren der schipbreukelingen op het eiland Quelpaert en het vasteland van Korea(1653-1666) meteene beschrijving van dat Rijk』, Werken uitgegevendoor de Linschoten Vereniging ⅩⅧ, Mirtinus Nijhoff, 1920.

Dutch-Asiatic shipping in the 17th and 18th centuries, volumeⅡ, Outward bound voyages from the Netherlands to asia and the Cape(1595-1794), The Hague Martinus Nijhoff, 1979. volumeⅢ, Homeward bound voyages from Asia and the Cape to the Netherlands (1597-1795), The Hague Martinus Nijhoff, 1979.

Frits Vos, Master Eibokken on Korea and the Korean Language: Supplementary Remarks to Hamel's Narrative, Transactions of the Royal Asiatic Society, Korea Branch, Volume50, 1975.

G. St. G. M. Gompertz, Some Notes on the Earliest Western Contacts with Korea, Transactions of the Royal Asiatic Society, Korea Branch, Volume33, 1957.

Gari Ledyard, Roeper and Walraven(eds.)(with Buys), Hamel's World: A Dutch-Korean Encounter in the Seventeenth Century, The Journal of Asian

Studies, Volume64-3, 2005, pp.768-769.

Gari Ledyard, The Dutch come to Korea, Royal Asiatic Society, Korea Branch, 1971.

Generale missiven van gouverneurs-generaal en raden aan Heren XVII der Verenigde Oostindische Compagnie, volume1-11, 's-Gravenhage : M. Nijhoff, 1960-. (Rijks geschiedkundige publicatiën ; Grote ser, 104·112·125·134·150·159 ·164·193·205·232·250).

Groot woordenboek der Nererlandse taal, van Dale lexicografie, 1992.

H. J. van Hove, Hollanders in Korea, Het Spectrum BV, 1989.

Jean Paul Buys, Hamel's Journal and a description of the Kingdom of Korea 1653 1666, Royal Asiatic Society Korea Branch, 1994.

Johannes Huber, Some Background Notes on the Dutch in Korea in the 17th Century, Transactions of the Royal Asiatic Society, Korea Branch, Volume66, 1991.

Ralph M Cory, Some Notes on Gregorio de Cespedeo, Korea's First European Visitor, Transactions of the Royal Asiatic Society, Korea Branch, Volume27, 1937.

Vibeke Roeper, Boudewijn Walraven, Jean-Paul Buys, Hamel's World: A Dutch-Korean Encounter in the Seventeenth Century, SUN Publisher, 2003.

William E.Griffis, Corea The Hermit Nation, Chareles Scribn er's Sons, New Yok, 1907.

3. 『하멜보고서』 판본과 번역서

*위의 연구서 중에서도 『하멜보고서』의 전문을 게재한 것도 수록하였음.

강준식, 『다시 읽는 하멜표류기』(웅진닷컴, 2002).

강준식 譯, 『우리는 코레아의 광대였다』(웅진출판, 1995).

金昌洙 譯『하멜, 그는 무엇을 보았는가, 風雲 韓末의 悲史』(三珍社, 1980).

김기홍 譯, 『동방견문록/하멜표류기』(마당미디어, 1995).

김기홍 譯, 『동방견문록/하멜표류기』(한국뉴턴, 1999).

김창수 역, 『하멜漂流記/韓國의 悲劇』(世界敎養全集 14, 三珍社, 1975).

김태진 譯, 『낯선 조선 땅에서 보낸 13년 20일의 기록－하멜표류기』(도서출
　　　판서해문집, 2003).

김태진 譯, 『하멜일지 그리고 조선국에 관한 기술, 1653-1666』(전남대 출판
　　　부, 1996).

레드야드 編·朴允熙 譯, 『하멜漂流記－朝鮮王國見聞錄』(三中堂, 1976).

生田滋 譯, 「朝鮮幽囚記」(『朝鮮學報』 19·23·35, 1961-1965).

生田滋 譯, 『朝鮮幽囚記』(東洋文庫132, 平凡社, 1995, 9판).

申福龍 譯, 『漂流記/朝鮮傳傳/朝鮮西海探査記』(韓末外國人記錄 10·11·12, 集
　　　文堂, 1999).

유동익 譯, 『하멜보고서』(중앙M&B, 2003).

李丙燾 譯註, 「蘭船濟州島難破記(2)(附 朝鮮國記)」(『震檀學報』 2, 1935).

李丙燾 譯註, 「蘭船濟州島難破記(完)(附 朝鮮國記－末附 朝鮮及日本側史料)」
　　　(『震檀學報』 3, 1935).

李丙燾 譯註, 「蘭船濟州島難破記(하멜漂流記)」(『震檀學報』 1, 1934).

李丙燾 譯註, 『하멜漂流記(蘭船濟州島難破記及朝鮮國記)』(博文文庫 9-10, 博
　　　文書館, 1939).

李丙燾 譯註, 『하멜漂流記(蘭船濟州島難破記及朝鮮國記)』(博文書館, 1946).

李丙燾 譯註, 『하멜漂流記』(一潮閣, 1954).

鄭雲龍·金昌洙 譯, 『東方見聞錄/漂流記』(乙酉文化社, 1983).

지명숙/왈라벤 共著, 『보물섬은 어디에－네덜란드 공문서를 통해 본 한국과
　　　의 교류사』(연세대 출판부, 2003).

최남선 譯, 「二百五十年前和蘭人 헨드릭 하멜 朝鮮日記(三十六人의 十四年
　　　間淹留實錄)」(『靑春』 14, 新文館, 1918).

최두환 譯, 『신 하멜표류기－새롭게 고쳐 쓴』(우석출판사, 2003).

한글학회 편, 「하멜표류기(1)-(8)」(한글학회, 『한글』 31-35/37-40, 1936.2~1936. 12).

Dagregister gehouden bij de gesalveerde persoonen van't verongeluckte jacht de Sperwer, van't gepasseerde en bun wedervaren in't rijck van Core, sedert den 18. Aug. 1653 tot 14. Sept. 1666. 마이크로필름(東京大學史料編纂所 소장, 6998-5-16-13; 7598-60-96-b-4;KOL. ARCHIEF No.1156).

door Hendrik Hamel, uitgegeven door B.hoetink, 『Verhaal van het vergaan van het jacht de Sperwer en van wedervaren der schipbreukelingen op het eiland Quelpaert en het vasteland van Korea(1653-1666) meteene beschrijving van dat Rijk』, Werken uitgegevendoor de Linschoten Vereniging ⅩⅧ, Mirtinus Nijhoff, 1920. 본서에서는 '후팅크판'으로 약칭.

Gari Ledyard, 『The Dutch come to Korea』, Royal Asiatic Society, Korea Branch, 1971.

James Burney, 『A chronological history of the discoveries in the South Sea or Pacific Ocean』partⅢ, Luke hansard and Sons, 1813.

William Elliot Griffis, 『Corea without and within: Chapters on corean history, manners and religion with Hendrick Hamel's narrative of captivity and travels in Corea, annotated』, Philadelphia, Presbyterian board of publication, 1884.

Ⅱ. 하멜 관련 연표

* 한국 측 사료에 의한 일자는 전부 서기로 바꾸었음.
*『하멜보고서』의 날짜는 필사본 그대로 수록하였음.

1630년	네덜란드 호르컴(Gorcum)시에서 출생
1650년 11월 6일	네덜란드 텍셀(Texel)항을 출발
1651년 7월 4일	휘헬 스트라위스(Vogel Struijs)호의 포수로서 바타비아(Batavia)에 도착
1653년	바타비아에서 선박의 항해 유지와 재무 관리는 물론 재정을 맡아 보는 장부 계원으로 승진
1653년 6월 18일	스페르붸르(Sperwer)호에 승선하고 바타비아를 출발
1653년 7월 16일	스페르붸르(Sperwer)호에 승선하고 타이완 도착
1653년 7월 30일	스페르붸르(Sperwer)호에 승선하고 일본을 향하여 타이완을 출발
1653년 8월 11일	타이완과 북방 해역에서 풍랑을 만남. 14일까지 계속속적인 풍랑
1653년 8월 15일	매우 혹독한 태풍으로 인해 배의 일부분이 파손
1653년 8월 16일	새벽 1시경에 육지 발견. 그 후 곧바로 배가 파손되어 난파. 아침 무렵 선장사망 확인. 생존자 36명
1653년 8월 17일	정오 무렵 대포의 사정거리 정도에서 제주도민 한 명이 일행을 발견, 조금 지나자 3명이 일행에게 접근
1653년 8월 18일	정오에 1~2천명의 기보병이 일행을 에워쌈. 저녁에 이곳이 33도 32분상의 켈파츠(제주도)라는 것을 확인
1653년 8월 19일	스페르붸르호의 잔해들을 조선인들이 취합
1653년 8월 20일	스페르붸르호의 잔해들을 줍다가 화약이 폭발
1653년 8월 21일	하멜 일행을 조선의 지휘관이 호출. 일행의 물건을 훔진 조선인을 처벌. 대정현으로 이동
1653년 8월 22일	대정현을 출발하여 명월진을 거쳐 제주목에 도착. 제주목사 李元鎭의 심문조사를 받음. 저녁때 光海君이 유배당한 곳에서 머무름
1653년 10월 29일	박연과 첫 대면
1653년 10월 30일	박연과 하멜 일행이 다시 대면하여 박연은 불과 13세의 너넷고 불신(Denijs Govertszen)이라는 아이에게 고향의 소식을 들음

1653년 12월 초순	새로운 제주목사가 부임
1654년 1월 초순	전임 제주목사 李元鎭이 서울로 출발
1654년 4월 11일	李元鎭의 진언으로 하멜 일행에 대한 서울이송과 훈련도감 배속이 결정
1654년 4월 말	제주에서 도망칠 계획을 세움
1654년 4월 말	제주에서 항해사 일행 5명과 탈출하다가 실패
1654년 5월 말	孝宗이 하멜 일행을 서울로 상경시키라는 명령서가 도착
1654년 6월 초	제주를 출발해 해남에 도착
1654년 6월 26일	26일 또는 직전에 서울에 도착
1654년 6월 27일	하멜 일행에게 보증인을 세워 일반 민가에 흩어져 살게 함
1654년 8월	하멜 일행은 청국 사신이 서울로 왔기 때문에 남한산성으로 이송됨
1654년 12월 초순	훈련대장의 상서로 스페르붸르호에 선적물이었던 가죽을 받음
1655년 3월	청국사신이 서울에 왔기 때문에 가출금지 명령이 내림
1655년 4월 21일	일행 중에 헨드릭 얀스(Hendrik Janse)와 포수 헨드릭 얀스 보스 (Hendrik Janse Bos)가 거주지를 벗어나 청국사신에게 본국으로 송환해줄 것을 요청하여 소동이 일어남
1655년 5월 30일	탈출 소동을 일으킨 2명은 5월 30일 이전에 사망
1655년 6월	청국 사신이 다시 왔기 때문에 일행 중 3명이 제주도에 다른 표착선의 왔기 때문에 통역을 위해 이동
1655년 6월	탈출을 시도했던 동료 2명의 1사망 소식을 전해 들음
1656년 초	다시 청국 사신이 2번이나 왔다 갔음
1656년 3월 초	하멜 일행은 전라도 유배를 당해 서울을 출발, 박연과 마지막 만남
1656년 3월 말	전라도 강진의 병영에 도착
1656년 4월	방치되어 있던 스페르붸르호의 녹피를 받음
1656년 9월 6일	하멜 일행이 표착할 당시 가져 온 조총으로 새로운 조총을 만듦
1657년 초	전라병사가 직무상 과실로 면직되었으나, 서울의 높은 자리로 승진
1657년 2월	신임 전라병사가 왔으나, 일행에게 잡일로 괴롭힘
1657년 9월	신임병사가 심장마비로 사망
1658년 초	전라병사가 전출되었고, 신임 병사가 도착

1659년 4월	孝宗이 승하하여 顯宗이 뒤를 이음
1660년 초	전라병사가 교체
1662년	혹독한 가뭄으로 조선인 수천 명이 사망
1662년 3월 9일	전라병사 이태연의 보고를 통해 강진에서 다른 고을로 이송시킬 것이 조정에서 윤허됨(『顯宗實錄』). 즉 전라도 내 분산 거주가 결정. 『하멜보고서』에는 2월말에 좌수영, 순천, 남원으로 이송 결정이 내려졌다고 기록되어 있음
1663년 3월 초	강진의 병영에서 좌수영, 순천, 남원으로 분산 이동
1663년 3월 중순	하멜과 동료 12명은 여수 좌수영에서 거주하게 됨
1664년	하멜은 여수에서 계속 생활
1665년	범선을 구입하려고 많은 노력을 기울임. 그러나 번번이 실패함
1666년 7월	신임 지방관이 부임. 탈출하기 위한 선박을 구입
1666년 9월 4일	탈출을 감추기 위해 일행이 흥겹게 놀고 있는 척을 함. 이날 달이 지자 탈출을 감행
1666년 9월 5일	진로를 남동쪽으로 잡고 항해를 계속
1666년 9월 6일	일본의 히라토[平戶] 부근에 도착
1666년 9월 7일	일본의 고토[五島] 열도 부근에 도착
1666년 9월 8일	일본인들에게 발견되었고, 그들에 의해 연행됨. 이곳은 고토[五島] 중에 가미고토[上五島]의 나마(奈摩)라는 마을이었음
1666년 9월 9일	9일부터 11일까지 배 안에서 엄중한 감시를 받음
1666년 9월 12일	나가사키[長崎] 여행에 필요한 장비를 갖추고 부근 어촌에서 정박
1666년 9월 13일	아침에 출발하여 저녁 무렵 나가사키에 도착
1666년 9월 14일	나가사키 항구에 상륙하여 나가사키 봉행의 조사를 받음. 여기서 당시의 나가사키 상관장이었던 볼휘르(Willem Volger) 상관장과 그 밖의 네덜란드 상무원들을 만남
1666년 10월 1일	휠허르 상관장은 데지마를 출발하여 그달 23일에 일본 해협을 떠남
1666년 10월 25일	다시 나가사키 부교의 재심문이 이루어짐
1666년 11월 19일	왜관에 있던 차왜(일본 측 사절) 귤성진(橘成陳)이 하멜 일행이 조선에서 일본으로 탈출하였으니, 머지않아 일본 측의 문의가 있을 것이라고 언급. 귤성진은 일본 이름으로 야록쿠자에몬[井手彌六左衛門]이다. 조정에서도 하멜 일행의 탈출사건을 알게 됨

1666년 11월 20일	비변사는 하멜 등 8명이 일본의 고토에 도주했음에도 불구하고 아직 지방 관리로부터 보고가 없다고 하여 심히 놀라고 있었으며 이 탈출사건의 진상을 조사해 처리할 것을 진언함
1666년 11월 22일	하멜 일행의 탈출을 영의정과 승지가 확인하여 진언하였고, 이 사건을 보고하지 않은 전라도 지방관에 대한 처벌을 결정함
1666년 12월 20일	하멜 일행에 대한 전라감사의 보고와 지방관의 처벌에 대한 처리를 결정
1667년 3월 20일	하멜 일행의 탈출로 인한 일본 측의 문의 사절 접대를 위해 기석주를 접위관으로 삼아 파견
1667년 4월 14일	당시 나가사키의 네덜란드 상관장이었던 다니엘 식스(Diniel Six)는 일본인 통역을 통해 나가사키 부교에게 그들의 구출 요청에 관한 편지를 보냄.
1667년 10월 22일	나가사키 봉행이 하멜 일행에게 일본을 떠나도 좋다는 허락을 내림
1667년 10월 23일	하멜 일행 나가사키를 출발하여 일본을 떠남
1667년 11월 28일	하멜 바타비아 도착
1667년 12월 23일	잔류 네덜란드인 중에 1명이 병사함
1668년	코레아(Corea)호 건조
1668년 5월 13일	잔류네덜란드인에 대한 일본으로의 송환이 결정되었고, 그들에게 의복지급과 인도 방법이 결정됨
1668년 5월 21일	잔류 네덜란드인 7명이 전라도에서 경상도로 넘겨짐
1668년 7월 20일	하멜을 제외한 7명의 동료 제1진이 네덜란드에 도착
1668년 7월 26일	잔류 네덜란드인 7명은 부산을 출발해 쓰시마[對馬]에 도착
1668년 8월 4일	쓰시마 측이 잔류 네덜란드인에게 음식물과 조선의 청동 14관 문(貫攵)과 백포 24필, 그리고 면이 들어간 의복 한 벌씩을 지급
1668년 8월 10일	잔류 네덜란드인 7명 나가사키에 도착
1668년 10월 27일	잔류 네덜란드인 7명은 니웨포트(Nieuwpoort)호를 타고 나가사키를 출발
1669년 5월 20일	코레아호 네덜란드의 벨흐헨(Wiehngen)을 출항
1669년 12월 10일	코레아호 희망봉인 게이프 타운에 도착
1670년 4월 2일	코레아호 바타비아에 도착
1670년 8월 29일	하멜이 "17인위원회"에 조선 체재 기간 못 받은 배상금을 신청
1679년 11월 15일	코레아호 바타비아에서 선박이 폐기처분

1692년 2월 12일	하멜이 사망. 당시 미혼이었음
1705년 10월 13일	하멜 일행이 표착할 당시 스페르붸르호의 선적물이었던 대포가 불랑기와 현종포로 개조될 것이 결정
1707년 3월 24일	일행 중의 대포 1문은 다른 병기를 주조해보았자 특별한 것이 못되므로 남겨둠

Ⅲ. 중요 사료

1. 阿蘭陀人朝鮮江漂着之一件(分類紀事大綱 권33)[1]

1) 기사1

┌─〈원 문〉─────────────────────────┐

一 十三年以前阿蘭陀高砂船二人數六十六人乘り,
　日本江爲商賣渡り候處, 洋中二而遭風破難,
　右之内卅人者相果, 殘り三十六人朝鮮國之内
　せいしう嶋へ漂着候を彼所之者召捕けら道へ
　連越地頭江渡置候處, 右之内廿人ハ病死仕,
　殘る十六人, 先月七日二朝鮮船を盜取り, 致
　欠落五嶋之内漂着候を五嶋民部殿より
　其表御政所江被送遣候付, 江戸へ御注進
　被成候通, 町沙汰被承候付, 則御政所江被罷出
　家老衆江被相尋候處二松平甚三郎樣被聞
　召, 右之通家老衆を以被仰聞候通, 被入
　御念, 預示御尤二存候,
　　右寬文六年九月朔日吉村庄左衛門江
　　申遣ス

└────────────────────────────┘

---

1) 「阿蘭陀人朝鮮江漂着之一件」의 원문은 일본 초서체(崩し文)로 기록되어 있
　으며, 형식은 개서식인데 여기서는 원문을 탈초해 원래의 형식대로 표기하
　였으며, 가능한 한 원사료의 표기방법을 따랐다. 다만, 개서식이라도 동일한
　날짜의 같은 기록 내용은 하나의 사료로서 표기하였고, 탈초문 중의 구두점
　은 필자에 의한 것이다.

〈번역문〉

一 13년 이전에 阿蘭陀의 高砂船에 66명이 승선하고 무역을 위해 일
본에 가던 중 바다에서 강풍을 만나 난파하였다. 그 중의 30명은
사망하고 나머지 36명이 조선국의 세이시우토(せいしう嶋=제주
도)라는 곳에 표착한 것을 그곳의 사람들이 붙잡아 케라도(けら道
=전라도)에 연행한 후, 그 지역의 담당 관리에게 넘겼다. 그 중에
서 20명이 병사했다. 남은 16명이 지난 달 7일에 조선의 배를 훔쳐
도망쳐서 고토의 영내에 표착한 것을 고토민부(五嶋民部)가 御政所
에 보냈다. 에도(江戸=幕府)에 보고하여 그 처리에 대한 지시를 받
았으므로 御政所에 가서 家老들에게 문의한 바, 마쓰다이라 진자
부로[松平甚三郞]가 이 사실을 듣고, 家老들에게 명령한대로 주의
를 기울였는데, 도리에 당연한 것이다.

위는 寬文 6년 9월 朔日 요시무라 쇼자에몽[吉村庄左衛門]에게 붙
여 보냄.

2) 기사2

┌─── 〈원 문〉 ───
│
│ 一 阿蘭陀人三十六人十三年以前遭難風朝鮮之內
│　　せい志うと申嶋江漂着, 從其けらたうへ召連
│　　彼地江十二三年有之而, 右三十六人之內十六人
│　　生殘, 其內八人今度忍出, 小船を以五嶋江
│　　漂着仕長崎江送被成候處二, 長崎御政所より
│　　江戸御老中江右之段御注進被成候處二,
│　　御老中樣より　殿樣江御奉書被遣, 右阿蘭
│　　陀人殘る八人けらたう江罷有由, 被聞召上
│　　自然耶蘇宗門紛相渡候儀, 可有之哉と
│　　被思召上候間, 此段朝鮮國江 殿樣より被仰, 追

様体具承合被　仰上候様ニとの儀ニ付御奉書
到来仕候, 依之御使者吉川次郎兵衛ニ被仰付
御書簡参判ニ被相認, 近日渡海之筈御座候,
然處其表御用之儀, 各江被仰付置候處ニ
金同知儀茂當月五日ニ東萊へ下着仕候由
合承知候, 左様候ハヽ, 御用之儀茂近日金同知
入館之刻首尾能可相濟哉と存候
　右寛文六年十月九日仁位孫右衛門, 井手
彌六左衛門江遣

〈번역문〉

一 네덜란드인 36인이 13년 이전 바람에 조난하여 조선 안에 있는 세이시우(せい志う＝濟州)라고 하는 섬에 표착하였다. 그 후, 게라타우(けらたう＝전라도)에 붙들려가 그 땅에서 12~13년을 있었는데, 위의 36인 중에서 16인이 살아남았고, 그 중에서 8인이 이번에 몰래 나왔다. 작은 배를 타고 고토[五嶋]에 표착하여 나가사키[長崎]에 보냈는데, 나가사키 奉行所로부터 에도의 老中에게 위의 내용이 보고된 바, 노중(老中)으로부터 藩主(對馬藩主)에게 봉서가 보내어지고, 상기의 阿蘭陀人(네덜란드)인 8명이 전라도에 남아있다는 것은 듣고 있어, 만약에 키리시탄(그리스도 교도)이 혼재해 있다면 넘어올 것이라고 생각하고 있다. 이 사항은 藩主로부터 조선국에 전해질 것이므로 그 상황에 대해 상세히 조회하여 보고하도록 하라는 봉서가 도착했다. 이에 따라 요시카와 지로베[吉川次郎兵衛]에게 명령하여 조선의 참판에게 보낼 서한을 준비하고 있는데, 머지않아 도해할 것이다. 그러하므로 그 건에 대해 각자에게 지시를 내린바, 金同知가 이번 달 5일에 동래에 도착했다는 것을 듣고 있

다. 그러하다면, 이 건도 金同知가 입관했을 때 편리를 도모해 처리해야 하지 않은가 라고 생각한다.

위는 寬文 6년 10월 9일 니이 마고에몬[仁位孫右衛門], 이데 야로쿠자에몬[井手彌六左衛門]에게 보냄.

3) 기사3

〈원 문〉

一 阿蘭陀人朝鮮國江致漂流候付, 從
御公儀御奉書被遣候付, 朝鮮國江右之意趣
被仰遣候付, 使者吉川次郎兵衛被 仰付, 其御
書簡之下書虔長老, 御持參被成,
殿樣御對面被遊候,
　右寬文六年十月九日之日帳

〈번역문〉

一 阿蘭陀人이 조선국에 표류한 것에 대해서 公儀로부터 奉書가 왔기 때문에 조선국에 위의 취지를 전하기에 이르러 사신으로서 요시카와 지로베[吉川次郎兵衛]를 임명하였다. 그 서한의 초안을 虔長老가 지참하여 殿(대마번주)을 대면했다.

위는 寬文 6년 10월 9일의 日帳

4) 기사4

〈원 문〉

一 吉川次郎兵衛朝鮮江被仰付置候得共, 御
僉議之事有之而, 其代り田嶋左近右衛門
被仰付候与之儀, 多田主計方より手紙二而

　　申來ニ付申渡ス,
一　田嶋左近右衛門朝鮮江被仰付, 御請申上ル,
　　筥原左太夫を以　御前江致披露
　　　右寛文六年十一月十七日之日帳

〈번역문〉

一 요시카와 지로베[吉川次郎兵衛]를 조선에 파견하려 하였으나, 다른 논의가 있었기 때문에 그 대신에 타지마 사콘에몬[田嶋左近右衛門]에게 명령해야 한다는 것이 타다[多田] 主計로부터 편지가 왔기에 이것을 보고한다.

一 타지마 사콘에몬[田嶋左近右衛門]을 조선에 파견하라는 지시를 받아 (이것의) 수락을 말씀 올렸다. ○原左太夫가 御殿(쓰시마 도주)에게 이것을 보고하여 알렸다.

　　위는 寬文 6년 11월 17일의 日帳

5) 기사5

―〈원 문〉―

一　金同知江御用之儀共於御國松村采女, 古川
　　次右衛門, 平田主膳, 津江兵庫, 樋口孫左衛門罷出
　　申談ル, 幷ニ阿蘭陀人朝鮮國江十二三年以前ニ
　　漂着仕候を召捕置候, 其內八人上五嶋へ欠
　　落仕參候, 其段　公儀より御奉書を以耶蘇
　　宗門之者ニ而も無之候力, 逐僉儀樣體申上
　　候樣ニ与被　仰聞候處ニ, 左樣之者有之儀
　　終不承候由, 御返事申上ル,
　　　右寛文七年正月十八日之日帳

〈번역문〉

一 金同知에 관한 일과 함께 조선에서 (대마번의)용무를 가지고 마쓰
무라 우네메[松村采女], 후루카와 지에몽[古川次右衛門], 히라타
슈젠[平田主膳], 쓰노에 효고[津江兵庫], 히구치 마고에몽[樋口孫
左衛門]이 金同知(金謹行)에게 나아가 담판하였다. 아울러 阿蘭陀
사람이 조선국에 12~13년 전에 표착한 것을 붙잡아 두었었는데,
그 중에 8인이 고토[五島]로 도망쳐 왔다. 이에 대해 公儀(幕府)로
부터 奉書로서 耶蘇宗門(그리스도 교도)이 아닐까 하여 조사해서
상황을 보고하도록 명을 받았는데, 그러한 사람이 있다는 것은 결
단코 들은 바가 없었다는 것을 답서로서 말씀 올렸다.
위는 寬文 7年 정월 18일의 日帳

6) 기사6

┌─〈원 문〉─
一 朝鮮江御使二被仰付候田嶋左近右衛門, 岩井
治部右衛門, 長留太郎左衛門參着, 左近右衛門儀者
病氣故治部右衛門, 參議·參判·東萊·釜山浦より
之書啓箱三ツ持參ス, 治部右衛門申聞候者,
出宴席之刻接慰官東萊口上二被申候ハ
如何樣二成共御差図次第可仕由, 申
候通申聞ル
右寬文七年六月八日之日帳

〈번역문〉

一 조선으로 보낼 사신(使臣)으로 명령받은 타지마 사콘에몬[田嶋左
近右衛門]과 이와이 지부에몬[岩井治部右衛門], 나가토메 타로자

에몽[長留太郎左衛門]이 도착했다. 사콘에몽[左近右衛門]은 병이 있어 지부에몽[治部右衛門]이 參議, 參判, 東萊·釜山浦로부터의 서계 3개를 지참하였다. 지부에몽[治部右衛門]이 들은 것은 연회 자리에 출석했을 때, 接慰官과 東萊(東萊府使)가 말한 것은 어떻게 되더라도 지시가 있음 다음에 시행한다는 것이며, 들은 바를 그대로 보고했다.

위는 寬文 7년 6월 8일의 日帳

7) 기사7

─〈원 문〉─

一 十四年以前二朝鮮江留置候阿蘭陀人之儀,
　自然耶蘇宗門之者茂有之歟逐詮
　議候樣二と被仰付候故, 其段朝鮮へ申渡候處,
　頃日返簡到來仕候, 此段雅樂頭殿得
　御內意候得八, 御月番之御老中迄可差出旨
　御指図二付而, 稻葉美濃守殿江差上候, 今朝
　美濃守殿より被仰下候八, 朝鮮より之返簡何も
　被逐御相談被備上覽候, 朝鮮江漂着之
　阿蘭陀人八人, 于今彼地江罷有候由書簡
　相見候, 阿蘭陀人之儀八數年日本江致
　渡海候間, 右之八人對州迄差渡候樣二
　申渡, 到着次第長崎奉行人江可相渡
　由二御座候
　　右寬文七年十月十一日江戶御書付扣

〈번역문〉

一 14년 이전에 조선에 留置된 阿蘭陀 사람에 대해서는 그들 사이에

耶蘇宗門(그리스도 교도)이 있는지 어떤지 조사하도록 명령을 받았기 때문에 그것을 조선에 말했었는데, 최근에 답서가 도착했다. 이에 대해 우타노카미[雅樂頭]님에게 그 의중을 물어보았는데, 月番인 老中에게까지 제출해야만 한다는 지시가 있었기 때문에 이나바미나노카미[稻葉美濃守]님에게 올려 보냈다. 오늘 아침 미나노카미[美濃守]님이 말씀한 것은 "조선으로부터의 답서는 모두 상담을 끝내 上覽하였다. 조선에 표착한 阿蘭陀人 8인은 지금 조선에 있다는 것이 서한에 보이고 있다. 阿蘭陀人은 수년간 일본에 渡海하고 있기 때문에 위의 8인은 對州(쓰시마)까지 인도하도록 말을 전하고, 도착한 다음에는 곧바로 나가사키[長崎] 奉行에게 전해져야만 한다."는 것이었다.

위는 寬文 7년 10월 11일 에도(江戶)에서 온 서찰 중에서 정리해 둔 것

8) 기사8

〈원 문〉

一　田嶋左近右衛門歸國之御返翰, 卽　公儀江
　　被差上候處, 稻葉美濃守樣より
　　殿樣江被仰渡候者, 參判·參議·東萊·釜山浦
　　より之返翰, 何茂御相談有之候而被致
　　上覽候, 上意ニ被　仰出候ハ, 朝鮮江致
　　漂着候阿蘭陀人, 于今八人朝鮮ニ罷有候由
　　書翰ニ相見候, 阿蘭陀人之儀ハ數年日本江
　　來通之者ニ候, 右之八人對州迄指渡候樣
　　可被仰渡之旨被蒙仰候, 就夫再返翰
　　之儀御老中樣江被仰入, 弘文院此方御
　　屋鋪江被召寄, 御案書被相認御老中江
　　被懸御目候所, 案紙一段宜候條, 淸書之儀者

　　於對州被相認候樣二との御事, 則今度參判へ之
　　○文壹通被差越候事
一　殿樣江美濃守樣被仰候ハ, 御書翰之案文
　　弘文院相認候共, 其認のことく二無之候而も
　　不苦候間, 書面之趣さへ相違無之得ハ, 彌
　　不苦候間, 於對州如常被相認候樣二との御事候,
　　就其參議並東萊・釜山補江之御書面も
　　參判の御書翰二相應被相認候樣二, 是又
　　美濃守樣被仰候, 其旨金長老江可被申入由
　　御意候間可被得其意候, 別幅之儀ハ於
　　其元御見合尤二候
一　右之御使者久和太郎左衛門被仰付候, 封進ハ
　　田口左五右衛門被相附候間申付, 可被差渡候,
　　上下之人數御合力銀等之儀, 其並可有之候,
　　如例可被申付候
一　阿蘭陀人之儀無別儀朝鮮より差渡候而可有
　　之候と被思召候得共, 乍然阿蘭陀人於朝鮮
　　わつか獵なといたし, 可然風情(不)召置之由二候間,
　　朝鮮之儀を忝とも存間敷候, 尤右二八人日本江
　　罷越候得共, 右之心入茂候ハヽ, 朝鮮より渡シ兼
　　何角と滯儀可有之候, 又殺候而死候と申儀も
　　可有之候, 尤病死茂可有之候, 左樣候ハヽ,
　　死骸等入念相渡候樣二申付, 幷滯滯體
　　念比二太郎左衛門方より急度注進仕
　　候樣二可申付之旨, 御意候事
一　殿樣江美濃守樣被仰入候ハ, 先頃拔船
　　之儀朝鮮江被仰渡候, 此御返翰參上
　　三ヶ月程遲り, 阿蘭陀人之御返翰參而も
　　不苦候條, 不被差急候樣二との御事二候間
　　可被得其意候, 阿蘭陀人之儀ハ殿樣御入國
　　被成候而, 漸對州江可罷越と被思召候, 若

御入國前, 阿蘭陀人參候ハ, 御使者相附長崎江
可被送遣候, 此御使者御馬廻り壹人, 其外
步行侍四人・賄人壹人・醫者一人・中間八人
可被相附候, 步行侍・賄人・醫者・中間ハ阿蘭
陀人乘船ニ乘せ被申御使者ハ船壹艘ニ
乘せ可被申候, 賄之儀釜山浦より長崎迄少も
不自由ニ無之樣ニ可被申付候
一 御使者乘船壹艘, 阿蘭陀人乘船壹艘,
此二艘ニ而長崎江可被相送候,
一 異國人之事ニ候間, 於津留むさと陸江
揚ケ不申候樣ニ御使者江堅可被申付候,
右之趣依 御意如仰候, 恐惶謹言,
右寬文七年十一月十一日江戶御家老中より來

〈번역문〉

一 타지마 사콘에몬[田嶋左近右衛門]이 귀국하여 가져온 답서는 곧
公儀에 올려 보내졌다. 이나바 미나노카미[稻葉美濃守]님으로부
터 도노사마[殿樣]에게 지시가 전해진 것은 "參判, 參議, 東萊·釜
山浦로부터의 답서는 모두 상담을 거쳐 (將軍이) 上覽하였다. 上意
가 말하는 것은 '조선에 표착한 阿蘭陀人이 지금 조선에 있다는 것
이 서한에 보인다. 阿蘭陀人은 수년 일본에 내항해 온 자들이다.
위의 8인을 쓰시마[對馬]까지 인도하도록 전해야만 한다.'는 것으
로 그 뜻을 지시받았다. 그것에 대해서 다시 보내는 답서는 老中에
게 지시하여 弘文院에 계신 분을 거소에 불러들여 案書를 써 받아
老中에게 보였더니, 案紙는 더한층 잘 준비해야 할 것, 淸書에 대
해서는 쓰시마[對馬]에서 쓰도록 할 것, 즉시 이번에 參判에게로
○文 1통을 보낼 것."이었다.

一 도노사마[殿樣]에게 미나노카미[美濃守]님이 말씀한 것은 "書翰
의 案文을 弘文院이 작성하기는 했지만, 작성한 것과 동일하지 않
아도 상관은 없다. 서면의 취지만 틀리지 않다면, 분명히 문제가
없기 때문에 對州(쓰시마)에서 늘 그래왔던 것처럼 쓰도록 하라."
는 것이다. 그것에 대해서 參議와 東萊·釜山浦에 보내는 書面도
參判의 서한에 상응하게 쓰도록 하였는데, 이것 또한 미나노카미
[美濃守]님이 말씀하신 것이다. 그 뜻은 金長老에게 말해주어야만
한다는 (美濃守의) 의도이며, 그 뜻을 잘 알았다. 別幅에 대해서는
그 곳(쓰시마)에서 대응하는 것이 좋다는 것이다.

一 위의 使者로서 히사와 타로사에몬[久和太郎左衛門]에게 명령이 내
려졌다. 封進에는 타구치 사고에몽[田口左五右衛門]을 붙이도록
하여 파견될 것이다. 上下의 인수, 合力銀 등에 대해서는 그에 상응
하는 것에 따라 있을 것이며, 전례에 따라야만 할 것이다.

一 阿蘭陀人에 대해서는 별일 없이 조선으로부터 인도될 것이라고 생
각되어지지만, 그러나 阿蘭陀人은 조선에서 겨우 사냥 등을 했었
고, 적당한 상태에서 (조선에 체재시켜) 두지 않았기 때문에 조선에
대해서는 감사하게 생각하지 않을 것이다. 당연히 위의 8인이 일본
에 넘겨진다 하더라도 위와 같은 마음가짐이 있기 때문에 조선에
서 넘겨주지 않아 무엇인가라도 막히는 일이 있을 것이다. 또 살해
했기 때문에 죽었다라고 말할 수도 있고, 당연히 病死했을 수도 있
을 것이다. 그러한 경우에는 死骸(시신) 등에 대해서도 주의를 기울
여 인도하도록 명하고, 아울러 지체되는 상황에 대해서 정중하게
타로자에몽[太郎左衛門]이 반드시 注進하도록 해야 한다는 것이 御
意이다.

一 도노사마(殿樣, 쓰시마 도주)에게 미나노카미[美濃守]님이 말씀하
신 것은 "지난 번 拔船에 대해서 조선에 전해주라고 명하여 이 답

서가 왔는데 3개월 정도 지체되었다. 阿蘭陀人에 대한 답서가 와도 문제는 없지만, 서두르지 않도록 하라는 것이기 때문에 그 뜻을 알아주기 바란다. 阿蘭陀人에 대해서는 도노사마[殿樣]가 入國한 후에 쓰시마[對馬]에 올 것이라고 생각된다. 만약에 (쓰시마 번주의) 入國 전에 阿蘭陀人이 왔다면, 使者를 붙여 나가사키[長崎]로 보내야만 할 것이다. 이 使者는 馬廻 1인, 그 외에 步行侍 4인, 賄人 1인, 의사 1인, 중간(中間) 8인을 붙여야 합니다. 보행시(步行侍)·賄人·의사·中間은 阿蘭陀人이 승선한 곳에 태우게 하고 使者는 배 1척에 태워주기 바란다. 준비의 부담에 대해서는 釜山浦에서 나가사키[長崎]까지 조금이라도 불편한 것이 없도록 해주기 바란다."는 것이다.

― 使者가 승선한 배 1척, 阿蘭陀人이 승선한 1척, 이 2척으로 나가사키[長崎]에 보내야만 한다.

― 異國人의 일이기 때문에 나루터에 머물게 하여 함부로 육지에 오르지 못하도록 使者에게 단단히 명령하였다. 위의 취지는 御意가 지시한 바와 같다. 황공해하여 삼가 말씀드린다.

위는 寬文 7년 11월 11일 에도[江戶]의 御家老中으로부터 왔음.

9) 기사9

```
┌─── 〈원 문〉 ─────────────────────────
─  田嶋左近衛門歸國之御返翰  公儀江
   被差上候處二, 從稻葉美濃守樣  殿樣江
   被仰渡候八參判·參議·東萊·釜山浦より之
   返翰被備上覽候, 上意二被仰出候八,
   朝鮮國江致漂流候阿蘭陀人于今
   八人彼地二罷有之由書翰二相見江候,
```

阿蘭陀人之義數年日本へ来通之者二候,
右之八人對州迄差渡候様二可被仰渡之旨
被蒙　仰, 就夫再返翰之義御老中江
被仰入御屋敷江弘文院被召寄候, 御案
書被相認御老中江被掛御目候處,
案文一段宜候之條, 清書之儀八於對州
被相認之様二との御事二而, 今度參判江之
眞案一通被差越之相屆, 奉得其意候
一　右之御使者久和太郎左衛門二被仰付候, 封進
　　田口佐五右衛門相附候
一　阿蘭陀人之儀無別條朝鮮より差渡二而
　　可有之与被思召候得共, 乍然阿蘭陀人於
　　朝鮮わつか獵なといたし, 可然風情二而も
　　不召置之由二而朝鮮之儀を忝共存間
　　數候, 尤右之八人日本江罷越候得共, 右之
　　心ね入茂候ハヽ, 朝鮮より渡兼何角滯候カ,
　　亦殺候而死候与申儀も可有之候, 勿論病
　　死茂可有之候, 若左様之儀候ハヽ, 死骸等
　　入念相渡し候様二申付, 幷滯候様體
　　懇二太郎左衛門方より急度注進可仕之旨,
　　奉得其意候,
　　　右寬文八年正月八日杉村采女, 守田(与田?)
　　　一郎兵衛江遺

〈번역문〉

一 타지마 사콘에몬[田嶋左近衛門]이 귀국하여 (조선의) 답서를 公儀
　에 올려 보내드린 바, 이나바 미나노카미[稻葉美濃守]가 도노사마
　(殿樣, 쓰시마 도주)에게 말한 것은 "參判, 參議, 東萊·釜山浦로부

터의 답서는 (장군이) 上覽하였는데, 上意(장군의 의도)가 말한 것
은 '조선국에 표류한 阿蘭陀人 8명이 지금 거기에 있다는 것을 답
서에서 보았다. 阿蘭陀人은 수년 일본에 來通한 사람이다. 위의 8
인을 쓰시마[對馬]까지 인도하도록 해야 한다.'는 명령을 받았다.
그것과 관련해 다시 보내는 답서에 대해서는 老中에게 지시해 弘
文院 사람을 거소까지 불러들였다. 案書를 쓰게 하여 老中에게 보
여드렸는데 案文은 문장과 내용이 매우 좋다고 하였고 淸書는 對
州(쓰시마번)가 쓰도록 하라는 것이며, 이번에 參判에게 보내는 眞
案 1통은 여기에 보내 달라."는 것이기에 그 뜻을 잘 알았다.

一 위의 使者는 히사와 타로사에몬[久和太郎左衛門]에게 명해졌으며,
封進에는 타구치 사고에몽[田口左五右衛門]을 임명하였다.

一 "阿蘭陀人은 별일 없이 조선으로부터 전해질 것으로 생각되어지지
만, 그러나 阿蘭陀人은 조선에서 겨우 사냥을 하고 있었으며, 적당
한 상태에서 (조선에 체재시켜) 두지 않았기 때문에 조선에 대해서
는 감사하게 생각하지 않을 것이다. 당연히 위의 8인이 일본에 넘
겨진다 하더라도, 위와 같은 마음가짐도 있기 때문에 조선에서 넘
겨주지 않아 무엇인가라도 막히는 일이 있던지, 또 살해했기 때문
에 죽었다라고 말할 수도 있고, 물론 病死했을 수도 있을 것이다.
그러한 경우에는 屍身 등에 대해서도 주의를 기울여 인도하도록
명하고, 아울러 지체되는 상황에 대해서 정중하게 타로자에몽[太
郎左衛門]이 명확하게 注進하도록 명해야 한다."는 취지, 그 뜻을
잘 알았다.

위는 寬文 8년 정월 8일 마쓰무라 우네메[松村釆女], 모리타 이치
로베[守田一郎兵衛]로 하여금 보냄.

10) 기사10

─┌〈원 문〉┐─

一 參判江之爲御使者正官人久和太郎左衛門,
  都船主黑木新藏, 封進田口佐五左衛門
  被差渡候付, 近日出船申付候條, 追付
  其元江可爲着船候, 此段常之ことく
  掛之判事江可被申入候,
    右寬文八年三月二日幾度半右衛門江遣

〈번역문〉

一 參判에게 보낼 使者로서 正官 히사와 타로사에몬[久和太郎左衛
  門], 都船主 쿠로키 신조[黑木新藏], 封進 타구치 사고에몽[田口
  佐五左衛門]이 도해하기에 이르러 가까운 시일에 出船을 명할 것
  이다. 머지않아 그 쪽에 着船할 것이니, 이것은 언제나와 마찬가지
  로 判事에 말씀을 드릴 것.
  위는 寬文 8년 3월 2일, 키도 한에몽[幾度半右衛門]으로 하여금
  보냄.

11) 기사11

─┌〈원 문〉┐─

一 久和太郎左衛門被差渡候, 御使者之接應官
  押付下釜仕ニ付茶禮之儀今月十日被
  相定之由承屆候,
一 判事申候ハ阿蘭陀人八人之內壹兩人相果候由
  承候と申付而, いつれ茂被申聞候ハ, 左候ハヽ
  早速不申斷候而不叶儀ニ候と被申候得者, 判事
  申候ハ聢承屆不申候, 定而都ニハ注進

　　　可有之と存候通申候由, 得其意候, 就夫
　　　阿蘭陀人之儀付, 去年田嶋左近右衛門
　　　御使者被差渡候刻, 殘居候八人之者とも
　　　重而送返し候樣ニと御座候ハ, 相渡可申
　　　之由, 接待之刻, 口上ニ而被申儀ニ候間,
　　　右之內相果候者此段其元館守方迄
　　　付届可有之處ニ, 左樣無之儀無念ニ御座候段
　　　可被申聞候
一　太郎左衛門爰元ニ而年寄中江被相尋候
　　　阿蘭陀人死骸之儀, 各を以申渡候通,
　　　其元江差越候樣ニ被申聞見届可然候,
　　　今度每々得御內意候處, 死骸之儀念入
　　　可置候と被思召上候間, 塩付ニ仕不損樣ニ
　　　いたし, 阿蘭陀人乘船ニ乘せ渡し候樣ニ
　　　可然候, 尤長崎御改所江被送遣筈ニ而, 可
　　　被得其意候
一　阿蘭陀人殘り居候者共ニ相果候樣子存知
　　　居候哉, 能々尋申度事ニ候, 口通し候ハ、,
　　　其元ニ而其樣子可被相尋候, 將亦阿蘭陀
　　　人死骸之儀, 靇草仕置死骸等茂損し
　　　形茂不見體に候ハ、, 彌念を入接慰官東萊
　　　釜山浦判事申分被承届可被申上候
一　阿蘭陀人釜山近所ニ差越候ハ、, 口進茂承
　　　相遣候儀候ハ、, 追而可被申越之旨, 尤ニ存候
一　阿蘭陀人乘船之儀, 其元江居合候荷船
　　　之內手輕ク丈夫成船ニ乘せ, 橫目侍壹
　　　兩人乘り, 尤中間夫之者見合ニ而賄等迄
　　　不自由ニ無之樣ニ可被申付候, 且又醫師之
　　　儀ハ一度之儀ニ候間, 無之候とも不苦候,
　　　　右寬文八年四月十五日幾度半右衛門,
　　　　久和太郎左衛門江遣

〈번역문〉

一 히사와 타로사에몬[久和太郎左衛門]이 渡海하였다. 使者의 接應官이 그 사이에 釜(부산)에 오기 때문에 茶禮는 이번 달 10일로 정해졌다는 뜻을 받아들였다.

一 判事가 말한 것은 "阿蘭陀人 8인 가운데에 1인 인가 2인이 사망했다고 듣고 있다."라는 것인데, 어찌되었든 (판사에게) 말한 것은 "그렇다면, 지금이라도 빨리 확실하게 해두지 않으면 곤란하다."라고 말했는데, 判事가 "확실하게 말할 수는 없지만, 반드시 서울로 注進이 있을 것으로 생각하고 있다."는 것을 말했기 때문에 그 뜻을 알아들었다. 그것과 관련해 阿蘭陀人에 대해서 지난 해 타지마 사콘에몬[田嶋左近右衛門]이 파견되었을 때, "남은 8인을 반복하여 인도해주도록 말했었다면, 인도하겠다."라는 것을 접대할 당시에 말했었다. 위의 사람들 중에서 사망자는 이때에 그 곳의 館守에게 전달되어져야만 하는데, 그렇게 되지 않았던 것은 부주의한 것이었다는 것을 말해야만 한다.

一 타로자에몽[太郎左衛門]이 여기에서 年寄中에게 여쭈어 보았던 阿蘭陀人의 屍身에 대한 것은 각기 말씀 전해드린 대로 그 곳(왜관)에 보내 전해주도록 (조선 측에) 요구하였고, 그 모습을 확인해야만 한다. 이번에 몇 번이고 御內意를 여쭈어 알게 되었는데, 屍身에 대해서는 주의를 기울여 두어야만 한다고 생각을 하고 계시기 때문에 소금에 절여 손상되지 않도록 하고, 阿蘭陀人이 승선한 배에 태워서 넘겨주어야만 한다. 당연히 나가사키[長崎] 奉行所에 보내져야하기 때문에 그 뜻을 잘 알아주길 바란다.

一 阿蘭陀人들 중에 남은 자들에게 사망한 것에 대한 정황을 알고 있느냐고 충분히 물어보아야만 한다. 입을 열어준다면, 그 곳(왜관)에서 그 정황을 물어봐야만 한다. 그것과 함께 阿蘭陀人의 屍身에 대

해서는 거친 풀이 있는 곳에 두어 屍身 등도 손상되고 형태도 알아
볼 수 없는 상태라면 더더욱 주의를 기울여 接慰官, 東萊・釜山浦
判事의 설명을 잘 듣고 보고해야만 한다.

一 阿蘭陀人이 부산 가까운 곳으로 보내져 온다면, (그에 따라서) 보고
해야만 한다는 취지는 당연히 알고 있다.

一 阿蘭陀人의 승선에 대해서는 그 곳(왜관)에 있는 荷船 중에서 가볍
고 튼튼한 배에 태워서 요코메[橫目] 무사를 1인 내지는 2인을 태
워 당연히 中間夫 사람에게 감시하게 하며, 식사 등에 불편함이 없
도록 지시해야만 한다. 또한 의사는 1회에 끝나는 것이기 때문에
없어도 관계는 없다.

위는 寬文 8년 4월 15일 키도 한에몽[幾度半右衛門]과 히사와 타
로사에몬[久和太郎左衛門]으로 하여금 보냄.

12) 기사12

┌─── 〈원 문〉 ───

一 阿蘭陀人先月廿九日, 東萊江參着仕付,
今月三日さすとくの浜江召寄せ樣子被承處二,
朝鮮口大形通し申候付, 脇田三郎右衛門を以
彼者共申分具被聞屆, 則口上之通書付
被差越, 備上覽候,

一 阿蘭陀人八人之內壹人去年十一月九日病死
仕候由, 彼者共申候, 死骸之儀彼者共手前二而
取置候故, 箱抔之才覺不成候而, 其儘土二
埋たる由申候通, 得其意候, 就夫接慰官・
東萊・釜山浦・判事江被申斷候段, 御紙面之通
尤二存候, 左樣候ハ、死骸之儀被取渡二不及候間

可被得其意候
一 御返翰之寫被差越, 則備　上覽候, 阿蘭陀
壹人病死之儀書翰二書載有之事二候
　右寬文八年五月十一日幾度判右衛門, 久和
　太郎左衛門へ遣

〈번역문〉

一 阿蘭陀人이 지난 달 29일, 東萊에 도착했기 때문에 이번 달(5월) 3일 '사수토쿠' 해변에 불러내어 모습을 보았는데, 조선어가 대체로 통했기 때문에 와키다 사부로에몽[脇田三郎右衛門]에게 그들이 한 말을 상세하게 듣고 곧바로 말한 대로 써서 보내주기를 바란다. 上覽하도록 준비하겠다.

一 阿蘭陀人 8인 가운데에 1인이 작년 11월 9일에 병사하였다는 것을 그들이 말하였다. 屍身은 그들 스스로가 처리했기 때문에 棺 등을 만드는 수단을 취하지 않았고, 그대로 땅에 묻었다라고 말하여 알아들었다. 그것에 대해서 接慰官·東萊·釜山浦(僉使)·판사로부터 양해의 말을 받았던 것은 편지에 있는 바와 같이 당연한 것으로 생각한다. 그렇기 때문에 屍身을 전해 받은 것은 아니므로 그 뜻을 잘아주시기를 바란다.

一 返翰(답서)의 사본이 보내져 와 곧 上覽을 준비하였다. 阿蘭陀 1인이 병사한 것은 서한에도 쓰여 있다.

위는 寬文 8년 5월 11일 키도 한에몽[幾度判右衛門], 히사와 타로사에몬[久和太郎左衛門]으로 하여금 파견함.

13) 기사13

〈원 문〉

一 阿蘭陀人儀無恙參着, 其許之樣子久和
太郎左衛門申聞承居候,
右寬文八年六月廿一日幾度半右衛門方江申遣

〈번역문〉

一 阿蘭陀人은 무사하게 도착했다. 그 곳(倭館)의 상황을 히사와 타로 사에몬[久和太郎左衛門]이 보고했기 때문에 그 소식을 알고 있다. 위는 寬文 8년 6월 21일, 키도 한에몽[幾度半右衛門]에게 보고시킴.

14) 기사14

〈원 문〉

一 去々年五嶋江漂着仕候阿蘭陀人之殘八人
朝鮮江罷有之由申二付, 對州江送返し
候樣二可申遣之旨, 御老中樣より被蒙 仰, 其趣
彼地江被仰越候之處二, 内一人八病死仕, 七人
今十八日無恙令着船候處, 先達而爲御案内
御改所江以御狀被仰入候間, 被得其意可被
相達候, 御狀之御案書, 貴殿爲心得差越候,
右阿蘭陀人之送之使者深見四郎兵衛
被仰付置候間, 追付可罷越候
右寬文八年六月廿九日吉村勝左衛門方へ
申遣

〈번역문〉

一 2년 전에 고토[五島]에 표착한 阿蘭陀人이 "나머지 사람들이 조선
에 남아있다."는 것을 말했기 때문에 쓰시마[對馬]에 돌려보내도
록 요청해야만 한다는 취지를 老中으로부터 지시를 받았다. 그 취
지를 조선에 전했는데, 그 중의 1인이 병사하였고, 7인이 이번 달
18일에 무사히 (쓰시마에) 着船하였다. 그 전에 (이 일을) 알리기 위
해 御改所에 서장으로 보고하였으므로 그 취지를 받아 보고해야만
한다. 書狀의 案書는 귀하의 숙지를 위해 보내드린다. 위의 阿蘭陀
人을 보내는 使者는 후카미 시로베[深見四郎兵衛]에게 명했기 때
문에 머지않아 그곳에 도착할 것이다.

위는 寬文 8년 6월 29일, 요시무라 카츠사에몽[吉村勝左衛門]에게
보고시킴.

15) 기사15

〈원 문〉

一 阿蘭陀人召連唯今參着之由二而, 久和太郎左衛門,
黑木新藏, 田口佐五右衛門罷上ル, 阿蘭陀人
渡海之返翰參通, 幷館守朝鮮江罷渡ル
返翰貳通右參人之衆　御下屋鋪江持參
仕候樣二と申渡し遣之,
一 阿蘭陀人宿之儀松水軒二申付ル
一 阿蘭陀人手廻り荷物之送狀, 幷阿蘭陀
人書物, 東萊より阿蘭陀人江之音物之
目錄, 封之儘御下屋鋪江差上, 唯今
小山田縫右衛門方より差出二付而也,
右寬文八年六月十八日之日帳

〈번역문〉

一 阿蘭陀人을 연행하여 지금 도착했으므로 히사와 타로사에몬[久和
太郎左衛門], 쿠로키 신조[黑木新藏], 타구치 사고에몽[田口左五
右衛門]이 藩廳으로 갔다. 阿蘭陀人 渡海에 관한 返翰(답서) 3통과
아울러 館守가 조선으로 도해했다는 답서 2통을 위의 3인이 藩主
가 살고 있는 곳에 지참하도록 하게 하였다.

一 阿蘭陀人이 머무르는 것에 대해서는 松水軒으로 지시해 두었다.

一 阿蘭陀人 수중의 荷物의 送狀과 阿蘭陀人의 書物, 東萊로부터 阿
蘭陀人에게 주는 音物의 목록을 봉해진 채로 下屋鋪로 올려 보냈
다. 지금 방금 아야마다 누이에몽[小山田縫右衛門]으로부터 발송되
었다.

위는 寬文 8년 6월 18일의 日帳

16) 기사16

┌─── 〈원 문〉 ───┐

一 阿蘭陀人七人御下屋鋪ニおいて御料理被成下,
幷朝鮮靑銅拾四貫匁, 白布貳拾四疋
七人中ニ被成下ル,
右寬文八年六月廿七日之日帳

└──────────┘

〈번역문〉

一 阿蘭陀人 7인이 下屋鋪(번주의 別邸)에서 요리를 제공받았고, 아울
러 조선의 靑銅 14관문(貫匁), 白布 24필을 7인에게 내려주었다.

위는 寬文 8년 6월 27일의 日帳

17) 기사17

─────〈원 문〉─────

一 阿蘭陀七人ニ綿入着物壹ツ宛被下候,
　右寬文八年六月卄七日之日帳

〈번역문〉

一 阿蘭陀의 7인에게 면이 들어간 옷 한 벌씩을 내려주었다.
　위는 寬文 8년 6월 27일의 日帳

2. 本邦朝鮮往復書

1) 咨文阿蘭陀漂人耶蘇邪宗否書契(本邦朝鮮往復書, 권22)

─────〈원 문〉─────

　日本國對馬州太守拾遺平 義眞 奉書
　朝鮮國禮曹參判大人　閣下
　　愛日護寒, 緬惟
　鈞候, 對時珍毖, 景仰曷已, 頃者流民八口, 漂到我
　國肥之長崎, 自稱阿蘭陁國商氓也, 鞫問情狀, 乃云, 曾欲售貿, 我
　國泛海, 猝遇颶風, 戾止
　貴境, 編置全羅道者, 十有三年, 去秋竊掠小舸, 遁逃至此, 其他留全羅
　者八口, 不知亡隷口欤是否, 想全羅剌史, 當爲忿嫉, 嚮者萬舶, 載耶蘇
　邪徒來, 蠱惑蚩民, 故本國殄滅耶蘇, 制禁太嚴, 今於梁輩, 又恐邪僞相
　混, 自謂拘滯
　貴境者, 年尙矣, 想其情僞必辨焉, 至若夫邪術眩衆之徒, 則
　國有憲章, 豈敢容貸, 然而今猶涉嫌疑, 謹奉

台命, 差專价以咨問, 渠輩邪正, 切冀
審察明諭, 隣好之敎, 忘煩至此, 聊將薄儀, 用表遠忱,
笑領多幸, 統希
崇亮, 肅此不宣,
　寬文六年丙午十二月　　日
　　對馬州太守拾遺平　義眞

〈번역문〉

일본국대마주태수습유평 의진 봉서

조선국례조참판대인　합하

(생략) 근래에 표류민 8명이 우리나라 비(肥)의 장기(長崎)에 표도(漂到)해왔는데, 자칭 아란타국(阿蘭陀國)의 상인이라고 합니다. 그들을 조사해 본 바, "일찍이 일본의 해역에서 상매를 하려고 했으나, 태풍을 만나 조선의 영역으로 밀려나고 말았습니다. 전라도에 편치(編置)해 두기를 13년이 되었는데, 지난 가을 작은 배를 훔쳐 타고 여기로 도망해왔습니다. 그 외에 전라도에는 8명이 남아있습니다."라고 합니다. 도망한 사람인지 아닌지 알 수가 없고, 전라자사(全羅刺史)를 생각해보니, 마당히 화를 내고 미워할 것입니다. 지난번에 만박(蠻舶)이 야소사도(耶蘇邪徒, 그리스도교도)를 실고 와서 어리석은 백성들을 고혹(蠱惑)시키고 있기에 본국은 야소를 전부 멸(滅)하고 매우 엄하게 금제하고 있습니다. 지금 그 무리를 보니 또한 사(邪)를 위장해 혼재해 있을까 걱정입니다. 스스로 귀경(貴境)에 오랫동안 억류되어 있다고 합니다만, 그 정위는 반드시 판별해야합니다. 만약에 사술(邪術)로서 백성을 현혹시키는 일이 있다면 나라에 법이 있는데, 어찌하여 용서할 수가 있겠습니까. 그러므로 그들 또한 의심스러운 바, 대명(臺命)을 받들어 차왜(差倭)를 보내 그

무리들의 사정(邪正)을 자문합니다. 명확하게 살펴 조사해주기를 간절
히 바랍니다. (생략)

　寬文 6년 丙午 12월　일

　　　대마주태수습유평　의진

2) 咨文阿蘭陀漂人耶蘇邪宗否書契(本邦朝鮮往復書, 권22)

　　　　　　─〈원 문〉

日本國對馬州太守拾遺平 義眞 奉書

朝鮮國禮曹參議大人　閣下

　歲晏春勤, 想惟

震艮萬祉, 傾注方殷, 日者萬舶, 漂到

本國五嶋, 嶋主依例送諸肥之長崎公廳, 搬問原係, 乃稱阿蘭陁國商氓

也, 曾爲鬻鼊皮及砂糖, 發向

本國, 猝遇石尤, 沒溺洋中者, 二十八口, 免死者三十六口, 漂至

貴國邊浦, 而被邊臣捉住, 編置全羅道者, 十有三年, 中間死亡而今存者,

十六口, 去秋通取掠小舟, 逃去至此, 其他八口, 猶留全羅道云, 仍念萬

人, 雖自稱商賈, 動有耶蘇邪種, 眩妖惑衆之徒, 以故

本國黜罰耶蘇之法甚峻, 今慮邪徒, 或託言商氓混來, 謹奉

台命, 遣使以咨詢, 渠輩情僞, 想渠輩淹寓

貴境, 厥邪正必詳悉焉, 切冀明垂

曉喩, 睦隣信孚, 只要承

喩以處置焉, 余附小伻橘成供及成正口布, 布腆別錄, 用伸遐悃,

莞納惟幸, 統冀

盛諒, 肅此不宣,

　寬文六年丙午十二月　　日

　　對馬州太守拾遺平　義眞

〈번역문〉

일본국대마주태수습유평 의진 봉서

조선국례조참의대인　합하

(생략) 일전에 만박(蠻舶)이 본국의 오도(五嶋)에 표도(漂到)하였는데, 도주가 예(例)에 따라 비(肥)의 장기공청(長崎公廳)에 보냈습니다. 원래의 담당자에게 옮겨 물어보니, 곧 말하기를, "아란타국(阿蘭陀國)의 상민입니다. 일찍이 사슴새끼의 가죽과 사탕(砂糖)을 파고 있었는데, 떠나서 본국(일본)으로 향하다가 갑자기 암초를 만나, 바다 가운데에서 빠진 자가 28명, 죽음을 면한 자가 36명이었습니다. 표류하여 귀국의 변방 포구에 이르렀는데, 변방의 신하에게 붙잡히게 되어 전라도라는 곳에 편치 되어 13년이 되었습니다. 그 사이에 죽고 살아남은 자는 16명인데, 지난 가을 작은 배를 약탈하기에 이르러, 도망쳐서 이곳에 이르렀습니다. 그 외에 8명이 아직 전라도에 머무르고 있습니다."고 하였습니다. 거듭 생각해보니 만인(蠻人)은 비록 스스로 상매(商賈)를 칭하고는 있지만, 변하여 야소사종(耶蘇邪種)이 있을 수 있고, 요술로 현혹하여 사람들을 미혹하는 무리이기 때문에 본국(本國, 일본)은 야소(耶蘇)의 법(法)을 매우 엄하게 물리쳐 처벌하고 있습니다. 지금 사도(邪徒)를 생각해보니, 혹시 상맹(商氓, 상업을 하는 다른 나라 사람)을 구실삼아 섞여 왔을 것입니다. 삼가 대명(臺命)을 받들어 사신을 보내 이로써 그들 무리의 정위(情僞)를 여쭙습니다. 그들 무리를 생각해 보건데, 오랫동안 귀경(貴境)에 머무르고 있어 그 사악함과 바름은 반드시 모두 자세히 밝혀야 하겠습니다. 명수효유(明垂曉喩)를 간절히 바랍니다. (생략)

寬文 6년 丙午 12월　日

　대마주태수습유평　의진

3) 咨文阿蘭陀漂人耶蘇邪宗否書契(本邦朝鮮往復書, 권22)

〈원 문〉

日本國對馬州太守拾遺平 義眞　啓書

朝鮮國東萊釜山兩令公　閣下

　歲序告闌, 緬想

僉雅增勝, 嚮腦無己, 頃者蠻舶, 漂到

本邦肥之長崎, 自稱阿蘭陁國商氓也, 向者漂海, 寓止

貴國全羅道者, 幾超一紀, 去秋掠舟出奔至此云, 仍念蠻人, 有耶蘇邪術,

惑世誣民之徒, 今慮託商, 或邪徒骨混來, 玆遣使价藤成供及成正, 以咨

問渠輩情僞, 只要承喩而黜罰, 有差, 謹奉

台命, 以呈上書

禮曹參判同參議大人, 切冀

轉達, 餘附使价口陳, 些々土宜, 侑敍愽粲統希

炳亮, 潦艸不宣,

　寬文六年丙午十二月　日

　　對馬州太守拾遺平　義眞

〈번역문〉

일본국대마주태수습유평 의진　계서

조선국동래부산량령공　합하

　(생략) 근래에 만박(蠻舶)이 본방(本邦) 비(肥)의 장기(長崎)에 표도하였습니다. 스스로 칭하기를, 아란타국(阿蘭陀國)의 상맹(商氓)이라고 합니다. 지난 번 바다를 표류해 귀국의 전라도(全羅道)라는 곳에 머물렀었는데, 거의 일기(一紀, 12년)를 넘었습니다. 지난 가을 배를 약탈해 도망쳐 나와 이곳에 이르렀다고 합니다. 거듭 만인(蠻人)을 생각해보니, 야소(耶蘇)는 사술(邪術)을 가지고 있어 세상을 어지럽히고 백성을 업신여기는 무리입니다. 지금 생각해보니, 상업을 핑계로 혹시 사악한 무리가 서로

섞여 왔을지도 모릅니다. 여기에 사신 등성공(藤成供)과 성정(成正)을 파견하여, 이로써 그들 무리의 정위(情僞)를 자문(咨問)합니다. 다만, 고한 것을 받아들여 (그들을) 내쫓아 처벌해주시기를 바랍니다. 삼가 대명을 받들어 차왜가 있을 것이며, 이로써 예조참판과 참의대인에게 상서(上書)를 바칩니다. 전달해주시기를 간절히 바랍니다. (생략)

寬文 6년 丙午 12월 일

　　대마주태수습유평　의진

4) 鞫問阿蘭陀漂人耶蘇邪宗否回答(本邦朝鮮往復書, 권23)

〈원 문〉

朝鮮國禮曹參判朴　世模　奉書
日本國對馬太守平公　閣下
　　崇价
辱札, 辭意鄭重, 慰荷良至,
示及萬舶, 曾於癸巳, 漂到全羅之境, 一船之人, 澌死幾半, 餘存只三十
六人, 狀貌詭異, 言語莫通, 又不曉文字, 不知何方人物, 而與甲申漂到
珍島解送
貴國者, 絶不相類, 留此十四年, 只以漁採爲業, 無佗技術, 如或有一端
騁妖眩衆之事, 則我
國亦豈容留域內, 況
貴州從前耶蘇黨類執送之
請, 不啻丁寧, 其在隣好之誼, 寧少忽手, 且渠輩若是邪種, 則唯當畏避
貴國, 必不竊舸而逃, 自就死地也, 卽今留此者八人, 與逃入五島者, 乃
是一般, 亦可觀彼知此, 斷無
可疑, 自余多少, 付與
來价口申, 仍將薄儀, 用表回敬,
莞留爲幸, 統希
照亮, 不宣,

```
丁未年四月  日
   禮曹參判朴  世模
```

〈번역문〉

조선국례조참판박 세모 봉서

일본국대마태수평공 합하

(생략) 언급되고 있는 만박(蠻舶, 하멜일행)은 지난 계사년(1653)에 표류하여 전라의 지경에 이르렀는데, 배의 사람들 반수는 익사하고 생존자는 36명으로, 그 용모가 달랐고, 언어가 통하지 않았으며, 또한 문자를 깨닫지 못해 어느 나라 사람인지도 알 수 없었습니다. 또한 갑신년(1644) 년에 진도에 표도(漂到)해 와 귀국에 해송(解送)한 자들과도 다른 류(類)의 사람들이었습니다. 이곳에 머무르기를 14년이었는데, 단지 물고기 잡는 것을 업으로 하여 다른 기술은 없었습니다. 만약 백성을 단 한번이라도 요현(妖眩)하는 일이 있었다면, 즉 우리나라가 어찌하여 역내(域內)에 머물도록 허용하겠습니까. 하물며, 귀주(貴州)가 이전에 야소당류(耶蘇黨類, 그리스도교도)를 붙잡아 보내줄 것을 청하였는데, 틀림없이 하였을 뿐 아니라, 그 인호(隣好)를 조금이라도 소홀하게 한 적은 없습니다. 또한 그들이 만약에 사종(邪種)이라면, 당연히 귀국으로 피하는 것을 두려워해, 배를 훔쳐 도망쳐 스스로 사지(死地)로 향하지는 않았을 것입니다. 만약, 지금 머무르고 있는 8인과 오도(五島)에 도망쳐 들어온 자들이 즉 일반인이라는 것은 또한 가히 그들을 보면 이것을 알 수 있습니다. 한결같이 의심할 수 없습니다.(생략)

정미년사월 일

예조참판박 세모

5) 爲阿蘭陀漂人再差崙价書(本邦朝鮮往復書, 권23)

〈원 문〉

日本國對馬州太守拾遺平　義眞　奉書

朝鮮國禮曹參判大人　閣下

　嚮者致問蠻舶之事, 見

回劄所陳謝得其趣, 我儕今幸候

江府, 乃憑執政, 以

聞我

貴大君, 於是執政,

傳旨諭我儕, 謂漂我五島者, 乃是阿蘭陀國蠻種也, 聞拘留

貴邦者, 爲其同種, 彼蠻民久來貢

本邦者也, 然則今其猶生存者八口, 可被護送蔽州, 仍于茲差正官平成

睦, 都船主源調忠, 以所懇求也, 薄品依例,

莞爾惟幸, 時維祁寒, 統冀順序

保嗇, 肅此不宣,

　寬文七年丁未十一月　日

　　對馬州太守拾遺平　義眞

〈번역문〉

일본국대마주태수습유평　의진　봉서

조선국례조참판대인　각하

　이전 만박(蠻舶)의 일로 치문(致問)했었는데, 회답의 진사(陳謝)한 바를 보고 그 내용을 알 수 있었습니다. 우리는 지금 강부(江府, 江戶)에 있으며, 집정(老中)을 통해서 대군(大君, 將軍)에게 보고하였습니다. 이것에 대해 집정은 우리들에게 그 뜻을 전해주었습니다. 오도(五島)에 표착한 자들은 아란타국(阿蘭陀國)의 만종(蠻種)으로 귀국이 억류하고 있는 자들과 동류라고 듣고 있습니다. 그 만민(蠻民)은 오랫동안 본방(本邦, 일

본)에 내공(來貢)해온 자들입니다. 때문에 그들 생존자 8명을 폐주(蔽州,
대마도)로 호송해야만 합니다. 이를 위해 정관(正官) 평성목(平成睦)과 도
선주(都船主) 원조충(源調忠)을 파견하여 성심으로 요청하는 바입니다.
(생략)

　寬文 7년 정미(丁未) 11월　일
　대마주태수습견평　의진

6) 爲阿蘭陁人再遣使答(本邦朝鮮往復書, 권23)

┌─── 〈원 문〉 ───

朝鮮國禮曹參判曹　漢英　奉復
日本國對馬州太守平公　閣下
　使至, 獲奉
華翰, 具審
興居迪吉, 良慰々々,
示及阿蘭陀人事, 已悉於前書矣, 蓋其漂到之始, 不知是何國人, 而歸路
杳茫, 請有可矜, 處之南邊, 俾安生業, 不料一朝跳去, 流入
貴國地方, 此屬止泊旣久, 卽同吾民, 其在隣好, 理宜見還, 更
索餘存人口, 殊非夙昔所期, 第
來書謂, 是曾前來享於
貴邦者, 果爾則以
朝廷相與之道, 豈復留難, 以孤
勤懇之意乎, 倘若仍而津遣, 使得生還故土, 亦一好事也, 其一人, 前歲
作故, 生存者七口, 卽令所在, 押解
來价, 仍將薄物, 用謝
厚餉, 統希
照亮, 不宣,
　戊申年四月　日
　　禮曹參判曹　漢英

〈번역문〉

조선국례조참판조　한영　봉부

일본국대마주태수평공　합하

(생략) 아란타인(阿蘭陀人)에 관해서는 이미 이전의 서계에서 상세히 하였습니다. 정말로 그들이 표도한 당초에는 어느 나라 사람인지도 알 수 없었고, 그 귀로도 또한 알 수가 없었습니다. 처지를 불쌍히 여겨 남변(南邊)에 처하게 하고, 생업에 안정토록 하여 하루라도 도망치려는 기색은 없었습니다. 귀국(貴國, 일본) 지방에 흘러들어 간 그들은 여기(조선)에 속해 오래 머물러 있어 우리의 백성과 같습니다. 그 인호(隣好)가 있어, 돌려보내는 것이 마땅하다고 생각합니다. 더욱이 남아 있는 사람을 찾고 있는데, 특별히 이전부터 정한 바는 아닙니다. 다만, (귀국의) 서계에서 말하기를, 이들은(아란타인, 네덜란드인) 이전부터 귀방(貴邦)에 내항(來享)하는 자들이라고 하였습니다. 과연 그러하다면, 조정의 협력 방침으로서 어찌 난제(難題)를 말하여 근간지의(勤懇之意, 성심의 뜻)를 거슬리게 하겠습니까. 만약, 또 다시 배를 보내는 일이 있다면, 본국으로 생환시키는 것 또한 좋은 일입니다. 그 중에 한 명이 작년에 사망하여 생존자는 7명인데, 체재하고 있는 곳에 명을 내려 사신에게 보내도록 하겠습니다. (생략)

　　무신년사월　일

　　　예조참판조　한영

3. 異國往復書簡集·增訂異國日記抄

─　〈원 문〉　─

一　我等之者ハ, 遠國へ商賣仕候者にて候, 然者高麗國へも, 自然參度と申上候時ハ, 御朱印被仰付候て可被下候, 奉賴候.

〈번역문〉

一 우리들은 먼 나라에 장사하는 것을 업으로 삼고 있는 사람입니다. 그러므로 고려국(高麗國)에도 어쩌면 가고 싶다고 말씀드릴 때는 허락[朱印]을 지시하여 내려주실 것을 삼가 부탁드립니다.

4. 長崎虫眼鏡

───── 〈원 문〉 ─────

おらんた人朝せんの地にて破船のよし, なかなかてうせんにおり, かの地にて八人小船に乗り, 五嶋へなかれ來る, 則五嶋より長さきへおくりこさる, 〈わんふん六年のとし八月十三日事也, 右のおらんだいまた七人てうせん二殘り居るよし, いろいろ(へ)そせういたし, 對馬よりおくりわたさる.

〈번역문〉

오란다인(네덜란드인)이 조선의 땅에서 파선(破船)하였는데, 꽤 오랫동안 테우센(조선)에 있었으며, 그 땅에서 8인이 작은 배를 타고 오도(五嶋)에 흘러 들어왔다. 곧 오도(五嶋)로부터 나가사키[長崎]에 보내졌다. 寛文 6년 8월 13일의 일이다. 위의 오란다(네덜란드) 지금 7인이 테우센(조선)에 남아있었기 때문에 여러 곳에 소세우[訴訟]를 하여 대마(對馬)로부터 보내졌다.

5. 長崎實錄大成

1) 寛文 6(丙午)年條(1666)

───── 〈원 문〉 ─────

寛文六丙午年(一六六六)七艘入津
五島ヨリ阿蘭陀人八人送來ル. 但阿蘭陀船朝鮮ニテ破船シ, 存命ノ阿蘭陀

人拾五人朝鮮ニテ捕ハレ及難儀ニ, 其内八人小船ヲ盜ミ逃出テ, 五島ニ漂
着セシヲ當表ニ送來ル. 殘七人ノ者長崎迄送船ハルベキ旨相願フ. 仍テ御
奉行所ヨリ宗對馬守方ニ仰越サル.

〈번역문〉

寬文 6년 병오(丙午, 1666)년. 7척이 입진(入津).

오도(五島)로부터 아란타인(阿蘭陀人) 8인이 보내져 왔다. 다만, 아란
타선(阿蘭陀船) 조선에서 파선하여 살아남은 자 15인 조선에서 붙잡혀
어려움에 있었다. 그 중에서 8인이 작은 배를 훔쳐서 도망쳐 나왔다. 남
은 7인의 사람은 장기(長崎)까지 배를 보내야만 한다는 취지를 요청했다.
거듭하여 봉행소(奉行所, 장기봉행이 집무를 보는 곳)로부터 대마도(對
馬島) 번주에게 지시가 전해졌다.

2) 寬文 8(戊申)年條(1668)

〈원 문〉

寬文八戊申年(一六八八)九艘入津
一 今年對馬ヨリ朝鮮ニ捕ハル居タル阿蘭陀人七人送來ル. 則甲必丹方ニ
相渡サル.

〈번역문〉

寬文 8년 무신(戊申, 1668)년. 9척이 입진(入津).

一 금년 대마(對馬)로부터 조선에 붙잡혀 있었던 아란타인(阿蘭陀人) 7
인이 보내져 왔다. 곧 갑필단(甲必丹, 네덜란드상관 또는 네덜란드
상관장)에 전해졌다.

6. 崎陽群談

─〈원 문〉─

寛文六年阿蘭陀人八人小船に乗組五嶋へ漂流, 則彼所より送り来り候, 右旨趣ハ阿蘭陀船朝鮮の地にて破船いたし, 彼地に被召捕居候處, 逃来り候よし, 殘而七人居候を呼越度由, 是を願ひ候, 右之趣相伺候處, 對州江被仰越朝鮮江御下知有之, 寛文八年右の七人の阿蘭陀人とも, 從對州送来り, 出嶋の加比丹江相渡候事.

〈번역문〉

　寬文 6년 아란타인(阿蘭陀人) 8인이 작은 배에 승선하고 오도(五嶋)에 표류하였는데, 곧 그곳에서 보내왔습니다. 위의 대체적인 사정은 아란타선(阿蘭陀船)이 조선의 땅에서 파선하였는데, 그 곳에서 붙잡혀 있다가 도망해왔다는 것입니다. 남아있던 7인을 불러 넘겨받고 싶었기에 이것을 요청하였습니다. 위의 대체적인 사정을 살펴본 바, 대주(對州, 대마도)에 지시를 내려 조선에 그것을 알려주게 하였는데, 寬文 8년 위의 7인이 함께 대주(對州, 대마도)에서 보내왔는데, 데지마의 가비단[加比丹]에게 전해주었다.

7. 『公譜譜別錄拾(中)』(文久 2年增補, 副題: 五島記)

─〈원 문〉─

同六年阿蘭陀人八人小舟に乗て五嶋に漂着す, 是ハ先頃阿蘭陀船壹艘朝鮮海にて亂板および人數皆海に入り中に水練の者十五人命を助り陸に上りしを一室に込置しか, 阿蘭陀人謀斗を以て七人ハ朝鮮に留り八人ハ船を盗て出帆せしか遂に五嶋に流れ寄, 是より長崎に挽送る, 此時彼地の奉行松平甚三郎なり.

〈번역문〉

동(同) 6년 아란타인(阿蘭陀人) 8인이 작은 배를 타고 오도(五嶋)에 표착하였다. 이것은 지난 해 아란타선(阿蘭陀船) 한 척이 조선해(朝鮮海)에서 난파를 당해 인원이 모두 바다에 빠져서 물을 단련된 사람 15인이 생명을 구해 육지에 올라갔으나, 한 곳에 모아두었었다. 아란타인(阿蘭陀人)이 계략을 내어 7인은 조선에 남고 8인은 배를 훔쳐 출범하였었다. 드디어 오도(五嶋)에 흘러들어 왔다. 이곳으로부터 장기(長崎)에 압송하였다. 이때. 그 곳(長崎)의 봉행(奉行)은 송평심삼랑(松平甚三郎)이었다.

8. 『日記』(自寛永十年五月至宝永五年十一月)

1) 寛文 6年條

> ─────〈원 문〉─────
>
> 一 十三年以前二高麗之前二而阿蘭陀壹艘破損仕候内, 阿蘭陀七人高麗より五嶋之内なまと申村二逃参, 寛文六年午ノ八月十六日二長崎江参, 則出島御入被成候事.

〈번역문〉

一 13년 이전에 고려(조선)의 앞 바다에 네덜란드 선박 한 척이 파선하였는데, 그 중에 네덜란드인 7명이 고려(조선)로부터 고토 영내의「나마」라고 말하는 마을에 도망해왔다. 寛文 6년 8월 16일에 나가사키[長崎]에 도착하여 즉시 데지마[出島]에 들여보냈다.

2) 寬文 8年條

─ 〈원 문〉 ─

先年高麗之前ニ而破損仕候阿蘭陀之內七人, 高麗より對馬江申ノ八月十日ニ參, 當所江同十二日ニ着, 出島江御入被成候事.

〈번역문〉

선년(先年)에 고려(조선)의 앞바다에서 파선당한 아란타인들 중에 7명이 고려(조선)로부터 대마도에 8월 10일에 도착하였고, 이곳(長崎)에 동 10월 2일에 도착하여 데지마에 들여보내졌다.

9. 『和蘭風說書集成』(寬文 6年[1666] 風說書)

─ 〈원 문〉 ─

今度五嶋より御送被遣候八人之阿蘭陀共口書

一 拾三年以前に咬嚼吧を出船仕高砂江着仕, 彼地ニ而鹿皮砂糖を積, 日本江參申候とて難風に逢, 高麗之高地江に吹ながされ, セイジウと申嶋ニ而破損仕候, 船中之人數六拾四人乘申候內, 貳拾八人者卽時に相果申候, 殘三拾六人者板木に取付漸く助り, セイジウ嶋江揚申候, 其嶋に茂人居申候故, 我々をとらへケラドウと申所江召連參り申候事.

一 此ケラドウに者城御座候, 其守護より少宛之扶持方を貰ひ罷在候得共, 僅之儀ニ而, たり不申候故. 方々こつじき仕, 被下其餘りニ而着類を相調渡世を送り申候事.

〈번역문〉

이번 오도(五嶋)로부터 보내어져 온 8인의 아란타(阿蘭陀)인들의 구서(口書)

一 "13년 이전에 교류파를 출발한 선박이 고사(高砂)에 도착하였다. 그
곳(교류파)에서 녹피와 사탕을 싣고, 일본에 오던 중에 난풍을 만
나, 고려(高麗, 조선)의 땅에 바람에 날려 세이지우(제주)라고 하는
섬에서 파손하였다. 배 안에는 사람 64인이 타고 있었는데, 그 가운
데 28인은 금방 죽어버렸다고 한다. 남은 36인은 판목(板木)에 몸을
기대 겨우 살아남았는데, 세이지우(제주)섬에 오르게 되었다고 한
다. 그 섬에도 사람이 살고 있었기 때문에 우리들을 게라도우(전라
도)라고 하는 곳에 연행하여 가게 되었다."는 것이다.

一 "이 게라도우(전라도)에는 성(城)이 있었는데, 그 수호(守護, 지휘관
또는 그 지역의 최고 행정관)로부터 부지하는 방편으로 작은 그릇
을 받았지만, 겨우 조금뿐이어서 부족하였기 때문에 여러 사람들
에게 걸식(乞食)을 하였고, 그 나머지로 입을 것을 조달하여 생업을
이어나갔다고 말했다."는 것이다.

10. 『五島編年史』

── 〈원 문〉 ──

先之, 承應二年, 阿蘭陀船朝鮮海岸二漂着シ水練ノ者十五名助命セシガ
彼ノ國ハ之ヲ全羅道二編置シタリ. 此ノ年ソノ內八人小舟ヲ盜ミテ出航シ五島
二漂着セシカバ之ヲ長崎奉行松平甚三郎隆見二送致シ八月十三日長崎二
着ス.

〈번역문〉

　이에 앞서, 承應 2년에 아란타선(阿蘭陀船)이 조선의 해안에 표착하
여 물에 단련된 사람 15명이 생명을 구했으나, 그 나라(조선)는 전라도
에 편치(編置)했었다. 이 해(1668)에 그 중의 8인이 작은 배를 훔쳐서 출

항해 오도(五島)에 표착(漂着)하였는데, 이것을 장기봉행(長崎奉行) 송
평심삼랑(松平甚三郎) 융견(隆見)에게 보내어 8월 13일 장기(長崎)에 도
착하였다.

찾아보기

다

차

타

파

신 동 규(申東珪)

1966년 서울 出生
江原大學校 人文大學 史學科 卒業
日本 立敎大學 文學硏究科 文學碩士學位 取得
同 立敎大學 文學硏究科 文學博士學位 取得
現在 江原大學校 人文科學硏究所 硏究敎授

<論 著>

『일본사』,『왜구・위사 문제와 한일관계』,『항해와 표류의 역사』(共著)
「前近代 일본의 西洋 異國船 표착처리」,
「VOC의 동북아시아 진출에 보이는 조선무역의 단절과 일본무역 유지정책」,
「네덜란드인의 日本行 도주사건과 德川幕府의 대응」,
「オランダ人漂流民と朝鮮の西洋式兵器開發」,
「근세 漂流民의 송환유형과 '國際關係'」外

근세 동아시아 속의 日・朝・蘭 國際關係史   정가 : 27,000원

| 2007년 8월 10일 | 초판 인쇄 |
| 2007년 8월 20일 | 초판 발행 |

저　　자 : 신 동 규
발 행 인 : 한 정 희
발 행 처 : 경인문화사
편　　집 : 김 소 라
　　　　　서울특별시 마포구 마포동 324-3
　　　　　전화 : 718-4831~2, 팩스 : 703-9711
　　　　　이메일 : kyunginp@chol.com
　　　　　홈페이지 : http://www.kyunginp.co.kr
등록번호 : 제10-18호(1973. 11. 8)

ISBN : 978-89-499-0504-4　93910
* 파본 및 훼손된 책은 교환해 드립니다.